THE Spirit-Filled BELIEVER'S HANDBOOK

Derek Prince

성령충만한 그리스도인의 지침서

데릭 프린스 지음 | 조철환, 서승훈 옮김

믿음의말씀사

The Spirit-Filled Believer's Handbook
by Derek Prince

ⓒ 1993 by Derek Prince Ministries International
All rights reserved
Printed in the United States of America
Library of Congress Catalog Card Number: 92-74598
International Standard Book Number: 0-88419-329-2

Creation House
Strang Communications Company
190 North Westmonte Drive
Altamonte Springs, FL 32714
(407) 862-7565

2012 / Korean by Word of Faith Company, Korea.
Translated and published by permission
Printed in Korea.

성령 충만한 그리스도인의 지침서

1판 1쇄 발행일 · 2012년 3월 16일
1판 4쇄 발행일 · 2024년 2월 26일

지은이   데릭 프린스
옮긴이   조철환(1-4부) / 서승훈(5-7부)
감　수   오진관
표　지   박혜선
발행인   최순애
펴낸곳   믿음의 말씀사
주　소   (우) 16934 경기도 용인시 기흥구 신정로 301번길 59
　　　　전화번호 031) 8005-5483   Fax. 031) 8005-5485
　　　　홈페이지 http://faithbook.kr
　　　　출판등록 제68호 (등록일 2000. 8. 14)

ISBN 89-94901-26-4 03230
값 38,000원

본 저작물의 한국어판 저작권은 '믿음의 말씀사'가 소유합니다. 저작권법에 의해 한국 내에서 보호를 받는 저작물이므로 무단 전재와 복제를 금합니다.

본 책의 성구와 관련하여 영어 성구는 New King James Version을 인용하되 그 외의 경우에는 따로 표기하였으며, 한글 성구는 개역개정을 인용하되 King James Version의 경우에는 흠정역과 한글 킹제임스를 인용하고 따로 표기하였습니다.

목 차

데릭 프린스 – 그의 일생과 사역 · 14
서문 · 50

1부 : 믿음의 기초

1부 서문 : 성경에 관하여 · 56
1장 : 그리스도교 신앙의 기초 · 59
　　반석이신 그리스도 · 60
　　그리스도와의 만남 · 65
　　계시 · 66
　　시인 · 67
　　고백 · 69

2장 : 기초 위에 세우는 방법 · 70
　　성경-믿음의 토대 · 71
　　제자의 증거 · 73
　　사랑의 시험 · 75
　　계시의 방법 · 76

3장 : 하나님 말씀의 권위 · 82
　　성경-하나님의 기록된 말씀 · 83
　　성령의 감동을 받아 · 85
　　영원한 권위 · 87
　　일치, 완전, 충족 · 92

4장 : 하나님 말씀의 초기 효과 · 96
    효과는 반응에 달려 있다 · 97
    믿음 · 100
    새로운 탄생 · 102
    영적 영양분 · 105

5장 : 하나님 말씀의 신체적 정신적 효과 · 109
    신체적 치유 · 110
    정신적 조명 · 118

6장 : 하나님 말씀의 승리 효과 · 122
    죄에 대한 승리 · 122
    사탄에 대한 승리 · 127

7장 : 하나님 말씀의 정화 효과 · 134
    정화 · 134
    성화 · 138

8장 : 하나님 말씀의 계시 효과 · 147
    우리의 거울 · 148
    우리의 심판자 · 155

2부 : 회개하고 믿으라

2부 서문 : 기초 교리 · 162
9장 : 회개 · 165
    헬라어와 히브리어 해석 · 165
    죄인의 하나님에 대한 최초 반응 · 166
    회개는 후회와 다르다 · 167
    진정한 믿음으로 가는 유일한 길 · 170

10장 : 믿음의 본질 · 176
    믿음은 소망과 구별된다 · 177
    오직 하나님 말씀을 근거로 · 179
    믿음을 입으로 시인하기 · 187

11장 : 믿음의 독특성 · 191
    모든 의로운 삶의 기초 · 192
    하나님의 모든 약속을 내 것으로 만들기 · 200

12장 : 구원을 향한 믿음 · 205
    복음의 네 가지 기본 사실 · 206
    구원을 내 것으로 만드는 단순한 행동 · 208

13장 : 믿음과 행위 · 217
    오직 믿음으로 받는 구원 · 218
    산 믿음과 죽은 믿음 · 223

14장 : 율법과 은혜 · 231
    모세의 율법: 하나의 완전한 체계 · 232
    그리스도인은 율법 아래에 있지 않다 · 236

15장 : 율법의 목적 · 243
    죄를 드러내기 위하여 · 243
    인간이 자신을 구원할 능력이 없음을 증명하기 위하여 · 245
    그리스도를 예표하기 위하여 · 248
    이스라엘을 보존하기 위하여 · 250
    그리스도에 의해 완성되었다 · 252

16장 : 진정한 의 · 256
    두 가지 위대한 계명 · 258
    사랑, 율법의 완성 · 260
    순종의 신약적 귀감 · 266

3부 : 신약의 세례들

17장 : 세례를 베풀다 · 270
　어근적 의미 · 271
　역사적 용법 · 275
　네 가지 다른 세례 · 278

18장 : 세례 요한의 세례와 그리스도인의 세례 · 282
　세례 요한의 세례 – 회개와 죄의 고백 · 283
　그리스도인의 세례 – 모든 의를 이룸 · 286

19장 : 그리스도인의 세례의 조건 · 292
　회개 · 292
　믿음 · 293
　선한 양심 · 294
　제자가 되기 · 295
　유아는 세례받을 자격이 있는가? · 297
　예비 신자 교육 · 299

20장 : 그리스도인의 세례의 영적 의의 · 303
　하나님의 은혜는 어떻게 역사하는가 · 303
　그리스도와 함께 십자가에 못 박히고 부활했다 · 306
　먼저 장사되고 그 다음에 부활 · 311

21장 : 성령 세례 · 315
　신약의 일곱 가지 참고 사례 · 315
　위로부터 잠김 · 320
　외적인 증거 · 324

22장 : 성령을 받으라 · 330
　사도들의 패턴 · 331
　성령의 부음 네 가지 · 334
　예수님의 가르침 · 340

23장 : 모든 사람이 방언을 말하는가? · 343
    각종 방언의 은사 · 343
    열매가 증거인가? · 346

24장 : 감정적 신체적 반응 · 354
    감정의 자리 · 355
    신체적 반응 · 358
    세 가지 성경적 원리 · 361

25장 : 성령의 약속 · 365
    개인적이고 영속적인 내주 · 366
    하나님 아버지의 약속 · 370
    그리스도의 속죄에 대한 하늘의 봉인 · 372

26장 : 성령을 받는 법 · 376
    은혜에 의하여 믿음으로 말미암아 · 376
    믿음의 여섯 단계(회개와 세례, 목마름, 구하기, 마시기, 드리기) · 381

27장 : 신약의 구원을 예표하는 구약의 모형 · 388
    피를 통한 구원 · 389
    이중 세례 · 390
    구름 세례 · 393
    바다 세례 · 397
    구원의 패턴 · 399
    신령한 음식과 음료(만나와 반석에서 흐르는 강물) · 401

4부 : 오순절의 목적

28장 : 서론과 경고 · 406
    성령은 독재자가 아니다 · 406
    하나님의 총체적인 공급을 활용하기 · 409
    영적 싸움의 새로운 영역 · 416

[섹션 I : 성령 충만한 신자]

29장 : 능력과 영광 · 420
      증언할 능력 · 420
      그리스도의 영화 · 426

30장 : 초자연적인 차원 · 431
      초자연으로 들어가는 문 · 431
      성령의 능력을 입은 기도 · 436
      성경의 계시 · 439

31장 : 지속적인 인도와 넘치는 생명 · 443
      매일 인도함 · 443
      전 인격을 위한 생명 · 450

32장 : 하나님의 사랑의 부음 · 455
      하나님의 사랑의 본질 · 456
      사랑은 가장 위대한 것 · 461

[섹션 II : 성령 충만한 회중]

33장 : 통제된 자유 · 468
      성령의 지배 아래 · 469
      하나님은 노예가 아닌 자녀를 만드신다 · 472
      때와 기한 · 477

34장 : 성도들의 온전한 참여 · 480
      등경 위에 등불 · 481
      영적 은사의 행사 · 486

[섹션 III : 성령 충만한 설교자]

35장 : 영원한 문제에 대한 책망 · 494
      죄, 의, 심판 · 495
      성령의 검을 휘두르기 · 501

36장 : 초자연적 증언 · 506
    동반하는 표적들 · 507
    초자연적인 계시는 초자연적인 증언을 요구한다 · 513

5부 안수

37장 : 축복과 권위와 치유를 전이하기 · 520
    구약의 세 가지 선례들 · 522
    치유에 대한 신약의 두 가지 규례들 · 525
    치유가 이루어지는 방식 · 531

38장 : 성령님과 영적 은사들을 전이하기 · 534
    성령 사역 · 535
    영적 은사들을 전이하기 · 538
    디모데의 예 · 541

39장 : 사역자를 임명하기 · 547
    안디옥에 있는 지역교회 · 547
    바울과 바나바의 파송 · 550
    집사와 장로를 지명하여 세우기 · 555

6부 죽은 자들의 부활

40장 : 시간의 끝에서 · 564
    영원: 하나님께서 존재하시는 영역 · 565
    보편적으로 정해진 두 가지 · 571

41장 : 죽을 때 갈라지는 운명 · 576
    인간은 삼위일체적인 존재 · 576
    인간의 몸과 인간의 영의 분리 · 580
    의인과 악인의 분리 · 584

42장 : 부활의 패턴과 증거이신 그리스도 · 589
　　예수님의 죽음과 부활 사이 · 589
　　죽는 순간에 처하는 그리스도인의 운명 · 594
　　부활은 원래의 몸을 재조립한다 · 596

43장 : 구약성경에서 예언된 부활 · 603
　　시편 · 604
　　창세기 · 605
　　욥기 · 607
　　이사야 · 608
　　다니엘 · 610
　　호세아 · 612
　　그리스도의 부활에 포함된 모든 믿는 자들 · 614

44장 : 첫 열매들인 그리스도 · 619
　　부활의 연속된 세 단계 · 619
　　첫 열매들의 모형 · 624

45장 : 그리스도께서 오실 때 그분께 속한 사람들 · 632
　　참된 믿는 자들의 표시 · 632
　　그리스도께서 재림하시는 다섯 가지 목적 · 635
　　참된 믿는 자들의 부활과 휴거 · 638
　　증인들과 순교자들 · 643

46장 : 그 후에는 끝이 오리라 · 647
　　천년이 끝날 때 · 648
　　최종적인 부활 · 650
　　사망과 음부는 인격체이다 · 655

47장 : 어떤 몸으로? · 658
　　씨앗 알맹이의 비유 · 659
　　서로 구별되는 다섯 가지 변화 · 663
　　부활의 독특한 중요성 · 668

7부 영원한 심판

48장 : 만물의 심판자이신 하나님 · 674
    자비에 의해 완화된 심판 · 675
    아버지 – 아들 – 말씀 · 679
    말씀이 행하는 심판의 네 가지 원리 · 681

49장 : 역사 안에서 이루어진 하나님의 심판 · 688
    역사적 심판 대 영원한 심판 · 688
    역사적 심판의 예 · 693

50장 : 그리스도의 심판대 · 700
    그리스도인들이 먼저 심판을 받으리라 · 701
    정죄가 아니라 보상을 위한 심판이다 · 704
    불의 시험 · 708

51장 : 그리스도인의 섬김에 대한 심판 · 712
    그리스도인의 섬김에 대한 평가 · 712
    천사는 모든 위선자들을 제거하리라 · 719

52장 : 마지막 세 가지 심판 · 725
    이스라엘에 대한 대환란의 심판 · 727
    이방민족들에 대한 심판 · 731
    크고 흰 보좌 · 734

성경구절 색인 · 738
주제별 색인 · 746

데릭 프린스
그의 일생과 사역

데릭 프린스는 1915년 인도의 뱅갈로에서 태어났다. 그가 태어난 세계와 삶의 방식은 더 이상 존재하지 않는다. 그것은 왕들과 여왕들, 황제들이 광대한 지역을 다스리던 세계였고, 대영제국은 그 모든 왕국을 능가하는 큰 땅이었다. 영국 군인들과 관리들이 식민지를 지배했고, 인도는 대영제국의 왕관에 가장 빛나는 보석이었다. 데릭 프린스는 다음과 같이 말했다. "나는 제국을 건설하는 가문에서 태어났다. 부친 폴 어니스트 프린스는 빅토리아 여왕이 임명장에 직접 서명한 여왕 직속 마드라스 공병대 장교였고, 인도에서 태어난 모친 그웬돌린은 로버트 에드워드 본 소장의 딸이었다. 펀자브 창기병이었던 외삼촌은 나중에 준장이 되었다."

당시 인도 사회의 관습에 따라 데릭은 태어나자마자 인도 말로 아이어ayah라고 하는 유모의 손에 맡겨졌고, 그의 유모는 인도 말로 티핀tiffin이라고 하는 피크닉 바구니에 그를 뉘어 들고 다닐 수 있을 만큼 어렸을 때부터 그의 부모가 인도의 여러 지방을 여행할 때 데릭을 데리고 동행했다.

데릭의 가족은 기차를 타거나 말을 타고, 또는 마차나 인력거를 타고 여행했다. 유럽에서는 자동차와 비행기가 교통수단으로 점점 흔하게 이용되던 시절이었지만, 인도에서는 여전히 기차와 말, 마차와 인력거가 주요 교통수단이었다. 군인들은 말을 탔고, 대다수 사람들은 걸어 다녔다.

그때는 삶의 속도가 느린 시절이었다. 사람들은 편지를 써서 영국으로 부쳤고, 답장을 받으려면 몇 주가 걸렸다. 긴급한 상황이 발생하면 전보를 이용할 수 있었지만, 데릭에게 영국에 있는 '집'은 아득히 먼 곳이었다.

그러나 데릭은 다섯 살 때 아버지와 인도인 유모와 동무들에게 작별인사를 하고 '집'으로 가는 배를 탔다. 다른 승객들처럼 데릭은 토피topee;인도에서 쓰는 여름 헬멧를 배 밖으로 매달아 늘어뜨려 바닷물에 빠뜨렸다. 그것은 '인도야 잘 있거라' 하고 떠남을 상징하는 행위였다. 데릭의 어머니는 서섹스에 있는 친정으로 데릭을 데리고 가서 그 다음 휴가 때까지 맡기고 인도로 돌아갔다.

그러한 유년 시절이 데릭의 성품과 삶의 진로를 형성했다. 데릭은 비록 독자이면서 유일한 손자였지만, 씩씩한 군인처럼 행동해야 했다. 데릭의 할아버지는 손자에게 친절하게 대하면서도 한편으로는 무엇을 하든지 뛰어나도록 훈련시켜 군인 가문의 전통을 이어가도록 준비시켰다.

데릭은 어릴 때 혼자 노는 법을 터득했다. "나는 언제나 친구가 있었지만, 혼자 노는 것을 가장 좋아했습니다"라고 데릭은 말했다. 그리고 책의 세계

를 발견한 데릭은 책을 읽으며 인생의 의미를 탐구하기 시작했다.

아홉 살 때 데릭은 사랑하던 조부모 곁을 떠나 기숙학교로 보내졌다. 그 이후로 데릭의 선생님과 친구들은 모두 남자들이었다. 그 당시 학교 시스템은 공부와 운동 양쪽 다 경쟁이 치열했다. 데릭은 스포츠에 열정적으로 참여하여 뛰어났을 뿐만 아니라 학업에서도 늘 수석을 차지했다. 어린 시절부터 근면하고 철저하게 노력하는 훈련을 받은 것이 그런 위치를 유지하는 데 밑거름이 되었다.

데릭이 열세 살 때 교장 선생님이 이튼 칼리지 입학시험을 치르게 했다. 그래서 데릭은 1929년 입학생 가운데 국왕 장학생으로 선발된 열네 명 중 한 학생이 되었다. 그 또래의 다른 학생들처럼 데릭은 아홉 살 때 라틴어를, 열 살 때 그리스어를 공부하기 시작하여 열두 살 때 그 두 언어로 시를 쓰고 번역하는 수준에 도달했다. 고전문학을 공부하면서 데릭은 관념 세계에 매혹되었고 철학에 끌리게 되었다. 데릭의 마음 깊숙한 곳에는 손에 잡히지 않는 한 가지 질문이 언제나 맴돌고 있었다. 인생의 진정한 의미와 목적은 무엇인가?

대령으로 전역하여 소머셋에 있는 시골집에 자리잡은 데릭의 아버지는 인생의 의미를 탐구하는 데릭을 격려했다. 1934년에 아버지가 한 달에 20파운드씩 주는 용돈으로 데릭은 친구와 함께 유럽 대륙을 여행하러 떠났다. 그 나이에 여행하는 사람이 흔치 않던 시절에 여러 가지 외국어에 능했던 데릭은 값싸게 숙식 문제를 해결하며 다닐 수 있었다. 데릭은 때로 박물관과 유적지보다 그 지방 사람들과 풍습이 더 흥미롭다는 것을 발견했다. 심지어 고전문학이 쓰였던 로마와 아테네에서도.

유럽 여행을 마치고 영국으로 돌아온 데릭은 캠브리지 대학교 킹스 칼리지에 장학생으로 입학했다(킹스 칼리지는 이튼 칼리지의 자매학교이다) 킹스 칼리지에서도 데릭은 학문적으로 뛰어나 1938년부터 1940년까지 캠브리지 대학교의 연구 장학생이었다. 데릭은 플라톤 철학을 전공하여 "플라톤의 정의 방법의 진화"라는 제목으로 논문을 썼다. 1940년에 데릭은 스물 네 살 나이로 캠브리지 대학교 킹스 칼리지의 연구원으로 선임되었다.

데릭의 학문적 경력은 2차 세계대전으로 말미암아 갑자기 중단되었다. 자신의 철학적 신념을 바탕으로 데릭은 비전투병과를 선택, 영국 의무대 이병으로 군 복무를 시작했다.

그 시점에서 데릭은 자기가 별로 아는 바가 없는 새로운 종류의 철학을 연구하기로 결정하고, 군에서 읽기 위해 검정 가죽으로 제본된 성경 한 권을 새로 구입했다. 데릭은 그전에 영국 성공회 교회에서 세례를 받고 견진 성사까지 받은 그리스도인으로 이튼 칼리지에서 5년간 공부할 때 의무적으로 예배에 참석했다. 그러나 열여덟 살 때 데릭은 "종교가 자신에게 별 유익을 주지 못한다"는 결론을 내리고, 킹스 칼리지에서는 성경구절을 자기가 봉독할 차례가 되었을 때만 예배에 참석했다.

군에서 첫 9개월 동안 데릭은 성경을 읽어나가며 그전에 읽은 다른 책과 달리 그것에 담겨 있는 의미를 이해할 수가 없었다. 데릭은 이렇게 말했다. "나는 성경을 어떤 범주로 분류해야 할지 알 수가 없었다. 역사? 철학? 문학? 신학? 시? 아니면 성령의 감동으로 쓰인 책인가?"

그러다가 1941년 7월 요크셔에 있는 군 막사에서 데릭은 성경의 저자를 만났다. 그 초자연적인 체험을 회상하며 데릭은 다음과 같이 말했다.

예수님과의 만남을 통하여 나는 두 가지 결론을 내리게 되었다. 첫째, 예수 그리스도는 살아계시다는 것이고 둘째, 성경은 진실하고 오늘날 우리의 삶과 밀접한 관련이 있는 책이라는 것이다. 나는 그 이후로 지금까지 이 두 가지 결론을 수정할 필요를 느끼지 못했다. 그리고 이 두 가지 결론으로 말미암아 내 삶의 진로는 송두리째, 또 영원히 바뀌었다. 예수님과 만난 다음부터 성경은 분명하게 이해되기 시작했다. 하나님과 교감하며 기도하는 것이 호흡처럼 자연스러워졌고, 내 삶의 동기와 목적과 소망이 하룻밤 사이에 변하였다.

나는 오랫동안 찾던 것을 마침내 발견하였다. 인생의 의미와 목적은 예수님이라는 것을 발견한 것이다!

결혼과 사역

예수님을 만나는 체험을 하고 나서 얼마 지나지 않아 데릭 프린스는 수송선에 실려 북아프리카로 파견되었다. 이집트와 리비아와 수단의 사막에서 3년간 복무하던 시절을 두고 데릭은 "사막에서 제자 훈련을 받았다"고 말했다. 데릭은 학문을 닦을 때처럼 성경을 면밀하게 공부했으며, 금식 기도의 효력도 발견하게 되었다.

데릭은 사막의 기후 속에서 치유되지 않는 피부병에 걸려 이집트에 있는 병원에 1년간 누워 있었다. 데릭은 성경에서 치유책을 찾으며 하나님께 기도하다가 잠언 4:20-22을 읽게 되었는데, 그 구절이 데릭을 질병에서 건져 주었다.

> 내 아들아 내 말에 주의하며 내가 말하는 것에 네 귀를 기울이라. 그것을 네 눈에서 떠나게 하지 말며 네 마음속에 지키라. 그것은 얻는 자에게 생명이 되며 그의 온 육체의 건강이 됨이니라.

건강이라고 번역된 히브리어는 marpe인데, 이는 약medicine을 뜻한다. 데릭은 자기 온 육체의 건강에 대한 하나님의 약속을 받아들여, 사람들이 약을 복용하듯이 성경을 읽기로 결정했다. 하루 세 번 식후에. 퇴원 후에 일어나는 일을 자기가 책임지겠다는 서약서에 서명한 다음 데릭은 병원에서 나와 수단의 사막에서 성경을 약으로 복용한 끝에 완전히 그리고 영구적으로 그 피부병이 낫는 체험을 했다.

데릭은 또 수단에서 자기의 조수로 일하던 회교도를 주님께 인도했다. 알리의 변화된 삶이 그 부대 안에서 소문이 크게 퍼져 나가자 다른 군인들이 예수님에 대해 알고 싶어 데릭을 만나러 왔다.

사막에서 3년간 복무한 다음 데릭은 예루살렘에 파견되었다. 거기서 데

릭은 고아들의 엄마 노릇을 하고 있던 덴마크 여성 리디아 크리스텐센을 만났다. 아랍어를 쓰고 있던 리디아와 아이들을 따라 데릭도 아랍어를 연습하며 동시에 히브리어를 독학하기 시작했다.

2차 세계대전이 끝나면서 데릭은 어려운 결정을 내려야 했다. 5년 이상 가족들을 만나지 못했고 사랑하던 조부는 암으로 죽어 가고 있었다. 그리고 캠브리지 대학교의 안정되고 영구적인 교수직이 데릭을 기다리고 있었다. 영국군은 이제 데릭에게 고국으로 돌아가는 교통편을 제공해야 할 의무가 있었다.

그러나 하나님은 데릭을 이스라엘(당시 팔레스타인으로 불림)로 부르셨다. 만약 영국으로 돌아간다면 다시 이스라엘로 돌아올 수 있을까? 결국 데릭은 예루살렘에서 제대하여 그리스도인 전임 사역자로 헌신할 것을 결심했다. 데릭은 리디아와 결혼하면서 리디아가 데리고 있던 딸 여덟 명(유대인 여섯 명, 팔레스타인 아랍인 한 명, 영국인 한 명)의 아버지가 되었다. 데릭과 리디아는 나중에 케냐에서 선교사로 섬길 때 아프리카 아이를 아홉째 딸로 입양했다. 오늘날 그 아홉 명의 딸들은 전 세계에 흩어져 살고 있다. 데릭은 삼십사 명의 손자 손녀, 오십이 명의 증손자 증손녀, 그리고 다섯 명의 고손자 고손녀가 있다. 그 중 손자 다섯 명과 증손자 한 명이 전임사역자로 섬기고 있다.

데릭의 가족들은 1948년 이스라엘이 재건국하는 것을 목격하며 이스라엘 독립전쟁을 겪었다. 그들은 한밤중에 두 번이나 생명에 위협을 느끼고 집에서 뛰쳐나와 어두운 거리로, 불확실한 미래를 향하여 피신해야 했다.

1948년 말, 이스라엘이 신생국가로서 생존하기 위해 몸부림칠 때 데릭과 리디아는 마지못해 예루살렘을 떠나 가족들을 데리고 데릭의 부모가 기다리는 영국으로 갔다.

데릭은 1949년 캠브리지 대학교 킹스 칼리지 연구직을 사임하고 그로부터 8년간 런던 시내에서 작은 오순절 교회를 개척했다. 교회 성도들의 대다수는 데릭이 일주일에 세 번 마블 아치의 스피커스 코너에서 노방전도하여 데리고 온 사람들이었다. 그 시절을 회상하며 데릭은 다음과 같이 말했다.

우리는 많은 사람들이 변하는 것을 목격했지만, 그들은 어느 정도까지만 변하였고 우리가 실제로 도와줄 수 없는 사람들도 많았다. 그 당시 오순절 교인들은 물과 성령으로 세례받고 방언을 하면 자신의 문제는 끝났다고 믿었다. 그러나 애석하게도 그것은 진리가 아니었다. 그 후 몇 년이 흘러 내가 축사 사역을 하게 되어서야 나는 그리스도인들이 온전하게 승리하는 삶을 살 수 있도록 도울 수 있었다.

데릭은 1957년 케냐에 있는 교육대학 학장으로 섬기기 위해 리디아와 함께 동아프리카로 갔다. 데릭은 그 교육대학교 캠퍼스에 고등학교도 설립했는데, 지난 35년간 수천 명의 아프리카 학생이 그 학교를 졸업했다.

1963년에 데릭과 리디아는 아프리카에서 입양한 딸 제시카를 데리고 미국으로 이주했다. 워싱턴 주 시애틀에 있는 작은 교회에서 목회하던 데릭은 어느 주일 설교하던 도중 강대상 앞에서 마귀의 발현과 대면하게 되었다. 흑암의 세력과 직면한 이 체험이 데릭으로 하여금 축사 사역을 시작하게 했다. 데릭의 축사 사역과 설교 테이프는 수많은 사람들을 마귀의 속박으로부터 해방되도록 도와주었다. 데릭은 축사 사역에 관하여 『They Shall Expel Demons 그들이 내 이름으로 귀신을 쫓아내며』란 저서를 남겼다. 데릭이 1980년 대에 쓴 다른 책 『축복이냐 저주냐 당신이 선택하라 Blessing or Curse: You Can Choose, 1999년 베다니출판사 출간』는 수십 개 언어로 번역되어 전 세계 그리스도인 목회자들이 활용하고 있는바, 하나님의 백성들이 이 책으로 말미암아 조상 대대로 이어지는 저주에서 벗어나 성령 안에서 진정한 자유를 누리는 역사가 일어나고 있다.

케네디 대통령이 암살되는 비극적인 사건이 있고 나서 데릭 프린스는 미국인들에게 국가를 위하여 중보기도하는 법을 가르치기 시작했다. 1973년 데릭은 미국을 위한 중보기도자 Intercessors for America 모임의 창립자 가운데 한 사람이 되었고, 그 모임은 미국 전역에 걸친 사역으로 확대되어 나갔다. 같은 해에 데릭이 쓴 『역사를 움직이는 기도와 금식Shaping History Through Prayer and Fasting, 2008년 복의근원 출간』이란 책은 전 세계 그리스도인들에게 자기 나라 정부를 위하여 기도해야 할 책임감을 일깨워 주었다. 그로부터 20년이 지나 이 책의 지하 출판본은 소련과 동독, 체코슬로바키아 공산 정권을 붕괴시키는데 커다란 역할을 했다는 것을 데릭은 알게 된다.

데릭의 설교 테이프가 널리 보급되면서 미국의 여러 지역에서 사역할 수 있는 문이 열렸다. 시카고에 있는 교회에서 목회하던 데릭과 리디아는 1967년 순회하는 사역을 향하여 믿음의 발걸음을 내디뎠다.

같은 해에 데릭은 뉴질랜드에서 자신의 가르침이 한 나라 전체에 영향을 미칠 수 있다는 것을 처음으로 목격한 후 전 세계를 상대로 국제적인 사역을 시작하게 되었다.

가르침을 받지 못한 사람들을 가르치기

1960년대 후반부터 70년대 초반에 카리스마 회복이라고 알려진, 성령이 전 세계에 역사하는 일이 일어났다. 이것은 많은 젊은이를 포함하여 미국인들을 수만 명씩 주님께로 인도했고, 이와 동시에 보수적인 교파 소속의 수많은 그리스도인들이 성령 세례를 받고 믿음을 새롭게 하게 되었다. 그들에게 성경을 이해하는 것을 도와줄 교재에 대한 갈망이 있는 것을 본 데릭 프린스는 기초 교리 총서Foundation Series를 출판했다.

원래 일곱 권의 책으로 나뉘어 출판된 이 총서는 성령의 역사를 특별히 강조하면서 그리스도교 신앙의 위대한 기초 교리를 논리적인 순서로 설명한다. 데릭은 이 총서를 1987년에 수정 보완했고, 1993년에 주제별 색인을

더하여 『성령 충만한 그리스도인의 지침서The Spirit-Filled Believer's Handbook, 2012년 믿음의말씀사 출간』란 제목으로 출판했다. 데릭은 이렇게 말했다. "내가 그리스도의 몸 된 교회에 한 가지 유일하게 남긴 것이 있다면 그것은 성령 충만한 그리스도인의 지침서이다."

이 책은 알바니아어, 아랍어, 불가리아어, 중국어, 크로아티아어, 체코어, 독일어, 헝가리어, 인도네시아어, 몽골어, 폴란드어, 러시아어, 세르보-크로아티아어로 번역되어, 특히 1980년 대 후반 공산주의 치하에서 벗어난 국가를 비롯하여 수많은 나라의 교회에서 기초 교리를 가르치는 교재로 채택되었다. 또 이 책의 일부 내용은 덴마크어, 네덜란드어, 히브리어, 포르투갈어, 스웨덴어, 텔루구어와 베트남어로도 번역되어 새 신자 교육 자료로 활용되고 있다.

이 책을 바탕으로 만든 그리스도인의 기초Christian Foundations 통신 강좌는 수많은 그리스도인들의 믿음을 견고하게, 또 그들의 삶을 풍요롭게 변화시켰다.

데릭이 쓴 『Self Study Bible Course성경 독학 코스』는 1965년에 출판된 이래로 전 세계 그리스도인들로 하여금 믿음에 든든한 뿌리를 내릴 수 있도록 도와주었다. 이 책은 최소 26개 언어로 번역되어 데릭의 다른 어떤 책보다 더 널리 활용되고 있다. 그 이유는 중국, 아프리카, 몽고, 남미, 인도네시아, 러시아 등 다른 문화권에 사는 사람들도 쉽게 이해할 수 있도록 쓰인 책이기 때문이다.

데릭과 리디아는 미국에서 성경을 가르치는 사역을 하며 여러 지역을 여행하다가 성경을 가르치는 다른 사람들을 만나게 되었다. 그들도 성경을 이해하기 원하는 사람들의 새로운 갈망에 응답하여 나선 사람들이었다. 1969년 플로리다에서 데릭 프린스와 밥 멈포드, 찰스 심프슨과 돈 바삼은 자기들이 설교자로 참석한 어떤 집회의 리더쉽의 심각한 문제를 두고 기도하기 위하여 함께 모였다. 그때에 관하여 데릭은 다음과 같이 말했다.

> 우리가 기도를 마치고 일어섰을 때 우리는 하나님께서 특별한 목적을 위하여 특별한 방법으로 우리를 한자리에 모이게 했음을 깨닫게 되었다. 곧 이어서 우리는 서로를 기도로 덮어주고, 각자의 삶을 서로에게 공개하고, 개인적으로 중요한 결정을 내리기 전에 함께 상의하기로 약속했다.

그 네 명의 성경 교사들은 나중에 가담한 언 박스터와 함께 주로 미국을 중심으로 사역하는 제자훈련 운동의 지도자가 되었다. 그들의 가르침은 성경을 가르치는 잡지 『뉴 와인New Wine』에 기사로 게재되어 전 세계 많은 그리스도인들에게 전파되었다.

그 다섯 성경 교사들 사이의 관계가 강화되어 가자 젊은이들이 다가와서 헌신하며 자기들을 이끌어 달라고 요청했다. 그 젊은이들은 또 다른 젊은이들을 제자 훈련시켜 일종의 피라미드 체계를 구축해 나갔다.

1970년대 중반이 되자 사람들이 조종당하고 다른 사람들에게 속박당한다는 소문이 돌기 시작하면서 그 제자훈련 운동은 커다란 물의를 빚게 되었다.

1983년에 데릭은 더 이상 그 운동을 지지할 수 없다는 것을 깨닫고 탈퇴하였다. 곧 이어서 다른 교사들도 탈퇴하였고 그 피라미드 체계는 와해되었다. 데릭은 그때를 회상하며 다음과 같이 말했다.

나는 우리가 갈라디아인들이 범한 죄를 지었다고 믿는다. 성령 안에서 시작한 우리는 육체를 따라 급격히 타락해갔다. 이러한 관점에서 나는 그 운동에 참여한 것을 회개했으며 나의 과오에서 손을 씻었다. 나는 그리스도의 몸과 전도 유망한 많은 청년들의 삶에 손상을 끼친 것을 깊이 뉘우친다.

1970년대에 카세트 테이프 녹음기가 대량으로 생산되면서 성경을 가르치는 일에 새로운 지평이 열렸다. 그 이전의 성경 교사들은 제한된 청중들을 대상으로 한 번만 가르칠 수 있었는데 비하여, 데릭은 자기의 메시지가 수천 개씩 복제되어 세계 여러 곳에 있는 많은 청중들에게 전파될 수 있다는 것을 알게 되었다. 1971년에 데릭과 리디아가 살고 있던 포트 로더데일에 데릭 프린스 출판사를 연 데릭은 자기가 쓴 책과 설교 테이프를 보급하기 시작했다.

데릭의 축사 사역과 제자 훈련 운동 참여는 때로 논쟁을 일으키기도 했으나 데릭의 가르침은 항상 성경적 진리를 광범위하게 다루었다. 1970년대에 데릭 프린스 출판사는 『역사를 움직이는 기도와 금식 Shaping History Through Prayer and Fasting』, 『믿음으로 사는 삶 Faith to Live By』, 『내려놓는 삶의 은혜 The Grace of Yielding』, 『결혼 언약 The Marriage Covenant』을 출판했다.

데릭의 첫째 부인 이야기를 담은 『예루살렘에서의 만남 Appointment in Jerusalem』은 성경을 가르치는 데릭의 다른 저서들과 비교할 때 현저하게 다른 책이다. 소설처럼 극적이고도 속도가 빠른 이 책은 많은 사람들을 주 예수님을 향한 헌신과 더 깊은 믿음으로 이끌었다. 이 책은 1975년 리디아가 심장마비로 갑자기 소천하기 며칠 전에 출판되었다.

리디아는 데릭의 삶에 자로 재기 어려울 정도로 깊은 영향을 끼쳤다. 데릭보다 나이도 훨씬 많고 사역의 경험도 많았지만, 리디아는 기꺼이 뒤로 물러나 데릭의 사역이 성장해 나가도록 떠받쳐 주었다. 데릭이 설교하거나 축사 사역과 치유 사역을 할 때 리디아는 항상 앞줄에 앉아 데릭을 위해 기도했다.

리디아와 룻

데릭은 자기가 쓴 『하나님은 중매인 God is a Matchmaker』이란 책에서 가르치듯이 하나님은 우리의 배우자를 골라주시는 분이라고 굳게 믿는다. "하나님은 내가 배우자를 선택하는 것을 신뢰하지 않으셨다"라고 데릭은 말했다.

1945년에 데릭은 주둔하고 있던 부대에서 순찰 임무를 수행하며 리디아와 리디아가 돌보고 있던 아이들을 위하여 기도하기 시작했다. 그때 일어난 일에 관해 데릭은 다음과 같이 말했다.

성령께서 내가 모르는 방언으로 분명하고도 강력한 말씀을 주셨다. 잠시 멈춘 후에 영어로 번역된 말씀이 뒤따랐다. 그것은 하나님께서 나의 입술을 통하여 내게 말씀하시는 것이었다. "나는 너희 두 사람을 같은 멍에 아래 같은 마구에 묶었느니라(I have joined you together under the same yoke and in the same harness)"

데릭은 그 말씀을 리디아와 함께 어떤 방식으로든 일하라는 뜻으로 받아들였다. 불과 몇 달 후에 리디아와의 관계가 깊어짐에 따라 '멍에yoke'는 결혼을, '마구harness'는 하나님을 함께 섬기는 것임을 데릭은 깨닫게 되었다.

두 사람의 나이 차이와, 문화적 배경과 경험적 배경이 크게 다른 것을 고려할 때 그런 결혼이 어떻게 성공할 수 있을지 데릭은 의아스럽게 여겼다. 데릭은 외아들이었는데 비해 리디아는 두 살부터 열여덟 살 나이에 이르는 소녀들을 여덟 명 데리고 가정을 꾸려 가고 있었다. 데릭은 다음과 같이 말했다.

나는 흥분과 두려움 사이에 끼어 마음을 정할 수 없었지만, 하나님께서 말씀하셨다는 것은 알고 있었다. 하나님은 내게 하신 것과 똑같은 말씀을 나의 내적 갈등에 대해 전혀 모르는 다른 그리스도인에게도 주심으로써 하나님의 뜻을 확증해 주셨다.

데릭과 리디아는 1946년 초, 데릭이 예루살렘에서 제대하기 약 한 달 전에 결혼했다.

데릭과 리디아가 함께 한 기도 생활에는 일치된 힘이 있었고, 그 일치된 힘은 30년간 세 대륙에 걸친 그들의 삶에 닥친 숱한 어려움을 이겨내었다. 데릭은 리디아가 임종할 무렵을 다음과 같이 상기했다.

> 리디아는 말년에 심장이 쇠약해 고통을 당하면서도 놀랍도록 강하고 활동적인 여성이었다. 리디아는 지상에서 사는 자신의 마지막 주까지 그러한 모습을 보여 주었다. 자신의 심장이 제대로 작동하지 않는다는 것을 느낄 때도 리디아는 언제나 성경구절을 외워서 말했다. "내 육체와 마음은 쇠약하나 하나님은 내 마음의 반석이시요 영원한 분깃이시라"시 73:26
>
> 리디아로부터 나는 외적 사정이 내적 정신을 지배하게 해서는 안 된다는 교훈을 배웠다. 하나님께 헌신된 삶 안에는 우리 육신의 약함과 성쇠에 좌우되지 않는 힘의 내적 근원이 있는 것이다.
>
> 리디아가 소천하자 내 몸 내부의 한 부분이 내게서 떨어져 나간 듯한 아픔을 느꼈다. 그러나 자비로운 하나님은 내게 은혜를 베푸시어 리디아를 하나님께 맡겨 드리게 하시고, 나의 아픔을 치유하기 시작하셨다.

리디아와 사별하고 홀몸이 된 데릭은 자신의 삶을 하나님께 다시 헌신하였고, 그것이 하나님의 뜻이라면 남은 여생을 기꺼이 독신으로 살겠다고 주님께 말씀드렸다. 그렇지만 하나님은 다른 계획을 갖고 계셨다. 1977년에 하나님은 다시 중매인으로 등장하셨다. 예루살렘을 방문한 데릭은 어떤 미국 부인이 허리를 다쳐 누워 있다는 말을 들었다. 척추에 문제를 가진 사람들을 치유하는 특별한 은사가 있었던 데릭은 그 부인의 집을 방문하여 긍휼한 마음으로 기도를 해주었으나, 그 자리에서 즉시 어떤 기적이 일어난 징조는 없었다.

며칠이 지난 밤, 데릭이 미국에서 예루살렘으로 다시 돌아오는 문제를 두고 주님의 뜻을 찾고 있을 때, 돌아오는 길을 비전으로 보았다. 그 길은 가파른 언덕이었고, 똑바른 길이 아닌 갈지자 모양이었다.

그 비전은 예루살렘으로 돌아오는 길을 보여주는 것이라고 데릭은 이해했다. 그런데 데릭은 어떤 부인이 그 가파른 언덕길이 시작되는 곳에 앉아 있는 것을 보고 깜짝 놀랐다. 그 부인은 자기가 며칠 전에 기도해준 바로 그 사람이었다. 데릭은 예루살렘으로 돌아오는 길로 들어서려면 그 부인과 결혼해야 한다고 하나님께서 말씀하고 계신 것으로 알아차렸다. 데릭은 또다시 흥분과 두려움 사이에 끼여 마음을 정할 수 없었다. 데릭은 이렇게 말했다. "나는 심지어 하나님께 화를 내고 싶은 마음까지 생겼다. 한 번밖에 만나지 못했고, 아는 바도 없고, 사랑하지도 않는 부인과 결혼하라고 하나님께서 정말 내게 요구하고 계신 것인가?"

그로부터 약 일 년이 지난 1978년 10월에 룻 베이커와 데릭 프린스는 결혼식을 올렸다. 기적적으로 허리가 나은 이야기를 포함한 룻의 이야기는 두 사람이 함께 쓴 책인 『하나님은 중매인God is a Matchmaker』에 담겨 있다. 미국 중서부 지방에서 태어나 자란 룻의 문화적 배경과 경험적 배경은 데릭과 크게 달랐다. 룻은 1952년에 첫 남편과 결혼한 후 유대교로 개종했으나, 1970년에 예수님과 초자연적으로 만난 다음 자신의 삶을 주님께 드렸다. 리디아처럼 룻은 믿음으로 사는 삶에 헌신하였고, 막내딸과 함께 1975년 이스라엘로 이주했다.

 룻과 재혼하였을 때 데릭은 63살이었고, 그들은 예루살렘에 정착하여 중보기도와 저술, 그리고 가끔 사역활동에 나서며 하나님 섬기는 삶을 기대하였다. 데릭과 룻은 비록 1981년부터 예루살렘에서 살았지만, 그들의 사역은 이후 현저히 다른 길로 발전해 나갔다.

복음을 듣지 못한 사람들에게 복음 전하기

 1958년에 데릭 프린스는 케냐 서쪽의 빅토리아 호숫가에 앉아 있었다. 데릭은 그때 일에 관하여 이렇게 말했다.

> 나는 신약성경을 펼쳐 무작위로 마태복음 24:14을 읽었다. "이 천국 복음이 모든 민족에게 증언되기 위하여 온 세상에 전파되리니 그제야 끝이 오리라."
> 예수님의 그 말씀은 온 하늘에 걸쳐 쓰인 것 같이 보였다. 그런 다음 하나님께서 내게 말씀하셨다. "이것이 이 시대 내 백성의 우선순위 일 번이니라."

나는 다음과 같이 응답하였다. "저는 지금 교육사역에 헌신하고 있습니다만, 제가 '이 밭고랑을 쟁기로 가는 일'을 마칠 때 하나님께서 제 삶을 하나님의 우선 순위에 일치시켜 주십시오."

20년 후에 나는 하나님께서 이 기도에 응답하기 위해 어떻게 움직이고 계셨는지 보게 되었다. 1978년에 내가 룻과 결혼한 다음 나의 사역은 하나님의 우선순위와 더 온전하게 결속되기 시작했다. 우리가 결혼하고 나서 불과 4개월 지난 1979년 2월에 나의 방송 설교 프로그램인 "오늘도 데릭 프린스와 함께Today With Derek Prince"가 미국의 8개 라디오 방송국을 통하여 매일 전파를 타기 시작했다.

하나님께서 내게 이런 말씀을 주셨다. "선포하라! 간결하고 단순한 메시지를 쉽게 이해할 수 있도록, 기본적인 성경적 진리를 선포하라."

데릭의 라디오 방송 설교는 미국의 대도시 거의 전부와 수많은 소도시에 이르기까지 뻗어나갔다. 그런데 그 방송 설교 사역의 극적인 성장은 미국 밖에서 일어났다. 1982년에 하나님께서 방송을 듣는 사람들과 후원자들을 통하여 그 프로그램에 재정적 지원을 제공하심에 따라, 데릭과 룻은 그 다음 단계에 도전했다. 그것은 다른 방법으로는 하나님의 말씀을 들을 수 없는 사람들에게 손을 뻗는 사역이었다. 데릭과 룻은 영어 설교를 카리브해 제도, 인도, 중남미 지역에 방송하기 시작했다.

같은 해에 다른 영국인이 하나님의 말씀을 들었다. 데릭처럼 캠브리지 대학교를 졸업하고, 타이완에서 선교사로 섬겼던 로스 패터슨이 하나님으로부터 이런 말씀을 들은 것이었다. "데릭 프린스의 가르침을 중국에 전하라!" 비록 로스 패터슨은 데릭을 만난 적이 없었지만, 데릭과 룻에게 연락을 취해 자기의 비전을 설명했다. 그것은 데릭의 방송 설교 프로그램을 중국 표준어인 만다린어로 번역하여 홍콩에 있는 극동방송국을 통해 방송하는 것이었다.

1984년 4월에 "산 제물Living Sacrifice"이란 제목을 단 데릭의 중국어 방송 설교는 공산주의 중국 전역을 향해 전파를 타기 시작했다. 데릭 프린스에게는 예광밍이란 중국어 이름이 주어졌다. 그것은 밝은 빛이란 뜻이었다.

나중에 그 프로그램은 광동어, 아모이어, 상해어와 스와토우어로도 번역되었다. 한편, 데릭의 모든 저서와 설교 카세트에 담긴 내용을 담아서 중국의 그리스도인 지도자들을 훈련하기 위해 만든 두 번째 프로그램인 "하나님이 인정하는 일꾼The Workman God Approves"이 1986년 12월에 방송으로 나가기 시작했다. 이러한 메시지는 이제 중국 전역과 홍콩, 동남아시아 대부분에 전파되고 있다.

1983년에 데릭의 사역은 재정적인 어려움을 겪게 되었다. 미국에서 책과 카세트 설교 테이프 판매가 줄어들었고, 라디오 방송을 위한 기금도 한 달에 약 2만 불이 부족했다. 데릭과 룻은 이 문제를 두고 하나님께 기도드렸다. 그 다음에 일어난 일에 관해 데릭은 다음과 같이 말했다.

하나님께서는 룻과 나에게 분명하게 말씀하셨다. 책과 설교테이프 판매를 걱정하지 말고, 제3세계와 철의 장막 뒤편에 있는 나라의 국민들과 선교사들에게-내 책과 설교 테이프를 살 돈이 없는 사람들에게-무상으로 공급하라는 말씀이었다.

1984년에 우리는 8개국의 지도자 23명에게 연락하여 내 책과 설교 테이프를 무료로 공급하겠다고 제안했다. 그 사람들은 나를 아는 사람들이었다. 그리고 내 책과 설교 테이프를 유익하게 활용할 수 있는 다른 지도자들의 이름을 제출하라고 그 사람들에게 또 요청했다.

그 미약한 출발 이후로 수십만 권의 책과 오디오 및 비디오 카세트가 120개국의 그리스도인 지도자 수천 명에게 무상으로 공급되었다.

글로벌 아웃리치Global Outreach 프로그램이 전 세계를 향해 새로운 사역의 문을 열었다. 각국 지도자들이 데릭의 책을 읽고 그 내용을 가르치면서 자기 나라 사람들을 위하여 자기 나라 언어로 번역해 달라고 요청했다. 그것이 데릭 프린스 선교회 사역에 번역의 장을 열어 이제 데릭의 저서는 약 50개 언어로 출판되었다.

데릭 프린스 선교회 Derek Prince Ministries가 라디오와 책과 카세트를 통하여 확장되기 시작하면서 데릭과 룻은 미국과 유럽, 남아프리카 지역을 광범위하게 여행하며 사역하게 되었다. 그 다음에는 미개한 지역을 대상으로 하는 사역의 문이 열려 1984년 4월에는 잠비아의 루사카에서 소형 비행기를 타고 수백 마일의 관목림을 넘어 노스웨스트 프

로빈스Northwest Province로 갔다. 앙골라와 자이레 국경 부근의 그 오지에 칠천 명 가까운 사람들이 하나님의 말씀을 듣기 위해 모였다.

그 집회를 위하여 언덕을 끼고 마련한 계단식 좌석에 앉은 아프리카 사람들을 향하여 데릭은 키 큰 나무 아래에서 그리스도교의 기초 교리를 가르칠 수 있었다.

데릭은 다음과 같이 말했다. "나는 십자가부터 설명하기 시작하였다. 예수님이 우리가 받아야 할 모든 악함을 감당하심으로써 하나님의 죄 없는 아들로서 예수님이 받아야 할 모든 선함을 우리가 대신 누리게 되었다는 것을." 그 다음 날부터 데릭은 저주에서 벗어나는 길, 귀신으로부터 해방, 성령 세례와 성령의 은사를 다루었다. 데릭은 또 이렇게 말했다. "아프리카 사람들은 가르침에 굶주려 있다. 설교가 계속되는 한 그들은 꼼짝하지 않고 앉아서 메모를 한다. 만약 두 시간 만에 설교를 마치면, 왜 이렇게 일찍 끝내느냐고 묻는다."

사탄의 초자연적 현상과 더불어 사는 아프리카 사람들은 하나님의 초자연적 권능의 실체를 알고 몹시 흥분하며 기뻐했다. 수천 명이 구원받고, 병이 낫고, 귀신으로부터 해방되고, 물과 성령으로 세례받고, 성령의 은사를 받았다.

그로부터 일 년 후에 데릭은 파키스탄 북부의 한 도시에서 그전에 서양 사람을 본 적이 없는 회교도들에게 같은 메시지를 전했다. 그곳에서도 사탄의 초자연적 현상에 익숙해 있던 현지인들은 하나님의 초자연적 권능을 목격하면서 구원받고, 병이 낫고, 귀신으로부터 해방되는 일이 일어났다.

데릭과 룻은 예루살렘에 살지만, 세계 선교 사무실은 미국에 있기 때문에 전 세계를 여행하며 사역할 때 한 장소에서 다른 장소로 이동하는 것이 경

제적이다. 1984년에 시작된 첫 번째 선교 여행은 3개월이 걸렸다. 1987년의 두 번째 여행은 5개월이 걸렸고, 그때 인도네시아와 말레이시아에서 처음으로 설교했다.

두 번째 선교 여행의 하이라이트는 파푸아뉴기니였다. 데릭은 위클리프 성경 번역가들과 예수전도단 지도자들이 복음을 받아들인 수천 명의 파푸아뉴기니 사람들을 가르치기 위해 자신이 쓴 『기초 교리 총서Foundation Series』를 사용하고 있는 것을 보았다. 파푸아뉴기니 사람들은 데릭을 "아버지"로 우러러보았고, 데릭의 방문을 교역자 형제회와 포트 모스비시와 파푸아뉴기니 항공사가 공동으로 후원했다. 국립방송국은 야외 집회를 위하여 방송 기자재를 대여해 주면서 데릭이 이끄는 집회를 생방송으로 중계했다. 데릭은 이렇게 말했다. "나는 내가 방문하게 될 것이라고는 꿈도 꾸지 않은 나라에서 나의 사역의 열매를 보았다. 파푸아뉴기니의 젊은 교역자들은 선교사들과 주 예수님이 키운 지도자들이었다."

다섯 대륙에 퍼져 있는 데릭의 친구들이 데릭의 70세 생일에 데릭의 소원을 성취시키기 위하여 헌금을 보내왔다. 데릭의 소원은 자신의 방송 설교 프로그램을 스페인어와 러시아어로 번역해서 전파로 내보내는 것이었다. 스페인어 방송 설교는 중남미 대륙과 스페인에 방송되고 있고, 러시아어 방송 설교는 1986년부터 철의 장막 너머로 주 5일 방송되기 시작했다.

하나님께서는 1987년에 또 다른 극적인 방식으로 역사하셨다. 독일인 홀거 그림이 내몽골에 있는 대학교에서 영어를 가르치고 있었다. 홀거는 몽골에서 6000마일 떨어진 인도양의 세이셸에서 "데릭 프린스와 함께 오늘을 Today With Derek Prince"이라는 방송 설교를 들었다. 홀거는 데릭 프린스 선교회로 연락, 그 방송 설교 프로그램을 몽골어로 번역할 수 있는지 문의했다. 그것은 믿음의 큰 도약이 필요한 프로젝트였지만, 몽골어로 번역된 최초의 신약성경이 출판된 시점과 거의 동시에 데릭의 방송 설교도 전파를 타기 시작했다.

데릭의 방송 설교 사역은 계속 확대되어 인도네시아어와 남태평양 섬나라 언어, 그리고 동유럽의 언어로도 번역되어 전파를 타고 있다. 영어, 중국어, 러시아어, 스페인어 방송 설교 테이프는 글로벌 아웃리치 지도자 프로그램Global Outreach Leader's Program을 통하여 전 세계로 보급되고 있다. 오늘날 세계 인구의 절반 이상이 자기들이 이해하는 언어로 데릭의 가르침을 접할 수 있다.

데릭의 가르침은 교역자와 평신도들로 하여금 하나님의 왕국에서 임무를 수행할 채비를 갖춰준다고 많은 사람들이 간증하고 있다.

> 논리적이고도 철학적으로 훈련된 당신의 지성은 하나님의 말씀을 풀이하는 가장 설득력 있고 심오한 도구로 하나님을 섬기는 일에 사용되고 있습니다. - J. E. C.
>
> 성령의 기름부음이 있고 타협하지 않는 당신의 가르침은 그리스도인으로서 살아가는 내 삶의 여정에 큰 도움을 주고 있습니다. 많은

그리스도인들이 절제와 정직과 헌신, 십자가를 지고 매일 죽는 삶에 대한 솔직한 가르침을 찾고 있습니다. 당신의 가르침은 우리에게 도전을 던질 뿐만 아니라, 우리가 따라야 할 매우 분명한 길을 제시하고 있습니다. -S. C. S.

주님은 당신을 이해하기 쉬운 말로 성경을 풀이하는 사람으로 키웠습니다. 우리는 "데릭 프린스가 말하기를…"이라는 표현을 자제하려고 정말 애쓰고 있습니다. 말씀을 하신 분은 하나님이라는 것을 알고 있기 때문입니다. 그러나 당신은 하나님께서 이전에 그런 말씀을 하셨다는 것을 우리가 모르고 있다는 점을 깨우쳐 주었습니다. - P. A.

데릭과 룻의 삶은 하나님과의 친교를 중심으로 이루어진다. 하나님과 교제하는 시간을 통하여 그들은 사역의 방향에 관한 하나님의 지시를 받는 것이다. 데릭과 룻은 일주일에 하루 정기적으로 금식 기도를 하고, 하나님과 홀로 만나는 시간을 갖기 위해 자주 한적한 곳으로 간다.

1980년대에 데릭과 룻의 치유 사역은 새로운 차원으로 접어들었다. 1970년경 데릭은 다소 유별난 영적 은사를 받았는데, 그것은 특히 척추에 문제가 있는 사람들에게 효과적이었다. 데릭은 앞에 앉아 있는 사람 앞에 무릎을 꿇고 그 사람의 발을 자기 손으로 붙들었다. 보통 한쪽 다리가 다른 쪽보다 길게 마련인데, 데릭이 붙들고 있는 동안 짧은 다리가 자라났고, 그 순간 하나님의 치유 능력이 그 사람에게 임하였다. 수천 명의 사람들이 숱한 질병과 장애로부터 기적적으로 치유된 것을 간증하였다. 데릭은 그러한 은사를 가까이 지내던 많은 젊은이들에게 전파해 주었다.

이제 룻이 데릭의 치유 사역에 가담함에 따라 성령의 기름 부음이 증가해 더 많은 사람들에게 안수 기도를 할 수 있게 되었다. 데릭이 한 시간 또는 그 이상 설교한 다음 때로는 자정이 지나서까지 사람들에게 안수 기도하는 일도 있었다. 1984년에 네덜란드의 로테르담에서 열린 집회에서 가장 긴 시간 안수 기도를 한 기록을 남겼다. 오전에 귀신을 쫓아내는 기도를 다섯 시간 한 다음, 저녁에 치유 기도를 여섯 시간 함으로써 총 11시간에 걸친 강력한 사역을 행한 것이다.

남아프리카 프레토리아에서 열린 집회에서 어떤 신학교수가 연단에서 내려오는 사람들을 면담하여 그들의 이름과 주소와 안수 기도를 받고 일어난 일을 기록했다. 6개  월 간 그 사람들과 계속 연락하여 그 신학교수는 그중에서 75%가 치유를 유지했다는 것을 알게 되었다. 거의 모든 사람이 약 6주 후에 믿음의 시련을 겪었고, 그 시점에서 어떤 사람들은 치유를 잃었다. 그 신학교수는 자기가 발견한 것을 신학 논문으로 대학교에 제출했다.

1980년대 후반에 데릭과 룻은 사역하는 다른 부부들을 위하여 기도하기 시작하면서 마태복음 18:19에 따라 두 사람이 합심하여 기도하는 것을 가르쳤고, 자기들의 은사를 그들에게 전파했다. 그것이 열매를 맺어 더 많은 사람들이 하나님의 치유 은혜를 입을 수 있게 되었다.

1990년대에 데릭은 사역의 우선 순위를 조정했다. 데릭은 이렇게 말했다.

나는 사람들의 병이 치유되고 사람들이 귀신으로부터 해방되는 그 모든 기적을 목격하게 해주신 하나님께 감사드린다. 그러나 오늘날 교회가 가장 시급하게 필요로 하는 것은 거룩함이라고 느낀다. 성령님이 죄를 깨닫게 하시고, 의를 깨닫게 하시고, 심판을 깨닫게 하시는 것을 보는 것보다 내게 더 귀중한 것은 없다.

새로운 문

1989년에 철의 장막이 무너졌을 때 데릭 프린스 선교회는 그전에 복음을 듣지 못한 수백만 명의 사람들에게 다가갈 방도를 이미 갖고 있었다. 비록 러시아 사람들로부터 아무런 반응이 없었지만 믿음으로 데릭의 방송 설교를 러시아로 내보내고 있었는데, 철의 장막이 무너지자 갑자기 수많은 편지들이 쇄도했다.

그때 동유럽에서 이미 사역하고 있던 젊은 네덜란드인 브람 우스터위직이 동유럽과 독립국가연합구 소련을 위한 선교 사무실을 열었다. 브람과 그의 동역자들은 그전부터 데릭의 방송 설교를 듣고 있던 수백 명의 목사들과 젊은 그리스도인들을 만났는데, 그들은 더 많은 데릭의 가르침을 갈망했다. 데릭이 쓴 책들을 번역하는 작업이 즉시 시작되어 3년 안에 약 50만 부의 책이 러시아어와 동유럽의 다른 언어로 인쇄되었다.

동시에 『성령 충만한 그리스도인의 지침서 The Spirit-Filled Believer's Handbook』의 내용을 축약해 10개의 비디오에 담은 "신앙의 기초 Laying the Foundation"와 데릭이 그리스도교의 다른 기초 교리에 관하여 20시간 이상 가르치는 내용을 활용하여 비디오 성경 교실이 개발되었다.

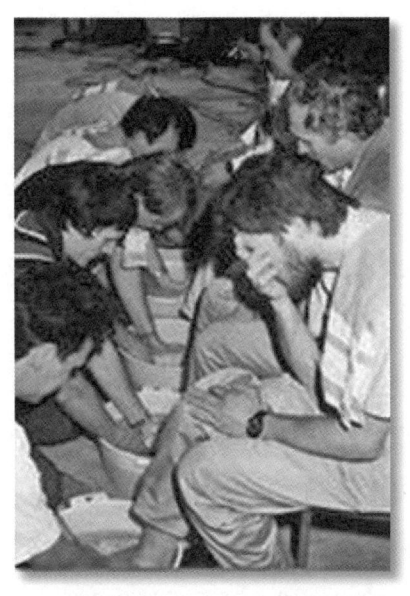

1993년 5월에 데릭 프린스 선교회는 모스크바에서 1000명의 지도자들을 초청하여 집회를 열었다. 그중에는 멀리 일본 북쪽 마가단에서 온 지도자도 있었다. 데릭은 십자가, 저주로부터 벗어나기, 귀신으로부터 해방, 성령 세례, 그리고 영적 은사에 관한 기본적인 가르침을 전했다. 또 각기 다른 민족들을 대표하는 사람들이 서로 화해하는 일이 일어났고, 압제 정권 아래에 살면서 생긴 깊은 상처가 치유되는 일도 발생했다. 데릭은 이렇게 말했다.

그 집회 중의 경배는 내가 여태껏 경험한 것과 완전히 다른 차원이었다. 사람들은 너무나 열정적이었고, "예수 그리스도는 주님이시다"라고 스무 번이나 찬양했다. 그들은 하나님 말씀에 너무나 굶주려 있었다. 그런 사람들을 가르치는 것은 참으로 큰 특권이었다.

그 다음 해에 34개 성경 학교가 독립국가연합에서 시작되었다. 일 년 후에 데릭과 룻은 독립국가연합의 남부 공화국에서 온 사람들을 위해 중앙아시아에 있는 카자흐스탄의 알마티에서 열린 비슷한 집회에 참석했다.

데릭은 1990년에 가진 안식년 때 하나님께 말씀드린 것이 이 모든 사역의 근원이라고 밝혔다.

제 모든 것을 주님께 드립니다. 제가 썼거나 앞으로 쓸 모든 책, 이미 만들었거나 앞으로 만들 모든 설교 카세트와 비디오, 방송 설교를 주님께 드립니다. 그것들은 더 이상 제 것이 아닙니다. 저는 주님께서 그것으로 무엇을 하든 주님의 손에 맡겨 드립니다.

그때 이후로 데릭 프린스 선교회의 해외 사역은 크게 확대되기 시작했다.

또 다른 예는 인도네시아이다. 1990년에는 인도네시아어로 번역된 데릭의 책이 한 권도 없었다. 그로부터 5년이 지나지 않아서 데릭 프린스 선교회는 데릭의 책 중 30권을 인도네시아어로 번역하여 30만 권 이상을 인쇄했다. 인도네시아어로 번역된 데릭의 설교 카세트도 인도네시아에서 복사, 배포되고 있으며, 방송 설교 프로그램도 번역되고 있다. 더 최근에는 데릭의 책과 설교 테이프가 스페인어로 번역되어 라틴 아메리카에 보급되는 문이 극적으로 열렸다.

매일 2만 5000명이 주님을 영접하는 것으로 추정되는 중국에서 데릭 프린스 선교회 사역이 미치는 영향을 평가하는 것은 불가능하다. 중국어로 번역한 방송 설교를 전파로 내보내는 것에 더하여 중국어로 번역한 수십만 권의 책을 몰래 중국으로 갖고 들어가서 보급하였다. 100만 부 보급을 목표로 중국어로 번역한 『기초 교리 총서Foundation Series』가 이 글을 쓰는 현재 20만 부가 인쇄되었다(2010년 5월까지 이 책은 145만 부가 인쇄되었음_역자주_).

데릭 프린스 사역이 크게 확대된 것은 데릭 및 룻과 함께 동역하는 사람들 덕택이다. 인터내셔널 디렉터 데이비드 셀비(데릭의 딸 애너의 남편)는 1971년부터 데릭과 함께 일했다. 미국 노스캐롤라이나 샬롯에 본부가 있는 데릭 프린스 선교회는 호주, 캐나다, 독일, 네덜란드, 뉴질랜드, 남아프리카와 영국에도 지부를 두고 있다. 각 지부는 데릭 프린스 선교회 사역을 자기 나라와 전 세계 추수밭으로 확대하라는 하나님의 부르심을 들은 사람들이 세웠다. 각 지부는 신탁이사회와 지부장이 관리하지만, 데릭과 룻이 멤버였던 인터내셔널 카운슬이 전 세계적인 기획과 조정을 책임진다.

데릭 프린스 선교회의 비전은 그들의 좌우명이 요약하고 있다. "복음을 듣지 못한 사람들에게 복음을 전하고, 가르침을 받지 못한 사람들을 가르친다.(Reaching the Unreached-Teaching the Untaught!)"

이스라엘과 유태인의 친구

데릭은 이렇게 말했다. "영국에서 자란 나는 한 번도 반유대주의 입장을 취한 적이 없었지만, 그렇다고 해서 유태인에 대하여 관심을 가진 적도 없었다. 캠브리지 대학교에 다닐 때 유태인 친구가 두 명 있었으나 그들은 완전히 이방인 문화에 동화된 사람들이었다."

2차 세계대전 말기에 영국군이 데릭을 예루살렘에 배치시켰을 때, 데릭은 유태인들이 2000여 년에 걸친 망명 생활 끝에 수많은 나라에서 돌아오는 것을 보고 놀라움을 금치 못했다. 데릭은 이사야, 예레미야, 에스겔을 읽으며 눈앞에서 성경적 예언이 실현되는 것을 목격하고 있다는 사실을 깨달았다.

히브리대학교의 객원 학생(그 당시 유일한 이방인)으로서, 또 리디아가 돌보던 여섯 명의 유태인 딸들과 함께 생활하면서 데릭은 하나님의 신실함과 인내를, 그리고 온갖 종류의 압력과 경멸을 견뎌낸 유태인들의 끈질긴 국민성을 이해하게 되었다. 데릭은 다음과 같이 말했다.

> 우리는 유태인들에게 엄청난 빚을 지고 있다. 유태인들이 없었더라면, 교회는 열조도 없고, 선지자도 없고, 사도도 없고, 성경도 없고, 구세주도 없다. 내 인생에 가장 소중한 소유물은 나의 성경인데, 나는 성경을 유태인들에게 빚지고 있다.

데릭은 그의 소책자, 『이스라엘에 대한 우리의 빚Our Debt to Israel』과 자신의 설교를 통하여 전 세계 그리스도인들에게 이스라엘과 유태인들에 대한 그들의 책임을 일깨웠다. 데릭이 쓴 『약속의 땅 Promised Land』은 성경에 기록된 예언이 현재 실현되고 있는 것을 자세하게 살피면서 마지막 때 중동에 관한 하나님의 계획을 해설하고 있다.

그리고 또 다른 책 『이스라엘과 교회의 운명The Destiny of Israel and The Church』에서 데릭은 신약성경에 이스라엘 또는 이스라엘인 이란 단어가 79번 등장하는 것을 열거하며, 이스라엘은 결코 교회의 동의어로 사용된 적이 없다고 결론을 내린다. 데릭은 교회가 이스라엘의 특별한 운명을 이해할 필요가 있으며, 교회가 하나님의 목적에 자신을 정렬시켜야 한다고 설명한다.

데릭은 나라마다 다니면서 예레미야 31:10의 예언이 지금 전 세계에 걸쳐 실현되고 있는 것을 설명했다.

이방들이여 너희는 여호와의 말씀을 듣고 먼 섬에 전파하여 이르기를 이스라엘을 흩으신 자가 그를 모으시고 목자가 그 양떼에게 행함 같이 그를 지키시리로다.

그런 다음 데릭은 예수님의 말씀으로 결론을 지었다. "이 글이 오늘 너희의 귀에 응하였느니라" 눅 4:21

데릭은 청중들에게 이 말씀에 긍정적으로 반응하도록 요청하면서 마태복음 25장의 세 가지 비유를 인용하며 다음과 같이 말했다.

각 비유마다 하나님께서 심판하시고 거부하신 사람들이 있다. 왜 그런가? 그 사람들은 모두 공통점이 있었다. 무관심과 수동적인 태도. 그들이 거부당한 이유는 그들이 행한 일 때문이 아니고, 하지 않은 일 때문이었다. 우리는 찬성하든가 반대하든가, 모으든가 흩어버리든가, 세우든가 무너뜨리든가 하는 것이지 중립 지대란 없다. 하나님은 우리 그리스도인들에게 이스라엘을 위해 기도하고 이스라엘을 위로할 것을 요구하신다.

데릭 프린스 부부는 성경의 예언 말씀을 자기들이 확신하고 있다는 것을 본인들이 이스라엘에 거주하면서 유태인들의 삶에 매일 닥치는 압력과 시련을 함께 견딤으로써 보여주었다. 데릭 프린스 부부는 중보기도를 자신들의 주요 사역으로 간주하고 하나님께서 그분의 말씀대로 실현하여 중동과 유태인과 회교도와 명목상의 그리스도인들에게 구원을 가져오시도록 기도했다.

80대의 데릭 프린스

어떤 목회자가 이렇게 말한 적이 있다. "데릭은 전 세계 나라들에 관하여 이야기할 때 내가 내 이웃에 관하여 얘기하는 것처럼 말합니다." 데릭은 80대 나이에 비해 흔하지 않은 융통성과 적응력을 갖고 있었다. 데릭은 하나님께서 기뻐하시는 일이라고 믿으면, 언제든지 자기 삶의 방식 – 또는 규칙적인 운동 습관 – 을 바꿀 준비가 되어 있었다. 하나님의 주권에 대한 절대적인 신뢰와 적응력을 바탕으로 프린스 부부는 젊은 사람들에게도 힘겨운 긴 설교여행을 떠났다.

1994년 말에 데릭과 룻은 남아프리카, 동남아시아, 뉴질랜드와 미국을 거쳐 전 세계를 순회하는 네 번째 설교여행길에 올랐다. 5개월 후에 프린스 부부는 그들의 체험을 통하여 상쾌하면서도 고양된 마음을 안고 예루살렘으로 돌아왔다. 데릭은 이렇게 말했다. "지금은 수확하는 때이다! 심지어 회교 국가에서도 하나님께서는 그분이 택한 백성들을 불러 모으시고 있다."

데릭의 성격 특성으로서 어린 시절부터 형성된 규율과 헌신, 한결같은 마음, 그리고 철저함이 나이가 들면서 성숙에 이르렀다. 데릭은 무엇을 하든 하나님께 온전히 의존하면서 동시에 최선을 다했다. 프린스 부부는 전 세계의 중보기도 용사들에게 데릭 프린스 선교회 사역과 자기들을 기도로 보호해줄 것을 요청했다. 데릭은 사람들의 중보 기도에 많이 의지한다는 것을 인정하였고, 응답 받은 기도를 두고 하나님께 영광을 돌렸다.

데릭과 룻은 노년에 생명을 위협하는 병을 각각 앓았다. 데릭은 이렇게 말했다. "성경구절을 선포하는 법을 배우지 않았더라면 우리 부부는 살아나지 못했을 것이라고 믿는다." 데릭과 룻은 백 개 이상의 성경구절을 암기하여 개인적으로 기도할 때나 집회에서 함께 선포했다.

데릭 프린스는 하나님께서 주신 모든 은사를 성경을 명확하고도 실제적으로 해설하는 데 바쳤다. 다음은 데릭이 이 세대를 위하여 되찾은 성경적 진리들이다.

+ 금식 수련
+ 정부를 위한 기도
+ 귀신으로부터 해방
+ 저주로부터 벗어나기
+ 하나님의 계획 안에서 이스라엘의 위치
+ 말씀 선포의 능력

데릭은 또 1980년대부터 1990년대에 걸쳐, 마지막 때에 일어날 사건들을 성경에 기록된 예언 말씀에 비추어 광범위하게 해석하는 설교를 했다.

여든 살이 된 데릭은 거의 50년에 걸친 사역을 돌아보며 다음과 같이 말했다.

하나님은 신실하시다!
이 모든 사역을 내가 계획하여 이룰 수는 없었다. 인도의 작은 마을에 사는 사람들이 나의 가르침을 안다는 말을 들을 때나, 시베리아에 사는 사람들이 나의 설교 비디오를 본다는 말을 들을 때면 나는 놀라움을 금치 못한다. 하나님께서 이 모든 것을 조정하고 계신 것이다!
50여 년 전에 오늘날의 이스라엘 땅에서 하나님께서 내게 말씀하셨다.

나는 너를 그리스도 예수 안에 있는 진리와 믿음과 사랑으로 수많은 사람들에게 성경을 가르치는 교사로 불렀노라(I have called thee to be a teacher of the Scriptures in truth and faith and love which are in Christ Jesus - for many)

내가 얼마나 많은 사람들에게 성경을 가르치게 될지 나는 상상할 수가 없었다.

그런데 나의 가르침은 단계별로 발전해 나갔다. 처음에 나는 진리를 분명하게 전하려고 노력했다. 그 다음에 하나님께서는 믿음의 필요성을 강조하셨다. 오늘날 나의 최고 목표는 나의 가르침을 듣고, 내 책을 읽는 사람들에게 사랑을 낳는 것이다.

아직도 내가 가르쳐야 할 사람들이 많이 있다고 믿는다. 은퇴할 계획은 없다. 하나님께서 나의 삶에 아직도 갖고 계신 그 모든 계획을 기쁜 마음으로 이루어 나가고자 한다. 하나님께서는 내게 50여 년 이상 신실하신 분임을 증명하셨으니, 내 삶의 마지막 날까지 신실함을 지키실 것이라고 믿는다.

룻 프린스
1995년 예루살렘에서

서문

나는 교파와 민족적 배경이 다른 수많은 그리스도인들을 지난 50년간 가르치고, 상담하고 기도해왔다. 그리스도인들의 삶의 문제는 그들의 배경만큼이나 다양했지만, 그 모든 문제의 표면 아래 한 가지 기본적인 결핍을 나는 계속해서 인지할 수 있었다. 그들은 한 번도 견고한 교리적 기초를 놓은 적이 없었다. 따라서 그들은 흔들리지 않는 그리스도인의 삶을 성공적으로 구축할 수가 없었던 것이다.

나는 그런 그리스도인을, 자신이 살 집을 지을 목적으로 부지를 구입한 사람이라고 머릿속으로 그려본다. 그들은 여러 교회에 출석하고, 집회에 참석하며, 심지어 신학교까지 다니며 오랜 세월에 걸쳐 엄청난 재료들을 축적했다. 그러나 그 모든 노력에도 불구하고 아직까지 집은 지어지지 않았다. 그들이 분주하게 움직이며 사 모은 것이라고 보여줄 수 있는 것은 계속 쌓여만 가는 건축 자재와 가구와 가전 제품뿐이다.

때때로 그들은 또 다른 집회에 참석하여 집 짓는데 필요한 특별한 자재, 예를 들면 대리석 욕조나 오크 나무로 만든 현관문을 사가지고 온다. 그렇지만 집은 여전히 지어지지 않는다. 그 이유는 간단하다. 그들은 아직 집터에 기초 공사를 하지 않은 것이다.

이러한 묘사가 혹시 당신에게 들어맞거나, 또는 당신이 상담하는 사람에게 들어맞지는 않은가?

이 책에서 당신은 어쩌면 생애 처음으로 성공적인 그리스도인의 삶을 구축하기 전에 놓아야 할 성경적 교리의 기초가 있다는 사실을 알게 될 것이다. 성경은 여섯 가지 기초 교리를 말씀하고 있다.히 6:1-2 참조 이 책을 주의 깊게 공부하면, 그 여섯 가지 기초 교리 모두를 완전히 터득하게 될 것이다. 그리고 그 여섯 가지 기초 교리가 성경 전체의 계시와 어떻게 연결되는지 발견하게 될 것이다.

이 기초 교리를 온전히 습득하고 그것을 당신의 삶에 어떻게 실질적으로 적용할 것인지 배우고 나면, 오랜 세월에 걸쳐 당신이 모아온 그 모든 재료들을 활용할 위치에 서게 될 것이다. 심지어 대리석 욕조와 오크 나무로 만든 현관문까지!

이것은 꿈도 아니고, 단순히 그렇게 되었으면 하고 바라는 희망적 생각도 아니다. 이 방법은 대단히 현실적이고 실질적인 것으로, 실제로 효과가 있다.

나는 이 방법이 효과가 있음을 두 가지 측면에서 증명하였다. 첫째로 이것은 나의 삶에 역사하였다. 나는 50여 년에 걸친 어렵고 힘든 시련을 이겨내며 그리스도인으로서 섬기는 삶을 성공적으로 구축할 수 있었다.

둘째로, 이것은 내가 사역한 수많은 사람들의 삶에도 비슷한 결과를 낳았다. 내가 어떤 나라에서 교회 예배나 집회에 참석할 때, 그리스도인들이 내게 다가와 다음과 같은 감사 말씀을 하지 않는 경우가 거의 없다. "프린스 형제님, 당신의 가르침에 감사드립니다. 당신의 가르침이 제 신앙생활의 굳건한 토대가 되어 그 위에 제가 오랜 세월에 걸쳐 그리스도인으로서의 삶을 구축할 수 있었습니다."

이 책의 제목에 '성령 충만한' 이란 단어가 의도적으로 들어갔다. 성령님은 신격 가운데 가장 소홀한 대우를 받는 분이지만, 우리가 하나님에 대하여 아는 모든 것은 성령님께 달려 있다. 오직 성령님만 그리스도를 우리에게 드러내 보여 주실 수 있고, 성경 말씀의 뜻을 해석해 줄 수 있다. 성령님의 역할과 기능을 시인하지 않고서는 어떤 그리스도인의 믿음의 기초라도 불완전할 수밖에 없다(이 책의 3-5부 참조).

이 책의 원고는 1963년과 1964년에 걸쳐 일주일에 한 번 방송된 나의 첫 방송 설교, "성경 학습 시간"을 위하여 작성되었다. 나는 그 방송 설교 프로그램을 1년간 계속하면서 52개의 설교안을 작성했다. 방송 설교 내용은 녹음되어 마침내 일곱 권의 책으로 편집되었다. 그로부터 12년 후에 나는 그 모든 내용을 수정, 편집하여 영국에서 한 권의 책으로 묶어서 출판했다.

그 후 내용을 한 번 더 정밀하게 검토, 개정하여 지금의 책으로 출판되었다. 개정 목적은 이 책에 담긴 내용이 최대한 정확하면서도 이해하기 쉽게 만들기 위한 것이었다.

이 책은 전부, 또는 일부가 아랍어, 알바니아어, 중국어, 히브리어, 헝가리어, 인도네시아어, 몽고어, 러시아어와 세르보 크로아티아어를 포함한 최소 20개 언어로 번역되었다.

현재까지 보급된 부수를 정확하게 집계하는 것은 어렵지만, 적어도 수만 권이 보급된 것으로 추정한다(이 책의 중국어판은 데릭 프린스 선교회 중국 지부를 통하여 2010년까지 145만 부가 보급되었음역자주).

이 책의 내용을 개인적으로 깊이 공부할 수 있게 만든 종합 통신 강좌 코스가 "그리스도교의 기초 교리Christian Foundations"라는 제목으로 1983년에 개설되었다. 전 세계 모든 대륙의 수많은 목회자들과 평신도들이 이 통신강좌에 등록하였다.

이 책의 내용은 전 세계에 영향을 미쳤으나, 미국에서는 한 권의 책으로 발행된 적이 없었고, 미국의 기독서점에서 쉽게 구할 수도 없었다. 나는 마침내 한 권으로 편집된 미국판이 발행된 것이 몹시 기쁘다. 미국판은 주제별 색인이 확대되었고, 완전히 새롭게 만든 성경구절 색인을 담고 있어 목회자나 성경을 가르치는 교사들에게 도움이 될 것으로 믿는다.

마지막으로, 독자들에게 한마디 조언을 드리고 싶다. 이 책을 열린 마음으로 공부하기 바란다. 지적이거나 종교적인 개인적 편견이나 선입견을 내려놓고, 하나님께서 당신에게 직접 말씀하시게 하라. 하나님은 당신에게 하실 말씀이 많다. 그리고 그 모든 말씀은 당신의 유익을 위한 것이다.

데릭 프린스
포트 로더데일, 플로리다
1993년 1월 8일

제1부

믿음의 기초

내게 나아와 내 말을 듣고 행하는 자마다 누구와 같은 것을 너희에게 보이리라 집을 짓되 깊이 파고 주추를 반석 위에 놓은 사람과 같으니 눅 6:47-48

제1부 서문

성경에 관하여

오늘날 전 세계에서 그리스도교를 믿는 사람들의 수는 최소 10억 명으로 추정된다. 이 숫자는 지구 상에 있는 교회의 모든 교파와 모든 인종의 성도들을 포함한 것이다. 이 모든 사람들이 전부 믿음을 능동적으로 실천하는 사람들은 아닐테지만, 모두 그리스도인으로 분류된다. 그러므로 그리스도인들은 세계 인구 중에서 가장 크고 중요한 그룹 중 하나이다.

거의 모든 그리스도인들이 성경을 자기들의 믿음과 신앙 생활의 권위 있는 토대로 인정한다. 성경은 또 두 가지 다른 주요 종교, 곧 유대교와 이슬람교에서도 중요한 역할을 한다. 모든 객관적인 기준으로 판단할 때 성경은 인류 역사에서 가장 많이 읽히고 가장 영향력 있는 책이다. 해마다 성경은 전 세계 베스트셀러 리스트에서 꾸준히 선두 자리를 차지한다. 그러므로, 누구든지 좋은 교육을 받고자 하는 사람은 성경 공부를 빼놓을 수 없다.

오늘날 우리가 읽는 성경은 크게 두 부분으로 나눠진다. 첫째 부분인 구약은 39권의 책으로 구성된다. 구약은 주로 히브리어로 쓰였다. 구약의 일부는 같은 셈족 언어로 히브리어의 자매어인 아람어로 기록되었지만, 둘째 부분인 신약은 27권의 책을 담고 있고, 현존하는 필사본 중 가장 오래된 것은 헬라어로 쓰여 있다.

구약은 천지창조를 간략하게 묘사하고 있는데, 특히 아담의 창조에 대한 이야기가 담겨 있다. 구약의 창세기에는 아담과 그의 아내 하와가 어떻게 하나님을 거역했는지, 그로 말미암아 자기들과 후손과 하나님께서 살게 해주신 모든 환경에 어떤 악한 결과를 초래했는지 기록되어 있다. 그 다음에는 아담의 후손들의 역사를 기록하고 있다.

구약의 창세기에는 11장이 지난 다음 아브라함에 관한 이야기가 등장한다. 아브라함은 특별한 어떤 백성의 아버지가 되도록 하나님께서 선택한 사람이다. 하나님께서는 이 백성을 통하여 전 인류에게 구원을 제공할 계획을 세우셨다. 구약은 하나님께서 이스라엘이라는 이름을 주신 이 백성의 기원과 역사를 기록하고 있다. 구약은 약 2000년에 걸쳐 하나님께서 아브라함과 그의 후손을 다룬 이야기를 기록하고 있다.

구약은 또 하나님의 성품의 다양한 측면과, 하나님께서 개인과 민족을 다루시는 관점을 드러내어 보여준다. 구약이 보여주는 것은 하나님의 공의와 심판, 하나님의 지혜와 능력, 하나님의 자비와 신실하심이다. 구약은 특히 개인 또는 민족과 맺은 언약과 약속을 지키시는 하나님의 신실하심을 강조하고 있다.

이스라엘을 향한 하나님의 특별한 목적의 중심에는 하나님의 언약으로 인을 친 하나님의 약속, 곧 인류의 거역이 부른 모든 악한 결과로부터 인류를 속량하고 인류로 하여금 하나님의 은총을 다시 회복하게 할 임무를 지닌 구원자를 이스라엘 백성에게 보낸다는 약속이 있었다. 히브리어로 이 구원자는 메시아였는데, 그 뜻은 '기름 부은 자'이다.

   신약은 하나님의 그 약속이 나사렛 예수 안에서 실현되는 것을 기록하고 있다. 예수님께 주어진 그리스도란 칭호가 이것을 나타낸다. 이 칭호는 헬라어 크리스토스Christos에서 유래하는데, 그 뜻은 히브리어 칭호 메시아와 똑같이 '기름 부은 자'이다. 예수님은 하나님께서 구약에서 약속하신 기름 부은 자로 이스라엘에 오셨다. 예수님은 구약에서 그의 오심에 관하여 예언된 모든 것을 성취하셨다. 이러한 시각에서 볼 때 구약과 신약은 하나로 연결되어 하나님과 인간에 대한 하나님의 목적을 조화롭게 계시하고 있다.

1장

그리스도교 신앙의 기초

성경의 여러 구절이 믿는 자의 삶을 건물을 짓는 것에 비유한다. 예를 들면, 유다서는 이렇게 말하고 있다. "사랑하는 자들아 너희는 너희의 지극히 거룩한 믿음 위에 자기를 건축하며"유 1:20, 개역한글판

사도 바울도 여러 곳에서 같은 말씀을 하고 있다.

> 너희는 하나님의 집이니라…내가 지혜로운 건축자와 같이 터를 닦아 두매고전 3:9-10

> 너희도 성령 안에서 하나님이 거하실 처소가 되기 위하여 그리스도 예수 안에서 함께 지어져 가느니라엡 2:22

> 지금 내가 여러분을 주와 및 그 은혜의 말씀에 부탁하노니 그 말씀이 여러분을 능히 든든히 세우사행 20:32

이 모든 성경구절에서 믿는 자들의 삶은 건물을 짓는 것에 비유되고 있다.

자연계의 이치에서 어떤 영구적인 건물의 가장 중요한 부분은 기초이다. 건물의 기초가 그 위에 지어질 건물의 무게와 높이를 제한한다. 약한 기초는 작은 건물만 지탱할 수 있을 따름이고, 튼튼한 기초는 큰 건물을 지탱할 수 있다. 기초와 건물 사이에는 상호 확정된 관계가 있다.

나는 예루살렘에서 아시리아인이 지은 집에 산 적이 있다. 그 사람은 예루살렘 시 당국으로부터 이층집을 지을 허가를 얻었고, 그에 따라 기초가 놓여졌다. 그러나 그 사람은 임대 수입을 늘리기 위하여 허가도 얻지 않고 그 자리에 삼층집을 지었다. 그래서 우리가 그 집에 살고 있는 동안 집 전체가 한쪽으로 내려앉기 시작하더니 마침내 한쪽 모퉁이의 직각 상태가 어긋나 버렸다. 무엇이 원인이었을까? 그 집의 기초가 아시리아 사람이 지은 집을 지탱할 만큼 튼튼하지 못했기 때문이다.

영적인 세계의 이치에서도 똑같은 일이 많은 그리스도인들의 삶에 일어난다. 그들은 자신의 삶에 멋지고 웅장한 그리스도교 신앙의 집을 지을 의도를 갖고 출발한다. 그러나 머지않아 그들의 멋진 집은 내려앉고 처지고 기울기 시작하여 기괴한 모습으로 서 있게 된다. 때로는 완전히 무너져 실현되지 않은 맹세와 기도와 좋은 의도의 허물어진 잔재만 수북이 남게 된다.

그 허물어진 잔재 아래에는 실패의 원인인 기초가 묻혀 있다. 적절하게 놓이지 못한 기초가 웅장하게 계획된 집을 지탱하지 못한 것이다.

반석이신 그리스도

그렇다면 무엇이 그리스도인의 삶을 위해 하나님께서 지정하신 기초인가? 이에 대한 답은 사도 바울이 분명하게 제공하고 있다. "이 닦아

둔 것 외에 능히 다른 터를 닦아 둘 자가 없으니 이 터는 곧 예수 그리스도라"고전 3:11

이것은 또한 예수 그리스도에 관한 베드로의 말로도 확인된다. "성경에 기록되었으되 보라 내가 택한 보배로운 모퉁잇돌을 시온에 두노니"벧전 2:6

여기서 베드로는 이사야의 한 구절을 인용한다. "그러므로 주 여호와께서 이같이 이르시되 보라 내가 한 돌을 시온에 두어 기초를 삼았노니"사 28:16 그래서 구약과 신약은 이 대단히 중대한 사실에 대해 일치된 말씀을 하고 있다. 그리스도인의 삶의 진정한 기초는 오직 예수 그리스도 그분이시다. 다른 아무것도 아니고, 다른 어떤 사람도 아니다. 어떤 교리도 아니고, 어떤 교회도 아니고, 어떤 교파도 아니고, 어떤 의식도 아니다. 그리스도인의 삶의 터는 오직 예수 그리스도 그분이시고, "능히 다른 터를 닦아 둘 자가 없다."

다음과 같은 예수님의 말씀을 숙고해보라.

> 예수께서 빌립보 가이사랴 지방에 이르러 제자들에게 물어 이르시되 사람들이 인자를 누구라 하느냐. 이르되 더러는 세례 요한, 더러는 엘리야, 어떤 이는 예레미야나 선지자 중의 하나라 하나이다. 이르시되 너희는 나를 누구라 하느냐. 시몬 베드로가 대답하여 이르되 주는 그리스도시요 살아 계신 하나님의 아들이시니이다. 예수께서 대답하여 이르시되 바요나 시몬아 네가 복이 있도다. 이를 네게 알게 한 이는 혈육이 아니요 하늘에 계신 내 아버지시니라. 또 내가 네게 이르노니 너는 베드로라 내가 이 반석 위에 내 교회를 세우리니 음부의 권세가 이기지 못하리라마 16:13-18

예수님의 이 말씀은 베드로가 그 위에 교회가 세워질 반석이라고 해석되기도 했다. 그리하여 그리스도교의 토대는 예수님이 아니라 베드로라는 뜻이라고 풀이되었다. 이것은 대단히 중요한 질문이므로 그 의미를 확인하기 위하여 예수님의 말씀을 자세히 분석해 보아야 한다.

베드로에게 하신 그리스도의 말씀을 기록한 헬라어는 이 부분에 의도적인 언어의 유희가 있다. 헬라어로 베드로의 이름은 Petros이고, 반석은 petra이다. 발음이 비슷한 이 두 단어를 활용하여 예수님은 이렇게 말씀하신 것이다. "너는 베드로Petros라, 내가 이 반석petra 위에 내 교회를 세우리니"마 16:18

이 두 단어가 발음은 비슷하지만, 그 의미는 상당히 다르다. Petros는 작은 돌 또는 조약돌을 뜻하고, Petra는 큰 바위를 뜻한다. 조약돌 위에 교회를 지을 생각을 하는 것은 어처구니 없는 일이므로 그리스도의 말씀의 진정한 뜻이라고 할 수가 없다.

예수님은 그분이 전하려고 하는 진리의 의미를 분명하게 나타내기 위하여 이 언어의 유희를 사용하신다. 예수님은 베드로를 반석과 동일시하지 않고, 오히려 베드로를 반석과 대비하신다. 예수님은 교회가 세워질 커다란 반석에 비하여 베드로는 얼마나 작고 하찮은 돌인지 지적하고 계신 것이다.

성경과 상식이 동등하게 이것을 확인한다. 만약 그리스도의 교회가 정말 사도 베드로 위에 세워졌다면, 그것은 세상에서 가장 불안정한 조직이 될 것이다. 마태복음 16:21에서 우리는 예수님이 고난을 받고 십자가 처형을 당할 날이 임박했다는 것을 제자들에게 미리 경고하는 내용을 읽는다. 이어서 다음과 같은 말씀이 기록되어 있다.

베드로가 예수를 붙들고 항변하여 이르되 주여 그리 마옵소서 이 일이 결코 주께 미치지 아니하리이다. 예수께서 돌이키시며 베드로에게 이르시되 사탄아 내 뒤로 물러 가라 너는 나를 넘어지게 하는 자로다. 네가 하나님의 일을 생각하지 아니하고 도리어 사람의 일을 생각하는도다 하시고마 16:22-23

여기서 그리스도는 베드로가 사람들의 의견에 영향을 받았고, 심지어 사탄의 꼬드김에 넘어갔다고 질타하신다. 어떻게 해서 그런 사람이 그리스도 교회 전체의 토대가 될 수 있겠는가?

복음서를 읽어보면 베드로는 나중에 여종 앞에서 그리스도를 모른다고 하며 세 번 공개적으로 주님을 부인한다.

예수님이 부활하신 다음, 그리고 오순절날 성령을 받고서도 베드로가 동족인 유대인들을 두려워하여 복음의 진리를 따라 바르게 행하지 아니한 적이 있음을 사도 바울이 꾸짖는다.갈 2:11-14 참조

그렇다면 분명히 베드로는 반석이 아니었다. 그는 인간미가 넘치고, 열성적이고, 타고난 지도자였지만, 다른 사람들과 마찬가지로 인류의 모든 타고난 약점을 지닌 사람이었다. 그러므로 그리스도교 신앙의 토대가 될 수 있는 유일한 반석은 그리스도인 것이다.

이 중요한 사실은 구약에서도 확인된다.

시편 기자인 다윗은 성령의 예언적 감동을 받아 다음과 같이 노래한다.

여호와는 나의 반석이시요…내가 그 안에 피할 나의 바위시요 나의 방패시요 나의 구원의 뿔이시요 나의 산성이시로다시 18:2

시편 62편에서 다윗은 비슷한 믿음의 고백을 한다.

> 나의 영혼이 잠잠히 하나님만 바람이여 나의 구원이 그에게서 나오는도다. 오직 그만이 나의 반석이시요 나의 구원이시요 나의 요새이시니 내가 크게 흔들리지 아니하리로다.

> 나의 영혼아 잠잠히 하나님만 바라라…오직 그만이 나의 반석이시요 나의 구원이시요 나의 요새시니 내가 흔들리지 아니하리로다 나의 구원과 영광이 하나님께 있음이여 내 힘의 반석과 피난처도 하나님께 있도다시 62:1-2, 5-7

예수님이 반석이라는 것을 이 시편보다 더 분명하게 밝힐 수가 없다. 반석이란 단어가 세 번, 구원이란 단어가 네 번 등장한다. 이것은 성경에서 반석과 구원이 분리할 수 없을만큼 친밀하게 결합되어 있다는 것을 뜻한다. 각 단어는 오직 한 사람에게서만 찾을 수 있는데, 그 사람은 바로 주님이시다. 주님만이 반석이시며 구원이심을 '오직'이라는 단어를 반복함으로써 강조하고 있다.

이 진리를 더 확인하기 원하는 사람이 있다면, 베드로가 한 말을 살펴보기 바란다. 베드로가 이스라엘 사람들에게 예수님에 관하여 이렇게 말했다.

> 다른 이로써는 구원을 받을 수 없나니 천하 사람 중에 구원을 받을 만한 다른 이름을 우리에게 주신 일이 없음이라 하였더라행 4:12

그러므로 주 예수 그리스도는 진정한 반석이요, 창세 전부터 계신 반석이요, 그 안에 구원이 있는 반석이다. 이 토대 위에 집을 세우는 사람은 다윗처럼 노래할 수 있다.

오직 그만이 나의 반석이시요 나의 구원이시요 나의 요새이시니
내가 흔들리지 아니하리로다 시 62:6

그리스도와의 만남

그렇다면, 반석이신 그리스도 위에 우리는 어떻게 믿음을 세울 것인가?
그리스도와 베드로가 얼굴을 마주보며 섰던 그 극적인 순간으로 다시 돌아가자. 그때 베드로는 이렇게 말했다. "주는 그리스도시요 살아계신 하나님의 아들이시니이다" 마 16:16 우리는 그리스도가 반석이란 것을 알게 되었다. 그런데 그리스도는 고립된 존재나 추상적인 존재가 아니다. 베드로는 그리스도와 인격적으로 만나는 확실한 체험을 한 것이다. 베드로의 이 체험에는 연속적으로 일어난 네 단계가 있었다.

1. 베드로는 그리스도와 직접 대면했다. 두 사람 사이에는 아무런 중개자가 없었다. 어느 누구도 베드로의 체험에 어떤 역할을 하지 않았다.
2. 직접적이고 인격적인 계시가 베드로에게 허락되었다. 예수님이 베드로에게 말씀하셨다. "이를 네게 알게 한 이는 혈육이 아니요 하늘에 계신 내 아버지시니라" 마 16:17 그것은 인간의 이성이나 지적인 이해의 소산이 아니고, 하나님 아버지께서 베드로에게 직접 영적인 계시를 내리신 것이었다.
3. 베드로가 자기에게 계시된 진리를 시인했다.
4. 베드로가 자신이 시인한 진리를 공개적으로 고백했다.

이 연속적인 네 단계에서 우리는 반석 위에 짓는다는 것이 무엇을 뜻하는

지 보게 된다. 이 모든 단계에 추상적이거나 지적이거나 이론적인 것은 아무것도 없다. 각 단계는 명확하게 개인적인 체험을 포함한다.

첫 단계는 그리스도를 개인적으로 직접 만나는 것이고, 둘째 단계는 그리스도에 관한 영적인 계시를 직접 받는 것이며, 셋째 단계는 그리스도를 개인적으로 시인하는 것이요, 넷째 단계는 그리스도를 공개적으로 고백하는 것이다.

이 네 단계의 체험을 통하여 그리스도는 믿는 자 개개인에게 그들의 믿음을 세울 반석이 된다.

계시

이런 의문이 떠오를지 모른다. 오늘날 어떤 사람이 베드로가 그리스도를 만난 것처럼 직접적이면서도 인격적인 만남을 가질 수 있을까?

그 답은 다음과 같은 두 가지 이유로 가질 수 있다 이다. 첫째로 베드로에게 계시된 분은 순전히 인성만 갖춘 그리스도가 아니었다. 베드로는 목수의 아들, 나사렛 예수를 이미 알고 있었다. 베드로에게 계시된 분은 영원하시고 신성하시고 불변하시는 하나님의 아들이었다. 그분은 하늘에 올라 지금 하나님 아버지 우편에 계시는 그리스도이시다. 거의 2000년이란 세월이 경과했지만 그리스도는 아무 변함이 없는 분이시다. 예수 그리스도는 어제도 동일하시고, 오늘도 동일하시며 앞으로도 영원토록 동일하실 분이시다. 그리스도는 베드로에게 계시된 것과 같이 오늘날에도 진정으로 그분을 찾는 자들에게 여전히 계시될 수 있는 분이시다.

둘째로, 그 계시는 '혈육', 즉 신체적이거나 감각적인 수단을 통하여 온 것이 아니었다. 그것은 성령의 역사로 영적인 계시였다. 베드로에게 이 계시를 준 성령은 지금도 전 세계에서 동일한 그리스도를 계시하며 역사하고 계신다. 예수님 자신이 제자들에게 약속하셨다.

> 그러나 진리의 성령이 오시면 그가 너희를 모든 진리 가운데로 인도하시리니 그가 스스로 말하지 않고 오직 들은 것을 말하며 장래 일을 너희에게 알리시리라 그가 내 영광을 나타내리니 내 것을 가지고 너희에게 알리시겠음이라 요 16:13-14

영적인 계시는 영원한 영적 영역에서 일어나기 때문에 시간의 경과나 언어, 관습, 옷, 또는 상황의 변화 같은 물질적인 요인에 제한 당하지 않는다.

하나님의 아들 예수 그리스도를 인격적으로 만나는 체험, 곧 성령의 도움에 힘입어 계시받고, 시인하고, 고백하는 것은 모든 진정한 그리스도인의 믿음의 터가 되는 변함없는 반석이요, 부동의 토대이다. 교리나 의견, 교회나 교파는 변할 수 있지만 그리스도에 대한 믿음이 놓는 구원의 진정한 반석은 영원하고 변하지 않는다. 어떤 것도 그 반석을 허물 수 없다는 확신을 갖고 우리는 현세로부터 영원에 이르기까지 그 위에 우리의 믿음을 세울 수 있다.

시인

초대 그리스도인들의 편지와 증언에 담긴 그리스도에 대한 그들의 믿음과 관련된 차분한 확신만큼 인상적인 것은 없다. 예수님은 이렇게 말씀하셨다.

> 영생은 곧 유일하신 참 하나님과 그가 보내신 자 예수 그리스도를 아는 것이니이다 요 17:3

이것은 단지 하나님을 자연이나 양심을 통하여 창조주 또는 심판자로 그냥 아는 것이 아니라, 하나님을 예수 그리스도 안에서 인격적으로 계시된 분으로 아는 것이다. 그것은 또 예수 그리스도를 단지 역사적인 인물이나 위대한 선생으로 아는 것도 아니다. 그것은 그리스도와 그리스도 안에 계신 하나님을 직접적으로 그리고 인격적으로 아는 것이다. 사도 요한은 다음과 같이 썼다.

> 내가 하나님의 아들의 이름을 믿는 너희에게 이것을 쓰는 것은 너희로 하여금 너희에게 영생이 있음을 알게 하려 함이라요일 5:13

초대 그리스도인들은 예수님을 믿기만 한 것이 아니라, 예수님을 알았다. 그들에게는 체험적인 믿음이 있었고, 그것이 그들이 믿는 바에 관한 확실한 지식을 주었다.

사도 요한은 같은 요한일서 5:20에서 다음과 같이 쓰고 있다.

> 또 아는 것은 하나님의 아들이 이르러 우리에게 지각을 주사 우리로 참된 자를 알게 하신 것과 또한 우리가 참된 자 곧 그의 아들 예수 그리스도 안에 있는 것이니

이 말씀에 담긴 겸손하고도 차분한 확신에 주목하라. 그들의 확신의 바탕은 어떤 사람에 대한 지식이었고, 그 사람은 곧 예수 그리스도였다. 사도 바울은 디모데에게 보낸 편지에서 같은 종류의 증언을 했다.

> 내가 믿는 자를 내가 알고 또한 내가 의탁한 것을 그 날까지 그가 능히 지키실 줄을 확신함이라딤후 1:12

바울이 "내가 믿는 것을 내가 알고"라 하지 않고 "내가 믿는 자를 내가

알고"라 한 것을 주목하라. 바울의 믿음은 어떤 교리나 교회 위에 세운 것이 아니라, 자기가 직접 만나서 아는 예수 그리스도 위에 세운 것이었다. 그리스도와 인격적으로 만나는 그 체험으로 말미암아 바울은 현세에서나 영원 속에서 아무것도 자기 영혼을 해코지 못한다는 차분한 확신을 가질 수 있었다.

고백

나는 영국 런던에서 몇 년간 노방전도 집회를 가졌다. 집회가 끝날 즈음 나의 전도 메시지를 들은 사람들에게 다가가서 이런 간단한 질문을 했다. "그리스도인이십니까?" 그러면 대개 이런 대답을 듣는 일이 많았다. "그렇다고 생각합니다," 또는 "그렇기를 바랍니다," 혹은 "노력하고 있습니다," 아니면 "잘 모르겠습니다." 이런 대답을 하는 사람들은 모두 한 가지 사실을 분명하게 드러내고 있었다. 그들의 믿음은 예수 그리스도를 직접 인격적으로 만나서 아는 지식의 토대 위에 세운 것이 아니었다.

내가 똑같은 질문을 당신에게 한다고 가정해 보자. "그리스도인입니까?" 당신은 어떤 대답을 할 것인가?

마지막으로 욥기에 적힌 조언으로 이 단원을 맺는다.

> 이제 너는 하나님과 친하고 평안하라. 그리하면 복이 네게 임하리라
> (Now acquaint yourself with Him, and be at peace; Thereby good will come to you) 욥 22:21 NKJV

2장

기초 위에 세우는 방법

우리의 삶에 그리스도와의 인격적인 만남의 기초를 놓은 다음, 어떻게 하면 이 기초 위에 지속적으로 믿음을 쌓아나갈 수 있을까?

이 질문에 대한 답은 각각 집을 짓는 지혜로운 사람과 어리석은 사람에 대한 잘 알려진 비유에서 찾을 수 있다.

> 그러므로 누구든지 나의 이 말을 듣고 행하는 자는 그 집을 반석 위에 지은 지혜로운 사람 같으리니 비가 내리고 창수가 나고 바람이 불어 그 집에 부딪치되 무너지지 아니하나니 이는 주추를 반석 위에 놓은 까닭이요 나의 이 말을 듣고 행하지 아니하는 자는 그 집을 모래 위에 지은 어리석은 사람 같으리니 비가 내리고 창수가 나고 바람이 불어 그 집에 부딪치매 무너져 그 무너짐이 심하니라 마 7:24-27

지혜로운 사람과 어리석은 사람의 차이는 그들의 집에 닥친 시련에 있지 않다는 점을 주목하라. 각 사람의 집은 같은 폭풍우(비와 바람과 창수)를 겪어야 했다. 그리스도교는 아무에게도 천국까지 폭풍우를 겪지 않고 간다고 약속한 적이 없다. 오히려 우리는 다음과 같은 경고를 받고 있다. "또 우리가 하나님의 나라에 들어가려면 많은 환란을 겪어야 할 것이라 하고"행 14:22

환란을 피하여 "천국 가는 길"이라고 세워 놓은 도로표지판은 기만이다. 그런 표지판은 약속된 목적지로 인도하지 않는다.

그렇다면 지혜로운 사람과 어리석은 사람, 그리고 그들이 지은 집 사이의 진정한 차이점은 무엇이었는가? 지혜로운 사람은 반석 위에 집을 지었고, 어리석은 사람은 모래 위에 집을 지었다. 지혜로운 사람은 반석 위에 주추를 놓아 폭풍우가 몰아쳐도 그 집이 무너지지 않았고, 어리석은 사람은 모래 위에 터를 잡음으로써 그 집이 폭풍우를 견디지 못했던 것이다.

성경 – 믿음의 토대

반석 위에 집을 짓는 이 비유를 통하여 우리는 무엇을 이해해야 하는가? 그것은 그리스도인인 우리 각자에게 무엇을 의미하는가? 그리스도는 다음과 같은 말씀으로 그 의미를 분명하게 밝혀주신다.

> 그러므로 누구든지 나의 이 말을 듣고 행하는 자는 그 집을 반석 위에 지은 지혜로운 사람 같으리니마 7:24

따라서 반석 위에 집을 짓는다는 것은 그리스도의 말씀을 듣고 행하는 것을 의미한다.

반석이신 그리스도가 우리의 삶의 토대로 놓이게 되면, 우리는 그 기초 위에서 하나님의 말씀을 듣고 행함으로써, 즉 하나님의 말씀이 가르치는 바를 부지런히 공부하고 우리의 삶에 적용함으로써 믿음을 쌓아나가는 것이다. 이것이 사도 바울이 에베소 교회 장로들에게 다음과 같은 말씀을 한 이유이다.

> 지금 내가 여러분을 주와 및 그 은혜의 말씀에 부탁하노니 그 말씀이 여러분을 능히 든든히 세우사 행 20:32

우리가 하나님의 말씀을 듣고 행하고 공부하고 적용할 때, 하나님의 말씀만이 우리 안에서 그리스도 반석의 기초 위에 튼튼한 믿음의 집을 세울 수 있다.

이것은 우리를 그리스도인의 믿음에서 대단히 중요한 한 가지 주제로 이끌어간다. 그것은 그리스도와 성경의 관계, 그리고 각 그리스도인과 성경의 관계이다.

성경구절은 성경을 '하나님의 말씀'이라고 선언한다. 한편, 여러 성경구절에서 '말씀' 또는 '하나님의 말씀'이란 칭호는 예수 그리스도에게 주어진다. 다음과 같은 구절이 그 예이다.

> 태초에 말씀이 계시니라 이 말씀이 하나님과 함께 계셨으니 이 말씀은 곧 하나님이시니라 요 1:1

> 말씀이 육신이 되어 우리 가운데 거하시매 우리가 그의 영광을 보니 아버지의 독생자의 영광이요 요 1:14

> 또 그가 피 뿌린 옷을 입었는데 그 이름은 하나님의 말씀이라 칭하더라 계 19:13

이러한 이름의 정체성이 사물의 속성을 드러낸다. 성경은 하나님의 말씀이고, 그리스도도 하나님의 말씀이다. 성경과 그리스도는 똑같이 하나님을 신성하게, 권위 있게, 그리고 완벽하게 계시하고 있다. 성경과 그리스도는 서로 완벽하게 일치한다. 성경은 그리스도를 완벽하게 계시하고, 그리스도는 성경을 완벽하게 성취한다. 성경은 기록된 하나님의 말씀이고, 그리스도는 하나님께서 친히 하시는 말씀이다. 인간의 모습으로 태어나기 전에 그리스도는 하나님 아버지와 함께 계셨던 영원한 말씀이었다. 인간의 모습으로 태어난 그리스도는 말씀이 육신이 된 것이었다. 성경에 기록된 말씀을 통하여 하나님을 계시하는 성령은 또한 말씀이 육신이 된 나사렛 예수 안에서 하나님을 계시한다.

제자의 증거

만약에 그리스도가 이런 의미에서 성경과 완벽하게 일치한다면, 믿는 자와 성경의 관계도 믿는 자와 그리스도의 관계와 같아야 한다. 성경은 여러 곳에서 이 점에 관하여 증언하고 있다.

우선 요한복음 14장을 살펴보자. 여기서 예수님은 자기가 육신으로는 더 이상 제자들 앞에 존재하지 아니할 것이므로 자신과 제자들 사이에 새로운 관계가 형성되어야 한다고 제자들에게 미리 알려주신다. 예수님의 제자들은 이 임박한 변화를 받아들일 수도 없고, 받아들이고 싶어하지도 않는다. 특히 제자들은 그리스도께서 자기들을 떠난다면 어떻게 그들이 그리스도를 볼 수 있으며, 그리스도와 교감할 수 있는지 이해하지 못한다. 그리스도는 다음과 같이 말씀하신다.

> 조금 있으면 세상은 다시 나를 보지 못할 것이로되 너희는 나를 보
> 리니 요 14:19

이 성구의 마지막 부분은 이렇게 번역할 수도 있다. "너희는 나를 계속해서 보리니." 이 말씀 때문에 유다(가룟 유다가 아닌 다른 유다)가 묻는다.

> "주여 어찌하여 자기를 우리에게는 나타내시고 세상에는 아니하려
> 하시나이까?" 요 14:22

유다의 이 질문을 다음과 같이 다르게 표현할 수 있다. "주여, 주님께서 떠나시고 이제 더 이상 세상이 주님을 보지 못한다면, 어찌하여 주님의 제자인 우리는 주님을 볼 수 있는데 당신의 제자가 아닌 사람들은 주님을 볼 수 없나이까? 세상이 모르는 어떤 방식으로 우리와 연락하려 하십니까?" 예수님은 이렇게 대답하신다.

> 사람이 나를 사랑하면 내 말을 지키리니 내 아버지께서 그를 사랑하
> 실 것이요 우리가 그에게 가서 거처를 그와 함께 하리라 요 14:23

이 대답을 이해하는 열쇠는 "내 말을 지키리니"에 있다. 그리스도의 말씀을 지킨다는 것이 진정한 제자와 세상에 속한 사람을 구별하는 표지이다.

그리스도의 대답에는 진정한 그리스도인이 되고자 하는 모든 사람에게 대단히 중요한 네 가지 사실이 담겨 있다.

의미를 분명하게 드러내기 위하여 우선 예수님의 대답을 되풀이한다.

> 사람이 나를 사랑하면 내 말을 지키리니 내 아버지께서 그를 사랑하
> 실 것이요 우리가 그에게 가서 거처를 그와 함께 하리라 요 14:23

네 가지 중요한 사실은 다음과 같다.

1. 하나님의 말씀을 지키는 것은 그리스도의 제자를 세상과 구별하는 가장 중요한 특징이다.
2. 하나님의 말씀을 지키는 것은 제자에게 있어 하나님에 대한 사랑의 가장 큰 시험이며, 하나님께서 제자에게 베푸시는 은혜의 가장 큰 원인이다.
3. 하나님의 말씀을 지키고 순복할 때, 그리스도는 하나님의 말씀을 통하여 제자에게 자신을 나타내신다.
4. 하나님 아버지와 그 아들 예수님은 제자의 삶에 오셔서 하나님의 말씀을 통하여 영원히 그와 함께 거할 집을 세우신다.

사랑의 시험

그리스도의 이 말씀 곁에 사도 요한의 말씀을 나란히 두고 검토해 보자.

> 그를 아노라 하고 그의 계명을 지키지 아니하는 자는 거짓말하는 자요 진리가 그 속에 있지 아니하되 누구든지 그의 말씀을 지키는 자는 하나님의 사랑이 참으로 그 속에서 온전하게 되었나니 이로써 우리가 그의 안에 있는 줄을 아노라 요일 2:4-5

우리는 이 두 성구로부터 믿는 자의 삶에 하나님의 말씀이 얼마나 중요한지를 알게 된다.

요약하면, 하나님의 말씀을 지키는 것이 당신을 그리스도의 제자로 구별시킨다. 그것은 하나님에 대한 당신의 사랑의 시험이요, 당신을 향한 하나님의 특별한 은혜의 원인이다. 하나님의 말씀을 지키는 것은 그리스도가 자기를 당신에게 드러내는 방법이며, 그것을 통하여 하나님 아버지와 그 아들 예수님이 당신의 삶에 오셔서 거처를 당신과 함께 하신다.

이 말씀의 뜻을 다음과 같이 다른 말로 설명하고자 한다.

하나님의 말씀에 대한 당신의 태도는 하나님에 대한 당신의 태도이다. 당신이 하나님 말씀을 사랑하는 것 이상으로 하나님을 사랑할 수는 없다. 하나님 말씀에 순복하는 것 이상으로 하나님께 순복할 수는 없다. 하나님 말씀을 공경하는 것 이상으로 하나님을 공경할 수는 없다. 하나님의 말씀에 드리는 자리 이상으로 당신의 심령과 생명에 하나님을 위한 자리를 드릴 수가 없다.

하나님이 당신에게 얼마나 소중한 분인지 알고 싶은가? 그러면 이렇게 자문해 보라. 하나님의 말씀은 나에게 얼마나 소중한가? 두 번째 질문에 대한 답은 첫 번째 질문에 대한 답이기도 하다. 하나님 말씀이 당신에게 소중한 만큼 하나님은 당신에게 소중한 분인 것이다. 더 이상도 아니고, 꼭 그만큼만.

계시의 방법

오늘날 그리스도 교회에는 우리가 사도행전 2:17에서 예언된 시대로 접어들었다는 인식이 널리 퍼져나가고 있다.

> 하나님이 말씀하시기를 말세에 내가 내 영을 모든 육체에 부어주리니 너희의 자녀들은 예언할 것이요 너희의 젊은이들은 환상을 보고 너희의 늙은이들은 꿈을 꾸리라.

나는 최근에 다섯 대륙에서 성령의 부음을 직접 체험하고 관찰하는 특권을 누리게 해주신 하나님께 겸허하게 감사드린다. 아프리카, 아시아, 유럽, 미국, 호주에서 이 예언의 모든 내용이 수없이 반복해서 실현되고 있는 것이다. 따라서 나는 오늘날 성령의 아홉 가지 은사가 성경적으로 나타나고 있음을 확고하게 믿는다. 그리고 나는 하나님께서 예언과 환상과 꿈과 또 다른 형태의 초자연적 계시를 통하여 믿는 자들에게 말씀하고 있음을 믿는다.

그렇지만 나는 하나님께서 그분의 백성에게 말씀하시고, 자기를 계시하시고, 그들을 인도하시고, 지시하시는 방법 가운데 최고의 권위를 가진 것은 성경 말씀이라고 생각한다. 다른 모든 형태의 계시는 성경 말씀에 비추어 신중하게 검증되어야 하고, 오직 성경에 기록된 교리와 교훈과 의식과 실례와 일치하는 것만 받아들여야 한다고 믿는다. 성경은 다음과 같이 말씀하고 있다.

> 성령을 소멸하지 말며 예언을 멸시하지 말고 범사에 헤아려 좋은 것
> 을 취하고 살전 5:19-21

그러므로 성령의 진정한 나타남을 소멸하는 것은 옳지 않다. 성령을 통하여 주어진 예언을 멸시하는 것도 옳지 않다. 한편 성령의 나타남이나 예언은 반드시 성경의 기준에 비추어 검증해 보아야 한다. 그런 다음 오직 하나님의 기준과 일치하는 예언과 성령의 나타남만 취해야 하는 것이다. 이사야는 다음과 같이 경고한다.

> 마땅히 율법과 증거의 말씀을 따를지니 그들이 말하는 바가 이 말씀
> 에 맞지 아니하면 그들이 정녕 아침 빛을 보지 못하고 사 8:20

그러므로 성경, 곧 하나님의 말씀은 다른 모든 것을 검증하는 최고의 기준이다. 어떤 교리나 의식이나 예언이나 계시도 하나님의 말씀과 일치하지 않으면 받아들이지 말아야 한다. 어떤 사람도, 무리도, 조직도, 교회도 하나님의 말씀을 바꾸거나, 하나님의 말씀보다 우선하거나, 하나님의 말씀에서 벗어날 권위가 없다. 어떤 사람이나 무리나 조직이나 교회가 어떤 측면이나 어떤 각도에서 하나님의 말씀으로부터 벗어난다면 그 측면이나 각도만큼 그들은 어둠 속에 있는 것이다. 그들은 정녕 아침 빛을 보지 못한다.

우리는 지금 성경의 지고한 권위는 다른 모든 계시나 교리의 근원을 초월한다는 것을 더욱 강조해야 할 필요가 있는 때에 살고 있다. 마지막 때에 전 세계적으로 엄청난 성령의 부음이 있고, 이 성령의 부음과 동반하여 다양한 초자연적 현상이 일어날 것임을 앞에서 이미 언급한 바 있다.

그렇지만 성령의 나타남과 활동이 증가하는 만큼 마귀의 세력의 활동도 비례해서 왕성해질 것이라고 성경은 또 우리에게 경고한다. 마귀의 세력은 언제나 하나님의 백성을 대적하고 지상에서 하나님의 목적이 실현되는 것을 막으려고 한다.

이 마지막 때에 관하여 그리스도께서 우리에게 경고하시는 말씀을 들어보자.

> 그 때에 사람이 너희에게 말하되 보라 그리스도가 여기 있다 혹은 저기 있다 하여도 믿지 말라 거짓 그리스도들과 거짓 선지자들이 일어나 큰 표적과 기사를 보여 할 수만 있으면 택하신 자들도 미혹하리라 보라 내가 너희에게 미리 말하였노라 마 24:23-25

사도 바울도 다음과 같이 우리에게 경고한다.

그러나 성령이 밝히 말씀하시기를 후일에 어떤 사람들이 믿음에서 떠나 미혹하는 영과 귀신의 가르침을 따르리라 하셨으니 자기 양심이 화인을 맞아서 외식함으로 거짓말하는 자들이라 혼인을 금하고 어떤 음식물은 먹지 말라고 할 터이나 음식물은 하나님이 지으신 바니 믿는 자들과 진리를 아는 자들이 감사함으로 받을 것이니라 딤전 4:1-3

사도 바울은 여기서 우리에게 경고하기를 마지막 때에 거짓된 교리와 이단이 크게 퍼져나갈 것이라고 한다. 그리고 그러한 현상의 배후에는 미혹하는 영과 귀신의 공작이 있다는 경고이다. 사도 바울은 음식물 섭취와 정상적인 결혼 관계에 부자연스럽고 비성경적인 금욕주의를 부과하는 종교적 교리와 의식을 그런 사례로 언급한다. 바울은 그릇된 종교적 형식에 미혹당하는 일을 막는 안전장치는 하나님의 말씀의 진리를 알고 믿는 것이라고 말씀한다.

하나님이 내려 주신 이 진리의 기준에 비추어 우리는 모든 형태의 마귀의 미혹과 오류를 능히 간파하고 거부할 수 있다. 그러나 성경이 가르치는 진리에 대한 지식과 견고한 믿음 없이 종교인이라고 자칭하는 사람들에게 지금은 정말 위험한 때이다.

우리는 성경에 확립된 한 가지 대단히 중요한 원칙을 이해할 필요가 있다. 그것은 하나님의 말씀과 하나님의 영은 언제나 완벽한 조화와 일치를 이룬 가운데 역사한다는 것이다. 우리는 절대로 말씀을 성령으로부터, 또는 성령을 말씀으로부터 분리시켜서는 안 된다. 말씀이 성령으로부터 이탈해서 역사하거나 성령이 말씀으로부터 이탈해서 역사하는 것은 하나님의 계획이 아니다.

여호와의 말씀으로 하늘이 지음이 되었으며 그 만상을 그의 입 기운으로 이루었도다시 33:6

여기서 '기운breath;숨'으로 번역된 단어는 히브리어 원문으로는 '영spirit'이다. 그런데 '기운'이라는 단어를 사용함으로써 하나님의 영이 운행하는 모습을 아름답게 묘사하고 있다. 하나님의 말씀이 하나님의 입으로부터 나갈 때 하나님의 영, 곧 하나님의 기운숨도 따라 나가는 것이다.

인간의 차원에서 설명하자면, 우리가 어떤 말을 하기 위해 입을 열 때마다 우리의 기운숨도 말을 따라 나가게 되어 있다. 하나님도 마찬가지이다. 하나님의 말씀이 나갈 때 하나님의 기운숨, 곧 그의 영도 따라 나간다. 이런 방식으로 하나님의 말씀과 하나님의 영은 항상 완전한 합일을 이루고 함께 운행한다.

시편 기자가 묘사한 이것을 우리는 천지창조 이야기에서 보게 된다. 창세기 1장을 읽어 보자.

하나님의 영은 수면 위에 운행하시니라창 1:2

그 다음 절에는 다음과 같이 기록되어 있다.

하나님이 이르시되 빛이 있으라 하시니창 1:3

하나님의 말씀이 나갔고, 하나님께서 빛이라는 단어를 발음하셨다. 그러자 말씀과 하나님의 영이 연합하면서 창조 작업이 일어나 빛이 생기매 하나님의 목적이 성취되었다.

위대한 천지창조 행위에서 일어난 일은 우리 각자의 삶에서도 같은 방식으로 일어난다. 우리의 삶 안에서 연합한 하나님의 말씀과 하나님의 영은 하나님의 모든 창조적 권위와 능력을 갖추고 있다. 말씀과 영을 통하여 하나님은 우리에게 필요한 모든 것을 공급하시고 우리를 향한 하나님의 온전한 뜻과 계획을 이루어 나가신다. 그러나 만약 우리가 이 두 가지를 분리하여 말씀 없이 성령을 찾거나, 성령을 떠나 말씀을 공부하면 우리는 길을 잃고 하나님의 계획을 놓치게 된다.

말씀을 떠나 성령의 나타남을 찾으면 언제나 무지와 광신과 오류로 끝나게 되고, 성령의 도움을 받지 않고 말씀만 입으로 따르면 능력이 결핍된 죽은 종교적 형식으로 귀결되고 만다.

3장

하나님 말씀의 권위

이 주제에 관하여 공부하면서, 먼저 그리스도의 말씀을 살펴보자. 요한복음 10장에서 그리스도는 자신이 하나님의 아들이라는 주장에 대해 유태인들이 반발하는 것을 보고 그것이 정당한 주장이라고 말씀하신다. 그리스도는 자기의 주장이 정당함을 입증하기 위해 구약의 시편을 인용하면서 그것을 '너희 율법'이라고 지칭하신다.

> 예수께서 이르시되 너희 율법에 기록된 바 내가 너희를 신이라 하였노라 하지 아니하였느냐 성경the Scripture은 폐하지 못하나니 하나님의 말씀the word of God을 받은 사람들을 신이라 하셨거든 하물며 아버지께서 거룩하게 하사 세상에 보내신 자가 나는 하나님의 아들이라 하는 것으로 너희가 어찌 신성모독이라 하느냐 요 10:34-36

예수님은 유태인들에게 답변하면서 성경the Bible을 가리키는 두 명칭을 사용하시는데, 이 두 명칭은 그 후 예수님을 따르는 사람들에 의해 다른 어떤 명칭보다 많이 사용되었다. 첫째 명칭은 '하나님의 말씀the Word of God' 이고, 둘째 명칭은 '성경the Scripture 성서로 번역할 수도 있음'이다. 이 두 가지 주요 명칭이 각각 성경의 본질에 관하여 우리에게 알려 주는 것이 무엇인지 살펴보자.

예수님이 성경을 '하나님의 말씀'이라고 불렀을 때, 그 안에 계시된 진리는 사람에게서 나온 것이 아니고 하나님으로부터 유래한 것이라는 사실을 표명하셨다. 성경을 세상에 전하기 위하여 많은 사람들이 다양한 방식으로 사용되었지만, 그들은 모두 하나님께서 사용하신 도구나 전달 경로였을 따름이다. 성경의 어떤 메시지나 계시도 사람에게서 나온 것은 없고 오직 하나님으로부터 유래한 것임을 알아야 한다.

성경-기록된 하나님의 말씀

또 한편으로는 예수님이 둘째 명칭인 '성경(성서)'라는 말을 사용했을 때, 성경에는 하나님께서 정하신 제한이 있다는 것을 표명하셨다. '성서 The Scripture'란 단어는 '기록된 것'을 뜻한다. 전능하신 하나님의 뜻과 지식의 전부를 모든 측면에서 자세하게 기록하고 있지는 않다. 심지어 하나님께서 여태까지 사람을 통하여 주신 모든 메시지를 전부 담고 있지도 않다. 이것은 성경에 기록으로 남아 있지 않은 선지자들의 말씀을 성경이 인용하고 있는 것으로도 증명된다.

그러므로 성경은 완벽하게 정확하고 권위 있으면서도 매우 선별적인 하나님의 말씀이란 것을 알게 된다. 성경의 메시지 전달 대상은 전 인류이고, 그 메시지는 인류가 이해할 수 있는 언어로 표현되어 있다. 성경 메시지의 중심 주제와 취지는 인류의 영적인 안녕welfare이다. 성경은 죄의 본질과 죄의 결과를, 그리고 그리스도를 믿음으로 말미암아 죄와 그 결과로부터 해방되는 길을 보여준다.

이제 요한복음 10:35에 기록된 예수님의 말씀으로 한 번 더 돌아가 보자. 예수님은 성경의 두 가지 명칭, 즉 '하나님의 말씀'과 '성경(성서)'를 친히 승인하실 뿐만 아니라, '성경은 폐하지 못하나니'라고 말씀하심으로써 성경의 완전한 권위를 분명하게 확립하신다.

'폐하지 못하나니'라고 하는 이 짧은 말씀은 성경에 지고한 하나님의 권위가 있다는 주장을 담고 있다. 사람들이 성경을 지지하거나 반대하는 글을 수없이 쓸 수 있겠지만, 결국 예수님이 말씀하신 세 단어가 그 모든 시비를 판가름한다. '성경은 폐하지 못하나니.'

성경과 관련된 사람들은 단지 도구나 전달 경로이었을 따름이고, 성경의 모든 메시지나 계시는 하나님으로부터 유래한 것이라는 성경의 주장과 성경의 완전한 권위를 부인할 논리적인 근거나 이성적인 근거는 없다. 우리는 지금 인간이 인공위성을 우주 공간으로 발사하는 시대에 살고 있다. 인간은 눈에 보이지 않는 전파를 이용하여 수천 마일 떨어진 거리에 있는 인공 위성의 궤도를 조종하고 인공위성과 통신을 주고 받는다.

인간이 이와 같은 업적을 이룰 수 있을진대 하나님께서 정신적인 능력과 영적인 능력을 갖춘 인간을 창조하시어 인간과 의사소통하시는 가능성을 부인하는 것은 맹목적인 편견이라 하겠다. 성경은 하나님께서 영적, 정신적 능력을 갖춘 인간을 창조하신 후 인간에게 지시하시고 인도하시며 교통하셨고, 지금도 교통하고 계신다고 단언한다.

현대 과학의 발견과 발명은 성경의 주장을 거스르기보다 오히려 정직하고 마음이 열려 있는 사람들로 하여금 성경의 바탕이 되는 하나님과 인간 사이의 관계를 마음속으로 쉽게 그려볼 수 있도록 도와준다.

성령의 감동을 받아

하나님께서 성경을 기록한 사람들의 영과 마음을 실제로 인도하고 지시하고 그들과 교통하실 때 눈에 보이지 않는 하나의 지고한 능력을 이용하셨다고 성경은 분명하게 말씀하고 있다. 이 눈에 보이지 않는 능력은 성령, 곧 하나님의 영이시다. 사도 바울의 말씀을 읽어 보자.

> 모든 성경은 하나님의 감동으로 된 것으로 교훈과 책망과 바르게 함과 의로 교육하기에 유익하니 딤후 3:16

여기서 '하나님의 감동으로'라고 번역된 단어의 원문의 뜻은 '하나님께서 숨을 불어넣음으로'이며, 영Spirit이라는 단어와 직접 관련되어 있다. 다른 말로 하자면, 하나님의 영, 곧 성령이 성경의 여러 책을 기록한 모든 사람들을 인도하고 지시한, 눈에 보이지 않으면서도 틀림이 없는 능력이었다.

사도 베드로의 말씀이 이것을 더 명확하게 설명해준다.

> 먼저 알 것은 성경의 모든 예언은 사사로이 풀 것이 아니니 벧후 1:20

이 말씀은 앞에서 이미 설명하였듯이 성경의 메시지나 계시는 인간에게서 나온 것이 아니고, 언제나 하나님으로부터 온 것이란 뜻이다.

그 다음 구절에서 베드로는 왜 예언을 사사로이 풀면 안 되는지 설명한다.

예언은 언제든지 사람의 뜻으로 낸 것이 아니요 오직 성령의 감동하
심을 받은 사람들이 하나님께 받아 말한 것임이라벧후 1:21

'감동하심을 받은' 이라고 번역된 단어의 헬라어 원문을 글자 그대로 해석하면 '길을 인도받아' 라는 뜻이다. 달리 말하면, 오늘날 인간이 우주 공간에 있는 인공위성의 궤도를 전파와 전자의 상호작용을 통하여 조종하듯이, 하나님께서 인간의 영적, 정신적 능력과 성령의 상호 작용을 통하여 성경을 기록한 사람들을 인도하신 것이다. 현대 과학적 증거 앞에서 하나님이 성령을 통하여 인간과 교통하실 수 있는 가능성을 부인하는 것은 편견을 드러내는 행위일 뿐이다.

구약에서는 성령의 감동이라는 같은 진리가 다른 그림으로 우리에게 제시된다. 그것은 인공위성을 우주 공간으로 발사하는 시대와는 동떨어진, 아득한 옛날에 살았던 사람들이 종사하던 일에서 따온 그림이다. 시편 기자인 다윗은 다음과 같이 말했다.

여호와의 말씀은 순결함이여 흙 도가니에 일곱 번 단련한 은 같도다

시 12:6

이 구절은 흙 도가니에 은을 정화하는 과정을 묘사하면서 성경적 진리를 비유적으로 표현한다. (그런 흙 도가니는 지금도 아랍 사람들이 여러 가지 용도로 사용하고 있다.) 흙 도가니는 인간을 상징하고, 은은 인간이란 경로를 통해 전달되는 하나님의 메시지를 상징하며, 불은 완전히 단련된 순은, 곧 절대적으로 정확한 메시지를 만들어내는 성령을 상징한다. '일곱 번' 이란 말은 성경의 여러 구절에서 7이란 숫자가 의미하듯이 완벽한 성령의 역사를 표시한다.

그러므로, 성경에 기록된 하나님의 메시지가 절대적으로 정확함은 성령의 완벽한 역사로 인한 것이라는 사실을 우리는 확신할 수 있다. 성령의 완벽한 역사는 인간의 모든 연약함을 허용하지 않고, 인간적 착오의 모든 찌꺼기를 제거함으로써 인간에 대한 하나님의 메시지를 순은처럼 순결하게 만드는 것이다.

영원한 권위

구약에 등장하는 인물 가운데 시편 기자인 다윗보다 하나님의 말씀의 진리와 권위를 더 잘 이해한 사람은 없을 것이다. 다윗은 다음과 같이 썼다.

여호와여 주의 말씀은 영원히 하늘에 굳게 섰사오며 시 119:89

여기서 다윗은 성경이 시간의 산물이 아니라 영원의 산물임을 강조하고 있다. 성경은 하나님의 영원한 마음과 지혜를 담고 있으니, 그것은 시간이 시작되기 전에, 세계의 기초가 놓이기 전에 형성된 것이다. 하나님의 마음과 지혜는 영원으로부터 이 시간의 세계에 인간이란 경로를 통하여 투사되었는바, 시간과 세계가 소멸될지언정 성경을 통하여 계시된 하나님의 마음과 지혜는 변치 않으며 흔들리지 않을 것이다. 그리스도께서 같은 생각을 마태복음에 표현하셨다.

천지는 없어질지언정 내 말은 없어지지 아니하리라 마 24:35

다윗은 또 다음과 같이 말한다.

주의 말씀의 강령은 진리이오니(The entirety of Your word is truth; 주의 말씀은 전부가 진리이오니 라고 번역할 수 있음역자주)
주의 의로운 모든 규례들은 영원하리이다시 119:160, NKJV

지난 1, 2세기 동안 성경의 구약과 신약을 향한 끈질긴 비판과 공격이 있었다. 그러한 공격은 대부분 창세기와 그 뒤에 이어지는 출애굽기, 레위기, 민수기, 신명기에 항상 집중되었다. 모세 오경 또는 토라Torah라 불리는 이 다섯 권의 책은 모세가 쓴 것으로 인정된다.

그러므로 사람들이 마음속으로 모세 오경에 대한 공격을 착상하기 3000년 전에 이미 다윗이 모든 시대의 하나님을 믿는 백성들의 믿음에 주는 성령의 증언을 기록했다는 것은 놀라운 일이다.

주의 말씀은 전부가 진리이오니(The entirety of Your Word is truth)시 119:160 NKJV

다시 말하면, 성경은 창세기 1:1부터 요한계시록의 마지막 절까지 전부가 진리라는 뜻이다.

그리스도와 그의 사도들은 그 당시 하나님을 믿는 모든 유태인들처럼 모세 오경을 포함한 구약성경의 전부가 완전한 진리와 권위가 담긴 하나님의 말씀을 기록한 것이라고 받아들였다.

그리스도가 광야에서 마귀에게 시험받을 때, 그리스도는 마귀가 유혹할 때마다 구약성경구절을 인용하며 대답하셨다.마 4:1-10 그리스도는 세 번에 걸친 대답을 '기록되었으되' 라는 말로 시작하셨는데, 그 대답마다 모세 오경의 마지막 책인 신명기에 기록된 구절을 직접 인용하신 것이었다. 또 그리스도뿐만 아니라 마귀도 성경의 절대적 권위를 받아들였다는 것은 주목할 만한 사실이다.

산상수훈에서 그리스도는 다음과 같이 말씀하셨다.

> 내가 율법이나 선지자를(율법이나 선지자는 일반적으로 구약성경 전부를 지칭하기 위해 사용되었다) 폐하러 온 줄로 생각하지 말라 폐하러 온 것이 아니요 완전하게 하려 함이라 진실로 너희에게 이르노니 천지가 없어지기 전에는 율법의 일점 일획도(one jot or one tittle) 결코 없어지지 아니하고 다 이루리라마 5:17-18

일점이라고 번역된 단어는 히브리어 알파벳 가운데 가장 작은 글자를 가리키는바, 현대 영어의 홑따옴표와 모양이나 크기가 비슷하다. 일획이라는 단어는 히브리어 알파벳의 어떤 글자 모퉁이에 더하는 꼬부라진 뿔 모양의 부호로, 크기가 쉼표보다 작으며 모양이 비슷한 다른 글자와 구별하기 위해 사용된다.

그러므로 그리스도가 실제로 말씀하고 있는 것은, 성경의 히브리어 원문은 워낙 정확하고 권위가 있어 성경의 쉼표보다 작은 한 부분이라도 바꾸거나 없앨 수 없다는 뜻이다. 그리스도가 구약성경의 절대적 정확성과 권위를 이 말씀보다 더 철저하게 표현할 길은 없다고 생각한다.

그리스도는 지상에서 사람들을 가르치는 사역을 하면서 구약성경에 대하여 시종일관된 태도를 유지했다. 예를 들면, 바리새인들이 결혼과 이혼에 관한 질문을 했을 때, 그리스도는 창세기의 첫 부분을 읽지 못하였냐고 반문하면서 답변하였다.마 19:3-9 참조 사람을 지으신 이가(He who made them at the beginning 태초에 사람을 지으신 이가로 번역할 수 있음) 본래 그들을 남자와 여자로 지으시고…읽지 못하였느냐마 19:4-5

태초에at the beginning라는 말은 창세기의 히브리어 원문 제목이므로 이 말씀은 창세기를 참조하라는 뜻이다.

그리고 사두개인들이 부활에 관한 질문을 했을 때, 그리스도는 하나님께서 불타는 떨기나무 안에서 모세를 부르는 이야기가 기록된 출애굽기를 읽지 못하였냐고 반문하면서 답변하였다.마 22:31-32 참조

나는 아브라함의 하나님이요 이삭의 하나님이요 야곱의 하나님이로라 하신 것을 읽어 보지 못하였느냐(Have you not read what was spoken to you by God 하나님께서 너희에게 말씀하신 것을 읽어 보지 못하였느냐 라고 번역할 수 있음)마 22:32

그리스도는 여기서 출애굽기 3:6을 인용하신다. 모세가 그 당시로부터 약 15세기 전에 기록한 이 말씀을 인용하면서 그리스도는 자신과 동시대의 사두개인들에게 이렇게 반문하였다. "하나님께서 너희에게 말씀하신 것을 읽어 보지 못하였느냐?" "하나님께서 너희에게 말씀하신 것(spoken to you by God)"이란 표현을 주목하라. 그리스도는 모세가 기록한 출애굽기를 단지 과거 역사를 다루는 문헌으로만 간주하지 않고, 하나님께서 그리스도와 동시대의 사람들에게 직접 전하시는 살아 있고, 새롭고, 권위 있는 말씀으로 여긴다. 15세기가 흘렀어도 모세의 기록은 생명력과 정확성과 권위를 잃지 않고 있는 것이다.

그리스도는 자신의 모든 가르침에서 구약성경의 절대적 정확성을 받아들일 뿐만 아니라, 지상에서 자신의 삶의 전 여정에 구약성경이 절대적 권위와 지배권을 갖는다는 사실을 인정하였다. 그리스도의 탄생으로부터 죽음과 부활에 이르기까지 한 가지 지고한 원칙이 지배하고 있었으니, 그것은 "~함을 이루려 하심이라(that it might be fulfilled)"라는 문구가 표명하고 있는 원칙이다. 구약성경에 기록된 그리스도에 관한 말씀이 실제로 그리스도의 삶에서 모두 그대로 이루어졌다. 예를 들어, 성경은 예수님의 지상에서의 삶에서 일어난 다음과 같은 사건들이 구약성경 말씀을 이루기 위하여 일어난 것이라고 구체적으로 기록하고 있다.

예수님이 동정녀에게서 탄생함, 예수님이 베들레헴에서 출생함, 예수님이 애굽으로 피함, 예수님이 나사렛에서 거주함, 예수님이 성령으로 기름부음 받음, 예수님이 갈릴리에서 사역함, 예수님이 병든 자를 고침, 예수님의 가르침과 기적 행하심을 유태인들이 거부함, 예수님이 비유를 사용함, 예수님이 한 제자로부터 배반당함, 예수님이 제자들로부터 버림받음, 예수님이 이유 없이 미움받음, 예수님이 죄수들과 함께 사형선고 받음, 예수님의 옷을 제비를 뽑아 나누어 가짐, 예수님이 십자가에서 목말라 할 때 신 포도주를 마시게 함, 예수님의 뼈가 꺾이지 아니 하고 그 몸이 창으로 찔림, 예수님이 어떤 부자의 무덤에 묻힘, 예수님이 사흘 만에 죽은 자 가운데서 부활함.

예수님의 지상에서의 일생은 탄생부터 부활에 이르기까지 모든 단계와 모든 측면에서 구약성경의 절대적 권위에 이끌림을 받았다. 이 사실을 예수님이 자신의 모든 가르침에서 구약성경의 기록을 온전히 받아들인 것과 나란히 놓고 검토할 때, 우리 앞에는 한 가지 유일한 논리적 결론밖에 없다. 만약 구약성경의 기록이 하나님의 절대적으로 정확하고 권위 있는 계시가 아니라면, 예수 그리스도 자신이 속았거나 아니면 속이는 사람이었다는 것이다.

일치, 완전, 충족

이제 신약의 권위를 검토해 보자.

우선 한 가지 주목해야 할 사실은, 우리가 알고 있는 한 그리스도는 간음하다 끌려 나온 한 여인 앞에서 땅에 무엇을 쓴 일을 제외하고는 한 마디도 글로 남기지 않았다는 점이다.

그렇지만 예수님은 자신의 사역과 가르침의 기록을 세상의 모든 민족에게 전하라고 제자들에게 분명하게 명령하셨다.

> 그러므로 너희는 가서 모든 민족을 제자로 삼아 아버지와 아들과 성령의 이름으로 세례를 베풀고 내가 너희에게 분부한 모든 것을 가르쳐 지키게 하라 마 28:19-20

이 말씀을 하기 이전에 예수님은 바리새인들과 서기관들에게 다음과 같이 말씀하신 적이 있다.

> 그러므로 내가 너희들에게 선지자들과 지혜 있는 자들과 서기관들을 보내매 마 23:34

서기관이란 단어는 종교적인 가르침을 글로 기록하는 사람을 의미한다.

따라서 예수님은 자신의 사역과 가르침을 제자들이 글로 기록하게 하려는 의도를 갖고 계신 것이었다.

더욱이 예수님은 제자들이 절대적으로 정확하게 기록하는데 필요한 모든 것을 준비해 놓으셨다. 예수님이 제자들에게 성령을 보내주겠다고 약속하신 것은 그러한 계획을 이루기 위함이었다.

> 보혜사 곧 아버지께서 내 이름으로 보내실 성령 그가 너희에게 모든 것을 가르치고 내가 너희에게 말한 모든 것을 생각나게 하리라
> 요 14:26

이와 비슷한 약속이 요한복음 16:13-15에 담겨 있다. 이런 말씀에서 그리스도는 과거와 미래 양쪽 모두를 위하여 필요한 조치를 취하신 것에 주목하라. 즉, 제자들이 이미 보고 들은 것을 정확하게 기록하는데 필요한 것도 제공하셨고, 성령이 앞으로 제자들에게 계시할 새로운 진리를 정확하게 전달하는데 필요한 것도 제공하신 것이다. 과거에 필요한 것은 "그가 너희에게…내가 말한 모든 것을 생각나게 하리라"요 14:26고 한 말씀에서 제공되었고, 미래에 필요한 것은 "그가 너희에게 모든 것을 가르치고"요 14:26란 말씀과 "그가 너희를 모든 진리 가운데로 인도하시리니"요 16:13라는 말씀에서 제공되었다.

그러므로 우리는 신약성경의 정확성과 권위는 구약성경과 마찬가지로 인간의 관찰이나 기억이나 이해에 달려 있지 않고 성령의 가르침과 인도하심과 지시에 달려 있음을 알게 된다. 이러한 이유로 사도 바울은 다음과 같이 말씀한다. "모든 성경(신약성경과 구약성경)은 하나님의 감동으로 된 것으로"딤후 3:16

하나님 말씀의 권위

사도들도 이 점을 분명하게 이해하였고, 그들이 쓴 글에 성경적 권위가 담겨 있음을 주장하였다. 예를 들어, 베드로는 다음과 같이 썼다.

> 사랑하는 자들아 내가 이제 이 둘째 편지를 너희에게 쓰노니…곧 거룩한 선지자들이 예언한 말씀과 주 되신 구주께서 너희의 사도들로 말미암아 명하신 것을 기억하게 하노라벧후 3:1-2

여기서 베드로는 구약 시대 선지자들이 글로 남긴 말씀과 예수님이 사도들을 통하여 명하신 말씀의 기록을 나란히 놓고 둘 다 정확하게 동등한 권위를 갖는다는 것을 보여 준다. 또한 베드로는 바울이 쓴 것도 하나님의 권위를 갖는다고 인정한다.

> 또 우리 주의 오래 참으심이 구원이 될 줄로 여기라 우리가 사랑하는 형제 바울도 그 받은 지혜대로 너희에게 이같이 썼고 또 그 모든 편지에도 이런 일에 관하여 말하였으되 그 중에 알기 어려운 것이 더러 있으니 무식한 자들과 굳세지 못한 자들이 다른 성경과 같이 그것도 억지로 풀다가 스스로 멸망에 이르느니라벧후 3:15-16

'다른 성경과 같이' 라는 구절은 바울이 아직 살아 있을 때 이미 다른 사도들은 바울의 서신이 성경의 권위를 갖는다고 인정한 것을 표시한다. 그러나 바울은 예수님이 지상에서 사역하고 계실 때 만난 적이 없다. 그러므로 바울의 가르침의 정확성과 권위는 오직 성령의 초자연적 계시와 영감에 힘입은 것이었다.

똑같은 논리가 누가에게도 적용된다. 누가는 사도란 칭호를 받은 적이 없지만, 누가복음 서문에 "그 모든 일을 근원부터 자세히 살핀 나는"눅 1:3이라고 진술한다. '근원부터from the very first'라고 번역된 헬라어 원문은 직역하면 '위로부터from above'라는 뜻이다.

요한복음 3:3에서 '거듭나는born again' 것에 관하여 예수님이 말씀하실 때 '거듭again'이라고 번역된 헬라어 원문도 '위로부터from above'라는 뜻이다. 이 양쪽 구절에서 사용된 단어는 누가와 요한이 복음을 기록할 때 성령이 직접 초자연적으로 개입하고 역사했음을 가리킨다.

그러므로 성경 말씀을 자세히 고찰해 보면, 신구약 성경의 절대적 정확성과 권위는 변덕스럽고 잘못을 범하기 쉬운 인간의 능력에서 나온 것이 아니고 성령의 초자연적 인도와 계시와 지시에 의한 것임을 알게 된다. 이런 관점에서 조명해보면 신약과 구약은 상호 보완하고 확인하며, 서로 일치하고 완전하며 충족시키는 하나님의 계시를 담고 있다.

우리는 또 총체적인 관점에서 볼 때 성경에 논리나 과학이나 상식에 맞지 않는 것이 없다는 사실을 살펴보았다. 오히려 논리와 과학과 상식은 모두 그런 관점이 옳다는 것을 확인해주고 성경을 믿는 것을 용이하게 해줄 따름이다.

4장

하나님 말씀의 초기 효과

이제 성경이 하나님의 말씀이라고 받아들이는 사람들에게 성경이 미치는 실질적인 효과를 살펴보자. 히브리서 4:12에 "하나님의 말씀은 살아 있고 활력이 있어"라고 기록되어 있다.

'활력이 있어'라고 번역된 헬라어 단어에서 영어 energetic이 유래한다. 이 단어가 우리에게 주는 인상은 강력하고 기운이 넘치고 활력이 충만한 것이다. 이와 비슷하게 예수님은 다음과 같이 말씀하셨다. "내가 너희에게 이른 말은 영이요 생명이라" 요 6:63

그리고 사도 바울은 데살로니가에 있는 그리스도인들에게 이렇게 말했다.

> 이러므로 우리가 하나님께 끊임없이 감사함은 너희가 우리에게 들은 바 하나님의 말씀을 받을 때에 사람의 말로 받지 아니하고 하나님의 말씀으로 받음이니 진실로 그러하도다 이 말씀이 또한 너희 믿는 자 가운데에서 역사하느니라 살전 2:13

그리하여 하나님의 말씀은 단지 공기 중의 소리나 종이 위의 기호로 축소될 수 없다. 하나님의 말씀은 생명이요, 영이며, 살아 있고, 기운이 충만하며, 활력이 있어 그것을 믿는 자 안에서 역사하는 효과가 있기 때문이다.

효과는 반응에 달려 있다

그런데 하나님의 말씀이 역사하는 방식과 효과의 정도는 그 말씀을 듣는 사람의 반응에 달려 있다고 성경은 분명하게 말씀하고 있다. 야고보서 1:21을 읽어 보자.

> 그러므로 모든 더러운 것과 넘치는 악(말을 듣지 않는 것)을 내버리고 너희 영혼을 능히 구원할 바 마음에 심어진 말씀을 온유함으로 받으라약 1:21

우리의 영혼이 구원하는 효과를 가진 하나님의 말씀을 받아들이기 전에 먼저 내버려야 할 것들이 있다. 야고보가 구체적으로 말씀하는 두 가지는 '더러운 것'과 '악(말을 듣지 않는 것)'이다. 더러운 것은 방탕하고 타락하여 변태적 쾌락을 추구하는 태도를 뜻하는 데, 이런 태도는 마음과 심령을 닫아 구원하는 효과를 가진 하나님의 말씀을 받아들이지 못하게 한다.

악은 여기서 특히 말을 듣지 않는 어린아이의 못된 태도 같은 것을 뜻한다. 어른의 지시나 가르침을 받아들이기를 거부하고 반박하거나 말대꾸하는 어린아이를 우리는 못된 아이라고 부른다. 이런 태도는 거듭나지 않은 영혼이 하나님을 대하는 자세에서 흔히 발견된다. 성경의 여러 구절이 이런 태도에 관하여 언급하고 있다.

> 이 사람아 네가 누구이기에 감히 하나님께 반문하느냐롬 9:20

> 트집 잡는 자가 전능자와 다투겠느냐 하나님을 탓하는 자는 대답할 지니라욥 40:2

말을 듣지 않는 이런 태도도 더러운 것을 추구하는 태도처럼 마음과 심령을 닫아 하나님 말씀의 유익한 효과를 받아들이는데 장애가 된다.

더러운 것과 말을 듣지 않는 것의 반대는 야고보가 묘사한 온유함이다. 온유함에는 조용함과 겸손함과 진실함과 인내, 그리고 마음과 심령의 열려 있음이 담겨 있다. 온유함의 이러한 특성은 성경이 '하나님을 경외함 the fear of the Lord'이라고 부르는 것, 즉 하나님을 공경하고 두려워하는 태도와 흔히 결부된다. 그리하여 우리는 하나님의 말씀을 통한 하나님의 가르침을 받아들임으로써 유익함과 축복을 얻는 사람에 관한 묘사를 시편에서 읽게 된다.

> 여호와는 선하시고 정직하시니 그러므로 그의 도로 죄인들을 교훈하시리로다 온유한 자를 정의로 지도하심이여 온유한 자에게 그의 도를 가르치시리로다…여호와를 경외하는 자 누구냐 그가 택할 길을 그에게 가르치시리로다…여호와의 친밀하심이 그를 경외하는 자들에게 있음이여 그의 언약을 그들에게 보이시리로다시 25:8-9, 12, 14

여기서 우리는 온유함과 하나님을 경외함이 하나님의 말씀을 통하여 하나님으로부터 가르침과 축복을 받기 원하는 사람들에게 필요한 두 가지 태도라는 것을 알게 된다. 이 두 가지 태도는 야고보가 말씀하는 더러운 것을 추구하는 태도 및 말을 듣지 않는 태도와 상반되는 것이다.

그리하여 우리는 하나님의 말씀이 사람들에게 각각 다른 효과를 낳을 수 있다는 것과, 그 효과는 하나님의 말씀을 듣는 사람들의 반응에 따라 결정된다는 것을 발견하게 된다. 히브리서 4:12에 하나님의 말씀은 그냥 "살아 있고 활력이 있기"만 한 것이 아니라, "마음의 생각과 뜻을 판단하나니"라고 기록되어 있다. 다시 말하면, 하나님의 말씀은 그것을 듣는 사람의 내적인 본성과 성품을 열어서 보여주며, 말씀을 듣고 나서 각각 다른 유형의 반응을 보이는 사람들을 날카롭게 분별한다는 뜻이다.

같은 맥락에서 바울은 복음의 나누고 열어서 보여주는 특성을 묘사한다.

> 십자가의 도가 멸망하는 자들에게는 미련한 것이요 구원을 받는 우리에게는 하나님의 능력이라 고전 1:18

복음에는 아무 차이가 없다. 모든 사람에게 똑같은 복음이 전파된다. 그러나 복음을 듣는 사람들의 반응에는 차이가 있다. 어떤 반응을 하는 사람들에게는 복음이 미련한 것으로 보일 따름이지만, 그와 반대로 반응하는 사람들에게는 복음이 하나님의 구원하는 능력이 되어 실제로 그들의 삶에서 그 능력을 체험하게 된다.

이제 하나님의 말씀에 관하여 히브리서 4:12의 중요한 구절이 언급하는 또 다른 측면을 살펴보자. 하나님의 말씀은 살아 있고 활력이 있으며, 또 마음의 생각과 뜻을 판단할 뿐만 아니라, 그것은 "좌우에 날선 어떤 검보다도 예리하다." 다시 말해 하나님의 말씀은 그것을 듣는 사람들을 두 가지 부류로 나누는 것이다. 하나님의 말씀을 거부하고 그것을 미련한 것이라고 부르는 사람들과 그것을 받아들이고 말씀 안에서 하나님의 구원하는 능력을 찾는 사람들.

이런 의미에서 그리스도는 다음과 같이 말씀하셨다.

> 내가 세상에 화평을 주러 온 줄로 생각하지 말라 화평이 아니요 검을 주러 왔노라 내가 온 것은 사람이 그 아버지와, 딸이 어머니와, 며느리가 시어머니와 불화하게 하려 함이니 마 10:34-35

그리스도가 세상에 주러 온 검은 요한이 그리스도의 입에서 나오는 것을 본 바로 그 검, 즉 좌우에 날선 하나님 말씀의 검계 1:16이다. 이 검은 세상을 지나가면서 세상에서 가장 친밀한 관계인 같은 가족 사이도 나누는 바, 그 말씀의 효과는 각 개인의 반응에 따라 결정된다.

믿음

하나님의 말씀을 온유함과 신실함, 그리고 열린 마음과 심령으로 받아들이는 사람에게 그 말씀이 낳는 여러 가지 열매를 순서대로 검토해 보자.

그러한 열매 중 첫째는 믿음이다.

> 그러므로 믿음은 들음에서 나며 들음은 그리스도의 말씀으로 말미암았느니라 롬 10:17

여기에 묘사된 영적인 변화 과정에는 연속적인 세 단계가 있다. 1) 하나님의 말씀, 2) 들음, 3) 믿음. 하나님의 말씀은 즉시 믿음을 낳지 않으며, 오직 들음에서 믿음이 난다. 들음이란 관심과 주의를 기울이는 태도, 메시지를 받아들이고 이해하고자 하는 간절한 소망이라고 설명할 수 있다. 그러한 들음에서 믿음이 나는 것이다.

하나님의 말씀을 들음이 우리의 혼에 작용하여 믿음이 생기는바, 이런 과정이 일어나려면 최소한의 시간이 필요하다는 것을 이해해야 한다. 오늘날 자칭 그리스도인이라고 하는 수많은 사람에게 믿음을 찾아 보기 어려운 까닭은 바로 이것 때문이다. 그들은 하나님의 말씀을 듣는 데 충분한 시간을 들이지 않기 때문에 자기들 안에서 믿음이 자라는 것을 보지 못하는 것이다. 그들이 하나님의 말씀을 공부하고 기도하는 데 시간을 들인다 하더라도 모든 과정을 서둘러서 대충하기 때문에 믿음이 미처 자라기도 전에 끝나 버린다.

믿음이 생기는 과정을 공부하다 보면, 성경적 믿음은 어떻게 정의를 내려야 하는지 보다 명확하게 이해하게 된다. 우리는 일상적 대화 가운데 믿음이란 단어를 아주 쉽게 사용한다. 의사나 약을 믿는다거나, 신문이나 정치인 또는 정당을 믿는다는 말을 하는 것이다. 그러나 성경적으로 믿음이란 단어는 훨씬 더 엄격하게 정의를 내려야 한다. 믿음은 오직 하나님의 말씀을 들음에서 나기 때문에 믿음은 언제나 하나님의 말씀과 직접 연관되어 있다. 성경적 믿음은 우리가 소원하거나 애호하는 것을 믿는 것과 상관이 없다. 성경적 믿음이란, 하나님은 그분의 말씀에서 하시겠다고 약속하신 것을 반드시 이루시는 분이라는 것을 믿는 것이라고 정의할 수 있다.

예를 들어 다윗이 다음과 같이 하나님께 말씀 드렸을 때 그는 이런 성경적 믿음을 행사한 것이었다.

> 여호와여 이제 주의 종과 그의 집에 대하여 말씀하신 것을 영원히 견고하게 하시며 말씀하신 대로 행하사 대상 17:23

성경적 믿음이 "말씀하신 대로 행하사"라고 한 짧은 구절에 표현되어 있다.

동정녀 마리아도 가브리엘 천사가 나타나 하나님이 주신 약속의 메시지를 전했을 때 똑같은 성경적 믿음을 행사하는 답변을 하였다.

말씀대로 내게 이루어지이다눅 1:38

'말씀대로' 가 성경적 믿음의 비밀이다. 성경적 믿음은 우리가 하나님의 말씀을 들을 때 우리의 혼 안에 생기며, 우리가 '하나님께서 말씀하신 대로 이루어지이다' 라고 능동적으로 반응할 때 표현되는 것이다.

믿음은 하나님의 말씀이 우리의 혼 안에 낳는 첫째 열매라는 것을 강조하였다. 왜냐하면 믿음은 하나님과 인간의 혼 사이에 어떤 긍정적인 교류가 일어나는 데 기초가 되기 때문이다.

믿음이 없이는 하나님을 기쁘시게 하지 못하나니 하나님께 나아가는 자는 반드시 그가 계신 것과 또한 그가 자기를 찾는 자들에게 상 주시는 이심을 믿어야 할지니라히 11:6

인간의 혼이 하나님께 나아갈 때 필수불가결한 첫째 요건이 믿음이란 것을 이 말씀에서 보게 된다.

하나님께 나아가는 자는 반드시…믿어야 할지니라히 11:6

새로운 탄생

믿음 다음으로 하나님의 말씀이 인간의 혼 안에 낳는 큰 효과는 성경에서 '거듭남' 또는 '새로운 탄생' 이라고 일컫는 영적인 체험이다. 야고보는 하나님에 관하여 다음과 같이 말한다.

> 그가 그 피조물 중에 우리로 한 첫 열매가 되게 하시려고 자기의 뜻
> 을 따라 진리의 말씀으로 우리를 낳으셨느니라약 1:18

거듭난 그리스도인은 자기의 혼 안에 믿음으로 받아들인 하나님의 말씀이 그 안에 낳은 새로운 종류의 영적인 생명을 소유한다.

이와 비슷하게 사도 베드로는 그리스도인들에게 이렇게 말한다. "너희가 거듭난 것은 썩어질 씨로 된 것이 아니요 썩지 아니할 씨로 된 것이니 살아 있고 항상 있는 하나님의 말씀으로 되었느니라"벧전 1:23

씨의 종류가 그 씨가 낳는 생명의 종류를 결정한다는 것은 자연계와 성경의 공통적 원칙이다. 옥수수 씨는 옥수수를 낳고, 보리 씨는 보리를 낳으며, 오렌지 씨는 오렌지를 낳는다.

이것은 새로운 탄생에도 적용되는 원칙이다. 씨는 신성하고 썩지 않는 영원한 하나님의 말씀이다. 성도가 믿음으로 그 씨를 마음에 받아들일 때 그 씨가 낳는 생명은 씨처럼 신성하고, 썩지 않으며, 영원한 것이다.

그 생명은 사실 하나님 자신의 생명이 인간의 혼 안으로 하나님 말씀을 통하여 들어가는 것이다.

사도 요한은 다음과 같이 말씀한다.

> 하나님께로부터 난 자마다 죄를 짓지 아니하나니 이는 하나님의 씨
> 가 그의 속에 거함이요 그도 범죄하지 못하는 것은 하나님께로부터
> 났음이라요일 3:9

요한은 여기서 죄를 극복하여 승리하는 그리스도인의 생명을 그 안에서

하나님 말씀의 초기 효과

생명을 낳은 씨, 즉 하나님 자신의 씨, 하나님 말씀의 썩지 않는 씨의 본질과 직접 결부시킨다. 하나님 말씀의 씨는 썩지 않기 때문에 그것이 낳는 생명도 썩지 아니하며 절대적으로 순결하고 거룩한 것이다.

그러나, 이 성경구절은 거듭난 그리스도인이 절대로 죄를 범하지 않는다고 단언하지는 않는다. 모든 거듭난 그리스도인의 내면에는 완전히 새로운 본성이 형성된다. 바울은 이 새로운 본성을 '새 사람'이라고 부르며 그것을 '옛 사람', 즉 거듭난 적이 없는 모든 사람을 지배하는 썩고 타락한 옛 본성과 대비한다.엡 4:22-24 참조

이 두 사람 사이에는 현저한 차이가 있다. '새 사람'은 의롭고 거룩하지만, '옛 사람'은 썩고 타락했다. 하나님에게서 난 '새 사람'은 죄를 범할 수 없지만, 인류의 반역과 타락의 산물인 '옛 사람'은 죄를 범하지 않을 수 없다.

거듭난 그리스도인이 이끄는 삶은 그 사람의 내면에서 이 두 가지 본성이 상호쟁탈전을 벌인 결과에 따라 달라진다. '옛 사람'이 복종하고 '새 사람'이 적절하게 지배력을 행사하는 한, 그 사람의 삶에는 더럽혀지지 않은 의로움과 승리와 평화가 있다. 그러나 '옛 사람'이 지배권을 재 장악하여 자기 주장을 하게 되면, 실패와 좌절과 죄악이 불가피하게 따르게 된다.

이 차이를 다음과 같이 요약할 수 있다. 하나님 말씀의 썩지 않는 씨로 거듭난 진정한 그리스도인은 죄를 극복하여 완전한 승리의 삶을 이끌 가능성이 그 안에 있다. 반면에 거듭나지 않아 그 안에 새 생명이 없는 사람은 죄를 범하지 않을 수 없게 된다. 그 사람은 필연적으로 자기 자신의 썩고 타락한 본성의 노예가 되고 마는 것이다.

영적 영양분

하나님 말씀을 통한 새로운 탄생은 그 혼 안에 완전히 새로운 본성, 새로운 생명을 낳는다고 했다. 그렇다면 하나님 말씀이 낳는 그 다음 주요 효과를 살펴보자.

생명의 모든 영역에서 한 가지 불변하는 법칙이 있다. 새로운 생명이 태어나자마자 그 생명에게 제일 먼저 필요한 것은 생명을 유지하는데 필요한 영양분이다. 예를 들어 아기가 태어났을 때 그 아기가 모든 면에서 건강할지라도 즉시 영양분을 공급받지 못하면 점차 쇠약해져 죽고 말 것이다.

영적인 영역에서도 같은 법칙이 적용된다. 어떤 사람이 거듭나면, 그 사람 안에 생긴 새로운 영적 생명은 즉시 생명을 유지하고 성장을 촉진하기 위한 영적 영양분을 필요로 한다. 하나님께서 모든 거듭난 자녀들에게 공급하신 영적 영양분은 하나님 말씀 안에서 찾을 수 있다. 하나님의 말씀은 영적 성장의 매 단계에 필요한 다양한 영양분을 풍부하게 담고 있는 것이다.

영적 성장의 첫 단계를 위해 하나님이 공급하시는 영양분은 베드로전서에 기술되어 있다. 베드로전서 1장에서 하나님 말씀의 썩지 않는 씨로부터 거듭남에 대하여 말한 다음 베드로는 즉시 2장에서 이렇게 말씀을 이어나간다.

> 그러므로 모든 악독과 모든 기만과 외식과 시기와 모든 비방하는 말을 버리고 갓난 아기들 같이 순전하고 신령한 젖을 사모하라 이는 그로 말미암아 너희로 구원에 이르도록 자라게 하려 함이라 벧전 2:1-2

그리스도 안에서 새로 태어난 영적 아기를 위하여 하나님이 지정하신 영양분은 하나님 말씀의 순전한 젖이다. 이 젖은 영적 생명을 유지하고 성장시키는데 필요한 영양분인 것이다.

그러나 이 말씀에는 한 가지 경고가 붙어 있다. 아무리 신선한 젖이라도 산패하여 악취를 풍기는 것과 접촉하면 쉽게 오염되어 변질하는 것이 자연의 이치이다. 영의 이치도 마찬가지이다. 새로 태어난 그리스도인이 하나님 말씀의 순전한 젖으로부터 영양분을 공급받으려면 그들의 심령에서 모든 산패하여 악취를 풍기는 것을 먼저 철저하게 씻어내야 한다.

이러한 이유 때문에 베드로는 모든 악독과 모든 기만과 외식과 시기와 모든 비방하는 말을 버리라고 우리에게 경고하는 것이다. 이것은 옛 생명의 산패하여 악취를 풍기는 요소들이라 우리의 마음에서 제거해 버리지 않으면 하나님 말씀이 우리 안에서 유익한 효과를 낳는 것을 훼방 놓고, 우리의 영적인 건강과 성장을 방해한다.

그렇지만, 그리스도인들이 영적인 유아 상태로 너무 오래 머무르는 것은 하나님의 뜻이 아니다. 그리스도인들이 성장하기 시작하면 하나님의 말씀은 더 풍부한 영양분을 공급한다. 사탄으로부터 돌들을 떡덩이가 되게 하라는 유혹을 받았을 때 그리스도는 다음과 같이 대답하셨다.

> 기록되었으되 사람이 떡으로만 살 것이 아니요 하나님의 입으로부터 나오는 모든 말씀으로 살 것이라 하였느니라마 4:4

그리스도는 여기서 사람이 떡을 음식으로 먹듯이 하나님의 말씀도 영의 음식으로 섭취해야 한다고 말씀하고 있다. 다시 말해 하나님의 말씀은 사람이 필요로 하는 기본 음식이자 힘의 원천이라는 뜻이다.

그리스도가 "하나님의 입으로부터 나오는 모든 말씀"을 강조한 것을 주목해야 한다. 영적으로 성숙한 그리스도인이 되려면, 성경 전체를 공부해야지 익히 아는 몇 부분만 공부해서는 안 된다고 말씀하신 것이다.

조지 뮐러는 해마다 성경을 여러 번씩 읽었다고 한다. 그것이 조지 뮐러가 믿음에서 승리하고 사역에서 많은 열매를 맺은 원인이다. 그러나 자칭 그리스도인이라고 하는 사람들과 교회 신도들 가운데 많은 사람들이 성경에서 에스라와 느헤미야 같은 책이나 소예언자들의 책을 어디서 찾아야 하는지 잘 모르고, 그런 책들의 메시지를 공부한 사람은 더욱 수가 적다.

그래서 그들이 영원히 영적인 유아 단계에서 머무는 것이 전혀 이상한 일이 아니다. 사실 그들은 영적 영양 결핍으로 발육이 부진한 슬픈 사례들이다.

하나님의 말씀은 젖과 떡뿐만 아니라 단단한 음식도 공급한다. 히브리서 기자는 자기 당대의 히브리인 신도들이 성경에 대하여 안 지가 오래되었음에도 그 가르침을 제대로 공부하지도 않았고, 그 교훈을 자기들의 삶에 적용하여 실천하지도 않았다고 책망했다. 따라서 그들은 아직도 영적으로 미성숙하여 영적인 가르침이 필요한 사람들을 도울 능력도 없었다. 히브리서 기자는 다음과 같이 말한다.

> 때가 오래 되었으므로 너희가 마땅히 선생이 되었을 터인데 너희가 다시 하나님 말씀의 초보에 대하여 누구에게서 가르침을 받아야 할 처지이니 단단한 음식은 못 먹고 젖이나 먹어야 할 자가 되었도다 이는 젖을 먹는 자마다 어린 아이니 의의 말씀을 경험하지 못한 자요 단단한 음식은 장성한 자의 것이니 그들은 지각을 사용함으로 연단을 받아 선악을 분별하는 자들이니라 히 5:12-14

이것은 오늘날의 수많은 자칭 그리스도인들과 교회 신도들의 모습을 정확하게 묘사하고 있는 말씀이다. 그들은 성경을 소유하고 있으며 교회를 여러 해 동안 다녔지만, 성경의 가르침에 대하여 별로 아는 것이 없다. 그들은 영적으로 연약하고 미성숙한 상태라서 죄인을 상담하거나 새 신자를 지도할 능력이 없다. 교회에 다닌 지 오래 되었어도 그들은 아직 영적인 유아라서 젖이 아닌 단단한 가르침은 소화해내지 못한다.

그렇지만 그러한 영적 유아 상태로 계속 머물 필요가 없다. 히브리서 기자가 우리에게 벗어날 방법을 제시한다. 우리의 지각을 사용하여 훈련하는 것이 영적 유아 상태에서 벗어나는 방법인 것이다. 하나님의 말씀 전부를 규칙적으로 또 체계적으로 공부하는 것이 우리의 영적 능력을 개발하고 성숙시키는 길이다.

5장

하나님 말씀의 신체적 정신적 효과

앞 장에서 우리는 하나님 말씀의 세 가지 효과를 발견하였다.

1. 하나님 말씀은 믿음을 낳는다. 그리고 믿음은 하나님의 말씀과 직접 관련되어 있다. 왜냐하면 믿음이란 하나님께서 성경에 말씀하신 것을 믿고 행하는 것이기 때문이다.
2. 믿는 자가 하나님의 말씀을 받아들이면 그것은 믿는 자의 심령에 썩지 않는 씨가 되어 새로운 탄생을 낳는다. 그러면 믿는 자 안에 새로운 영적 본성이 형성되고 성경은 그것을 "새 사람"이라고 일컫는다.
3. 하나님의 말씀은 믿는 자가 건강하고, 튼튼하고, 성숙한 그리스도인으로 자라가려면 자기 안의 새 생명에게 규칙적으로 공급해야 하는 영적 영양분이다.

신체적 치유

하나님의 말씀은 놀랍도록 다양하게 역사하여 우리의 혼에 영적 건강과 힘을 공급할 뿐만 아니라 우리의 몸에도 신체적 건강과 힘을 제공한다. 우선 시편을 보자.

> 미련한 자들은 그들의 죄악의 길을 따르고 그들의 악을 범하기 때문에 고난을 받아 그들은 그들의 모든 음식물을 싫어하게 되어 사망의 문에 이르렀도다 이에 그들이 그들의 고통 때문에 여호와께 부르짖으매 그가 그들의 고통에서 그들을 구원하시되 그가 그의 말씀을 보내어 그들을 고치시고 위험한 지경에서 건지시는도다 107:17-20

시편 기자는 여기서 중병이 들어 완전히 식욕을 잃고 죽음의 문 앞에 누워 있는 사람들을 묘사하고 있다. 그들이 고통으로 몸부림치며 하나님께 부르짖으매 하나님께서 치유와 구원을 그들에게 보내주신다. 하나님은 무슨 수단으로 그들을 고치시고 건져주시는가? 하나님의 말씀으로. 왜냐하면 시편 기자는 다음과 같이 말하고 있기 때문이다.

> 그가 그의 말씀을 보내어 그들을 고치시고 위험한 지경에서 건지시는도다 107:20

시편 107편 곁에 이사야 55:11을 나란히 놓고 대조해보자.

> 내 입에서 나가는 말도 이와 같이 헛되이 내게로 되돌아오지 아니하고 나의 기뻐하는 뜻을 이루며 내가 보낸 일에 형통함이니라

시편 107:20은 하나님께서 그의 말씀을 보내어 고치시고 건지신다고 기록되어 있고, 이사야 55:11에는 하나님의 말씀이 그의 뜻하신 일을 이루신다고 하나님께서 말씀하고 있다. 그러므로 하나님은 그의 말씀으로 치유를 제공할 것이라고 보증하고 계신다.

하나님의 말씀이 신체적 치유를 제공한다는 이 진리는 잠언에 더 자세하게 기술되어 있다. 잠언 4:20-22에서 하나님은 다음과 같이 말씀하신다.

> 내 아들아 내 말에 주의하며 내가 말하는 것에 네 귀를 기울이라 그것을 네 눈에서 떠나게 하지 말며 네 마음속에 지키라 그것은 얻는 자에게 생명이 되며 그의 온 육체의 건강이 됨이니라

어떤 신체적 치유 약속이 이 말씀보다 더 포괄적일 수 있을까? "그의 온 육체의 건강이 됨이니라." 이 말씀에는 우리 몸의 모든 부분이 포함되어 있고, 아무것도 빠진 게 없다. 더욱이 1611년 판 King James Version흠정역 성경의 여백에는 '건강'을 '약'으로 해석할 수도 있다고 적혀 있다. 히브리어 원문의 단어는 양쪽 의미를 다 담고 있다. 그러므로 하나님께서는 완전한 신체적 치유와 건강을 공급하시겠다고 약속하신 것이다.

20절의 첫 단어 "내 아들아"를 주목하기 바란다. 이것은 하나님께서 자신의 믿는 자녀를 향하여 말씀하고 계신 것을 가리킨다. 어떤 가나안 여자가 그리스도에게 나아와 귀신 들린 자기 딸을 치유해 달라고 간청했을 때 그리스도는 다음과 같이 대답하셨다.

> 자녀의 떡을 취하여 개들에게 던짐이 마땅하지 아니하니라마 15:26

그리스도는 이 말씀으로 치유는 하나님의 자녀를 위한 떡이라는 것을 나

타내셨다. 치유는 하나님께서 그분의 모든 자녀들의 몫으로 매일 공급하시는 음식의 한 부분인 것이다. 그것은 하나님의 자녀들이 특별히 청원해야 하는, 받을지 못 받을지 알 수 없는 사치품이 아니고, 하나님 아버지께서 그분의 자녀들에게 일용할 양식의 한 부분으로 내리시는 '떡'이다. 이는 하나님의 모든 믿는 자녀들에게 완전한 치유와 건강을 약속하시는 잠언 4장의 말씀과 정확하게 일치한다. 시편 107편과 잠언 4장에서 하나님이 치유를 제공하시는 수단은 하나님의 말씀이다. 그리고 이것은 앞에서 강조한 바 있는 필수적인 진리의 또 다른 예이다. 하나님 자신이 하나님의 말씀 안에 계시며, 하나님의 말씀을 통하여 하나님은 우리의 삶에 들어오신다.

하나님의 말씀은 우리 온 육체의 약이라고 하는 잠언 4:20-22의 말씀을 우리는 하나님의 위대한 '약병'이라고 부를 수 있다. 이 약병은 세상에서 조제된 적이 없는, 모든 질병 치유를 보증하는 약을 담고 있다.

그런데 의사가 약을 처방할 때 복용법을 약병에 분명히 표시하게 한다. 이것은 복용법을 따라 약을 규칙적으로 복용하지 않으면 치유가 보장되지 않는다는 것을 뜻한다. 잠언에 기록된 하나님의 '약'도 마찬가지다. 복용법은 '약병'에 기재되어 있으며, 복용법을 따르지 않으면 치유가 보장되지 않는다.

하나님의 약병에 기재된 복용법은 무엇인가? 그것은 다음과 같은 네 가지이다.

    1. "내 말에 주의하라"
    2. "네 귀를 기울이라"
    3. "그것을 네 눈에서 떠나게 하지 말라"
    4. "네 마음속에 지키라"

하나님의 약병에 기재된 복용법에 관한 지시 네 가지를 좀 더 자세하게 분석해 보자.

첫째 지시는 "내 말에 주의하라"이다. 우리가 하나님의 말씀을 읽을 때 주의를 집중해야 한다. 그 말씀의 뜻을 이해하기 위해 정신을 모아야 하는 것이다. 하나님의 말씀이 우리의 내면으로 방해받지 않고 자유롭게 들어올 수 있게 해야 한다. 우리는 하나님의 말씀을 주의가 분산된 상태로 읽을 때가 많다. 우리 마음의 절반은 성경을 읽고 있으나, 다른 절반은 예수님이 "세상의 염려"라고 부른 것에 빼앗기고 있는 것이다. 몇 구절, 또는 한두 장을 읽고 나서 무엇을 읽었는지 그 뜻을 분명하게 이해하지 못한다. 우리의 주의가 흩어졌기 때문이다.

이런 방식으로 성경을 읽으면 하나님의 말씀은 하나님께서 의도하신 효과를 낳지 못한다. 성경을 읽을 때는 예수님이 기도에 관하여 말씀하셨을 때 권한 방법을 따르는 것이 좋다. 골방에 들어가 문을 닫으라. 문을 잠그고 들어가서 세상사를 잊어버리고 하나님과 함께해야 하는 것이다.

하나님의 약병에 표기된 둘째 지시는 "네 귀를 기울이라"이다. 귀를 기울이는 것은 겸비한 자세를 가리킨다. 그것은 오만하거나 완고한 자세의 반대이다. 우리는 가르침을 잘 받아들이는 사람이 되어야 한다. 우리는 하나님께서 우리를 가르칠 수 있도록 기꺼이 겸손한 자세를 취해야 한다. 시편 78:41에서 시편 기자는 이스라엘 백성이 애굽으로부터 가나안까지 광야를 떠돌아 다닐 때의 행위를 얘기하며 그들이 범한 죄를 질책한다. 그들은 이스라엘의 거룩하신 이를 제한하였던 것이다.

이스라엘 백성들은 그들의 완고함과 불신앙으로 하나님께서 그들을 위해 하실 일에 한계를 그었다. 오늘날 수많은 자칭 그리스도인들이 똑같은 과오를 범하고 있다. 그들은 열린 마음과 가르침을 받아들이는 영으로 성경을 읽지 않는다. 그들은 통상 자신이 속한 교파나 교회에서 배운 편견과 선입관으로 가득 차 있어 자기들의 생각과 다르거나 그 생각의 범위를 넘는 성경의 계시나 가르침을 받아들이기를 거부한다. 예수님은 당시의 종교 지도자들이 이와 같은 과오를 범하고 있다고 질책하셨다.

너희의 전통으로 하나님의 말씀을 폐하는도다…사람의 계명으로 교훈을 삼아 가르치니 나를 헛되이 경배하는도다마 15:6, 9

사도 바울은 종교적 전통과 편견에 사로잡힌 사람이었으나 다메섹으로 가는 길에서 그리스도를 만나는 체험을 하고 그러한 전통과 편견에서 해방되었다. 그 이후에 바울은 로마서 3:4에서 다음과 같이 말씀한다.

사람은 다 거짓되되 오직 하나님은 참되시다 할지어다.

하나님 말씀의 유익을 온전하게 받아들이기 원한다면 우리는 바울과 같은 태도를 배워야 한다.

하나님의 약병에 적힌 셋째 지시는 "그것을 네 눈에서 떠나게 하지 말라"이다. 여기서 그것이란 하나님의 말씀을 뜻한다. 작고한 복음전도자 스미스 위글스워스가 이런 말을 한 적이 있다. "많은 그리스도인들의 문제는 그들이 영적인 사시라는 점이다. 한쪽 눈으로는 주님의 약속을 보고 있고, 다른 쪽 눈으로는 다른 방향을 주시하고 있다."

하나님의 말씀으로 약속된 신체적 치유의 혜택을 받아들이려면, 양쪽 눈을 모두 흔들림 없이 주님의 약속에 고정하는 것이 필요하다. 많은 그리스도인들이 범하는 한 가지 실수는 하나님의 약속을 바라보지 않고 치유를 받지 못한 다른 그리스도인의 사례를 주시하는 것이다. 그렇게 함에 따라 그들의 믿음이 흔들리면서 그들 자신도 치유를 받지 못한다.

> 의심하는 자는 마치 바람에 밀려 요동하는 바다 물결 같으니 이런 사람은 무엇이든지 주께 얻기를 생각하지 말라 두 마음을 품어 모든 일에 정함이 없는 자로다약 1:6-8

이런 정황에서 기억하면 도움되는 성경구절은 이것이다.

> 감추어진 일은 우리 하나님 여호와께 속하였거니와 나타난 일은 영원히 우리와 우리 자손에게 속하였나니 이는 우리에게 이 율법의 모든 말씀을 행하게 하심이니라신 29:29

어떤 그리스도인들이 치유를 받지 못하는 이유는 하나님만 아시고 사람에게는 계시되지 않는 비밀이다. 우리는 감추어진 일에 상관할 필요가 없고, 나타난 일, 곧 하나님의 말씀으로 우리에게 분명하게 주어진 하나님의 약속에 관심을 집중하면 되는 것이다. 하나님의 말씀에 나타난 일들은 영원히 우리와 우리 자손에게 속한다. 그것들은 하나님을 믿는 우리의 기업이요 우리에게서 빼앗을 수 없는 권리이다. 그리고 그것들은 우리가 하나님의 말씀을 행하게 하기 위하여, 즉 믿음으로 모든 말씀을 실천하게 하기 위하여 우리에게 속한다. 하나님의 말씀을 믿음으로 행할 때 우리는 하나님의 말씀이 진리라는 것을 체험하게 된다.

첫째 지시는 "주의하는 것"에 관하여, 둘째 지시는 "귀를 기울이는 것"에 관하여, 셋째 지시는 "시선을 집중하는 것"에 관하여 말하고 있다. 하나님의 약병에 적힌 넷째 지시는 인간 품성의 내적 중심인 마음heart에 관한 것이다. 왜냐하면 "그것을 네 마음속에 지키라"고 말씀하고 있기 때문이다. 잠언은 인간의 삶에 마음이 미치는 결정적인 영향을 강조한다.

> 모든 지킬 만한 것 중에 더욱 네 마음을 지키라 생명의 근원이 이에서 남이니라 잠 4:23

다시 말하면, 우리 마음속에 있는 것이 우리 삶의 방향과 우리가 경험하는 모든 것을 결정하는 것이다.

우리가 하나님의 말씀에 주의를 집중하고, 규칙적으로 눈과 귀를 통하여 받아들임으로써 그것이 우리의 마음을 가득 채우고 지배하게 하면, 그것은 하나님께서 약속하신 대로 우리의 혼에 생명이 되고 우리의 육체에 건강이 됨을 알게 된다.

2차 세계대전 중에 나는 북아프리카에 주둔한 영국군 의무부대에서 복무하다가 피부와 신경에 병이 걸렸다. 당시 아프리카의 기후와 상황 아래에서 의학은 내 병에 아무런 치유책을 제공하지 못했다. 나는 일 년 이상 병원에 입원하여 온갖 종류의 치료를 받았으며, 연속하여 4개월 이상 병상에 누워 있어야만 했다. 결국 나는 병이 낫지 않은 상태로 자원하여 퇴원했다.

나는 더 이상 의학적 치료를 받지 않고, 잠언 4:20-22에 기록된 하나님의 약속을 내 자신의 증상에 시험해 보기로 결심했다. 하루에 세 번 혼자 조용한 곳으로 가서 하나님과 그의 말씀에 내 자신을 침잠시키고, 하나님께서 약속하신 대로 하나님의 말씀이 내 온 육체의 건강이 되게 해달라고 기도했다.

기후와 음식과 모든 다른 외적 환경은 여전히 열악하기 짝이 없었다. 실제로 내 주변의 많은 건강한 사람들이 병에 걸리고 있었다. 그렇지만 나는 다른 어떤 방법도 의지하지 않고 오직 하나님의 말씀만을 통하여 얼마 지나지 않아 완전하게 치유되었고 그 병은 이후로 한 번도 재발하지 않았다.

나는 의학을 비판하거나 경시할 의도가 없다는 말을 덧붙이고 싶다. 의학이 이룩하는 모든 유익함을 나는 고맙게 생각한다. 사실상, 내 자신이 의무부대에서 복무하고 있었다. 그런데 의학의 힘은 유한하나 하나님의 말씀의 역량은 무한한 것이다.

교파 배경이 다른 숱한 그리스도인들이 나와 비슷한 간증을 한다. 나는 장로교회에 다니는 어떤 여성으로부터 편지를 받은 적이 있다. 그 여성은 예배 중에 간증을 하도록 요청받았는데, 그 예배에는 아픈 사람 몇 명이 기도 받기 위하여 참석하고 있었다. 그 여성이 간증하면서 실제로 잠언 4:20-22 말씀을 인용하는 동안 그 여성 가까이 앉아 있던, 경부 연골이 압착되어 극심한 통증을 느끼고 있던 다른 자매가 즉석에서 치유되었다. 그 자매는 아직 기도도 받지 않았고 단지 하나님의 말씀을 믿음으로 들었을 뿐이었다.

그 후에 나는 라디오 방송 설교 프로그램에서 하나님의 약병이란 주제로 일주일간 가르쳤다. 만성 습진으로 고통을 겪고 있던 한 여성이 그 설교를 듣고 '하나님의 지시'에 따라 하나님의 말씀을 약으로 복용하기로 결심했다. 3개월 후에 그 여성은 내게 편지를 보내 자기 피부에서 25년 만에 처음으로 습진이 깨끗이 사라졌다고 알려주었다. 시편 107:20 말씀은 오늘도 실현되고 있는 것이다.

그가 그의 말씀을 보내어 그들을 고치시고 위험한 지경에서 건지시는도다.

오늘날 하나님의 말씀의 치유 능력을 증언하는 그리스도인들은 그리스도께서 니고데모에게 말씀하신 것처럼 선언할 수 있다.

진실로 진실로 네게 이르노니 우리는 아는 것을 말하고 본 것을 증언하노라요 3:11

지금 치유와 해방이 필요한 사람들에게는 다음과 같은 말씀으로 고무하고자 한다.

너희는 여호와의 선하심을 맛보아 알지어다 그에게 피하는 자는 복이 있도다 시 34:8

하나님 말씀의 약을 당신도 맛보아 그것이 어떤 효험이 있는지 알기 바란다. 그것은 입에 쓴 세상의 수많은 약과 다르다. 그뿐 아니라 그것은 신체의 한 기관의 증세는 완화시키나 다른 기관에는 해를 입힐 수 있는 현대 의약품과도 다르다. 하나님의 말씀은 완전히 선하고 유익하기만 하다. 하나님의 지시에 따라 복용하면 하나님의 말씀은 우리 전신에 건강과 생명을 가져다준다.

정신적 조명

인간 정신의 영역에서도 하나님 말씀의 효과는 독특하다.

주의 말씀을 열면 빛이 비치어 우둔한 사람들을 깨닫게 하나이다
시 119:130

시편 기자는 하나님의 말씀이 인간의 정신에 낳는 두 가지 효과를 말하고 있으니, 그것은 '빛' 과 '깨달음' 이다.

인간의 역사 가운데 이전의 어떤 시대보다 현대세계에서는 교육을 더 높이 숭상하고 더 많은 사람들이 추구하고 있다. 그러나 세속적인 교육은 '빛' 이나 '깨달음' 과 다를 뿐만 아니라, 그것들을 대신하지도 못한다. 정말로 빛을 대체할 수 있는 것은 아무것도 없다. 온 우주에 빛이 하는 역할을 대신할 수 있는 것은 없다.

인간의 정신에 하나님의 말씀이 낳는 효과도 이와 같다. 그 무엇도 하나님의 말씀이 인간의 정신에 낳는 효과를 대체할 수 없고, 그 무엇도 하나님의 말씀이 하는 역할을 대신할 수 없다.

세속적인 교육은 좋은 것이지만 잘못 사용될 수 있다. 고등 교육을 받은 정신은 날카로운 칼처럼 좋은 도구이다. 그런데 칼은 잘못 사용될 수 있다. 어떤 사람은 날카로운 칼을 사용하여 가족들을 위해 음식을 자를 수 있지만, 다른 사람은 비슷한 칼을 가지고 사람을 죽이는데 쓸지도 모른다.

세속적인 교육도 이와 마찬가지이다. 교육은 좋은 것이지만 잘못 사용될 수 있다. 하나님의 말씀의 조명이 없는 교육은 대단히 위험할 수 있다. 세속적인 교육에만 집중하고 하나님의 말씀이 설 곳을 허용하지 않는 국가나 문명은 자기를 파괴시킬 도구를 제조하고 있는 것이다. 최근의 핵분열 기술 개발 역사는 이런 사실의 역사적 사례 가운데 하나이다.

이와 반면에 하나님의 말씀은 사람에게 자신의 지적 능력으로는 결코 발견할 수 없는 것들, 즉 창조주이시며 속량자이신 하나님의 실체, 존재의 진정한 목적, 인간의 내적 본성, 인간의 기원과 운명을 계시해 준다. 이러한 계시에 비추어보면, 우리의 생명은 완전히 새로운 의미를 갖게 된다. 사람의 정신이 하나님의 말씀으로 조명을 받으면 사람은 온 우주를 포괄하는 계획의 한 부분으로 자기를 바라보게 된다. 이 신성한 하나님의 계획 가운데 자기의 위치를 발견함으로써 사람은 자신의 가치를 알게 되고, 깊은 영적 갈망을 충족시키는데 이르는 것이다.

하나님의 말씀이 신체에 낳는 효과에 못지 않게 정신에 낳는 영향도 나는 개인적으로 실제적인 체험을 했다. 나는 당시 영국이 제공하는 최고의 교육을 받는 특권을 누렸는데, 그 정점은 캠브리지 대학교에서 고대와 현대 철학을 공부한 것이었다. 항상 나는 인생에 진정한 의미와 목적을 주는 어떤 것을 찾고 있었다. 학문적으로는 성취했으나 내적으로는 좌절감과 공허함을 느끼고 있었다.

마지막 수단으로 나는 성경을 철학의 한 과제로 공부하기 시작했다. 모든 형태의 종교를 부인한 사람으로서 성경을 회의적인 시각을 갖고 공부하기 시작한 것이다. 그렇지만 불과 몇 달이 지나지 않아, 아직 신약성경을 읽기도 전에 하나님의 말씀이 내게 구원의 빛을 비추어 내 죄를 용서받았다는 확신과 내적 평화와 영생에 대한 자각을 심어 주었다. 나는 내가 찾고 있던 인생의 진정한 의미와 목적을 발견한 것이었다.

이 장을 히브리서 4:12 말씀으로 매듭짓고자 한다.

> 하나님의 말씀은 살아 있고 활력이 있어 좌우에 날선 어떤 검보다도 예리하여 혼과 영과 및 관절과 골수를 찔러 쪼개기까지 하며 또 마음의 생각과 뜻을 판단하나니

이 구절은 하나님의 말씀에 관하여 우리가 내린 결론을 요약하고 확인해 준다. 사람의 인격에 하나님의 말씀이 침투하지 않는 영역은 없다. 그것은

영과 혼, 마음과 생각, 심지어 우리 신체의 가장 깊은 곳에 있는 관절과 골수에까지 도달하는 것이다.

  이 장과 앞 장에서 우리의 마음속에 씨로 심어진 하나님의 말씀은 영생을 낳는다는 것을 공부했다. 그 다음에 하나님의 말씀은 거듭난 새 생명에 영적 영양분을 공급한다. 우리의 신체에 들어온 하나님의 말씀은 온전한 건강을 낳고, 우리의 마음에 들어온 하나님의 말씀은 정신을 조명하여 깨달음을 낳는다.

6장

하나님 말씀의 승리 효과

죄에 대한 승리

구약에 등장하는 인물 가운데 하나님 말씀의 권위와 능력에 대하여 시편 기자인 다윗보다 더 분명한 통찰력을 가졌던 사람은 없다. 이 장의 주제인 죄와 사탄에 대한 승리의 서론으로 다윗이 남긴 말을 한 번 더 살펴보자.

> 내가 주께 범죄하지 아니하려 하여 주의 말씀을 내 마음에 두었나이다
> 시 119:11

여기서 '두었나이다hidden'라고 번역된 단어의 히브리 원어의 정확한 의미는 '보물로 저장하다'란 뜻이다. 다윗은 하나님의 말씀을 아무도 찾을 수 없도록 숨겨 놓았다는 뜻으로 말한 것이 아니었다. 오히려 언제든지 필요할 때 즉시 꺼내 쓸 수 있도록 하나님의 말씀을 가장 안전한 곳에, 자기가 가장 소중하게 여기는 것을 보관하는 장소에 저장해 두었다는 뜻으로 말했다.

시편 17:4에서 다윗은 다시 하나님 말씀의 보호하는 능력에 대해 말한다.

> 사람의 행사로 논하면 나는 주의 입술의 말씀을 따라 스스로 삼가서 포악한 자의 길을 가지 아니하였사오며

여기에 '사람의 행사', 즉 인간의 활동과 사회적 상호작용에 우리가 참여하는 일에 관한 지침이 있다. 어떤 행사들은 안전하고 건전하여 하나님께서 받아들일 만한 것이지만, 다른 행사들은 위험하고, 그 안에 포악한 자의 덫이 숨겨져 있다. ('포악한 자destroyer;강포한 자 또는 멸망시키는 자'는 성경에 기록된 마귀의 여러 이름 중 하나이다.) 우리는 어떻게 안전하고 건전한 행사와 영적으로 위험한 행사를 구별할 수 있을까? 답은 하나님의 말씀을 적용하는 것이다.

우리는 가끔 이런 질문을 받을 때가 있다. 그리스도인이 춤을 춰도 되는가? 담배는 피워도 되는가? 도박은? 등등. 이런 질문에 대한 답은 사회적인 관행이나 교회 전통이 아닌 하나님의 말씀을 적용하여 결정해야 한다.

예를 들면, 그리스도인 아프리카 여학생 한 무리가 그들이 다니는 사범대학교에서 열리는 무도회에 참석하는 것이 해로운 일인지 내게 질문한 적이 있다. 나는 내 개인적 견해나 선교위원회에서 정한 규정을 제공하는 대신, 그들에게 성경을 함께 펴서 두 구절을 읽어보자고 했다.

> 그런즉 너희가 먹든지 마시든지 무엇을 하든지 다 하나님의 영광을 위하여 하라 고전 10:31

> 또 무엇을 하든지 말에나 일에나 다 주 예수의 이름으로 하고 그를 힘입어 하나님 아버지께 감사하라 골 3:17

나는 이 두 성구가 그리스도인으로서 우리가 행하는 모든 일을 결정하고 이끄는 두 가지 큰 원칙을 담고 있다고 지적했다. 첫째, 우리는 모든 일을 하나님의 영광을 위하여 해야 한다. 둘째, 우리는 모든 일을 주 예수의 이름으로 하고 그를 힘입어 하나님께 감사해야 한다. 그러므로 우리가 하나님의 영광을 위하여, 그리고 주 예수의 이름으로 하는 일은 무엇이든 좋은 일이지만, 하나님의 영광을 위하여 하지 못하고 주 예수의 이름으로 하지 못하는 일은 해로운 일인 것이다.

그런 다음 나는 이 원칙을 그 여학생들이 내게 던진 질문에 적용하여 설명했다. "여러분이 하나님의 영광을 위하여 그 무도회에 참석할 수 있고, 춤을 추면서 주 예수의 이름으로 하나님께 거리낌없이 감사를 드릴 수 있다면 무도회에 참석하는 것은 좋은 일이지만, 만약 이런 방식과 조건에 따라 춤을 출 수 없다면 무도회에 가는 것은 옳지 않은 일입니다."

나는 그 젊은 여학생들에게 성경의 기본 원칙을 가르쳐 주는 것은 나의 책임이라고 생각했다. 그 다음에 그런 원칙을 자기들의 상황에 적용하는 것은 내 책임이 아니고 그 여학생들의 책임이었다.

옛날의 다윗처럼 오늘날의 많은 그리스도인들도 하나님의 말씀을 적용함으로써 포악한 자의 길에서 자기를 지켜 왔는바, 그 방법의 타당성을 현대 의학 연구가 증명하고 있다.

그리스도의 피로 값을 치르고 사탄의 지배로부터 구속한 그리스도인의 몸은 성령이 거하는 성전이므로 성결하게 유지해야 한다고 성경은 분명하게 가르치고 있다. 예를 들자면 사도 바울은 다음과 같이 말한다.

너희는 너희가 하나님의 성전인 것과 하나님의 성령이 너희 안에 계시는 것을 알지 못하느냐 누구든지 하나님의 성전을 더럽히면 하나님이 그 사람을 멸하시리라 하나님의 성전은 거룩하니 너희도 그러하니라고전 3:16, 17

너희 몸은 너희가 하나님께로부터 받은 바 너희 가운데 계신 성령의 전인 줄을 알지 못하느냐 너희는 너희 자신의 것이 아니라 값으로 산 것이 되었으니 그런즉 너희 몸으로 하나님께 영광을 돌리라
고전 6:19-20

하나님의 뜻은 이것이니 곧 너희의 거룩함이니라 너희는 음행을 삼가고 너희 각자가 거룩함과 존귀함으로 어떻게 자기 자신의 그릇(자신의 신체)을 소유하는가를 알며살전 4:3-4, KJV

이와 유사한 성경구절을 바탕으로 많은 그리스도인들이 흡연을 삼가 왔다. 믿지 않는 사람들은 그리스도인들이 담배를 피우지 않는 것을 두고 광신적인 행위에 가까운 어리석고 낡은 관습이라고 최근까지 비웃어 왔다. 그러나 현대 의학은 흡연이 의심할 여지가 없는 폐암의 직접적인 원인이라고 밝혀냈다. 미국과 영국의 의학협회는 이 결론을 지지했다. 올해 미국에서 폐암으로 사망하는 사람의 숫자는 약 146,000명으로 추산된다(미국 암 협회). 논쟁할 여지가 없는 또 다른 사실은 폐암으로 인한 사망 과정은 길고도 고통스럽다는 점이다. 이것은 의사들이 경험을 바탕으로 하는 말이다.

이와 같은 사실을 앞에 두고 그리스도인들이 흡연을 삼가는 것을 어리석은 광신적 행위라고 더 이상 조소할 수 없다. 오늘날 어리석은 자라고 비난받아야 할 대상은 그리스도인이 아니고 흡연 욕구를 충족시키기 위해

많은 돈을 낭비하는 사람이다. 그 사람들은 흡연이 폐암으로 고통스럽게 죽을 가능성을 크게 증가시킨다는 것을 알고 있기 때문이다. 그리고 흡연자들을 어리석은 사람이라고 한다면, 자신의 재정적인 이익을 위하여 의도적으로 현대의 모든 홍보 수단을 동원해서 다른 사람을 흡연 습관의 노예로 삼아 잔인하게 파멸시키는 사람들은 사악한 자들이라고 비난해도 마땅할 것이다.

흡연과 관련된 말을 지나친 음주에도 똑같이 적용할 수 있다.

신실한 그리스도인들의 대다수가 성경의 경고를 바탕으로 음주를 삼가 왔다. 지나친 음주는 숱한 종류의 정신적 신체적 질환과 교통사고 사망의 주요 원인이란 것은 이미 증명된 사실이다.

음주 문제에 있어서도 흡연의 경우처럼 수백만 명의 그리스도인들이 성경의 가르침을 자신들의 삶에 적용함으로써 파멸로부터 자신을 보호할 수 있었다.

1980년대에 현대의 새로운 역병인 에이즈가 세계를 덮쳤다. 일부일처제를 실천하며 성적으로 부도덕한 행위를 삼가는 그리스도인들은 이 병으로부터 자신과 자녀들을 보호한다. 이와 반대로 '대체 생활 양식'이라고 선전되어 온 동성연애는 '대체 사망 양식'이란 것이 증명되었다. 죽음으로 이끄는 이러한 악으로부터 보호받은 그리스도인들은 하나님께 진심으로 감사드리며 다윗의 말을 되뇔 수 있을 것이다.

> 사람의 행사로 논하면 나는 주의 입술의 말씀을 따라 스스로 삼가서 포악한 자의 길을 가지 아니하였으며 시 17:4

사탄에 대한 승리

하나님의 말씀을 우리의 삶에 적용하면 죄에 대한 승리를 가져오거니와, 그것은 또 사탄을 이기는 신성한 무기이기도 하다. 사도 바울은 다음과 같이 권고한다.

> 성령의 검 곧 하나님의 말씀을 가지라 엡 6:17

그리스도인들이 치르는 전쟁에서 하나님의 말씀은 불가결한 무기이다. 에베소서 6장에 열거된 그리스도인의 전신갑주 – 허리 띠, 흉배, 신, 방패, 투구 – 는 모두 방어용 군장이고, 유일한 공격용 무기는 성령의 검, 곧 하나님의 말씀이다.

하나님의 말씀과 그것을 적용하는 방법에 관한 철저한 지식을 갖추지 않은 그리스도인에게는 공격용 무기, 즉 사탄과 흑암의 권세를 쳐서 그들을 패주시킬 무기가 없다. 그러므로 지상에 그리스도 교회가 세워진 이래로 지금까지 사탄은 자기의 권세 아래에 있는 모든 수단과 방법을 동원하여 그리스도인들이 하나님의 말씀의 진정한 본질과 권위와 능력에 대하여 알지 못하도록 방해 공작을 해 온 것이다.

주 예수 그리스도가 그리스도인들에게는 하나님의 말씀을 무기로 사용한 가장 뛰어난 본보기이다. 사탄은 예수님을 세 차례 유혹하였으나 예수님은 매번 똑같은 무기, 곧 하나님의 기록된 말씀의 검으로 그 유혹을 물리치셨다. 눅 4:1-13 참조 사탄이 시험할 때마다 예수님은 "기록된 바"라는 말씀으로 답변을 시작하여 성경구절을 직접 인용하셨다.

사탄이 그리스도를 시험하는 이야기의 전후에 누가가 사용하는 두 개의 다른 구절을 주목할 필요가 있다. 누가복음 4:1에서는 누가가 다음과 같이 말한다.

예수께서 성령의 충만함을 입어…광야에서 사십 일 동안 성령에게 이끌리시며.

그런데 시험이 끝난 후 누가복음 4:14에는 다음과 같이 기록되어 있다.

예수께서 성령의 능력으로 갈릴리에 돌아가시니.

사탄과 만나기 전에 예수님은 이미 "성령의 충만함을 입고" 있었다. 그렇지만 하나님의 말씀의 검으로 사탄을 물리친 다음에야 비로소 예수님은 하나님께서 정하신 사역을 "성령의 능력으로" 시작할 수 있었다. 그러므로 성령의 충만함을 입는 것과 성령의 능력으로 사역할 수 있는 것 사이에는 구별이 있다. 예수님은 그분이 성령의 능력으로 사역하지 못하도록 사탄이 저지하는 것을 하나님의 말씀의 검을 사용하여 물리친 다음에야 성령의 능력 안으로 들어갈 수 있었다.

이것은 오늘날의 그리스도인들이 배워야 할 교훈이다. 완벽하게 성경적인 성령 충만함을 경험한 허다한 그리스도인들이 그 다음 단계인 하나님을 성령의 능력으로 섬기는 일에 결코 나아가지 못한다. 그 이유는 그리스도의 본보기를 따르지 않았기 때문이다. 어떤 사역을 하도록 하나님께서 실제로 성령 충만함을 주셨으나, 하나님의 말씀의 검을 휘둘러 그 사역을 저지하는 사탄을 물리치는 법을 배우지 못한 것이다.

성령 충만함을 갓 입은 그리스도인만큼 하나님의 말씀을 더 시급하게 공부해야 할 사람은 없다. 그러나 애석하게도 그런 그리스도인들은 흔히 성령 충만함을 입은 것이 하나님의 말씀을 부지런히 공부하고 적용하는 것을 대체한다고 생각하는 것 같다. 사실은 그와 반대다.

군인의 갑옷 가운데 어떤 것도 검을 대체할 수는 없다. 신체의 다른 모든 부위를 아무리 갑옷으로 잘 감싸고 있다 하더라도 검이 없는 군인은 심각한 위험에 처할 수 밖에 없다. 그리스도인도 이와 마찬가지이다. 어떤 영적 장비와 경험도 하나님의 말씀에 대한 철저한 지식을 대체할 수 없다. 다른 모든 측면에서 아무리 장비를 잘 갖추고 있다 하더라도 하나님의 말씀의 검이 없는 그리스도인은 언제나 심각한 위험에 처할 수 밖에 없다.

사도 시대의 초기 그리스도인들은 비록 단순하고 교육을 별로 받지 못했을지라도, 그리스도에 대한 믿음을 고백함으로 인해 자기들에게 닥친 격렬한 영적 전쟁에서 주님의 본보기를 따라 하나님의 말씀을 공부하고 그것을 공격용 무기로 사용하였다. 예를 들어 노년의 사도 요한은 자기의 가르침을 받고 자란 젊은 그리스도인들에게 다음과 같은 편지를 썼다.

> 청년들아 내가 너희에게 쓴 것은 너희가 강하고 하나님의 말씀이 너희 안에 거하시며 너희가 흉악한 자를 이기었음이라요일 2:14

사도 요한은 그 청년들에 관하여 세 가지 진술을 한다. 1) 너희는 강하다. 2) 너희 안에 하나님의 말씀이 거하신다. 3) 너희가 흉악한 자(사탄)을 이기었다.

이 세 가지 진술 중 둘째 진술은 첫째와 셋째 진술에 인과 관계를 갖는다. 그 청년들이 강하고 사탄을 이길 수 있었던 원인은 하나님의 말씀이 그들 안에 거하셨기 때문이다. 청년들에게 영적인 힘을 부여한 것은 그들 안에 거하는 하나님의 말씀이었다.

우리는 이런 질문을 해볼 필요가 있다. 오늘 우리 교회의 청년 가운데 몇 명이나 강한 그리스도인으로 사탄을 이긴 자인가? 만약 영적인 힘과 승리를 보여 주는 청년 그리스도인을 보기 힘들다고 하면, 그 이유는 간단하다. 그러한 결과를 낳는 원인, 곧 하나님의 말씀이 그들 안에 거하지 않기 때문이다.

그러한 힘과 승리의 유일한 원천은 내 안에 거하는 하나님의 말씀에 대한 철저한 지식이다. 하나님의 말씀을 철저하게 배우지 못한 청년 그리스도인들은 결코 진정한 강함을 얻지 못하고 그들의 삶에서 마귀를 이기지 못한다.

오늘날 어른들이 청년들의 영적 용량을 과소평가하고 그들을 어린애처럼 취급하는 위험한 경향이 있다. 심지어 하나님께서 청년들에게는 어른들에게 부과하는 기준보다 낮은 것을 요구하는, 특별한 종류의 그리스도교를 그들에게 제공하셨다는 인상을 젊은이들 사이에 퍼뜨리는 추세가 있다. 이와 관련하여 솔로몬은 매우 적절하고 통찰력 있는 말을 남겼다.

> 어릴 때와 청년의 때가 다 헛되니라전 11:10 NKJV

다시 말하자면, 어린 시절과 청년 시절은 순식간에 지나가는 겉모습일 뿐, 그것이 모든 영혼에 똑같이 적용되는 영원한 영적 진리를 바꿀 수 없다는 뜻이다.

구세군을 창시한 윌리엄 부스의 딸 캐서린 부스 클립본이 이와 비슷한 생각을 다음과 같이 표현했다. "혼에 성별의 구별은 없다." 그리스도교가 토대를 두고 있는 깊고 영원한 영적 진리는 나이나 성별의 차이에 영향을 받지 않는다. 그리스도교는 회개, 믿음, 순종, 희생, 헌신과 같은 가치에 바탕을 두고 있다. 이러한 가치는 남녀노소를 불문하고 똑같이 적용되는 기준인 것이다.

젊은 그리스도인들에게 성경을 철저하게 가르치기 위해 그들을 신학교에 보내는 방법을 제안하는 사람도 있다. 그러나 이 방법은 두 가지 주의해야 할 점이 있다. 첫째, 현재 복음주의 신학교 또는 순복음 신학교에서도 성경을 실제로 공부하는 시간을 점점 줄이고 다른 세속적인 학문을 공부하는 시간을 점차 늘리는 경향이 있다는 것을 알아야 한다. 사도 바울은 골로새 그리스도인들에게 다음과 같이 경고했다.

> 누가 철학과 헛된 속임수로 너희를 사로잡을까 주의하라 이것은 사람의 전통과 세상의 초등학문을 따름이요 그리스도를 따름이 아니니라 골 2:8

바울은 또 디모데에게 경고했다.

> 디모데야 망령되고 헛된 말과 거짓된 지식의 반론을 피함으로 네게 부탁한 것(하나님의 말씀의 진리)을 지키라 이것을 따르는 사람들이 있어 믿음에서 벗어났느니라 딤전 6:20-21

이러한 경고는 오늘날에도 되풀이할 필요가 있다. 어떤 청년이 현대의 신학교 과정을 마치고도 성경의 가르침에 대한 지식도 부족하고 그것을 실제적으로 적용하는 방법도 모르는 경우가 많기 때문이다.

둘째로 주의해야 할 점은 어떤 신학교 과정이 아무리 완벽하다 해도 그것이 모든 성도들에게 하나님의 말씀을 정기적으로 또 체계적으로 가르쳐야 할 지역 교회 목사들의 책임을 면제하지는 않는다는 것이다.

신약성경에서 지역 교회는 성경을 가르치는 중심 역할을 하고 있고, 어떤 다른 기관도 지역 교회의 기능을 대체하지 않는다. 신약의 사도들과 그리스도인들이 성경의 가르침을 전할 때 지역 교회를 제외하고 다른 기관을 이용한 일이 없었다. 그렇지만 그들은 오늘날의 우리보다 더 성공적으로 과업을 수행하였다.

신학교 같은 다른 기관들은 지역 교회가 가르치는 것을 보완하는 특별한 가르침을 제공할 수는 있을지라도 교회의 역할을 대체할 수는 없다. 오늘날 대다수 지역교회에 절실하게 필요한 것은 더 많은 기구나 더 좋은 프로그램이나 더 많은 활동이 아니고, 하나님의 말씀의 기본 진리와 그것을 그리스도인의 삶의 모든 측면에 어떻게 적용할 것인지에 관한 철저하고도 실제적이면서 정기적인 가르침이다.

오직 이러한 방법을 통해서만 그리스도의 교회는 힘있게 일어나 그리스도의 이름으로 십자가의 승리를 선포하며 주님이 교회에 맡기신 과업을 완수할 수 있다.

이것은 요한계시록에 묘사된 말세에 승리하는 교회의 모습과 일치한다.

> 또 우리 형제들(그리스도인들)이 어린 양의 피와 자기들이 증언하는 말씀으로써 그(사탄)를 이겼으니 계 12:11

이 구절에 승리의 세 가지 요소가 드러나 있다. 피와 말씀과 우리의 증언. 피는 그리스도가 십자가에서 이룬 사역과 그것으로 인해 우리가 누리는 모든 축복과 능력과 승리의 상징이며 인장이다. 그리고 말씀을 통하여 우리는 그리스도의 피가 우리를 위하여 값을 치른 모든 것을 이해하게 된다. 마지막으로, 말씀이 그리스도의 피에 관하여 계시하는 것을 증언함으로써 우리는 사탄에 대한 그리스도의 승리가 우리의 삶에 실제로 효과적인 작용을 하게 만드는 것이다.

사탄을 이기는 이 신성한 계획을 공부하면 우리는 하나님의 말씀이 중심에 위치한다는 것을 다시 알게 된다. 하나님의 말씀에 대한 적절한 지식이 없으면, 그리스도의 피의 진정한 가치와 능력을 이해할 수 없고, 따라서 그리스도인으로서 우리의 증언은 설득력과 권위를 잃게 된다. 하나님의 말씀에 대한 지식과 그것을 적용하는 능력이 하나님의 백성을 향한 하나님의 모든 계획의 중심에 있다. 하나님의 말씀에 대한 지식이 없으면 오늘날의 교회도 호세아 시절의 이스라엘과 같은 상황에 처하게 된다. 하나님은 호세아를 통하여 이스라엘 백성들에게 다음과 같이 선언하셨다.

내 백성이 지식이 없으므로 망하는도다 네가 지식을 버렸으니 나도 너를 버려 호 4:6

하나님의 말씀에 대한 지식을 버리는 교회는 반드시 하나님으로부터 버림받을 것이며, 교회의 적인 마귀의 손에 멸망하는 비운에 빠지고 말 것이다.

7장

하나님 말씀의 정화 효과

정화

하나님 말씀의 일곱째 효과는 정화와 성화이다. 에베소서 5:25-27이 이와 관련된 핵심 성구이다.

> 그리스도께서 교회를 사랑하시고 그 교회를 위하여 자신을 주심 같이 하라 이는 곧 물로 씻어 말씀으로 깨끗하게 하사 거룩하게 하시고 자기 앞에 영광스러운 교회로 세우사 티나 주름 잡힌 것이나 이런 것들이 없이 거룩하고 흠이 없게 하려 하심이라

이 구절에는 주목할 만한 요점이 몇 가지 있다.

첫째, 정화와 성화의 과정이 서로 밀접하게 연결되어 있다. 그런데 이 두 가지 과정이 밀접하게 관련되어 있긴 하나 동일한 것은 아니다.

정화와 성화 사이의 차이는 이것이다. 진실로 성화된 것은 절대적으로 순

수하고 청결해야 한다. 그러나 순수하고 청결한 것은 완전히 성화된 상태이어야 할 필요는 없다. 달리 말하자면, 성화되지 않고 순수하거나 청결한 것은 가능하나 순수하거나 청결하지 않고 성화되는 것은 불가능하다.

그러므로 정화는 성화의 필요 부분이지 성화의 전부는 아니다. 성화 sanctification의 정확한 의미는 나중에 더 자세하게 고찰하고자 한다.

둘째, 에베소서 5장으로 다시 돌아가면 그리스도께서 교회를 속량하신 목적은 "깨끗하게 하사 거룩하게" 하시기 위함이었다(26절).

그러므로 그리스도께서 교회 전체와 그리스도인 각 개인을 위하여 자신의 생명을 바쳐 대속적인 죽음을 당하신 목적은 그의 죽음으로 속량받은 사람들이 정화와 성화의 과정을 거치기 전에는 성취되지 않는다. 사도 바울은 이 과정을 거친 그리스도인들만 마침내 그리스도에게 신부로 바쳐지기에 합당한 자격을 갖추게 될 것이라고 분명하게 설명하고 있다. 또 바울은 영광스러운 교회가 갖추어야 할 자격으로 "티나 주름 잡힌 것이나 이런 것들이 없이 거룩하고 흠이 없어" 야 한다고 명시하고 있다(27절).

이 구절에서 주목해야 할 셋째 요점은 그리스도가 교회를 깨끗하게 하고 거룩하게 하는 방법은 "물로 씻어 말씀으로 깨끗하게" 하는 것이다. 거룩하게 하고 깨끗하게 하는 수단은 하나님의 말씀이다. 이런 측면에서 하나님의 말씀의 기능을 맑은 물로 씻는 것에 비유하고 있다.

십자가에서 그리스도의 대속적인 죽음이 일어나기 전에 이미 예수님은 제자들에게 하신 자기 말씀의 깨끗하게 씻는 능력을 보장하셨다.

너희는 내가 일러준 말로 이미 깨끗하여졌으니요 15:3

그러므로 하나님의 말씀은 신성한 영적 정화제로서, 그 기능은 맑은 물로 씻는 것에 비유되고 있음을 알게 된다.

우리는 또 사도 요한이 언급한 다른 위대한 영적 정화제를 말씀 곁에 나란히 두어야 한다.

> 그가 빛 가운데 계신 것 같이 우리도 빛 가운데 행하면 우리가 서로 사귐이 있고 그 아들 예수의 피가 우리를 모든 죄에서 깨끗하게 하실 것이요 요일 1:7

여기서 요한은 우리를 죄에서 속량하기 위하여 십자가에서 흘린 그리스도의 피의 깨끗하게 하는 능력을 말하고 있다.

하나님께서 공급하신 영적 정화제는 언제나 이 두 가지, 십자가에서 흘린 그리스도의 피와 물로 씻어 말씀으로 깨끗하게 하는 것을 포함한다. 둘 중 하나가 없으면 둘 다 완전하지 못하다. 그리스도는 그의 말씀으로 우리를 깨끗하게 하고 거룩하게 하기 위하여 그의 피로 우리를 속량하신 것이다.

요한은 그리스도의 이 두 가지 위대한 역사를 서로 밀접하게 연결시킨다. 요한일서에서 그리스도에 관하여 요한은 다음과 같이 말한다.

> 이는 물과 피로 임하신 이시니 곧 예수 그리스도시라 물로만 아니요 물과 피로 임하셨고 증언하는 이는 성령이시니 성령은 진리니라
> 요일 5:6

그리스도는 하나님의 진리를 인간에게 설명하기 위하여 세상에 오신 위대한 스승일 뿐만 아니라, 인간을 그들의 죄로부터 속량하기 위하여 자신의 피를 흘리신 위대한 구세주라고 요한은 선언한다. 이 두 가지 신분으로 역사하신 그리스도를 증언하는 이는 성령이시다. 성령은 그리스도의 말씀의

진리와 권위, 그리고 그리스도의 보혈의 효과와 능력을 증언하시는 것이다.

그러므로 요한은 그리스도의 사역의 이 두 가지 측면을 절대로 분리하면 안 된다고 우리에게 가르친다. 스승을 구세주로부터 분리해서도 안 되고, 구세주를 스승으로부터 분리해서도 안 된다.

죄로부터 우리를 속량하고 깨끗하게 하는 그리스도의 보혈의 능력을 받아들이며 체험하지 않고서 단지 말씀을 통한 그리스도의 가르침만 받아들이는 것은 충분하지 않다. 또 한편으로는, 그리스도의 보혈로 구원받은 사람은 하나님의 말씀으로 자신의 내면을 매일 씻어내야 하는 것이다.

구약의 희생제사 율례에 관한 허다한 구절은 그리스도의 보혈로 씻는 것과 그리스도의 말씀으로 씻는 것 사이의 긴밀한 관계를 예표한다. 예를 들어 회막에 관한 율례를 읽어보면 하나님께서 모세에게 말씀하여 이르시기를, 깨끗한 물을 담은 놋 두멍을 놋 번제단 가까이 두고 늘 같이 사용하라고 하셨다.

> 여호와께서 모세에게 말씀하여 이르시되 너는 물두멍을 놋으로 만들고 그 받침도 놋으로 만들어 씻게 하되 그것을 회막과 제단 사이에 두고 그 속에 물을 담으라 아론과 그의 아들들이 그 두멍에서 수족을 씻되 그들이 회막에 들어갈 때에 물로 씻어 죽기를 면할 것이요 제단에 가까이 가서 그 직분을 행하여 여호와 앞에 화제를 사를 때에도 그리할지니라 이와 같이 그들이 그 수족을 씻어 죽기를 면할지니 이는 그와 그의 자손이 대대로 영원히 지킬 규례니라 출 30:17-21

이 구절이 묘사하는 것을 신약에 적용하면, 놋 제단 위의 희생 제물은 인류의 죄를 대속하기 위해 십자가에서 흘린 그리스도의 보혈을 예표하고, 놋

두멍에 담긴 물은 오직 하나님의 말씀을 통해서만 가능한 끊임없는 영적 정화를 예표한다. 두 가지 모두 우리 혼의 영원한 안녕에 필수적인 것이다. 아론과 그의 아들들처럼 우리는 그리스도의 보혈과 하나님의 말씀의 유익을 항상 받아들여야 한다. "죽기를 면하기 위하여."

성화

하나님의 말씀으로 씻는 과정을 공부했으므로 이제 더 나아가서 성화의 과정을 검토하도록 하자.

먼저 성화sanctification란 단어의 의미를 잠깐 살펴보아야 한다. 이 단어의 어미인 ification은 많은 영어 단어에 사용되며, 무엇을 하거나 만드는 과정을 표시한다. 예를 들어 clarification은 making clear(분명하게 하기)를, rectification은 making right or straight(교정 또는 정정하기)를, purification은 making pure(정화하기)를 뜻한다. Sanctification 단어의 첫 부분은 saint(성도)라는 단어와 직접 연관된다. 사실 같은 뜻의 단어를 표기만 다르게 한 것이다. 또 Saint는 보통 거룩한holy이라고 번역되는 sanctification이란 단어를 다르게 번역하는 방법이다.

그러므로 sanctification을 글자 그대로 해석하면 making saintly(성도로 만들기) 또는 making holy(거룩하게 하기)가 된다.

신약성경은 성화를 이루는 다섯 가지 수단을 언급한다. 1) 하나님의 영, 2) 하나님의 말씀, 3) 제단, 4) 그리스도의 보혈, 5) 우리의 믿음. 성화를 이루는 이 다양한 수단에 대한 주요 성구를 읽어 보자.

하나님이 처음부터 너희를 택하사 성령의 거룩하게 하심과 진리를
믿음으로 구원을 받게 하심이니 살후 2:13

베드로는 그리스도인들에게 다음과 같이 말한다.

곧 하나님 아버지의 미리 아심을 따라 성령이 거룩하게 하심으로 순
종함과 예수 그리스도의 피 뿌림을 얻기 위하여 택하심을 받은 자들
에게 편지하노니 벧전 1:2

보다시피 바울과 베드로는 두 사람 다 "성령의(또는 성령이) 거룩하게 하심"을 그리스도인들의 체험의 한 영역이라고 언급하고 있다.

하나님의 말씀으로 성화됨은 그리스도가 자기 제자들을 위하여 하나님 아버지께 기도 드렸을 때 언급되었다.

그들을 진리로 거룩하게 하옵소서 아버지의 말씀은 진리니이다
요 17:17

여기서 성화는 하나님 말씀의 진리를 통하여 온다는 것을 알게 된다.

제단을 통한 성화도 그리스도에 의해 언급되었다. 그리스도는 바리새인들에게 말씀하셨다.

맹인들이여 어느 것이 크냐 그 예물이냐 그 예물을 거룩하게 하는
제단이냐 마 23:19

그리스도는 이 말씀으로 구약의 가르침을 확인하신다. 즉 하나님께 희생
제물로 바친 것은 하나님의 제단에 올림으로써 거룩하게 구분된다는 말씀

이다. 신약에서 예물과 제단의 성격은 변하지만, '예물을 거룩하게 하는 것은 제단' 이라는 원리는 여전히 변함이 없다.

그리스도의 보혈을 통한 성화는 히브리서 10:29에 언급되어 있다. 여기서 히브리서 저자는 배교자, 곧 구원의 모든 축복을 안 다음 구주를 고의적으로 그리고 공개적으로 거부한 사람에 관하여 질문하고 있다.

> 하물며 하나님의 아들을 짓밟고 자기를 거룩하게 한 언약의 피를 부정한 것으로 여기고 은혜의 성령을 욕되게 하는 자가 당연히 받을 형벌은 얼마나 더 무겁겠느냐 너희는 생각하라.

이 구절은 믿음을 지켜나가는 진정한 신도는 자기가 받아들인 새 언약의 피, 곧 그리스도의 보혈로 거룩하게 된다는 것을 보여 준다.

믿음을 통한 성화는 그리스도 자신이 말씀하고 있는 바, 그것은 바울이 이방인들에게 복음을 전하라는 임무를 그리스도에게서 받은 사건을 이야기하며 인용한다.

> 그 눈을 뜨게 하여 어둠에서 빛으로, 사탄의 권세에서 하나님께로 돌아오게 하고 죄 사함과 나를 믿어 거룩하게 된 무리 가운데서 기업을 얻게 하리라 하더이다 행 26:18

이 구절에서 성화는 그리스도를 믿음으로 얻게 된다는 것을 알게 된다. 이러한 성구들을 요약하면 다음과 같은 결론에 도달한다. 성화는 신약에 따르면 다섯 가지 수단으로 얻게 되는 것이다. 1) 성령, 2) 하나님 말씀의 진리, 3) 제단, 4) 그리스도의 보혈, 5) 그리스도에 대한 믿음.

이 성화의 과정을 다음과 같이 간략하게 설명할 수 있다. 성령은 하나님께서 그의 영원한 목적 아래 선택하신 사람의 마음에 성화의 역사를 시작한다. 하나님 말씀의 진리를 통하여, 그것이 믿는 자의 마음에 받아들여짐에 따라 성령은 제단을 계시하며, 믿는 자가 하나님께 나아가지 못하게 막는 모든 것을 그로부터 분리시켜 믿는 자가 그 제단 위에 순종하며 자기를 바치도록 이끈다. 그 제단 위에서 믿는 자는 제단 위에 뿌려진 그리스도의 피의 정화하는 능력에 힘입어, 그리고 제단과의 접촉에 의해 하나님께 구분된 거룩한 자가 되는 것이다.

그런데 이 네 가지 성화 수단 – 성령, 하나님의 말씀, 제단과 그리스도의 피 – 이 믿는 자 안에서 성화를 성취하는 정도는 이 과정의 다섯째 요소인 믿는 자 개개인의 믿음에 따라 결정된다. 하나님은 성화의 역사를 이루실 때 믿는 자의 믿음에 따라 은혜를 베푸시는 큰 법칙, 곧 믿음의 법칙을 어기지 않으신다.

예수께서 백부장에게 이르시되 가라 네 믿은 대로 될지어다 하시니
마 8:13

이제 이 성화의 과정에서 하나님의 말씀이 하는 역할을 좀 더 자세히 검토해 보자. 먼저 성화에는 두 가지 측면, 즉 부정적인 측면과 긍정적인 측면이 있다는 것을 알아야 한다. 부정적인 측면은 죄와 세상으로부터, 그리고 모든 부정한 것과 불순한 것으로부터 분리되는 것이고, 긍정적인 측면은 하나님의 거룩한 본성에 참여하는 자가 되는 것이다.

이와 관련된 설교에서 보편적으로 긍정적인 측면을 소홀히 하고 부정적인 측면을 지나치게 강조하는 경향이 있다. 그리스도인들이 일반적으로 하나님의 말씀에서 "하라" 보다 "하지 말라"에 더 초점을 맞추는 성향이 있는

것이다. 예를 들어 우리는 통상 에베소서 5:18 말씀에서 "성령으로 충만함을 받으라"는 긍정적인 측면보다 "술 취하지 말라"고 하는 부정적인 측면을 더 강조한다. 그러나 이것은 하나님의 말씀을 부정확하고 불완전하게 제시하는 방법이다.

거룩함이란 죄와 불결함을 멀리하는 부정적인 태도를 훨씬 뛰어넘는 그 무엇이라고 성경은 분명하게 밝히고 있다. 예를 들어 히브리서 12:10은 하나님이 우리를 징계하시는 것은 하늘에 계신 아버지가 그의 자녀인 우리의 유익을 위하여 그의 거룩하심에 참여하게 하시기 위함이라고 말씀한다. 또 베드로전서 1:15-16에는 다음과 같이 기록되어 있다.

> 오직 너희를 부르신 거룩한 이처럼 너희도 모든 행실에 거룩한 자가 되라 기록되었으되 내가 거룩하니 너희도 거룩할지어다 하셨느니라.

거룩함이란 하나님의 영원불변하는 성품의 한 부분이다. 하나님께서는 죄가 우주에 들어오기 전에도 거룩하셨고, 죄가 다시 영원히 추방된 후에도 여전히 거룩하실 것이다. 우리는 하나님의 백성으로서 하나님의 영원한 성품 가운데 이 거룩함에 참여하는 자가 되어야 한다. 죄에서 분리되는 것은 죄를 씻는 것과 같이 성화 과정의 한 부분이긴 하나 그 과정의 전부는 아니다. 하나님께서 우리 안에 일어나기를 갈망하시는 최종적인 결과는 죄를 씻는 것과 죄에서 분리되는 상태를 넘는 것이다.

하나님의 말씀은 성화의 부정적인 측면과 긍정적인 측면 양쪽에서 그 역할을 한다. 바울은 로마서 12:1-2에서 부정적인 측면을 묘사한다.

그러므로 형제들아 내가 하나님의 모든 자비하심으로 너희를 권하노니 너희 몸을 하나님이 기뻐하시는 거룩한 산 제물로 드리라 이는 너희가 드릴 영적 예배니라 너희는 이 세대를 본받지 말고 오직 마음을 새롭게 함으로 변화를 받아 하나님의 선하시고 기뻐하시고 온전하신 뜻이 무엇인지 분별하도록 하라.

사도 바울이 여기서 묘사하는 과정에는 네 가지 연속적인 단계가 있다.

1. 우리 몸을 하나님의 제단에 거룩한 산 제물로 드리기. 제단이 그 위에 놓인 제물을 거룩하게 한다는 것을 우리는 이미 이해하였다.
2. 이 세대를 본받지 않기. 즉 세상의 허망함과 죄로부터 분리되기.
3. 마음을 새롭게 함으로 변화를 받기. 즉 완전히 새로운 가치관을 바탕으로 사고하는 방법을 배우기.
4. 우리들 각 개인의 삶에 대한 하나님의 뜻을 알기. 하나님의 뜻의 이 계시는 새롭게 된 마음에만 주어진다. 새롭게 되지 않은 낡고 육적인 마음은 하나님의 온전한 뜻을 결코 분별하거나 이해하지 못한다.

마음을 새롭게 한 사람만 하나님의 말씀의 영향력을 느낄 수 있다. 우리가 하나님의 말씀을 읽고, 공부하고, 묵상하면 그것은 우리의 사고방식을 변화시킨다. 하나님의 말씀은 우리의 내면을 씻어 세상의 모든 불결하고 경건하지 못한 것으로부터 우리를 분리시킨다. 우리는 하나님 자신이 세상의 사물을 판단하고 평가하는 것처럼 사고하는 방식을 배우게 된다. 세상과 다르게 사고하는 방식을 배우게 되면 필연적으로 행동도 다르게 변한다. 우리의 외적 행위는 우리 내면의 새로운 사고 과정과 조화를 이루며 변화하는 것이다. 우리는 더 이상 세상처럼 사고하지 않으므로 더 이상 세상을 본받지 않게 된다. 우리는 마음을 새롭게 함으로 변화를 받는다.

그러나 세상을 본받지 않는 것은 단지 부정적인 측면일 따름이고 그 자체가 긍정적인 목적은 아니다. 우리가 세상을 본받지 않아야 한다면 무엇을 본받아야 하는가? 그 대답은 바울이 분명하게 제공하고 있다.

> 하나님이 미리 아신 자들을 또한 그 아들의 형상을 본받게 하기 위하여 미리 정하셨으니 이는 그로 많은 형제 중에서 맏아들이 되게 하려 하심이니라 롬 8:29

여기에 성화의 긍정적인 목적이 있다. 그것은 그리스도의 형상을 본받는 것이다. 우리가 세상이 하는 것처럼 생각하지 않고 말하지 않고 행하지 않으며 세상을 본받지 않는 것만으로는 충분하지 않다. 그것은 단지 부정적인 측면일 따름이다. 그 모든 것 대신에 우리는 그리스도가 하는 것처럼 생각하고 말하고 행하며 그리스도를 본받아야 한다.

사도 바울은 부정적인 형태의 거룩함을 불충분한 것으로 간주한다.

> 너희가 세상의 초등학문에서 그리스도와 함께 죽었거든 어찌하여 세상에 사는 것과 같이 규례에 순종하느냐 곧 붙잡지도 말고 맛보지도 말고 만지지도 말라 하는 것이니 이 모든 것은 한때 쓰이고는 없어지리라 골 2:20-22

진정한 성화는 이 무미하고 율법적이고 부정적인 태도를 초월한다. 그것은 그리스도 자신의 형상을 긍정적으로 본받는 것이며, 하나님 자신의 거룩함에 긍정적으로 참여하는 것이다.

이 성화의 긍정적인 측면과 하나님의 말씀이 성화 과정에서 하는 역할은 베드로가 아름답게 요약하고 있다.

> 그의 신기한 능력으로 생명과 경건에 속한 모든 것을 우리에게 주셨으니 이는 자기의 영광과 덕으로써 우리를 부르신 이를 앎으로 말미암음이라 이로써 그 보배롭고 지극히 큰 약속을 우리에게 주사 이 약속으로 말미암아 너희가 정욕 때문에 세상에서 썩어질 것을 피하여 신성한 성품에 참여하는 자가 되게 하려 하셨느니라벧후 1:3-4

이 구절에는 세 가지 주목해야 할 요점이 있다.

1. 하나님의 능력은 생명과 경건에 관련된 모든 것을 이미 우리에게 주셨다. 공급은 이미 이루어졌다. 그러므로 우리는 하나님께서 이미 주신 것 이상으로 더 달라고 하나님께 요구할 필요가 없다. 우리는 단지 하나님께서 이미 공급하신 모든 것을 누리기만 하면 된다.
2. 하나님의 이 온전한 공급은 하나님 자신의 말씀의 보배롭고 지극히 큰 약속을 통하여 우리에게 주어졌다. 하나님의 약속은 우리가 생명과 경건에 필요로 하는 모든 것을 이미 그 안에 담고 있다. 이제 우리에게 남아 있는 일은 이 약속을 능동적인 믿음으로 내 것으로 취하고 적용하는 것이다.
3. 하나님의 말씀을 내 것으로 삼고 적용하면 부정적인 측면과 긍정적인 측면의 두 가지 방면의 결과를 낳는다. 부정적으로는 정욕 때문에 세상에서 썩어질 것을 피하게 되고, 긍정적으로는 하나님

의 신성한 성품에 참여하는 자가 된다. 세상에서 썩어질 것을 피하여 하나님 자신의 거룩한 성품에 참여하는 것이 곧 성화의 온전한 과정인 것이다.

부정적인 측면과 긍정적인 측면을 포함한 이 모든 것은 하나님 말씀의 약속을 통하여 우리에게 주어진다. 하나님 말씀의 약속을 내 것으로 삼고 적용함에 따라 우리는 진정한 성경적 성화를 체험하게 된다.

야곱은 꿈에서 사다리가 지상으로부터 하늘에 놓여 있는 것을 보았다. 그리스도인들에게는 하나님의 말씀이 그 사다리이다. 사다리의 발은 지상에 놓여 있고, 머리는 하나님이 계시는 하늘에 닿아 있다. 그 사다리의 각 가로장은 하나의 약속이다. 우리는 하나님 말씀의 약속들을 믿음의 손으로 붙들고 발로 디디면서 우리 자신을 지상의 영역으로부터 하늘의 영역으로 끌어올린다. 하나님 말씀의 약속은, 우리가 그것을 한 가지씩 우리 것으로 취함에 따라, 우리를 지상의 부패로부터 한 걸음씩 더 높이 끌어올려 하나님의 성품에 더 가까이 참여하게 하는 것이다.

성화는 믿음으로 성취한다. 그러나 그냥 부정적이거나 수동적인 믿음으로는 성화에 이를 수가 없다. 하나님 말씀의 약속들을 지속적으로, 능동적으로 내 것으로 취하고 적용하는 믿음이 진정한 성화를 이룬다. 예수님이 하나님 아버지께 다음과 같은 기도를 올린 것은 바로 이러한 이유 때문이다.

그들을 진리로 거룩하게 하옵소서 아버지의 말씀은 진리니이다

요 17:17

8장

하나님 말씀의 계시 효과

지난 4-7장에 걸쳐 하나님 말씀을 우리가 믿음과 순종으로 받아들이고 그 가르침을 적용할 때 그것이 우리 안에서 낳는 일곱 가지 실제적인 효과를 검토하였다. 그 일곱 가지 효과는 다음과 같다.

1. 믿음
2. 새로운 탄생
3. 온전한 영적 영양분
4. 신체적 치유와 건강
5. 정신적 조명과 이해
6. 죄와 사탄에 대한 승리
7. 정화와 성화

이제 하나님의 말씀으로서 성경이 신자들의 삶에 역사하는 두 가지 방식을 추가로 살펴보자.

우리의 거울

첫째로 성경은 우리에게 영적 계시의 거울을 제공한다. 하나님 말씀의 이 역사는 야고보서 1:23-25에 기록되어 있다. 그 앞의 두 절에서 야고보는 하나님의 말씀이 우리 안에 적절한 효과를 낳으려면 두 가지 기본 조건을 충족시켜야 한다고 미리 경고했다. 1) 우리는 "마음에 심어진 말씀을 온유함으로" 받아야 한다(21절). 다시 말해 하나님 말씀을 순종하는 마음가짐으로 받아들여야 한다. 2) 우리는 "말씀을 행하는 자가 되고 듣기만 하여 자신을 속이는 자가" 되어서는 안 된다(22절). 우리는 하나님 말씀을 우리의 일상 생활에 즉시 실제적인 방식으로 적용해야 한다는 뜻이다.

이 두 가지 조건을 충족시키지 못하면 우리는 자신을 속이게 된다고 야고보는 경고한다. 우리는 자신을 그리스도인이나 제자나 신학생이라 부를지라도 성경이 말하는 실제적인 축복이나 유익을 아무것도 체험하지 못한다. 성경은 하나님 말씀을 실제적으로 적용하는 사람 안에서 실제로 역사한다고 요약할 수 있다.

이러한 경고 다음에 야고보는 그 다음 세 구절에서 이렇게 말한다.

> 누구든지 말씀을 듣고 행하지 아니하면 그는 거울로 자기의 생긴 얼굴을 보는 사람과 같아서 제 자신을 보고 가서 그 모습이 어떠했는지를 곧 잊어버리거니와 자유롭게 하는 온전한 율법을 들여다보고 있는 자는 듣고 잊어버리는 자가 아니요 실천하는 자니 이 사람은 그 행하는 일에 복을 받으리라 약 1:23-25

야고보는 하나님의 말씀을 거울에 비유한다. 유일한 차이점은 보통 거울은 야고보가 우리의 "생긴 얼굴"이라고 부르는 것, 곧 우리의 외적인 신체 용모만 비춰주는데 비해 하나님 말씀의 거울은 우리가 그것을 들여다 봄에 따라 외적인 신체 용모가 아닌 내적인 영적 본성과 상태를 계시해 준다는 것이다. 하나님 말씀의 거울은 우리 자신에 관하여 어떤 거울이나 어떤 인간의 지혜도 비춰줄 수 없는 것들, 곧 다른 어떤 방법으로도 우리가 알 수 없는 것들을 계시해 준다.

누군가가 이것을 다음과 같은 말로 요약했다. "당신이 성경을 읽는 동안 성경도 당신을 읽고 있다는 것을 기억하라."

나는 이것을 내 자신의 삶에서 생생하게 체험한 적이 있는 바, 그로부터 오랜 세월이 흐른 지금도 그 일을 기억한다. 나는 철학을 가르치며 공부하는 회의론자요 불신자로서 성경을 공부하기 시작했다. 성경을 단지 세상의 많은 철학 시스템 가운데 하나로 간주하고 접근했다. 그런데 성경을 계속 공부해 나감에 따라 내 안에서 나의 의지에 반하여 이상하고도 깊은 변화가 일어나는 것을 의식하게 되었다. 나의 지적 우월감과 자신감 그리고 자만심이 무너지기 시작했다.

나는 그전에 "인간은 모든 사물의 척도이다"라고 말한 고대 그리스 철학자의 태도를 갖고 있었다. 나의 지적인 능력과 비판적인 능력을 바탕으로 내가 공부하는 어떤 책이나 사상 체계도 잴 수 있는 역량이 있다는 생각을 갖고 있었던 것이다. 그러나 놀랍게도 내가 성경을 공부해 나감에 따라, 비록 완전히 이해할 수는 없었지만, 내 자신의 것도 아니고 다른 어떤 인간의 것도 아닌 기준에 의해 내가 재어지고 있다는 것을 의식하기 시작했다. 그것은 마치 잔치를 베풀던 벨사살 왕의 왕궁 벽에 쓰였던 글이 나의 원치 않는 눈앞에 나타나는 것 같았다. "왕을 저울에 달아보니 부족함이 보였다 함이요" 단 5:27

외부 상황은 특별하게 변한 것이 없었지만 나의 내면은 편치 않았고 불만스러웠다. 이전에 나를 사로잡고 내 관심을 끌던 오락이나 취미 활동이 더 이상 나를 즐겁게 해주지 못했다. 나의 내면에 내가 정의를 내릴 수도 없고 만족시킬 수도 없는 깊은 욕구가 있는 것을 점차 의식하게 되었다. 나는 그것을 분명하게 이해하지 못했으나 하나님은 그의 말씀의 거울을 통하여 나의 내면의 욕구와 공허함을 보여주고 있었다.

그로부터 몇 달이 지나 나의 욕구에 관한 이 계시는, 비록 그때 내가 영적으로 무지하고 눈먼 상태였지만, 나로 하여금 겸손하고도 진지한 자세로 하나님을 찾게 하였다. 하나님을 이렇게 찾는 과정에서 나의 욕구를 성경을 통하여 계시해 주신 그분은 또 하나님의 살아 계신 말씀인 주 예수 그리스도를 통하여 나의 욕구를 완전히 충족시켜 줄 수 있다는 것을 발견하였다.

성경은 혼의 거울이다. 그러나 성경의 다른 역사와 마찬가지로 성경의 거울이 우리 안에 낳는 효과는 그것에 대한 우리의 반응에 달려 있다.

일상생활에서 우리가 거울을 들여다볼 때 우리는 보통 그 거울이 우리에게 비춰주는 것에 상응하는 행동을 한다. 만약 머리카락이 헝클어져 있으면 빗질을 하고, 얼굴이 지저분하면 세수를 하고, 옷 매무새가 단정하지 않으면 고쳐 입는다. 피부에 어떤 감염 흔적이 보이면 의사를 만나 치료를 받는다.

하나님 말씀의 거울의 유익을 받아들이려면, 우리는 비슷한 방식으로 행동해야 한다. 하나님 말씀의 거울이 영적으로 불결한 상태를 비춰주면 우리는 지체하지 않고 그리스도의 보혈로 씻어야 한다. 만약 그 거울이 영적 감염 증상을 비춰주면 우리 혼의 위대한 의사, 곧 "네 모든 죄악을 사하시며 네 모든 병을 고치시는"시 103:3 하나님을 만나 상담해야 한다.

하나님 말씀의 거울이 우리에게 비춰주는 것을 보고 즉시 실제적으로 행동해야 용서와 정화와 치유를 비롯한 하나님께서 예비하신 모든 축복을 우리는 누릴 수 있다.

바로 이 시점에서 허다한 사람들이 하나님의 거울을 적절하게 활용하지 못함으로써 영원한 영적 손실을 입는다. 그들은 하나님의 말씀을 듣거나 읽음을 통하여, 그리고 성령의 감동을 통하여 자기들의 마음과 삶에 더럽고 해로우며 하나님께서 기뻐하지 않는 것들이 있음을 자각한다. 그리하여 하나님 말씀의 거울을 들여다보면서 그들은 자신의 영적 상태를 하나님이 바라보는 시각으로 보게 된다.

그 사람들은 즉시 슬퍼하고 뉘우치는 반응을 보인다. 그들은 자기들이 위험한 상태에 빠졌으며 거기서 벗어나야 한다는 것을 깨닫는다. 심지어 그들은 어떤 교회를 찾아 제단 앞에 나아가서 기도하며 눈물을 흘린다. 그렇지만 그 사람들의 반응은 거기서 멈추고 만다. 그들이 사는 방식에 진정한 실제적 변화는 없다. 그 다음 날이면 하나님 말씀의 거울에 비친 상들이 사라지기 시작하고 그들은 이전에 살던 방식으로 돌아간다.

얼마 지나지 않아 그런 사람은 자신이 어떤 모습의 사람이었는지 망각해 버린다. 그는 하나님의 거울이 그렇게 분명하고 정확하게 보여준 자기 내면의 추악한 모습을 더 이상 기억하지 못한다. 그는 회개하지 않고 자기 만족에 빠져 하나님으로부터 점점 멀어지는 길을 따라 계속해서 나아가는 것이다.

그런데, 하나님 말씀의 거울은 추악한 모습 뿐만 아니라 아름다운 모습도 비춰줄 수 있다. 그것은 그리스도 없이 타락한 우리의 모습을 비춰줄 수 있을 뿐만 아니라 그리스도에 대한 믿음으로 우리가 도달할 수 있는 모습도 비춰줄 수 있다. 그것은 우리 자신의 의의 더러운 누더기를 비춰줄 수 있을 뿐만 아니라 그리스도에 대한 믿음으로 우리가 받아 입는 흠 없는 구원의 겉옷과 빛나는 의의 외투도 비춰줄 수 있다. 그것은 그리스도 없는 '옛 사람'의 부패와 불완전함을 비춰줄 수 있을 뿐만 아니라 그리스도 안에 있는 '새 사람'의 거룩함과 완전함도 비춰줄 수 있다.

하나님의 거울이 우리의 죄와 더러움의 진상을 처음으로 비춰줄 때 만약 우리가 즉시 이 계시에 반응하여 회개하고, 복음을 믿고 순종한다면, 그 다음에 거울을 들여다 볼 때는 더 이상 우리의 사악한 본성이 보이지 않게 된다. 그 대신에 우리는 자신을 하나님께서 그리스도 안에 있는 우리 모습을 보듯이 보게 된다. 그것은 용서받고, 깨끗해지고, 의로워진 새 피조물의 모습이라서 우리는 기적이 일어난 것을 알게 된다.

하나님의 거울은 더 이상 우리의 죄나 실패를 비춰주지 않고, 대신에 새로운 피조물의 모습을 보여 준다.

> 그런즉 누구든지 그리스도 안에 있으면 새로운 피조물이라 이전 것은 지나갔으니 보라 새 것이 되었도다 모든 것이 하나님께로서 났으며 그가 그리스도로 말미암아 우리를 자기와 화목하게 하시고
>
> 고후 5:17-18

옛 것은 사라지고 모든 것이 새 것이 되었을 뿐만 아니라 모든 것이 하나님께로서 났다. 다시 말하면, 하나님 자신이 그리스도 안에 있는 새로운 피조물의 모든 특징과 측면을 하나님의 거울에 비친 모습 그대로 책임지신다는 뜻이다. 그 새로운 피조물 안에는 인간의 방식이나 행위로 난 것은 아무 것도 없으며 모든 것이 하나님 자신으로부터 난 것이다.

고린도후서 5:21에서 사도 바울은 이렇게 말한다.

하나님이 죄를 알지도 못하신 이를 우리를 대신하여 죄로 삼으신 것은 우리로 하여금 그 안에서 하나님의 의가 되게 하려 하심이라.

여기에 일어난 교환의 완전함을 주목하라. 그리스도가 우리의 죄로 죄가 됨으로써 우리는 하나님의 의로 의가 되었다. 하나님의 의란 무엇인가? 그것은 흠도 없고 점도 없는 의, 곧 죄를 안 적이 없는 의이다. 그것은 그리스도 안에 있는 우리에게 전가된 의이다. 하나님의 거울에 비친 우리의 의로운 모습을 하나님께서 우리를 바라보듯이 보게 될 때까지 우리는 오랫동안 그리고 진지하게 응시할 필요가 있다.

구약의 아가서에서도 우리는 같은 계시를 찾을 수 있다. 신랑인 그리스도는 신부인 교회에게 이렇게 말한다.

나의 사랑 너는 어여쁘고 아무 흠이 없구나아 4:7

여기 흠이 없는 거울이 흠이 없는 의를 비춰주고 있다. 그 흠이 없는 의는 그리스도 안에서 우리의 것이다. 바울은 그리스도인들이 하나님 말씀의 거울을 지속적으로 들여다볼 필요가 있음을 강조한다.

우리가 다 수건을 벗은 얼굴로 거울을 보는 것 같이 주의 영광을 보매 그와 같은 형상으로 변화하여 영광에서 영광에 이르니 곧 주의 영으로 말미암음이니라고후 3:18

바울은 야고보처럼 하나님 말씀의 거울에 대하여 언급하고 있다. 바울은 이 거울이 믿는 우리들에게 우리의 죄를 비춰주지 않는다고 말한다. 그 죄는 그리스도 안에서 이미 씻겨져 나가 다시는 기억할 필요가 없는 것이다.

하나님 말씀의 거울은 그 대신에 주님의 영광을 비춰주는 바, 주님은 그 영광을 믿는 우리들에게 나누어주기 위해 기다리고 계신다. 우리가 그 거울을 들여다보며 주의 영광을 바라보는 동안 하나님의 영이 우리에게 역사하여 우리가 바라보는 주의 영광의 형상으로 우리를 변화시킬 수 있다고 바울은 강조하고 있다.

성경의 수많은 다른 구절처럼 여기서도 우리는 하나님의 영과 말씀이 항상 조화를 이루며 역사하고 있음을 본다. 우리가 하나님 말씀의 거울을 들여다보는 동안 하나님의 영이 우리에게 역사하여 그 거울이 비춰주는 모습과 같은 형상으로 우리를 변화시킨다. 만약 우리가 말씀의 거울을 들여다보는 일을 중단하면, 하나님의 영은 더 이상 우리에게 역사하지 못하는 것이다.

고린도후서 4장에서 바울은 같은 주제로 돌아간다.

> 우리가 주목하는 것은 보이는 것이 아니요 보이지 않는 것이니 보이는 것은 잠깐이요 보이지 않는 것은 영원함이라 고후 4:18

여기서 바울은 일시적인 환란을 이겨내며 끝까지 인내하는 것은 우리 믿는 자들 안에 지극히 크고 영원한 영광을 낳는다고 가르친다. 그런데 바울은 이 앞 장에서 언급한 것과 같은 조건을 덧붙이는바, 그것은 우리가 보이지 않는 것에 주목할 때만 우리 안에서 이 영적인 영광이 효과적으로 역사한다는 것이다.

> 우리가 주목하는 것은 보이는 것이 아니요 보이지 않는 것이니
> 고후 4:18

만약 우리가 영원한 것에서 일단 눈을 떼면 우리가 받는 고난은 우리 안

에서 유익한 효과를 더 이상 낳지 못한다. 하나님 말씀의 거울 안에서 우리는 이러한 영원한 것을 바라본다. 그러므로 우리는 이 거울 안에서 흔들리지 않고 계속 바라보아야 한다.

예를 들어, 모세는 애굽에서 도망친 다음 어떻게 광야에서 40년을 견뎌냈는지 주목하라.

> 믿음으로 애굽을 떠나 왕의 노함을 무서워하지 아니하고 곧 보이지 아니하는 자를 보는 것같이 하여 참았으며 히 11:27

모세가 고난을 견뎌낸 힘의 원천이 무엇인지 유의하기 바란다. "곧 보이지 아니하는 자를 보는 것같이 하여 참았으며." 모세에게 그의 모든 고난을 견뎌 이겨낼 믿음과 용기를 준 것은 자기 백성의 구주이시며 영원하시고 눈에 보이지 않는 하나님에 대한 모세의 비전이었다. 같은 비전이 오늘날 우리에게도 같은 믿음과 용기를 줄 수 있다. 우리가 매일 겪는 고난 가운데서 하나님에 대한 이런 지속적인 비전을 어디서 찾을 수 있을까? 바로 이런 목적으로 하나님께서 우리에게 주신 놀라운 영적 거울, 즉 하나님 자신의 말씀의 거울에서 찾을 수 있다. 우리를 변화시키는 은혜와 승리하는 삶의 비밀은 하나님의 거울을 사용하는 데 있다. 우리가 그 거울을 올바르게 사용하면 하나님의 영은 우리의 삶에 이러한 효과를 낳는 것이다.

우리의 심판자

마지막으로, 하나님의 말씀은 우리의 심판자이다. 성경은 처음부터 끝까지 심판권은 지고하고 영원한 주권에 따라 오직 하나님께 속함을 강조하고 있다. 이것은 구약 전체에 흐르는 주제이다. 예를 들어, 아브라함은 하나님께 빌기를 "세상을 심판하시는 이가 정의를 행하실 것이 아니니이까"창 18:25라고 한다. 그리고 입다는 이렇게 말했다. "심판하시는 여호와께서 오늘 이스라엘 자손과 암몬 자손 사이에 판결하시옵소서"삿 11:27 시편 기자는 다음과 같이 썼다. "진실로 땅에서 심판하시는 하나님이 계시다"시 58:11 또 이사야는 이렇게 말했다. "대저 여호와는 우리 재판장이시요"사 33:22

신약으로 옮겨 가면 우리는 하나님의 심판의 목적과 방법에 관하여 더 완전한 계시 속으로 들어가게 된다. 그리스도는 다음과 같이 말씀하신다.

> 하나님이 그 아들을 세상에 보내신 것은 세상을 심판하려 하심이 아니요 그로 말미암아 세상이 구원을 받게 하려 하심이라요 3:17

베드로후서 3:9에서 우리는 다음과 같은 말씀을 읽는다.

> 주의 약속은 어떤 이들이 더디다고 생각하는 것 같이 더딘 것이 아니라 오직 주께서는 너희를 대하여 오래 참으사 아무도 멸망하지 아니하고 다 회개하기에 이르기를 원하시느니라.

이러한 성구들은 하나님은 자비와 구원을 베풀기를 기뻐하시고, 분노와 심판을 내리기를 꺼려하신다는 것을 드러낸다.

하나님께서 심판을 내리기를 꺼려하신다는 점은 신약이 보여주듯이 하나님의 심판이 궁극적으로 실행되는 방식에서 드러난다. 우선, 지고하시고 영원하신 하나님의 주권에 의해 심판은 하나님 아버지에게 속하는 일이다. 사도 베드로는 이렇게 말한다. "외모로 보시지 않고 각 사람의 행위대로 심판하시는 이를 너희가 아버지라 부른즉"벧전 1:17

여기서 모든 인간을 심판하는 일은 하나님 아버지께 속한 것이라고 분명하게 언명하고 있다. 그런데 그리스도는 하나님 아버지께서 그의 무한한 지혜로 모든 심판권을 아들에게 맡겼다고 밝히신다.

> 아버지께서 아무도 심판하지 아니하시고 심판을 다 아들에게 맡기셨으니요 5:22

그리스도는 또 다음과 같이 말씀하신다.

> 아버지께서 자기 속에 생명이 있음 같이 아들에게도 생명을 주어 그 속에 있게 하셨고 또 인자됨으로 말미암아 심판하는 권한을 주셨느니라 요 5:26-27

여기서 우리는 심판권이 아버지로부터 아들에게 이양되었음을 본다.

심판권이 이양된 것은 두 가지 이유 때문이다. 첫째로, 심판권과 함께 심판자에게는 영예가 따른다. 그러므로 모든 인간은 하나님 아버지를 공경하는 것같이 하나님 아들을 공경해야 되는 것이다. 둘째로, 그리스도는 하나님의 아들이면서 동시에 사람의 아들이므로 그는 하나님의 본성과 함께 인간의 본성도 갖는다. 그래서 그리스도는 심판하실 때 자신의 경험을 바탕으로 인간 육신의 연약함과 육신이 겪는 시험을 참작할 수 있는 것이다.

그렇지만, 하나님 아버지와 같이 아들의 신성한 본성도 은혜와 자비가 가득하여 그리스도 또한 심판권을 행사하기를 원하지 않으신다. 이러한 이유로 말미암아 그리스도는 최종적인 심판권을 자신으로부터 하나님의 말씀에게 이양하였다.

> 사람이 내 말을 듣고 지키지 아니할지라도 내가 그를 심판하지 아니하노라 내가 온 것은 세상을 심판하려 함이 아니요 세상을 구원하려 함이로라 나를 저버리고 내 말을 받지 아니하는 자를 심판할 이가 있으니 곧 내가 한 그 말이 마지막 날에 그를 심판하리라 요 12:47-48

이 구절은 모든 심판의 최종 권한이 하나님의 말씀에 부여되어 있음을 드러내고 있다. 이것은 모든 인간이 언젠가는 대면해야 하는 공정하고 불변하는 심판의 기준이다.

이사야 66:2에서 하나님께서 말씀하신다.

> 무릇 마음이 가난하고 심령에 통회하며 내 말을 듣고 떠는 자 그 사람은 내가 돌보려니와

신약의 계시에 비추어 우리는 왜 사람이 하나님의 말씀을 듣고 떨어야 하는지 이해할 수 있다. 신약성경을 한 장씩 넘기며 읽고 그 가르침을 들으면, 우리는 전능하신 하나님의 심판대 앞에 서 있는 우리 자신의 모습을 예견하게 된다. 거기 하나님의 심판대 앞에 선 우리에게는 전 인류에 대한 하나님의 심판의 원칙과 기준이 펼쳐지는 것이다. 그리스도는 하나님의 심판에 대해 이렇게 말씀하셨다.

> 진실로 너희에게 이르노니 천지가 없어지기 전에는 율법의 일점 일획도 결코 없어지지 아니하고 다 이루리라 마 5:18

> 천지는 없어질지언정 내 말은 없어지지 아니하리라 마 24:35

성경의 마지막 장들에는 미래를 가리고 있던 장막이 젖혀지면서, 그리스도

의 말씀대로 성취되어 천지가 사라지고 하나님께서 최후의 심판 보좌에 좌정하실 때 일어나는 일을 보여 준다.

> 또 내가 크고 흰 보좌와 그 위에 앉으신 이를 보니 땅과 하늘이 그 앞에서 피하여 간 데 없더라 또 내가 보니 죽은 자들이 큰 자나 작은 자나 그 보좌 앞에 서 있는데…죽은 자들이 자기 행위를 따라 책들에 기록된 대로 심판을 받으니…각 사람이 자기의 행위대로 심판을 받고계 20:11-13

이 위대한 마지막 장면에서 그리스도는 심판의 기준은 오직 하나, 영원하고 불변하는 하나님의 말씀밖에 없다고 단언하셨다. 그것은 시편 119:160 말씀을 실현하는 것이다.

> 주의 말씀의 강령은 진리이오니 주의 의로운 모든 규례judgement;심판 들은 영원하리이다.

불변하는 하나님 말씀의 모든 의로운 심판이 완전하게 실현되는 모습이 그때 펼쳐질 것이다.

모든 심판이 하나님 말씀에 따라 행해질 것이라는 이 계시는 하나님께서 예비하신 은혜요 자비라는 사실을 우리는 이해해야 한다. 왜냐하면, 그러한 깨달음으로 말미암아 우리는 현생에서 하나님의 심판을 미리 내다봄으로써 그 심판을 피할 수 있기 때문이다. 그래서 사도 바울은 다음과 같이 말한다.

> 우리가 우리를 살폈으면 판단을 받지 아니하려니와고전 11:31

우리가 우리를 어떻게 살펴야 하나? 우리 삶의 모든 측면에 하나님 말씀의 심판을 적용함으로써 살펴야 한다. 하나님 말씀의 심판을 우리 삶에 적용하고, 하나님께서 예비하신 용서와 자비를 회개와 믿음으로 받아들이면, 하나님께서는 결코 우리를 심판하지 않을 것이다. 그리스도는 이것을 우리에게 보증하신다.

> 내가 진실로 진실로 너희에게 이르노니 내 말을 듣고 또 나 보내신 이를 믿는 자는 영생을 얻었고 심판에 이르지 아니하나니 사망에서 생명으로 옮겼느니라 5:24

이 약속은 로마서 8:1에서 되풀이 된다.

> 그러므로 이제 그리스도 예수 안에 있는 자에게는 결코 정죄함이 없나니.

하나님의 정죄를 피하려면 어떻게 해야 하나? 우리는 그의 말씀을 들어야 한다. 우리는 겸비와 회개로 하나님 말씀의 모든 의로운 심판이 우리의 생명에 적용되는 것으로 받아들여야 한다. 우리는 또 믿음으로 그리스도께서 우리가 받아야 할 정죄를 담당하시고 우리가 받아야 할 징벌을 대신 당하셨다는 성경의 기록을 받아들여야 한다. 하나님 말씀의 이런 진리를 받아들임으로써 우리는 의롭게 되고, 정죄와 죽음으로부터 벗어나 용서와 영생 안으로 들어가는 것이다.

이 모든 것이 하나님의 말씀으로 이루어진다. 하나님 말씀을 거절하고 받아들이지 않으면, 그것은 마지막 날에 우리의 심판자가 될 것이다. 하나님 말씀을 받아들이고 순종하면, 그것은 우리의 의가 아닌 하나님의 의로 말미암은 온전한 용서와 구원을 우리에게 약속한다.

제2부

회개하고 믿으라

회개하고 복음을 믿으라 하시더라 막 1:15

2부 서문

기초 교리

성경을 자세하게 공부하기 시작할 때 우선적으로 학습해야 할 가장 중요한 기초 교리가 무엇인지 쉽게 분간하는 방법이 있는가?

이것은 정당한 질문이며, 성경 학습과 관련된 모든 질문이 그러하듯이 그 답은 성경 안에서 찾을 수 있다. 성경은 어떤 교리가 다른 것보다 더 중요하므로 먼저 공부해야 한다고 분명하게 말씀하고 있다. 실제로 성경은 그런 기초 교리 여섯 가지를 열거한다.

> 그러므로 우리가 그리스도의 도의 초보를 버리고 죽은 행실을 회개함과 하나님께 대한 신앙과 세례들과 안수와 죽은 자의 부활과 영원한 심판에 대한 교훈의 터를 다시 닦지 말고 완전한 데로 나아갈지니라 히 6:1-2

1611년 판 King James Version 성경의 여백에는 그리스도의 도의 초보를 '그리스도의 도의 첫 말씀(the word of the beginning of Christ)' 이라

고 번역할 수도 있다고 기록되어 있다. 우리가 그리스도와 그의 가르침 전체를 학습함에 있어서 출발점을 구성하는 교리를 여기서 다루고 있다는 것을 알 수 있다.

같은 구절에서 '터' 라는 말을 사용함으로써 이 점을 더욱 강조하고 있다. 히브리서 기자는 여기서 두 가지 생각을 나란히 제시하고 있다. 1) 올바른 교리의 터 닦기. 2) 터를 닦은 다음 완전함으로 나아가기. 즉 그리스도 교리와 행위의 완성된 체계로 나아가기. 히브리서 기자는 우리가 완전한 데로, 완성된 체계로 나아가야 한다고 권면하고 있다. 그러나 우리가 먼저 완벽하고 안정된 기초 교리의 터를 닦지 않으면 완전한 데로 나아갈 수 없다고 히브리서 기자는 분명하게 말하고 있다.

이 기초 교리의 터에 관하여 말하면서 히브리서 기자는 여섯 가지 연속적인 교리를 순서대로 열거한다. 1) 죽은 행실을 회개함, 2) 하나님께 대한 신앙, 3) 세례들에 관한 교리, 4) 안수, 5) 죽은 자의 부활, 6) 영원한 심판.

우리는 성령의 감동으로 작성된 이 기초 교리의 개요에서 중요한 특성 한 가지를 주목할 필요가 있다. 주어진 순서대로 따라가면, 우리는 그리스도인의 경험의 전 영역을 밟게 된다. 그것은 시간의 영역에서 죄인의 첫 반응인 회개로부터 출발하여 논리적인 단계를 따라 모든 그리스도인의 경험의 절정인 영원의 영역에서 부활과 최후의 심판까지 우리를 데려간다.

이 각각의 교리들을 면밀하게 공부하는 것도 중요하지만, 이 모든 교리를 관통하는 한 가지 신성하고 완전한 계획에 대한 비전을 결코 잃어버려서는 안 된다. 특히 우리는 시간의 영역에서 일어나는 일에 사로잡혀 영원에 대한 비전을 상실해서는 안 된다. 만약 영원에 대한 비전을 상실해 버리면, 우리는 바울이 고린도전서 15:19에서 말한 비극을 겪게 될 것이다.

만일 그리스도 안에서 우리가 바라는 것이 다만 이 세상의 삶뿐이면 모든 사람 가운데 우리가 더욱 불쌍한 자이리라.

이 책의 제 2부에서는 기초 교리 가운데 첫 두 가지인 회개와 믿음에 초점을 맞추어 공부할 것이다.

9장

회개

헬라어와 히브리어 해석

우선 성경에 사용된 회개란 단어의 의미를 분명하게 이해할 필요가 있다. 신약에서 영어 동사 'to repent' 회개하다는 보통 헬라어 동사 metanoein을 번역하기 위해 사용되고 있다. 이 헬라어 동사 metanoein은 헬라어 역사에서 고전 헬라어로부터 신약 헬라어에 이르기까지 시종일관 변치 않는 한 가지 명확한 의미를 갖고 있다. 이 단어의 기본 의미는 항상 똑같이 '자신의 마음을 바꾸다' 이다. 그러므로 신약에서 '회개'는 감정이 아니고 결심이다.

이 사실을 알고 나면 회개와 관련된 많은 잘못된 인상과 견해를 떨쳐버릴 수 있다. 숱한 사람들이 회개라고 하면 눈물을 흘리는 감정을 연상한다. 그러나 어떤 사람이 감정이 북받쳐 통곡하며 눈물을 뿌려도 성경적인 의미에서 결코 회개하지 않는 일이 있을 수 있다. 또 어떤 사람들은 회개를 특별한 종교 의식이나 규례, 즉 속죄 행위인 고행과 연관 짓는다. 그러나 수 없이 고행을 하더라도 성경적인 의미에서 결코 회개하지 않는 일이 가능하다.

진정한 회개는 확고한 내적 결단이요 회심이다.

구약으로 돌아가서 '회개하다'로 가장 흔하게 번역된 히브리어의 의미를 문자 그대로 해석하면 '돌다', '돌아가다', '되돌아가다' 이다. 이것은 신약에서 회개의 의미와 완벽하게 조화를 이룬다. 신약의 헬라어 단어는 내적 결단, 내적 회심을 뜻하고, 구약의 히브리어 단어는 내적 회심을 표현하는 외적인 행동, 즉 되돌아가는 행동을 뜻한다.

그러므로, 신약은 진정한 회개의 내적 본질을 강조하고, 구약은 내적인 변화를 외적인 행동으로 표현하는 것을 강조하고 있는 것이다. 양자를 결합하면 회개의 완전한 정의를 내릴 수 있다. 회개는 내적인 회심이 외적인 돌이킴을 낳음으로써 완전히 새로운 방향을 향하여 나아가는 것이다.

죄인의 하나님에 대한 최초 반응

이와 같이 정의된 진정한 회개의 완벽한 본보기는 탕자의 비유에서 찾을 수 있다.눅 15:11-32 참조 그 탕자는 아버지와 집을 등지고 먼 나라에 가서 허랑방탕하여 가진 재산을 모두 낭비해 버렸다. 마침내 정신을 차린 그는 주리고, 외롭고, 남루한 옷을 입고, 돼지 사이에 앉아 배를 채울 것이 없는지 돌아보는 자기 모습을 보게 되었다. 그 시점에서 탕자는 결심한다. "내가 일어나 아버지께로 가서"18절

탕자는 즉시 자기 결심을 행동으로 옮겼다. "이에 일어나서 아버지께로 돌아가니라"20절 이것이 진정한 회개이다. 먼저 내적인 결심을 하고, 그 다

음에 그 결심을 외적인 행동으로 실행하는 것, 곧 아버지와 집을 향해 돌아가는 행동이 진정한 회개인 것이다.

여태까지 세상에 태어난, 모든 거듭나지 않은 인간은 죄의 본성에 사로잡혀 자기 아버지인 하나님과 자기 집인 천국을 등졌다. 그 죄인이 내딛는 걸음 걸음은 하나님과 천국으로부터 한 걸음씩 멀어져 가는 걸음이다. 죄인이 하나님을 등지고 걸어가매 빛이 등 뒤에 비치고 그림자가 앞서 간다. 멀리 갈수록 그림자는 더 길어지고 더 어두워진다. 죄인이 걷는 걸음걸음은 종말을 향해, 무덤과 지옥과 멸망의 끝없는 어둠을 향해 한 걸음씩 더 가까이 다가가는 것이다. 이 길을 걷고 있는 모든 사람이 취해야 할 한 가지 필수적인 행동이 있다. 그것은 정지하여 마음을 돌이키고, 방향을 바꾸어 반대 방향으로 돌아서서, 그림자를 등지고 빛을 향하여 나아가는 것이다.

이 최초의 필수적인 행동을 성경은 회개라고 부른다. 그것은 하나님과 화해하기를 갈망하는 죄인은 누구나 내디뎌야 하는 첫 걸음이다.

회개는 후회와 다르다

물론 어떤 번역에는 '회개하다' 란 동사가 다른 뜻으로 사용된 구절이 있다. 그런데 이런 구절을 주의 깊게 검토하면 '회개하다 to repent' 란 영어 단어가 헬라어 원문의 다른 단어를 번역하기 위하여 사용되었음을 알게 된다. 예를 들어, 1611년 판 King James Version 성경의 마태복음 27:3-4에는 그리스도가 사형에 처해지게 되었음을 본 가룟 유다가 자신이 돈에 팔려 그리스도를 배신한 것을 '뉘우쳤다 repented' 고 번역되어 있다.

그 때에 예수를 판 유다가 그의 정죄됨을 보고 스스로 뉘우쳐 그 은 삼십을 대제사장들과 장로들에게 도로 갖다 주며 이르되 내가 무죄한 피를 팔고 죄를 범하였도다 하니 그들이 이르되 그것이 우리에게 무슨 상관이냐 네가 당하라 하거늘

이 구절은 유다가 '스스로 뉘우쳤다repented himself'고 한다. 그러나 여기서 헬라어 원문에 사용된 단어는 앞서 정의한 metanoein이 아니고, metamelein이다. 이 헬라어 단어는 후회 또는 고뇌를 뜻하는데 사람들이 흔히 회개라고 잘못 번역한다. 유다가 그 시점에서 엄청난 고뇌와 후회 속으로 빠져들어간 것은 분명하다. 그렇지만 유다는 성경적으로 진정한 회개를 하지는 않았다. 그는 자신의 마음과 삶의 방향을 바꾸지 않았던 것이다.

오히려 마태복음의 그 다음 절은 유다가 물러가서 스스로 목매어 죽었다고 한다. 사도행전 1:25은 유다의 행위를 두고 다음과 같이 표현하고 있다.

유다는 범죄함으로 이로부터 떨어져 자기 거처로 갔나이다 행 1:25 KJV

분명히 유다는 쓰라린 고뇌와 강렬하게 뉘우치는 감정을 맛보았다. 그러나 유다는 진정한 회개를 하지 않았다. 그는 자기 마음이나 삶의 진로를 바꾸지 않았다. 사실은 자기 삶의 진로를 바꿀 수 없었다. 이미 너무 멀리 가버렸기 때문이다. 예수님의 경고에도 불구하고 유다는 스스로 돌아올 수 없는 길을 택했다. 그는 '회개할 기회'를 지나쳐 버린 것이다.

이것은 참으로 무섭고 엄숙한 교훈이다. 어떤 사람이 자기 길을 완고하게 고수함으로써 돌아갈 수 없는 지점에 이르고 마는 일이 가능하다. 그곳에 이르면 자신의 고의로 말미암아 회개의 문이 영원히 자기 뒤에서 닫혀버린다.

이와 똑같이 비극적인 잘못을 저지른 사람이 한 그릇 음식을 위하여 장자의 명분을 판 에서이다.

> 너희가 아는 바와 같이 그가 그 후에 축복을 이어받으려고 눈물을 흘리며 구하되 버린 바가 되어 회개할 기회를 얻지 못하였느니라
> 히 12:17

에서는 어리석고도 경솔하게 자기의 장자권을 죽 한 그릇에 자기 동생 야곱에게 팔아버렸다. 창세기는 이렇게 기록하고 있다. "에서가 장자의 명분을 가볍게 여김이었더라" 창 25:34 자기의 장자권을 가볍게 여김으로써 에서는 그 장자권과 연관된 하나님의 모든 축복과 약속을 가볍게 여긴 것을 우리는 기억해야 한다. 나중에 에서는 자기의 경솔한 행동을 후회했다. 그는 장자권과 축복을 되찾으려고 했으나 거절당했다. 왠가? 에서는 회개할 기회를 얻지 못했기 때문이다. [1611년 판 King James Version 성경의 여백에는 히브리서 12:17의 '회개할 기회를 얻지 못하였느니라(He found no place for repentance)'를 '자기 마음을 바꿀 길을 찾지 못했느니라(He found no way to change his mind)' 라고 번역할 수도 있다고 적혀 있다.]

더구나 에서의 경우에서 감정이 회개의 필수 증거가 아니라는 사실이 증명된다. 에서는 큰 소리로 울면서 통회의 눈물을 흘렸다. 하지만 그는 회개의 기회를 얻지 못했다. 사소하고 충동적인 행동이 시간과 영원에서 그의 삶과 운명을 결정해 버린 것이다. 그는 돌이킬 수 없는 지점에까지 가버린 것이다.

오늘날에도 수많은 사람들이 에서와 같은 잘못을 범하고 있다. 잠시 육체적 쾌락을 탐닉하기 위하여 전능하신 하나님의 모든 축복과 약속을 가볍게

여겨버린다. 나중에 자기들의 실수를 깨닫고, 경홀히 여겼던 영원한 영적 축복을 되찾으려고 애원하지만 거절당하고 만다. 왜? 왜냐하면 그들은 회개의 기회를 얻지 못했고, 마음을 바꿀 길을 찾지 못했기 때문이다.

진정한 믿음으로 가는 유일한 길

신약은 한 가지 일관된 메시지를 전하고 있으니, 그것은 진정한 회개가 진정한 믿음보다 앞서야 한다는 것이다. 진정한 회개가 없으면 진정한 믿음도 없다.

회개하라는 호소가 신약의 서두에 세례 요한의 사역과 함께 시작된다.

> 광야에 외치는 자의 소리가 있어 이르되 너희는 주의 길을 준비하라 그의 오실 길을 곧게 하라 기록된 것과 같이 세례 요한이 광야에 이르러 죄 사함을 받게 하는 회개의 세례를 전파하니 막 1:3-4

세례 요한의 회개하라는 호소는 메시아가 이스라엘 백성에게 계시되기 전에 필요한 준비 과정이었다. 이스라엘 백성이 회개하여 하나님을 향해 돌아서기 전에는 그들이 오래 기다려온 메시아는 계시될 수 없었다.

마가복음 1:14-15에서 우리는 세례 요한이 주의 길을 예비한 후에 그리스도 자신이 전파한 첫 메시지를 읽는다.

> 요한이 잡힌 후 예수께서 갈릴리에 오셔서 하나님의 복음을 전파하여 이르시되 때가 찼고 하나님의 나라가 가까이 왔으니 회개하고 복음을 믿으라 하시더라.

그리스도의 입술에서 나온 첫 계명은 믿으라가 아니고 회개하라였다. 먼저 회개하고 그 다음에 믿으라.

죽었다가 부활하신 후에 그리스도가 천하 만민에게 복음을 전하라고 제자들에게 명령하셨을 때 그 메시지의 첫 말씀도 '회개하라' 였다.

> 또 이르시되 이같이 그리스도가 고난을 받고 제삼일에 죽은 자 가운데서 살아날 것과 또 그의 이름으로 죄 사함을 받게 하는 회개가 예루살렘에서 시작하여 모든 족속에게 전파될 것이 기록되었으니
> 눅 24:46-47

여기서도 회개가 먼저이고 그 다음이 죄 사함이다.

예수께서 부활하신 후에 사도들은 그들의 대변인 역할을 한 베드로를 통하여 그리스도의 이 명령을 실행하기 시작했다. 오순절에 성령이 강림한 후 마음에 찔린(그러나 아직 회개하지 않은) 무리가 이렇게 물었다. "형제들아 우리가 어찌할꼬" 행 2:37 이 질문에 베드로는 즉시 명확한 대답을 주었다.

> 베드로가 이르되 너희가 회개하여 각각 예수 그리스도의 이름으로 세례를 받고 죄 사함을 받으라 그리하면 성령의 선물을 받으리니
> 행 2:38

여기서도 회개가 먼저이고, 그 다음에 세례와 죄 사함이다.

바울이 에베소 교회 장로들을 청하여 그들에게 전파한 복음의 개요를 설명할 때 다음과 같이 말했다.

> 유익한 것은 무엇이든지 공중 앞에서나 각 집에서나 거리낌이 없
> 이 여러분에게 전하여 가르치고 유대인과 헬라인들에게 하나님께
> 대한 회개와 우리 주 예수 그리스도께 대한 믿음을 증언한 것이라.
>
> 행 20:20-21

바울의 메시지 순서도 똑같다. 첫째가 회개이고 그 다음이 믿음이다. 이미 히브리서 6:1-2 말씀을 읽어 보았듯이 그리스도교 신앙의 기초 교리 순서도 죽은 행실을 회개함이 처음이고, 그 다음이 믿음과 세례 등이다. 신약 전체를 통틀어 보아도 복음을 듣는 자에게 하나님께서 요구하시는 최초 반응은 예외 없이 회개이다. 어느 것도 회개보다 선행될 수 없고, 무엇도 회개를 대체할 수 없다.

진정한 회개는 언제나 진정한 믿음보다 앞서야 한다. 진정한 회개가 없는 믿음은 공허한 고백이다. 오늘날 수많은 그리스도인들의 신앙 생활이 그토록 불안정한 이유 중 하나가 이것이다. 그들은 위대한 기초 교리의 첫 초석을 놓지 않고 터를 닦으려고 하는 것이다. 그들은 믿음을 고백하지만 진정한 회개를 실천한 적이 없다. 그 결과로, 그들이 고백하는 믿음은 하나님의 은혜도 얻지 못하고 세상 사람의 존경도 얻지 못한다.

오늘날 복음을 지나치게 단순화하는 경우를 흔히 보게 된다. 요즘 흔히 전파하는 메시지는 "믿기만 하라"는 것이다. 그러나 그것은 그리스도의 메시지가 아니다. 그리스도와 그의 사도들은 "회개하고 믿으라"고 했다. 회개하라는 호소를 생략하는 설교자는 죄인들을 오도하며 하나님을 올바로 대변하지 않는 사람이다. 왜냐하면 바울이 "어디든지 사람에게 다 명하사 회개하라"행 17:30 고 하신 분은 하나님 자신이라고 말하고 있기 때문이다.

그것이 하나님께서 전 인류에게 내린 명령이다. "모든 곳의 모든 사람이 다 회개하라."

히브리서 6:1은 회개를 '죽은 행실을 회개함'이라고 정의하고, 사도행전 20:21은 회개를 '하나님께 대한 회개'라고 정의한다. 이것은 회개 행위가 우리의 죽은 행실을 등지고 얼굴을 하나님께로 향하여 하나님의 그 다음 명령을 듣고 순종할 준비를 하는 것임을 뜻한다.

'죽은 행실'은 회개와 믿음에 바탕을 두지 않은 모든 행위를 포함한다. 만약 회개와 믿음에 바탕을 두지 않은 것이라면 심지어 종교적 행위도, 즉 자칭 그리스도인들의 종교 행위까지도 포함한다. 이런 의미에서 이사야는 다음과 같이 부르짖었다.

> 우리의 의는 다 더러운 옷 같으며 사 64:6

이 구절에는 공공연한 죄와 사악함에 대한 언급이 없다. 심지어 종교와 도덕의 이름으로 실천하는 행위도 회개와 믿음에 바탕을 두지 않으면 하나님께서 받아들일 수 없다. 자선행위, 기도, 교회 활동, 모든 종류의 종교적 의식과 규례도 회개와 믿음에 바탕을 두지 않으면 단지 '죽은 행실'이요 '더러운 옷'일 따름이다.

성경적 회개에 관하여 강조되어야 할 또 한 가지 사실이 있다. 진정한 회개는 하나님으로부터 시작되며 사람에게서 시작되지 않는다. 그것은 인간의 의지에서 시작되지 않고 하나님의 값없는 주권적인 은혜에서 시작된다. 하나님의 은혜의 역사와 하나님의 영의 운행이 없으면 인간은 스스로 회개할 능력이 없다. 이런 이유로 시편 기자는 회복을 부르짖는다.

> 하나님이여 우리를 돌이키시고[회복하여 주시고]…우리가 구원을 얻게 하소서 시 80:3,7

'회복하여 주시고'라고 번역된 단어는 문자 그대로 해석하면 '우리를 돌이키시고'란 뜻이다. 예레미야는 예레미야애가 5:21에서 같은 단어를 사용한다.

> 여호와여 우리를 주께로 돌이키소서 그리하시면 우리가 주께로 돌아가겠사오니.

하나님께서 먼저 인간을 그분께로 돌이키지 않으시면 인간은 자기 의지로 하나님께로 돌아가 구원을 얻지 못한다. 언제나 하나님께서 먼저 역사하셔야 되는 것이다.

신약성경에서 그리스도도 같은 진리를 말씀하셨다.

> 나를 보내신 아버지께서 이끌지 아니하시면 아무도 내게 올 수 없으니 요 6:44

모든 인간의 삶에서 결정적인 순간은 성령이 회개하도록 이끄는 시점에 닥친다. 성령의 이끄심을 받아들이면 그것은 우리를 구원하는 믿음과 영생으로 인도하지만, 거절하면 죄인은 영원히 하나님과 단절된 끝없는 어둠과 사망으로 가는 길을 계속 걸어가게 된다. 성경은 어떤 사람이 현세의 삶에서 '회개의 지점'을 지나쳐 버리는 일이 일어난다고 분명하게 말씀하고 있다. 그곳을 지나쳐 버리면 하나님의 영이 다시는 그 사람을 회개로 이끌지 않을 것이며, 영원의 문턱을 넘기도 전에 이미 모든 희망이 사라지고 만다.

누가복음 13:3에 기록된 그리스도의 말씀(5절에서 반복된다)으로 이 장을 매듭짓는 것이 적절하다고 생각한다.

너희도 만일 회개하지 아니하면 다 이와 같이 망하리라.

여기서 그리스도는 종교적 의식을 행하는 과정에서 희생된 사람들에 관해 말씀하셨다. 빌라도가 어떤 갈릴리 사람들의 피를 그들의 제물에 섞은 것이었다. 성전에서 희생 제사를 드릴 때 로마 총독의 명령으로 그 사람들을 처형, 그 피를 성전 바닥에서 그들의 제물과 섞어 바쳤다.

그렇지만 그리스도는 그 사람들은 멸망했다고 말씀하셨다. 그들은 영생을 잃어버린 것이다. 성전에서의 종교적 희생 행위도 그들의 혼을 구할 수 없었다. 왜냐하면 그것이 진정한 회개를 바탕으로 한 행위가 아니었기 때문이다.

오늘날 수많은 자칭 그리스도인의 종교적 의식에도 같은 진리가 적용된다. 어떤 종교적 행위도 진정한 회개를 대체할 수 없다. 그리스도 자신이 말씀하셨다. "너희도 만일 회개하지 아니하면 다 이와 같이 망하리라" 눅 13:3

10장

믿음의 본질

성경 바깥에서는 믿음이란 단어가 여러 가지 다른 뜻으로 쓰이고 있으나, 우리는 성경 안에서 사용되는 의미에만 초점을 맞추기로 한다. 성경에 사용되는 믿음이란 말에는 두 가지 분명한 특징이 있다. 첫째, 믿음은 항상 하나님의 말씀에서 직접 기원한다. 둘째, 믿음은 항상 하나님의 말씀과 직접 관련된다.

믿음은 실제로 성경이 정의를 내리고 있는 소수의 단어 가운데 하나로, 히브리서 11:1에서 그 정의를 찾을 수 있다.

믿음은 바라는 것들의 실상이요 보이지 않는 것들의 증거니

이 구절은 다음과 같이 번역할 수도 있다. "믿음은 소망하는 것들에 대한 신념이요, 보이지 않는 것들에 관한 확신이다."

믿음은 소망과 구별된다

이 중요한 구절은 믿음에 관한 여러 가지 사실을 뚜렷이 보여 준다. 우선, 믿음과 소망 사이에는 구별이 있다. 믿음이 소망과 다른 두 가지 점이 있는데, 첫째로 소망은 미래를 지향하고 있으나, 믿음은 현재에 자리잡고 있다. 소망은 미래에 일어날 일을 기대하는 태도이고, 믿음은 우리가 현재 여기서 소유하고 있는 어떤 실상, 즉 우리 내면에 있는 생생하고도 명확한 확신이다.

믿음과 소망 사이의 둘째 차이는, 소망은 정신mind의 영역에 닻을 내리고 있으나 믿음은 가슴heart에 닻을 내리고 있다는 것이다. 이것은 바울이 그리스도의 병사가 입어야 할 성경적 갑옷을 묘사하고 있는 데살로니가전서의 구절에서 두드러지게 보여진다.

> 우리는 낮에 속하였으니 근신하여 믿음과 사랑의 흉배를 붙이고 구원의 소망의 투구를 쓰자살전 5:8

믿음은 사랑과 함께 가슴에서 나오는 것이고, 소망은 머리 또는 정신에 쓰는 투구로 그려져 있는 것을 주목하라. 그러므로 소망은 미래를 기대하는 정신적 태도이고, 믿음은 우리의 내면에 너무나 생생하여 실상이라는 단어로 표현되는 그 무엇을 지금 이곳에서 낳는 마음의 상태이다.

로마서에서도 바울은 마음을 믿음의 실천과 직접 연관 짓는다.

> 사람이 마음으로 믿어 의에 이르고롬 10:10

많은 사람들이 그리스도와 성경에 대한 믿음을 고백하지만, 그들의 믿음은 오직 정신의 영역에 속할 따름이다. 그것은 어떤 사실과 교리를 지적으로 받아들이는 행위일 뿐 진정한 성경적 믿음이 아니며, 그러한 믿음을 고백하는 사람들의 삶에 진정한 변화를 일으키지 않는다.

이와 반면에 마음에서 우러나는 믿음은 그것을 고백하는 사람들의 삶에 분명한 변화를 낳는다. 가슴과 연결될 때 '믿다' 라는 동사는 움직임의 동사가 된다. 그리하여 바울이 "사람이 마음으로 믿어 의에 이르고"라고 말한 것이다. 단지 "사람이 마음으로 의를 믿는" 것이 아니라, "사람이 마음으로 믿어 의에 이르는" 것이다. 의를 추상적인 관념으로 믿는 것과, 마음으로 믿어 의에 이르는 것, 곧 습관과 성품과 삶의 변화를 낳는 방식으로 믿는 것은 다르다.

그리스도의 말씀에서 '믿다to believe' 라는 동사구 뒤에는 언제나 변화 또는 움직임을 표현하기 위하여 전치사 into가 따른다. 예를 들어, 요한복음에서 그리스도는 다음과 같이 말씀하신다.

> 너희는…하나님을 믿으니 또 나를 믿으라(You believe in⟨literally, into⟩ God, believe also in⟨literally, into⟩ Me)요 14:1

이 말씀은 '믿다to believe' 라는 동사구가 변화나 움직임의 과정과 관련되어 있다는 사실을 뚜렷이 나타낸다. 그리스도의 삶과 그의 가르침의 진리를 단지 지적으로 받아들이며 그리스도를 믿는 것으로는 충분하지 않다. 우리는 믿음으로 그리스도에 이르러야 한다. 마음에서 우러나는 진정한 믿음으로 우리 자신을 벗어나 그리스도에 이르러야 하고, 우리의 죄에서 벗어나 그리스도의 의에 이르러야 하고, 우리의 약함에서 벗어나 그리스도의 능력에 이르러야 하고, 우리의 실패에서 벗어나 그리스도의 승리에 이르러야 하고, 우리의 한계에서 벗어나 그리스도의 전능하심에 이르러야 한다. 마음으로 믿는 이 성경적 믿음은 언제나 변화를 낳는다. 그것은 언제나 믿음으로 그리스도와 의에 이르는 것으로, 그 결과는 언제나 지금 여기서 경험하는 확실한 그 무엇이며, 단지 미래에 실현되리라고 소망하는 그 무엇이 아니다.

이러한 이유로 요한복음 6:47에서 그리스도는 미래시제가 아닌 현재시제를 사용하여 말씀하신다. "믿는 자는 영생을 가졌나니." 그리스도는 영생을 가질 것이 아니고, 이미 영생을 가지고 있다고 말씀하시는 것이다. 그리스도에 대한 성경적 믿음은 지금 여기서 믿는 자 안에 영생을 낳는다. 그것은 사후세계에서 가지게 될 것이라고 소망하는 그 무엇이 아니고, 이미 우리가 소유하고 있으며 이미 우리가 누리고 있는 그 무엇으로 우리 안의 실상이요 현실이다.

수많은 사람들이 영원의 문턱을 넘어설 때 자기들에게 유익을 주리라고 소망하는 종교를 갖고 있다. 그러나 진정한 성경적 믿음은 믿는 자에게 지금 여기서 영생을 경험하게 하고, 이미 믿는 자 안에 있는 영생을 확신시켜 준다. 그의 믿음은 그 안에 있는 진정한 실상이다. 이 현재의 믿음으로 말미암아 그는 또 미래에 대한 평온한 소망과 확신도 갖는다. 이러한 믿음에 터를 둔 소망은 죽음과 영원의 시련을 견뎌내지만, 믿음의 실상이 결여된 소망은 다만 헛된 바람일 뿐 궁극적으로 쓰라린 환멸로 끝나고 만다.

오직 하나님 말씀을 근거로

이제 히브리서 11:1의 믿음에 관한 정의를 다시 돌아보며 믿음에 관한 다른 한 가지 중요한 사실을 주목하자.

믿음은 "보이지 않는 것들의 증거", 또는 보이지 않는 것들에 대한 확신이다. 이 말씀은 믿음이란 보이지 않는 것들을 다룬다는 점을 가르쳐 준다.

믿음은 우리 신체 감각에 근거를 두는 것이 아니라 하나님의 말씀이 계시하는 영원하고 눈에 보이지 않는 진리와 실재에 근거를 두고 있다. 바울은 믿음의 대상과 감각의 대상 사이의 대비를 다음과 같은 말씀으로 설명한다. "이는 우리가 믿음으로 행하고 보는 것으로 행하지 아니함이로라"고후 5:7

믿음은 여기서 시각과 대비되고 있다. 시각은 다른 신체적 감각과 함께 물질세계의 대상들과 관계가 있는 것에 비해 믿음은 하나님의 말씀으로 계시된 진리와 관계가 있다. 우리의 감각은 일시적이고 가변적인 유형의 사물을 다루지만, 믿음은 눈에 보이지 않고 영원하며 불변하는 하나님의 계시된 진리를 다룬다.

만일 우리가 육적으로 생각한다면 감각으로 느끼는 사물만 받아들일 수 있지만, 만일 우리가 영적으로 생각한다면 믿음은 하나님 말씀의 진리를 감각으로 느끼는 그 어떤 사물보다 더 생생한 실체가 되게 한다. 우리는 보거나 경험하는 것을 믿음의 근거로 삼지 않으며, 오직 하나님 말씀을 근거로 삼는다. 그 후 우리가 보거나 경험하는 것은 우리가 이미 믿은 것의 결과이다. 영적 경험의 세계에서는 보는 것이 믿음 앞에 오지 않고 그 뒤에 온다.

다윗은 다음과 같이 말한다.

> 산 자들의 땅에서 주의 선하심을 보리라고 믿지 아니하였더면 내가 쇠잔해졌으리이다(I would have lost heart, unless I had believed that I would see the goodness of the Lord in the land of the living)시 27:13 KJV

다윗은 먼저 본 다음 믿지 않았고, 먼저 믿은 다음 보았다. 그리고 다윗의 믿음은 단지 사후 세계의 어떤 일이 아니라, 지금 여기 살아 있는 자의 땅에서 일어나는 일을 경험하게 해주었다.

나사로의 무덤 바깥에서 예수님과 마르다가 나눈 대화에도 같은 가르침이 들어 있다.

> 예수께서 이르시되 돌을 옮겨 놓으라 하시니 그 죽은 자의 누이 마르다가 이르되 주여 죽은 지가 나흘이 되었으매 벌써 냄새가 나나이다 예수께서 이르시되 내 말이 네가 믿으면 하나님의 영광을 보리라 하지 아니하였느냐 하시니 11:39-40

여기서 예수님은 먼저 믿고 그 다음에 보는 것이 믿음임을 분명하게 말씀하신다. 먼저 보고 믿는 것이 아니라. 육적으로 생각하는 대다수 사람들은 이 순서를 뒤집는다. 그들은 말하기를, "나는 볼 수 있는 것만 믿는다"라고 한다. 그런데 이것은 틀린 말이다. 우리가 실제로 무엇을 보고 있다면, 그것을 위해 믿음을 행사할 필요가 없다. 볼 수 없을 때 우리는 믿음을 행사할 필요가 있는 것이다. 바울이 말했듯이 믿음과 보는 것은 본질적으로 서로 배타적이다.

우리 감각이 증명하는 것과 하나님 말씀이 계시하는 것 사이에 명백한 갈등이 있는 것을 우리는 흔히 경험한다. 예를 들어, 우리 몸 안에 신체적 질병이 있는 것을 보고 느낄 때가 있다. 그러나 성경은 계시하기를, 예수님이 "우리의 연약한 것을 친히 담당하시고 병을 짊어지셨도다"마 8:17고 하며, "그가 채찍에 맞음으로 너희는 나음을 얻었나니"벧전 2:24라고 한다.

여기에 명백한 갈등이 있다. 우리의 감각은 우리에게 병이 있다고 하고,

믿음의 본질

성경은 우리가 나았다고 한다. 믿는 자인 우리는 우리 감각의 증언과 하나님 말씀의 증언 사이 갈등에 직면한다. 그럴 때 우리는 두 가지 서로 다른 반응을 보일 가능성이 있다.

한 가지 반응은 감각의 증언을 받아들이고 신체적 질병을 인정하는 것이다. 그리하면 우리는 육적인 마음의 노예가 되고 만다. 이와 다른 반응은 우리가 나았다는 하나님 말씀의 증언을 굳게 붙드는 것이다.

만일 우리가 진실로 능동적인 믿음으로 이런 반응을 하면, 감각의 증언이 이윽고 하나님 말씀의 증언과 일치되어 우리는 치유되었다고 말할 수 있게 될 것이다. 단지 하나님 말씀에 대한 믿음만을 근거로 그런 말을 하는 것이 아니라, 실제적인 신체적 경험과 우리 감각의 증언을 토대로 하여 말할 수 있게 되는 것이다.

이 시점에서 이런 결과를 낳는 믿음의 종류는 머리의 믿음이 아니고 가슴heart의 믿음이란 것을 재강조할 필요가 있다. 치유와 건강에 관한 성경 말씀을 단지 지적으로 받아들이면 그 말씀이 우리에게 생생한 신체적 경험이 되게 하는 능력이 없다. 에베소서 2:8에서 구원에 대한 믿음을 언급하는 바울의 말은 치유에 대한 믿음에도 동등하게 적용된다. 그래서 우리는 다음과 같이 말할 수 있다.

> 너희는 그 은혜에 의하여 믿음으로 말미암아 구원(치유)을 받았으니 이것은(믿음은) 너희에게 난 것이 아니요 하나님의 선물이라 행위에서 난 것이 아니니 이는 누구든지 자랑하지 못하게 함이라.

치유를 가져오는 믿음은 하나님의 주권적인 은혜이다. 치유는 어떤 종류의 정신적 체조나 심리학적 기법으로 달성할 수 없다. 이런 종류의 믿음은 오직 영적인 마음만이 이해할 수 있다. 육적인 마음에는 그러한 믿음이 어리석은 것으로 보인다. 육적인 마음은 모든 상황에서 감각의 증언을 받아들이므로 감각의 지배를 받는다. 영적인 마음은 하나님 말씀의 증언을 불변하는 진리로 받아들이며, 하나님 말씀의 증언과 일치하는 감각의 증언만 받아들인다. 하나님 말씀의 증언에 대한 영적인 마음의 태도를 다윗이 다음과 같이 요약하고 있다.

> 내가 주의 증거들에 매달렸사오니 여호와여 내가 수치를 당하지 말게 하소서 시 119:31

> 내가 전부터 주의 증거들을 알고 있었으므로 주께서 영원히 세우신 것인 줄을 알았나이다 시 119:152

이러한 믿음의 성경적 본보기는 아브라함의 삶에서 찾을 수 있다. 롬 4:17-21 참조 바울은 아브라함의 믿음이 하나님을 향한 것이었다고 말한다.

> 그가 믿은 바 하나님은 죽은 자를 살리시며 없는 것을 있는 것으로 부르시는 이시니라 롬 4:17

하나님은 "없는 것을 있는 것으로 부르시는 이시니라"고 하는 말씀은, 하나님이 어떤 일을 이루리라고 선언하는 순간 그것이 성취된 증거가 우리의 감각에 포착되지 않더라도 믿음은 즉시 그 일이 실현된 것으로 간주한다는 뜻이다.

그래서 하나님이 아브라함을 "많은 민족의 조상"이라고 부른 순간부터 아브라함은 자신을 하나님이 부르신 것처럼 "많은 민족의 조상"으로 간주한 것이다. 비록 그때 아브라함은 사라와 자기 사이에 태어난 아들이 단 한 명도 없었지만.

아브라함은 자기의 신체적 경험으로 증거를 볼 때까지 하나님의 말씀을 받아들이는 것을 미루지 않았다. 이와 반대로, 아브라함은 하나님의 말씀이 진실임을 먼저 받아들였다. 그러자 나중에 아브라함의 신체적 경험이 하나님께서 선언하신 것과 일치된 것이다.

그 다음 구절에서 바울은 아브라함이 "바랄 수 없는 중에 바라고 믿었으니"라고 말한다.롬 4:18

이 "바라고 믿었으니in hope believed"라는 말씀은 그때 아브라함이 소망과 믿음, 곧 미래에 대한 소망과 현재의 믿음을 둘 다 가졌다는 것을 나타낸다. 그리고 미래에 대한 소망은 현재의 믿음의 소산이었다.

> 그가 백 세나 되어 자기 몸이 죽은 것 같고 사라의 태가 죽은 것 같음을 알고도 믿음이 약하여지지 아니하고롬 4:19

아브라함은 자기 감각의 증언을 받아들이지 않았다. 아브라함의 감각의 증언은 의심할 여지가 없이 그와 사라가 아기를 갖는 것이 이미 가능하지 않다고 말했다. 그러나 아브라함은 감각의 증언이 하나님께서 하신 말씀과 일치하지 않았기 때문에 그것을 받아들이지 않았다. 아브라함은 자기 감각의 증언에 귀를 막고 듣지 않았고, 그것에 관심을 갖지 않았다.

> (아브라함은) 믿음이 없어 하나님의 약속을 의심하지 않고…(하나님께서) 약속하신 그것을 또한 능히 이루실 줄을 확신하였으니
> 롬 4:20-21

이 구절은 아브라함이 믿음의 초점을 맞추고 있는 대상이 하나님의 약속이란 것을 분명하게 보여 준다. 그러므로 믿음은 하나님 말씀의 약속에 근거를 두고 하나님의 말씀과 부합되는 감각의 증언만 받아들인다.

로마서 4장의 앞에서 바울은 아브라함을 "믿는 모든 자의 조상"11절이라고 부르며, 그 다음절에서 "아브라함이 무할례시에 가졌던 믿음의 자취를 따르는" 자들에 관하여 말하고 있다.

이 구절은 성경적 믿음은 아브라함처럼 행하며 그의 믿음의 자취를 따르는 것임을 보여 준다. 아브라함의 믿음의 본질을 분석해 보면 연속적인 세 단계가 있음을 알게 된다.

1. 아브라함은 하나님의 약속을 듣는 순간 그것이 진실로 성취될 것으로 받아들였다.
2. 아브라함은 하나님의 말씀과 부합되지 않는 자기 감각의 증언은 받아들이지 않았다.
3. 아브라함은 하나님이 약속하신 것을 굳게 붙들었으므로 나중에 그의 신체적 경험과 그의 감각의 증언이 하나님의 말씀과 부합되었다.

그리하여 아브라함이 자기 감각의 증언과 상반되는 것을 꾸밈없는 믿음으로 먼저 받아들이자 그것이 나중에 자신의 신체적 경험에서 현실로 실현되었고, 자기 감각의 증언으로도 확인되었다.

우리 감각의 증언을 무시하며 하나님의 말씀을 진리라고 받아들이는 이런 태도에 대해 많은 사람들이 그것을 우매한 행위 또는 종교적 광신으로 치부할 것이다. 그런데 주목할 만한 사실은 시대가 다르고 배경이 다른 철학자들과 심리학자들이 우리의 신체적 감각의 증언은 주관적이고 가변적이며 신뢰할 수 없다는 견해에 동의하였다는 점이다.

만약 우리 감각의 증언이 그 자체가 진실되고 신뢰할 수 있는 것으로 받아들여질 수 없다면, 감각의 증언의 옳고 그름을 판단할 수 있는 올바른 진리의 기준을 어디서 찾을 수 있을까? 이 질문에 지금까지 철학도 심리학도 어떤 만족스러운 답을 제공할 수 없었다.

실제로 모든 세기의 철학자들과 심리학자들은 빌라도가 재판정에 앉아 예수님께 던진 질문과 똑같은 질문을 메아리처럼 되풀이해왔다. "진리가 무엇이냐?"요 18:38 그러나 그리스도인들은 그 답을 예수님이 하나님 아버지께 올린 말씀에서 찾을 수 있다. "아버지의 말씀은 진리니이다"요 17:17 궁극적으로 불변하는 모든 진리의 기준은 하나님의 말씀에 있다. 믿음은 이 진리를 듣고, 믿고, 행하는 데 있는 것이다.

믿음과 우리의 신체적 감각 사이의 관계를 고찰할 때, 진정한 성경적 믿음과, 정신이 물질을 지배한다는 가르침 또는 이른바 크리스천 사이언스라고 불리는 것을 분명하게 구분할 필요가 있다.

두 가지 주요 차이점은 다음과 같다. 첫째, 정신이 물질을 지배한다는 가르침이나 크리스천 사이언스는 인간의 정신이나 이성, 또는 의지력 같은 순전히 인간적인 요소를 높이 받드는 경향이 있다. 그러므로 이런 가르침은 본질적으로 인간이 중심이다. 이와 반대로 진정한 성경적 믿음은 본질적으로 하나님이 중심이다. 진정한 성경적 믿음은 모든 인간적인 것은 낮추고 오직 하나님과 하나님의 진리 및 권능만 찬양한다.

둘째, 정신이 물질을 지배한다는 가르침이나 크리스천 사이언스는 하나님의 말씀에 직접 근거를 두고 있지 않다. 인간의 의지를 행사하여 무엇이든 현실화 할 수 있다는 그들의 주장은 하나님 말씀의 가르침과 부합되지 않는다. 사실은 어떤 측면에서 그러한 주장은 하나님의 말씀과 상반된다. 이와 반대로 성경적 믿음은 본질적으로 하나님 말씀의 범위를 넘지 않는다.

우리는 또 믿음과 신념을 구별해야 할 필요가 있다. 이 양자 사이를 긋는 선은 아주 가늘지만, 성공과 실패를 구분한다.

신념은 인간적 오만과 자화자찬의 요소가 들어 있다. 신념은 비록 영적 언어의 외투로 가려져 있어도 인간의 의지의 표현이다. 이와 반대로 믿음은 전적으로 하나님을 의지하고 믿음의 역사는 언제나 하나님을 영예롭게 한다. 믿음은 절대로 하나님으로부터 주도권을 탈취하지 않는다.

바울의 말씀으로 돌아가면, 그런 믿음은 "너희에게서 난 것이 아니요 하나님의 선물이라 행위에서 난 것이 아니니 이는 누구든지 자랑하지 못하게 함이라" 엡 2:8-9 그러한 믿음의 태도는 세례 요한이 다음과 같이 요약하고 있다.

> 만일 하늘에서 주신 바 아니면 사람이 아무것도 받을 수 없느니라
> 요 3:27

간단히 말하자면, 믿음은 하나님으로부터 받는 것이요, 신념은 빼앗아서 자기 것으로 삼는 것이다.

믿음을 입으로 시인하기

이제 성경적 믿음의 또 다른 특징을 고찰해 본다. 이미 우리는 로마서 10:10 전반부에 기록된 바울의 말씀을 검토한 적이 있다.

믿음의 본질 187

> 사람이 마음으로 믿어 의에 이르고

이 절의 후반부에서 바울은 이렇게 덧붙인다.

> 입으로 시인하여 구원에 이르느니라.

바울은 여기서 마음으로 믿는 믿음과 입으로 고백하는 것 사이의 직접적인 관계를 보여 준다. 이 마음과 입술 사이의 상관관계는 성경의 대원칙 중 하나이다. 그리스도도 다음과 같이 말씀하신다.

> 이는 마음에 가득한 것을 입으로 말함이라마 12:34

이 말씀은 다음과 같이 현대의 어법으로 표현할 수 있을 것이다. "마음이 가득 차면, 입으로 넘쳐 흐른다." 우리의 마음이 그리스도에 대한 믿음으로 가득 차면, 그 믿음은 우리가 입으로 그리스도를 공개적으로 시인할 때 자연스레 표출되는 것이다. 공개적으로 시인하지 않고 침묵으로 간직하는 믿음은 우리가 바라는 결과와 축복을 부르지 않는 불완전한 믿음이다.

다음과 같은 바울의 말은 믿음과 말로 표현하는 것 사이의 관계를 가리키는 것이다.

> 기록된 바 내가 믿었으므로 말하였다 한 것 같이 우리가 같은 믿음의 마음(spirit of faith)을 가졌으니 우리가 믿었으므로 또한 말하노라고후 4:13

"우리가 믿었으므로 또한 말하노라(we also believe and therefore speak)"라는 구절에서 therefore(그러므로)라는 단어가 가리키는 논리적

전후 관계에 주목하라. 바울은 여기서 '믿음의 마음(또는 믿음의 영 spirit of faith)'에 대하여 말하고 있다. 머릿속의 단지 지적인 믿음은 침묵을 지킬지 모른다. 그러나 영적인 믿음은, 즉 인간의 영과 마음속의 믿음은 말로 표현해야 한다. 그것은 입으로 고백해야 하는 것이다.

실제로 이 진리는 고백confession이란 단어의 의미와 논리적으로 연결된다. 헬라어 homologia 를 번역한 영어 confession은 문자 그대로 '똑같이 말하기'란 뜻이다. 그러므로 그리스도인에게 고백은 하나님이 이미 하신 말씀과 똑같이 말하는 것을 뜻한다. 다르게 말하자면, 우리 입의 말이 하나님의 말씀과 일치하는 것이다.

이런 의미에서 고백은 마음속의 믿음을 자연스레 표현하는 것이다. 하나님이 말씀하신 것을 우리가 마음으로 믿는 것이 믿음이다. 그 다음에 마음으로 믿는 것을 입으로 똑같이 자연스레 표현하는 것이 고백이다. 믿음과 고백은 하나님 말씀의 진리라는 같은 중심으로 모인다

히브리서에는 믿음과 관련된 고백의 중요성을 강조하는 그리스도에 관한 계시가 있다. 그리스도는 "우리의 고백하는 바 사도이며 대제사장"히 3:1 KJV 이라 불리고 있다.

이 말씀은 지상에 있는 우리가 입으로 고백하는 하나님 말씀의 모든 진리와 관련하여 하늘에 계신 그리스도가 우리의 변호자요 대표자 역할을 하신다는 뜻이다. 그러나 우리가 지상에서 믿음을 고백하지 않으면 그리스도가 하늘에서 우리를 대표할 기회를 갖지 못한다. 지상에서 입술을 닫음으로써 하늘에 계신 변호자 입술도 우리가 닫는 것이다. 하늘에서 우리를 대표하는 그리스도의 대제사장 역할의 범위는 지상에서 하는 우리 고백의 범위에 따라 결정된다.

그렇다면 성경이 정의를 내리고 있는 믿음의 주요 특성은 무엇인가?

- 성경적 믿음은 마음heart으로 믿는 것이고, 정신mind으로 믿는 것이 아니다.
- 그것은 현재적인 것이고, 미래적인 것이 아니다.
- 그것은 우리의 행위와 경험에 긍정적인 변화를 낳는다.
- 그것은 오직 하나님 말씀에 근거하고 있으며 감각의 증언이 하나님 말씀의 증언과 일치할 때만 받아들인다.
- 그것은 입술의 고백으로 표현된다.

11장

믿음의 독특성

우리는 히브리서 11:1에 내려진 믿음의 정의를 이미 고찰한 바 있다. 히브리서 기자는 11:6에서 인간이 하나님께 나아감에 있어 믿음이 하는 역할을 설명한다.

믿음이 없이는 하나님을 기쁘시게 하지 못하나니 하나님께 나아가는 자는 반드시 그가 계신 것과 또한 그가 자기를 찾는 자들에게 상 주시는 이심을 믿어야 할지니라.

"믿음이 없이는 하나님을 기쁘시게 하지 못할지니"라는 구절과 "하나님께 나아가는 자는…믿어야 할지니라"라는 구절을 주목하기 바란다. 우리는 이 구절에서 믿음은 하나님을 기쁘시게 해드리고 하나님께 나아갈 때 갖추어야 할 필수 조건이란 것을 알게 된다.

이 진리의 부정적인 측면을 설명하는 말씀은 로마서에 있다. "믿음을 따라 하지 아니하는 것은 다 죄니라" 롬 14:23 어떤 사람이 어떤 일을 할 때 그것이 믿음에 바탕을 두고 하지 않는 행위라면 하나님이 죄로 간주하신다는 뜻이다. 이 진리는 심지어 교회 예배에 참석하고, 기도하고, 찬송가를 부르거나 자선 행위를 하는 것 같은 종교적인 행위에도 적용된다. 하나님을 향한 진실한 믿음을 따라 하지 않으면, 이런 행위는 결코 하나님께서 받아들일 만한 것이 못 된다.

진정한 회개가 선행하고, 진정한 믿음이 동기가 되지 않으면, 이런 행위는 "죽은 행실"에 불과하여 하나님께서 전혀 받아들일 수 없다.

모든 의로운 삶의 기초

믿음과 의의 관계에 관한 가장 포괄적인 말씀은 하박국 2:4에 있다.

의인은 그의 믿음으로 말미암아 살리라.

영어 단어 just와 righteous는 성경 원전의 같은 단어를 두 가지 다른 단어로 번역한 것이다. 이는 구약의 히브리어와 신약의 헬라어에 똑같이 적용되는 사실이다. 히브리어와 헬라어의 한 가지 뿌리 단어가 형용사로는 just 또는 righteous, 명사로는 justice 또는 righteousness로 번역된다. 어느 단어를 사용하여 번역하더라도 본래의 의미에는 차이가 없다.

그러므로 하박국 2:4을 영어로는 "the just shall live by his faith"라고 번역하거나 "the righteous shall live by his faith"라고 번역할 수 있다.

하박국의 이 말씀은 신약에서 세 번 인용된다. 로마서 1:17, 갈라디아서 3:11, 히브리서 10:38에서 인용되는바, New King James Version 성경은 이 세 구절을 모두 "The Just shall live by faith"라고 똑같이 번역하고 있다. 인류 역사에서 이 문장처럼 짧고 단순하면서도 큰 영향을 끼친 것은 생각해내기 어려울 것이다.

New King James Version 성경에서 이 문장은 불과 여섯 단어로 구성되며 한 음절 이상인 단어는 하나도 없다. 그렇지만 이 문장은 초대 교회가 선포한 복음에 성경적 권위를 부여하였다. 멸시당하던 소수의 사람들이 선포한 이 단순한 메시지가 세계 역사의 진로를 바꾸었다. 그 복음은 삼 세기가 지나기 전에 세계에서 가장 강력하고, 가장 영토가 넓고, 가장 오래 지속되었던 로마제국 황제의 무릎을 꿇게 만들었다.

그로부터 약 12세기가 지난 후 이 단순한 문장은 성령의 감동으로 마틴 루터의 마음과 정신에 되살아나 로마 교황의 권세를 무너뜨리는 성경적 지렛대로 사용되었고, 종교개혁을 통하여 처음에는 유럽에서 시작하여 나중에는 선교 물결을 따라 전 세계에 이르기까지 역사의 흐름을 다시 바꾸어 놓았다.

오늘날에도 이 단순한 문장은 믿음으로 이해하고 적용할 때 개인의 삶을 개혁하고 민족과 국가의 진로를 바꾸는 능력을 그 안에 담고 있다.

비록 짧고 극히 단순한 문장이지만, "의인은 그의 믿음으로 말미암아 살리라"고 하는 이 말씀의 적용 범위는 광대하다. '살리라'는 단어는 의식이 있는 어떤 존재의 모든 상황과 행위를 포괄한다. 그것은 인간의 인격과 경험의 모든 측면, 곧 영적, 정신적, 신체적, 물질적 측면을 모두 포괄한다. 그것은 숨쉬기, 생각하기, 말하기, 먹기, 잠자기, 일하기 등 인간의 행위 일체를 포괄하는 단어이다.

어떤 사람이 하나님으로부터 의인으로 받아들여지려면 그 사람의 모든 행위가 믿음의 한 가지 위대한 원칙에 따라 통제되고 동기 부여되어야 한다고 성경은 가르친다.

바울은 실제로 이 원칙을 먹는 행위에 적용하여 다음과 같이 말한다.

> 의심하고 먹는 자는 정죄되었나니 이는 믿음을 따라 하지 아니하였기 때문이라 믿음을 따라 하지 아니하는 것은 다 죄니라롬 14:23

이 말씀은 하나님께 받아들여지는 의인의 삶에 있어서 심지어 음식을 먹는 것과 같은 평범한 행위도 믿음을 따라 해야 한다는 것을 분명하게 보여준다.

그러면 잠시 생각해보자. "믿음을 따라 먹는 것"은 무엇을 뜻하는가? 이것이 함축하는 의미는 무엇인가?

첫째, 우리가 먹는 음식을 주신 분은 하나님이심을 인정한다는 뜻이 함축되어 있다. 우리 신체에 필요한 영양분이 들어 있는 음식물도 야고보서 1:16-17이 말씀하듯이 하나님께로부터 내려오는 온갖 좋은 선물 가운데 한 가지라는 뜻이다.

> 내 사랑하는 형제들아 속지 말라 온갖 좋은 은사와 온전한 선물이 다 위로부터 빛들의 아버지께로부터 내려오나니 그는 변함도 없으시고 회전하는 그림자도 없으시니라.

또 빌립보서 4:19 말씀에는 하나님께서 우리에게 필요한 모든 것을 채워주신다는 약속이 담겨 있는 바, 음식도 그 중 한 가지라는 뜻이 함축되어 있다.

> 나의 하나님이 그리스도 예수 안에서 영광 가운데 그 풍성한 대로 너희 모든 쓸 것을 채우시리라.

둘째, 우리에게 음식을 공급해 주시는 분은 하나님이심을 인정하기 때문에 우리는 음식을 먹기 전에 자연스레 잠깐 멈추어 감사 기도를 드린다는 뜻이 함축되어 있다. 식전에 감사 기도를 올림으로써 우리는 골로새서 3:17에 담겨 있는 계명에 순종하게 된다.

> 또 무엇을 하든지 말에나 일에나 다 주 예수의 이름으로 하고 그를 힘입어 하나님 아버지께 감사하라.

이 말씀대로 행할 때 우리는 또 음식에 내리는 하나님의 축복을 확신하게 되고, 그 음식으로부터 최대한의 영양분과 유익을 얻는 것이다. 사도 바울이 이것을 다음과 같이 설명한다.

> 하나님께서 지으신 모든 것이 선하매 감사함으로 받으면 버릴 것이 없나니 하나님의 말씀과 기도로 거룩하여짐이라 딤전 4:4-5

이 말씀은 우리의 믿음과 기도로 우리가 먹는 음식이 거룩하게 된다는 뜻이다.

셋째, 믿음을 따라 먹는다는 것은 음식을 통해 우리가 얻는 건강과 힘이 하나님께 속함을 시인하며, 그것을 하나님을 섬기고 하나님의 영광을 위하여 사용해야 한다는 뜻이 함축되어 있다.

> 몸은 음란을 위하여(부도덕한 행위, 부정한 행위, 어리석은 행위나 해로운 행위를 위하여) 있지 않고 오직 주를 위하여 있으며 주는 몸을 위하여 계시느니라 고전 6:13

우리의 육신은 믿음과 거룩한 생활로 주님께 드려진 것이므로 우리의 육신을 돌보며 보전하는 책임도 주님께 있다. 그래서 우리에게는 다음과 같은 바울의 기도대로 이루어지는 것을 기대할 권리가 있다.

또 너희의 온 영과 혼과 몸이 우리 주 예수 그리스도께서 강림하실 때에 흠없게 보전되기를 원하노라살전 5:23

이 모든 것이 "의인은 믿음으로 말미암아 살리라"는 말씀을 우리 삶의 단 한 가지 단순한 측면, 곧 먹는 행위에 적용할 때 일어나는 역사이다. 그리고 "믿음을 따라 먹는다"는 구절이 함축하는 것을 분석해보면 대다수 사람들이, 심지어 자칭 그리스도인들도 "믿음을 따라 먹지 않는다"는 결론을 내리지 않을 수 없다. 그들은 일용할 양식을 공급받아 조리하여 섭취하는 과정에서 하나님께 전혀 감사드리지 않는 것이다.

하나님께 감사드리지 않는 것이 소화불량, 궤양, 종양, 암, 심장병과 그 밖의 많은 질병의 한 가지 주요 원인임은 의심할 여지가 없다. 서구 세계는 전례없이 음식과 돈을 풍부하게 누리고 있지만, 수없이 많은 사람들이 이 풍요함을 오용하여 자기 신체에 해를 입히고 있다. 왜냐하면 그들의 무관심과 불신앙이 하나님을 그들의 삶에서 제외했기 때문이다. 자기의 삶에 하나님이 계실 곳을 드리지 않는 육적이고 방탕한 사람의 모습을 솔로몬이 다음과 같이 우리에게 보여 준다.

일평생을 어두운 데에서 먹으며 많은 근심과 질병과 분노가 그에게 있느니라전 5:17

이 모습은 솔로몬이 묘사했을 때와 마찬가지로 지금도 진실이다. 믿음을 따라 먹지 않는 것은 "어둠" 속에서 먹는 것이요 그 뒤에 보통 따르는 것은 근심과 질병과 분노이다.

믿음의 원리가 결정적인 영향을 미치는 또 다른 단순한 행위가 있으니 그것은 우리 모두에게 꼭 필요한 잠자는 행위이다. 시편 127:2에 시편 기자는 다음과 같이 말한다.

> 너희가 일찍 일어나고 늦게 누우며 수고의 떡을 먹음이 헛되도다 그러므로 여호와께서 그의 사랑하시는 자에게는 잠을 주시는도다.

오늘날 수많은 사람들이 부와 쾌락을 끊임없이 추구하느라고 음식과 잠을 편안하게 즐기지 못하고 있다. 서구 세계에서 매일 소비되는 진통제와 소화제와 수면제 숫자가 얼마나 많은지 누가 헤아릴 수 있을까? 그리고 그 약들이 별 효과가 없는 경우도 흔하지 않은가? 그러나 하나님의 믿는 자녀들에게는, 그 삶이 하나님에 대한 믿음의 토대 위에 서 있는 사람들에게는, 잠은 하나님의 사랑의 선물이요 하나님께서 매일 내리시는 자비로 다가온다. "여호와께서 그의 사랑하시는 자에게는 잠을 주시는도다."

누군가 이렇게 말한 사람이 있다. "돈으로 약은 살 수 있지만 건강은 사지 못하고, 침대는 살 수 있으나 잠은 사지 못한다." 우리의 일상생활에서 하나님을 제외하는 것은 비용도 많이 들뿐 아니라 신체에도 매우 해로운 일이다.

시편을 쓴 다윗은 그의 인생 여정에서 많은 어려움과 고난을 통과한 사람이지만, 그 모든 고난 가운데서도 하나님에 대한 그의 믿음이 그를 지탱해 주었고 그에게 달콤하고도 깊은 잠을 보장해 주었다. 기도와 믿음이 그에게 무엇을 해주었는지 다윗 자신의 간증을 들어 보자.

> 내가 나의 목소리로 여호와께 부르짖으니 그의 성산에서 응답하시는도다 내가 누워 자고 깨었으니 여호와께서 나를 붙드심이로다
>
> 시 3:4-5

내가 평안히 눕고 자기도 하리니 나를 안전히 살게 하시는 이는 오
직 여호와이시니이다 시 4:8

이와 같이 "의인은 그의 믿음으로 말미암아 살리라"는 단순한 말씀에 들어 있는 하나님의 사랑과 자비를 받아들이는 사람들은, 매일 하루 일이 끝나면 평안히 누워 깊은 잠을 잘 수 있는 축복을 지금도 누릴 수 있다.

이 시점에서 나는 독자가 다음과 같이 말하는 것을 상상할 수 있다. "당신은 먹고 잠자는 것과 같은 단순하고도 익숙한 행위와, 믿음이 그런 행위 안에서 맡는 역할에 대하여 말씀했습니다. 그런데 우리가 살고 있는 현대 세계의 문제는 먹고 잠자는 것과 같은 단순한 일보다 훨씬 크고 복잡합니다. 믿음은 오늘날 우리가 당면하고 있는 엄청난 국가적 또는 국제적 문제에 대하여 어떤 해결책을 제시할 수 있습니까?"

우리가 사회적, 경제적, 정치적으로 거대하고도 복잡한 문제에 직면하고 있는 것은 사실이다. 우리는 이것을 인정해야 한다. 그러나 이 사실을 한 걸음 더 안고 나아가 보자. 인간의 어떤 지성이나 지혜도 이러한 문제들을 온전히 파악할 수 없고, 하물며 그런 모든 문제들에 대한 해결책을 생각해 낸다는 것은 어림도 없다. 만일 우리가 해결책을 오직 인간의 지혜에만 의존해야 한다면 전망은 절망적이다.

그러나 믿음은 항상 겸손과 결합해 있다. 진정한 믿음은 사람으로 하여금 자신의 한계를 인정하게 만든다. 진정한 믿음은 인간의 본분에 속하는 일과 하나님의 영역에 속하는 일을 구별한다.

믿음의 삶에 있어서 인간의 역할과 하나님의 역할 사이의 관계를 다음과 같이 말한 사람이 있다. "당신이 단순한 일을 행하면 하나님은 복잡한 일을

행하신다. 당신이 작은 일을 행하면 하나님은 위대한 일을 행하신다. 당신이 가능한 일을 행하면 하나님은 불가능한 일을 행하신다."

하나님이 우리의 삶을 위해 세우신 단순한 계획, 곧 "의인은 그의 믿음으로 말미암아 살리라"고 한 말씀은 지금도 유용한 것이다. 사람으로 하여금 그의 역할을 하게 하라. 일상의 단순한 행위 가운데서, 가정과 지역 사회의 익숙한 관계 속에서 하나님의 인도와 축복을 믿음과 순종으로 구하게 하라. 그리하면 현대 생활의 신체적, 정신적, 도덕적 소모 및 긴장과 압력으로부터의 회복과 해방이 다가올 것이다. 그리고 인간의 이해와 통제를 초월하는 현대 세계의 광대한 영역에서 하나님이 인간의 믿음에 반응하여 역사하실 것이며, 우리는 국가들의 문제를 주관하시는 하나님의 권능에 놀라게 될 것이다.

세계사의 진로를 두 번 바꾼, "의인은 그의 믿음으로 말미암아 살리라"는 이 단순한 원칙은 오늘날에도 그것을 진리로 받아들이는 개인의 삶과 국가의 운명을 변혁하는 능력을 갖고 있다. 이것은 지금도 인간의 문제에 대한 하나님의 답이요, 인간의 필요를 채워주시는 하나님의 공급이다. "의인은 그의 믿음으로 말미암아 살리라."

인간의 모든 능력과 재능 중에서 오늘날 인간이 직면하고 있는 문제들을 해결할 수 있는 것은 오직 한 가지 뿐인데, 그것은 인간의 모든 물질적, 과학적 업적보다 더 위대한 잠재력을 갖고 있는 하나님에 대한 인간의 믿음이다.

하나님에 대한 인간의 믿음의 잠재적 가능성을 이해하려면 예수 그리스도가 지상에서 사역하실 때 하신 말씀 두 가지를 살펴볼 필요가 있다.

> 예수께서 그들을 보시며 이르시되 사람으로는 할 수 없으나 하나님으로서는 다 하실 수 있느니라 마 19:26

예수께서 이르시되 할 수 있거든이 무슨 말이냐 믿는 자에게는 능히 하지 못할 일이 없느니라 하시니 막 9:23

이 두 가지 말씀을 나란히 놓고 검토해 보라. "하나님으로서는 다 하실 수 있느니라." 그리고 "믿는 자에게는 능히 하지 못할 일이 없느니라." 예수님 말씀은 믿음을 통하여 하나님의 가능성이 우리의 가능성이 된다는 뜻이다. 믿음은 하나님의 전능하심이 인간에게 전달되는 통로이다. 믿음이 받아들일 수 있는 것의 한계가 하나님께서 하실 수 있는 일의 유일한 한계이다.

하나님의 모든 약속을 내 것으로 만들기

우리는 지금까지 믿음을 인간의 가슴의 경험이라고 설명했다. 그것은 인간의 행위에 변혁을 일으키고 인간의 삶의 전체 진로를 지도하는 원칙을 제공한다. 그런데 믿음은 단지 주관적인 어떤 것이거나, 믿는 사람 개개인의 마음속에 사적인 어떤 것이 아니라는 설명을 추가해야 한다. 믿음은 주관적이고 사적인 것이면서 또 그 이상의 무엇이다.

가장 폭넓은 의미에서 믿음은 성경 전체를 토대로 삼고 있다. 성경의 모든 말씀과 약속이 믿음의 잠재적 대상이다. 이미 말한 적이 있듯이, 믿음은 하나님의 말씀을 들음에서 난다. 그러므로 믿음은 하나님의 말씀이 담고 있는 모든 것에 기초를 둔다. 그리스도교 신자에게 그의 믿음의 범위를 넘는 하나님의 말씀과 약속은 없다. 사도 바울이 이것을 분명하게 말씀하고 있다.

하나님의 약속은 얼마든지 그리스도 안에서 예가 되니 그런즉 그
로 말미암아 우리가 아멘하여 하나님께 영광을 돌리게 되느니라

고후 1:20

이 말씀과 함께 로마서 8:32을 읽어 보자.

자기 아들을 아끼지 아니하시고 우리 모든 사람을 위하여 내주신 이
가 어찌 그 아들과 함께 모든 것을 우리에게 주시지 아니하겠느냐.

하나님이 소유하시는 모든 것 – 하나님의 모든 축복과 약속 – 이 그리스
도의 대속적인 죽음과 부활에 대한 믿음으로 그것을 받아들이는 각 사람에
게 아낌없이 주어진다.

오늘날 세대주의의 가르침을 기초로 하여 말씀을 해석하는 경향 때문에
하나님의 축복과 약속의 극히 일부만 그리스도인들에게 허락된다 생각하는
사람들도 있다.

성경을 이렇게 해석하는 방식에 따르면, 가장 좋은 하나님의 축복과 약속
은 모세의 언약 시대나 초대 교회 시대 같은 과거, 또는 천년왕국이나 하나
님의 경륜의 때가 차는 미래에만 귀속된다.

그러나, 이런 해석은 고린도후서 1:20에 기록된 바울의 말과 일치하지 않
는다. 바울의 말은 다음과 같이 자세히 부연할 수 있다.

하나님의 약속은 얼마든지(하나님의 약속은 일부가 아니고, 하나님
의 약속은 모두 얼마든지) 그리스도 안에서 예가 되니(예가 되었거
나 예가 될 것이 아니고, 지금 여기서 예가 되니) 그런즉 그로 말미
암아 우리가(다른 시대의 다른 무리의 사람들이 아니고, 오늘 이런

말씀을 받는 우리가) 아멘하여(그냥 예가 아니고, 이중으로 긍정하는 예와 아멘하여) 하나님께 영광을 돌리게 되느니라.

이 말씀의 문맥은 '우리'가 모든 진정한 그리스도교 신자를 뜻한다는 것을 분명하게 보여준다.

그리스도교 신자의 삶에서 하나님의 약속이 채워주지 못하는 필요는 없다.

나의 하나님이 그리스도 예수 안에서 영광 가운데 그 풍성한 대로 너희 모든 쓸 것을 채우시리라빌 4:19

그리스도인의 삶에 필요한 모든 쓸 것에 대하여 하나님의 말씀 어딘가에 그 쓸 것을 채워주는 약속이 있고, 우리는 그 약속을 그리스도에 대한 믿음을 통하여 내 것으로 만들 수 있다. 그러므로 그리스도인의 삶에서 무엇이 필요한 일이 생길 때 밟아야 할 세 단계가 있다.

1. 자기 상황에 적용되고 자기의 쓸 것을 채워주는 특별한 약속으로 인도해 달라고 성령에게 요청해야 한다.
2. 그 약속에 따르는 특별한 조건을 자신의 삶에서 순종하는 자세로 충족시켜야 한다.
3. 하나님의 약속이 실현되는 것을 자기 삶에서 경험하게 되리라고 긍정적으로 기대해야 한다.

이것은 행동하는 믿음이요, 이러한 믿음은 "세상을 이기는 승리"이다 요일 5:4 세상을 이기는 승리의 비결은 하나님 말씀의 약속을 알고 적용하는 것이다.

베드로는 이와 똑같은 진리를 아주 강력하게 설파한다.

> 그의(하나님의) 신기한 능력으로 생명과 경건에 속한 모든 것을 우리에게 주셨으니 이는 자기의 영광과 덕으로써 우리를 부르신 이를 (그리스도를) 앎으로 말미암음이라 이로써 그 보배롭고 지극히 큰 약속을 우리에게 주사_벧후 1:3-4_

여기서 베드로의 메시지는 바울의 메시지와 완벽하게 일치한다. 베드로는 우리의 생명과 경건에 필요한 모든 것을 하나님께서 이미 주셨고, 그것은 하나님의 약속을 우리 것으로 주장할 때 그리스도를 통해 주어진다고 말한다.

구약에서 하나님은 여호수아를 통하여 그분의 백성을 약속의 땅으로 인도하셨다. 신약에서 하나님은 예수를 통하여 그분의 백성을 약속의 땅으로 인도하신다. 여호수아와 예수는 같은 이름을 다른 형태로 표기한 것이라는 사실이 양자 간의 유사성을 더욱 가깝게 한다.

구약에서 하나님은 여호수아에게 자신이 직접 능동적으로 내 것으로 주장하는 믿음의 원칙을 보여 주었다.

> 너희 발바닥으로 밟는 곳은 모두 내가 너희에게 주었노니_수 1:3_

신약에서도 이 원칙은 변함이 없다. 사실상 하나님은 이렇게 말씀하고 계신 것이다. "너희가 직접 너희 것으로 취하는 모든 약속을 내가 너희에게 주었노라."

그러나 한 마디 경고를 덧붙이는 것이 필요하다. 구약과 신약에 있는 하나님 약속의 대다수가 조건적이라는 것이다. 약속을 내 것으로 주장하기 전에 충족시켜야 할 조건들이 있다.

네 길을 여호와께 맡기라 그를 의지하면 그가 이루시고 시 37:5

여기서 하나님의 약속은 이것이다. "그가 이루시고", 즉 하나님께서 믿는 자의 길이 형통하도록 역사하신다는 말씀이다. 이 약속 앞에 붙어 있는 조건은 "네 길을 여호와께 맡기라"와 "그를 의지하라"이다. '맡기라commit'는 단어는 한 번의 확실한 행위를 뜻하고, '의지하라trust'는 단어는 지속적인 태도를 뜻한다.

그러므로, 이 약속에 붙은 조건들은 다음과 같이 해석할 수 있다. 1) 한번에 확실하게 맡기는 행위를 하라. 2) 그 다음에는 지속적으로 의지하는 태도를 유지하라. 이 두 가지 조건을 충족시킨 후, 믿는 자는 그 뒤에 따르는 약속을, 곧 하나님께서 나의 상황에 적합한 방식을 따라 "그가 이루시리라"는 약속을 내 것으로 주장할 수 있다.

능동적으로 내 것으로 주장하는 이러한 종류의 믿음이 승리하는 그리스도인의 삶의 열쇠이다. 믿음은 하나님 말씀의 약속에 기초를 두어야 하고, 연속적인 세 단계를 밟아야 한다. 1) 나의 상황에 적합한 약속을 찾으라. 2) 그 약속에 붙는 모든 조건을 충족시켜라. 3) 그 약속이 실현될 것이라고 선포하라. 이러한 조건을 충족시킬 경우 그리스도인의 믿음의 범위는 하나님의 약속만큼 광대해진다.

12장

구원을 향한 믿음

　지금까지 우리는 성경에 담긴 하나님의 말씀 및 약속과 관련하여 가장 폭넓고 일반적인 의미에서 믿음을 고찰하였다. 그런데 성경의 메시지 가운데 모든 인간 영혼의 영원한 운명을 결정하는 가장 중요한 한 가지 소식이 있다. 이 소식을 '복음'이라 부르는 바, 그것이 죄와 그 결과로부터 구원받는 길을 알려 준다.

　사람들은 흔히 '복음'을 이성적인 방법으로 설명하기 어려운 모호하고 감성적인 어떤 것이라고 생각한다. 심지어 '복음'에 관한 설교에도 감정적인 반응을 지나치게 강조함으로써 구원은 감성적 경험으로 구성되는 것이라는 인상을 심는 일이 흔하다.

　그러나 그것은 그릇되고 오도하는 행위이다. 성경에 담긴 복음은 명확한 사실로 구성되며 구원은 이런 사실을 알고, 믿고, 행하는 것으로 이루어진다.

복음의 네 가지 기본 사실

복음을 구성하는 기본 사실은 무엇인가? 이 질문에 대한 답을 찾기 위해 바울이 쓴 로마서 4:23-25과 고린도전서 15:1-4 말씀을 살펴보기로 한다.

로마서 4장에서 바울은 아브라함의 믿음의 주요 특성을 분석하고 아브라함의 믿음을 모든 그리스도인들이 따라야 할 본보기라고 설명한다. 바울은 구약성경의 말씀을 따라 아브라함이 그의 행위로써 하나님 앞에 의롭다 하심을 받지 않았고, 그의 믿음이 그에게 의로 여겨진 바 되었다고 지적한다. 그런 다음 바울은 로마서 4:23-25에서 아브라함의 본보기를 그리스도를 믿는 우리에게 직접 적용한다.

그에게 의로 여겨졌다 기록된 것은 아브라함만 위한 것이 아니요 의로 여기심을 받을 우리도 위함이니 곧 예수 우리 주를 죽은 자 가운데서 살리신 이를 믿는 자니라 예수는 우리가 범죄한 것 때문에 내줌이 되고 또한 우리를 의롭다 하시기 위하여 살아나셨느니라.

바울이 여기서 설명했듯이 복음은 세 가지 분명한 사실을 포함한다. 1) 예수님은 우리의 죄 때문에 죽음이란 형벌을 받았다. 2) 하나님은 예수님을 죽은 자 가운데서 살리셨다. 3) 만일 우리가 예수님이 우리를 위하여 죽으시고 부활하셨다는 이 기록을 믿는다면, 우리는 하나님 앞에 의롭다 하심을 받게 된다.

고린도전서 15:1-4에서 바울은 고린도에 있는 그리스도인들에게 자기가 전한 복음을 통하여 그들이 구원받았음을 상기시키며 그들에게 복음의 기본 진리를 다시 설명한다.

형제들아 내가 너희에게 전한 복음을 너희에게 알게 하노니 이는 너희가 받은 것이요 또 그 가운데 선 것이라 너희가 만일 내가 전한 그 말을 굳게 지키고 헛되이 믿지 아니하였으면 그로 말미암아 구원을 받으리라 내가 받은 것을 먼저 너희에게 전하였노니 이는 성경대로 그리스도께서 우리 죄를 위하여 죽으시고 장사 지낸 바 되셨다가 성경대로 사흘 만에 다시 살아나사.

우리는 여기서 다시 복음이 세 가지 기본 사실로 구성되어 있음을 본다. 1) 그리스도가 우리 죄를 위하여 죽으셨다. 2) 그리스도는 장사 지낸 바 되었다. 3) 그리스도는 사흘 만에 다시 살아나셨다.

바울은 또 이러한 사실에 대한 가장 중요하고 권위 있는 증언은 그리스도의 죽음과 부활을 목격한 사람들의 증언이 아니고, 구약성경 말씀의 증언이라고 강조한다. 구약성경의 선지자들은 이런 사건이 실제로 일어나기 수백 년 전에 예언적으로 말씀했던 것이다. 예수님과 동시대 사람들의 증언은 단지 구약성경 말씀을 뒷받침하기 위하여 나중에 언급되고 있을 따름이다.

바울의 서간에서 발췌한 이 두 구절, 로마서 4:23-25과 고린도전서 15:1-4의 가르침을 나란히 놓고 검토하면 복음을 구성하는 기본 사실이 무엇인지 결론을 내릴 수 있다.

이 사실들은 모두 오직 그리스도를 중심으로 모이는데, 그리스도의 지상에서의 삶과 가르침이 아니라 그의 죽음과 부활을 중심으로다.

이제 복음의 네 가지 기본 사실을 정리한다. 1) 그리스도는 우리의 죄로 인하여 하나님 아버지에 의해 죽음의 형벌에 처해졌다. 2) 그리스도는 장사 지낸 바 되었다. 3) 하나님은 그리스도를 사흘 만에 죽은 자 가운데서 살리셨다. 4) 우리는 이런 사실을 믿음으로써 하나님으로부터 의롭다 여기심을 받게 된다.

구원을 내 것으로 삼는 단순한 행동

복음의 기본 사실을 이지적으로 받아들이는 것에 지나지 않는 정신의 믿음과 복음에 항상 긍정적으로 반응하는 마음의 믿음 사이에는 차이가 있다는 것을 다시 언급하고자 한다. 신약성경 전체는 복음에 대한 이런 개인적 반응의 결과로 각 개인의 영혼이 구원을 경험하게 된다고 분명히 말씀하고 있다.

신약에서 다양한 말씀이 복음에 대한 이런 개인적 반응을 묘사하고 있는 바, 그 모든 말씀이 누구나 이해하고 실행할 수 있는 단순하고 익숙한 행위를 가리킨다는 한 가지 공통점이 있다.

예를 들어, 바울은 복음의 진리를 마음으로 믿고 입으로 시인하면 구원을 받는다고 설명한다. 롬 10:8-9 참조 바울은 구원받는 길에 관해 다음과 같이 결론짓는다. "누구든지 주의 이름을 부르는 자는 구원을 받으리라" 롬 10:13

여기서 구원의 경험을 가져오는 단순한 행위는 주의 이름을 부르는 것이다. 즉 주 예수 그리스도의 이름으로 구원을 하나님께 부르짖는 행위이다.

마태복음 11:28에서 그리스도는 '오라'는 단순한 단어를 사용해서 복음으로 초대받은 사람들이 보여야 할 반응을 묘사한다.

수고하고 무거운 짐 진 자들아 다 내게로 오라 내가 너희를 쉬게 하리라

그리스도는 이 초대에 참으로 관대한 약속을 덧붙이신다.

내게 오는 자는 내가 결코 내쫓지 아니하리라 6:37

예수님의 초대를 약속이 뒷받침하고, 그 약속은 초대를 받아들이기 원하는 사람들의 마음속에 믿음을 일으킨다.

야곱의 우물가에서 사마리아 여인에게 말씀하실 때 그리스도는 복음을 듣는 사람이 어떤 반응을 보여야 하는지 설명하기 위하여 물을 마시는 단순한 행위를 이용하신다.

여기서 구원을 받아들이는 행위는 물을 마시는 행위와 비교되고 있다. 이 말씀에서 영원히 목마르지 아니하리라는 약속이 먼저 주어지고, 요한복음 7장과 요한계시록 22장에서 그 약속을 초대가 뒷받침한다.

누구든지 목마르거든 내게로 와서 마시라 7:37

성령과 신부가 말씀하시기를 오라 하시는도다 듣는 자도 오라 할 것이요 목마른 자도 올 것이요 또 원하는 자는 값없이 생명수를 받으라 하시더라 계 22:17

요한복음 1:11-13에서 복음에 대한 이 능동적인 반응을 표현하기 위하여 사도 요한이 사용하는 단어는 '영접하다'이다. 요한은 그리스도에 관하여 다음과 같이 말한다.

자기 땅에 오매 자기 백성이 영접하지 아니하였으나 영접하는 자 곧 그 이름을 믿는 자들에게는 하나님의 자녀가 되는 권세를 주셨으니 이는 혈통으로나 육정으로나 사람의 뜻으로 나지 아니하고 오직 하나님께로부터 난 자들이니라.

여기서 핵심 사상은 개인적으로 그리스도를 영접하는 것이다. 믿음으로 이러한 반응을 보일 때 일어나는 결과를 요한은 하나님의 자녀가 되는 것, 즉 "하나님께로부터 난 자"가 되는 것이라고 설명한다. 그리스도는 이와 똑같은 경험을 '거듭나는 것'이라고 요한복음 3:3에서 지칭하신다. 그리스도는 이 확실한 개인적 경험이 없으면 아무도 하나님의 나라로 들어가는 것을 바랄 수 없다고 분명하게 말씀하신다.

> 진실로 진실로 네게 이르노니 사람이 거듭나지 아니하면 하나님의 나라를 볼 수 없느니라.

그리스도를 개인적으로 영접함으로써 복음에 반응하라는 이 도전은 그리스도 자신이 확실한 약속으로 지지하고 있다.

> 볼지어다 내가 문 밖에 서서 두드리노니 누구든지 내 음성을 듣고 문을 열면 내가 그에게로 들어가 그와 더불어 먹고 그는 나와 더불어 먹으리라계 3:20

여기서 그리스도는, 복음을 듣고 마음의 문을 열어 그리스도를 안으로 영접하기를 갈망하는 각 개인에게 직접 말씀하신다.

그리고 이러한 반응을 보이는 각 개인에게 그리스도는 내가 그에게로 들어간다고 분명한 약속을 하시는 것이다.

복음을 들은 각 개인마다 단순하고 개인적인 반응을 하기 위한 믿음이 요구된다. 이 반응을 묘사하는 단어는 다를지라도 반응의 본질은 언제나 똑같다. 지금까지 우리가 고찰한 말씀 중에는 다음과 같은 단어가 이 반응을 묘사하기 위해 사용되었다. 부르다. 오다. 마시다. 영접하다.

앞에서 지적한 바 있듯이, 이 단어들은 누구나 이해할 수 있고, 실행할 수 있는 단순하고도 익숙한 행위를 가리킨다. 그런데 이 모든 행위에는 공통된 한 가지 중요한 특성이 있다. 각 행위는 사람이 자기 스스로 해야 하고, 어느 누구도 다른 사람을 대신하여 이런 행위를 행할 수 없다는 것이다.

각 개인은 자기가 불러야 하고, 각 개인은 자기가 와야 하고, 각 개인은 자기가 마셔야 하고, 각 개인은 자기가 영접해야 한다. 복음에 대한 반응도 마찬가지이다. 각 개인은 자기가 반응해야 하고, 어느 누구도 다른 사람을 대신하여 반응할 수 없다.

각 개인은 오직 자기 자신의 반응에 따라 구원을 얻거나 구원을 잃는다.

모든 책임 있는 그리스도인들은 목회자이건 평신도이건 상관없이 복음의 이런 기본적 사실을 숙지할 의무가 있다. 그리고 신약성경이 각 개인에게 복음에 대한 개인적 반응의 필요성을 제시하는 다양한 방법도 숙지해야 한다.

만일 모든 목회자들이 설교에 이런 사실들을 지속적으로 포함시킨다면 그리스도의 왕국의 역사에 큰 득이 될 것이다.

이런 사실들을 분명하게 제시하지 않는 설교를 정기적으로 하는 곳에 무슨 영원한 가치가 있는 결실이 있을지 의문스럽다.

내가 영국 런던에서 목사로 시무할 때 경험한 사건을 나누고자 한다. 그 사건은 H 부인이라고 부를 한 여성과 관련된 일이다.

H 부인은 나의 어린 딸 둘에게 피아노 레슨을 하기 위해 몇 주간 우리 집을 방문했었다. 우리는 H 부인이 우리 집 부근에 있는 유명한 개신교 교회에 출석한다는 사실 외에는 그 부인에 대하여 별로 아는 것이 없었다. H 부인은 그 교회의 여선교회에서 중요한 역할을 맡고 있다고 우리에게 알려 주었다.

어느 날 우리는 H 부인이 중한 병으로 병원에 급히 실려갔는데 살지 못할 것이라는 소식을 들었다. 나는 그 부인에게 병문안을 가야 할 의무를 느끼고 병원으로 찾아갔다. H 부인 병실을 방문할 허가를 구했을 때 간호사는 그 부인의 상태가 위독하여 사람을 만날 수 없노라고 했다. 내가 목사라고 신분을 밝히자 그 간호사는 딱 5분간만 방문하도록 허락해 주었다. H 부인에게 내가 누군지 소개하고 나자 5분 중에서 거의 1분이 지나가 버렸다. 더 이상 낭비할 시간이 없었으므로 나는 본론으로 들어가 H 부인에게 물어보았다. 당신은 지금 영원의 문턱에 도달했는데 당신의 죄를 용서받았다는 확신이 있는지, 그리고 하나님을 만날 준비가 되었는지. H 부인은 그런 확신이 없다고 대답했다.

그래서 나는 H 부인에게 복음에 관한 기본 사실을 아주 단순하고도 분명하게 설명했다. 그리스도는 우리의 죄로 말미암아 죽음이란 형벌을 받았고, 장사 된 지 사흘 만에 부활하셨고, 우리는 이런 사실을 믿음으로써 구원받을 수 있으나, 하나님은 구원을 갈망하는 각 사람이 명확하고도 개인적인 믿음의 반응을 할 것을 기대하신다고 설명한 것이다.

나는 H 부인에게 그런 반응을 하기 원하는지 물어보았고, 그 부인은 원한다고 대답했다.

H 부인에게 나를 따라 기도하도록 요청한 다음, 나는 복음의 기본 사실을 되풀이하며 구원에 대한 하나님의 약속을 내 것으로 취하는 짧은 기도를 큰 소리로 하였다. H 부인은 나의 기도를 한 문장씩 따라 하였다.

그런 다음 나는 H 부인에게 이제 구원받았음을 믿는지 물어보았고, 그 부인은 믿는다고 대답했다.

나는 H 부인을 주님께 맡기며, 그 부인을 구원해 주신 것을 주님께 감사드리는 짧은 기도로 마무리 지었다.

그때 시계를 보니 아직 약 30 초 가량 시간이 남아 있었다. 내가 H 부인의 영혼 문제를 다루기 시작한 순간부터 복음을 제시하고 구원의 확신을 갖도록 인도하기까지 걸린 시간은 4분도 채 되지 않았다.

그리하여 H 부인은 그전에 알지 못하던 마음의 평화를 얻었고, 그것이 직접적인 원인이 되어 기대하지 않았던 급속한 회복을 보여 곧 병원에서 퇴원하였다.

몇 주 후에 H 부인은 다시 피아노 레슨을 하러 우리 집에 왔다. 레슨이 끝난 다음 H 부인에게 사적인 질문을 해도 좋은지 내가 물어보았더니 부인은 괜찮다고 하였다.

"부인은 오랫동안 매주 교회 예배에 성실하게 참석하였고, 교회 봉사활동에도 적극적으로 참여했습니다. 그러나 위급한 순간이 닥쳐 영원의 문턱에 이르렀을 때 부인은 죽을 준비나 하나님을 직면할 준비가 되지 않았습니다. 혹시 부인이 다니는 교회의 목사님은 매주 어떤 주제로 설교하는지 물어봐도 됩니까?"

"네, 우리 교회 목사님은 그리스도인의 삶과 은혜 가운데서 성장하는 것에 관해 설교하십니다."

"그렇군요. 하지만 부인은 거듭난 적이 없으므로 그리스도인의 삶을 살거나 은혜 가운데서 성장하는 것이 불가능했습니다. 그래서 그리스도인의 삶이나 은혜 가운데서 성장하는 것을 주제로 한 설교가 부인한테 아무 소용이 없었던 것입니다. 아직 태어나지도 않은 아기가 자라기 시작하는 것이 불가능한 것과 마찬가지입니다."

"알겠습니다. 저는 이제 목사님 말씀이 진리라는 것을 깨달았습니다. 우리 교회 목사님께 말씀 드리겠습니다."

H 부인이 자기 교회 목사에게 얘기하면 어떤 일이 생길지 염려스러웠지만 부인의 결심이 분명한데 구태여 말릴 이유가 없었다.

그다음 주에 H 부인이 우리 집에 왔을 때 나는 물어보았다. "혹시 목사님께 말씀 드렸습니까?"

"네, 말씀 드렸습니다."

"그러면 지난 주일에는 목사님이 무슨 설교를 하셨나요?"

"가장 중요한 것은 우리가 구원받았다는 사실을 아는 것이라고 설교했습니다."

오! 그 말씀이 교회에 다니는 모든 사람들에게, 믿음을 고백하는 모든 그리스도인들의 마음에 새겨질 수 있다면 얼마나 좋을까? "가장 중요한 것은 우리가 구원받았다는 사실을 아는 것이다."

H 부인이 일주일에 몇 번씩 교회에 나가는 일을 수년간 되풀이했으면서도 복음의 토대가 되는 기본 사실을 이해한 일이 없고, 구원받기 위해 복음에 대한 개인적 반응을 한 적도 없다는 것을 상상해 보라. 그렇지만, 위급한 순간에 불과 4분 안에 이런 사실을 부인에게 설명하고 그 부인이 필요한 반응을 함으로써 구원의 확실한 경험 속으로 들어가는 것이 가능함이 증명되었다.

이와 같은 이야기 뒤에는 낭비된 시간과 노력이 얼마나 많을까? 아마도 전 세계 그리스도 교회에는 이런 사례가 헤아릴 수 없을 만큼 많으리라고 본다.

언젠가 동아프리카에서 어떤 젊은 흑인 순회 목사가 백인 선교사에게 다음과 같은 말을 하는 것을 들은 적이 있다. 그 백인 선교사는 광대한 지역에 걸쳐 퍼져 있는 여러 교회를 책임지고 있는 사람이었다.

"당신의 교회는 지옥에 갈 사람들을 보관하고 있는 창고에 불과합니다."

아프리카 사람이 선교사에게 이런 말을 한다는 것이 어떤 사람들에게는 충격적으로 들릴지도 모른다. 그러나 나는 당시 상황을 알고 있었으므로 그 젊은 아프리카인이 진실을 말한 것이라고 생각했다.

그 아프리카 교회의 대다수 신자들은 한 번도 복음의 기본 사실을 배운 적이 없고, 그런 사실에 대하여 개인적인 반응을 해야 할 필요에 직면한 적도 없었다. 그들은 이교 신앙을 그리스도교의 한 형식으로 바꾸었고, 교리문답을 암기했고, 세례의 형식을 거쳤고, 교회 신자로 받아들여졌다. 그들 가운데 많은 사람들이 기독학교에서 교육을 받았지만, 복음의 기본 사실이나 구원의 경험에 관하여 어떤 지식이나 이해도 없었다.

이와 같은 교회는, 그것이 아프리카에 있든, 미국에 있든, 세계 어느 곳에 있는 교회이든 상관없이 그 젊은 아프리카인이 말한 것처럼 "지옥에 갈 사람들을 보관하고 있는 창고"이다.

모든 진정한 그리스도 교회의 궁극적인 목적과 모든 그리스도교 목회자들의 으뜸가는 의무와 모든 그리스도교 평신도들의 주요 책임은 모든 사람들에게 가장 명확하고 가장 효과적인 방법으로 그리스도의 복음의 기본 사실을 제시하고 그들에게 하나님이 요구하시는 확실한 개인적 반응을 하도록 촉구하는 것이다. 이 지고한 과제를 제외한 다른 모든 의무와 교회 활동은 부차적인 것이 되어야 한다.

이제 복음의 기본 사실과 사람들이 각자 해야 할 반응에 대하여 한 번 더 진술하고자 한다.

1. 그리스도는 우리의 죄로 인하여 하나님 아버지에 의해 죽음의 형벌에 처해졌다.
2. 그리스도는 장사 지낸 바 되었다.

3. 하나님은 그리스도를 사흘 만에 죽은 자 가운데서 살리셨다.

4. 우리는 이런 사실을 믿음으로써 하나님으로부터 의를 받게 된다.

구원을 받으려면 사람들은 각자 그리스도에게 직접 개인적인 반응을 해야 한다. 그러한 반응을 다음과 같은 여러 가지 방식으로 묘사할 수 있다. 그리스도를 주님이라고 부르기. 그리스도에게 다가가기. 그리스도를 영접하기. 그리스도만 줄 수 있는 생명수를 마시기. 여기까지 읽은 독자 모두에게 나는 이런 질문을 하고 싶다. 복음의 기본 사실을 믿는가? 확실한 개인적 반응을 했는가?

아직 그런 반응을 하지 못했다면, 지금 하기를 바란다. H 부인이 그 병실에서 했듯이 나를 따라 기도하기 바란다.

> 주 예수 그리스도여, 저는 주님이 저의 죄로 인하여 죽으셨음을 믿습니다. 주님께서 장사 지낸 바 되었다가 사흘 만에 부활하셨음을 믿습니다.
>
> 이제 저는 죄를 회개하고 주님께 자비와 용서를 구하기 위하여 다가갑니다.
>
> 예수님의 약속에 대한 믿음으로 저는 예수님을 저의 구세주로 영접하고 예수님을 저의 주님으로 고백합니다.
>
> 제 마음속으로 오시어 제게 영생을 주시고, 저를 하나님의 자녀로 삼아 주십시오.
>
> 아멘!

13장

믿음과 행위

　믿음과 행위 사이의 관계는 신약성경의 많은 구절에서 언급되고 있는 중요한 주제이다. 그러나 이 주제에 관하여 오늘날 대다수 그리스도교계에서는 이상하리만치 별로 가르치지 않는다. 그리하여 수많은 그리스도인들이 율법과 은혜의 중간에서 혼란 상태에 빠져 있거나 노예처럼 묶여 있다. 또 적지 않은 그리스도인들이 이 주제에 관한 무지로 인하여 거짓된 가르침에 미혹되어 어떤 특별한 날을 지키거나 어떤 특별한 음식을 먹거나 또는 다른 율법 행위를 지켜야 한다는 비성경적인 가르침을 따른다.

　'믿음'이나 '행위'는 무엇을 뜻하는가? '믿음'은 우리가 믿는 바이고, '행위'는 우리가 행하는 바이다.

　그래서 믿음과 행위 사이의 관계를 우리는 신약성경의 가르침에 따라 다음과 같이 단순하게 대비할 수 있다. 믿음은 행위에 기초를 두지 않고 행위는 믿음의 소산이다. 더 쉽게 표현하면, 우리가 믿는 것은 우리가 행하는 것에 기초를 두지 않고 우리가 행하는 것은 우리가 믿는 것의 소산이다.

오직 믿음으로 받는 구원

믿음은 행위에 기초를 두지 않는다는 진술을 먼저 검토해 보자. 다른 말로 하자면, 우리가 믿는 것은 우리가 행하는 것에 기초를 두지 않는다. 신약성경 전체가 이 중요한 진리를 시종일관 증언하고 있다. 이 사실은 십자가에 달려 고통당하시던 예수님의 마지막 순간 이야기가 뒷받침하고 있다.

> 예수께서 신 포도주를 받으신 후에 이르시되 다 이루었다 하시고 머리를 숙이니 영혼이 떠나가시니라 요 19:30

여기서 '다 이루었다' 고 번역된 헬라어는 사용 가능한 말 중에서 가장 단호한 의미를 가진 단어이다. 그것은 한 동사의 완료시제인데, 그 동사 자체가 어떤 일을 완벽하게 행한다는 의미를 갖고 있다. 그 헬라어를 다음과 같이 번역하면 뜻이 더욱 분명해진다. "완벽하게 다 이루었다" 또는 "완전히 다 이루었다" 더 이상 해야 할 일이 아무것도 없다는 뜻이다.

인간의 죗값을 치르고 전 인류를 구원하는데 필요한 모든 것을 그리스도가 십자가에서 고통 당하며 죽음으로써 이미 다 이루었다. 그리스도가 이미 행한 것 이상으로 인간이 무엇을 해야 한다고 제안하는 것은 하나님 말씀의 증언을 거부하는 것이고 그리스도의 속죄의 유효성을 의심하는 것이다.

이런 각도에서 볼 때, 어떤 사람이 자신의 선한 행위로 구원을 얻으려고 시도하는 것은 하나님 아버지와 그 아들 예수 그리스도를 모욕하는 행위이다. 그것은 하나님 아버지가 계획하시고 그 아들 예수 그리스도가 실행한 속죄 및 구원 행위가 어떤 의미에서 부적절하거나 불완전함을 암시하는 시도이다. 그것은 또 신약성경 전체가 일관되게 증언하는 것과 대립된다.

바울은 이 점을 지속적으로 강조한다. 예를 들어 로마서 4:4-5에서 바울은 다음과 같이 말한다.

> 일하는 자에게는 그 삯이 은혜로 여겨지지 아니하고 보수로 여겨지거니와 일을 아니할지라도 경건하지 아니하는 자를 의롭다 하시는 이를 믿는 자에게는 그의 믿음을 의로 여기시나니.

여기서 "일을 아니할지라도…믿는 자에게는"이란 구절을 주목하기 바란다. 사람이 믿음으로 구원을 얻기 위해 제일 먼저 해야 할 일은 "일"을 멈추는 것이다. 구원을 노력하여 얻으려고 애쓰지 말아야 한다. 구원은 오직 믿음을 통해서만 온다. 오직 믿기만 하고 아무 일도 하지 않음으로써 구원을 얻게 된다. 사람이 구원을 얻기 위해 무슨 일을 하려고 애쓰는 한, 오직 믿음으로만 얻게 되는 하나님의 구원을 경험하지 못한다.

이것이 이스라엘 백성이 저지른 가장 큰 잘못이었다. 그 자신이 이스라엘 사람인 바울은 다음과 같이 설명한다.

> 의의 법을 따라간 이스라엘은 율법에 이르지 못하였으니 어찌 그러하냐 이는 그들이 믿음을 의지하지 않고 행위를 의지함이라 롬 9:31-32

바울은 이스라엘 백성에 관하여 또 이렇게 말한다.

> 하나님의 의를 모르고 자기 의를 세우려고 힘써 하나님의 의에 복종하지 아니하였느니라 롬 10:3

왜 이스라엘은 하나님이 그들을 위해 예비하신 구원을 얻지 못했는가? 바울은 두 가지 이유를 제공하는 바, 그 둘은 서로 밀접하게 관련되어 있다.

1) 그들은 믿음을 의지하지 않고 행위를 의지했다. 2) 그들은 자기 의를 세우려고 힘썼다.

다른 말로 하자면, 그들은 자기 의로 행한 어떤 행위로 구원을 얻으려고 힘썼다. 그리하여 행위로 구원을 얻으려고 애쓴 사람들은 하나님의 구원에 결코 들어가지 못했다.

바울 시대에 유태인들이 저지른 잘못과 똑같은 과오를 오늘날에도 세계 각처의 수많은 자칭 그리스도인들이 범하고 있다.

전 세계 그리스도 교회의 진지한 선의를 가진 수많은 그리스도인들이 구원을 얻기 위해 무엇인가 행해야 된다는 생각을 갖고 있다. 그들은 기도, 고행, 금식, 자선 행위, 금욕 같은 행위에 자신을 바치고 교회의 각종 규칙을 철저히 지키지만 모두 헛된 일이다. 그들은 결코 마음의 진정한 평화와 구원의 확신을 얻지 못한다. 왜냐하면 과거 이스라엘 백성처럼 믿음으로 구하지 않고 행위로 구하기 때문이다.

그런 사람들은 자기의 의를 세우는데 열중함으로써 오직 그리스도에 대한 믿음만으로 이를 수 있는 하나님의 의에 순종하지 못한다.

바울은 이와 같은 진리를 에베소 교회의 그리스도인들에게 강조한다.

> 너희는 그 은혜에 의하여 믿음으로 말미암아 구원을 받았으니 이것은 너희에게서 난 것이 아니요 하나님의 선물이라 행위에서 난 것이 아니니 이는 누구든지 자랑하지 못하게 함이라엡 2:8-9

여기서 바울이 현재완료형 시제를 사용하고 있음을 주목하라. "너희는 (이미) 구원을 받았으니" 이 말씀은 현세의 삶에서 구원받는 것과 또 구원받았음을 아는 것이 가능함을 증명한다. 구원은 우리가 내세까지 기다려야 하는 그 무엇이 아니다. 우리는 지금 여기서 구원받을 수 있다.

그렇다면 지금 여기서 구원의 확신을 어떻게 얻을 수 있는가? 구원의 확신은 하나님의 은혜의 선물이다. 즉 죄 많고 은혜를 받을 만한 자격이 없는 사람에게 하나님께서 값없이 주시는 은혜인 것이다. 이 선물은 믿음으로 얻는다. "행위에서 난 것이 아니니 이는 누구든지 자랑하지 못하게 함이라." 만일 어떤 사람이 자기의 구원을 얻기 위해 무엇인가 할 수 있다면, 그는 자신이 한 일을 자랑할 수 있을 것이다. 그는 자기의 구원이 전적으로 하나님의 은혜로 얻은 것이 아니고 최소한 일부는 자신의 선행, 자신의 노력 덕분이라고 생각할 것이다. 그러나 어떤 사람이 구원을 하나님께서 값없이 주시는 선물로 얻게 되면 그는 자랑할 것이 아무것도 없게 된다.

> 그런즉 자랑할 데가 어디냐 있을 수가 없느니라 무슨 법으로냐 행위로냐 아니라 오직 믿음의 법으로니라 그러므로 사람이 의롭다 하심을 얻는 것은 율법의 행위에 있지 않고 믿음으로 되는 줄 우리가 인정하노라 롬 3:27-28

로마서 6:23에서 다시 바울은 우리가 행위로 얻는 것과 오직 믿음으로 얻는 것을 철저하게 대비한다.

> 죄의 삯은 사망이요 하나님의 은사는 그리스도 예수 우리 주 안에 있는 영생이니라

여기서 삯wages과 은사gift;선물 두 단어가 의도적으로 대비되고 있다. 삯이란 단어는 우리가 행하여 얻은 것을 뜻한다. 이와 반면에 '은사'로 번역된 단어는 헬라어로 charisma인데, 헬라어 charis 곧 '은혜grace'와

믿음과 행위 221

직접 관련된 말이다. 그런즉 이 단어는 하나님께서 값없이 주시는 은혜 또는 은총의 선물이란 뜻을 분명하게 담고 있다.

그래서 우리 각자는 선택의 기로에 서게 된다. 한편으로 우리는 우리의 행위가 마땅히 받아야 할 보상, 곧 삯을 받기로 선택할 수 있다. 그리하면 우리의 행위는 죄투성이고 하나님을 기쁘게 해드리지 못하므로 우리가 받을 삯은 사망이다. 그것은 단지 육체적 사망일 뿐만 아니라 하나님의 임재로부터 영원히 추방되는 것이다.

다른 한편으로 우리는 하나님께서 값없이 주시는 선물을 믿음으로 받기로 선택할 수 있다. 이 선물은 예수 그리스도 안에서 얻는 영생이다. 예수 그리스도를 우리의 구세주로 영접할 때 우리는 그 안에서 영생을 선물로 받게 된다.

> 우리를 구원하시되 우리가 행한 바 의로운 행위로 말미암지 아니하고 오직 그의 긍휼하심을 따라 중생의 씻음과 성령의 새롭게 하심으로 하셨나니 딛 3:5

이 말씀보다 더 분명하게 설명할 수가 없다. "우리를 구원하시되 우리가 행한 바 의로운 행위로 말미암지 아니하고 오직 그의 긍휼하심을 따라…" 만일 우리가 구원을 갈망한다면 그것은 우리가 행한 바 의로운 행위를 바탕으로 얻을 수 있는 것이 아니라 오직 하나님의 긍휼하심을 따라 얻게 된다. 먼저 우리 자신의 행위를 배제해야 하나님의 긍휼에 힘입어 구원을 얻을 수 있다.

이 구절의 후반부에서 바울은 하나님의 구원이 우리의 삶에서 역사하는 네 가지 긍정적인 사실을 설명한다. 1) 씻음―우리는 우리의 모든 죄로부터 씻김을 받는다. 2) 중생-우리는 하나님의 자녀로 거듭난다. 3) 새롭게 함-우리는 그리스도 안에서 새로운 피조물이 된다. 4) 성령-하나님의 영이 우리의 마음과 삶 속에서 역사하신다.

이 네 가지 가운데 우리 행위의 소산물은 아무것도 없고, 그 모든 것을 오직 그리스도에 대한 믿음으로 얻게 된다.

산 믿음 대 죽은 믿음

만약 구원은 행위로 얻는 것이 아니고 오직 믿음으로 얻는 것이라면, 이런 의문이 자연스레 떠오를지 모른다. 그리스도교 신자의 삶에서 행위가 하는 역할은 무엇인가? 신약성경에서 이 의문에 대한 가장 명확한 답은 야고보서에 있다.

> 내 형제들아 만일 사람이 믿음이 있노라 하고 행함이 없으면 무슨 유익이 있으리요 그 믿음이 능히 자기를 구원하겠느냐 만일 형제나 자매가 헐벗고 일용할 양식이 없는데 너희 중에 누구든지 그에게 이르되 평안히 가라, 덥게 하라, 배부르게 하라 하며 그 몸에 쓸 것을 주지 아니하면 무슨 유익이 있으리요 이와 같이 행함이 없는 믿음은 그 자체가 죽은 것이라 어떤 사람은 말하기를 너는 믿음이 있고 나는 행함이 있으니 행함이 없는 네 믿음을 내게 보이라 나는 행함으로 내 믿음을 네게 보이리라 하리라 네가 하나님은 한 분이신 줄을 믿느냐 잘하는도다 귀신들도 믿고 떠느니라 아아 허탄한 사람아 행함이 없는 믿음이 헛것인 줄을 알고자 하느냐 우리 조상 아브라함이

그 아들 이삭을 제단에 바칠 때에 행함으로 의롭다 하심을 받은 것이 아니냐 네가 보거니와 믿음이 그의 행함과 함께 일하고 행함으로 믿음이 온전하게 되었느니라 이에 성경에 이른 바 아브라함이 하나님을 믿으니 이것을 의로 여기셨다는 말씀이 이루어졌고 그는 하나님의 벗이라 칭함을 받았나니 이로 보건대 사람이 행함으로 의롭다 하심을 받고 믿음으로만은 아니니라 또 이와 같이 기생 라합이 사자들을 접대하여 다른 길로 나가게 할 때에 행함으로 의롭다 하심을 받은 것이 아니냐 영혼 없는 몸이 죽은 것 같이 행함이 없는 믿음은 죽은 것이니라약 2:14-26

이 구절에서 야고보는 믿음과 행위 사이의 관계를 설명하기 위하여 몇 가지 예를 든다. 배고프고 헐벗은 다른 그리스도인에게 음식이나 옷을 주지 않고 공허한 말로 위로하며 보내는 어떤 그리스도인을 예로 들며, 귀신들도 진정한 하나님은 오직 한 분이신 줄을 믿지만 그들의 믿음에는 위안이 없고 두려움만 있다고 야고보는 말한다. 자기 아들 이삭을 하나님께 바친 아브라함을 예로 들며, 여호수아가 보낸 사자들을 접대하고 보호한 여리고 성의 기생 라합도 예로 든다.

그런 다음 야고보는 마지막 절인 26절에서 육신과 영혼 간의 관계를 예로 들며 믿음과 행위 사이의 관계에 대한 가르침을 요약한다. "영혼 없는 몸이 죽은 것 같이 행함이 없는 믿음은 죽은 것이니라(For as the body without the spirit is dead, so faith without works is dead also)."

믿음과 관련하여 영the spirit을 언급하고 있는 야고보의 말이 믿는 자의 삶에 믿음이 어떤 영향을 미치는지 이해하는 열쇠를 제공한다.

제 10장 '믿음의 본질'에서 고린도후서 4:13에 담겨 있는 바울의 말을 살펴보았다.

기록된 바 내가 믿었으므로 말하였다 한 것 같이 우리가 같은 믿음의 마음spirit of faith;믿음의 영을 가졌으니 우리도 믿었으므로 또한 말하노라.

여기서 바울은 진정한 성경적 믿음은 영적인 어떤 것이라고 하는 바, 그것은 믿음의 영이다. 이 말씀을 통하여 우리는 야고보가 말한 몸과 영의 예를 이해할 수 있다.

사람이 살아있는 한 그의 영은 그 사람의 몸 안에 있다. 그 사람 몸의 모든 행위는 그 몸 안에 있는 영이 바깥으로 표현되는 것이다. 그러므로 비록 눈에 보이지 않지만, 그 사람 안에 있는 영의 존재와 특성은 그 사람 몸의 행위와 활동을 통하여 분명하게 드러난다.

영이 사람의 몸을 떠날 때 몸은 그 모든 활동을 중지하고 죽는다. 죽어서 움직이지 않는 몸은 영이 더 이상 몸 안에 머물지 않는다는 것을 가리킨다.

진정한 그리스도인 안에 있는 믿음의 영도 이와 같다. 이 믿음의 영은 살아서 활동한다. 믿음의 영은 그리스도 안에 있는 하나님의 생명이 믿는 자의 마음속에 머물게 한다.

믿는 자의 마음속에 있는 이 하나님의 생명은 그 사람의 모든 본성, 곧 그의 소망과 생각과 말과 행위를 주장한다. 믿는 자는 이전과 완전히 다른 새로운 방식으로 생각하고, 말하고, 행동한다. 믿음을 통하여 하나님의 생명이 믿는 자 안에 들어와 그를 주장하기 이전에는 할 수도 없었고 하지도 않던 방식으로 말하고 행동하게 되는 것이다. 야고보가 새로운 '행함' 이라고 부른, 그의 삶의 새로운 방식은 그 마음속 믿음의 증거요 표현이다.

그러나 만약 믿는 자가 고백하는 믿음에 상응하는 행위가 그 사람의 삶에서 행함으로 나타나지 않으면 그 안에 살아 있는 진정한 믿음이 없다는 것을 증명한다. 상응하는 행위로 표현되는 이 살아 있는 믿음이 없으면, 그리스도인이라는 그의 고백은 영이 떠나 죽은 몸과 다를 바가 없다.

야고보가 제시하는 네 가지 예를 순서대로 검토하며 각 예가 이 원칙을 어떻게 설명하는지 살펴보자.

첫째, 야고보는 형제나 자매가 헐벗고 굶주리는 것을 보고도 옷도 음식도 주지 않으면서 "평안히 가라, 덥게 하라, 배부르게 하라"고 말하는 그리스도인을 예로 든다.

그 그리스도인의 말은 진실한 것이 아님이 명백하다. 그가 만일 다른 형제 자매가 정말 따뜻하고 배부른 것을 원했다면 옷과 음식을 주었을 것이다. 그렇게 하지 않았다는 것은 그에게 진정한 관심이 없었다는 것을 가리킨다. 그의 말은 내적 실재가 담겨 있지 않은 공허한 것이었다. 어떤 그리스도인이 믿음을 고백하면서 그 믿음에 따라 행하지 않는 것도 이와 똑같다. 그러한 믿음은 진실성이 없고, 무가치하며, 죽은 믿음인 것이다.

둘째, 야고보는 한 분이신 진정한 하나님을 믿고 떠는 귀신을 예로 든다. 이 귀신들은 하나님이 계신다는 것을 믿어 의심치 않는다. 그렇지만 귀신들은 또 자기들이 하나님의 회개하지 않은 적으로 하나님의 분노와 심판 아래에 있다는 사실도 알고 있다. 그런즉 귀신들의 믿음은 그들에게 위안을 주지 못하고 오직 두려움만 안겨 주는 것이다.

이것은 진정한 성경적 믿음은 하나님에 대한 복종과 순종으로 표현된다는 사실을 보여 준다. 완악하고 순종하지 않는 믿음은 하나님의 분노와 심판으로부터 자신을 구하지 못하는 죽은 믿음이다.

셋째, 야고보는 바울이 로마서 4장에서 예로 든 것과 같이 아브라함을 믿음의 예로 든다. "아브람이 여호와를 믿으니 여호와께서 이를 그의 의로 여기시고"창 15:6

하나님의 말씀에 대한 살아 있는 믿음이 아브라함의 마음속으로 들어왔다. 그 이후로 이 믿음은 하나님께 지속적으로 복종하고 순종하는 아브라함의 삶으로 표현되었다. 아브라함이 한 가지 순종 행위를 할 때마다 그의 믿음이 자라고 튼튼해지면서 아브라함으로 하여금 그 다음 행위를 준비하게 하였다.

아브라함의 믿음의 마지막 시험은 창세기 22장에서 하나님이 아브라함에게 그의 아들 이삭을 번제로 바치도록 요구할 때 다가왔다.히 11장 참조

> 아브라함은 시험을 받을 때에 믿음으로 이삭을 드렸으니…그가 하나님이 능히 이삭을 죽은 자 가운데서 다시 살리실 줄로 생각한지라
> 히 11:17-19

그동안 계속해서 순종을 행사해온 아브라함의 믿음은 꾸준히 자라고 튼튼해져 이때쯤에는 하나님께서 자기 아들을 죽은 자 가운데서 다시 살리실 줄로 정말 믿고 있었다. 아브라함의 가슴속 이 믿음은 기꺼이 이삭을 바치려고 한 행위로 표현되었고, 하나님께서 직접 개입하시어 아브라함이 실제로 이삭을 죽이는 것을 막으셨다.

야고보는 이에 대하여 다음과 같이 말한다.

> 믿음이 그의 행함과 함께 일하고 행함으로 믿음이 온전하게 되었느니라약 2:22

그리하여 우리는 아브라함의 경험을 이렇게 요약할 수 있다. 아브라함이 하나님과 동행한 삶은 하나님의 말씀에 대한 그의 심령의 믿음으로 시작되었다. 이 믿음은 복종하고 순종하는 삶을 통하여 겉으로 표현되었다. 각각의 순종하는 행위는 그의 믿음을 자라게 하여 아브라함에게 그 다음 시험을 맞이할 준비를 시켰다. 마침내 아브라함의 삶에서 이 믿음과 행위의 상호작용은 믿음의 절정으로 그를 이끌어, 아브라함은 심지어 이삭을 기꺼이 바치기에 이르렀다.

야고보는 믿음과 행위 사이 관계의 넷째 예로 라합을 든다. 라합의 이야기는 여호수아 2장과 6장에 기록되어 있다.

라합은 하나님의 분노와 심판 아래에 놓인 여리고 성에 살고 있던 죄 많은 가나안 여인이었다. 하나님이 이스라엘 백성을 애굽에서 기적적인 방법으로 이끌어내셨다는 것을 들은 라합은 이스라엘의 하나님이 진정한 하나님이란 것과, 그 하나님이 가나안 땅과 그 주민들을 이스라엘 백성의 손에 넘기실 것이라고 믿게 되었다. 라합은 또 이스라엘의 하나님이 자기와 자기 가족을 구할 능력과 긍휼이 있는 분이라고 믿었다. 그것이 라합이 그 심령 속에 품었던 믿음이었다.

라합의 믿음은 그 여인이 한 두 가지 행위로 표현되었다.

첫째, 여호수아가 두 정탐꾼을 자기 군대보다 앞서 여리고 성에 보냈을 때 라합은 그 두 사람을 자기 집에 유숙시키며 숨겨 주었다가 탈출하는 것을 도와주었다. 그렇게 함으로써 라합은 자기 목숨을 걸었던 것이다.

나중에 라합은 자기 가족들에 대한 하나님의 보호를 얻기 위하여 창문에 붉은 줄을 달아 자기 집을 다른 모든 집들과 구별하였다. 그 창문은 라합이 이전에 두 정탐꾼을 탈출시킨 창문이었다.

라합의 그 두 가지 행위로 말미암아 나중에 여리고 성이 무너졌을 때 라합의 가족은 목숨을 구했다. 라합이 이스라엘의 하나님을 단지 마음속으로 몰래 믿기만 하고 이 두 가지 단호한 행동을 취하지 않았더라면, 그 여인의 믿음은 죽은 믿음이었을 것이다. 그 믿음은 여리고 성에 닥친 심판으로부터 라합을 구할 능력이 없었을 것이다.

라합의 이야기가 우리 그리스도인들에게 주는 교훈은 두 가지이다. 첫째, 우리가 그리스도에 대한 믿음을 고백한다면 그리스도의 가르침 및 그리스도의 메시지를 전하는 사람들과 우리 자신을 능동적으로 동일시해야 한다. 그러한 행위가 개인적인 희생이나 우리 목숨을 거는 위험을 뜻한다 할지라도. 둘째, 우리는 믿음을 공개적으로 확실하게 고백해야 한다. 그것이 우리 주변의 모든 불신자들과 우리를 구별한다. 붉은 줄은 특히 우리 죄를 사하고 씻는 그리스도의 보혈에 대한 우리의 믿음을 공개적으로 고백하는 것을 표시한다.

믿음과 행위 간의 관계를 마지막으로 요약하면서 다시 바울이 쓴 글을 살펴보자.

> 두렵고 떨림으로 너희 구원을 이루라 너희 안에서 행하시는 이는 하나님이시니 자기의 기쁘신 뜻을 위하여 너희에게 소원을 두고 행하게 하시나니 빌 2:12-13

여기서 믿음과 행위의 관계는 명백하다. 하나님은 우리가 소원을 두고 행하게 우리 안에서 역사하신다. 그 다음에 우리는 하나님께서 먼저 우리 안에서 역사하신 것을 우리의 행위로 실천하는 것이다.

중요한 사실은 믿음이 먼저이고 그 다음이 행위이다. 우리는 행위 없이 믿음 만으로 하나님으로부터 구원을 얻는다. 먼저 믿음으로 구원을 얻은 다음 우리는 행위로 우리의 삶에서 그 믿음을 능동적으로 실천하는 것이다. 우리가 믿은 다음 구원을 능동적으로 실천하지 않는다면 그것은 우리가 고백한 믿음이 단지 죽은 믿음이요, 우리에게는 구원의 진정한 경험이 없음을 증명한다.

    우리는 행위로 구원을 얻지 못한다. 그러나 행위는 우리의 믿음이 진실한 것인지 가려주는 시금석이요 우리의 믿음을 성장시켜 주는 수단이다. 오직 살아 있는 진정한 믿음 만이 살아 있는 진정한 그리스도인을 빚어낼 수 있다.

14장

율법과 은혜

이 앞 장에서 우리는 다음과 같은 결론에 도달했다. 신약에 따르면, 구원은 오직 믿음 만으로 얻는다. 어떤 종류의 인간의 행위로 얻는 것이 아니라, 그리스도가 완성한 속죄에 대한 믿음 만으로. 그러나 구원을 얻은 다음에 이 믿음은 언제나 적합한 행위, 곧 고백한 믿음에 상응하는 행위를 낳는다. 적합한 행위를 낳지 않는 믿음은 단지 공허한 고백에 지나지 않는다. 그러한 믿음은 진정한 구원의 경험을 안겨 주지 못하는 죽은 믿음이다.

이 결론은 자연히 우리를 그 다음 질문으로 이끈다. 구원을 얻기 위하여 그리스도에 대한 믿음을 고백하는 모든 사람들의 삶 속에서 우리는 어떤 행위를 기대해야 하는가? 더 구체적으로 말하자면, 그리스도에 대한 믿음과 모세의 율법을 지키는 것 사이에는 어떤 관계가 있는가?

신약은 이 질문에 분명하고 일관된 답을 제공한다. 어떤 사람이 구원을 얻기 위하여 일단 그리스도를 믿었으면, 그의 의는 더 이상 모세의 율법 전부나 일부를 지키는 것에 의존하지 않는다.

이것은 그리스도인들 사이에 혼란스러운 생각과 말을 수없이 오가게 하는 주제이다. 그런 혼란을 정리하기 위하여 율법에 관한 몇 가지 기본 사실을 먼저 이해할 필요가 있다.

모세의 율법 : 하나의 완전한 체계

첫째, 율법은 모세를 통해 한 번에 완전히 주어진 사실을 이해해야 한다.

> 율법은 모세로 말미암아 주어진 것이요 은혜와 진리는 예수 그리스도로 말미암아 온 것이라 요 1:17

여기서 "율법은 모세로 말미암아 주어진 것이요For the law was given through Moses"란 말씀에 주목하기 바란다. '어떤 율법some law'이나 '율법의 일부part of the law'가 아니라 율법 전체the whole law, 즉 단일한 체계 안에 모든 것을 포괄하는 완전한 율법이 인류 역사의 한 시점에 오직 한 사람을 매개로 하여 주어졌는데, 그 사람이 모세였다. 성경의 어느 곳에서나 그 의미를 변경하기 위하여 특별히 제한적인 어구가 더해지지 않는 한, '율법the law'이란 말은 하나님이 모세에게 주신 완전한 율법 체계를 뜻한다. 이것은 로마서에서 확인된다.

> 죄가 율법이 있기 전에도 세상에 있었으나 율법이 없었을 때에는 죄를 죄로 여기지 아니하였느니라 그러나 아담으로부터 모세까지 아담의 범죄와 같은 죄를 짓지 아니한 자들까지도 사망이 왕 노릇 하였나니 롬 5:13-14

이 말씀에서 어떤 한정된 시기를 나타내는 두 어구를 주목하라. '율법이 있기 전에도'와 '아담으로부터 모세까지'. 하나님이 아담을 창조하시어 에덴동산에 살게 했을 때, 하나님은 완전한 율법 체계를 아담에게 주신 것이 아니라 단 한 가지 부정적인 계명을 주셨다.

너희는 먹지 말라…동산 중앙에 있는 나무의 열매를 창 3:1-3

아담이 이 계명을 어겼을 때 죄가 인류 역사에 들어와 그 이후로 아담과 그의 모든 후손을 지배하게 되었다. 아담 이후로 죄가 모든 인간을 지배하게 된 것의 증거는 모든 인간이 죄의 소산인 사망을 피할 수 없게 되었다는 사실이다.

그러나, 아담이 하나님께서 주신 그 첫 한 가지 계명을 어긴 이후 모세 때까지 하나님께서 인류에게 주시어 지키게 하신 율법 체계는 없었다. 그러므로 '율법이 있기 전에도'와 '아담으로부터 모세까지'는 인류 역사에서 동일한 시기, 곧 아담이 에덴동산에서 하나님의 한 가지 계명을 어긴 때부터 하나님이 모세에게 완전한 율법 체계를 주신 때까지를 뜻한다.

이 시기에 인류에게는 하나님이 주신 율법 체계가 없었다. 이것은 앞서 인용한 요한복음 1:17 말씀과 일치한다.

율법은 모세로 말미암아 주어진 것이요.

모세에게 주어진 이 율법은 계명과 규례와 율례와 법도로 구성된 하나의 완전한 체계였다. 이 모든 것이 성경의 네 권의 책, 즉 출애굽기, 레위기, 민수기, 신명기 안에 들어 있다.

모세 이전에는 인류에게 주어진 율법 체계가 없었다. 그리고 이 시기 이

후에 그 율법 체계에 첨가된 것은 아무것도 없었다. 그 율법이 한 번에 완전히 주어진 체계란 것은 모세의 말이 분명하게 설명하고 있다.

> 이스라엘아 이제 내가 너희에게 가르치는 규례와 법도를 듣고 준행하라 그리하면 너희가 살 것이요 너희 조상의 하나님 여호와께서 너희에게 주시는 땅에 들어가서 그것을 얻게 되리라 내가 너희에게 명령하는 말을 너희는 가감하지 말고 내가 너희에게 내리는 너희 하나님 여호와의 명령을 지키라 신 4:1-2

이 말씀은 하나님이 모세를 통하여 이스라엘에게 주신 율법 체계는 완전하고 최종적인 것이라고 설명하고 있다. 그 이후로 더 이상 가감해야 할 것이 없었다.

이 사실은 율법을 지키는 것과 관련하여 분명하게 확립되어야 할 두 번째 중요한 진리로 우리를 이끈다. 율법 아래에 있는 모든 사람은 그런고로 율법 체계 전부를 항상 지켜야 할 의무가 있다. 율법의 어떤 부분은 지키고 다른 부분은 준수하지 않는 것은 허용되지 않는다. 율법을 어떤 때는 지키고 다른 때는 준수하지 않는 것도 허용되지 않는다. 율법 아래에 있는 사람은 누구나 당연히 율법 전부를 항상 지켜야 할 의무가 부과된다.

> 누구든지 온 율법을 지키다가 그 하나를 범하면 모두 범한 자가 되나니 간음하지 말라 하신 이가 또한 살인하지 말라 하셨은즉 네가 비록 간음하지 아니하여도 살인하면 율법을 범한 자가 되느니라 약 2:10-11

이 말씀은 극히 명확하고도 논리적이다. 누가 다음과 같이 말한다면 그것은 이 말씀과 어긋난다. "나는 어떤 율법이 중요하다고 생각하므로 지키겠다. 그러나 다른 어떤 율법은 중요하지 않으므로 지키지 않겠다." 율법 아래에 있는 사람은 그 율법 전부를 항상 준수해야 한다. 율법의 한 조항이라도 어긴다면 율법 전부를 어긴 셈이 된다.

율법은 하나의 완전한 체계이므로 적용해야 할 부분과 적용하지 않아도 되는 부분으로 분할할 수 없다. 의로움에 도달하는 수단으로 율법 전부를 하나의 완전한 체계로 받아들이고 적용해야 한다. 그러하지 아니하면 아무런 유익이나 효력이 없다.

> 무릇 율법 행위에 속한 자들은 저주 아래에 있나니 기록된 바 누구든지 율법 책에 기록된 대로 모든 일을 항상 행하지 아니하는 자는 저주 아래에 있는 자라 하였음이라 갈 3:10

"모든 일을 항상 행하지"라는 구절에 주목하라. 이 말씀은 율법 아래에 있는 사람은 율법 전부를 항상 지켜야 한다는 뜻이다. 어떤 사람이 어떤 시점에 율법의 한 부분을 어긴다면 그 사람은 율법 전부를 어긴 것이 되어 율법을 어긴 사람에게 선포된 저주 아래에 놓이게 된다.

이제 율법과 관련하여 이해해야 할 세 번째 중요한 진리는 한 가지 역사적 사실이다. 하나님이 모세에게 주신 율법은 인류의 한 작은 민족, 곧 애굽의 노예 생활에서 탈출한 이스라엘 민족만을 위하여 제정된 것이었다.

성경 어디에도 하나님께서 이방인에게 민족적으로 또는 개인적으로 모세의 율법을 전부나 일부를 지키도록 요구하셨다는 근거는 없다. 유일한 예외로 몇 사람의 이방인이 자발적으로 이스라엘인의 한 사람이 되기로 결정하고 하나님께서 이스라엘인에게 부과한 모든 법적 도덕적 의무 아래로 들어간 사례가 있다. 유대교로 개종한 그런 이방인을 신역성경에서 '유대교로 입교한 사람'이라 부른다.행 2:10, 6:5, 13:43 참조

　이런 예외를 제외하면 하나님께서 이방인에게 율법을 지킬 의무를 부과한 사례가 없다. 그래서 우리가 그리스도인과 율법의 관계를 공부하기 전에 이해해야 할 세 가지 중요한 진리를 다음과 같이 요약할 수 있다.

1. 율법은 모세를 통하여 한 번에 하나의 완전한 체계로 주어졌다. 그 이후로 아무것도 더하거나 뺄 수가 없다.
2. 율법은 그 전부를 하나의 완전한 체계로 항상 지켜야 한다. 어느 한 조항이라도 어기는 것은 전부를 어기는 것이다.
3. 인류 역사에서 이 율법 체계는 하나님께서 오직 이스라엘인을 위하여 제정하셨고, 이방인을 위하여 제정된 적이 없다.

그리스도인은 율법 아래에 있지 않다

　이 세 가지 진리를 바탕으로 신약이 그리스도인과 율법의 관계에 대해 가르치는 바를 자세히 고찰해 보자. 이것은 신약의 많은 구절에서 언급되고 있는데, 각 구절마다 똑같이 분명하고도 확실한 진리를 제시한다. 그 진리란 그리스도인의 의는 율법의 어느 부분을 준수하는 것에 달려 있지 않다는 점이다.

　이 점을 분명하게 설명하고 있는 신약성경구절 몇 개를 살펴보자.

　우선 로마서 6:14이 그리스도인들에게 주는 말씀이다.

　　죄가 너희를 주장하지 못하리니 이는 너희가 법 아래에 있지 아니하고 은혜 아래에 있음이라.

이 구절은 두 가지 중요한 진리를 드러낸다. 첫째, 그리스도인들은 율법 아래에 있지 아니하고 은혜 아래에 있다. 율법과 은혜는 상호 배타적인 두 개의 선택 사항이다. 은혜 아래에 있는 사람은 율법 아래에 있지 않다. 어느 누구도 율법과 은혜 아래에 동시에 있을 수 없다.

둘째, 죄가 그리스도인들을 주장하지 못하는 이유는 그들이 율법 아래에 있지 않기 때문이다. 어떤 사람이 율법 아래에 있는 한 그는 또 죄의 지배 아래에 있게 된다. 죄의 지배로부터 탈출하려면 율법 아래에서 벗어나야 한다.

> 사망이 쏘는 것은 죄요 죄의 권능은 율법이라고전 15:56

율법은 실제로 율법 아래에 있는 사람에 대한 죄의 지배를 강화한다. 그들이 율법을 지키려고 노력하면 할수록 그들은 자기 속에 있는 죄의 권능을 더 의식하게 된다. 죄의 권능은 그들을 지배하고, 심지어 그들의 의지에 반하여 율법에 따라 살려고 하는 모든 시도를 좌절시킨다. 이 죄의 지배에서 탈출하는 유일한 길은 율법에서 벗어나 은혜 안으로 들어가는 것이다.

> 우리가 육신에 있을 때에는 율법으로 말미암는 죄의 정욕이 우리 지체 중에 역사하여 우리로 사망을 위하여 열매를 맺게 하였더니 이제는 우리가 얽매였던 것에 대하여 죽었으므로 율법에서 벗어났으니 이러므로 우리가 영의 새로운 것으로 섬길 것이요 율법 조문의 묵은 것으로 아니할지니라롬 7:5-6

여기서 바울은 율법 아래에 있는 사람은 육신의 본성 안에 있는 죄의 정욕의 지배를 받아 사망의 열매를 맺게 된다고 말한다. 그러나 그리스도인들은 "율법에서 벗어났으니" 우리는 하나님을 율법 조문에 따라 섬길 것이 아니라 그리스도에 대한 믿음을 통하여 받는 영적인 생명의 새로운 것으로 섬겨야 한다.

바울은 로마서 10:4에서 다음과 같이 말한다.

> 그리스도는 모든 믿는 자에게 의를 이루기 위하여 율법의 마침이 되시니라

어떤 사람이 구원을 얻기 위하여 그리스도를 믿는 순간, 율법은 그 사람에게 의를 이루는 한 가지 수단으로서 끝이 난다. 여기서 바울은 아주 정확한 말을 사용하고 있다. 바울은 하나님의 말씀의 한 부분으로서 율법의 마침이 있다고 하지 않는다. 하나님의 말씀은 영원하기 때문이다. 믿는 자에게 의를 이루는 한 가지 수단으로서 율법의 마침이 있는 것이다.

믿는 자의 의는 더 이상 율법의 전부나 일부를 지킴으로써 얻는 것이 아니라, 오직 그리스도에 대한 믿음으로 얻는다.

율법은 의를 이루는 한 가지 수단으로서 십자가에서 그리스도의 대속적 죽음과 함께 끝이 났다고 바울은 말한다.

> 또 범죄와 육체의 무할례로 죽었던 너희를 하나님이 그와 함께 살리시고 우리의 모든 죄를 사하시고 우리를 거스르고 불리하게 하는 법조문으로 쓴 증서를 지우시고 제하여 버리사 십자가에 못 박으시고 골 2:13-14

여기서 바울은 그리스도의 죽음을 통하여 하나님은 "우리를 거스르고 불리하게 하는 법조문으로 쓴 증서를 지우셨고" 그것을 "제하여 버렸다"고 말한다. 바울은 죄를 지우는 것에 대해 말하지 않고 법조문을 지우는 것에 대해 말하고 있다.

이 법조문은 하나님과 율법을 어긴 사람들 사이에 있는 율법의 조문이다. 그러므로 그 율법의 조문을 제거해야 하나님이 그런 죄인들에게 자비와 용서를 내릴 수 있었다. 여기서 법조문은 우리가 통상 십계명이라고 일컫는 것을 포함하여 하나님이 모세를 통하여 내리신 율법 체계 전체를 뜻한다.

이 "제하여 버림"이 십계명도 포함한다는 사실은 바울에 의해 골로새서 2:16에서 확정된다.

> 그러므로 먹고 마시는 것과 절기나 초하루나 안식일을 이유로 누구든지 너희를 비판하지 못하게 하라.

이 성구의 첫 머리에 있는 '그러므로'란 단어는 두 절 앞에서 언급된 것과 직접적인 관련이 있음을 표시하는 것으로, 그리스도의 죽음을 통하여 법조문을 지워버린 것과 먹고 마시는 것이라는 문장 사이를 잇는 역할을 한다.

이 성구의 중간에 안식일을 언급하고 있는 것은 안식일을 종교적으로 지키는 행위도 지워버린 법조문 가운데 포함됨을 뜻한다. 안식일을 지키라는 계명은 십계명 중 네 번째 계명이므로, 십계명도 그리스도의 죽음을 통하여 지우고 제하여 버린 율법 조문 전체에 포함되는 것이다.

그리하여 십계명을 포함한 율법은 하나의 완전한 체계란 사실이 확정된다. 의를 이루는 한 가지 수단으로서 율법은 모세에 의해 도입된 하나의 완전한 체계이고, 하나의 완전한 체계로서 그것은 그리스도에 의해 폐지되었다.

> 그는 우리의 화평이신지라 둘로 하나를 만드사 원수 된 것 곧 중간에 막힌 담을 자기 육체로 허시고 법조문으로 된 계명의 율법을 폐하셨으니 이는 이 둘로 자기 안에서 한 새 사람을 지어 화평하게 하시고 엡 2:14-15

바울은 여기서 그리스도가 십자가에서 대속적인 죽음을 통하여 계명의 율법을 폐하셨다고 말한다. 그리하여 그리스도는 유대인과 이방인을 분리하는 모세의 율법의 담을 허시고 유대인과 이방인이 그리스도에 대한 믿음을 통하여 하나님과 화평하게 하시고 서로 간에 화평하게 하셨다.

"계명의 율법"이란 구절은 십자가에서 그리스도의 죽음으로 말미암아 십계명을 포함한 모세의 율법 전체가 의를 이루는 수단으로서 더 이상 아무런 효력을 발휘하지 못한다는 것을 분명하게 가리킨다.

디모데전서 1:8-10에서 바울은 그리스도인과 율법의 관계를 다시 언급하며 똑같은 결론을 내린다.

> 그러나 율법은 사람이 그것을 적법하게만 쓰면 선한 것임을 우리는 아노라 알 것은 이것이니 율법은 옳은 사람을 위하여 세운 것이 아니요 오직 불법한 자와 복종하지 아니하는 자와 경건하지 아니한 자와 죄인과 거룩하지 아니한 자와 망령된 자와 아버지를 죽이는 자와 어머니를 죽이는 자와 살인하는 자와 음행하는 자와 남색하는 자와 인신 매매를 하는 자와 거짓말하는 자와 거짓맹세하는 자와 기타 바른 교훈을 거스르는 자를 위함이니.

여기서 바울은 두 부류의 사람을 명시한다. 한쪽은 의로운 사람이고 다른 쪽은 바울이 열거하는 여러 가지 죄를 짓는 사람들이다. 이러한 죄를 짓는 사람은 진정한 믿음을 가진 그리스도인이 아니다. 그런 사람은 그리스도에 대한 믿음으로 죄에서 구원받은 것이 아니다.

구원을 얻기 위하여 그리스도를 믿는 사람은 더 이상 죄인이 아니다. 그는 자기의 의로 말미암지 아니하고 예수 그리스도를 믿는 모든 사람에게 주시는 하나님의 의로 의롭게 된 것이다. 율법은 이와 같은 의인을 위하여 세운 것이 아니라고 바울은 단언한다. 의인은 더 이상 율법의 지배를 받지 않는다.

> 무릇 하나님의 영으로 인도함을 받는 사람은 곧 하나님의 아들이라
> 롬 8:14

하나님의 진정한 아들은 하나님의 영으로 인도함을 받는 사람이다. 하나님의 영으로 인도함을 받는 것이 하나님의 아들로 구별하는 표징이다. 그런 사람에 관하여 바울은 다음과 같이 말한다.

> 너희가 만일 성령의 인도하시는 바가 되면 율법 아래에 있지 아니하리라
> 갈 5:18

진정한 하나님의 아들로 구별하는 것은 성령의 인도하심을 받는 것이고, 성령의 인도하심을 받는 사람은 율법 아래에 있지 않다.

이를 다음과 같이 설명할 수 있다. 당신이 그리스도에 대한 믿음으로 말미암아 하나님의 진정한 아들이라면, 그 증거는 당신이 성령의 인도하심을 받는다는 점이다. 만일 당신이 성령의 인도하심을 받는다면, 당신은 율법 아래에 있지 않다. 그러므로 당신이 하나님의 아들이면서 동시에 율법 아래에 있을 수는 없다.

하나님의 자녀는 율법 아래에 있지 않다. 우리는 두 가지 다른 방법으로 어떤 장소를 찾아가는 것을 예로 사용하여 율법 아래에 있는 것과 성령의 인도하심을 받는 것의 차이를 설명할 수 있다. 한 가지 방법은 지도를 사용하는 것이고, 다른 방법은 안내인을 따라가는 것이다. 율법은 지도이고, 성령은 안내인이다.

율법 아래에 있는 사람에게는 완벽하게 정확한 지도가 주어진다. 그리고 그 지도의 모든 길에서 벗어나지 않고 따라가면 지상에서 천국으로 이르게 된다는 설명을 듣는다. 그러나 여태까지 어떤 인간도 그 지도가 보여주는 길에서 이탈하지 않고 따라가는 일에 성공한 예가 없다. 다시 말하면, 여태까지 어느 누구도 율법을 빈틈없이 지킴으로써 지상에서 천국으로 가는 여정을 성공적으로 끝낸 사람이 없다.

은혜 아래에 있는 사람은 자신을 구세주 그리스도에게 맡긴다. 그리하면 그리스도는 성령을 그 사람에게 안내인으로 보내 주신다. 하늘에서 오신 성령은 천국으로 가는 길을 이미 알고 계시므로 지도가 필요 없다. 성령의 인도하심을 받는 그리스도인은 오직 그 안내인만 따라 가면 천국에 이르게 된다. 그는 율법이라는 지도에 의존할 필요가 없다. 이러한 믿는 자는 한 가지 절대적인 확신을 가져도 된다. 성령은 그 자신의 거룩한 본성을 거슬러 어떤 일을 하도록 믿는 자를 인도하는 일은 절대로 없다는 점이다.

그러므로 신약은 가르치기를 은혜 아래에 있는 사람은 성령의 인도하심을 받고 율법에 의존하지 않는다고 한다.

그런즉 하나님은 인간에게 율법의 전부 또는 일부를 준수함으로써 진정한 의를 이루는 것을 실제로 기대한 적이 없다는 결론을 내릴 수 있다.

이 결론은 한 가지 흥미로운 질문을 불러 일으킬 것이다. 만약 하나님이 인간에게 율법을 준수함으로써 의를 이루는 것을 기대한 적이 없다면, 율법은 왜 인간에게 주어졌는가?

다음 장에서 이 질문을 다루기로 한다.

15장

율법의 목적

죄를 드러내기 위하여

율법의 첫 번째 주요 목적은 사람에게 그들의 죄를 드러내기 위함이다.

우리가 알거니와 무릇 율법이 말하는 바는 율법 아래에 있는 자들에게 말하는 것이니 이는 모든 입을 막고 온 세상으로 하나님의 심판 아래에 있게 하려 함이라 그러므로 율법의 행위로 그의 앞에 의롭다 하심을 얻을 육체가 없나니 율법으로는 죄를 깨달음이니라
롬 3:19-20

우선 "율법의 행위로 그의 앞에 의롭다 하심을 얻을 육체가 없나니"롬 3:20라는 단호한 말씀에 주목하기 바란다.

다르게 말하면, 어느 누구도 율법을 지킴으로써 하나님 앞에 의를 이룰 사람은 없다는 뜻이다.

이 말씀 앞 뒤로 바울은 율법이 주어진 주요 목적을 두 번 진술한다. 바울은 먼저 "온 세상으로 하나님의 심판 아래에 있게 하려 함이라"고 하며, 그 다음에 "율법으로는 죄를 깨달음이라"고 한다.

그러므로 율법은 사람을 의롭게 할 목적으로 주어진 것이 아니고 사람으로 하여금 자신들이 죄인이라는 것을 깨닫게 하기 위하여, 그래서 그들의 죄에 대한 하나님의 심판 아래에 있게 할 목적으로 주어진 것을 알게 된다.

> 그런즉 우리가 무슨 말을 하리요 율법이 죄냐 그럴 수 없느니라 율법으로 말미암지 않고는 내가 죄를 알지 못하였으니 곧 율법이 탐내지 말라 하지 아니하였더라면 내가 탐심을 알지 못하였으리라롬 7:7

> 이로 보건대 율법은 거룩하고 계명도 거룩하고 의로우며 선하도다 그런즉 선한 것이 내게 사망이 되었느냐 그럴 수 없느니라 오직 죄가 죄로 드러나기 위하여 선한 그것으로 말미암아 나를 죽게 만들었으니 이는 계명으로 말미암아 죄로 심히 죄 되게 하려 함이라롬 7:12-13

바울은 세 가지 다른 말씀으로 같은 진리를 표현하고 있다.

> 율법으로 말미암지 않고는 내가 죄를 알지 못하였으니롬 7:7

> 오직 죄가 죄로 드러나기 위하여롬 7:13

> 이는 계명으로 말미암아 죄로 심히 죄 되게 하려 함이라롬 7:13

다시 말해서 율법의 목적은 죄를 분명하게 드러내어 죄의 본질이 교활하고, 파괴적이고, 치명적이라는 사실을 보여 주는 것이다. 그때부터 사람들은 그들의 심한 죄에 대하여 누구에게 미혹되어 그런 죄를 지었다고 변명할 수 없게 된다.

의사들이 인체의 병을 치료할 때 항상 따르는 절차가 있다. 먼저 진단을 한 다음 처방을 내리는 것이다. 의사는 환자의 상태를 검사하여 질병의 특성과 원인을 먼저 확인한 다음에야 환자에게 약을 처방한다.

하나님이 인간의 영적 결핍을 다루실 때도 똑같은 순서를 밟는다. 치유책을 처방하시기 전에 하나님은 먼저 상태를 진단하신다. 모든 인간의 결핍과 고통의 근본 원인은 전 인류에게 공통적인 한 가지 상태인 죄에서 찾을 수 있다. 이 상태가 진단되기 전에는 인간의 결핍에 대한 어떤 만족스러운 치유책도 제공될 수 없다.

성경은 모든 인류의 결핍과 고통의 원인을 정확하게 진단하는 유일한 책이다. 성경은 그것이 제공하는 다른 모든 유익함을 제외하고 오직 이것 한 가지 만으로도 그 가치를 헤아릴 수 없으며 다른 무엇으로도 대체할 수 없는 책인 것이다.

인간이 자신을 구원할 능력이 없음을 증명하기 위하여

율법이 주어진 두 번째 주요 목적은, 인간은 죄인으로서 자신의 노력으로 자기를 의롭게 할 능력이 없다는 것을 보여 주기 위함이다. 모든 인간에게는 하나님의 은혜와 자비로부터 독립하기 원하는 경향이 있다. 비록 대다수 사람들은 그렇게 인정하지 않지만, 하나님으로부터 독립하려는 이 욕망 자체가 인간이 죄 안에 있음의 증거요 결과이다.

그래서 어떤 사람이 자기의 죄를 자각할 때마다 그의 첫째 반응은 그것을 고칠 수단을 찾아 하나님의 은혜와 자비에 의존하지 않고 자신의 노력으로 스스로 의롭게 되려고 한다. 이러한 이유 때문에 모든 시대를 통틀어 종교적인 법규와 의식은 국가와 배경에 상관없이 언제나 전 인류를 강하게 끄는 힘이 있었다. 그런 법규와 의식을 따름으로써 인간은 자기들 양심의 소리를 침묵시키고 자신의 노력으로 스스로 의롭게 됨을 추구해 왔다.

이것이 바로 많은 종교적인 이스라엘 백성들이 모세의 율법에 대하여 보인 반응이었다. 바울은 이스라엘 백성들이 자기 의를 세우기 위해 시도한 것을 다음과 같이 묘사한다.

> 하나님의 의를 모르고 자기 의를 세우려고 힘써 하나님의 의에 복종하지 아니하였느니라 롬 10:3

자기 의를 세우려고 시도한 결과 이스라엘 백성들은 하나님과 하나님께서 의를 세우는 방법에 복종하지 않았다. 그러므로 이스라엘 백성들이 범한 과오의 근본적인 원인은 영적 교만이었다. 하나님께 복종하기를 거부하고, 하나님의 은혜와 자비로부터 독립하려는 욕망을 따른 것이었다.

그렇지만, 자신에게 진실로 정직할 마음이 있는 사람이라면 종교적이거나 도덕적인 법규를 준수함으로써 자기를 의롭게 하는 일에 성공할 수 없다는 사실을 인정하게 될 것이다. 바울은 자신의 그러한 경험을 일인칭으로 설명한다. 바울 자신이 한때는 율법을 지킴으로써 자기를 의롭게 하려고 애쓴 적이 있었다. 로마서 7:18-23에 기록된 바울의 말을 읽어 보자.

> 내 속 곧 내 육신에 선한 것이 거하지 아니하는 줄을 아노니 원함은 내게 있으나 선을 행하는 것은 없노라 내가 원하는 바 선은 행하지

아니하고 도리어 원하지 아니하는 바 악을 행하는도다 만일 내가 원
하지 아니하는 그것을 하면 이를 행하는 자는 내가 아니요 내 속에
거하는 죄니라 그러므로 내가 한 법을 깨달았노니 곧 선을 행하기
원하는 나에게 악이 함께 있는 것이로다 내 속사람으로는 하나님의
법을 즐거워하되 내 지체 속에서 한 다른 법이 내 마음의 법과 싸워
내 지체 속에 있는 죄의 법으로 나를 사로잡는 것을 보는도다.

여기서 바울은 율법을 지킴으로써 의로움에 이르고자 하는 진실한 갈망을 가진 자로서 말하고 있다. 그러나 율법이 명하는 바를 하기 위해 애를 쓰면 쓸수록 바울은 자기의 육신의 본성 안에 있는 다른 법, 다른 권세가 계속 율법과 싸우며 율법을 지킴으로써 의로워지고자 하는 자기의 강한 노력을 좌절시키는 것을 의식하게 된다.

이 내적인 갈등의 핵심은 21절에 표현되어 있다.

> 그러므로 내가 한 법을 깨달았노니 곧 선을 행하기 원하는 나에게
> 악이 함께 있는 것이로다.

이 말씀은 명백한 역설이지만, 모든 인간의 경험이 증명하는 진리이다. 사람은 선한 사람이 되기 위하여 정말 노력하기 전에는 자기가 얼마나 악한지 모른다. 선한 자가 되기 위한 노력은 하면 할수록 자기의 육신의 본성 안에 있는 절망적이고 고칠 수 없는 죄만 더 분명하게 드러낼 뿐이다. 그 죄 앞에서 그의 모든 노력과 선한 의도는 전부 헛될 따름이다.

그러므로 율법의 두 번째 주요 목적은 인간에게 그들 속에 있는 죄를 드러내어 보여 주기 위함일 뿐만 아니라, 인간은 자신을 죄로부터 구원할 능력이

없고 자기 노력으로 의로워질 수 없다는 것을 보여 주기 위함이다.

그리스도를 예표하기 위하여

율법이 주어진 세 번째 주요 목적은 구세주의 도래를 예고하고 예표 하기 위함인데, 인간은 오직 그분만을 통하여 진정한 구원과 의로움을 얻을 수 있다. 이것은 율법을 통하여 두 가지 방식으로 이루어졌다. 구세주는 선지자의 직접적인 예언을 통하여 예고되었으며, 또 율법의 의식과 전례로 예표되었다.

율법의 틀 안에서 선지자의 직접적인 예언의 사례는 신명기 18:18-19에서 찾을 수 있다. 하나님은 모세를 통하여 이스라엘 백성에게 다음과 같이 말씀하신다.

내가 그들의 형제 중에서 너와 같은 선지자 하나를 그들을 위하여 일으키고 내 말을 그 입에 두리니 내가 그에게 명령하는 것을 그가 무리에게 다 말하리라 누구든지 내 이름으로 전하는 내 말을 듣지 아니하는 자는 내게 벌을 받을 것이요.

베드로는 나중에 모세의 이 말을 인용하며 그 말을 예수 그리스도에게 직접 적용한다.행 3:22-26 참조 따라서 율법에서 모세가 예언한 선지자는 신약에서 그리스도로 성취된 것이다.

율법의 희생 제사 의식과 규례의 많은 것들이 예수 그리스도를 장차 오실 구세주로 예표한다.

예를 들어 출애굽기 12장에서 유월절 양을 잡는 의식은 유월절에 갈보리

언덕에서 십자가에 매달려 흘린 예수 그리스도의 대속적인 피에 대한 믿음으로 구원받는 것을 예표한다. 이와 유사하게, 레위기의 첫 일곱 장에서 설명하고 있는 속죄 및 하나님께 나아가는 방법과 관련된 다양한 희생 제사 의식은 예수 그리스도의 십자가에서 희생적인 대속적 죽음의 다양한 측면을 예표한다.

이러한 이유로, 세례 요한은 그리스도를 이스라엘 백성들에게 다음과 같이 소개하였다.

> 보라 세상 죄를 지고 가는 하나님의 어린 양이로다 요 1:29

그리스도를 희생양과 비교함으로써 이스라엘 백성으로 하여금 그리스도 안에서 율법의 모든 희생 의식으로 예표된 구세주를 바라보게 한 것이다. 율법이 주어진 이 세 번째 목적은 바울이 갈라디아서에서 요약하고 있다.

> 그러나 성경이 모든 것을 죄 아래에 가두었으니 이는 예수 그리스도를 믿음으로 말미암는 약속을 믿는 자들에게 주려 함이라 믿음이 오기 전에 우리는 율법 아래에 매인 바 되고 계시될 믿음의 때까지 갇혔느니라 이같이 율법이 우리를 그리스도께로 인도하는 초등교사가 되어 우리로 하여금 믿음으로 말미암아 의롭다 함을 얻게 하려 함이라 갈 3:22-24

여기서 '초등교사tutor'로 번역된 헬라어는 부유한 집의 노예 중 연장자를 뜻한다. 그 노예는 주인 집 자녀에게 초등학문을 가르친 다음 그 아이들을 매일 학교까지 데리고 가서 고등 교육을 받게 하는 책임이 있었다.

이와 같은 방식으로 율법은 이스라엘 백성에게 의와 관련된 하나님의 기본적인 요구사항에 대한 초보적인 가르침을 주었고, 그런 다음 율법은 그들로 하여금 예수 그리스도를 믿도록 인도하여 그리스도로부터 율법의 행위가 아니라 믿음으로 진정한 의에 이르는 교훈을 배우게 하는 수단이 되었다.

부잣집 노예의 임무는 주인의 자녀를 학교 교사에게 인도하는 순간 끝나는 것처럼, 율법의 임무도 이스라엘 백성을 그들의 메시아인 예수 그리스도에게 인도하여 그리스도를 믿음으로 구원을 얻어야 할 필요성을 자각하게 하는 것으로 끝이 났다. 이런 이유로 바울은 다음과 같이 결론을 내린다.

믿음이 온 후로는 우리가 초등교사 아래에 있지 아니하도다갈 3:25

다시 말하면, 우리는 더 이상 율법 아래에 있지 않는 것이다.

이스라엘을 보존하기 위하여

바울의 말에는 이스라엘과 관련된 율법의 또 한 가지 중요한 기능을 드러내는 구절이 있다. 이스라엘 사람 가운데 한 사람으로서 바울은 다음과 같이 말한다.

믿음이 오기 전에 우리는 율법 아래에 매인 바 되고 계시될 믿음의 때까지 갇혔느니라갈 3:23

율법은 이스라엘을 그들의 특별한 의식과 규례로 말미암아 다른 모든 나라와 구별된 민족으로, 하나님께서 부르신 특별한 목적을 위하여 구별된 민족으로 보존하였다. 선지자 발람은 이스라엘의 운명에 관하여 하나님께서 주신 비전을 보고 그들을 향한 하나님의 계획을 다음과 같이 말한다.

이 백성은 홀로 살 것이라 그를 여러 민족 중의 하나로 여기지 않으
리로다민 23:9

이스라엘을 향한 하나님의 뜻은 그들이 자기네 땅에서 다른 민족과 구별된 특별한 민족으로 홀로 사는 것이었다. 그런데 이스라엘의 불순종이 하나님의 그들을 향한 이 계획을 좌절시킴으로써 그들은 전 세계 모든 나라 사이에 유배자로 또 유랑인으로 흩어졌지만, 하나님은 여전히 이스라엘을 여러 민족 중의 하나로 여기지 않으셨다.

지난 19세기 동안 유대인들이 이방인들의 나라 사이에 흩어져 살아오는 동안 하나님께서 선포하신 이 말씀이 기적처럼 성취되었다. 유대인들은 어느 땅 어느 나라로 가든지 언제나 자기들의 독특한 정체성을 잃거나 그 사회에 동화되지 않고 다른 민족과 구별된 삶을 살았다. 이스라엘이 다른 나라와 구별된 민족으로 보존된 것은 그들이 모세의 율법을 부단히 지켜왔기 때문이었다.

이제 모세의 율법이 주어진 네 가지 주요 목적을 다음과 같이 요약할 수 있다.

1. 율법은 인간에게 그들의 죄를 드러내기 위하여 주어졌다.
2. 율법은 또 인간에게 죄인으로서 그들은 자신의 노력으로 의롭게 될 수 없다는 것을 보여 주었다.
3. 율법은 예언과 예표로 구세주의 도래를 미리 알려 주었고, 인간은 오직 그 구세주를 통하여 진정한 구원과 의로움을 얻을 수 있다는 것을 알려 주었다.
4. 이스라엘이 오랜 세기에 걸쳐 여러 나라에 흩어져 살면서도 율법으로 말미암아 다른 나라와 섞이지 않고 구별된 민족으로 살

아왔다. 그리하여 이스라엘은 지금도 하나님이 그들을 위하여 역사하고 계신 특별한 계획을 위하여 보존되고 있는 것이다.

그리스도에 의해 완성되었다

율법과 복음의 관계에 대한 고찰은 그리스도가 율법에 대한 자신의 태도와 관계를 요약한 말씀을 고려해야 완성될 수 있다.

내가 율법이나 선지자를 폐하러 온 줄로 생각하지 말라 폐하러 온 것이 아니요 완전하게 하려 함이라 진실로 너희에게 이르노니 천지가 없어지기 전에는 율법의 일점 일획도 결코 없어지지 아니하고 다 이루리라마 5:17-18

어떤 의미에서 그리스도는 율법을 이루었는가? 첫째로, 그리스도는 자신의 흠 없는 의로, 그리고 모든 규례를 완전하게 지킴으로써 율법을 완성했다.

하나님이 그 아들을 보내사 여자에게서 나게 하시고 율법 아래에 나게 하신것은 율법 아래에 있는 자들을 속량하시고 우리로 아들의 명분을 얻게 하려 하심이라갈 4:4-5

"여자에게서 나게 하시고 율법 아래에 나게 하신 것은…"이란 말씀에 주목하라. 그리스도는 유대인으로 태어남으로써 율법의 모든 규례와 의무를 지켜야 했다. 그리스도는 지상에서 그의 삶의 전 여정에 걸쳐, 율법 아래에 있는 모든 유대인들에게 요구되는 것을 한 치도 벗어나지 않고 완전하게 성취했다. 율법 아래에 있었던 모든 사람 중에서 오직 예수 그리스도만 율법을 완전하게 이루신 것이다.

둘째로, 예수 그리스도는 십자가에서 그의 대속적인 죽음으로 율법을 완성했다.

> 그는 죄를 범하지 아니하시고 그 입에 거짓도 없으시며…친히 나무에 달려 그 몸으로 우리 죄를 담당하셨으니 이는 우리로 죄에 대하여 죽고 의에 대하여 살게 하려 하심이라 벧전 2:22,24

그 자신은 죄가 없으시면서 그리스도는 율법 아래에 있는 모든 사람의 죄를 담당하시고 율법의 최후 형벌인 죽음을 그들 대신에 맞이하셨다. 인류가 치러야 할 죗값을 그리스도가 대신 치름으로써 하나님은 그분의 공의를 손상하지 않고 그리스도의 대속적인 죽음을 믿음으로 받아들이는 모든 사람들을 값없이 용서할 수 있게 되었다.

그리하여 그리스도는 첫째로 그의 완벽하게 의로운 삶으로, 둘째로 그의 대속적인 죽음을 통하여 율법을 이루셨다. 그리스도의 대속적인 죽음은 율법을 완벽하게 지키지 못한 모든 사람에게 율법의 정의가 요구하는 바를 충족시킨 것이다.

셋째로 그리스도는 하나님께서 보내겠다고 약속하신 메시아에 관해 율법에 예언적으로 명시된 모든 측면을 자기 안에서 실현함으로써 율법을 완성했다. 그리스도의 지상 사역 초기에 빌립은 이미 그리스도가 누군지 알아보고 나다나엘을 찾아 이렇게 말했다.

> 빌립이 나다나엘을 찾아 이르되 모세가 율법에 기록하였고 여러

선지자가 기록한 그이를 우리가 만났으니 요셉의 아들 나사렛 예수
니라 요 1:45

또한 그리스도는 십자가에서 못 박혀 죽었다가 부활한 후에 자기 제자들에게 이렇게 말씀했다.

또 이르시되 내가 너희와 함께 있을 때에 너희에게 말한 바 곧 모세
의 율법과 선지자의 글과 시편에 나를 가리켜 기록된 모든 것이 이
루어져야 하리라 한 말이 이것이라 하시고 눅 24:44

그리스도가 율법을 성취한 세 가지 방식을 다시 요약해 본다. 1) 그의 완벽한 삶으로, 2) 그의 대속적인 죽음과 부활로, 3) 메시아의 오심에 대하여 율법이 예언하고 예시한 모든 것을 실현함으로써.

그래서 우리는 바울이 한 말에 온전히 동의하게 된다.

그런즉 우리가 믿음으로 말미암아 율법을 파기하느냐 그럴 수 없느
니라 도리어 율법을 굳게 세우느니라 롬 3:31

예수 그리스도의 대속적 죽음이 자기를 대신하여 율법을 성취한 것으로 믿는 사람은 율법을 일점 일획도 변경할 수 없는 절대적인 진리로 받아들일 수 있게 된다. 구원하시는 그리스도에 대한 믿음은 율법이 계시하는 바를 무시하지 않고 오히려 율법이 그리스도를 통하여 이루어짐을 인정하게 된다.

그리스도는 모든 믿는 자에게 의를 이루기 위하여 율법의 마침이 되
시니라 롬 10:4

여기서 '마침'이라고 번역된 헬라어는 두 가지 뜻을 담고 있다. 1) 어떤 일이 행해진 목적, 2) 어떤 일을 마무리 짓는 것. 이 두 가지 의미에서 율법은 그리스도로 목적을 이루고 결말을 지었다.

첫째 의미에서 율법은 일단 우리를 그리스도에게 성공적으로 인도하는 목적을 이룬 후에는 더 이상 쓸모가 없다. 둘째 의미에서 그리스도는 자신의 죽음으로 하나님으로부터 의를 받는 수단으로서 율법을 종결지었다. 이제 그리스도에 대한 믿음이 의를 받는 유일하고도 충분한 조건이 된 것이다.

그러나 다른 모든 측면에서는 율법은 아직 영원하신 하나님 말씀의 일부분으로서 온전하게 유효하다. 율법의 역사와 예언과 하나님의 마음과 훈계에 관한 전반적인 계시는 영원히 불변하는 진리로 존속한다.

16장

진정한 의

어떤 사람이 의사를 찾아가서 배가 아프다고 했다. 진찰을 마친 의사는 충수염이라고 진단을 내렸다.

"충수염이라고요? 충수염이 무엇입니까?"

"충수염이란 맹장에 염증이 생긴 것을 뜻합니다."

"그래요? 저는 이때까지 사람 몸 안에 염증이 생길 맹장이 있다는 것도 몰랐습니다."

많은 그리스도인들이 자기들의 영적 경험 가운데 뿌리 깊은 어떤 문제가 있음을 의식한다. 그 문제는 정서 불안과 언행의 불일치, 자신감 결핍, 마음에 평안이 없는 것과 같은 증상으로 나타난다.

만일 그런 그리스도인들에게 문제의 뿌리는 믿음과 행위, 율법과 은혜 같은 신약의 기본 가르침을 이해하지 못한데 있다고 말해주면 그들은 그 맹장염 환자처럼 고백할 것이다. "이때까지 신약에 그런 가르침이 있다는 것도 몰랐습니다."

이 두 가지 서로 관련된 주제에 관하여 지금까지 내린 결론의 개요는 다음과 같다.

1. 신약 전체는 구원은 인간의 어떤 행위에 달려 있지 않고 오직 믿음 – 그리스도가 완성한 속죄 역사에 대한 믿음 – 으로 얻게 된다고 강조한다.
2. 구원을 가져오는 믿음은 항상 그에 상응하는 적절한 행위로 표현된다.
3. 구원받은 믿음으로 표현되는 행위는 율법의 역사가 아니다. 하나님이 요구하는 의는 모세의 율법을 준수하여 성취할 수가 없다.

모세의 율법의 목적과 본질에 관한 이 결론은 자연스럽게 그 다음 질문으로 우리를 이끈다. 만일 구원받은 믿음이 율법의 준수로 표현되지 않는다면, 무슨 행위가 구원받은 믿음으로 표현되는가? 구원하시는 그리스도에 대한 믿음을 고백하는 모든 사람의 삶에서 우리가 보기를 기대하는 적절한 행위는 무엇인가?

이 질문에 대한 답과, 율법과 은혜의 관계를 이해하는 열쇠는 바울이 로마서에서 제공한다.

> 율법이 육신으로 말미암아 연약하여 할 수 없는 그것을 하나님은 하시나니 곧 죄로 말미암아 자기 아들을 죄 있는 육신의 모양으로 보내어 육신에 죄를 정하사 육신을 따르지 않고 그 영을 따라 행하는 우리에게 율법의 요구가 이루어지게 하려 하심이니라롬 8:3-4

여기서 핵심 구절은 "우리에게 율법의 요구가 이루어지게 하려 하심이니라"인 바, 이때 "우리"는 성령의 인도함을 받는 그리스도인을 뜻한다. 그리스도인들 안에서 이루어져야 하는 것은 율법 그 자체가 아니라, 율법의 요구이다.

그렇다면 "율법의 요구the righteous requirement of the law;율법의 의로운 요구"가 뜻하는 것은 무엇인가?

그 답은 한 율법사가 예수님을 시험하여 율법에 관한 질문을 던졌을 때 예수님이 분명하게 대답하신 말씀에서 찾을 수 있다.

> 그 중의 한 율법사가 예수를 시험하여 묻되 선생님 율법 중에서 어느 계명이 크니이까 예수께서 이르시되 네 마음을 다하고 목숨을 다하고 뜻을 다하여 주 너의 하나님을 사랑하라 하셨으니 이것이 크고 첫째 되는 계명이요 둘째도 그와 같으니 네 이웃을 네 자신 같이 사랑하라 하셨으니 이 두 계명이 온 율법과 선지자의 강령이니라 마 22:35-40

두 가지 위대한 계명

예수님은 이 말씀으로 바울이 언급하는 율법의 의로운 요구에 대한 정의를 내리신다. 모세의 율법은 인류 역사의 어떤 시점에 한 작은 민족에게만 주어졌다. 그런데 이 온전한 율법 체계 뒤에는 하나님이 전 인류에게 주시는 두 가지 위대한 영원불변하는 계명이 있다. "주 너의 하나님을 사랑하라." 그리고 "네 이웃을 네 자신같이 사랑하라."

모세를 통하여 주어진 율법 체계는 하나님을 사랑하고 이웃을 사랑하라는 이 두 가지 계명을 우리의 삶에 구체적으로 적용하고 실천하는 방법인 것이다. 이 두 가지 계명은 모세의 전 율법 체계와 구약의 모든 선지자의 사역과 메시지의 기초였다. 그리하여 율법의 의로운 요구는 두 가지 모든 것을 포괄하는 계명으로 요약된다. "하나님을 사랑하라." 그리고 "네 이웃을 사랑하라."

이것과 동일한 진리를 바울은 디모데전서 1:5-7에서 가르친다.

> 이 교훈의 목적은 청결한 마음과 선한 양심과 거짓이 없는 믿음에서 나오는 사랑이거늘 사람들이 이에서 벗어나 헛된 말에 빠져 율법의 선생이 되려 하나 자기가 말하는 것이나 자기가 확증하는 것도 깨닫지 못하는도다.

여기서 "이 교훈의 목적은…사랑이거늘"이라는 말씀에 주목하기 바란다. 율법이 주어진 궁극적 목적은 사랑, 곧 하나님에 대한 사랑과 사람에 대한 사랑을 가르치기 위한 것이었다. 율법의 근본 목적을 이해하지 못한 채 모세의 율법을 가르치려고 하거나 해석하려는 사람을 바울은 "헛된 말에 빠져…자기가 말하는 것이나 자기가 확증하는 것도 깨닫지 못하는도다"라고 비판한다.

다시 말하면, 그렇게 해석하는 사람들은 율법의 주된 목적인 사랑을 완전히 놓쳐버리고 만 것이다. 하나님을 사랑하고 사람을 사랑하라는 이 사랑의 율법은 다른 모든 율법 뒤에 있는 율법이다.

바울은 로마서 13:8-10에서 이 지고한 사랑의 율법에 관한 동일한 진리를 설명한다.

피차 사랑의 빚 외에는 아무에게든지 아무 빚도 지지 말라 남을 사랑하는 자는 율법을 다 이루었느니라 간음하지 말라, 살인하지 말라, 도둑질하지 말라, 탐내지 말라 한 것과 그 외에 다른 계명이 있을지라도 네 이웃을 네 자신과 같이 사랑하라 하신 그 말씀 가운데 다 들었느니라 사랑은 이웃에게 악을 행하지 아니하나니 그러므로 사랑은 율법의 완성이니라.

바울은 갈라디아서 5:14에서 더욱 간결하게 이 진리를 표현한다.

온 율법은 네 이웃 사랑하기를 네 자신같이 하라 하신 한 말씀에서 이루어졌나니.

그러므로 "율법의 의로운 요구"의 모든 복잡한 계명은 한 단어로 줄일 수 있다. 사랑하라.

사랑, 율법의 완성

이 시점에서 어떤 사람은 다음과 같이 물어보고 싶을 것이다. "당신은 내가 그리스도인으로서 율법이나 모세의 계명 아래에 있지 않다고 말합니다. 그렇다면 저는 그런 계명을 어기고 제가 하고 싶은 일은 무엇이나 해도 좋다는 뜻인가요? 마음의 소욕을 따라 살인을 하거나 간음을 하거나 도둑질을 해도 좋다는 말입니까?"

이 질문에 대한 답은 다음과 같다. 그리스도인으로서 당신은 하나님과 사람에 대한 온전한 사랑으로 할 수 있는 일은 무엇이든 해도 좋다. 그러나 그리스도인으로서 당신은 사랑으로 할 수 없는 일은 무엇이든 마음대로 할 자유가 없다.

그 마음이 하나님에 대한 사랑으로 충만해 있고, 그 사랑의 지배를 받는 사람은 그 마음의 소욕을 따라 무엇이든 해도 좋다. 이런 이유로 야고보는 이 사랑의 율법을 자유의 율법이라고 두 번 언급한다.

> 자유롭게 하는 온전한 율법을 들여다보고 있는 자는 듣고 잊어버리는 자가 아니요 실천하는 자니 이 사람은 그 행하는 일에 복을 받으리라약 1:25

> 너희는 자유의 율법대로 심판 받을 자처럼 말도 하고 행하기도 하라
> 약 2:12

야고보는 이 사랑의 율법을 "자유롭게 하는 온전한 율법"이라고 부른다. 왜냐하면 하나님의 사랑으로 충만하고 언제나 그 사랑의 지배를 받는 사람은 그 마음의 소욕을 따라 행할 자유가 있기 때문이다. 그런 사람이 하고자 하는 일은 무엇이든 항상 하나님의 뜻과 성정과 일치한다. 그 이유는 하나님 자신이 사랑이기 때문에. 이 사랑의 율법에 따라 사는 사람은 지상에서 유일하게 자유로운 사람으로, 자기가 원하는 바를 언제나 자유로이 할 수 있다. 그런 사람은 그를 통제할 다른 율법이 필요 없다.

야고보는 이 사랑의 율법에 또 다른 명칭을 부여하여 "최고의 법royal law"이라고 부른다.

> 너희가 만일 성경에 기록된 대로 네 이웃 사랑하기를 네 몸과 같이 하라 하신 최고의 법을 지키면 잘하는 것이거니와약 2:8

진정한 의

왜 사랑의 율법이 "최고의" 법인가? 왜냐하면 이 사랑의 율법에 따라 사는 사람은 정말 왕으로 살기 때문이다. 그는 다른 어떤 법의 지배도 받지 않는다. 그는 마음이 명하는 대로 언제나 행할 자유가 있다. 이 사랑의 율법을 성취함으로써 그는 모든 율법을 이룬다. 모든 상황에서, 그리고 하나님과 사람에 대한 모든 관계에서 그는 왕처럼 산다.

이 "율법의 의로운 요구"가 뜻하는 바에 대한 분석은 우리로 하여금 다음과 같은 결론을 내리게 한다. 구약에서 모세의 율법 아래 제시된 진정한 의의 기준과 신약에서 예수 그리스도의 복음 아래 제시된 기준 사이에는 아무런 갈등이나 불일치가 없다. 구약과 신약에서 진정한 의의 기준은 동일한 것이다. 그것은 한 단어로 요약된다. 사랑, 곧 하나님에 대한 사랑과 사람에 대한 사랑이다.

모세 아래 율법의 경륜과 예수 그리스도를 통한 은혜의 경륜 사이의 차이는 성취해야 할 목적에 있는 것이 아니라 그 목적을 이루는 방법에 있다.

율법 아래와 은혜 아래에서 양쪽 모두 이루어야 할 목적은 사랑이다. 율법 아래에서 그 목적을 이루는 수단은 외부에서 인간에게 부과된 외적인 계명과 규례의 체계이고, 은혜 아래에서 그 목적을 이루는 수단은 믿는 자의 마음에 내재하는 성령의 부단한 초자연적 운행이다.

모세의 율법은 그 목적을 이루는데 실패했다. 그 이유는 율법 그 자체가 잘못된 것이 아니라 인간 육신의 타고난 연약함과 죄 때문이다. 사도 바울은 로마서 7장 후반부에서 이점을 충분하게 설명한다.

> 이로 보건대 율법은 거룩하고 계명도 거룩하고 의로우며 선하도다
>
> 롬 7:12

우리가 율법은 신령한 줄 알거니와 나는 육신에 속하여 죄 아래에 팔렸도다롬 7:14

내 속 사람으로는 하나님의 법을 즐거워하되롬 7:22

내 지체 속에서 한 다른 법이 내 마음의 법과 싸워 내 지체 속에 있는 죄의 법으로 나를 사로잡는 것을 보는도다롬 7:23

율법 그 자체는 의롭고 선하다. 율법에 따라 살려고 하는 사람은 진심으로 율법의 기준을 인정하며 그 기준에 따라 살려고 하겠지만, 그 사람 안에 있는 죄의 권세와 그 육신의 연약함이 그가 율법의 기준에 따라 살지 못하도록 부단히 저지한다.

신약에서 예수 그리스도 안에 있는 하나님의 은혜도 사람을 같은 목적, 곧 하나님에 대한 사랑과 이웃에 대한 사랑을 향해 이끌지만, 완전히 다른 새로운 수단을 사람에게 제공하여 그 목적을 이루게 하신다. 은혜는 믿는 자의 마음속에서 성령의 초자연적인 운행으로 시작한다.

이 성령의 운행의 결과는 "거듭남" 또는 "성령으로 거듭남"이라고 불린다. 성령으로 거듭나는 체험은 하나님께서 이스라엘 백성에게 말씀하시는 구약에 예언적으로 묘사되어 있다.

또 새 영을 너희 속에 두고 새 마음을 너희에게 주되 너희 육신에서 굳은 마음을 제거하고 부드러운 마음을 줄 것이며겔 36:26

이 내적인 변화의 효과에 대한 더 깊은 설명은 예레미야 31장에 기록되어 있다.

> 여호와의 말씀이니라 보라 날이 이르리니 내가 이스라엘 집과 유다 집에 새 언약을 맺으리라렘 31:31

> 그러나 그 날 후에 내가 이스라엘 집과 맺을 언약은 이러하니 곧 내가 나의 법을 그들의 속에 두며 그들의 마음에 기록하여 나는 그들의 하나님이 되고 그들은 내 백성이 될 것이라 여호와의 말씀이니라 렘 31:33

여기서 하나님이 약속하신 이 새로운 언약은 예수 그리스도에 대한 믿음으로 얻는 은혜의 새 언약인 바, 오늘날 우리는 그것을 신약이라고 부른다.

이 새 언약을 통하여 죄인의 본성이 내면에서 완전히 바뀐다. 돌같이 딱딱한 옛 마음이 제거 되고 그 자리에 새 마음과 새 영이 심어진다. 이 새로운 본성은 하나님의 율법 및 하나님의 본성과 조화를 이룬다.

그리하여 하나님의 영으로 재창조된 사람이 하나님의 길을 걸으며 하나님의 뜻을 행하는 것이 자연스러워 지는 것이다. 사랑의 지고한 율법이 성령에 의하여 믿는 자의 반응하는 마음 판에 새겨져서 거기로부터 사랑이 믿는 자의 새로운 성품과 행위를 통하여 자연스럽게 나타난다.

> 율법이 육신으로 말미암아 연약하여 할 수 없는 그것을 하나님은 하시나니 곧 죄로 말미암아 자기 아들을 죄 있는 육신의 모양으로 보내어 육신에 죄를 정하사 육신을 따르지 않고 그 영을 따라 행하는 우리에게 율법의 요구가 이루어지게 하려 하심이니라롬 8:3-4

율법은 하나님의 의의 기준을 성취하는데 실패했다. 그 실패의 원인은 율법에 어떤 결함이 있어서가 아니라 인간의 육신의 연약함 때문이다. 은혜 아래에서 하나님의 영은 인간의 육적인 본성을 제거하고 그 자리에 하나님의 사랑을 받아들이고 표현할 줄 아는 새로운 본성을 심어주신다.

율법의 작용과 은혜의 작용 사이의 근본적인 차이를 다음과 같이 요약할 수 있다. 율법은 인간 자신의 능력에 의존하고 외부로부터 역사하는 데 비하여 은혜는 성령의 초자연적인 역사에 의존하며 내면으로부터 역사한다.

인간의 마음은 오직 성령의 역사를 통하여 이 신성하고 온전한 사랑의 율법의 지배를 받게 된다고 신약은 말하고 있다.

> 소망이 우리를 부끄럽게 하지 아니함은 우리에게 주신 성령으로 말미암아 하나님의 사랑이 우리 마음에 부은 바 됨이니롬 5:5

소망이 우리를 실망시키지 않는 까닭은 어떤 형태의 인간의 사랑때문이 아니라, 성령이 우리 마음에 부어주시는 하나님의 사랑때문임을 주목하라.

인간의 마음에 성령으로 말미암아 부어진 하나님의 사랑은 성령의 아홉 가지 성숙한 열매를 맺는다. 이 성령의 열매는 인간의 성품과 행위의 모든 측면에서 발현되는 하나님의 사랑이다. 사도 바울은 다음과 같이 설명한다.

> 오직 성령의 열매는 사랑과 희락과 화평과 오래 참음과 자비와 양선과 충성과 온유와 절제니 이 같은 것을 금지할 법이 없느니라갈 5:22-23

다시 한번 사도 바울은 강조하기를, 이 성령의 아홉 가지 열매 안에서 하나님의 사랑이 온전하게 발현되는 삶은 다른 어떤 율법의 지배를 받을 필요가 없다고 한다. 그런 뜻으로 바울은 "이 같은 것을 금지할 법이 없느니라"고 한 것이다. 그런즉 이 사랑의 율법은 다른 모든 법과 계명의 완성이다. 그것은 온전한 법이요, 최고의 법이며, 자유의 법이다.

순종의 신약적 귀감

그러나 우리는 하나님의 사랑이 모호하거나 불명확하거나 비현실적이거나 감상적인 어떤 것이라는 인상을 가져서는 안 된다. 오히려 하나님의 사랑은 언제나 명확하고 실제적인 것이다. 신약에 따르면, 하나님에 대한 사랑과 인간에 대한 사랑은 똑같이 하나님 자신의 사랑과 상응하는 명확하고 실제적인 방식으로 표현된다.

성경 전체에 걸쳐 하나님에 대한 인간의 사랑의 최고 시금석은 순종이란 한 단어로 표현할 수 있다.

구약에서 하나님은 이 진리를 자기 백성에게 예레미야 7:23에서 말씀하셨다.

> 너희는 내 목소리를 들으라 그리하면 나는 너희 하나님이 되겠고 너희는 내 백성이 되리라.

하나님에 대한 진정한 사랑은 언제나 그분에 대한 순종으로 표현된다.

신약에서도 예수님은 제자들과 헤어지기 전에 남긴 말씀에서 다른 무엇보다도 이 순종을 강조하셨다. 요한복음 14장에서 예수님은 순종의 중요성을 세 번 연속하여 말씀하신다.

> 너희가 나를 사랑하면 나의 계명을 지키리라 15절
> 나의 계명을 지키는 자라야 나를 사랑하는 자니 21절
> 사람이 나를 사랑하면 내 말을 지키리니 23절

그런 다음 예수님은 순종의 반대인 불순종에 대하여 말씀하신다.

나를 사랑하지 아니하는 자는 내 말을 지키지 아니하나니24절

이런 말씀에 비추어보면, 예수님의 말씀과 계명에 계시된 그리스도의 뜻에 순종하지 않으면서 그리스도에 대한 사랑을 고백하는 그리스도인은 자기기만에 빠져 있는 것이 분명하다.

신약에서 그리스도의 지고한 계명은 사랑이다. 사랑이 없으면 순종을 말하는 것이 불가능하다. 우리가 그리스도인의 사랑의 본질을 살펴보면 신약은 모든 측면에서 이 사랑의 지배를 받는 삶의 패턴을 제시한다는 것을 알게 된다.

사랑은 믿는 자의 개인적인 삶과, 하나님 및 다른 사람과의 관계를 결정한다. 사랑은 그리스도인의 결혼과 부모와 자녀를 포함한 그리스도인 가정의 삶의 방향을 가르쳐 준다. 사랑은 그리스도 교회의 삶과 행위의 지표를 제공한다. 사랑은 세속적인 사회와 정부에 대한 믿는 자의 자세와 관계를 규정한다.

우리의 삶에서 이러한 패턴을 따르려면 첫째, 우리는 신약에 나오는 가르침의 모든 측면을 열심히 공부하고 적용해야 한다. 둘째, 우리는 매 순간 성령의 초자연적인 은혜와 능력에 의존해야 한다.

이렇게 함으로써 우리는 요한일서 2:5의 진리를 우리 자신의 경험으로 입증하게 될 것이다.

누구든지 그의 말씀을 지키는 자는 하나님의 사랑이 참으로 그 속에서 온전하게 되었나니 이로써 우리가 그의 안에 있는 줄을 아노라.

제3부

신약의 세례들

요한은 물로 세례를 베풀었으나 너희는 몇 날이 못되어 성령으로 세례를 받으리라 하셨느니라 행 1:5

그러므로 너희는 가서 모든 민족을 제자로 삼아 아버지와 아들과 성령의 이름으로 세례를 베풀고 마 28:19

17장

세례를 베풀다

우리는 히브리서 6:1-2에 기록되어 있는 그리스도교 신앙의 여섯 가지 기초 교리를 체계적으로 공부하고 있다. 히브리서에 열거된 여섯 가지 기초 교리는 다음과 같다.

1. 죽은 행실을 회개함
2. 하나님께 대한 신앙
3. 세례
4. 안수
5. 죽은 자의 부활
6. 영원한 심판

이 책의 2부에서 이 여섯 가지 교리 가운데 첫 두 가지를 검토했다. 죽은 행실을 회개함과 하나님께 대한 신앙, 더 간단히 말하면 회개와 믿음. 이제 셋째 교리인 세례에 관하여 검토하기로 한다.

세례에 관한 고찰을 시작하는 논리적인 방법은 세례baptism라는 단어의 정확한 본래 의미를 찾는 것이다. 더 정확히 말하자면 "세례를 베풀다to baptize"라는 동사의 의미를 먼저 파악하는 것이다. 세례를 베풀다baptize라는 동사에서 세례baptism라는 명사가 형성되었기 때문이다.

세례를 베풀다 라는 이 단어는 특이한 말이다. 그것은 영어 단어가 아니고, 헬라어 단어를 영어 알파벳으로 음역한 것이다. 이 단어의 헬라어 원어를 영어 알파벳으로 가장 가깝게 표기하면, baptizo가 된다. 그 다음에 이 단어의 마지막 알파벳인 o가 e로 바뀌어 이제 우리에게 익숙한 baptize란 단어가 된 것이다.

이 시점에서 누군가 이런 질문을 할지 모른다. 왜 이 단어는 번역되지 않았는가? 왜 헬라어 단어를 발음 그대로 그냥 영어 알파벳으로 표기했는가? 헬라어 단어의 본래 의미를 알 수 없어 번역자들이 어떤 영어 단어로 번역해야 할지 몰랐기 때문인가?

그렇지 않다. 앞으로 검토하겠지만, 헬라어 baptizo는 분명하게 확립된 의미를 갖고 있었다.

어근적 의미

현재까지 성경의 영어 번역본 가운데 가장 많이 알려져 있고 영향력 있는 것은 17세기 초 영국 제임스 왕의 권위 아래 번역되고 출판된 King James Version이다. 이 흠정역을 통하여 세례를 베풀다baptize란 단어가 영어에서 한 자리를 차지하게 되었다. 흠정역이 사용한 세례를 베풀다baptize란 단어는 흠정역 이후로 성경의 모든 영어 번역본의 대다수에 사용되었을 뿐 아니라, 전 세계 수많은 언어로 옮긴 성경 번역본에도 사용되었다. 그러나 이 세례를 베풀다baptize란 단어는 그 기원이나 형태에 있어서 사실상 그 대다수의 언어들과는 완전히 이질적이다.

이 유별나고도 부자연스러운 형태의 단어가 어떻게 하여 맨 처음 흠정역에 사용되었을까?

그 답은 제임스 왕이 비록 절대 군주로서 정치적 권력을 갖고 있었지만, 종교적인 문제에 대해서는 영국 국교인 성공회 주교들의 권위 아래 있었다는 점에 있다. 그런데 당시 제임스 왕과 주교들 사이의 관계는 항상 우호적인 것은 아니었기 때문에 제임스 왕은 자기 이름과 권위 아래 출판된 성경의 새 번역이 주교들과의 관계를 악화시키는 것을 원하지 않았다.

그러한 이유로 제임스 왕은 주교들의 감정을 불필요하게 거스르거나 영국 국교의 관행과 명백하게 대립되는 번역은 가능하면 도입하지 말도록 번역인들에게 지시하였다. 그리하여 번역하면 논쟁을 불러일으킬 가능성이 많은 헬라어 baptizo는 번역하지 않고 그냥 영어 알파벳으로 음역한 것이었다.

주교란 뜻의 bishop이란 단어도 이와 똑같은 이유 때문에 번역되지 않은 흥미로운 사례이다. Bishop이란 단어도 baptize란 단어처럼 영어가 아니다.

Bishop도 번역되지 않은 채로 그냥 영어가 된 헬라어 단어이다. 다만, 라틴어를 거쳐 다소 간접적인 방식으로 영어가 되었다는 차이가 있다. 만약 bishop의 헬라어 단어가 신약에서 등장하는 곳마다 overseer감독이란 영어 단어로 정확하게 번역되었다면, 영국 국교의 위계질서에 대한 도전으로 해석되었을 것이다. 그래서 번역인들은 그런 문제를 피하기 위하여 그 헬라어 단어를 번역하지 않고 그냥 영어 알파벳으로 음역하여 bishop이라고 표기했다.

이제 헬라어 baptizo와 그 단어를 영어로 음역한 baptize로 돌아가자. 이 헬라어 동사 baptizo는 특별한 형태의 단어인 바, 헬라어의 다른 많은 단어가 그런 형태를 취하고 있다. 이 동사 형태의 특징은 어근에 iz란 두 글자가 삽입되는 것이다. 그래서 이 단어의 어근은 bapto가 된다. 이 어근에 iz란 두 글자를 삽입하여 baptizo란 복합어를 낳는다.

어떤 헬라어 동사에 iz란 음절을 추가하면 특별히 사역적인 의미를 갖는 동사가 만들어진다. 즉, 이렇게 형성된 복합 동사는 언제나 무엇을 존재하게 하거나 일어나게 하는 의미를 갖는다. 그리고 무엇을 존재하게 하거나 일어나게 하는 그 본질은 동사 어근의 의미가 결정한다.

이것을 염두에 두면, 헬라어 동사 baptizo의 정확한 그림을 머릿속에 그릴 수 있다. 이 단어는 bapto란 어근에서 형성된 복합 사역 동사이다. 그러므로 baptizo란 단어를 정확히 이해하려면 bapto의 의미를 확인할 필요가 있다.

이 어근 형태의 bapto는 영어 흠정역의 바탕이 된 헬라어 신약성경에 세 번 등장하는데 세 군데 모두 헬라어 동사 bapto는 영어 동사 '담그다to dip'로 번역되어 있다.

신약성경에서 bapto가 등장하는 세 구절은 다음과 같다.

첫째, 누가복음 16:24을 보면 어떤 부자가 지옥 불 가운데서 괴로워하다가 아브라함에게 부르짖는다.

> 아버지 아브라함이여 나를 긍휼히 여기사 나사로를 보내어 그 손가락 끝에 물을 찍어 내 혀를 서늘하게 하소서(Father Abraham, have mercy on me, and send Lazarus that he may dip the tip of his finger in water and cool my tongue)

둘째, 요한복음 13:26을 보면 예수님이 마지막 만찬에서 제자들에게 자기를 배반할 자를 구별하여 가리키신다.

> 내가 떡 한 조각을 적셔다 주는 자가 그니라 하고(It is he to whom I shall give a piece of bread when I have dipped it)

셋째, 요한계시록 19:13을 보면 사도 요한이 주 예수 그리스도가 하늘의 군대를 이끌고 영광 중에 오시는 모습을 묘사한다.

> 또 그가 피 뿌린 옷을 입었는데(He was clothed with a robe dipped in blood)

이 세 성경구절에서 번역인들이 사용한 영어 단어와 그 문맥은 헬라어 동사 bapto가 "무엇을 액체에 담갔다가 다시 꺼내는 행위"를 의미한다는 것을 분명하게 보여 준다.

스트롱 성구 사전(Strong's Exhaustive Concordance of the Bible)의 저자는 동사 bapto의 주 의미를 "액체로 완전히 덮다, 담그다'로 설명하고 있다. 신약성경에는 또 "in"을 뜻하는 헬라어 전치사 em을 접두사로 bapto에 붙여 만든 복합 동사형 embapto가 헬라어 신약성경의 세 군데, 곧 마태복음 26:23, 마가복음 14:20, 요한복음 13:26에 등장한다. 그 세 성경구절에서 이 복합동사 embapto는 모두 영어 동사 "to dip담그다"로 번역되어 있다.

그리하여 우리는 다음과 같은 결론을 내리게 된다. 헬라어 동사 bapto는 단순형 또는 복합형으로 헬라어 신약성경의 여섯 군데에 등장하는 바, 흠정역은 그때마다 그 단어를 "to dip담그다"로 번역하고 있다. 그리고 그 여섯 성구의 문맥은 이 동사가 묘사하는 행위는 무엇을 액체에 담갔다가 다시 꺼내는 것임을 가리킨다.

단순 동사 bapto의 정확한 의미를 찾았으므로 사역 복합형 baptizo의 정확한 뜻을 발견하는 것은 어렵지 않다.

만일 bapto가 "무엇을 액체에 담갔다가 다시 꺼내는 행위"를 뜻한다면 baptizo는 논리적으로 오직 한 가지 다음과 같은 축어적 의미밖에 없다. "무엇으로 하여금 액체에 담기게 하였다가 다시 꺼내 놓다." 더 간략하게 말하자면, 영어로 baptize라고 번역된 헬라어 baptizo는 "무엇을 담기게 하다"는 뜻을 갖고 있다.

역사적 용법

이러한 결론은 baptizo가 헬라어의 초기 역사에 어떻게 사용되었는지 추적함으로써 확증할 수 있다.

기원전 3세기 경 알렉산더 제왕의 정복 활동은 헬라어를 그리스의 각 도시와 소아시아 지역의 지리적 경계를 훨씬 넘어서 퍼뜨려지게 하였다. 그리하여 신약이 기록되던 시기에는 헬라어가 이미 지중해를 접하고 있는 땅에 사는 사람들 대다수에게 의사를 소통하는 수단으로 자리잡고 있었다.

신약성경을 기록하는데 사용된 헬라어의 형태는 언어학적으로 기원이 그 이전 세기에 그리스 각 도시에서 사용되던 순수한 형태의 고전 헬라어로 거슬러 올라간다. 그래서 신약성경에 사용된 헬라어 대부분의 어원과 의미가 그 이전의 고전 헬라어로 거슬러 올라가는 것이다.

헬라어 동사 baptizo의 기원도 기원전 5세기에 사용되던 헬라어의 고전 형태까지 거슬러 올라간다. 그 이후로 이 단어는 기원후 1세기와 2세기까지, 즉 신약성경이 기록되던 시대까지 헬라어의 역사에 지속적으로 등장한다. 6세기 내지 7세기에 걸쳐 이 단어는 한 가지 변치 않는 의미, 곧 "담그다", "적시다", "가라앉다"는 뜻을 보유하는데, 그것은 문자 그대로 또는 비유적인 의미로 사용될 수 있다.

그 시대에 이 단어가 사용된 사례는 다음과 같다.

1. 기원전 4, 5세기에 baptizo는 플라톤이 영리한 철학적 주장에 "압도 당한" 어떤 청년을 묘사할 때 사용하였다.
2. 기원전 4세기에 쓰인 것으로 생각되는 히포크라테스의 저술에서 baptizo는 "물에 잠긴" 사람이나 물에 "적신" 스폰지를 묘사할 때 사용되었다.
3. 기원전 1세기나 2세기에 쓰인 것으로 생각되는 헬라어로 번역된 70인역 구약에서 baptizo는 나아만이 요단 강에 일곱 번 "몸을 담그는" 열왕기하 5:14을 번역할 때 사용되었다. 열왕기하 5:14에는 baptizo가 사용되었으나, 10절에는 다른 헬라어가 사용되었다. 흠정역에서는 같은 10절을 "wash씻다"로 번역했다. 다시 말하면 baptizo는 그냥 "씻는" 행위가 아니라 "몸을 담그는" 행위를 구체적으로 의미하는 것이다.
4. 기원전 100년과 기원후 100년 사이에 그리스 지리학자 스트라보가 수영을 하지 못하고 수면 아래로 가라앉는 사람(물 위에 뜨는 통나무와 대조하여)을 묘사할 때 baptizo란 단어를 사용하였다.

5. 기원후 1세기에 유대의 역사가 요세푸스가 칼을 자기 목에 꽂는 사람과 예루살렘이 내란으로 말미암아 돌이킬 수 없는 파멸로 뛰어드는 것을 비유적으로 묘사하기 위하여 baptizo란 단어를 사용했다. 이 단어의 문자적 의미가 이미 분명하게 확립되지 않았더라면 그런 비유적 사용은 불가능했을 것이다.
6. 기원후 1-2세기에 그리스 역사가 플루타르크가 사람의 몸이나 우상의 형상이 바다에 "잠기는" 것을 묘사하기 위하여 baptizo란 단어를 사용했다.

이 언어학적 연구로부터 헬라어 단어 baptizo는 언제나 한 가지 분명한 의미를 갖고 있었으며 그 뜻은 변하지 않았음을 알 수 있다. 고전 헬라어로부터 신약성경을 기록한 헬라어에 이르기까지 이 단어는 항상 다음과 같은 기본적 의미를 간직했다. "무엇을 잠기게 하다." 또는 "무엇을 수면 아래나 다른 액체 아래에 가라앉게 하다."

세례baptism란 단어의 의미에 관한 이 간략한 분석은 신약에서 이 단어가 사용된 모든 곳에서 발견되는 두 가지 특징, 곧 모든 세례는 완전하면서도 전이하는 것이란 점을 분명하게 보여 준다.

세례받는 사람의 전신과 그 인격의 전부가 물속에 잠긴다는 의미에서 완전한 것이고, 세례받은 사람이 하나의 경험 영역으로부터 이전에 들어가 본 일이 없는 새로운 경험 영역으로 들어간다는 의미에서 전이하는 것이다.

그런즉 세례받는 것은 문을 열고 닫는 행위로 비유할 수 있다. 세례받은 사람은 세례 행위를 통하여 자기 앞에 열린 문을 통과함으로써 낡고 익숙한 세계로부터 새롭고 낯선 세계로 들어간다. 그런 다음 그 사람 뒤에 있는 문은 닫히고 다시는 과거의 삶의 방식과 경험으로 돌아갈 길이 없다.

네 가지 다른 세례

세례의 본질을 마음에 새긴 다음 이제 세례가 그리스도교 신앙의 기초 교리 가운데 한 가지로 명시되어 있는 히브리서 6:2로 돌아가면, 세례란 단어가 단수형이 아니고 복수형으로 사용된 것을 보게 된다. "세례들(복수형)과…교훈의 터를"이라고 하며 "세례(단수형)와… 교훈의 터를"이라고 하지 않은 것이다. 이 말씀은 그리스도교 신앙의 온전한 교리는 한 가지 형태 이상의 세례를 포함한다는 것을 분명하게 가리키고 있다.

이 결론에 따라 신약성경을 읽어보면 네 가지 뚜렷하게 다른 형태의 세례가 각각 다른 곳에서 언급되고 있음을 발견하게 된다. 그 네 가지 형태의 세례를 신약성경에 등장하는 순서대로 배열하면 다음과 같다.

첫째, 세례 요한이 전파하고 베푼 세례-물로 베푸는 세례-는 회개의 메시지 및 경험과 직접 연관되어 있다.

> 세례 요한이 광야에 이르러 죄 사함을 받게 하는 회개의 세례를 전파하니막 1:4

둘째, 신약에서 한 단어로 정확하게 표현되지 않은 한 가지 형태의 세례가 있다. 그것을 우리는 "고난의 세례"라고 부를 수 있다. 예수님은 누가복음 12:50에서 다음과 같이 말씀하셨다.

나는 받을 세례가 있으니 그것이 이루어지기까지 나의 답답함이 어 떠하겠느냐.

이 세례는 또 마가복음 10:38에도 언급되어 있다. 세배대의 아들 야고보와 요한이 주의 영광 중에서 하나는 주의 우편에 하나는 좌편에 앉는 특권을 요청하자 예수님은 다음과 같은 질문으로 대답하셨다.

너희는 너희가 구하는 것을 알지 못하는도다 내가 마시는 잔을 너희가 마실 수 있으며 내가 받는 세례를 너희가 받을 수 있느냐.

예수님은 여기서 자기가 십자가를 향해 걸어가면서 자신의 영과 육신을 내려놓아야 하는 것을 명백하게 언급하고 있다. 예수님은 하나님 아버지의 뜻을 따라 자신이 세상의 죄를 짊어져야 하고, 세상의 죄를 속죄하기 위하여 자신의 영과 혼과 육을 전부 바쳐 고통을 당함으로써 죗값을 치러야 한다는 것을 알고 있었다. 이 말씀으로 예수님은 제자들에게 그들의 삶에 대한 자신의 계획을 성취하기 위하여 때가 되면 그들의 존재의 전부를 하나님의 손에 똑같이 내려놓는 것을 요구하게 될 것이라고 암시하셨다. 필요하다면, 죽음의 고난까지도 겪어야 한다는 말씀이었다.

신약에 등장하는 셋째 형태의 세례는 그리스도인이 물로 베푸는 세례이다. 그리스도는 제자들에게 다음과 같이 말씀하셨다.

그러므로 너희는 가서 모든 민족을 제자로 삼아 아버지와 아들과 성령의 이름으로 세례를 베풀고 마 28:19

그리스도인의 세례와 세례 요한의 세례를 구별하는 주요 특징은, 그리스도인의 세례는 삼위일체 하나님, 곧 하나님 아버지와 아들과 성령의 이름과 권위로 베푸는 것이다.

신약에 등장하는 넷째 형태의 세례는 성령 세례이다. 예수님은 사도행전 1:5에서 성령 세례에 관하여 말씀하시면서 물로 베푸는 세례와 구별하신다.

> 요한은 물로 세례를 베풀었으나 너희는 몇 날이 못되어 성령으로 세례를 받으리라 하셨느니라(For John truly baptized with water, but you shall be baptized with the Holy Spirit not many days from now)

New King James Version 성경에는 전치사 with가 사용되었으나 – baptized "with" the Holy Spirit – 헬라어 원문에는 전치사 in이 사용되었다 – baptized "in" the Holy Spirit. 신약성경의 헬라어 원문 전체를 통틀어 동사구 "to baptize"와 함께 사용된 전치사는 in과 into 두 가지밖에 없다. 이것은 baptize란 단어의 문자적 의미에 관하여 우리가 내린 결론과 일치한다. "무엇을 담그거나 잠기게 하다."

예수님은 또 성령 세례의 기본 목적을 다음과 같은 말씀으로 알려 주신다.

> 오직 성령이 너희에게 임하시면 너희가 권능을 받고 예루살렘과 온 유대와 사마리아와 땅 끝까지 이르러 내 증인이 되리라 행 1:8

그러므로 성령 세례의 주된 목적은 그리스도의 증인이 되도록 초자연적 권능을 하늘에서 부어주는 것이다.

여태까지 검토한 네 가지 세례 중 고난의 세례는 다른 세례보다 더 높은 단계의 영적 체험에 속한다. 그런즉 그것은 그리스도교 신앙의 기초 교리와 경험만을 한정하여 공부하는 이 책의 범위를 넘는 주제이다. 그래서 고난의 세례에 대해서는 이 책에서 다루지 않고 다른 세 가지 세례에 대해서만 더 자세하게 검토하기로 한다. 이 세 가지 세례를 신약성경에 등장하는 순서대로 검토할 것이다. 1) 세례 요한의 회개의 세례, 2) 그리스도인이 물로 베푸는 세례, 3) 성령 세례.

18장

세례 요한의 세례와 그리스도인의 세례

많은 그리스도인들이 세례 요한의 세례와 그리스도인의 세례 사이의 차이를 명확하게 인식하지 못하고 있다. 그러므로 이 두 가지 형태 세례 사이의 중요한 차이를 분명하게 설명하고 있는 사도행전 19:1-5을 살펴보는 것이 도움이 된다.

아볼로가 고린도에 있을 때에 바울이 윗지방으로 다녀 에베소에 와서 어떤 제자들을 만나 이르되 너희가 믿을 때에 성령을 받았느냐 이르되 아니라 우리는 성령이 계심도 듣지 못하였노라 바울이 이르되 그러면 너희가 무슨 세례를 받았느냐 대답하되 요한의 세례니라 바울이 이르되 요한이 회개의 세례를 베풀며 백성에게 말하되 내 뒤에 오시는 이를 믿으라 하였으니 이는 곧 예수라 하거늘 그들이 듣고 주 예수의 이름으로 세례를 받으니

에베소에서 바울은 자기들을 제자라고 부르는 한 무리의 사람들과 마주

쳤다. 바울은 처음에 그 사람들을 그리스도인이라고 생각했으나 자세히 조사해 본 다음 단지 세례 요한의 제자라는 것을 알게 되었다.

그들은 회개하라는 세례 요한의 메시지를 듣고 요한의 세례를 받았지만, 예수 그리스도의 복음의 메시지는 들은 바가 없었고 복음을 받아들인 그리스도인의 세례도 받은 적이 없었다.

바울이 세례 요한의 제자들에게 복음의 메시지를 설명하자 그들은 복음을 받아들이고 이번에는 주 예수의 이름으로 다시 세례를 받았다.

이 사건은 세례 요한의 세례와 그리스도인의 세례는 그 본질과 중요성이 구별된다는 것을 분명하게 보여 준다. 그리고 세례 요한의 사역이 종결되고 복음의 시대가 시작되면서 세례 요한의 세례는 더 이상 그리스도인의 세례와 동등하거나 또는 대체하는 것으로 인정받지 못했다. 오히려 요한의 세례만 받은 사람은 다시 그리스도인의 온전한 세례를 받아야만 했다.

세례 요한의 세례 – 회개와 죄의 고백

마가복음 1:3-5은 요한의 메시지와 그의 사역에 수반하는 세례를 요약한다.

광야에 외치는 자의 소리가 있어 이르되 너희는 주의 길을 준비하라 그의 오실 길을 곧게 하라 기록된 것과 같이 세례 요한이 광야에 이르러 죄 사함을 받게 하는 회개의 세례를 전파하니 온 유대 지방과 예루살렘 사람이 다 나아가 자기 죄를 자복하고 요단 강에서 그에게 세례를 받더라.

하나님의 섭리 안에서 요한의 메시지와 사역은 두 가지 특별한 목적이 있었다. 1) 이스라엘 백성이 오랫동안 기다려 온 메시아 예수 그리스도가 오시기 전에 그들의 마음을 준비시켰다. 2) 요한의 사역은 율법과 예언자의 시대를 끝내고 그로부터 약 3년 후에 예수 그리스도의 죽음과 부활로 시작된 복음의 시대가 열릴 때까지 양 시대를 잇는 연결 고리 역할을 했다.

하나님의 이 두 가지 목적을 성취함에 있어서 요한의 사역은 일시적이었다. 요한의 사역은 그 자체로 한 시대를 구성하지 못했고 과도기에 불과했다.

세례 요한은 그의 메시지와 사역을 통하여 사람들에게 두 가지를 요구했다. 1) 회개. 2) 죄를 공개적으로 고백하기. 이 두 가지 조건을 기꺼이 충족시키고자 하는 사람은 세례 요한으로부터 요단강에서 세례를 받았는데, 그것은 과거의 죄를 회개하였다는 것과 앞으로는 선한 삶을 살기로 작정했다는 것을 공개적으로 증언하는 행위였다.

> 세례 요한이 광야에 이르러 죄 사함을 받게 하는 회개의 세례를 전파하니(john came baptizing in the wilderness and preaching a baptism of repentance for the remission of sins)막 1:4

직역하면 세례 요한은 죄 사함으로 인도하는 회개의 세례를 전파했다(John preached a baptism of repentance into the remission of sins). 이것은 마태복음 3:11의 직역과 일치한다. 이 구절에서 세례 요한은 두 가지 전치사 in과 into를 사용한다.

> 나는 너희로 회개하게 하기 위하여 물로 세례를 베풀거니와(I indeed baptize you in water into repentance)

보다시피 세례 요한의 세례는 회개하게 하고 죄 사함을 받게 하는 것이었다(John's baptism was into repentance and into remission of sins). 그러므로 동사구 to baptize세례를 베풀다 다음에 전치사 into가 사용될 때의 의미를 파악하는 것이 중요하다.

세례 요한으로부터 세례를 받은 사람들은 세례를 받은 다음에야 회개와 죄 사함의 경험 속으로 들어간다는 뜻이 아닌 것이 분명하다. 바리새인들과 사두개인들이 세례 요한으로부터 세례를 받으러 왔을 때 요한은 그들을 받아들이기를 거부하고 세례받기 전에 먼저 그들의 삶에 진정한 변화가 일어났다는 증거를 제시하라고 요구했다.

> 요한이 많은 바리새인들과 사두개인들이 세례 베푸는 데로 오는 것을 보고 이르되 독사의 자식들아 누가 너희를 가르쳐 임박한 진노를 피하라 하더냐 그러므로 회개에 합당한 열매를 맺고마 3:7-8

다른 말로 하자면 세례 요한은 그들에게 이렇게 요구했다. "내게 세례를 베풀어달라고 요구하기 전에 너희들의 삶에 진정한 변화가 있었다는 것을 너희 행위로 증명하라."

세례 요한은 세례를 받으러 자기에게 오는 사람들에게 세례를 받기 전에 그들의 삶에서 회개했다는 증거와 죄 사함을 받았다는 증거를 먼저 제시하라고 요구했다. 그러므로 '죄 사함을 받게 하는 회개의 세례(baptism of repentance for the remission of sins)'라는 구절은 회개와 죄 사함이라는 내적 경험이 세례를 받는 외적인 행위 다음에 따라오는 것을 뜻하지 않는다. 도리어 문맥이 말해주듯이 세례받은 외적 행위는 세례받은 사람들이 회개와 죄 사함을 이미 경험했음을 공개적으로 증언하는 것이었다.

그런즉 세례 행위는 이미 일어난 내적 변화를 증언하기 위하여 외적으로 도장을 찍는 역할을 했다.

이 점을 이해하는 것은 대단히 중요하다. 왜냐하면 "세례를 베풀어 ~을 하게 하다(to baptize into 또는 unto)"라는 표현이 신약성경에 두 차례 이어서 등장하기 때문이다. 한 번은 그리스도인이 물로 베푸는 세례와 연관되어, 또 한 번은 성령 세례와 연관되어 이 표현이 사용된 것이다. 이 두 구절에서도 우리는 세례 요한의 세례와 관련하여 이미 세운 바 있는 해석의 원칙을 똑같이 적용해야 한다. 이 두 구절에 관한 자세한 검토는 나중으로 미루도록 하자.

세례 요한의 세례로 돌아가서 그 세례의 효과를 다음과 같이 요약할 수 있다. 세례 요한이 요구한 조건을 진정으로 충족시킨 사람들은 회개와 죄사함의 생생한 경험을 누리며 선하게 변한 그들의 삶으로 그것을 표현하였다. 그러나 이런 경험은 세례 요한의 사역의 특성처럼 근본적으로 과도기적인 것이었다.

세례 요한이 세례를 베푼 사람들은 영속적인 내적 평화와 죄에 대한 승리를 얻지 못했다. 그것은 오직 예수 그리스도가 선포한 온전한 복음을 통해서만 얻을 수 있는 것이었다. 하지만 그들의 마음은 그리스도의 복음이 선포될 때 그것을 받아들이고 그에 반응할 준비가 되어 있었다.

그리스도인의 세례 – 모든 의를 이룸

이제 과도기적인 것에서 영속적인 것으로, 세례 요한의 세례에서 그리스도 자신이 순전한 복음의 필수적인 요소로 제정한 그리스도인의 세례로 전환하자. 그리스도인의 세례를 가장 잘 소개하는 것은 예수님이 받은 세례이다.

> 이 때에 예수께서 갈릴리로부터 요단 강에 이르러 요한에게 세례를 받으려 하시니 요한이 말려 이르되 내가 당신에게서 세례를 받아야 할 터인데 당신이 내게로 오시나이까 예수께서 대답하여 이르시되 이제 허락하라 우리가 이와 같이 하여 모든 의를 이루는 것이 합당하니라 하시니 이에 요한이 허락하는지라 예수께서 세례를 받으시고 곧 물에서 올라오실새 하늘이 열리고 하나님의 성령이 비둘기 같이 내려 자기 위에 임하심을 보시더니 하늘로부터 소리가 있어 말씀하시되 이는 내 사랑하는 아들이요 내 기뻐하는 자라 하시니라마 3:13-17

예수님은 비록 세례 요한으로부터 세례를 받았지만, 예수님이 통과한 세례의 형태는 세례 요한이 세례를 베푼 다른 모든 사람이 통과한 세례와 전혀 같은 차원이 아니었다. 이미 앞에서 살펴보았듯이 세례 요한의 세례는 사람들에게 회개하고 죄를 고백하라는 두 가지 중요한 요구를 했다.

그러나 예수님은 고백해야 하거나 회개해야 할 어떤 죄도 짓지 않았다. 예수님은 세례 요한에게 세례를 받기 위해 찾아온 다른 모든 사람들과 같은 방식으로 세례 요한으로부터 세례를 받을 필요가 없었다.

세례 요한 자신이 이점을 분명하게 인정하였다. 왜냐하면 요한은 다음과 같이 말했기 때문이다.

> 요한이 말려 이르되 내가 당신에게서 세례를 받아야 할 터인데 당신이 내게로 오시나이까마 3:14

그렇지만 예수님은 그 다음 절에서 이렇게 대답하신다.

> 예수께서 대답하여 이르시되 이제 허락하라 우리가 이와 같이 하여 모든 의를 이루는 것이 합당하니라 하시니 이에 요한이 허락하는지라
> 마 3:15

예수님의 대답에서 예수님 자신이 세례받은 이유와, 세례 요한이 베푼 일시적인 형태의 세례와 구별되는 그리스도인의 온전한 세례의 진정한 의의를 찾을 수 있다. 예수님은 회개해야 할 죄를 지은 일이 없으므로 자기 죄를 회개했다는 사실을 외적으로 증거하기 위하여 세례 요한에게서 세례를 받은 것이 아니었다. 예수님 자신이 설명하였듯이 예수님은 모든 의를 이루기 위하여 세례를 받았다.

예수님은 세례 요한에게서 세례받은 행위를 통하여-예수님의 삶과 사역의 다른 많은 측면에서 그러하듯이-의도적으로 그리스도인들이 따라야 할 행위의 기준을 설정하셨다. 세례 요한에게서 세례를 받음으로써 예수님은 그리스도교 신자들이 자기 자취를 따라 세례받은 본과 양식을 설정하신 것이다.

이것은 베드로가 그리스도의 행위를 묘사한 말씀과 일치한다.

> 이를 위하여 너희가 부르심을 받았으니 그리스도도 너희를 위하여 고난을 받으사 너희에게 본을 끼쳐 그 자취를 따라오게 하려 하셨느니라 그는 죄를 범하지 아니하시고 그 입에 거짓도 없으시며 벧전 2:21-22

이 성경구절은 이미 우리가 한 말을 확인해 준다. 예수님은 자기 죄를 회개했기 때문에 세례 요한에게서 세례를 받은 것이 아니다. 베드로가 말씀하듯이 예수님은 "죄를 범하지 아니하시고 그 입에 거짓도 없으셨다." 그렇지

만 세례를 받음으로써 예수님은 모든 그리스도인들에게 자기 자취를 따르도록 본을 남기신 것이다.

이것을 마음속에 두고 예수님 자신이 말씀하신 세례받은 이유로 돌아가서 그 말씀을 자세히 살펴보자. "우리가 이와 같이 하여 모든 의를 이루는 것이 합당하니라(thus it is fitting for us to fulfill all righteousness)" 마 3:15

예수님이 말씀하신 이 이유를 세 부분, 1) "이와 같이 하여", 2) "합당하니라", 3) "모든 의를 이루기 위하여"로 나눌 수 있다.

첫째, "이와 같이 하여"란 말씀에 대하여 검토해 보자. 예수님은 자신의 본을 통하여 세례받은 방식의 패턴을 세우셨다. 예수님은 갓난아기로 세례를 받지 않으셨다. 예수님이 아직 갓난아기였을 때 예수님의 부모는 "아기를 데리고 예루살렘으로 올라가 아기를 주께 드리고(brought Him to Jerusalem to present Him to the Lord)"라고 누가복음 2:22에 기록되어 있으나 세례를 받았다고 암시하는 말씀은 없다. 예수님은 사리를 분별할 줄 아는 나이가 될 때까지 세례를 받지 않았다. 그러므로 예수님은 세례를 받으실 때에 자신이 무엇을 하고 있는지, 그리고 왜 세례를 받는지 알고 계셨다.

마태복음 3:16에서 우리는 다음과 같은 말씀을 읽는다.

예수께서 세례를 받으시고 곧 물에서 올라오실새

이 말씀으로부터 우리는 예수님이 세례를 받으실 때 처음에 물속으로 들어가셨다가 그 다음에 물 밖으로 나오셨다는 것을 추론할 수 있다. 이 말씀을 앞에서 이미 검토한 바 있는 "세례를 베풀다to baptize"라는 동사구의 축자적 의미와 연계하여 볼 때 예수님이 요단 강 물속으로 자신의 몸을 완전히 담그셨다는 것을 의심할 여지가 없다.

이제 예수님이 세례받은 이유의 둘째 부분으로 옮겨 가자. "합당하니라." 이 말씀은 그리스도를 따르는 사람이 세례를 받는 것은 하나님께서 정하신 일임을 가리킨다. 세례를 받는 것은 엄밀한 의미에서 이스라엘 백성에게 부과된 모세의 율법 같은 법적인 계명이 아니고, 그리스도인이 충심으로 예수님을 따르겠다는 뜻을 표현하는 행위이다.

예수님은 "우리가 ~합당하니라(It is fitting for us)"라고 우리us라는 복수형을 사용함으로써 이 믿음과 순종의 행위를 통하여 자신을 따를 사람들과 자기를 동일시하였다.

마지막으로 결론 부분인 "모든 의를 이루는 것이"에 대해 살펴보자. 이미 지적하였듯이 예수님은 자기 죄를 고백하고 회개했다는 증거로 세례를 받은 것이 아니었다. 예수님은 어떤 죄를 지은 적이 없었고, 언제나 완벽하게 의로우셨다. 그 의는 예수님이 항상 소유하고 계셨던 마음의 내적 상태였다.

그렇지만 예수님은 세례를 받음으로써 하나님 아버지의 뜻에 순종하는 외적 행위로 그 내적 의로움을 이루신 것이다. 하나님을 향한 이 순종의 외적 행위와 헌신을 통하여 예수님은 실제 사역의 삶으로 들어가서 하나님 아버지의 계획을 성취하셨다.

세례받은 모든 진정한 그리스도인들도 이와 마찬가지이다. 그런 그리스도인들은 단지 그들이 죄를 고백하고 회개한 죄인이기 때문에 세례를 받는 것이 아니다. 그렇게 한다면 그리스도인의 세례를 요한의 세례와 같은 수준으로 내리게 된다. 그리스도인들이 자기들의 죄를 고백하고 회개하는 것은 사실이다. 죄를 고백하고 회개하지 않으면 그들은 전혀 그리스도인이라고 할 수 없다. 그러나 그리스도인들은 죄의 고백과 회개를 넘어, 오직 세례 요한의 메시지와 세례만 아는 사람들에게 가능한 것보다 훨씬 충만하고 위대한 어떤 것으로 들어 간다.

> 그러므로 우리가 믿음으로 의롭다 하심을 받았으니 우리 주 예수 그리스도로 말미암아 하나님과 화평을 누리자 롬 5:1

진정한 그리스도인은 단지 죄를 고백하고 회개하는 것으로 멈추지 않는다. 예수 그리스도의 대속적인 죽음과 부활에 대한 믿음으로 그들은 의로워진다. 하나님은 그리스도인들의 믿음을 바탕으로 그리스도 자신의 의를 그리스도인들에게 돌리신다.

이것이 그리스도인들이 세례받은 이유이다. 단지 죄를 고백하고 회개했다는 증거로 세례받은 것이 아니라 "모든 의를 이루기 위하여" 세례를 받는 것이다. 이 순종의 외적 행위를 통하여 믿음으로 그들의 마음속에 이미 받아들인 내적 의를 완성한다. 이것은 그리스도인의 세례가 세례 요한이 전파한 세례와 얼마나 다른지 설명해 준다. 이제 우리는 왜 바울이 진정한 그리스도인이 되기를 원하는 사람에게 세례 요한의 세례를 인정하지 않았는지 이해할 수 있다. 그 대신에 바울은 그리스도인의 죽음과 부활에 초점을 맞춘 복음의 온전한 진리를 먼저 가르쳤고 그 다음에 그리스도인의 세례를 다시 받으라고 역설한 것이다.

결론을 내리면, 그리스도인의 세례는 믿는 자가 그리스도의 대속적인 죽음과 부활에 대한 믿음을 통하여 그의 마음속에 이미 누리고 있는 내적 의를 이루는 순종의 외적 행위인 것이다.

19장

그리스도인의 세례의 조건

이제 우리는 그리스도인의 세례를 받기 원하는 사람들이 충족시켜야 할 조건을 검토해 보자.

회개

첫째 조건은 오순절 날 베드로의 설교에 대한 유대인들의 반응과, 베드로가 그들에게 지시한 내용이 기록되어 있는 사도행전 2:37-38에 들어 있다.

그들이 이 말을 듣고 마음에 찔려 베드로와 다른 사도들에게 물어 이르되 형제들아 우리가 어찌할꼬 하거늘 베드로가 이르되 너희가 회개하여 각각 예수 그리스도의 이름으로 세례를 받고 죄 사함을 받으라 그리하면 성령의 선물을 받으리니

여기서 "우리가 어찌할꼬"라는 질문에 베드로는 먼저 회개하고 그 다음에

세례를 받으라고 두 가지를 지시한다.

제 2부에서 우리는 구원받기 원하는 죄인에게 하나님이 요구하시는 첫째 반응이 회개라는 것을 살펴보았다. 그러므로 회개는 세례보다 선행해야 한다. 그 후에 세례는 회개가 낳은 내적 변화를 외적으로 확인하거나 봉인한다.

믿음

그리스도 자신이 그리스도인의 세례를 받는 사람들이 충족해야 할 둘째 조건을 말씀하신다.

> 또 이르시되 너희는 온 천하에 다니며 만민에게 복음을 전파하라 믿고 세례를 받는 사람은 구원을 얻을 것이요 믿지 않는 사람은 정죄를 받으리라^{막 16:15-16}

여기서 그리스도는 복음이 전파되는 모든 곳에서 구원받기 원하는 사람들은 두 가지를 행해야 한다고 말씀하신다. 첫째 믿고, 둘째 세례를 받으라. 신약의 교회는 그리스도의 말씀을 그대로 믿었다. 어떤 사람이 구원받기 위해 예수님을 믿으면 그는 즉시 세례를 받았다.

빌립보 간수의 경험은 한 가지 극적인 사례이다.^{행 16:25-34} 한밤중에 바울과 실라의 기도에 반응하여 옥터가 초자연적인 지진으로 흔들리고 옥문들이 모두 열렸다. 어떤 죄수가 탈출할 경우 자기 목숨을 내놓아야 한다는 것을 알고 있던 간수는 칼을 빼어 자결하려고 했다. 그러나 바울은 다음과 같이 말하며 간수를 말렸다. "네 몸을 상하지 말라 우리가 다 여기 있노라."

자기가 죄인이란 것을 깊이 깨달은 간수는 이렇게 물었다. "선생들이여 내가 어떻게 하여 구원을 받으리이까?" 바울은 다음과 같이 대답했다. "주 예수를 믿으라 그리하면 너와 네 집이 구원을 받으리라."

그런 다음 바울과 실라는 간수와 그의 모든 가족에게 복음을 전했다. 바울과 실라는 세례를 받아야 한다는 것을 그 복음에 포함시켰음이 분명하다. 간수의 가족들은 바울과 실라가 전한 복음에 믿음으로 반응하여 그 밤 그 시각에 즉시 세례를 받았다. 심지어 그들은 날이 샐 때까지 기다리지도 않았다!

간수와 그 가족의 반응은 신약의 표준 사례이다. 세례는 바로 받아야 하는 것으로 여겨졌으나 항상 믿음이 세례보다 선행했다.

세례의 첫 두 가지 조건인 회개와 믿음은 히브리서 6:1-2에 제시된 기초 교리의 첫 세 가지와 일치한다. 1) 회개, 2) 믿음, 3) 세례. 교리도 그러하거니와 경험으로도 세례는 회개와 믿음 위에 세워져야 한다.

선한 양심

그리스도인의 세례의 셋째 조건은 베드로가 물에 잠기는 그리스도인의 세례를 노아와 그 가족들의 경험과 대비하는 구절에 분명하게 표현되어 있다. 노아와 그 가족은 믿음으로 방주 속으로 들어갔을 때 하나님의 진노와 심판으로부터 구원받았다. 일단 방주 속으로 들어감으로 말미암아 그들은 홍수를 무사히 통과할 수 있었다. 이 사건을 직접 언급하면서 베드로는 이렇게 말한다.

> 물은 예수 그리스도께서 부활하심으로 말미암아 이제 너희를 구원하는 표니 곧 세례라 이는 육체의 더러운 것을 제하여 버림이 아니요 하나님을 향한 선한 양심의 간구니라_{벧전 3:21}

여기서 베드로는 먼저 그리스도인의 세례의 목적이 육체의 더러운 것을 씻기 위함이라는 그릇된 가르침을 배격한다. 오히려 베드로는 그리스도인의 세례의 필수 조건은 믿는 자가 마음으로 반응하는 것, 곧 하나님을 향한 선한 양심의 간구라고 밝힌다. 하나님을 향한 선한 양심의 내적 반응은 예수 그리스도의 부활에 대한 믿음으로 하는 것이라고 베드로는 설명한다.

우리는 그리스도인이 세례를 받을 때 선한 양심으로 자기 행위를 하나님께 올리는 근거를 간략하게 요약할 수 있다.

1. 믿는 자는 자기 죄를 겸손하게 시인했다.
2. 그는 그리스도가 나의 죄를 대속하기 위하여 죽으셨고 부활하셨다는 것을 믿는다고 고백했다.
3. 믿는 자는 세례받은 외적 순종의 행위를 통해 구원에 대한 성경적 확신을 얻는데 필요한 하나님의 마지막 요구 조건을 충족시킨다.

구원을 얻는데 필요한 하나님의 모든 요구조건을 충족시킴으로써 믿는 자는 하나님께 선한 양심으로 대답할 수 있는 것이다.

제자가 되기

세례를 받는데 필요한 세 가지 조건-회개와 믿음과 선한 양심-은 넷째 조건이 요약하고 있다. 제자가 되기. 그리스도는 제자들에게 복음을 모든 민족에게 전하라고 분부하셨다.

그러므로 너희는 가서 모든 민족을 제자로 삼아 아버지와 아들과 성령의 이름으로 세례를 베풀고 내가 너희에게 분부한 모든 것을 가르쳐 지키게 하라 볼지어다 내가 세상 끝날까지 너희와 항상 함께 있으리라 하시니라마 28:19-20

여기서 세례를 베푸는 일에 선행하는 제자로 삼는 것은 복음을 듣는 사람들을 첫 세 단계인 회개와 믿음과 선한 양심으로 인도함으로 구성된다. 이러한 단계를 거침으로써 새로 믿는 사람들은 세례받을 자격을 갖추게 되고, 세례를 통하여 그들은 일생을 예수님의 제자로 살겠다고 공개적으로 맹세하는 것이다.

이 공개적인 헌신 행위 이후에 세례받은 사람들은 진정한 제자, 곧 강하고, 총명하고, 책임 있는 그리스도인이 되기 위해 더 철저하고 광범위한 가르침을 받을 필요가 있다.

우리는 이제 세례를 받기 위한 성경적 조건을 요약하도록 하자. 세례받은 사람은 첫째로 복음을 충분히 들음으로써 자기 행위의 본질을 이해해야 한다. 그는 자기 죄를 회개해야 하고, 예수 그리스도가 하나님의 아들이라는 믿음을 고백해야 하며, 구원받는데 필요한 모든 조건을 충족했다는 것을 근거로 하나님께 선한 양심으로 대답할 수 있어야 한다. 마지막으로 그는 평생 예수님의 제자로 살 것을 맹세해야 한다.

그러므로 우리는 신약의 기준에 따라 그리스도인의 세례를 받을 자격을 갖추려면 이 네 가지 조건을 충족해야 한다. 거꾸로 얘기하면, 이 네 가지 조건을 충족시키지 못하는 사람은 세례를 받을 자격이 없는 것이다.

유아는 세례받을 자격이 있는가?

세례받기 위한 이 네 가지 조건은 자동적으로 유아를 세례 대상에서 제외한다. 본질상 유아는 회개할 수 없고 믿을 수 없고 하나님께 선한 양심으로 대답할 수 없고 제자가 될 수 없다. 그러므로 유아는 세례받을 자격이 없다.

신약에는 온 가족이 함께 세례를 받은 사례가 있으므로, 그 가족 가운데 유아도 같이 세례를 받았음직하다는 설이 제안되기도 한다. 이것은 세례의 본질과 목적에 중요한 영향을 미치는 설이므로 이 제안을 신중하게 검토하는 것이 바람직하다.

신약에서 언급되는 두 가족은 사도행전 10장에 등장하는 고넬료 가족과 사도행전 16장에 등장하는 빌립보 간수의 가족이다.

먼저 고넬료 가족을 살펴보자. 고넬료는 "경건하여 온 집안과 더불어 하나님을 경외"하던 사람이었다. 다시 말해 그의 가족은 모두 하나님을 경외하던 사람이었다.행 10:2 참조 베드로가 고넬료의 가족에게 복음을 전하기 전에 고넬료는 이렇게 말했다.

> 이제 우리는 주께서 당신에게 명하신 모든 것을 듣고자 하여 다 하나님 앞에 있나이다행 10:33

이 말씀은 그 자리에 모인 모든 사람이 베드로의 메시지를 들을 수 있었다는 것을 가리킨다.

베드로가 이 말을 할 때에 성령이 말씀 듣는 모든 사람에게 내려오시니 베드로와 함께 온 할례 받은 신자들이 이방인들에게도 성령

부어 주심으로 말미암아 놀라니 이는 방언을 말하며 하나님 높임을 들음이러라 행 10:44-46

이 말씀은 그 자리에 모인 고넬료의 온 집안이 베드로의 메시지만을 들을 수 있었던 것이 아니라, 그 메시지로 말미암아 믿음으로 성령도 받고 방언도 말할 수 있었다는 것을 가리킨다. 요컨대 이러한 사실을 바탕으로 베드로는 그들을 세례받을 자격이 있는 사람으로 받아들였다.

이에 베드로가 이르되 이 사람들이 우리와 같이 성령을 받았으니 누가 능히 물로 세례 베풂을 금하리요 하고 행 10:47

더 나아가 예루살렘에 있는 사도들과 형제들에게 베드로가 고넬료의 집에서 일어난 일을 설명했을 때 그는 고넬료의 온 집안에 관한 또 다른 중요한 사실을 덧붙였다.

이 여섯 형제도 나와 함께 가서 그 사람의 집에 들어가니 그가 우리에게 말하기를 천사가 내 집에 서서 말하되 네가 사람을 욥바에 보내어 베드로라 하는 시몬을 청하라 그가 너와 네 온 집이 구원받을 말씀을 네게 이르리라 함을 보았다 하거늘 행 11:12-14

이 말씀으로부터 우리는 베드로가 고넬료의 집에서 복음을 전함으로 인해 고넬료의 모든 가족이 구원받았다는 사실을 알게 된다.

이제 고넬료의 가족에 관하여 수집한 다양한 정보를 종합하면 다음과 같은 결론을 내릴 수 있다. 그들은 모두 하나님을 경외하는 사람들이었다. 그들은 모두 베드로의 메시지를 들었다. 그들은 모두 성령을 받았고, 방언을 말했다. 그들은 모두 구원받았다. 그러므로 그들은 모두 신약의 세례 조건을 충족시킬 수 있는 사람들이었고, 그들 가운데 유아는 없었다는 것이 분명하다.

이 장의 앞에서 사도행전 16장에 등장하는 빌립보 간수 이야기, 곧 온 집안의 세례를 묘사하는 성경구절을 살펴보았다. 그 구절에서 우리는 다음과 같은 세 가지 사실을 알게 된다.

1. 바울과 실라는 주의 말씀을 간수와 그 집에 있는 모든 사람에게 전했다.32절
2. 간수와 그 온 가족은 세례를 받았다.33절
3. 간수와 그 온 집안이 하나님을 믿었다.34절

이 세 가지 사실로 미루어볼 때 간수와 그의 가족은 세례받기 위한 신약의 조건들을 모두 개인적으로 충족시킬 수 있었고, 간수의 가족 중에 유아는 없었다는 결론을 내릴 수 있다.

고넬료 집안의 이야기에도, 빌립보 간수 집안의 이야기에도, 또는 신약의 다른 어느 곳에도 유아가 세례를 받을 자격이 있다고 암시하는 구절은 없다.

예비 신자 교육

그리스도인의 세례를 받기 위한 조건을 강조하는 것이 중요하지만, 한편으로는 예비 교육을 지나치게 강조함으로써 비성경적인 결과를 낳지 않도록 조심해야 한다. 어떤 곳에서는, 특히 해외 선교 현장에서는 세례받기 원하는 사람들에게 세례받기 전에 수주 내지 수개월에 걸쳐 예비 신자 교육을

받아야 한다고 요구하는 사례가 흔하다. 이러한 관행은 마태복음 28:19-20에 기록된 그리스도의 말씀에 근거를 두고 있다.

> 그러므로 너희는 가서 모든 민족을 제자로 삼아 아버지와 아들과 성령의 이름으로 세례를 베풀고 내가 너희에게 분부한 모든 것을 가르쳐 지키게 하라 볼지어다 내가 세상 끝날까지 너희와 항상 함께 있으리라 하시니라.

예비 신자 교육을 이렇게 강조하게 된 부분적인 이유는 1611년에 출판된 흠정역에 그리스도의 말씀이 다음과 같이 번역되어 있기 때문이다. "그러므로 너희는 가서 모든 민족을 가르쳐라(Go ye therefore, and teach all nations)…" 그렇지만 이 구절은 "너희는 가서 모든 민족을 제자로 삼아라(Go…and make disciples)"라는 현대 번역이 더 정확하다.

어쨌든 세례받기 원하는 사람에게 먼저 가르쳐야 한다는 것은 인정해야 한다. 그렇다면 예비 신자 교육은 얼마나 오랫동안 실시해야 하는가? 몇 달? 몇 주? 며칠? 아니면 몇 시간?

오순절 날의 사건은 다음과 같이 종결되었다.

> 그 말을 받은 사람들은 세례를 받으매 이 날에 신도의 수가 삼천이나 더하더라 행 2:41

여기 세례받았다고 기록된 3000명의 신도들은 몇 시간 전만 하더라도 나사렛 예수가 이스라엘의 메시아라거나 하나님의 아들이란 사실을 받아들이지 않던 공개적인 불신자였다. 베드로가 설교를 마친 다음 그들이 세례받은 순간까지 사도들이 교육을 실시한 시간은 몇 시간을 초과할 수가 없었다.

이것이 빌립의 설교를 들은 사마리아 사람들의 반응과 어떻게 부합하는지 살펴보자.

> 빌립이 하나님 나라와 및 예수 그리스도의 이름에 관하여 전도함을 그들이 믿고 남녀가 다 세례를 받으니 행 8:12

예비 신자 교육에 정확하게 얼마나 시간이 걸렸는지 명시되어 있지 않다. 오순절 날처럼 몇 시간밖에 안 걸렸을지 모른다. 며칠 이상, 또는 많아야 한 두 주일 이상 걸리지 않았을 것이다.

빌립은 에디오피아 내시를 만나 복음을 전한 바로 그날에 내시에게 세례를 베풀었다. 행 8:36-39 참조 그때도 예비 신자 교육을 실시하는데 소요된 시간은 몇 시간을 초과할 수 없었다.

그 다음에 주님이 부른 아나니아의 사례가 있다. 주님은 아나니아에게 이르시되 다소 사람 사울에게 가서 안수하고 기도하라고 하셨다.

> 즉시 사울의 눈에서 비늘 같은 것이 벗어져 다시 보게 된지라 일어나 세례를 받고 행 9:18

나중에 바울 자신이 아나니아가 그때 한 말을 다음과 같이 전한다.

> 이제는 왜 주저하느냐 일어나 주의 이름을 불러 세례를 받고 행 22:16

그러므로 우리는 다소의 사울(나중에 바울)이 아나니아로부터 하나님의 말씀을 전해 들은 바로 그날 세례를 받았음을 알 수 있다. 그리고 다메섹으로 가던 길에 예수 그리스도를 처음 만난 지 사흘 안에 세례를 받은 것이 분명하다.

베드로는 고넬료와 그의 가족들에게 복음을 전한 바로 그날 세례를 받으라고 명하였다.행 10:48 참조

주님은 자색 옷감 장사 루디아의 마음을 열어 바울이 전하는 복음을 받아들이게 하였고, 루디아는 자기 온 가족과 함께 세례를 받았다.행 16:14-15 루디아의 경우에는 더 자세한 내용이 기록되어 있지 않아 복음을 듣고 나서 얼마 만에 세례를 받았는지 알 수 없다.

빌립보 간수와 그 가족은 복음을 처음 들은 그날 밤 세례를 받았다.행 16:33

이러한 성경구절에서 우리는 복음을 듣고 세례받은 일곱 사례를 살펴보았다. 모든 사례에서 복음에 관한 가르침이 먼저 주어졌고, 대다수가 복음을 받아들인 지 몇 시간 안에 세례를 받았다. 세례를 며칠 이상 미루어 받은 사례는 하나도 없는 것이다.

그래서 우리는 초대 교회의 세례 관습을 선명한 그림으로 그릴 수 있게 되었다. 세례를 베풀기 전에 그리스도의 삶과 죽음과 부활에 초점을 맞춘 복음의 기본 진리를 제시했고, 그러한 진리를 세례 행위와 연관 지었다.

그런 다음 즉시, 보통 몇 시간 안에 길어야 며칠 안에 세례를 베풀었다.

끝으로, 세례를 받은 새 신자는 그리스도인의 믿음 안에 굳건히 서는데 필요한 상세한 교육을 받았다. 이 세례 후에 받는 교육은 사도행전 2:42에 요약되어 있는바, 그것은 오순절 날 세례받은 새 신자들에 관한 말씀이다.

그들(세례받은 사람들)이 사도의 가르침을 받아 서로 교제하고 떡을 떼며 오로지 기도하기를 힘쓰니라.

이것이 새 신자들이 세례받은 다음 믿음을 키워가는 신약의 모델이었다.

20장

그리스도인의 세례의 영적 의의

  이 장에서 우리는 신약의 가르침에 담긴 그리스도인의 세례의 영적 의의를 살펴보는 일을 마무리하려 한다.

하나님의 은혜는 어떻게 역사하는가

  이 진리를 열어 보이는 핵심 구절은 로마서에 있다.

> 그런즉 우리가 무슨 말을 하리요 은혜를 더하게 하려고 죄에 거하겠느냐 그럴 수 없느니라 죄에 대하여 죽은 우리가 어찌 그 가운데 더 살리요 무릇 그리스도 예수와 합하여 세례를 받은 우리는 그의 죽으심과 합하여 세례를 받은 줄을 알지 못하느냐 그러므로 우리가 그의 죽으심과 합하여 세례를 받음으로 그와 함께 장사되었나니 이는 아버지의 영광으로 말미암아 그리스도를 죽은 자 가운데서 살리심과

> 같이 우리로 또한 새 생명 가운데서 행하게 하려 함이라 만일 우리가 그의 죽으심과 같은 모양으로 연합한 자가 되었으면 또한 그의 부활과 같은 모양으로 연합한 자도 되리라 우리가 알거니와 우리의 옛 사람이 예수와 함께 십자가에 못 박힌 것은 죄의 몸이 죽어 다시는 우리가 죄에게 종 노릇하지 아니하려 함이니 이는 죽은 자가 죄에서 벗어나 의롭다 하심을 얻었음이라 롬 6:1-7

로마서 5장에서 바울은 인간의 깊은 죄를 향한 하나님의 넘치는 은혜를 강조한다.

> 그러나 죄가 더한 곳에 은혜가 더욱 넘쳤나니 롬 5:20

이 말씀은 로마서 6:1에 기록된 바울의 질문으로 이어진다. "그런즉 우리가 무슨 말을 하리요 은혜를 더하게 하려고 죄에 거하겠느냐." 바울은 누군가 이렇게 질문하는 것을 상상하는 것이다. "만약 하나님의 은혜가 인간의 죄에 비례한다면, 죄가 넘치는 곳에 은혜도 넘친다면, 하나님의 은혜가 우리에게 더욱 넘치도록 계속해서 의도적으로 죄를 지어야 하는가? 이것이 우리가 죄인을 향한 하나님의 은혜를 입는 방법인가?"

바울은 이 위험한 발상에 대하여 그것은 하나님의 은혜가 역사하는 방식에 대한 완전한 오해에 근거를 두고 있다고 대답한다. 죄인이 하나님의 은혜를 입으려면 죄인과 하나님 사이에 믿음을 바탕으로 분명한 교환이 이루어져야 한다. 이 교환의 본질은 죄인의 인격 안에서 완전한 변화가 일어난다는 것이다.

죄인의 인격 안에서 하나님의 은혜가 낳는 이러한 변화에는 서로 반대되면서도 상호 보완적인 두 가지 측면이 있다. 먼저 죽음이 있다-죄와 옛 삶에 대한 죽음. 그 다음에 새 생명이 있다-하나님과 의로움을 향한 새로운 삶.

하나님의 은혜가 죄인 안에서 역사하는 방식과 그것이 낳는 결과에 비추어 우리는 두 가지 상호 배타적인 선택에 직면하게 된다. 만약 우리가 하나님의 은혜를 입었다면 우리는 죄에 대하여 죽었다. 이와 반면에 죄에 대하여 죽지 않았다면 우리는 하나님의 은혜를 입지 않았다. 그러므로 하나님의 은혜를 입었다고 말하면서 동시에 죄 속에 살고 있는 것은 비논리적이고 불가능하다. 이 두 가지는 절대로 함께 하지 못한다. 바울은 이 진리를 로마서 6:2에서 설파한다. "그럴 수 없느니라. 죄에 대하여 죽은 우리가 어찌 그 가운데 더 살리요."

"죄에 대하여 죽었다"는 말씀을 어떻게 이해해야 하는가? 이것을 그림으로 그리기 위하여 큰 죄인 한 사람을 상상해 보자. 그 사람은 자기 아내와 자녀들에게 포학한 자였다. 그 사람은 자기 집에서 하나님에 관하여 이야기하는 것을 금지시켰다. 그 사람은 상스러운 말을 입에 달고 살았다. 그 사람은 술과 담배의 노예였다.

그런데 그 사람이 자기 집에서 의자에 앉은 채 심장마비로 급사했다고 가정하자. 그 사람 곁의 탁자에는 아직 불이 붙어 있는 담배와 위스키 한 잔이 놓여 있다. 담배도 위스키도 그 사람으로부터 더 이상 아무 반응을 일으키지 못한다. 그 사람에게는 내적인 욕망의 움직임도 없고, 그의 팔은 축 늘어져 가족들을 향하여 아무런 외적 움직임을 보이지 못한다. 왜 그럴까? 그 사람은 죽었기 때문이다. 술에 죽고 담배에도 죽은 것이다.

잠시 후에 그 사람의 부인과 자녀들이 동네 교회 주일 저녁 예배를 마치고 교회에서 배운 복음 성가를 부르며 집으로 돌아온다. 그 사람은 아무 반응도 보이지 않는다. 더 이상 화도 내지 않고 하나님을 모독하는 말도 퍼붓지 않는다. 왜 그럴까? 그 사람은 죽었기 때문이다. 화에도 죽고, 하나님을 모독하는 말에도 죽은 것이다. 한마디로 표현하자면, 그 사람은 죄에 대하여 죽었다. 죄는 더 이상 그 사람을 매혹하지 못한다. 죄는 더 이상 그 사람에게 어떤 반응을 일으키지 못한다. 죄는 더 이상 그 사람을 지배하지 못한다.

이것이 믿음으로 하나님의 은혜를 입은 사람에 관하여 신약이 그리는 그림이다. 하나님의 은혜의 역사를 통하여 그 사람은 죄에 대하여 죽었다. 죄는 더 이상 그 사람을 매혹하지 못한다. 죄는 더 이상 그 사람에게 어떤 반응을 일으키지 못한다. 죄는 더 이상 그 사람을 지배하지 못한다. 그 대신에 그 사람은 하나님에 대하여 살아 있고, 의에 대하여 살아 있는 것이다.

그리스도와 함께 십자가에 못 박히고 부활했다

진정한 그리스도인은 하나님의 은혜로 말미암아 죄에 대하여 죽었다는 이 진리는 신약 전체를 통하여 반복해서 진술되고 있다.

> 우리가 알거니와 우리의 옛 사람이 예수와 함께 십자가에 못 박힌 것은 죄의 몸이 죽어 다시는 우리가 죄에게 종 노릇 하지 아니하려 함이니 이는 죽은 자가 죄에서 벗어나 의롭다 하심을 얻었음이라 롬 6:6-7

이 말씀의 의미는 명백하다. 나를 위한 그리스도의 대속적인 죽음을 받아들인 사람에게 있어서 옛 사람의 타락하고 죄 많은 본성은 십자가에 못 박혔다. 죄의 몸은 죽었고, 죽음을 통하여 그 사람은 죄로부터 자유로워졌다(또는 의롭다 하심을 얻었다). 더 이상 죄에게 종 노릇할 필요가 없다.

바울은 로마서의 같은 장에서 이 가르침을 다시 강조한다.

> 이와 같이 너희도 너희 자신을 죄에 대하여는 죽은 자요 그리스도 예수 안에서 하나님께 대하여는 살아 있는 자로 여길지어다 그러므로 너희는 죄가 너희 죽을 몸을 지배하지 못하게 하여 몸의 사욕에 순종하지 말고…죄가 너희를 주장하지 못하리니 이는 너희가 법 아래에 있지 아니하고 은혜 아래에 있음이라롬 6:11,12,14

이 말씀의 의미도 분명하다. 그리스도인으로서 우리는 하나님의 은혜로 예수 그리스도 안에서 죄에 대하여 죽었다고 간주해야 하며, 그리하면 죄가 우리를 계속해서 주장해야 할 이유가 없어진다. 바울은 로마서 8장에서 다시 같은 진리를 가장 명확하고도 단호한 어조로 진술한다.

> 또 그리스도께서 너희 안에 계시면 몸은 죄로 말미암아 죽은 것이나 영은 의로 말미암아 살아 있는 것이니라롬 8:10

여기서 바울이 사용하는, "그리스도께서 너희 안에 계시면"이라는 말은 믿음으로 말미암아 그 마음속에 그리스도께서 내주하시는 모든 진정한 그리스도인에게 이 진리가 적용된다는 것을 가리킨다. 믿는 자 안에 그리스도의 내주함이 맺는 두 가지 결과는 다음과 같다. 1) 육적인 옛 본성의 죽음; 몸, 즉 죄의 몸이 죽고 2) 하나님의 영의 역사를 통하여 의로운 새 생명이 산다. 하나님의 영은 의로 말미암아 살아 있는 것이다.

베드로는 같은 진리를 바울처럼 분명하게 제시한다. 십자가에 달려 돌아가신 그리스도의 죽음의 목적에 관하여 베드로는 다음과 같이 말한다.

친히 나무에 달려 그 몸으로 우리 죄를 담당하셨으니 이는 우리로
죄에 대하여 죽고 의에 대하여 살게 하려 하심이라 그가 채찍에 맞
음으로 너희는 나음을 얻었나니벧전 2:24

베드로는 또한 나를 위한 그리스도의 대속적인 죽음을 받아들이는 믿는 자 안에서 일어나는 변화의 두 가지 상호 보완적 측면을 제시한다. 1) 죄에 대하여 죽고, 2) 의에 대하여 산다. 사실상 베드로는 이것이 십자가에 달려 돌아가신 그리스도의 죽음의 지고한 목적이라고 진술한다. "우리로 죄에 대하여 죽고 의에 대하여 살게 하려 하심이라."

죄에 대하여 죽고 의에 대하여 사는 것은 단지 과거의 죄를 사함 받는 것을 훨씬 뛰어넘는 상태이다. 사실 그것은 믿는 자를 완전히 다른 영역의 영적 체험으로 데려간다. 모든 교파의 대다수 자칭 그리스도인들은 자신들의 과거의 죄를 용서받을 수 있다고 믿는다. 어쩌면 그것이 교회에 출석하는 주요 이유인지도 모른다. 자기들이 저지른 죄를 고백하고 용서받기 위해서이다.

그렇지만 그들은 자기 품성의 내적 변화를 체험할 수 있다고는 기대하거나 생각하지 않는다. 그리하여 죄를 고백한 다음 그들은 변하지 않은 상태로 교회에서 나와 지금까지 고백해온 것과 같은 종류의 죄를 계속해서 짓는다. 이윽고 그들은 교회로 다시 돌아와 같은 죄를 또 고백한다.

이것은 인간의 차원에서 인간이 만든 종교에 그리스도교의 외적 형태가 부착되어 있을 따름이다. 그것은 그리스도의 속죄를 믿는 진정한 신자에게 하나님이 주시는 구원과 아무런 상관이 없는 종교이다.

그리스도의 속죄에 대한 하나님의 핵심 목적은 사람이 과거에 저지른 죄

를 단순히 용서받을 수 있게 하기 위함이 아니고, 과거의 죄를 용서받은 다음 영적 체험의 새로운 영역으로 들어갈 수 있게 하기 위함이다. 이제부터 그는 죄에 죽고 하나님과 의에 대하여 사는 것이다. 그는 더 이상 죄의 노예가 아니고, 죄는 더 이상 그를 주장하지 못한다.

이것은 그리스도가 단지 우리 죄를 짊어지고 죗값을 치르기 위하여 십자가에서 대속적인 죽음을 죽었기 때문에 가능해진 것이 아니다. 이 모든 것을 넘어 그리스도는 우리의 타락한 본성을 자신의 몸에 지고 십자가에서 돌아가셨을 때 우리의 옛 본성, 곧 우리의 옛 사람, 죄의 몸이 그리스도 안에서 그리스도와 함께 죽었기 때문에 가능해진 것이다.

믿는 자가 그리스도의 속죄의 온전한 목적 속으로 들어가려면 두 가지 조건이 충족되어야 한다. 이 두 가지 조건은 바울이 로마서 6장에서 논리적인 순서에 따라 진술하고 있다.

> 우리가 알거니와 우리의 옛 사람이 예수와 함께 십자가에 못 박힌 것은 죄의 몸이 죽어 다시는 우리가 죄에게 종 노릇 하지 아니하려 함이니롬 6:6

우리의 옛 사람이 그리스도와 함께 십자가에 못 박힌 것은 과거의 한 시점에 확실하게 일어난 역사적인 사건이다.

> 이와 같이 너희도 너희 자신을 죄에 대하여는 죽은 자요 그리스도 예수 안에서 하나님께 대하여는 살아 있는 자로 여길지어다롬 6:11

이 말씀에서 '이와 같이'는 그리스도의 경험과 믿는 자의 경험 사이의 일치를 가리킨다. 그 뜻은 이렇다. "그리스도가 죽은 것처럼 너희도 죽은 것으로 간주하라." 더 간략하게 말하면 다음과 같다. "그리스도의 죽음은 너희의 죽음이다."

그렇다면 여기에 죄에 대하여 죽고 의와 하나님에 대하여 사는 두 가지 조건이 있다. 1) 알기, 2) 간주하기. 첫째, 우리는 하나님의 말씀이 그리스도의 죽음의 주요 목적에 관하여 가르치는 내용을 알아야 한다. 둘째, 우리는 하나님의 말씀이 우리 자신의 개별적인 사정에 적용되는 진리로 간주해야 한다. 우리는 하나님의 말씀의 진리를 믿음으로 우리 자신의 상황에 적용해야 한다. 하나님의 말씀이 그리스도의 속죄의 목적에 관하여 가르치는 것을 우리가 알고 그것이 진리라고 간주할 때, 그리고 그렇게 하는 만큼 죄에 대하여 죽고, 의와 하나님에 대하여 사는 것을 우리는 영적으로 체험할 수 있다.

그리스도의 속죄의 이 핵심 목적 – 우리가 죄에 대하여 죽고 의에 대하여 사는 – 에 관하여 두 가지 확실한 진술을 할 수 있다. 1) 신약 전체를 통틀어 이보다 더 실제적으로 중요한 진리는 없다. 2) 자칭 그리스도인들 사이에 이 진리에 대해서 보다 사람들이 더 무지하고 무관심하고 믿지 않는 진리는 없다.

몹시 안타까운 이 문제의 뿌리는 무지라는 단어에 있다. 이러한 상황에 우리는 호세아 4:6에 기록된 주님의 말씀을 적용할 수 있다 "내 백성이 지식이 없으므로 망하는도다."

바울이 그리스도의 속죄의 핵심 목적으로 들어가는 주요 조건으로 진술한 주요 말씀은 "우리가 알거니와"이다. 만일 하나님의 백성이 이 진리를 알지 못하면 그것을 믿을 수 없다. 믿지 않는다면 그것을 체험할 수도 없다. 그러므로 가장 시급하게 필요한 것은 이 진리를 교회가 알 수 있도록 그것을 가장 분명하고도 두드러진 모양으로 교회 앞에 제시하는 일이다.

먼저 장사되고 그 다음에 부활

그리스도의 속죄의 중요한 진리와 그리스도인의 세례 의식 사이의 관계는 어떠한가? 이 질문에 대한 답은 단순하고 실제적이다. 자연계에서 모든 죽음 다음에는 매장이 따른다. 똑같은 질서가 영적인 세계에도 적용된다. 그리스도의 속죄에 대한 믿음으로 우리는 하나님 말씀에 따르면 자신을 그리스도와 함께 죽은 것으로 간주한다. 우리는 우리의 옛 사람, 곧 죄의 몸을 죽은 것으로 여기는 것이다. 하나님 말씀으로 지정된 그 다음 행위는 이 옛 사람, 이 죄의 몸을 장사하는 일이다.

이 장사를 지내는 의식이 그리스도인의 세례 의식이다. 모든 그리스도인의 세례에는 두 가지 연속적인 단계가 있다. 1) 장사, 2) 부활. 세례의 이 두 단계는 자기를 위한 그리스도의 속죄를 받아들이는 믿는 자 안의 내적 변화의 두 단계와 부합한다. 1) 죄에 대한 죽음, 2) 의와 하나님에 대한 새로운 삶.

물에 잠기는 그리스도인의 세례는 첫째, 무덤을 상징하는 물에 장사하는 것이고, 둘째, 그 무덤으로부터 하나님과 의에 대하여 사는 새로운 삶으로 부활하는 것이다. 장사는 죄에 대한 죽음, 옛 사람의 죽음의 외적 표현이고, 부활은 의와 하나님에 대한 새로운 삶의 외적 표현이다. 신약은 이것이 그리스도인의 세례의 목적이라고 선언한다.

무릇 그리스도 예수와 합하여 세례를 받은 우리는 그의 죽으심과 합하여 세례를 받은 줄을 알지 못하느냐 그러므로 우리가 그의 죽으심과 합하여 세례를 받음으로 그와 함께 장사되었나니 이는 아버지의

영광으로 말미암아 그리스도를 죽은 자 가운데서 살리심과 같이 우
리로 또한 새 생명 가운데서 행하게 하려 함이라롬 6:3-4

너희가 세례로 그리스도와 함께 장사되고 또 죽은 자들 가운데서 그
를 일으키신 하나님의 역사를 믿음으로 말미암아 그 안에서 함께 일
으키심을 받았느니라골 2:12

이 두 성경구절에서 세례의 연속적인 두 단계가 분명하게 설명되고 있다. 1) 우리는 세례(축어적으로 물에 잠김)를 통하여 그리스도와 함께 그의 죽으심과 합하여 장사되었다. 2) 우리는 하나님의 능력의 역사를 믿음으로 말미암아 새 생명 가운데서 그리스도와 함께 행하도록 그리스도와 함께 일으키심을 받았다.

장사와 부활에 관한 이러한 기본적 진리 외에 이 성경구절에는 세례에 관한 다른 세 가지 중요한 사실이 들어 있다.

첫째, 진정한 그리스도인의 세례로 우리는 어떤 특정한 교회나 교단 또는 교파와 합하여 세례받은 것이 아니라, 그리스도 자신과 합하여 세례를 받았다. 바울은 이것을 다음과 같이 말씀하고 있다.

누구든지 그리스도와 합하기 위하여 세례를 받은 자는 그리스도로
옷 입었느니라갈 3:27

여기에 그리스도에 미치지 못하는 어떤 것이 참여할 여지는 없다. 대속적인 죽음을 죽은 그리스도와 부활로 승리한 그리스도만 자격이 있는 것이다.

둘째, 세례의 효력은 세례받은 사람의 개인적 믿음에 달려 있다. 그것은 하나님의 역사에 대한 믿음으로 말미암아, 더 단순하게 말하면, 하나

님께서 하시는 일에 대한 믿음으로 말미암아 발생하는 것이다. 이러한 믿음이 없이 단순한 세례 의식만으로는 아무런 효력 또는 유효성이 발생하지 않는다.

셋째, 세례를 받고 물의 무덤에서 일어난 믿는 자가 새 생명 가운데서 행함은 자기 능력으로 하지 않고 예수님을 무덤에서 일으키신 하나님의 영광의 능력으로 행한다. 바울은 예수님을 무덤에서 일으키신 능력은 '성결의 영', 곧 하나님의 거룩한 영이라고 말씀한다롬 1:4 그런즉 믿는 자는 세례의 물을 통하여 하나님과 의로움에 대한 새 생명에 자신을 맡기는바, 그것은 성령의 능력에 온전하게 의존하는 것이다.

이것은 바울이 로마서 8:10에서 말씀하는 것과 일치한다.

> 또 그리스도께서 너희 안에 계시면 몸은 죄로 말미암아 죽은 것이나
> 영은 의로 말미암아 살아 있는 것이니라.

하나님의 영만이 세례받은 신자에게 의로운 새 생명에 필요한 능력을 줄 수 있다.

교육심리학의 일반적인 원리는 아이들이 듣는 것의 40%를 기억하고, 듣고 보는 것의 60%를 기억하며, 듣고 보며 행하는 것의 80%를 기억한다는 것이다. 그리스도인의 세례 의식을 교회에 세우면서 하나님은 이 심리학의 원리를 그리스도의 속죄의 위대한 목적, 곧 죄에 대하여 죽은 우리가 의에 대하여 살게 하려는 목적을 가르치는데 적용하셨다.

신약의 패턴에 따르면, 새 신자들이 교회에 더해질 때마다 그들은 세례를 통하여 믿음으로 자기들을 그리스도와 동일시함을 행동으로 나타낸다. 첫째로, 그리스도의 죄에 대한 죽음과 장사됨에, 둘째로, 그리스도의 새 생명

에 대한 부활에 자기들을 동일시하는 것이다. 그렇게 함으로써 세례는 그리스도의 속죄의 위대한 목적을 교회에 계속 지켜나간다.

그리스도의 속죄에 관한 이 매우 중요한 진리는 그리스도인의 세례의 진정한 의미와 방식이 먼저 회복되기 전에는 그리스도의 교회에 결코 온전하게 회복될 수 없다. 그리스도인의 세례는 다시 한번, 신자 개인과 교회 전체에게 죄에 대하여 죽어 장사되고 의와 하나님에 대하여 부활하여 사는 이 갑절의 진리를 재수립하는 행위가 되어야 한다.

이 장을 마치면서, 진정한 그리스도인의 세례는 믿는 자 안에 죄에 대하여 죽는 상태를 낳는 것이 아니라, 오히려 믿는 자가 믿음으로 그 상태에 이미 들어갔다는 것을 외적으로 확증하는 의식임을 지적하고 싶다. 로마서 6장에서 이미 인용한 성구에서 바울은 우리가 그리스도와 함께 먼저 죄에 대하여 죽었고 그 다음에 그리스도의 죽으심과 합하여 세례를 받았다고 말씀한다.

이런 측면에서 그리스도인의 세례는 세례 요한의 세례와 유사하다. 세례 요한의 세례를 받는 사람은 먼저 자기 죄를 회개했고 그 다음에 회개한 증거로 세례를 받았다. 그리스도인의 세례를 받는 사람은 먼저 믿음으로 그리스도와 함께 죄에 대하여 죽고 그 다음에 그리스도의 죽음에 동참했음을 증거하기 위하여 세례를 받는다. 각각의 경우에 세례의 외적 행위는 그 자체가 내적인 영적 상태를 낳지 않는다. 세례는 오히려 그 내적 상태가 세례받은 사람의 마음속에 믿음으로 이미 생성되었음을 확증하는 도장인 것이다.

21장

성령 세례

20세기 초부터 성령 세례는 그리스도 교회에 지대한 관심을 불러 일으켰고 점점 많은 사람들이 이 주제에 관하여 논의해 왔다. 오늘날에도 성령 세례는 거의 모든 그리스도 교파에서 연구와 토론과 논쟁의 주제가 되고 있다. 이런 점을 고려하여 우리는 성령 세례에 관한 연구에 신중하고, 철저하고, 성경적인 방식으로 접근할 것이다.

신약의 일곱 가지 참고 사례

우선 신약에서 성령과 관련하여 baptize란 단어가 사용된 구절을 열거하기로 한다. 참으로 적절하게도 – 7은 특수하게 성령의 숫자이므로 – 그런 구절이 일곱 개 있다.

세례 요한은 자신의 사역을 그리스도의 사역과 비교하였다.

나는 너희로 회개하게 하기 위하여 물로 세례를 베풀거니와 내 뒤에 오시는 이는 나보다 능력이 많으시니 나는 그의 신을 들기도 감당하지 못하겠노라 그는 성령과 불로 너희에게 세례를 베푸실 것이요 (He will baptize you with the Holy spirit and fire)마 3:11

비록 New King James Version 성경은 to baptize란 동사구와 함께 영어 전치사 with를 사용하지만, 헬라어 원문에 사용된 전치사는 in이다. 이 용법은 세례와 성령 세례에 똑같이 적용된다. 양쪽 모두 헬라어 전치사 in이 사용되는 것이다. 사실 신약에서 to baptize란 동사구와 함께 사용된 전치사는 in과 into밖에 없다. 유감스럽게도 NKJV 성경은 다양한 전치사를 사용함으로써 원문의 분명한 가르침을 모호하게 가려버렸다.

마가복음 1:8에서 그리스도에 관한 세례 요한의 말은 다음과 같이 표현되어 있다.

나는 너희에게 물로 세례를 베풀었거니와 그는 너희에게 성령으로 세례를 베푸시리라(I indeed baptized you with water, but He will baptize you with the Holy Spirit)

여기서도 영어는 전치사 with를 사용하고 있지만, 헬라어는 in을 사용하고 있다. 누가복음 3:16에서 세례 요한의 말은 다음과 같이 표현되어 있다.

요한이 모든 사람에게 대답하여 이르되 나는 물로 너희에게 세례를 베풀거니와 나보다 능력이 많으신 이가 오시나니 나는 그의 신발끈을 풀기도 감당하지 못하겠노라 그는 성령과 불로 너희에게 세례를 베푸실 것이요(He will baptize you with the Holy Spirit and with fire)

여기서도 헬라어 성경을 문자 그대로 번역하면 'in the Holy Spirit' 이다. 요한복음 1:33에서 세례 요한은 그리스도에 관하여 다음과 같이 증언한다.

나도 그를 알지 못하였으나 나를 보내어 물로 세례를 베풀라 (baptize with water) 하신 그이가 나에게 말씀하시되 성령이 내려서 누구 위에든지 머무는 것을 보거든 그가 곧 성령으로 세례를 베푸는(baptize with the Holy Spirit)이인 줄 알라 하셨기에

이 말씀에서도 헬라어 전치사는 양쪽 모두 in이 사용되고 있다.

사도행전 1:5에는 예수님이 승천하시기 직전에 제자들에게 하신 말씀이 기록되어 있다.

요한은 물로 세례를 베풀었으나 너희는 몇 날이 못되어 성령으로 세례를 받으리라(You shall be baptized with the Holy Spirit) 하셨느니라

여기서도 직역하면 '너희는 성령 안에서 세례를 받을 것이다(You shall be baptized in the Holy Spirit).' 가 된다.

사도행전 11:16에는 고넬료 집안에서 일어난 일을 베드로가 묘사하고 있다. 베드로는 여기서 사도행전 1:5에 기록된 예수님의 말씀을 인용한다.

내가 주의 말씀에 요한은 물로 세례를 베풀었으나 너희는 성령으로 세례를 받으리라(You shall be baptized with(in) the Holy Spirit) 하신 것이 생각났노라

마지막으로, 고린도전서 12:13에 기록되어 있는 바울의 말을 보자.

우리가 유대인이나 헬라인이나 종이나 자유인이나 다 한 성령으로 세례를 받아 한 몸이 되었고 또 다 한 성령을 마시게 하셨느니라(For by one Spirit we were all baptized into one body - whether Jews or Greeks, whether slaves or free - and have all been made to drink into one Spirit)

여기서 New King James Version 성경은 전치사 by를 사용했다. 'by one Spirit we were all baptized into one body' 그러나 헬라어 원문에 사용된 전치사는 in이다. 'in one Spirit we were all baptized into one body' 그러므로 이 구절에서 바울의 표현은 복음서 및 사도행전의 표현과 완벽하게 조화를 이룬다.

불행하게도 KJV과 NKJV의 번역인들이 이 구절을 번역하면서 'by one Spirit' 이라고 표현함으로 말미암아 이상한 교리가 생겨났다. 이들은 바울이 복음서나 사도행전에 언급되고 있는 것과 다른 특별한 경험을 바울이 언급하고 있으며, 성령 자신이 세례를 베푸는 행위자라는 교리를 주장하는 것이다. 그런 주장을 하는 사람들이 조금만 시간을 내어 헬라어 원문을 대조해 보았더라면 그와 같은 교리의 근거를 찾을 수 없을 것이다. 사실은 신약 전체의 가르침이 다음과 같은 분명한 진리, 즉 예수 그리스도만이 성령으로 세례를 베푸시는 분이라는 진리에 확고하게 동의하고 있다.

우리는 또 바울이 여기서 성령 세례와 관련하여 사용한 'baptized into' 란 구절이 세례 요한의 세례 및 물에 잠기는 그리스도인의 세례와 관련하여 사용된 구절과 일치한다는 점을 주목해야 한다. 세례 요한의 세례와 물에 잠기는 그리스도인의 세례 행위는 내적인 영적 상태의 외적 봉인이요 확증이라는 것을 지적했다. 같은 진리가 여기서 성령 세례와 그리스도의 몸의 지체 사이의 관계에 대한 바울의 진술에도 적용된다. 성령 세례가 어떤 사람을 그리스도의 몸의 지체로 만들지는 않는다. 오히려 그것은 그 사람이 믿음으로 이미 그리스도의 몸의 지체가 되었음을 인정하는 초자연적인 봉인인 것이다.

이제 'to baptize in the Holy Spirit' 이란 표현이 사용된 신약의 일곱 성구로부터 배운 것을 요약해 보자.

일곱 성구 중 여섯 성구에서 성령 세례의 경험은 물로 세례받은 것과 비교되고 대조되었다.

일곱 성구 중 두 성구에서 불이 성령과 결합되어 '성령과 불로 세례를 베풀 것이요' 라고 표현되었다.

'세례를 베풀다to baptize' 란 동사구 외에 성령과 관련하여 이 성구들에서 사용된 유일한 동사는 '마시다to drink' 이다. 고린도전서 12:13에서 바울은 이렇게 말한다. "우리가 다 한 성령을 마시게 하셨느니라(We…have all been made to drink into one Spirit)." 현대 영어로 단순하게 표현하면, 'We have all been given to drink of one Spirit' 이라고 표현할 수 있을 것이다.

'마시다' 라는 동사의 사용은 예수님이 요한복음 7:37-39에서 성령과 관련하여 말씀하신 것과 부합한다.

예수께서 서서 외쳐 이르시되 누구든지 목마르거든 내게로 와서 마시라 나를 믿는 자는 성경에 이름과 같이 그 배에서 생수의 강이 흘러 나오리라 하시니 이는 그를 믿는 자들이 받을 성령을 가리켜 말씀하신 것이라 (예수께서 아직 영광을 받지 않으셨으므로 성령이 아직 그들에게 계시지 아니하시더라.)

여기서 예수님은 성령의 선물을 물을 마시는 것에 비유하신다.

이것은 사도행전 2:4에 예수님을 따르던 제자들이 오순절 날 다락방에 모여 있을 때 그들이 다 성령의 충만함을 받았다는 말씀과 일치한다.

이 말씀은 또 믿는 자들이 성령을 받는 것에 대하여 말씀하는 사도행전의 여러 성구와 일치한다. 예를 들어 빌립의 복음 전파를 통해 믿게 된 사마리아 사람들에게 베드로와 요한이 예루살렘으로부터 파송된다.

> 그들이 내려가서 그들을 위하여 성령 받기를 기도하니…이에 두 사도가 그들에게 안수하매 성령을 받는지라행 8:15,17

베드로는 성령이 막 내린 고넬료 집안 사람들에 관하여 이렇게 말씀한다.

> 이 사람들이 우리와 같이 성령을 받았으니 누가 능히 물로 세례 베풂을 금하리요 하고행 10:47

바울은 에베소에서 만난 제자들에게 다음과 같이 묻는다.

> 너희가 믿을 때에 성령을 받았느냐행 19:2

이 모든 성구에서 '성령을 마시다', '성령으로 충만하다', '성령을 받다'는 표현은 믿는 자가 성령의 충만함을 내적으로 받아들이는 경험을 하게 된다는 것을 암시한다.

위로부터 잠김

동사구 'to baptize'의 축자적인 근본 의미는 '무엇을 물에 담그거나 잠기게 하는' 것임을 앞에서 살펴보았다. 그러므로 '성령으로 세례를 받다'는 표현은 믿는 자의 전 인격이 위에서 내려오고 밖에서 감싸는 성령의 임재와 능력에 잠기고 둘러싸임을 뜻한다.

자연계에서 물에 잠기는 방법은 두 가지가 있다. 사람이 수면 아래로 내려갔다가 위로 올라오는 방법이 있고, 폭포 아래로 걸어 들어가서 위로부터 잠기는 방법이 있다. 이 두 번째 방법이 성령 세례와 대응하는 것이다.

사도행전에서 성령 세례가 묘사된 곳에 사용된 언어는 예외 없이 성령이 믿는 자의 위로부터 내려오거나 부어지는 모습을 표현하고 있다. 예를 들어, 오순절 날에 제자들이 다락방에 모여 있을 때 성령이 임하시는 모습이 기록된 사도행전 2:2을 보자.

> 홀연히 하늘로부터 급하고 강한 바람 같은 소리가 있어 그들이 앉은 온 집에 가득하며.

이 말씀은 성령이 제자들의 위로부터 내려와서 그들을 완전히 잠그고 감싸 버림으로써 그들이 앉아 있는 집 전체가 가득 차 버렸다는 것을 보여 준다.

나중에 베드로는 이 경험에 대한 해석을 두 번 확증한다. 첫째로 베드로는 이 경험은 하나님의 약속의 성취라고 선언한다.

> 말세에 내가 내 영을 모든 육체에 부어주리니 행 2:17

그런 다음 베드로는 그리스도에 관하여 다시 말씀한다.

> 하나님이 오른손으로 예수를 높이시매 그가 약속하신 성령을 아버지께 받아서 너희가 보고 듣는 이것을 부어주셨느니라 행 2:33

베드로의 두 말씀이 보여 주는 것은 성령이 믿는 자들의 위에서 부어지는 그림이다.

사도행전 8:16에서 같은 경험을 묘사하는 표현은 성령이 믿는 자들에게 내린다고 falling upon 했다. 여기서 사용된 언어도 성령이 위로부터 믿는 자들에게 내리는 모습을 묘사하고 있는 것이다.

사도행전 10장에서 고넬료 집안 사람들과 관련하여 이 두 가지 표현이 앞뒤로 사용된다. 44절에서 '성령이 말씀 듣는 모든 사람에게 내려오시니' 라 했고, 45절에서 '이방인들에게도 성령 부어 주심으로' 라고 한다. 이것은 '내려오시니' 와 '부어 주심으로' 를 교체하여 사용할 수 있다는 것을 보여 준다.

그리고 베드로가 고넬료 집안에서 일어난 같은 일을 묘사할 때 다음과 같이 말씀한다.

> 성령이 그들에게 임하시기를 처음 우리에게 하신 것과 같이 하는지라
> 행 11:15

여기서 '처음 우리에게 하신 것과 같이' 라는 표현은 고넬료와 그의 집안 사람들이 경험한 것은 오순절 날 다락방에서 제자들이 경험한 것과 유사함을 가리킨다.

마지막으로, 에베소에 있는 제자들에 관한 말씀을 읽어 보자.

> 바울이 그들에게 안수하매 성령이 그들에게 임하시므로 방언도 하고 예언도 하니 행 19:6

여기서 '임하시므로 to come upon' 란 표현은 앞에서 사용된 '내리다 to fall upon' 란 표현과 의미가 비슷하다.

이제 신약에서 사용된 다양한 표현들이 묘사하는 그림을 모아 보면 다음과 같은 결론에 도달하게 된다.

- 우리가 말하고 있는 경험은 외적인 것과 내적인 것의 두 가지 서로 다르면서도 상호 보완적인 측면으로 이루어져 있다.
- 외적으로는, 성령의 눈에 보이지 않는 임재와 능력이 믿는 자의 위로부터 내려와서 그를 감싸고 잠기게 한다.
- 내적으로는, 믿는 자가 물을 마시는 것처럼 성령의 임재와 능력을 자기 속으로 받아들임으로써 성령이 믿는 자를 가득 채운 다음 그의 존재의 가장 깊은 곳으로부터 강물처럼 넘쳐 흐른다.

인간의 어떤 언어도 이와 같은 강력하고 초자연적인 경험을 온전하게 묘사할 수는 없다. 그러나 구약의 그림 한 가지를 빌려오면 이해하는데 도움이 될지도 모른다.

노아 시절에 온 세계가 물 아래에 잠겼다. 이 홍수를 불러옴에 있어서 하나님은 두 가지 서로 다르면서 상호 보완적인 방법을 사용하셨다.

> 노아가 육백 세 되던 해 둘째 달 곧 그 달 열이렛날이라 그날에 큰 깊음의 샘들이 터지며 하늘의 창문들이 열려 창 7:11

이 말씀은 큰 물이 두 가지 근원에서 나왔다는 것을 알려 준다. 내부에서(큰 깊음의 샘들이 터지며), 그리고 위에서(하늘의 창문들이 열려) 비가 쏟아졌다.

노아 시절의 홍수는 하나님의 분노와 심판의 홍수였고, 신약의 믿는 자를 잠그는 홍수는 하나님의 자비와 영광과 축복의 홍수란 것을 우리는 알아야 한다. 성령의 충만함을 받는 신약의 믿는 자는 노아의 홍수 이야기와 같이 두 가지 측면을 보여 준다. 내부로부터, 믿는 자 자신의 인격 안에서 큰 깊음의 샘들이 터지며 거기서부터 강력한 축복과 능력의 큰 물이 쏟아져 나온다. 위로부터, 하나님의 자비의 창이 믿는 자에게 열려 영광과 축복의 큰 물이 믿는 자 위에 부어지며 그의 인격 전부가 그 속에 잠기게 된다.

우리는 두 가지 별개의 경험을 이야기하고 있는 것이 아니고, 두 가지 서로 다르면서도 상호 보완적인, 그리하여 하나의 온전한 경험을 이루는 것을 이야기하고 있다.

어떤 사람은 믿는 자가 어떻게 내부에서 성령으로 충만해짐과 동시에 외부에서 성령 안에 잠길 수 있는지 이해하기 어렵다고 이러한 설명을 거부할지도 모른다. 그렇지만 그러한 거부는 인간의 언어와 이해의 한계를 증명하는 한 가지 예에 불과할 따름이다. 그리스도 자신이 하신 다음과 같은 말씀, 곧 그리스도는 하나님 아버지 안에 계시고, 하나님 아버지는 그리스도 안에 계시며, 그리스도는 믿는 자 안에 계시고, 믿는 자는 그리스도 안에 있다는 말씀도 이해하기 어렵다는 이유로 거부할 사람이 있을 것이다.

만약 사람들이 인간의 언어와 이해의 한계를 근거로 이러한 종류의 초자연적 경험에 대하여 덮어놓고 이의를 제기한다면 어떤 스코틀랜드 목사가 한 말이 가장 적절하고 간략한 답이 될 것이다. "말보다 느껴야 한다."

외적인 증거

지금까지 우리는 성령 세례의 눈에 보이지 않는 내적인 본질을 살펴보았다. 이제 이 내적인 경험과 동반하는 외적인 나타남을 살펴보도록 하자.

우선 성령과 관련하여 나타남(manifestation)이란 단어를 사용하는 것이 완벽하게 성경적임을 지적해야 한다. 물론 성령 자신은 그의 본질상 눈에 보이지 않는 분이다. 이러한 측면에서 예수님은 성령을 바람에 비유하셨다. 예수님은 성령의 운행에 대해 다음과 같이 말씀하신다.

> 바람이 임의로 불매 네가 그 소리는 들어도 어디서 와서 어디로 가는지 알지 못하나니 성령으로 난 사람도 다 그러하니라 요 3:8

비록 바람 자체는 눈에 보이지 않지만, 바람이 불 때 일으키는 현상은 볼 수 있고 들을 수 있다. 예를 들어 바람이 불면 길에서 먼지가 일어나고, 나뭇가지들이 모두 한 방향으로 휘어지며, 나뭇잎들이 살랑거리며, 파도가 철썩거리고, 구름이 하늘을 가로질러 흘러간다. 바람이 일으키는 이런 현상은 눈으로 볼 수 있고 귀로 들을 수 있는 것이다.

예수님은 성령도 그렇다고 말씀하신다. 성령 그 자신은 눈에 보이지 않지만, 성령이 역사하기 시작할 때 성령이 일으키는 현상은 볼 수 있고, 들을 수 있다. 이 진리는 신약의 여러 곳에서 말씀으로 확인된다.

예를 들어 베드로가 오순절 날 성령의 내리심으로 인해 일어난 현상을 묘사하는 구절을 보자.

> 하나님이 오른 손으로 예수를 높이시매 그가 약속하신 성령을 아버지께 받아서 너희가 보고 듣는 이것을 부어 주셨느니라 행 2:33

성령의 내리심이 일으킨 현상은 보고 들을 수 있었다.
바울은 자기의 사역에 나타난 성령의 역사를 다음과 같이 묘사한다.

내 말과 내 전도함이 설득력 있는 지혜의 말로 하지 아니하고 다만 성령의 나타나심과 능력으로 하여(in demonstration of the Spirit and of power)고전 2:4

바울은 또 성령이 모든 믿는 자에게 유사한 경험을 줄 수 있다고 말한다.

각 사람에게 성령을 나타내심은(the manifestation of the Spirit) 유익하게 하려 하심이라고전 12:7

바울이 성령과 관련해 사용하는 표현, 성령의 나타나심과 성령을 나타내심에 주목하라. 이 두 가지 단어, demonstration과 manifestation은 성령의 임재와 운행은 우리의 신체 감각으로 감지할 수 있는 현상을 낳는다는 것을 분명히 가리킨다.

이것을 염두에 두고 이제 성령 세례가 묘사되어 있는 신약의 다양한 구절을 살펴보자. 즉, 성령 세례받은 경험을 한 사람들에게 실제로 무슨 일이 일어났는지, 성령의 운행과 동반하는 외적인 현상을 알아 보도록 하자.

신약의 세 군데에서 사람들이 성령 세례를 받았을 때 무슨 일이 일어났는지 말해 주고 있다. 우리는 그 일어난 일을 묘사할 때 사용된 말을 순서대로 검토할 것이다.

첫째, 오순절 날 첫 사도들에게 일어난 일을 읽어 보자.

홀연히 하늘로부터 급하고 강한 바람 같은 소리가 있어 그들이 앉은 온 집에 가득하며 마치 불의 혀처럼 갈라지는 것들이 그들에게 보여 각 사람 위에 하나씩 임하여 있더니 그들이 다 성령의 충만함을 받고 성령이 말하게 하심을 따라 다른 언어들로 말하기를 시작하니라행 2:2-4

둘째, 베드로가 고넬료와 그의 가족들에게 복음을 처음 전했을 때 일어난 일을 보자.

> 베드로가 이 말을 할 때에 성령이 말씀 듣는 모든 사람에게 내려오시니 베드로와 함께 온 할례 받은 신자들이 이방인들에게도 성령 부어 주심으로 말미암아 놀라니 이는 방언을 말하며 하나님 높임을 들음이러라행 10:44-46

마지막으로, 바울이 에베소에서 전도한 최초의 개종자들에게 일어난 일을 보자.

> 바울이 그들에게 안수하매 성령이 그들에게 임하시므로 방언도 하고 예언도 하니행 19:6

이 세 성구를 자세하게 비교해보면, 성령 세례를 받은 사람들에게 나타난 외적인 현상 가운데 유일한 공통점이 한 가지 있음을 알게 된다. 성경은 성령 체험을 한 사람들이 "방언을 말하며" 또는 "다른 언어들로 말하기를" 시작했다고 분명하게 진술하고 있다.

다른 초자연적인 현상도 언급되고 있지만, 세 경우에서 한 번 이상 언급된 것은 없다.

예를 들어, 오순절 날 급하고 강한 바람 소리가 들렸고, 불의 혀처럼 갈라지는 것들이 보였지만, 이 현상은 다른 두 경우에서는 되풀이되지 않았다.

그리고 에베소에서 새로 개종한 사람들은 방언도 하고 예언도 하였는데, 예언하는 현상은 오순절 날에나 고넬료 집안에서는 일어났다는 말씀이 없다.

세 경우 모두에게 공통적으로 일어난 현상은 성령 체험을 한 사람들이 방언을 했다는 것이다.

오순절 날 무슨 일이 일어났는지 이미 알고 있던 베드로와 다른 유대인들은 하나님의 분명한 지시 아래, 그들의 의향에 반하여, 고넬료 집으로 내키지 않는 걸음을 했다. 그 당시 유대인 신자들은 이방인들도 복음을 듣고 구원받아 그리스도인이 될 수 있다는 것을 깨닫지 못하고 있었다. 그러나 베드로와 다른 유대인들은 고넬료 집안 사람들이 방언을 말하는 것을 듣는 순간 그 이방인들이 유대인들과 마찬가지로 성령을 받았다는 것을 즉시 인정했다. 그들은 추가로 다른 어떤 증거를 요구하지 않았다.

성경은 이렇게 말하고 있다. "베드로와 함께 온 할례 받은 신자들이 이방인들에게도 성령 부어 주심으로 말미암아 놀라니 이는 방언을 말하며" 행 10:45-46 베드로와 다른 유대인들에게 있어서 이방인들이 성령을 받은 유일하고도 충분한 증거는 방언을 말하는 것이었다.

사도행전 11장에서 베드로는 예루살렘에 있는 교회의 지도자들로부터 이방인을 방문하여 복음을 전파한 까닭을 해명하라는 요구를 받았다. 베드로는 자신을 옹호하여 고넬료 집에서 일어난 일을 보고했다.

> 내가 말을 시작할 때에 성령이 그들에게 임하시기를 처음 우리에게 하신 것과 같이 하는지라 행 11:15

베드로는 "처음 우리에게 하신 것과 같이"라는 말씀으로 고넬료 집안 사람들의 체험을 오순절 날 첫 사도들이 체험한 것과 직접 비교한다. 그러나 고넬료 집안에서는 급하고 강한 바람 소리나 불의 혀처럼 갈라지는 것들에 관한 언급이 없다. 고넬료와 그의 집안 사람들의 체험에 신성한 봉인을 한

한 가지 충분한 현상은 그들이 방언을 말했다는 것이다.

이로부터 우리는 성령이 발성하게 함에 따라 방언을 말하는 현상은 신약에서 어떤 사람이 성령 세례를 받았음을 증명하는 징표로 인정되었다는 결론을 내릴 수 있다. 이 결론을 확정하면서 다음과 같은 진술을 할 수 있다.

1. 이것은 사도들이 자신들의 체험에서 받은 징표였다.
2. 이것은 사도들이 다른 사람의 체험에서 인정한 징표였다.
3. 사도들은 다른 어떤 징표를 결코 요구하지 않았다.
4. 다른 어떤 징표가 신약의 어디에서 우리에게 제시되지 않았다.

다음 장에서는 이 결론에 대하여 더 자세히 검토할 것이며, 이 결론에 대하여 흔히 제기되는 비판과 반대 의견을 함께 살펴볼 것이다.

22장

성령을 받으라

　방언을 말하는 현상이 신약에서 어떤 사람이 성령 세례를 받았음을 증명하는 징표로 인정되었다는 결론에 대하여 몇 가지 이의가 제기되고 있다. 가장 흔하게 제기되는 이의에 대하여 더 이상 논란의 여지가 없도록 철저하게 검토해 보도록 하자.
　이의 가운데 한 가지 예는, 모든 그리스도인은 회심한 순간 자동적으로 성령을 받으므로 성령을 받았다는 것을 증명하는 다른 체험이 필요 없다는 주장이다.
　한 가지 중요한 성경적 진리를 확립하면 많은 혼동과 논쟁을 피할 수 있을 것이다.
　신약은 '성령을 받는 것'에 대하여 두 가지 별도의 경험을 서술하고 있다. 이것은 어떤 그리스도인이 '성령을 받는' 한 가지 경험은 했어도 다른 경험은 하지 못할 수 있음을 뜻한다.

사도들의 패턴

이 두 가지 경험을 구별하는 간단한 방법은 교회사에서 중요한 두 주일의 사건을 비교하는 것이다. 첫째는 부활 주일에 일어난 사건이고, 둘째는 오순절 주일에 일어난 사건이다.

부활 주일에 예수님은 모여 있는 제자들에게 부활하신 후 처음으로 나타나셨다.

> 이 말씀을 하시고 그들을 향하사 숨을 내쉬며 이르시되 성령을 받으라 요 20:22

예수님이 제자들에게 숨을 내쉰 것은 그 다음에 이르신 "성령을 받으라"고 하신 말씀과 들어 맞는다. 헬라어로 pneuma는 '영spirit'을 뜻하기도 하고 '숨breath'을 뜻하기도 한다. 그런즉 예수님 말씀은 "거룩한 숨을 받으라 Receive the holy breath"고 번역할 수도 있다. 더구나 "받으라receive"는 단어의 명령형 시제는 받는 행위가 예수님이 그 말씀을 하신 순간 일어난 한 번의 온전한 경험이었음을 가리킨다. 그래서 바로 그 순간 제자들이 실제로 "성령을 받았다"는 것은 논의의 여지가 없는 성경적 사실이다.

부활하신 예수님과의 이 첫 만남에서 제자들은 '구약의 구원'에서 '신약의 구원'으로 들어갔다. 그때까지 구약의 믿는 자들은 믿음으로 예언과 예표와 그림자를 통하여 아직 일어나지 않은 구원의 행위를 고대하고 있었다. 이와 반면에 '신약의 구원'으로 들어가는 사람들은 한 가지 역사적인 사건, 즉 그리스도의 죽음과 부활을 돌아본다. 그들의 구원은 완성된 것이다.

이 신약의 구원을 받아들이려면 충족해야 할 두 가지 조건이 있다.

네가 만일 네 입으로 예수를 주로 시인하며 또 하나님께서 그를 죽은 자 가운데서 살리신 것을 네 마음에 믿으면 구원을 받으리라롬 10:9

두 가지 조건이란 예수를 주님으로 시인하며 하나님께서 그를 죽은 자 가운데서 살리신 것을 믿는 것이다. 부활 주일 이전에 제자들은 이미 예수님을 주님이라고 고백하였다. 그런데 이제 처음으로 그들은 또 하나님께서 예수를 죽은 자 가운데서 살리신 것을 믿게 되었다. 그리하여 그들의 구원은 완성된 것이다.

이것이 그들이 새로운 탄생을 경험한 시점이었다. 예수님이 불어 넣은 성령이 그들에게 완전히 새로운 종류의 생명인 죄와 마귀를 이기고 죽음과 무덤을 이긴 영생을 준 것이다.

제자들의 이 경험은 새로운 탄생으로 들어가는 모든 사람들에게 하나의 패턴이 된다. 그것은 두 가지 필수적인 요소를 담고 있다. 부활하신 그리스도의 직접적이고도 개인적인 계시와, 하나님이 주시는 영생으로서 성령을 받아들이는 것. 이것은 바울의 말씀과 일치한다. "영은 의로 말미암아 살아 있는 것이니라"롬 8:10 다시 말해, 그리스도의 죽음과 부활을 믿는 모든 사람들에게 부여된 의로 말미암아 영은 살아 있는 것이다.

그러나 이렇게 놀라운 경험을 한 뒤에도 예수님은 제자들에게 그들의 성령 체험은 아직 온전한 것이 아니라고 분명하게 말씀하셨다. 예수님은 승천하시기 전에 제자들에게 마지막으로 남긴 말씀에서 즉시 나가 복음을 전파하지 말고 예루살렘으로 돌아가 성령으로 세례받고, 복음을 효과적으로 증거하며 섬기는 데 필요한 능력을 위로부터 받을 때까지 거기서 기다리라고 명령하셨다.

볼지어다 내가 내 아버지께서 약속하신 것을 너희에게 보내리니 너희
는 위로부터 능력으로 입혀질 때까지 이 성에 머물라 하시니라 눅
24:49

요한은 물로 세례를 베풀었으나 너희는 몇 날이 못되어 성령으로 세
례를 받으리라 하셨느니라 행 1:5

오직 성령이 너희에게 임하시면 너희가 권능을 받고 예루살렘과 온
유대와 사마리아와 땅 끝까지 이르러 내 증인이 되리라 하시니라 행 1:8

성경을 해석하는 거의 모든 사람들은 성령으로 세례를 받으리라는 이 약속이 오순절 주일에 실현되었다는 데 의견을 같이 한다.

그들이 다 성령의 충만함을 받고 성령이 말하게 하심을 따라 다른
언어들로 말하기를 시작하니라 행 2:4

제자들이 그리스도가 불어넣은 성령을 받아 구원받고 새로운 탄생을 한 것은 부활 주일이었다. 그러나 제자들이 성령으로 세례를 받은, 또는 성령으로 충만해진 것은 그로부터 일곱 주일이 지난 오순절 주일이었다. 이것은 구원이나 새로운 탄생은 성령 세례와 구별되는 별개의 체험이라는 것을 보여 준다. 비록 둘 다 "성령을 받는 것"으로 표현되어 있지만.

나중에 오순절 주일에 베드로는 기다리는 제자들에게 성령을 부어주신 분은 승천하신 그리스도라고 설명했다.

하나님이 오른손으로 예수를 높이시매 그가 약속하신 성령을 아버
지께 받아서 너희가 보고 듣는 이것을 부어주셨느니라 행 2:33

그래서 우리는 성령을 받는 두 가지 체험의 차이를 다음과 같이 요약할 수 있다.

부활 주일에는

+ 부활하신 그리스도가
+ 불어 넣은 성령이
+ 새 생명을 낳았고

오순절 주일에는

+ 승천하신 그리스도가
+ 부어 주신 성령이
+ 권능을 낳았다

제자들의 경험은 구원 또는 새로운 탄생과 성령 세례가 두 가지 별개의 체험이라는 것을 보여 준다. 제자들은 이 두 가지 경험 가운데 첫째 경험은 부활 주일에, 둘째 경험은 일곱 주가 지난 다음 오순절 주일에 한 것이다.

사도행전을 공부해 보면 이 두 가지 경험은 구별되는 것을 알 수 있다. 그리고 오순절 주일 이후로 "성령 세례를 받는다"는 용어는 항상 둘째 경험인 성령 세례에만 적용되었고, 새로운 탄생을 표현하기 위해 사용된 적은 없다.

성령의 부음 네 가지

성경에는 오순절 이후 사람들이 성령 세례를 받았을 때 일어난 일이 세 군데 더 기록되어 있는바, 사마리아와 에베소와 고넬료 집안에서 그런 일이 일어났다. 이 세 경우를 차례대로 검토하기로 한다.

사도행전 8:5에 빌립의 사역이 소개되어 있다.

빌립이 사마리아 성에 내려가 그리스도를 백성에게 전파하니.

빌립이 하나님 나라와 및 예수 그리스도의 이름에 관하여 전도함을 그들이 믿고 남녀가 다 세례를 받으니행 8:12

이 사람들은 이제 빌립이 전도한 그리스도에 관한 진리를 듣고, 그것을 믿고 세례를 받았다. 그들이 구원받았음을 부인하는 것은 비이성적이며 비성경적이다.

그리스도께서 제자들에게 복음을 전하도록 이르신 말씀을 보라.

또 이르시되 너희는 온 천하에 다니며 만민에게 복음을 전파하라 믿고 세례를 받는 사람은 구원을 얻을 것이요 믿지 않는 사람은 정죄를 받으리라막 16:15-16

사마리아 사람들은 빌립이 전도한 복음을 듣고, 믿고, 세례를 받았다. 그러므로 우리는 그리스도의 말씀의 권위를 바탕으로 그들이 구원받았음을 안다. 그러나 그들은 그때까지 성령을 받지 않았다.

예루살렘에 있는 사도들이 사마리아도 하나님의 말씀을 받았다 함을 듣고 베드로와 요한을 보내매 그들이 내려가서 그들을 위하여 성령 받기를 기도하니 이는 아직 한 사람에게도 성령 내리신 일이 없고 오직 주 예수의 이름으로 세례만 받을 뿐이더라 이에 두 사도가 그들에게 안수하매 성령을 받는지라행 8:14-17

우리는 사마리아 사람들이 빌립의 사역을 통하여 구원을 얻었고, 베드로와 요한의 사역을 통하여 성령을 받았음을 알게 된다. 그들이 성령을 받은 것은 구원을 받은 다음 일어난 별개의 경험이었다. 이것은 사람들이 진정한 그리스도인이 되고 나서도 성령을 받지 못하는 것이 가능함을 말해 주는 두 번째 성경적인 사례이다.

사도행전 8장에서 두 가지 다른 형태의 표현이 사용된 것이 흥미롭다. 하나는 "성령을 받다"라는 표현이고, 다른 하나는 "성령이 내리다"는 표현이다. 그러나 문맥상으로 이 둘은 서로 다른 경험이 아니고 같은 경험의 두 가지 다른 측면이라는 것을 분명하게 알 수 있다.

바울이 에베소에 와서 제자들이라고 불리는 어떤 사람들을 만났을 때 그가 한 첫 질문은 "너희가 믿을 때에 성령을 받았느냐"는 것이었다.행 19:2

바울은 그 사람들이 그리스도의 제자라는 인상을 받았음이 분명하다. 왜냐하면 만일 그들이 그리스도인이 아닌 것 같았다면 성령을 받았느냐는 질문을 할 리가 없었다. 성령은 그리스도에 대한 믿음을 통해서만 받을 수 있기 때문이다. 그러나 추가로 질문을 한 끝에 바울은 그들이 그리스도의 제자가 아니고 세례 요한의 제자라는 것을 알게 되었다. 그래서 바울은 그들에게 그리스도의 온전한 복음을 전한 것이었다.

이 사건으로부터 한 가지 사실이 드러난다. 만약 사람들이 그리스도를 믿는 즉시 자동적으로 성령을 받는다면 바울이 "너희가 믿을 때에 성령을 받았느냐"라고 질문을 하는 것은 비논리적이고 어리석은 일이라고 할 수 있다. 그런 질문을 한 사실 자체가 사람들이 성령을 받지 않고서도 그리스도를 믿거나 그리스도의 제자가 될 가능성이 있다는 것을 바울이 인식하고 있었다는 점을 분명하게 보여 준다.

이것은 바울이 그 사람들에게 그리스도의 복음을 설명한 후에 일어난 사건 기록에 의해 입증된다.

그들이 듣고 주 예수의 이름으로 세례를 받으니행 19:5

그 사람들은 이제 복음을 듣고 믿어 세례를 받았다. 사마리아 사람들과 관련하여 이미 살펴보았듯이, 믿고 세례받은 두 가지 조건을 충족시킨 사람들은 그리스도 자신의 말씀의 권위를 바탕으로 구원을 받았다. 그렇지만 그 에베소 사람들은 사마리아 사람들처럼 아직 성령을 받지 않았다. 사마리아에서처럼 에베소에서도 성령 세례는 구원받은 후에 일어난 별개의 경험이었다.

바울이 그들에게 안수하매 성령이 그들에게 임하시므로 방언도 하고 예언도 하니행 19:6

사람들이 그리스도를 믿고 나서도 아직 성령을 받지 못한 것이 가능함을 가리키는 세 번째 사례가 여기 있다.

사도행전에서 이끌어낸 이 결론은 바울이 에베소에 있는 성도들에게 보낸 서간으로 확증된다. 바울이 안수한 그 성도들은 바울이 나중에 편지를 보낸 에베소 성도들 가운데 한 무리라는 사실을 우리는 유념해야 한다.

바울은 에베소 성도들에게 보낸 편지에서 그들이 처음에 믿고 성령을 받은 연속적인 단계를 상기시킨다. 에베소 성도들이 그리스도를 믿게 된 과정에 대하여 바울은 다음과 같이 말씀한다.

그 안에서 너희도 진리의 말씀 곧 너희의 구원의 복음을 듣고 그 안에서 또한 믿어 약속의 성령으로 인치심을 받았으니엡 1:13

여기서 바울은 그들의 경험에 세 가지 별개의 연속적인 단계가 있었음을 가리키고 있다. 1) 구원의 복음을 들었다. 2) 그리스도를 믿었다. 3) 성령으로 인치심을 받았다. 에베소서의 이 말씀은 사도행전 19장의 역사적 기록과 정확하게 일치한다. 사도행전 19장에는 그들이 처음에 복음을 듣고, 그 다음에 믿고 세례를 받았으며, 마지막으로 바울이 안수했을 때 성령이 그들에게 임하셨다고 기록되어 있는 것이다.

사도행전과 에베소서의 기록은 양쪽 모두 사람들이 믿는 순간 성령을 동시에 받은 것이 아니고, 회심한 다음 별개의 경험으로 받은 것임을 분명하게 보여 주고 있다.

네 번째로 베드로가 고넬료 집안에서 복음을 전한 후 일어난 일을 살펴보자.행 10:34-48 이것은 앞서 살핀 세 가지 보기와 다른 종류이다.

성경에 따르면 고넬료와 그의 집안 사람들이 복음을 듣고 그리스도를 믿자마자 즉시 성령을 받고 방언을 말한 것 같아 보인다. 그런데 이 두 가지 경험은 동시에 일어나긴 했지만 여전히 별개의 경험이다.

더구나 고넬료와 그의 집안이 성령을 받은 증거는 그리스도를 믿은 것이 아니고, 성령의 감동으로 그들이 방언을 말한 것이다.

고넬료 집안에 일어난 일을 설명하는 이야기에서 다음과 같은 세 가지 다른 표현이 같은 경험을 묘사하기 위하여 사용되었다. "성령이 내려오시니", "성령 부어 주심으로", "성령을 받았으니" 베드로가 같은 사건을 두 번째 묘사할 때 그는 다음과 같은 세 가지 표현을 사용한다. "성령이 임하시기를", "성령으로 세례를 받으리라", "하나님이(성령의)…선물을 주셨으니"행 11:15-17

이보다 앞에서 사마리아 사람과 관련해서는 두 가지 비슷한 표현이 사용되었다. "성령 내리신 일이 없고", "성령을 받는지라"행 8:16-17

이러한 구절을 합치면 총 다섯 가지 다른 표현이 같은 경험을 묘사하기 위해 사용된 것을 알 수 있다. "성령이 내려오셨다", "성령을 부어 주셨다", "성령을 받았다", "성령으로 세례를 받았다", "하나님이 성령의 선물을 주셨다"

현대의 어떤 성경 해설가들은 이렇게 서로 다른 표현들은 각각 다른 경험을 묘사하는 것이라고 주장한다. 그러나 이러한 주장은 신약에서 사도들의 언어 용법과 일치하지 않는다. 사도들에 의하면 이 서로 다른 표현들은 모두 한가지 경험을 각각 다른 각도에서 묘사하는 것이다. 어떤 사람이 성령을 받거나 성령의 선물을 받는 것은 성령 세례를 받거나 성령이 그 사람에게 내리거나 성령이 그 사람에게 부어지는 것과 같은 것이다.

이제 우리는 신약에 등장하는 네 부류의 사람들을 자세하게 검토했다. 1) 사도들, 2) 사마리아 사람들, 3) 에베소의 제자들, 4) 고넬료와 그의 집안 사람들. 이 네 부류 중 첫 세 부류, 곧 사도들, 사마리아 사람들, 에베소의 제자들은 성령을 받기 전에 믿은 사람들이었다. 그들이 성령을 받은 것은 믿은 후에 경험한 별개의 사건이었다.

고넬료와 그의 집안 사람들을 제외하면 그리스도를 믿음과 동시에 성령을 받은 사례가 기록된 것은 없다. 그러므로 우리는 고넬료와 그의 집안 사람들의 경험은 일반적인 원칙이라기보다 예외라고 결론을 내릴 수 있다.

신약의 기록을 바탕으로 내린 결론을 정리하면 다음과 같다.

1. 그리스도인이 믿은 다음에 별개의 경험으로 성령을 받는 것은 정상적이다.
2. 어떤 사람이 믿는 순간 성령을 받는다고 하더라도, 성령을 받는 것은 회심한 것과 다른 별개의 경험이다.

3. 어떤 사람이 회심한 순간 성령을 받거나, 회심한 다음 성령을 받거나 그 사람이 성령을 받은 증거는 똑같이 성령의 감동으로 방언을 말하는 것이다.

4. 어떤 사람이 진정으로 회심한 사실 자체가 그 사람이 성령을 받은 증거가 되지는 않는다.

예수님의 가르침

회심하는 것과 성령을 받는 것 사이의 관계에 대한 결론은 주로 사도행전에 대한 연구를 바탕으로 내린 것이다. 그렇지만 이것은 복음서에 기록된 예수님의 가르침과 완전히 일치한다. 예수님은 제자들에게 다음과 같이 말씀하셨다.

너희가 악할지라도 좋은 것을 자식에게 줄 줄 알거든 하물며 너희 하늘 아버지께서 구하는 자에게 성령을 주시지 않겠느냐 눅 11:13

예수님은 이 말씀에 선행하여 아들이 아버지에게 생선을 달라 하고, 알을 달라 하는 예를 들면서 하늘 아버지께서는 믿는 자녀가 성령을 달라고 하면 기꺼이 주신다고 가르치신다. 그러나 어떤 사람이 하나님의 아들이 되려면 먼저 그리스도를 믿어야 한다.

그러므로 예수님은 성령은 회심한 순간 받는 것이 아니고, 자녀가 아버지에게 구하듯이 모든 믿는 자가 구할 권리가 있는 선물이라고 가르치신 것이다. 더구나 예수님은 구체적으로 성령의 선물을 하늘 아버지께 구할 의무를 하나님의 자녀들에게 부과하신다. 그런즉 어떤 그리스도인이 구하지 않았는데도 회심한 순간 성령의 선물을 자동적으로 받았다고 가정하거나 주장하는 것은 비성경적이다.

요한복음 7:38에서 그리스도는 이렇게 말씀하신다.

> 나를 믿는 자는 성경에 이름과 같이 그 배에서 생수의 강이 흘러나오리라 하시니.

그 다음 구절의 전반부에서 요한복음 기자는 이 "생수의 강"을 성령으로 해석하고 있다.

> 이는 그를 믿는 자들이 받을 성령을 가리켜 말씀하신 것이라 7:39

이 두 구절을 보면, 생수의 강이 흘러 나오게 하는 성령의 선물은 이미 그리스도를 믿는 사람들이 받아야 하는 것임이 분명하다. 성령의 선물은 그리스도를 믿은 다음에 받아야 하는 어떤 것이다.

그리스도는 요한복음 14:15-17에서 같은 진리를 다시 가르치신다.

> 너희가 나를 사랑하면 나의 계명을 지키리라 내가 아버지께 구하겠으니 그가 또 다른 보혜사를 너희에게 주사 영원토록 너희와 함께 있게 하리니 그는 진리의 영이라 세상은 능히 그를 받지 못하나니 이는 그를 보지도 못하고 알지도 못함이라 그러나 너희는 그를 아나니 그는 너희와 함께 거하심이요 또 너의 속에 계시겠음이라.

이 말씀에서 보혜사와 진리의 영은 성령의 두 가지 다른 칭호이다. 예수님은 여기서 성령의 선물은 세상의 믿지 않는 사람들을 위한 것이 아니라 그리스도를 사랑하고 그의 계명을 지키는, 그리스도의 제자들을 위한 것이라고 가르치신다. 하나님의 믿는 자녀들과 그리스도의 제자들이 하나님의 조건을 충족시킴에 따라 성령의 선물을 받는 것은 그들의 특권이다. 그들이 충족시켜야 할 하나님의 조건을 한마디로 요약하면 그리스도를 사랑으로 순종하는 것이다.

23장

모든 사람이 방언을 말하는가?

이제 방언과 관련된 다른 이론이나 오해에 관하여 살펴보기로 한다.

각종 방언의 은사

한 가지 흔한 이론이나 오해는 바울의 질문에 근거를 두고 있다. "다 방언을 말하는 자이겠느냐?"고전 12:30 이 말씀의 전후를 읽어보면 바울은 자기 질문에 대한 답이 "아니오, 모든 사람이 방언을 말하는 자가 아니오."라고 암시하고 있다.

그렇다면 이것은 성령 세례를 받은 초대 교회 그리스도인 가운데 방언을 말하지 않는 사람도 있었다는 뜻인가?

바울이 말하는 뜻은 그것이 아니다. 바울은 여기서 성령 세례에 관하여 말하는 것이 아니고, 성령 세례를 받은 후 믿는 자가 교회에서 사용할 수 있는 여러 가지 초자연적인 성령의 은사에 관하여 말하고 있는 것이다.

이보다 두 절 앞에서 바울이 말씀하는 것을 읽어 보자.

> 너희는 그리스도의 몸이요 지체의 각 부분이라. 하나님이 교회 중에 몇을 세우셨으니 첫째는 사도요 둘째는 선지자요 셋째는 교사요 그 다음은 능력을 행하는 자요 그 다음은 병 고치는 은사와 서로 돕는 것과 다스리는 것과 각종 방언을 말하는 것이라 고전 12:27-28

바울은 교회 안에서 서로 다른 지체들이 각각 담당하는 다양한 사역에 관하여 여기서 말씀하고 있다. 그러한 다양한 사역 가운데 하나로 바울은 "각종 방언을 말하는 것"을 언급한다.

고린도전서 12장의 앞 절에서 바울은 성령 세례를 받은 믿는 자들에게 주어지는 성령의 아홉 가지 은사를 열거할 때 똑같은 표현을 사용한다. 그 아홉 가지 은사는 다음과 같다.

> 각 사람에게 성령을 나타내심은 유익하게 하려 하심이라 어떤 사람은 성령으로 말미암아 지혜의 말씀을, 어떤 사람에게는 같은 성령을 따라 지식의 말씀을, 다른 사람에게는 같은 성령으로 믿음을, 어떤 사람에게는 한 성령으로 병 고치는 은사를, 어떤 사람에게는 능력 행함을, 어떤 사람에게는 예언함을, 어떤 사람에게는 영들 분별함을, 다른 사람에게는 각종 방언 말함을, 어떤 사람에게는 방언들 통역함을 주시나니 이 모든 일은 같은 한 성령이 행하사 그의 뜻대로 각 사람에게 나누어 주시는 것이니라 고전 12:7-11

바울은 믿는 자들이 성령 세례를 받은 후 발휘하게 되는 성령의 은사에 관하여 말씀하고 있다. 바울은 13절에서 이렇게 말씀한다. "다 한 성령으로 세례를 받아 한 몸이 되었고."

이 말씀을 축자적으로 번역하면, "우리는 모두 한 성령 안에서 세례를 받아 한 몸이 되었고"가 된다.

바울은 여기서 성령 세례에 관하여 자기가 편지를 보내는 사람들이 이미 받은 하나의 경험으로 말씀하고 있다. 바울이 열거하는 성령의 아홉 가지 은사는 믿는 자들이 성령 세례를 받은 후 사용하는 것이다.

성령 세례는 모든 사람을 위한 것이지만 – "다 한 성령으로 세례를 받아 한 몸이 되었고" – 그 다음에 성령의 다양한 은사는 성령의 주권적인 의도에 따라 믿는 자들 사이에 나뉘어진다. 믿는 사람마다 각각 다른 은사를 받게 되며, 모든 믿는 자가 모든 은사를 다 받지는 않는다.

바울이 열거하는 성령의 아홉 가지 은사 가운데 여덟 번째는 "각종 방언을 말하는 것different kinds of tongues"이다. 헬라어 원문의 "각종 방언kinds of tongues"이라는 표현은 고린도전서 12:28의 "각종 방언varieties of tongues"이라는 번역과 똑같은 뜻이다. 바울은 각각의 경우에 성령 세례에 관해 말씀하고 있는 것이 아니라 한 가지 구체적인 영적 은사에 대하여 말씀하고 있다.

이 방언의 은사의 기능에 관하여 검토하는 것은 이 책의 범위를 넘는 일이다. 바울은 고린도전서 12:10, 28에서 성령 세례에 관하여 말씀하고 있는 것이 아니라, 성령 세례를 받은 다음 어떤 믿는 사람(믿는 사람 전부가 아니고)에 의해 발휘되는 성령의 아홉 가지 은사 중 한 가지에 대해 말씀하고 있다.

바울이 "다 방언을 말하는 자이겠느냐?"라고 물었을 때 그가 마음속에 품고 있던 질문은, 사람들이 성령 세례를 처음 받았을 때 "모두 방언을 말했는가?"가 아니다. 바울은 "성령 세례를 받은 모든 사람이 각종 방언을 말하는 은사를 항상 발휘하는가?"라는 뜻으로 묻고 있는 것이다. 이 물음에 대한 답은 그때나 지금이나 분명하게 '아니오'이다. 이러한 측면에서 현대의 믿는 자들이 성령 세례를 받은 다음 경험하는 것은 신약에서 확립된 패턴과 온전히 일치한다.

방언을 말하는 것으로 입증되는 성령의 최초 은사와 그 후에 "각종 방언을 말하는" 은사 사이의 차이는 신약의 언어 용법으로 설명할 수 있다. 성령 세례를 받았을 때 받는 성령의 은사를 가리킬 때 사용된 헬라어는 dorea이고, 성령의 아홉 가지 은사(각종 방언을 말하는 것을 포함하여) 가운데 어떤 것을 가리킬 때 사용된 헬라어는 charisma이다.

이 두 단어는 신약에서 결코 서로 바꾸어서 사용되지 않는다. Charisma는 성령 세례를 받았을 때 받는 성령의 은사를 가리켜 사용되지 않고, dorea도 성령 세례를 받은 믿는 자들의 삶에 나타나는 성령의 아홉 가지 은사 중 어떤 것을 가리켜 사용되지 않는다. 신약의 언어와 가르침과 사례들은 모두 이 두 가지 영적 경험 사이의 차이를 분명하게 알려 준다.

열매가 증거인가?

방언을 말하는 것이 반드시 성령 세례를 받은 증거라고 할 수는 없다고 주장하는 사람들은 어떤 사람이 성령 세례를 받았다고 우리가 판단할 수 있는 성경적인 대안 증거를 제시하는 것이 논리적이라 하겠다.

그런 대안 증거로 흔히 제시되는 것이 영적인 열매이다. 어떤 사람이 자신의 삶에서 성령의 열매를 온전히 나타내지 못하면 그 사람은 성령 세례를 받은 것으로 간주할 수 없다는 것이 그러한 주장이다.

바울은 갈라디아서 5:22-23에서 성령의 열매를 전부 열거하고 있다.

오직 성령의 열매는 사랑과 희락과 화평과 오래 참음과 자비와 양선
과 충성과 온유와 절제니.

이 구절을 비롯하여 여러 성경구절은 성령의 주 열매는 사랑이고, 모든 다른 열매가 그것으로부터 자라난다고 분명하게 말씀하고 있다.

모든 그리스도인의 삶에서 영적인 열매가, 특히 사랑이 가장 중요함을 부인할 사람은 어리석고 생각이 얕은 그리스도인밖에 없을 것이다. 그렇다고 해서 영적인 열매가 성령 세례를 받은 성경적 증거를 뜻하는 것은 아니다. 사실, 영적 열매를 성령 세례의 시금석으로 삼는 것은 두 가지 이유를 근거로 성경과 반대되는 것이라 할 수 있다. 1) 그것은 사도들이 적용한 시금석이 아니다. 2) 그것은 은사와 열매 사이의 분명한 구별을 간과한다.

먼저 사도들이 자신들의 경험에서 적용한 시금석을 살펴보자. 오순절 날 120명의 제자들이 방언을 하는 외적 증거와 함께 성령 세례를 받았을 때, 베드로는 그 경험이 자신의 삶이나 다른 제자들의 삶에서 그전에 누린 것보다 더 큰 영적인 열매를 낳는 것을 보기 위해 몇 주나 몇 달을 기다리지 않았다. 오히려 베드로는 바로 그 순간에 일어나 아무런 의심 없이 이렇게 선포했다.

이는 곧 선지자 요엘을 통하여 말씀하신 것이니 일렀으되 하나님이
말씀하시기를 말세에 내가 내 영을 모든 육체에 부어주리니 행 2:16-17

베드로가 이러한 말씀을 할 때 무슨 증거를 갖고 있었는가? 제자들이 모두 각종 방언을 말한 것 외에는 다른 증거가 없었다. 더 이상 다른 증거가 필요하지 않았다.

또 빌립의 전도를 통하여 많은 사마리아 사람들이 회심한 후에 베드로와 요한이 내려가서 그들을 위하여 성령 받기를 기도했다.

> 예루살렘에 있는 사도들이 사마리아도 하나님의 말씀을 받았다 함을 듣고 베드로와 요한을 보내매 그들이 내려가서 그들을 위하여 성령 받기를 기도하니 이는 아직 한 사람에게도 성령 내리신 일이 없고 오직 주 예수의 이름으로 세례만 받을 뿐이더라 이에 두 사도가 그들에게 안수하매 성령을 받는지라 시몬이 사도들의 안수로 성령 받는 것을 보고 돈을 드려 이르되 이 권능을 내게도 주어 누구든지 내가 안수하는 사람은 성령을 받게 하여 주소서 하니 베드로가 이르되 네가 하나님의 선물을 돈 주고 살 줄로 생각하였으니 네 은과 네가 함께 망할지어다 행 8:14-20

이 이야기를 통하여 우리는 사마리아 사람들이 회심한 지 불과 며칠 또는 몇 주밖에 안 된다는 것을 알 수 있다. 그렇지만 그들은 사도들의 안수로 성령을 하나의 온전한 경험으로 받은 것이다.

사마리아 사람들이 정말 성령을 받은 것을 증명하기 위해 막 회심한 그들의 삶에서 충분한 영적인 열매가 나타나는 것을 보려고 그 다음 몇 주 또는 몇 달을 기다릴 필요가 없었다. 그들이 성령을 받은 것은 한 번의 온전한 경험이었고, 그 이후로 더 이상의 증거나 시금석이 필요하지 않았다.

성경은 사마리아 사람들이 성령을 받았을 때 방언을 말했다고 명시적으로 말씀하지 않는다는 이의가 가끔 제기된다. 성경이 그렇게 말씀하지 않는 것은 사실이다. 그러나 성경은 사도들이 안수했을 때 초자연적인 권능이 나타나는 것을 마술사 시몬이 보고 돈을 주며 그 권능을 자기에게도 주어 누구든지 자기가 안수하는 사람에게 그와 같은 일이 일어나게 해달라고 한 것을 기록하고 있다.

만일 사마리아 사람들이 사도들의 안수를 받고 방언을 말한 사실을 받아들인다면 그것은 사도행전에 기록된 그 이야기의 모든 내용과 일치하며, 또 그들의 경험은 사도행전에 등장하는 성령 세례를 받은 모든 다른 사람들의 사례와 조화를 이룬다.

이와 반면에 사마리아에서 일어난 이 특별한 사건에 방언을 말하는 것 외에 다른 초자연적인 현상이 있었을 것이라고 추정하고 싶어하더라도, 그 다른 현상이 무엇이었는지 알 길이 없다는 것은 그들도 인정할 것이다.

그러므로 이 추정을 근거로 성령 세례에 관한 어떤 확실한 교리적 결론을 내리는 것은 불가능하다. 예를 들어, 다음과 같이 말할 수는 없다. "나는 방언을 하지는 않았지만 성령 세례를 받은 줄은 안다. 왜냐하면 나는 사마리아 사람들과 같은 경험을 했기 때문이다." 만일 사마리아 사람들이 방언을 하지 않았더라면, 그 대신에 다른 무슨 경험을 했는지 알 길이 없는 것이다.

그런즉 이러한 추정은 무익한 결론을 낳을 뿐이고, 성령 세례를 받은 후 방언을 말한 다른 사례를 바탕으로 우리가 내린 분명한 결론에 영향을 미칠 수가 없다. 또 다른 사례로 가끔 제시되는 것은 나중에 사도 바울이 된 다소 사람 사울에게 일어난 일이다.

> 아나니아가 떠나 그 집에 들어가서 그에게 안수하여 이르되 형제 사울아 주 곧 네가 오는 길에서 나타나셨던 예수께서 나를 보내어 너로 다시 보게 하시고 성령으로 충만하게 하신다 하니 즉시 사울의 눈에서 비늘 같은 것이 벗어져 다시 보게 된지라 일어나 세례를 받고 행 9:17-18

만약 초대 교회가 열매의 시금석을 적용했을 마땅한 사례가 있다면 다소 사람 사울의 경우였을 것이다. 그때까지 사울은 스스로 인정했듯이 복음을 대적하며 교회를 핍박하던 사람 중 가장 살기등등한 사람이었다. 그러나 사울은 아나니아의 안수를 통하여 성령을 한 번의 경험으로 받았으며, 그 이후로 사울의 삶에 더 이상 어떤 열매의 시금석이 적용되었다는 것을 어렴풋이라도 암시하는 구절은 없다.

그리고 성경에는 아나니아가 사울에게 안수했을 때 사울이 방언을 했다는 기록이 없다고 이의를 제기하는 사람들이 있다. 그때 바울에게 무슨 일이 일어났는지 성경에 아무런 언급이 없는 것은 사실이다. 그러나 사도행전 9장의 기록과 고린도전서에 기록된 바울 자신의 간증을 나란히 두고 검토할 필요가 있다.

내가 너희 모든 사람보다 방언을 더 말하므로 하나님께 감사하노라
고전 14:18

바울의 이 간증과 사도행전에 기록되어 있는 다른 사례들을 종합해 보면, 아나니아가 안수하여 성령으로 충만하게 했을 때 바울이 처음으로 방언을 말했다고 결론을 내리는 것이 합리적이다. 이러한 결론은 바울이 에베소에서 새 신자들에게 안수했을 때 일어난 일이 뒷받침해 준다.

바울이 그들에게 안수하매 성령이 그들에게 임하시므로 방언도 하고 예언도 하니 행 19:6

바울이 자기가 경험한 적이 없는 것을 그 새 신자들에게 전하기 위해 안수했다고 생각하는 것은 부자연스럽다.

또 다른 결정적인 사례는 사도행전 10장에 기록되어 있는 고넬료와 그의 집안 이야기이다. 베드로는 마음은 내키지 않았지만 하나님께서 분명히 가라고 말씀했기 때문에 다른 유대인 신자들과 함께 고넬료의 집을 방문했다. 베드로가 복음을 전할 때 말씀을 듣는 모든 사람에게 성령이 내려왔다. 베드로와 다른 유대인들은 그 이방인들이 방언을 말하는 것을 듣고 놀랐다.

그때까지 베드로와 다른 유대인 신자들은 고넬료와 같은 이방인이 구원받고 그리스도인이 되는 것이 가능하리라고는 생각조차 하지 못했다. 그러나 고넬료와 그 집안 사람들이 방언을 말하는 것을 본 베드로와 유대인 신자들은 그 이방인들도 유대인들과 마찬가지로 이제 그리스도인이 되었다는 것을 즉시 알아차렸다. 베드로는 그 이방인들에게 더 이상의 시험이 필요하다거나 영적인 열매가 열리는 것을 기다려야 한다거나 다른 종류의 증거를 찾아야 한다고 제안하지 않았다. 오히려 베드로는 즉시 그들에게 세례를 받으라고 명했고, 고넬료와 그 집안 사람들은 세례를 받음으로써 공개적으로 온전한 그리스도인으로 인정되었다. 베드로는 나중에 이 사건을 예루살렘 교회의 지도자들에게 보고했다.

> 내가 말을 시작할 때에 성령이 그들에게 임하시기를 처음 우리에게 하신 것과 같이 하는지라…그런즉 하나님이 우리가 주 예수 그리스도를 믿을 때에 주신 것과 같은 선물을 그들에게도 주셨으니 내가 누구이기에 하나님을 능히 막겠느냐 하더라행 11:15,17

그 앞 절에 고넬료와 그의 집안은 모두 방언을 말했다고 기록되어 있지만, 베드로는 그 결정적인 현상을 언급할 필요를 느끼지 않는다. 그래서 베드로는 단지 이렇게 말하는 것이다. "성령이 그들에게 임하시기를 처음 우리에게 하신 것과 같이 하는지라…하나님이 같은 선물을 그들에게도 주셨으니." 다른 말로 하자면, 방언을 말하는 현상은 성령을 받은 증거로 워낙 보편적으로 받아졌기 때문에 베드로는 그것을 언급할 필요조차 없었다. 베드로와 교회 지도자들은 그것을 당연하게 여겼다. 그래서 예루살렘 교회 지도자들은 다음과 같은 결론을 내렸다.

> 그들이 이 말을 듣고 잠잠하여 하나님께 영광을 돌려 이르되 그러면 하나님께서 이방인에게도 생명 얻는 회개를 주셨도다 하니라
> 행 11:18

무엇이 베드로와 다른 사도들로 하여금 이방인들도 그리스도를 믿음으로 유대인들과 똑같이 온전한 구원을 경험할 수 있다는 것을 깨닫게 하였는가? 오직 한 가지, 이방인들이 방언을 말하는 것을 들었다는 사실이다. 이 이야기 전체에 베드로나 다른 사도들이 그 이방인들의 삶에서 방언을 말한 것 외에 다른 증거를 찾으려 했다는 것을 암시하는 구절은 없다. 그리고 영적인 열매가 맺히는 것을 기다렸음을 뜻하는 구절도 없다.

이 점에서 사도들은 완벽하게 논리적이었다. 열매가 중요하지 않기 때문이 아니라 열매는 본질적으로 은사와 완전히 다른 것이었기 때문이다. 은사는 한 번의 믿는 행위로 받는 것이고, 열매는 심고 가꾸는 점진적인 절차를 거쳐 시간이 걸려야 맺는 것이다.

성령 세례는 은사이며 믿음으로 받는 한 번의 경험이다. 어떤 사람이 이 은사를 받았다는 증거는 방언을 말하는 것이다.

성령 세례 은사가 주어진 주요 목적은 그 후에 은사의 도움 없이 열매를

맺는 것보다 이 은사로 말미암아 더 풍성하고 더 좋은 영적인 열매를 맺을 수 있게 하는 것이다. 열매의 중요성을 강조하는 것은 잘못이 아니다. 잘못은 은사와 열매를 혼동하고, 받은 증거와 은사가 주어진 목적을 혼동하는 데 있다.

다음 장에서는 성령 세례를 받은 증거로 방언을 말하는 것과 관련된 다른 흔한 오해를 검토할 것이다.

24장

감정적 신체적 반응

오늘날 한 가지 보편적인 견해는 성령 세례가 강력한 감정적 체험이라는 것이다. 이런 견해와 관련되어 흔히 사용되는 단어는 "ecstasy황홀감"이다. 성령 세례에 관한 이러한 견해는 주로 두 가지 근원에서 지지를 끌어낸다.

첫째, 실제로 자신들은 성령 세례 경험을 하지 못했으면서 신약이나 초대 교부들의 서간에 나오는 구절을 바탕으로 그것에 관한 이론을 세우는 신학자들이 있다. 그런 신학자들은 성령 세례받은 초자연적 경험의 기본 특징을 요약하기 위해 ecstasy황홀감 또는 ecstatic무아지경의;황홀한이라는 단어를 선택했다.

둘째, 실제로 성령 세례받은 경험을 한 많은 신자들이 그 경험에 관하여 다른 사람들 앞에서 간증할 때 자신들의 주관적인 감정적 반응을 강조한다. 그리하여 그들은 본의 아니게 성령 세례받은 것이 감정적인 경험이라는 인상을 때로는 남기게 되는 것이다. 그러한 간증에서 가장 자주 언급되는 것은 아마도 기쁨joy일 것이다.

감정의 자리

감정과 성령 세례 사이의 관계를 검토함에 있어서 두 가지 중요한 사실을 인정하며 시작해야 한다.

첫째, 사람은 감정적인 피조물이다. 사람의 감정은 그의 기질의 중요한 한 부분이다. 그러므로 사람의 감정은 하나님을 경배하고 섬기는 일에 있어서 중요한 역할을 한다. 진정한 회심은 감정을 억제하거나 소멸시키지 않는다. 진정한 회심은 오히려 먼저 감정을 자유로이 표출시키고 그 다음에 그 방향을 바꾼다. 만약 어떤 사람의 감정이 성령의 권능 아래에 통제되지 않았다면 그 사람의 회심의 목적은 아직 성취되지 않은 것이다.

둘째, 성경에서 기쁨이란 단어는 흔히 성령과 가까이 연관된다. 예를 들어 갈라디아서 5:22에 나열되어 있는 성령의 열매는 사랑, 희락기쁨; joy, 등이다. 이 리스트에서 기쁨은 성령의 주 열매인 사랑 바로 다음에 온다. 안디옥의 초대 그리스도인들에 관한 기록을 보자.

> 제자들은 기쁨과 성령이 충만하니라(And the disciples were filled with joy and with the Holy Spirit)행 13:52

보다시피 신약성경에서 기쁨은 흔히 성령과 가깝게 연관되어 있다.

그렇지만, 강렬한 기쁨이나 다른 어떤 강력한 감정 그 자체가 성령 세례를 받은 증거라는 가르침은 두 가지 이유로 신약과 조화를 이루지 못한다.

첫째, 성령 세례가 묘사된 성경구절에 감정이 직접 언급되어 있지 않다. 성령 세례를 받은 증거나 그 직접적인 결과로 어떤 형태의 감정이 묘사되어 있는 곳이 한 군데도 없다.

성령 세례를 받는 것을 감정적인 경험과 동일시하는 사람의 이론은 아무런 성경적 근거가 없다. 이러한 지적은 자기의 의견을 성경에 바탕을 두지 않는 종교적인 사람들을 놀라게 한다.

사실은 성령을 구하는 믿는 자들이 각종 방언을 말하는 명백한 성경적 경험을 하고 나서도 강력한 감정적 체험을 하지 못했다는 이유로 만족하지 못하거나 자신이 성령 세례를 받은 것을 믿지 않는 일이 가끔 일어난다. 그들은 잘못된 기대를 갖도록 가르침을 받았기 때문이다.

이것을 자기 부모에게 생일 선물로 코커 스패니얼 강아지를 사달라고 한 어린 아이를 예로 들어 설명할 수 있다. 나중에 그 아이는 예쁜 황금색 순종 스패니얼 강아지를 선물 받는다.

그러나 그 아이는 전혀 선물을 기뻐하지 않음으로써 부모를 실망시킨다. 부모가 그 아이에게 이유를 물어보자, 그 아이의 친구들이 몇 주 동안 모든 스패니얼은 검정색이라고 말했다는 것을 알게 된다. 그리하여 그 아이는 자기 강아지는 검정색일 것이라는 강한 기대감을 미리 갖고 있었다.

황금색 강아지가 아무리 예쁘더라도 검정 강아지를 기대하고 있던 그 아이를 만족시킬 수가 없다. 그렇지만 모든 스패니얼은 검정색이라는 그 아이의 생각은 아무런 근거가 없고, 사실은 스패니얼에 대해 아무것도 모르는 자기 또래 친구들의 말을 듣고 형성된 견해에 불과한 것이다.

하나님 아버지에게 성령의 은사를 구하는 그리스도인들도 때로는 그 아이와 같다. 그들은 기도에 대한 응답으로 방언을 말하는 경험을 하게 되고, 그것은 신약의 가르침 및 실례와 완벽하게 조화를 이룬다.

그렇지만 그들은 강렬한 감정 체험이 없다는 단순한 이유로 기도에 대한 이 성경적 응답에 만족하지 않는다. 그들은 강렬한 감정에 대한 기대가 신약의 분명한 가르침에 근거를 두지 않고 잘못 알고 있는 다른 그리스도인들의 얕은 의견에 바탕을 둔 것임을 깨닫지 못하고 있는 것이다.

기쁨과 같은 강렬한 감정을 성령을 받은 증거로 받아들일 수 없는 둘째 이유는 신약에 큰 기쁨을 체험하지만 아직 성령을 받지 못한 신자들의 사례가 있기 때문이다. 예수님이 승천하신 후(그러나 오순절 이전에) 제자들의 반응이 그 한 가지 예이다.

> 그들이 (그에게 경배하고) 큰 기쁨으로 예루살렘에 돌아가 늘 성전에서 하나님을 찬송하니라 눅 24:52-53

여기서 우리는 예수님의 제자들이 오순절 날이 되기 전에도 하나님을 경배하며 큰 기쁨을 누린 것을 알 수 있다. 그러나 예수님의 제자들은 오순절 날이 되어서야 실제로 성령 세례를 받았다.

또 사마리아 사람들이 빌립이 전한 그리스도의 복음을 듣고 믿었을 때 "그 성에 큰 기쁨이 있었다" 행 8:8

사마리아 사람들이 전심으로 복음을 받아들였을 때 그들은 즉시 큰 기쁨을 누렸다. 그렇지만 나중에 베드로와 요한이 그들에게 내려가서 안수 기도를 했을 때 비로소 사마리아 사람들은 성령을 받은 것을 사도행전 8장에서 읽게 된다.

그런즉 큰 기쁨과 같은 강렬한 감정 체험은 성령 세례의 필수적인 요소가 아니며 성령 세례를 받은 증거로 받아들일 수 없다는 것을 이 두 가지 사례가 증명한다.

신체적 반응

성령 세례와 흔히 연관된 또 다른 형태의 경험은 강력한 신체적 감각이다. 여러 해에 걸쳐 많은 사람들에게 무엇을 근거로 성령 세례를 받았다고 주장하는지 물어보았더니, 어떤 강력한 신체적 감각 또는 반응을 느꼈다고 대답하는 사람들이 많았다.

사람들이 내게 체험했다고 말한 것은 다음과 같다. 강력한 전류가 흐르는 느낌, 뜨거운 열기, 어떤 강력한 힘에 떠밀려 바닥에 엎드림, 전신이 강렬하게 떨림, 아주 밝은 빛을 봄, 하나님이 말씀하시는 음성을 들음, 하늘의 영광을 환상으로 봄 등.

이러한 체험들에 진리의 요소가 들어있음을 인정해야 한다. 성경에는 하나님께 가까이 다가갈 자격이 있는 사람으로 꼽힌 사람들에게 전능하신 하나님의 임재와 권능이 임했을 때 강력한 신체적 반응이 일어난 사례가 많다.

하나님께서 아브라함에게 나타나서 말씀하기 시작했을 때 아브라함은 땅에 엎드렸다.창 17:1-3 레위기와 민수기에는 하나님의 임재와 영광이 하나님 백성 사이에 가시적으로 나타났을 때 모세와 아론, 그리고 다른 이스라엘 자손들이 땅에 엎드린 기록이 여러 군데 나온다. 여호와의 불이 엘리야의 번제물에 내린 것을 백성들이 보았을 때 그들이 모두 땅에 엎드린다.왕상 18:39 솔로몬이 성전을 지어 하나님께 바칠 때 다음과 같은 일이 일어났다.

> 그때에 여호와의 전에 구름이 가득한지라 제사장들이 그 구름으로 말미암아 능히 서서 섬기지 못하였으니 이는 여호와의 영광이 하나님의 전에 가득함이었더라대하 5:13-14

예레미야 선지자가 하나님의 말씀과 임재의 권능이 자신의 내부에 일으킨 강한 신체적 반응에 관하여 증언하는 성경구절 두 군데를 보자.

> 내가 다시는 여호와를 선포하지 아니하며 그의 이름으로 말하지 아니하리라 하면 나의 마음이 불붙는 것 같아서 골수에 사무치니 답답하여 견딜 수 없나이다렘 20:9

여기서 예레미야는 하나님의 예언적 말씀이 자기 마음속에서 뼈가 불붙는 것 같은 느낌을 준다고 증언한다. 나중에 예레미야는 또 다음과 같이 말한다.

> 내 마음이 상하며 내 모든 뼈가 떨리며 내가 취한 사람 같으며 포도주에 잡힌 사람 같으니 이는 여호와(문자 그대로 번역하면 여호와의 임재 또는 얼굴)와 그 거룩한 말씀 때문이라렘 23:9

여기서도 예레미야의 말씀은 하나님의 임재에 대한 강한 신체적 반응을 가리키고 있다.

다니엘과 그와 같이 있던 사람들에게 주님이 임재하셨을 때 강한 신체적 반응이 일어난 사례를 보자.

> 이 환상을 나 다니엘이 홀로 보았고 나와 함께 한 사람들은 이 환상은 보지 못하였어도 그들이 크게 떨며 도망하여 숨었느니라 그러므로 나만 홀로 있어서 이 큰 환상을 볼 때에 내 몸에 힘이 빠졌고 나의 아름다운 빛이 변하여 썩은 듯하였고 나의 힘이 다 없어졌으나
> 단 10:7-8

주님의 임재 앞에서 다니엘과 그와 함께 있던 사람들은 예레미야처럼 강하고 특이한 신체적 반응을 체험하였다.

이런 종류의 신체적 반응은 구약에만 국한되지 않았다. 한 가지 사례는 다소 사람 사울이 다메섹으로 가는 길에 예수님을 만났을 때 일어난 일이다. 사울은 매우 밝은 빛을 보았고, 땅에 엎드려져 하늘에서 자기에게 말씀하는 소리를 들었다. 행 9:3-6 참조

사도 요한이 밧모 섬에서 받은 주님의 환상을 묘사할 때 다음과 같이 말씀한다.

> 내가 볼 때에 그의 발 앞에 엎드려져 죽은 자 같이 되매 계 1:17

요한에게도 주님의 임재 앞에서 매우 강력하고도 극적인 신체적 반응이 있었던 것이다.

오래된 그리스도 교회의 교파에서는 그런 신체적 반응이나 현상을 '감정주의' 또는 '광신주의' 라고 거부하는 경향이 있다. 그러나 이런 태도는 성경이 인정하는 것을 명백하게 거부하는 행위이다. 물론 그런 신체적 현상이 '감정주의' 나 '광신주의' 또는 자기현시욕에서 비롯된 경우도 있을 수 있다. 그러나 모세, 예레미야, 다니엘 같은 선지자나 요한 또는 바울과 같은 사도에게 감히 누가 그런 비난을 할 수 있단 말인가? 하나님의 임재와 권능 앞에서 보이는 모든 형태의 신체적 반응을 거부하는 경향은 진정한 거룩함에 관하여, 또는 하나님의 백성이 경배할 때 하나님께서 받아들일 만한 행위에 관하여 사람이 규정한 그릇된 전통에 바탕을 두고 있을 때가 많다.

그러므로 우리는 하나님의 임재와 권능 앞에서 하나님 백성의 신체에 특이한 반응이 나타나는 것을 성경이 인정하고 있는 것을 알게 된다. 그러나

다른 한편으로는 그러한 신체적 반응이 곧 어떤 사람이 성령 세례를 받은 증거라고 하는 것은 성경 어디에서도 찾아볼 수 없다.

구약의 선지자들 경우에 그들은 아무도 성령 세례를 받은 적이 없다. 왜냐하면 성령 세례를 받는 경험은 오순절 날 이전에는 아무에게도 허락된 적이 없기 때문이다. 신약에서 요한과 바울의 경우에도 주님의 임재 앞에서 그들이 보인 강력한 신체적 반응은 성령 세례를 받은 증거가 아니었다.

요한이 밧모에서 환상을 받았을 때 요한은 이미 50여 년 전에 성령 세례를 받은 상태였다. 반면에 다메섹으로 가는 길에서 사울이 보인 신체적 반응은 그가 성령으로 충만하기 전에 일어난 일이었다. 사울은 그로부터 사흘 후 다메섹에서 아나니아가 안수 기도를 했을 때 별개의 경험으로 성령 충만함을 입은 것이었다.

우리가 어떤 각도에서 이 주제에 접근해도 똑같은 결론에 이르게 된다. 어떤 사람이 성령 세례를 받은 증거로 인정되는 신체적 현상은 오직 한 가지, 성령이 말하게 함에 따라 방언을 하는 것이다.

세 가지 성경적 원리

이 장을 마치면서 세 가지 기본적인 성경의 원칙을 살펴보자. 그 세 가지는 모두 방언을 말하는 것이 어떤 사람이 성령 세례를 받은 증거임을 확증한다.

첫째, 예수님은 다음과 같이 말씀하셨다.

이는 마음에 가득한 것을 입으로 말함이라 마 12:34

다른 말로 하자면, 사람의 마음에 무엇이 가득 차면 그것이 말이 되어 입으로 넘쳐 흐른다는 뜻이다. 이것은 성령 세례에도 적용된다. 사람의 마음이 성령으로 충만하면, 그것이 말이 되어 입으로 넘쳐 흐르는 것이다. 충만함이 초자연적인 것이기 때문에 넘쳐 흐르는 것도 초자연적인 것이다. 성령 충만한 사람은 배운 적도 없고 이해하지도 못하는 방언을 사용하여 하나님께 영광을 돌린다.

둘째, 바울은 그리스도인들에게 다음과 같이 권면한다.

> 오직 너희 자신을 죽은 자 가운데서 다시 살아난 자 같이 하나님께 드리며 너희 지체를 의의 무기로 하나님께 드리라롬 6:13

하나님은 단지 우리의 의지를 드리는 것 이상으로, 우리 자신을 드리기를 요구하신다. 하나님은 우리의 지체를 그분의 뜻에 따라 의의 무기로 사용하기 위해 실제로 바치도록 요구하시는 것이다.

그러나 우리 육신의 지체 가운데 우리가 지배할 수 없는 것이 한 가지 있다.

> 혀는 능히 길들일 사람이 없나니 쉬지 아니하는 악이요 죽이는 독이 가득한 것이라약 3:8

성령님은 우리의 지체를 하나님께 드리는 행위가 완료되었다는 증거로서, 우리가 길들일 수 없는 지체인 혀를 길들여 하나님의 영광을 위해 그것을 초자연적인 방식으로 사용하신다.

방언과 성령 세례 사이의 관계를 수립하는 성경의 셋째 원칙은 성령의 본성에서 유래한다.

예수님은 성경의 여러 구절에서 하나님 아버지와 그 아들 예수님이 인격체person인 것처럼 성령도 인격체person임을 강조하신다.

그러나 진리의 성령이 오시면 그가 너희를 모든 진리 가운데로 인도하시리니 그가 스스로 말하지 않고 오직 들은 것을 말하며(However, when He, the Spirit of truth, has come, He will guide you into all truth; for He will not speak on His own authority, but whatever He hears He will speak)요 16:13

여기서 예수님은 성령의 인격personality을 두 가지 방법으로 강조하신다. 1) 성령님을 가르치는 대명사로 it 대신에 He 를 사용함으로써. 2) 성령님에게 말하는 능력이 있다고 함으로써. 곰곰이 생각해보면 말로 의사소통할 수 있는 능력은 결정적으로 구별되는 사람의 특징인 것이다. 사람에게는 말로 의사소통할 수 있는 능력이 있음을 우리는 알고 있고, 그런 능력이 없는 사람은 성숙한 사람으로 간주되지 않는다. 성령님에게 말하는 능력이 있다는 것이 바로 그분이 진정 인격체임을 알려 주는 표징인 것이다.

예수님의 말씀과 함께 사도 바울의 말씀을 읽어 보자.

너희 몸은…너희 가운데 계신 성령의 전인 줄을 알지 못하느냐고전 6:19

여기서 바울은 속량받은 신자들의 육신은 성령께서 거주하기 원하시는 지정된 성전이라고 가르친다. 그러므로 성령이 한 인격체로서 신자의 육신에 처소를 정한 증거는 성령이 신자의 혀와 입술을 사용하여 그 성전 안에서 말씀함으로써 그 음성이 들리는 것이다.

모세가 회막에 들어가서 여호와께 말하려 할 때에 일어난 일도 이와 같다.

모세가…증거궤 위 속죄소 위의 두 그룹 사이에서 자기에게 말씀하시는 목소리를 들었으니 민 7:89

모세는 사람의 표징인 음성을 들었기 때문에 하나님께서 친히 회막 안에 임재하심을 알았다. 오늘날에도 이와 마찬가지로 성령의 목소리가 신자의 육신의 전에서 들려 올 때 우리는 삼위일체 하나님의 세 번째 인격체이신 성령이 그 신자의 몸에 처소를 정했다는 것을 알게 된다.

그런즉, 성령 세례의 증거로서 각종 방언을 말하는 것이 성경의 세 가지 원칙과 일치한다.

1. 초자연적으로 성령 충만한 신자의 마음은 그의 입술을 통하여 초자연적인 언어가 흘러 넘쳐 나온다.
2. 신자가 자기 육신의 지체를 하나님께 바쳤다는 증거는 신자 자신이 길들일 수 없는 혀를 성령께서 지배하신다는 것이다.
3. 성령은 신자의 육신의 전 안에서 말씀함으로써 한 인격체로서 그곳에 거주한다는 것을 보여 주신다.

25장

성령의 약속

앞의 네 장에서 성령 세례에 관한 신약의 가르침을 분석하며 다음과 같은 주제를 다루었다. 성령 세례 경험의 본질, 성령 세례를 받았음을 증명하는 외적인 증거, 성령 세례의 경험이 각종 방언의 은사와 다른 점, 감정적·신체적 반응의 자리.

이러한 분석은 한 가지 실제적인 질문으로 이끈다. 어떤 사람이 성령 세례를 받으려면 어떤 조건을 충족시켜야 하는가? 이 질문에 접근하는 두 가지 길이 있다. 첫째는 은사를 주시는 하나님의 관점에서 접근하는 것이고, 둘째는 은사를 받는 사람의 관점에서 접근하는 것이다. 이 장에서는 하나님의 관점에서 접근할 것이고 다음 장에서는 사람의 관점에서 접근하기로 한다.

우리 앞에 놓인 이 질문이 함축하는 바는 경외심을 일으킨다. 거룩하시고 전능하신 하나님이 타락하고 죄로 저주 받은 인간에게 무엇을 근거로 하나님 자신의 영의 선물을 주시어 인간의 육신의 몸 안에 내재하게 하시는가?

인간과 하나님 사이를 갈라놓은 측량할 길 없는 심연을 메우기 위하여 하나님은 무슨 준비를 해 놓을 수 있었을까?

그 답은 태초 전에 삼위일체 하나님이 세우신 속량의 계획에 있다. 그 계획의 중심에는 십자가에서 그리스도의 희생적인 죽음이 있었고, 그 다음에 그리스도가 승리를 거둔 부활과 승천이 따랐다. 승천하시고 열흘 후 그리스도는 자기를 기다리는 제자들에게 성령을 부어주셨다. 이런 관점에서 볼 때 십자가는 오순절로 가는 길을 연 문이었다.

개인적이고 영속적인 내주

예수님의 승천과 성령의 부어짐 사이의 직접적인 관계를 요한복음 7:37-39이 펼쳐 보여 준다.

> 명절 끝날 곧 큰 날에 예수께서 서서 외쳐 이르시되 누구든지 목마르거든 내게로 와서 마시라 나를 믿는 자는 성경에 이름과 같이 그 배에서 생수의 강이 흘러 나오리라 하시니 이는 그를 믿는 자들이 받을 성령을 가리켜 말씀하신 것이라 예수께서 아직 영광을 받지 않으셨으므로 성령이 아직 그들에게 계시지 아니하시더라.

이 말씀의 첫 두 절, 곧 37절과 38절은 믿음으로 예수님께 오는 모든 목마른 자들은 생수로 채워지고 생수의 강이 흘러나오는 채널이 되리라는 예수님의 약속을 담고 있다. 마지막 절인 39절은 그 앞의 두 절에 대한 설명으로 사도 요한이 더한 것이다.

사도 요한은 이 말씀에서 두 가지를 설명한다. 1) 생수의 강의 약속은 성령의 은사를 뜻하며, 2) 그 성령의 은사는 예수님이 육신을 입고 지상에 아직 계시는 동안에는 주어질 수가 없다. 그것은 예수님이 다시 하늘로 올라가시어 하나님 아버지의 오른편에서 영광을 받으신 다음에야 믿는 자들에게 주어질 수가 있었다.

그때에 성령이 주어질 수 없다는 것은 정확하게 무슨 뜻인가? 그것은 성령이 그리스도가 승천하시기 전까지 지상에 임재할 수 없다던가 운행하시며 역사할 수 없다는 뜻은 분명히 아니다. 오히려 우리는 성경의 창세기 1:2에서 이미 성령의 운행을 읽을 수 있다.

하나님의 영은 수면 위에 운행하시니라.

그 이후로 구약 시대와 그리스도가 지상에서 사역하던 시절까지 성령이 세계 전체와 특히 하나님의 믿는 백성들 사이에서 계속해서 운행하며 사역하신 것을 우리는 성경에서 읽게 된다. 그렇다면 그리스도가 승천하시기 전까지 성령이 사역한 방식과, 그리스도가 승천한 다음 신자들을 위하여 예비해 두었다가 오순절 날 예루살렘에 있는 제자들에게 처음으로 성령의 은사를 부어주신 것의 차이는 무엇인가?

세 가지 단어가 성령의 은사의 두드러진 특징을 요약하면서 성령이 그 전에 세상에서 역사한 모든 방식과 구별해 준다. 그 세 가지 단어는 개인적인personal, 내주하는indwelling, 그리고 영속하는permanent이다. 이 세 가지 특징의 의미를 순서대로 검토해 보자.

첫째, 성령의 은사는 개인적인 것이다.

예수님은 제자들과 작별하며 남긴 담화에서 거룩한 위격 사이에 교환이 있을 것이라고 말씀하셨다.

그러나 내가 너희에게 실상을 말하노니 내가 떠나가는 것이 너희에게 유익이라 내가 떠나가지 아니하면 보혜사가 너희에게 오시지 아니할 것이요 가면 내가 그를 너희에게 보내리니 요 16:7

사실상 예수님은 다음과 같은 뜻으로 말씀하신 것이다. "나는 이제 너희 곁을 떠나 하늘로 돌아가려고 한다. 그리고 나 대신에 다른 분person, 성령을 보내겠다. 그것이 너희에게 유익한 일이다."

성령이 인격체person로 오신다는 약속은 오순절 날 실현되었다. 그 이후로 성령은 인격체person로서 각각의 믿는 자에게 개인적으로 오시려고 하신다. 더 이상 성령을 비인격적인 권능이나 영향, 운행 또는 나타남이라고 말할 수 없다. 성부와 성자가 인격체person인 것처럼 성령도 인격체person이다. 그리고 이런 개인적인 방식으로 성령은 이 시대에 믿는 자에게 오시려고 하신다.

구원 또는 새로운 탄생의 경험에서 죄인은 성삼위의 둘째인 성자 그리스도를 영접한다. 성령 세례 경험에서 신자는 성삼위의 셋째인 성령을 영접한다. 각각의 경험에서 똑같이 하나의 인격체와 생생하고도 직접적인 교류가 일어난다.

둘째로, 이 시대에 성령은 믿는 자에게 내주하기 위하여 오신다.

구약에서 하나님의 백성 사이에 성령의 운행은 다음과 같이 표현되었다. "하나님의 영이 그들에게 임하였다." "하나님의 영이 그들의 마음을 움직였다." "하나님의 영이 그들에게 말씀하셨다." 이 모든 표현은 믿는 자의 인격의 일부가 성령의 지배를 받았음을 가리킨다. 그렇지만 구약의 어디에도 성령이 믿는 자 육신의 전 안에 거하기 위하여 오심으로써 그의 인격 전체를 내부에서 지배했다는 기록이 없다.

셋째로, 성령이 그리스도인 안에 내주함은 영속적인 것이다.

구약에서는 믿는 자가 성령의 방문을 서로 다른 시기에 서로 다른 방식으로 경험했다. 그리고 그 모든 경우에 성령은 항상 방문객이었고, 결코 영구히 거주하지 않았다. 그러나 예수님은 제자들에게 약속하시기를 성령이 그들에게 오시면 영원히 함께 있으리라고 했다.

> 내가 아버지께 구하겠으니 그가 또 다른 보혜사(성령)를 너희에게 주사 영원토록 너희와 함께 있게 하리니 14:16

그런즉 신약에서 약속된 성령의 은사의 특징을 세 가지로 요약할 수 있다. 그것은 개인적이고, 내주하는 것이며, 영속적인 것이다. 이것을 한 문장으로 줄이면 개인적이고 영속적인 내주이다.

이러한 성령의 은사의 특징은 그리스도가 지상에 육신을 가진 존재로 머무는 한 주어질 수 없는 두 가지 이유를 제공한다.

첫째, 그리스도는 지상에 계시는 동안 삼위일체 하나님을 개인적으로 대표하는 권위를 갖고 있었다. 그러므로 성령이 그리스도와 동시에 지상에 개인적으로 계실 필요와 이유가 없었다. 그러나 그리스도가 승천하신 후 성령이 자기 차례가 되어 지상에 인격체person로서 올 길이 열린 것이다. 이제 성령이 이 시대에 삼위일체 하나님을 지상에서 개인적으로 대표하는 분이시다.

둘째, 모든 신자는 자기의 공로 때문이 아니고 오직 그리스도의 대속적인 죽음과 부활의 공로에 힘입어 성령의 은사를 받기 때문에 그리스도가 승천하시기 전에는 성령의 은사가 주어질 수 없었다. 그러므로 그리스도의 속죄가 완성되기 전에는 아무도 성령의 은사를 받을 수 없는 것이었다.

하나님 아버지의 약속

사도 바울은 성령의 약속을 그리스도의 속죄와 직접 연결한다.

> 그리스도께서 우리를 위하여 저주를 받은 바 되사 율법의 저주에서 우리를 속량하셨으니 기록된 바 나무에 달린 자마다 저주 아래에 있는 자라 하였음이라 이는 그리스도 예수 안에서 아브라함의 복이 이방인에게 미치게 하고 또 우리로 하여금 믿음으로 말미암아 성령의 약속을 받게 하려 함이라 갈 3:13-14

바울은 여기서 성령의 은사와 그리스도인의 관계에 대한 두 가지 중요한 사실을 수립한다.

첫째, 이제 신자는 오직 십자가에서 그리스도의 속죄를 통하여서만 성령의 약속을 받을 수 있다. 사실상 이것이 그리스도가 십자가에서 고난을 당한 주요 목적이었다. 그리스도는 두 가지 법적 권리를 얻기 위하여 십자가에서 피를 흘리고 죽으셨다. 그 두 가지 법적 권리란 그리스도가 성령의 이 귀한 은사를 부여하는 권리와 신자가 그것을 받을 권리이다.

그리하여 성령의 은사를 받는 것은 믿는 자 자신의 공로에 달려 있지 않고 오직 모든 것을 감당하는 그리스도의 속죄에 달려 있다. 성령의 은사는 행위로 받는 것이 아니고 믿음으로 받는 것이다.

둘째, 바울이 '또 우리로 하여금 믿음으로 말미암아 성령의 약속을 받게 하려 함이라' 는 구절에서 '성령의 약속' 이라는 표현을 사용하는 것을 주목하게 된다. 이 말씀은 예수님이 승천하시기 직전에 제자들에게 내린 마지막 명령과 일치한다.

> 볼지어다 내가 내 아버지께서 약속하신 것을 너희에게 보내리니 너
> 희는 위로부터 능력으로 입혀질 때까지 이 성에 머물라 하시니라
>
> 눅 24:49

예수님은 여기서 제자들에게 오순절 날 예루살렘에서 그들이 받게 될 성령의 세례에 관하여 말씀하고 계신다. 예수님은 이 경험을 묘사하기 위하여 '위로부터 능력으로 입혀지는' 그리고 '내 아버지께서 약속하신' 이라는 두 가지 표현을 사용하신다.

이 둘째 표현, 곧 '내 아버지께서 약속하신' 이란 말씀은 성령의 은사에 관한 하나님 아버지의 마음과 목적에 대하여 놀라운 계시를 우리에게 제공한다. 어떤 사람이 보수적으로 추정하기를 성경에는 하나님께서 그분의 믿는 백성에게 주신 분명한 약속이 7000가지가 담겨 있다고 했다. 그런데 이 7000가지 약속 중에서 예수님은 단 한 가지를 하나님 아버지께서 그분의 믿는 자녀 각 사람에게 주신 특별한 약속으로 선택하신다. 이 특별한 약속은 무엇인가? 그것은 사도 바울이 '성령의 약속' 이라고 부르는 것이다.

그 약속이 성취된 오순절 날, 베드로는 이와 유사한 말씀을 한다.

> 베드로가 이르되 너희가 회개하여 각각 예수 그리스도의 이름으로
> 세례를 받고 죄 사함을 받으라 그리하면 성령의 선물을 받으리니 이
> 약속은 너희와 너희 자녀와 모든 먼데 사람 곧 주 우리 하나님이 얼
> 마든지 부르시는 자들에게 하신 것이라 하고 행 2:38-39

베드로는 여기서 선물은사;gift과 약속promise이란 단어를 함께 연결한다. 베드로는 무슨 특별하게 약속된 선물을 언급하고 있는가? 바로 예수님과

바울이 말씀하신 성령의 약속을 언급하고 있는 것이다. 이것은 하나님 아버지께서 이 시대에 예수 그리스도를 통하여 하나님의 믿는 자녀들에게 내려 주시기 위하여 오래 전에 계획하시고 준비하신 약속이다.

바울은 이 약속을 또 '아브라함의 복the blessing of Abraham 갈 3:14'이라고 부른다. 그리하여 바울은 그 약속을 하나님께서 아브라함을 선택하신 지고한 목적과 잇는다. 하나님께서 처음으로 아브라함을 우르에서 불렀을 때 다음과 같이 말씀하셨다.

> 내가…네게 복을 주어…너는 복이 될지라…땅의 모든 족속이 너로 말미암아 복을 얻을 것이라창 12:2-3

하나님은 그 후 아브라함을 축복하겠다는 뜻을 여러 차례 재확인하셨다.

> 내가 네게 큰 복을 주고…또 네 씨로 말미암아 천하 만민이 복을 받으리니창 22:17-18

이 모든 하나님의 약속은 무슨 특별한 축복을 예고하신 것인가? 바울의 말씀이 그 답을 제공한다. '성령의 약속' 갈 3:14이다. 아브라함의 씨에게 약속된 이 축복을 값 주고 사기 위하여 예수님은 십자가에서 피를 흘리신 것이다.

그리스도의 속죄에 대한 하늘의 봉인

그러나, 그리스도의 속죄 역사의 궁극적인 완성은 지상이 아닌 하늘에서 이루어졌다.

그리스도께서는 장래 좋은 일의 대제사장으로 오사 손으로 짓지 아니한 것 곧 이 창조에 속하지 아니한 더 크고 온전한 장막으로 말미암아 염소와 송아지의 피로 하지 아니하고 오직 자기의 피로 영원한 속죄를 이루사 단번에 성소에 들어가셨느니라히 9:11-12

신약의 믿는 자로서 우리가 이른 곳은 여기이다.

새 언약의 중보자이신 예수와 및 아벨의 피보다 더 나은 것을 말하는 뿌린 피니라히 12:24

히브리서의 이 구절들은 그리스도의 속죄 역사는 지상의 십자가에서 자기의 피를 흘림으로써 완성된 것이 아니라, 그 후에 예수님이 자기 피로 하나님 아버지가 계신 성소로 들어감으로써 최종적으로 마무리되었음을 보여 준다. 그곳에서 예수님은 자기의 피를 바쳐 모든 죄를 최종적으로 대속했다. 이제 하늘에 뿌려진 그리스도의 피가 아벨의 피보다 더 나은 것을 말하고 있다.

그리스도의 피는 두 가지 측면에서 아벨의 피와 대조된다. 첫째, 아벨의 피는 지상에 뿌려져 남아 있으나 그리스도의 피는 하늘에 뿌려 바쳐졌다. 둘째, 아벨의 피는 자기를 살해한 사람에 대한 앙갚음을 하나님께 부르짖었으나 그리스도의 피는 하늘에서 자비와 용서를 하나님께 구하고 있다.

그리스도가 하늘에 계신 아버지 앞에 자기의 피를 바침으로써 속죄를 완성한 것을 보여 주는 히브리서의 이 말씀은 왜 그리스도가 영광을 받기 전에는 성령의 선물이 주어질 수 없는지 이해할 수 있게 해준다. 성령은 믿는 자 자신의 공로를 바탕으로 주어지지 않고 그리스도의 속죄를 바탕으로 주어지는 것이다.

이 속죄는 그리스도의 피가 하늘에서 바쳐져 하나님 아버지께서 그 희생에 대해 완전한 만족을 선포하시기 전에는 완성되지 못했다. 그 후에 그리스도를 믿는 자들에게 성령이 주어진 것은 그리스도의 피가 모든 죄를 대속하기에 충분한 것으로 영원히 받아들여졌음을 하늘의 대법정이 공표한 것이다.

> 이는 물과 피로 임하신 이시니 곧 예수 그리스도시라 물로만 아니요 물과 피로 임하셨고 증언하는 이는 성령이시니 성령은 진리니라
> 요일 5:6

이 말씀에서 성령이 예수님의 피를 증언함을 보게 된다. 다른 말로 하자면, 예수님을 믿는 자들에게 성령이 주어지는 것은 예수님의 피가 믿는 자의 모든 죄를 씻기에 충분함을 하나님 아버지와 성령이 함께 증언하는 것이다.

이것은 오순절 날 성령의 부어짐과 관련한 베드로의 가르침과 조화를 이룬다. 먼저 그리스도의 죽음과 부활에 관하여 말씀한 다음 베드로는 다음과 같이 계속한다.

> 하나님이 오른손으로 예수를 높이시매 그가 약속하신 성령을 아버지께 받아서 너희가 보고 듣는 이것을 부어 주셨느니라 행 2:33

그리스도는 자신의 대속적인 죽음과 부활로 값을 치르고 인간을 구속하셨다. 그런 다음 그리스도는 하늘에 계신 아버지께 올라가 거기서 구속의 증거요 봉인인 자기의 피를 드렸다. 하나님 아버지께서 그 피를 받아들이시매 그리스도는 아버지로부터 성령의 선물을 받아 자기를 믿는 자들에게 부어주신 것이다.

모든 믿는 자에게 성령의 선물을 내려주시려는 하나님의 계획에 관한 성경의 계시를 이제 요약해 보자.

하나님께서 아브라함을 택하신 결정에는 그리스도를 통하여 모든 족속에게 성령의 축복을 내려 주시겠다는 약속이 내재되어 있다. 십자가에서 흘리신 피로 값을 치르고 그리스도는 모든 믿는 자를 위하여 이 약속에 대한 법적인 권리를 사셨다. 하늘에서 자기의 피를 드린 다음 그리스도는 하나님 아버지로부터 성령의 선물을 받았다. 오순절 날 성령 자신이 선물로서 지상에서 기다리는 믿는 자들에게 하늘로부터 부어졌다.

그런즉 하나님을 믿는 모든 백성들을 위하여 모든 선물 중에서 가장 큰 선물인 이 지고한 약속을 계획하고 구입하고 공급하는 일에 하나님 아버지와 아들과 성령, 세 분 모두 참여하셨다.

다음 장에서 우리는 이 성령의 선물을 인간의 관점에서 살펴보며 그것을 받기 원하는 각 신자의 삶에서 충족되어야 하는 조건을 검토할 것이다.

26장

성령을 받는 법

성령을 선물로 받으려면 우리가 어떤 조건들을 충족시켜야 하는가?

은혜에 의하여 믿음으로 말미암아

이 주제에 관한 성경의 가르침을 살펴보면 하나님께서 은혜로 사람을 위해 예비하신 모든 공급에 적용되는 한 가지 기본 원칙이 있음을 알게 된다.

만일 은혜로 된 것이면 행위로 말미암지 않음이니 그렇지 않으면 은혜가 은혜 되지 못하느니라 롬 11:6

이 편지에서 바울은 다른 편지에서와 마찬가지로 '은혜'와 '행위'를 대비한다. 바울이 말하는 은혜는 받을 자격이 없는 사람이 값없이 공로 없이 받는 하나님의 축복과 은총을 뜻한다. 그리고 바울이 말하는 행위는 어떤 사람이 하나님의 축복과 은총을 얻기 위해 자기 능력으로 무엇을 하는 것을 뜻한다.

바울은 하나님으로부터 받는 이 두 가지 방법은 서로 배타적이며, 결코 겸할 수 없다고 말씀한다. 어떤 사람이 하나님으로부터 은혜로 받는 것은 무엇이든 행위로 받을 수 없고, 어떤 사람이 하나님으로부터 행위로 받는 것은 무엇이든 은혜로 받을 수 없다. 은혜가 작용하는 곳에 행위는 쓸모가 없고, 행위가 작용하는 곳에 은혜는 쓸모가 없다.

이것은 은혜와 율법 사이의 대비로 이어진다. "율법은 모세로 말미암아 주어진 것이요 은혜와 진리는 예수 그리스도로 말미암아 온 것이라"요 1:17

모세의 율법 아래에서 사람들은 자신을 위하여 행한 것에 의해 하나님의 축복을 얻으려고 했다. 그러나 이제 그리스도가 인간을 대신하여 행한 것을 바탕으로 예수 그리스도로 말미암아 값없이 공로 없이 주어지는 하나님의 축복과 은총이 사람들에게 제공된다. 이것이 은혜인 것이다.

예수 그리스도로 말미암아 하나님으로부터 우리가 받는 모든 것은 은혜에 의하여 받는다. 또 이 은혜는 행위에 의하여 받는 것이 아니고 믿음으로 받는다.

> 너희는 그 은혜에 의하여 믿음으로 말미암아 구원을 받았으니 이것은 너희에게서 난 것이 아니요 하나님의 선물이라 행위에서 난 것이 아니니 이는 누구든지 자랑하지 못하게 함이라엡 2:8-9

바울이 이 말씀에서 단언하는 기본 원칙은 세 가지 연속적인 단계로 요약할 수 있다. 은혜에 의하여 – 믿음으로 말미암아 – 행위에서 난 것이 아니니. 이 원칙은 하나님의 은혜로 사람을 위해 예비된 모든 공급을 받는 것에 적용된다. 바울은 이 원칙을 성령의 선물을 받는 것에 구체적으로 적용한다.

> 그리스도께서…율법의 저주에서 우리를 속량하셨으니…또 우리로 하여금 믿음으로 말미암아 성령의 약속을 받게 하려 함이라갈 3:13-14

바울은 두 가지 중요하고도 서로 연관된 사실을 분명히 설명한다. 1) 성령의 선물은 십자가에서 그리스도의 속량의 역사로 말미암아 인간에게 주어진다. 그것은 예수 그리스도로 말미암아 하나님의 은혜에 의하여 사람을 위하여 예비된 총체적인 공급의 일부이다. 2) 이 성령의 선물은 다른 모든 하나님의 은혜의 공급처럼 행위에 의하여 받는 것이 아니고 믿음으로 받는다.

성령의 선물을 어떻게 받는지에 관한 이 질문은 갈라디아 교회 그리스도인들 사이에 제기된 것이 분명하다. 그리하여 바울은 여러 차례 이 문제를 언급한다.

> 내가 너희에게서 다만 이것을 알려 하노니 너희가 성령을 받은 것이 율법의 행위로냐 혹은 듣고 믿음으로냐갈 3:2

> 너희에게 성령을 주시고 너희 가운데서 능력을 행하시는 이의 일이 율법의 행위에서냐 혹은 듣고 믿음에서냐갈 3:5

> 또 우리로 하여금 믿음으로 말미암아 성령의 약속을 받게 하려 함이라갈 3:14

갈라디아서 3장에서 바울은 세 차례에 걸쳐 믿음으로 말미암아 성령을 받는다고 강조한다.

다른 말로 하자면, 믿는 자가 성령을 받기 위하여 필수적으로 준비해야 할 것은 그들을 위한 하나님의 공급의 본질과, 십자가에서 그리스도의 속량의 역사에 대한 믿음으로 그 공급을 내 것으로 취하는 방법을 성경에서 배우는 일이다. 성령을 받고자 하는 사람들이 이러한 성경 말씀을 먼저 배우고 그것을 믿음으로 받아들인다면 성령의 선물을 받기 위하여 힘들여 노력할 필요도 없고 받는 일을 뒤로 미룰 필요도 없다.

바울이 갈라디아 교회 성도들에게 보낸 서신은 그곳의 그리스도인들이 원래 바울로부터 전해 들은 복음의 메시지를 믿음으로 받아들임으로써 성령의 선물을 받고 그들을 위한 하나님의 온전한 공급 속으로 들어갔다는 것을 암시한다. 그러나 나중에 다른 교사들의 가르침으로 인해 갈라디아 성도들은 이 복음의 기초 위에 부가된 율법적인 제도에 말려들어 하나님의 선물을 믿음을 통해 은혜로 받는 첫 비전을 상실하기 시작했다.

바울이 갈라디아 성도들에게 서신을 보낸 주요 목적은 그들에게 율법적인 제도에 빠져드는 것의 위험을 경고하고 본래의 단순한 믿음으로 그들을 다시 부르기 위한 것이었다.

오늘날 수많은 그리스도인들의 그룹이 사도 바울이 갈라디아 성도들에게 경고한 것과 같은 과오를 범하고 있다. 오늘날 성령의 선물을 구하는 사람들에게 어떤 제도나 기법을 부과하는 경향이 광범위하게 퍼져 있는 것이다.

그룹마다 그 기법의 형식은 다르다. 어떤 곳에서는 특별한 자세나 태도를 강조하고, 다른 곳에서는 어떤 특별한 구절을 반복하도록 강조한다.

성령을 구하는 사람들에게 이런 가르침을 주는 것은 반드시 비성경적이라고 할 수는 없지만, 특별한 자세나 특별한 구절이 믿음을 돕는 대신에 믿음을 대체할 위험이 있다. 이럴 경우 기법이 목적을 좌절시킨다. 성령을 구하는 사람들이 성령을 받도록 돕기보다 그러한 기법이 사실은 성령을 받는 것을 방해하는 것이다.

이러한 종류의 기법 때문에 만성적으로 성령을 구하는 사람들을 가끔 만나게 된다. 그 사람들은 대개 이렇게 말한다. "나는 모든 방법을 다 시도해 봤습니다! 찬양도 해보았고…할렐루야도 외쳐보았고…손을 공중으로 들어보았고…부르짖기도 했고…모든 것을 다 해보았지만, 소용이 없습니다." 그 사람들은 부지불식간에 갈라디아 성도들이 빠져든 것과 같은 과오를 범하여 행위로 믿음을 대체하고, 기법으로 하나님의 말씀을 단순하게 듣는 것을 대체하고 있는 것이다.

그렇다면 처방은 무엇인가? 바울이 갈라디아 성도들에게 요구한 것처럼 듣고 믿음으로 돌아가는 것이다. 만성적으로 성령을 구하는 사람들은 찬양을 더 하거나, 더 많이 부르짖거나, 손을 더 많이 들어올릴 필요가 없다. 그들에게 필요한 것은 값없이 주어지는 하나님의 은혜에 관한 하나님의 말씀을 새로이 듣는 것이다.

일반적인 원칙으로 성령의 선물을 구하는 곳이면 어디서든 기도하는 시간을 갖기 전에 하나님의 말씀을 먼저 가르쳐야 한다. 만일 내게 성령의 선물을 구하는 신자들을 도울 시간이 30분 주어진다면, 나는 최소한 첫 15분은 성경 말씀을 가르치는 데 할애한다. 그 다음 15분을 기도에 바치는 것이 성경 말씀을 앞서 배우지 않고 30분을 기도하는 것보다 훨씬 더 긍정적인 결과를 낳는다.

그러므로 성령의 선물을 받기 위해 충족시켜야 할 기본적인 조건은 바울이 말씀한 것처럼 듣고 믿는 것이다.

그러나 우리는 믿음이 뜻하는바에 관한 잘못된 해석을 경계해야 한다. 믿음은 순종을 대체하지 않는다. 오히려 진정한 믿음은 언제나 순종을 통해 나타난다. 그러므로 순종은 믿음의 시금석이며 동시에 증거이다. 이것은 성령을 받는 것에도 하나님의 은혜의 다른 영역과 마찬가지로 적용된다.

유대인 공회 앞에서 자기를 변호하며 베드로는 믿음의 표현으로 순종에 초점을 맞춘다.

> 우리는 이 일에 증인이요 하나님이 자기에게 순종하는 사람들에게 주신 성령도 그러하니라 하더라_{행 5:32}

성령의 선물에 관하여 말씀하면서 베드로가 순종을 강조함에 비해 바울은 믿음을 강조한다. 그러나 순종과 믿음 사이에 아무런 갈등이 없다. 진정한 믿음은 언제나 순종과 연결된다. 온전한 믿음은 온전한 순종을 낳는다. 베드로는 여기서 우리의 순종이 온전할 때 성령의 선물은 우리 것이라고 말씀하고 있다.

믿음의 여섯 단계

성령의 선물을 구함에 있어서 온전한 순종이 어떻게 표현되어야 하는가? 성경에는 성령의 선물로 인도하는 순종의 길을 표시하는 여섯 단계가 있다.

회개와 세례

첫 두 단계는 베드로가 말씀하고 있다.

> 베드로가 이르되 너희가 회개하여 각각 예수 그리스도의 이름으로 세례를 받고 죄 사함을 받으라 그리하면 성령의 선물을 받으리니
> 행 2:38

여기서 베드로가 말씀하는 두 단계는 회개와 세례이다.

회개는 하나님을 향한 마음과 태도의 내적인 변화로 죄인으로 하여금 하나님과 화해할 길을 열어 준다. 그 다음에 세례는 하나님의 은혜로 자기 마음속에 일어난 내적인 변화를 신자가 외적으로 증언하는 행위이다.

목마름

성령 충만함으로 가는 셋째 단계는 예수님이 말씀하고 있다.

> 누구든지 목마르거든 내게로 와서 마시라 나를 믿는 자는 성경에 이름과 같이 그 배에서 생수의 강이 흘러나오리라 하시니요 7:37-38

그 다음 절에서 요한은 예수님의 이 약속이 성령의 선물을 말씀하시는 것이라고 설명한다. 이것은 또 마태복음에 기록된 예수님의 말씀과 일치한다.

> 의에 주리고 목마른 자는 복이 있나니 그들이 배부를 것임이요마 5:6

성령 충만함을 받는 한 가지 필수적인 조건은 주리고 목말라야 하는 것이다. 하나님은 축복을 필요로 하지 않는 사람들에게 그분의 축복을 낭비하지 않으신다. 선하고 존경받을 만한 삶을 사는 많은 자칭 그리스도인들이 성령 충만함을 받지 못하는 이유는 그들이 성령을 받을 필요를 전혀 느끼지 못하기 때문이다. 그들은 그 축복이 없어도 만족해하므로 하나님은 그냥 두시는 것이다.

인간의 관점에서 보면 가장 받을 자격이 없어 보이는 사람이 성령을 받고, 받을 자격이 가장 충분해 보이는 사람이 받지 못하는 일이 때로는 일어난다. 이것은 성경이 설명하고 있다.

주리는 자를 좋은 것으로 배불리셨으며 부자는 빈 손으로 보내셨도다

눅 1:53

하나님은 우리의 진실한 내적 갈망에 반응하시지만, 우리의 종교적인 고백에는 감동을 받지 않으신다.

구하기

예수님은 또 성령을 받는 넷째 단계를 말씀하신다.

너희가 악할지라도 좋은 것을 자식에게 줄 줄 알거든 하물며 너희 하늘 아버지께서 구하는 자에게 성령을 주시지 않겠느냐 하시니라

눅 11:13

여기서 예수님은 하나님 아버지께 성령의 선물을 구할 책무를 하나님의 자녀에게 지우신다. 우리는 때로 그리스도인들이 이런 말을 하는 것을 듣게 된다. "만약 하나님이 내가 성령을 받기를 원하신다면 내게 주실 것이다. 내가 하나님께 구할 필요가 없다." 이러한 태도는 성경적이지 않다. 예수님은 하나님의 자녀들이 이 특별한 성령의 선물을 하늘 아버지에게 구해야 한다고 분명하게 가르치신다.

마시기

구한 후 그 다음 단계는 받는 것이다. 예수님은 이것을 마시는 것이라고 부르신다. "누구든지 목마르거든 내게로 와서 마시라" 요 7:37

'마시는 것'은 능동적으로 받는 절차이다. 성령 충만함은 부정적이거나

수동적인 태도로 받을 수 없다. 아무도 자기의 능동적인 의지가 없이 마실 수는 없고, 아무도 입을 다물고 마실 수가 없다. 자연계에서 그러하듯이 영적인 세계에서도 마찬가지이다. 하나님이 이르시기를, "네 입을 크게 열라 내가 채우리라"시 81:10 하셨다.

하나님은 다문 입을 채울 수가 없다. 단순히 입을 열지 않기 때문에 성령 충만함을 받지 못하는 사람도 있다.

드리기

마신 다음에 성령을 받는 마지막 단계는 드리는 것이다. 바울은 그리스도인들이 하나님께 이중으로 드려야 하는 것에 대해 말씀한다.

> 너희 자신을 죽은 자 가운데서 다시 살아난 자 같이 하나님께 드리며 너희 지체를 의의 무기로 하나님께 드리라롬 6:13

여기에 두 개의 연속적인 단계가 우리 그리스도인들 앞에 제시되어 있다. 첫째 단계는 너희 자신, 곧 의지와 인격을 드리는 것이다. 그러나 이것이 전부가 아니다. 우리 육신의 지체를 드리는 그 다음 단계가 있다.

우리 몸의 지체를 드리려면 하나님에 대한 더 큰 신뢰가 요구된다. 우리의 의지, 곧 우리 자신을 드리는 것은 하나님의 계시된 의지에 순종하면서도 우리 자신의 지성은 계속 보유하는 것이다. 하나님께서 우리에게 요구하시는 것이 무엇인지 우리가 먼저 이해하고 그것을 기꺼이 행하는 것이 첫 단계이다.

그러나 우리의 지체를 드림은 이 단계를 넘는 것이다. 우리는 더 이상 하나님께서 우리에게 요구하시는 것을 지적으로 이해하려고 하지 않는다. 우리 몸의 지체를 아무 조건 없이 하나님께 드리고, 하나님께서 무엇을 하시려는지 또는 왜 하시려는지 묻지 않고 그것들을 하나님께서 그분의 의지와 목적에 따라 사용하시게 하는 것이다.

이 둘째 단계의 드림을 드릴 때 우리는 무조건적인 온전한 드림에 이르게 된다. 그리고 바로 이 순간에 성령님은 그분의 충만함으로 오시어 우리의 지체를 지배하신다.

성령님이 완전히 지배하시는 지체는 바로 아무도 길들일 수 없는 혀이다. 그리하여 우리의 혀를 성령님께 양보하는 것은 온전한 드림과 순종의 극치를 나타낸다. 이 온전한 순종으로 우리는 성령의 선물을 받는다.

성령 충만함을 받는 연속적인 여섯 단계를 약술하면 다음과 같다. 1) 회개, 2) 세례받기, 3) 목마름, 4) 구하기, 5) 마시기, 즉 능동적으로 받기, 6) 드리기, 즉 우리의 지적인 이해를 행사하지 않고 우리 몸의 지체에 대한 통제권을 드리기.

그러면 이런 질문이 자연스레 떠오를 것이다. 성령의 선물을 받는 모든 사람이 이 여섯 단계를 모두 빠짐없이 거쳤는가?

이 질문에 대한 답은 '아니오'이다. 하나님의 은혜는 주권적인 것이다. 어디서든 하나님께서 적합하다고 판단하시면 하나님은 자유로이 그분의 말씀에 제시된 조건을 넘어 불쌍한 영혼에 은혜로 손을 내미신다. 하나님의 은혜는 하나님이 부과하는 조건에 제한을 받지 않는다. 또 한편으로는 그러한 조건이 온전하게 충족되면 어디서든 신실하신 하나님은 그분이 약속하신 축복을 절대로 보류하지 않으신다.

어떤 사람들은 방금 약술한 단계의 일부를 생략하고도 성령의 선물을 받는다. 특히 세례를 받지 않은 사람이 하나님께 성령의 선물을 구체적으로 구하지 않았는데도 성령의 선물을 받는 경우도 있다.

그러한 일이 나에게 일어났다. 나는 세례를 받기도 전에, 성령의 선물을 구한 일도 없는데 성령의 선물을 받았다. 하나님께서는 그분의 말씀으로 실제로 부과한 조건을 넘어, 그분의 주권적인 은혜로 자유로이 내게 손을 뻗으신 것이다. 그런데 그것은 나를 하나님의 은혜에 더 크게 빚진 자로 만들었음을 깨닫는다. 그것이 결코 내게 교만이나 경망함이나 불순종으로 가는 문을 열지 않는다.

그렇지만 하나님은 다른 네 가지 조건이 충족되지 않으면 절대로 성령의 선물을 내리시지 않는 것 같다. 다시 말해서, 우선 회개하지 않거나 그 다음에 영적인 목마름이 없거나 성령을 기꺼이 받으려고 하지 않거나 나의 지체를 하나님께 드리려고 하지 않으면 하나님은 절대 성령을 내리시지 않는다.

성령 세례에 관한 공부를 마무리 지으면서 성령 충만함과 순종 사이의 밀접한 관계를 다시 한번 강조하는 것이 적절하다고 생각한다. 베드로가 말씀하듯이 성령의 선물은 하나님께 순종하는 사람들을 위한 것이다. 심지어 하나님의 말씀으로 부과된 조건을 온전히 충족시키지 않은 사람에게 하나님께서 은혜로 성령의 선물을 내리신다 할지라도 그것이 경망함이나 불순종의 여지를 남기지는 않는다.

베드로가 고넬료의 집에서 설교했을 때 성령이 말씀 듣는 모든 사람에게 내려오셨다. 그렇지만 하나님의 은혜가 고넬료 집안 사람에게 내린 것을 하나님의 말씀에 순종함을 대체하는 것으로 해석할 수는 없다. 왜냐하면 베드로는 다음과 같이 명했기 때문이다.

(베드로가) 명하여 예수 그리스도의 이름으로 세례를 베풀라 하니라

행 10:48

성령 세례를 받은 사람이라도 물로 세례받은 것은 무시해서는 안 되는 하나님의 명령이다.

무엇보다도 영적인 선물의 영역에서 우리는 지속적으로 영적인 교만을 경계해야 한다. 하나님의 은혜의 선물을 더 풍성하게 받을수록 우리는 그런 은사를 행사하고 관리함에 있어서 더 순종하고 신실해야 할 책임이 있다.

받은 은혜에 대한 책임의 원칙은 예수님의 청지기 정신에 관한 가르침에 요약되어 있다.

> 무릇 많이 받은 자에게는 많이 요구할 것이요 많이 맡은 자에게는 많이 달라 할 것이니라 눅 12:48

우리가 예수 그리스도를 통하여 하나님의 은사와 은혜를 더 풍성하게 받을수록 겸손과 헌신과 변함없는 순종에 대한 우리의 책임은 더 커지는 것이다.

27장

신약의 구원을 예표하는 구약의 모형

3부에서 우리는 "세례들의 교리"히 6:2라고 불리는 그리스도 교리를 공부해 왔다.

신약은 실제로 네 가지 유형의 세례에 관하여 말씀하고 있다. 1) 세례 요한의 세례, 2) 그리스도인이 물로 받는 세례, 3) 고난의 세례, 4) 성령 세례.

이 네 가지 유형의 세례 중에서 이 시대의 모든 그리스도인들에게 가장 직접적으로 관련된 세례 두 가지는 그리스도인이 물로 받는 세례와 성령 세례이다. 그래서 주로 이 두 가지 세례에 주의를 집중했다.

이제 이 두 가지 세례가 서로에게 그리고 하나님의 그리스도인들을 위한 계획과 공급의 다른 부분과 어떻게 연관되는지 살펴볼 때가 되었다. 우리는 이런 질문을 할 수가 있다. 모든 신약의 믿는 자들을 위한 하나님의 계획에 물로 받는 세례와 성령 세례가 어떤 역할을 하는가?

우리는 신약의 기자들이 자주 사용한 접근 방식으로 이 질문에 다가갈 것이다. 하나님이 이스라엘 백성을 애굽에서 해방시킨 것을 예수 그리스도를 통하여 전 인류를 죄와 사탄의 노예 상태에서 해방시킨 것의 모형으로 바라볼 것이다. 이스라엘 백성이 애굽에서 해방될 때의 세 가지 특징에 초점을 맞추어 그것을 그리스도를 통하여 모든 인류에게 제공된 구원의 세 가지 주요 요소를 설명하는데 활용하고자 한다.

피를 통한 구원

무엇보다 먼저 하나님은 그분이 지명한 해방자 모세를 이스라엘 백성이 비참한 노예 생활을 하고 있는 애굽의 한가운데로 보냈다. 거기서 하나님은 그분이 지정하신 유월절 양의 피에 대한 이스라엘 백성의 믿음을 통하여 진노와 심판으로부터 그들을 구하셨다.

신약에서는 그리스도 앞에 길을 예비하도록 선구자로 보내진 세례 요한이 그리스도를 이렇게 소개하였다. "보라 세상 죄를 지고 가는 하나님의 어린 양이로다" 요 1:29 그리하여 예수님을 그분의 희생적인 죽음과 흘린 피로 유월절 양이 예시한 모든 것을 달성한 하나님이 지명하신 구원자임을 선포한 것이다.

그리스도의 죽음과 부활을 돌아 보며 바울은 다음과 같이 말씀한다.

"우리의 유월절 양 곧 그리스도께서 희생되셨느니라" 고전 5:7

유월절 양은 이스라엘 백성에게 육체적인 노예 상태로부터 일시적인 해방을 제공하였다. 예수 그리스도의 희생은 그분이 흘린 피가 자기들의 죄를 대속하는 것으로 믿는 모든 사람에게 영원한 구원을 제공하였다.

그러나 이스라엘 백성이 애굽에 더 이상 머무는 것은 하나님의 목적이 아니었다. 유월절 양이 희생된 바로 그날 밤 이스라엘 백성은 더 이상 오합지졸 노예가 아니고 질서 정연한 군대로 출애굽을 시작했다. 이스라엘 백성이 취한 모든 행동에는 긴박함이 있었다. 그들은 발효되지 않은 무교병을 먹었고, 허리에 띠를 띠고 손에 지팡이를 잡고 서둘러 떠났다.

같은 방식으로 하나님은 세상 가운데 있는 죄인을 만나 비참한 노예 상태에서 건지신다. 그러나 하나님은 죄인을 그곳에 그냥 두지 않으시고, 즉시 완전히 새로운 방식의 삶, 곧 성별된 삶으로 불러내신다.

이중 세례

바울은 이스라엘 백성이 애굽으로부터 해방된 그 다음 단계를 이렇게 묘사한다.

> 형제들아 나는 너희가 알지 못하기를 원하지 아니하노니 우리 조상들이 다 구름 아래에 있고 바다 가운데로 지나며 모세에게 속하여 다 구름과 바다에서 세례를 받고 다 같은 신령한 음식을 먹으며 다 같은 신령한 음료를 마셨으니 이는 그들을 따르는 신령한 반석으로부터 마셨으매 그 반석은 곧 그리스도시니라 고전 10:1-4

고린도전서의 같은 장에서 바울은 구약에서 이스라엘 백성의 경험이 신약에서 그리스도인들의 경험에 상응한다고 말씀한다.

이러한 일은 우리의 본보기가 되어 고전 10:6

그들에게 일어난 이런 일은 본보기가 되고 또한 말세를 만난 우리를 깨우치기 위하여 기록되었느니라 고전 10:11

다른 말로 하자면, 구약에서 이스라엘 백성이 경험한 일은 단지 과거의 흥미로운 역사적 사건에 그치지 않고 이 마지막 시대를 살고 있는 우리 그리스도인들에게 긴박하고 중요한 메시지를 담고 있다고 바울은 말씀하고 있다. 이스라엘 백성이 애굽을 탈출한 이야기는 이 시대의 모든 그리스도인들이 주의 깊게 따라야 할 행위의 패턴으로 하나님의 지시에 따라 특별히 기록된 것이다.

이것을 염두에 두고 바울이 고린도전서 10장의 첫 네 구절에서 우리 앞에 제시하는 본보기 또는 교훈을 깊이 검토하도록 하자.

우선 '모두all'라는 짧으면서도 중요한 단어가 다섯 번 등장하는 것을 주목하게 된다.

> 형제들아 이제 나는 너희가 모르는 것을 원하지 아니하노니 이는 우리 조상들이 모두 구름 아래 있었고 모두 바다를 통과하였으며 모두 구름과 바다 속에서 모세에게 침례를 받았고 또 모두 같은 영적 음식을 먹었으며 모두 같은 영적 음료를 마셨다는 것이라
> 고전 10:1-4 한글킹제임스
>
> All our fathers were under the cloud, all passed through the sea, all were baptized into Moses in the cloud and in the sea, all ate the same spiritual food, and all drank the same spiritual drink 1 Corinthians 10:1-4

바울은 하나님의 믿는 백성들이 다 이 모든 본보기 또는 패턴을 따라야 한다고 강조하고 있다. 하나님은 어떤 예외의 여지를 남기지 않으신다. 이것들은 그분의 모든 백성들을 위한 것이다.

바울이 언급하고 있는 패턴은 무엇인가? 바울은 네 가지 연속적인 경험을 말씀하고 있다. 1) 모두 구름 아래에 있었다. 2) 모두 바다 가운데로 지났다. 3) 모두 같은 신령한 음식을 먹었다. 4) 모두 같은 신령한 음료를 마셨다.

이 네 가지 경험은 오늘날 하나님의 백성도 따라야 하는 것이다. 1) 구름 아래로 지나가기. 2) 바다 가운데로 지나가기. 3) 같은 신령한 음식을 먹기. 4) 같은 신령한 음료를 마시기.

이 네 가지 패턴은 이 시대의 믿는 자들의 경험과 어떻게 연관되는가? 그것은 오늘날 우리 그리스도인들에게 어떤 교훈을 주는가?

그런데 이 네 가지 경험은 자연스럽게 두 쌍으로 나누어진다. 구름 아래로 지나가고 바다 가운데로 지나간 첫 쌍의 경험은 단 한 번 일어난 일이었다. 신령한 음식을 먹고 신령한 음료를 마신 둘째 쌍의 경험은 오랜 기간에 걸쳐 정기적으로 반복된 지속적인 경험이었다.

구름 아래로 지나가고 바다 가운데로 지나간, 단 한 번 일어난 첫 쌍의 경험부터 검토하도록 하자. 이 두 가지 경험을 이해하는 열쇠는 바울이 말씀한 독특한 구절이 제공한다. "모세에게 속하여 다 구름과 바다에서 세례를 받고"고전 10:2 이 두 가지 경험은 하나님께서 이 시대의 모든 그리스도인들이 받도록 정하신 두 가지 세례를 상징한다.

이 두 가지 경험이 상징하는 세례는 무엇인가? 우리가 이전에 공부한 것에 비추어 보면 그 답은 쉽게 찾을 수 있다. 이스라엘 백성이 구름 아래에서 받은 세례는 그리스도인들이 받는 성령 세례를 상징한다. 이스라엘 백성이 바다 가운데서 받은 세례는 그리스도인들이 물에서 받는 세례를 상징한다.

이제 이스라엘 백성의 이 두 가지 경험을 자세하게 검토하면 각 경험이 오늘날 그리스도인들의 상응하는 경험의 패턴으로 적절한 것임을 알게 될 것이다.

이스라엘 백성이 구름 아래로 지나가고 바다 가운데로 지나간 역사적 이야기는 출애굽기에 기술되어 있다. 유월절 양을 제물로 잡은 다음 이스라엘 백성은 그날 밤 애굽을 탈출했다. 이스라엘 백성이 홍해에 이르렀을 때, 그들은 기적적으로 그 바다를 마른 땅을 건너듯이 통과했다.

구름 세례

출애굽기 13:20-21에 이스라엘 백성이 구름 아래를 지난 경험이 최초로 언급되어 있다.

> 그들이 숙곳을 떠나서 광야 끝 에담에 장막을 치니 여호와께서 그들 앞에서 가시며 낮에는 구름 기둥으로 그들의 길을 인도하시고 밤에는 불 기둥을 그들에게 비추사 낮이나 밤이나 진행하게 하시니.

바울은 "우리 조상들이 다 구름 아래에 있고"고전 10:1라고 말씀한다. 이 말씀은 이스라엘 백성이 애굽에서 빠져나온 여정의 어떤 시점에서 초자연적인 구름이 하늘에서 내려와 그들 위에 계속해서 머물렀다는 것을 알려 준다.

그 구름은 이스라엘 백성들이 지각으로 분명히 감지할 수 있는 것으로 두 가지 다른 형태를 취했다. 낮에는 구름으로 뜨거운 햇볕을 가려주었고,

밤에는 불 기둥으로 밤의 어둠을 밝히는 빛과 추위를 막는 온기를 제공해 주었다. 낮이나 밤이나 그것은 이스라엘 백성이 걸어가야 할 길을 인도해 주었다.

이 놀라운 구름에 관하여 계시된 진리가 두 가지 더 있다. 첫째, 여호와 하나님 자신이 친히 구름 안에 계셨다. 둘째, 그 구름은 이스라엘 백성을 애굽 사람들과 분리하여 보호하는 역할을 했다.

> 이스라엘 진 앞에 가던 하나님의 사자가 그들의 뒤로 옮겨 가매 구름 기둥도 앞에서 그 뒤로 옮겨 애굽 진과 이스라엘 진 사이에 이르러 서니 저쪽에는 구름과 흑암이 있고 이쪽에는 밤이 밝으므로 밤새도록 저쪽이 이쪽에 가까이 못하였더라 출 14:19-20

> 새벽에 여호와께서 불과 구름 기둥 가운데서 애굽 군대를 보시고 애굽 군대를 어지럽게 하시며 출 14:24

이 구절에서 우리는 여호와 하나님 자신, 즉 하나님의 사자가 구름 가운데 계시며 움직이셨음을 알게 된다. 하나님은 구름 가운데서 이스라엘 백성의 진 앞 뒤에 계셨고, 구름 가운데서 하나님은 이스라엘 진과 애굽 진 사이에 임재하시어 그분의 백성을 그들의 적으로부터 분리하시고 보호하셨다.

그 구름이 애굽 사람들에게는 의미가 상당히 달랐고 끼친 영향도 달랐다. 왜냐하면 애굽 사람들에게는 "구름과 흑암이 있고" 이스라엘 사람들에게는 "밤이 밝으므로" 출 14:20 그 구름은 이 세상 사람들인 애굽 사람들에게는 어둠이었으나, 하나님의 백성인 이스라엘 사람들에게는 빛이었다.

더구나 날이 밝았을 때 그 구름은 애굽 사람들에게 더욱 두려운 존재였다.

새벽에 여호와께서 불과 구름 기둥 가운데서 애굽 군대를 보시고 애굽 군대를 어지럽게 하시며 출 14:24

그 구름은 성령 세례의 한 모형이라고 앞에서 말한 적이 있다. 이제 그 구름에 대하여 우리가 아는 사실을 순서대로 요약하며 그것이 성령 세례에 어떻게 완벽하게 적용되는지 살펴보자.

1. 그 구름은 하늘에서부터 하나님의 백성 위로 내려왔다.
2. 그것은 그저 눈에 보이지 않는 영향에 그치지 않고 지각으로 감지할 수 있는 실체였다.
3. 그것은 낮에는 햇볕의 열기를 막는 그늘을, 밤에는 빛과 온기를 제공했다.
4. 그것은 하나님의 백성에게 그들의 여정에서 방향을 제시해 주었다.
5. 그 구름 속에는 여호와 하나님 자신의 임재가 있었고, 구름 속에서 하나님은 친히 그분의 백성을 적으로부터 보호하기 위해 오셨다.
6. 그 구름은 하나님의 백성에게는 빛을 주었으나 적에게는 어둠과 공포를 안겨 주었다.
7. 그 구름은 하나님의 백성과 그들의 적 사이에 서서 하나님의 백성을 분리하고 지켜 주었다.

이제 이 각각의 사실이 성령 세례와 어떻게 완벽하게 연관되는지, 그리고 그 경험이 이 시대의 하나님의 백성에게 무엇을 의미하는지 알아보자.

1. 성령 세례는 하나님 자신의 임재가 하늘에서부터 그분의 백성 위에 내려와 그들을 감싸고 잠기게 하는 것이다.
2. 성령 세례는 지각으로 감지할 수 있는 것으로, 그것이 낳는 영향은 볼 수 있고, 들을 수 있다.
3. 성령은 하나님의 백성을 위하여 지명된 보혜사로 오시어 열기를 막는 그늘을, 어둠과 추위 가운데서 빛과 온기를 제공하신다.
4. 성령은 하나님의 백성에게 지상의 순례 여정에서 걸어가야 할 길을 안내해 준다.
5. 이 경험 안에는 주님 자신의 임재가 있다. 왜냐하면 예수님은 다음과 같이 말씀하시기 때문이다.

내가 너희를 고아와 같이 버려두지 아니하고 너희에게로 오리라 요 14:18

6. 성령 세례는 하나님의 백성에게 하늘의 빛을 가져다 준다. 그러나 이 세상 사람들에게 이 초자연적인 경험은 어둡고, 이해할 수 없고, 심지어 두려운 어떤 것이다. 이에 대해 바울은 이렇게 말씀한다.

육에 속한 사람은 하나님의 성령의 일들을 받지 아니하나니 이는 그것들이 그에게는 어리석게 보임이요 또 그는 그것들을 알 수도 없나니 그러한 일은 영적으로 분별되기 때문이라 고전 2:14

7. 초자연적인 경험으로서 성령 세례는 하나님의 백성과 이 세상 사람들을 결정적으로 분리한다. 그것은 하나님의 백성을 이 세상의 죄와 타락의 영향으로부터 분리하고 보호한다.

바다 세례

이제 바다 세례를 살펴보자.

> 모세가 바다 위로 손을 내밀매 여호와께서 큰 동풍이 밤새도록 바닷물을 물러가게 하시니 물이 갈라져 바다가 마른 땅이 된지라 이스라엘 자손이 바다 가운데를 육지로 걸어가고 물은 그들의 좌우에 벽이 되니출 14:21-22

그런 다음 애굽 사람들이 홍해를 가로 질러 이스라엘 백성의 뒤를 추격하려고 했을 때 다음과 같은 일이 일어났다.

> 모세가 곧 손을 바다 위로 내밀매 새벽이 되어 바다의 힘이 회복된지라 애굽 사람들이 물을 거슬러 도망하나 여호와께서 애굽 사람들을 바다 가운데 엎으시니출 14:27

우리는 출애굽기의 기록과 함께 이 사건에 관한 신약의 설명도 읽어 보아야 한다.

> 믿음으로 그들은(이스라엘 백성) 홍해를 육지 같이 건넜으나 애굽 사람들은 이것을 시험하다가 빠져 죽었으며히 11:29

이런 성경구절에 비추어 우리는 이스라엘 백성이 홍해를 건넌 사건에 관하여 계시된 주요 진리를 열거할 수 있고, 또 그것이 그리스도인들이 물에서 받는 세례에 어떻게 완벽하게 적용되는지 살펴볼 수 있다.

1. 이스라엘 백성이 홍해를 건넌 것은 오직 하나님의 능력의 초자연적인 공급으로 말미암아 가능해졌다.
2. 이스라엘 백성은 오직 믿음으로 하나님의 능력의 초자연적인 공급을 받을 수 있었다. 바닷물은 모세의 믿음의 행위로 말미암아 처음에 갈라졌다가 나중에 닫혔다. 그리고 이스라엘 백성은 오직 믿음으로 바다를 건널 수 있었다.
3. 애굽 사람들은 믿음이 없이 이스라엘 백성과 똑같이 바다를 건너려고 시도하다가 건너지 못하고 빠져 죽었다.
4. 이스라엘 백성은 바닷물 속으로 내려가서 바다 가운데를 건너간 다음 바닷물 밖으로 나왔다.
5. 이스라엘 백성은 바닷물 가운데를 건너감으로써 마침내 애굽과 분리되었고, 그들을 지배하던 애굽의 마지막 위협으로부터 벗어날 수 있었다.
6. 이스라엘 백성은 새로운 지도자를 따르기 위하여, 새로운 율법에 따라 살기 위하여, 새로운 운명을 향하여 나아가기 위하여 바닷물 밖으로 나왔다.

이제 이 진리들이 각각 그리스도인들이 물에서 받는 세례에 어떻게 완벽하게 상응하는지, 그리고 이 경험이 이 시대의 하나님의 백성에게 무엇을 의미하는지 살펴보자.

1. 믿는 자는 오직 예수 그리스도의 죽음과 초자연적인 부활로 말미암아 그리스도인들이 물에서 받는 세례를 받을 수 있게 되었다.

2. 그리스도인의 세례는 오직 믿는 자의 개인적인 믿음으로 말미암아 효력이 발생한다. "믿고 세례를 받는 사람은 구원을 얻을 것이요"
   막 16:16
3. 개인적인 믿음이 없이 세례를 받는 사람은 홍해에 들어간 애굽 사람들과 같다. 그들의 행위는 자신을 구하지 못하고 멸망시킨다.
4. 물에서 받는 세례가 묘사된 신약의 모든 사례에서 세례받은 사람은 물속으로 들어가 물을 건너간 후 물 밖으로 나왔다.
5. 물에서 받는 세례는 하나님이 믿는 자를 세상으로부터 분리하여 그에 대한 세상의 지속적인 지배로부터 믿는 자를 해방시키기 위한 것이다.
6. 세례 후에 믿는 자는 하나님에 의해 새로운 지도자와 새로운 법과 새로운 운명의 새 생명 가운데서 행하도록 인도함을 받는다.

그러므로 우리가 그의 죽으심과 합하여 세례를 받음으로 그와 함께 장사되었나니 이는 아버지의 영광으로 말미암아 그리스도를 죽은 자 가운데서 살리심과 같이 우리로 또한 새 생명 가운데서 행하게 하려 함이라 롬 6:4

구원의 패턴

구약에서 하나님의 백성은 애굽으로부터 해방되면서 두 가지 공통적인 경험을 했다. 그들은 모두 구름 아래로 지나가고 바다 가운데를 지나가면서 구름과 바다의 세례를 받았다. 이 두 가지 경험이 하나님의 백성을 위한 하나님의 구원 계획에서 차지하는 위치를 잠시 살펴보자.

하나님은 그분의 백성을 그들이 있는 애굽에서 유월절 양의 피에 대한 그들의 믿음을 통해 구원하셨다. 그러나 애굽에 있는 그분의 백성을 구한 다음, 하나님은 그들이 그곳에 머물도록 버려두지 않으셨다. 하나님은 이스라엘 백성이 구원받은 바로 그날 밤 허리에 띠를 띠고, 이제 더 이상 오합지졸 노예가 아니고 전투를 치를 준비가 된 군대로서 서둘러 행군해 나가도록 명하셨다.

애굽인들이 이스라엘 백성을 붙들어 다시 노예로 삼으려고 추격해 왔을 때, 하나님이 그분의 백성을 구원하는 그 다음 두 단계는 구름 아래로 지나가고 바다 가운데로 지나가게 하는 것이었다. 이 두 가지 경험을 통해 하나님은 그분의 백성을 위한 두 가지 목적을 달성하셨다. 1) 하나님은 이스라엘 백성을 애굽의 노예 상태에서 구원하는 일을 완성하셨다. 2) 하나님은 이스라엘 백성을 새 생명으로 인도하시고 그들의 새로운 삶에 필요한 것을 예비하셨다.

이 모든 것들은 하나님이 이 시대 그분의 백성을 구원하려는 계획의 패턴이다. 하나님은 오늘도 구원을 처음으로 경험한 죄인을 즉시 그의 옛 삶과 구습과 예전에 어울리던 사람들로부터 분리되도록 부르신다. 옛 삶을 탈피하라는 하나님의 이 부르심은 이스라엘 백성을 애굽에서 불러내신 것처럼 분명하다. 사도 바울은 그리스도인들에게 다음과 같이 말씀한다.

> 그러므로 너희는 그들 중에서 나와서 따로 있고 부정한 것을 만지지 말라 내가 너희를 영접하여 너희에게 아버지가 되고 너희는 내게 자녀가 되리라 전능하신 주의 말씀이니라 하셨느니라 고후 6:17-18

오늘날에도 이 세상의 신인 사단은 바로가 한 것처럼 하나님의 백성이 그의 지배를 벗어나려고 하면 쫓아가서 붙들어 다시 자기의 노예로 삼으려고 한다.

이 때문에 하나님은 오늘날 그분의 백성에게 이스라엘 백성이 구름 아래와 바다 가운데서 경험한 이중 세례와 상응하는 이중의 대책을 마련해 놓으셨다. 하나님은 그분의 모든 백성이 구원받은 후 물과 성령으로 세례받도록 정하신 것이다.

하나님의 의도는 그분의 백성이 이 이중 세례를 통하여 이 세상과 어울리며 이 세상의 지배를 받는 상태에서 마침내 벗어나 옛 삶으로 돌아가는 길이 영원히 막히도록 하는 것이다. 이와 동시에 하나님은 또 그분의 백성을 새 생명으로 인도하시고 그들의 새로운 삶에 필요한 것을 예비하신다.

신령한 음식과 음료

이제 하나님이 구약에서 그분의 모든 백성을 위해 정하신 두 가지 다른 경험, 곧 같은 신령한 음식을 먹고 같은 신령한 음료를 마신 것을 간략하게 검토해 보자. 결코 되풀이된 적이 없는 이중 세례와 달리 신령한 음식과 음료는 하나님의 지속적인 공급을 상징했다. 하나님의 백성들은 그들의 여정이 끝날 때까지 그것을 매일 규칙적으로 먹고 마셔야 했다.

만나

하나님이 이스라엘 백성을 위해 정하신 신령한 음식은 매일 아침 그들에게 내린 만나였다. 이스라엘 백성은 광야를 지나가는 40년에 걸친 여정에서 이 신령한 음식으로 살았다.

신약에서 이 경험에 관하여 언급할 때 바울은 그것을 영적인 음식이라고 묘사한다. 다른 말로 하자면, 바울은 우리 그리스도인들에게 이 만나는 육신에 먹여야 하는 자연적인 음식이 아니라 우리의 혼에 먹여야 하는 영적이고 초자연적인 음식에 해당한다고 암시하는 것이다.

그렇다면 그리스도인들이 먹어야 하는 이 영적이고 초자연적인 음식은 무엇인가? 그리스도께서 우리에게 그 답을 주신다. "기록되었으되 사람이 떡으로만 살 것이 아니요 하나님의 입으로부터 나오는 모든 말씀으로 살 것이라 하였느니라"마 4:4 이 시대의 모든 믿는 자를 위해 하나님께서 정하신 영적인 음식은 하나님의 말씀이다.

기록된 하나님의 말씀을 믿음으로 먹을 때 우리는 인격적인 말씀의 거룩한 생명, 곧 예수 그리스도 자신을 우리 안에 모시게 된다. 왜냐하면 예수님이 자신에 대해 다음과 같이 말씀하셨기 때문이다.

> 나는 하늘에서 내려온 살아 있는 떡이니요 6:51

그런즉 기록된 말씀을 통하여 인격적인 말씀, 곧 하늘의 살아 있는 떡이 믿는 자의 혼에 영양분을 공급하기 위하여 내려오는 것이다.

이스라엘 백성이 만나를 거두는 규정은 출애굽기 16장에 기록되어 있는데, 세 가지 요지는 다음과 같다. 1) 매일 정기적으로 거두어야 했다. 2) 각 사람마다 개별적으로 거두어야 했다. 3) 아침 일찍 거두어야 했다.

이 시대의 믿는 자들에게도 같은 원리가 적용된다. 그리스도인은 각자 하나님의 말씀을 정기적으로, 개별적으로, 그리고 아침 일찍 먹어야 한다.

반석에서 흐르는 강물

마지막으로 하나님의 백성에게 지정된 신령한 음료가 있다. 구약의 이스라엘 백성에게 이 음료는 반석에서 흘러 나온 물이었고, 바울은 "그 반석은 곧 그리스도시니라"고전 10:4고 말씀한다.

그리스도인에게 거룩하게 지정된 음료는 자신의 내면에서 흘러나오는 성령의 강물이다. 그리스도는 성령에 대하여 다음과 같이 말씀하신다.

> 누구든지 목마르거든 내게로 와서 마시라 나를 믿는 자는 성경에 이름과 같이 그 배에서 생수의 강이 흘러나오리라 하시니요 7:37-38

이스라엘 백성에게 이 강물은 지팡이로 친 반석에서 흘러나왔다. 오늘날의 그리스도인에게 이 강물은 창에 찔린 구세주의 옆구리에서 흘러나온다. 왜냐하면 그리스도가 십자가에서 대속적인 죽음으로 값을 치르고 모든 믿는 자에게 성령의 내적 충만을 샀기 때문이다.

최초의 성령 세례는 다시 반복할 필요가 없이 한 번으로 족한 경험이다. 그러나 내면에서 흘러나오는 성령의 강물을 마시는 것은 이스라엘 백성이 사막의 반석에서 흘러나온 물을 마신 것처럼 믿는 자가 규칙적으로 할 필요가 있는 일이다.

이러한 이유로 바울은 진행형 시제를 사용하여 다음과 같이 말씀한다. "오직 성령으로(계속해서) 충만함을 받으라"엡 5:18 성령을 계속해서 마시면 바울이 그 다음 두 절에서 묘사하는 외면적인 표현으로 나타난다.

> 시와 찬송과 신령한 노래들로 서로 화답하며 너희의 마음으로 주께 노래하며 찬송하며 범사에 우리 주 예수 그리스도의 이름으로 항상 아버지 하나님께 감사하며엡 5:19-20

하나님의 말씀과 영을 지속적으로 먹고 마시는 것은 승리하는 삶과 충만한 삶의 필수적인 요소이다. 이스라엘 백성은 매일 하늘에서 내리는 만나를 먹고 반석에서 흘러나오는 생수를 마시지 않았더라면 광야에서 사멸했을 것이다. 오늘날의 믿는 자도 이와 마찬가지로 매일 하나님의 말씀의 만나를 먹고 하나님의 영으로 매일 충만하고 또 충만해져야 하는 것이다.

이제 그 온전한 패턴을 이 시대의 그리스도인의 경험에 적용하도록 하자.

하나님은 오늘의 믿는 자에게 다섯 가지 경험을 정하셨는데, 각각의 경험은 구약의 이스라엘 백성의 경험으로 예표된다. 1) 예수 그리스도의 피에 대한 믿음으로 구원받음, 2) 성령 세례, 3) 물로 받는 세례, 4) 하나님의 말씀을 매일 먹기, 5) 매일 내면에서 흘러나오는 하나님의 영을 마시기.

이 다섯 가지 경험 중에서 첫 세 가지, 즉 구원과 물로 받는 세례와 성령 세례는 한번 만 일어나고 다시 반복할 필요가 없다. 마지막 두 가지, 즉 하나님의 말씀을 먹고 하나님의 영을 마시는 것은 믿는 자가 지상의 순례 여정에서 매일 정기적으로 되풀이해야 하는 경험이다.

제4부

오순절의 목적

각 사람에게 성령을 나타내심은 유익하게
하려 하심이라 고전 12:7

28장

서론과 경고

26장에서 어떤 사람이 믿음과 순종으로 성령 세례를 받는 실제적인 단계를 검토했다. 그 단계에서 더 나아가 또 하나의 실제적인 질문을 해볼 수 있다. 성령 세례는 왜 주어졌는가? 달리 표현한다면, 하나님은 성령 세례를 통하여 믿는 자의 삶에서 무엇을 낳기를 원하시는가?

이 질문에 대한 성경적인 답을 주기 전에 갓 성령 세례를 받은 사람들을 흔히 괴롭히는 오해를 먼저 해소하는 것이 필요하다. 그러한 오해로 말미암아 하나님이 계획하신 온전한 축복과 혜택을 그들이 받아들이지 못하기 때문이다.

성령은 독재자가 아니다

첫째로 강조되어야 할 점은 믿는 자의 삶에서 성령은 절대로 독재자의 역할을 하지 않는다는 것이다.

예수님이 성령의 선물을 제자들에게 약속했을 때, 보혜사, 위로자, 안내자, 교사라는 용어로 성령을 지칭하셨다. 성령은 항상 이 범위 안에 자신을 제한하신다. 성령은 믿는 자의 의지나 인격을 무시하지 않으신다. 성령은 믿는 자에게 그의 의지나 선택을 거슬러 무슨 일을 하도록 강요하지 않으신다.

성령은 또 "은혜의 성령"히 10:29이라고 불린다. 성령은 지극히 은혜로운 분이시라 믿는 자에게 자신을 강요하거나, 자신이 손님으로 환영 받지 못하는 믿는 자의 인격의 어떤 영역에 억지로 들어가지 않으신다.

바울은 성령으로부터 유래하는 자유를 강조한다.

주는 영이시니 주의 영이 계신 곳에는 자유가 있느니라고후 3:17

바울은 성령 세례받은 그리스도인의 자유를 이스라엘 백성이 모세의 율법에 종이었던 것과 대비한다.

너희는 다시 무서워하는 종의 영을 받지 아니하고롬 8:15

성령이 믿는 자를 지배하고 인도하는 정도는 믿는 자가 자발적으로 성령에게 순종하며 그분의 지배와 인도하심을 받아들이는 정도에 달려 있다. 세례 요한은 다음과 같이 말씀한다.

이는 하나님이 성령을 한량없이 주심이니라요 3:34

성령의 분량은 하나님의 주심에 있지 않고 우리의 받음에 있다. 우리가 기꺼이 받고 싶은 분량 만큼 성령을 받게 된다. 그런데 성령을 받기 위해서는 우리가 자발적으로 그분에게 순종하며 그분의 다스림을 받아들여야 한다. 성령은 우리 자신의 의지를 거스르며 어떤 일을 하도록 절대로 강요하지 않으신다.

어떤 신자들이 성령 세례를 구할 때 범하는 실수가 이것이다. 성령이 그들을 강력하게 움직여, 자신의 의지를 행사하지 않아도 방언을 하도록 정말로 강요당할 것이라고 상상하는 것이다. 그러나 그런 일은 결코 일어나지 않는다. 사도행전 2:4에 기록되어 있는 오순절 날 첫 사도들의 경험을 살펴보자.

> 그들이 다 성령의 충만함을 받고 성령이 말하게 하심을 따라 다른 언어들로 말하기를 시작하니라(And they were all filled with the Holy Spirit and began to speak with other tongues, as the Spirit gave them utterance)

사도들은 먼저 입을 열기 시작했고, 그 다음에 성령이 방언으로 말하게 하셨다. 만약 사도들이 자발적으로 말하기 시작하지 않았더라면 성령은 그들에게 방언을 주시지 않았을 것이다. 성령은 사도들이 자발적으로 협력하지 않는데 방언을 강요하지는 않았을 것이다. 방언을 말하는 문제에 있어서 믿는 자는 성령에게 협력해야 한다.

누군가가 성령과 믿는 자 사이의 이 상호 관계를 다음과 같이 요약했다. 믿는 자는 성령 없이 방언을 말할 수 없고 성령은 믿는 자 없이 방언을 하지 않을 것이다.

성령과의 이 협조는 성령 세례를 받은 다음에도 계속해서 필요하다. 어떤 신자들은 최초로 성령 충만함을 받아 방언을 말하는 증거가 따르면 더 이상 자기들이 협력하지 않아도 성령이 자동적으로 자기 존재의 전부를 지배할 것이라고 가정하는 잘못을 범하는데, 그것은 진리와 거리가 먼 생각이다.

사도 바울의 말씀을 앞에서 인용한 적이 있다. "주는 영이시니"고후 3:17 하나님 아버지와 하나님 아들이 주님이듯이 성령도 주님이시다. 그렇지만 성령은 하나님 아버지와 하나님 아들이 그러하듯이 믿는 자가 그분이 주님 이심을 인정하기를 기다리신다.

믿는 자의 일상적인 삶에서 성령의 주님 되심이 효과적인 현실이 되려면, 신자는 자신의 인격과 삶의 모든 분야를 성령이 다스리도록 끊임없이 내어 드려야 한다. 성령 충만함을 지속적으로 유지하려면 최초로 성령 충만함을 받는데 필요했던 것과 같은 믿음과 성결과 기도가 필요하다고 누군가가 지당한 말을 했다.

성령 세례는 그리스도인의 경험의 마지막 목표가 아니다. 그것은 그리스도인의 삶의 새로운 영역으로 들어가는 첫 관문인 것이다. 이 관문을 통과한 다음 각 신자는 자기가 들어간 이 새로운 영역의 모든 놀라운 가능성을 탐구하기 위해 믿음과 결의를 갖고 계속해서 나아갈 개인적인 책임이 있다.

이 진리를 깨닫지 못하거나 삶에 적용하지 못하는 신자는 하나님이 성령 세례를 통하여 그에게 주시려고 하는 축복이나 혜택을 별로 누리지 못할 것이다. 그러한 신자는 십중팔구 자기 자신이나 다른 그리스도인들에게 실망거리나 장애물이 되고 만다.

하나님의 총체적인 공급을 활용하기

또 한 가지 해소해야 할 오해의 영역을 살펴보자. 신약을 자세하게 공부해 보면 하나님은 모든 신자의 모든 필요를, 그의 존재의 모든 영역과 그의 경험의 모든 측면에서 채워줄 공급을 하셨다는 것을 분명하게 알 수 있다.

이것을 증명하기 위하여 신약의 두 구절을 인용한다.

> 하나님이 능히 모든 은혜를 너희에게 넘치게 하시나니 이는 너희로 모든 일에 항상 모든 것이 넉넉하여 모든 착한 일을 넘치게 하게 하려 하심이라고후 9:8

> 그의 신기한 능력으로 생명과 경건에 속한 모든 것을 우리에게 주셨으니 이는 자기의 영광과 덕으로써 우리를 부르신 이를 앎으로 말미암음이라벧후 1:3

이 두 성구를 보면 믿는 자의 모든 필요를 예수 그리스도에 대한 지식을 통하여 온전하게 채워 주심은 하나님의 은혜와 능력에 의한 것임을 알 수 있다. 하나님께서 예수 그리스도를 통하여 이미 완전한 공급을 하지 않은 필요는 존재하지 않는 것이다.

이제 믿는 자를 위한 하나님의 총체적인 공급의 다양한 부분을 검토해 보면 그것은 다방면에 걸친 공급으로, 하나님의 공급의 한 부분이 다른 부분을 대체하지 않는다는 것을 알게 된다. 바로 여기서 많은 신자들이 과오를 범한다. 그들은 하나님의 공급의 한 부분으로 다른 부분을 대체하려고 한다. 그러나 하나님은 결코 그럴 의도가 없었으므로, 그렇게 대체되지 않는다.

믿는 자를 위한 하나님의 공급의 실제적인 사례로 바울이 열거하는 영적 갑주를 살펴보자. 바울은 이렇게 말씀한다. "하나님의 전신 갑주를 입으라"엡 6:11 바울은 또 이렇게 말씀한다. "그러므로 하나님의 전신 갑주를 취하라"엡 6:13

이 두 성구에서 바울은 그리스도인이 자신을 완전하게 방어하려면 전신

갑주를 입어야 하며 갑주의 일부만 입으면 안 된다고 강조한다. 그 다음 네 구절에서 바울은 다음과 같은 여섯 갑주를 열거한다. 진리의 허리띠, 의의 흉배, 복음의 신, 믿음의 방패, 구원의 투구, 성령의 검.

이 여섯 가지 갑주를 입는 그리스도인은 머리 정수리에서 발바닥까지 완전하게 보호되지만, 갑주의 한 부분을 빠뜨리면 완전한 보호를 받지 못한다.

예를 들어, 어떤 그리스도인이 다른 다섯 가지 갑주를 입더라도 투구를 쓰지 않으면 그는 머리에 부상을 입을 가능성이 있다. 일단 머리에 부상을 입으면, 다른 갑주를 사용할 능력은 약화될 것이다. 거꾸로 어떤 그리스도인이 투구를 쓰고 몸을 보호하는 다른 갑주는 다 갖춰 입더라도 신을 빠뜨릴 수 있다. 그럴 경우 거친 땅을 행군할 능력이 영향을 받을 것이고, 군인으로서 그의 총체적인 쓸모는 약화되고 만다. 또는 어떤 그리스도인이 방어용 갑주 다섯 가지를 모두 입더라도 검을 빠뜨릴 수 있다. 그럴 경우 적이 가까이 다가오는 것을 저지하거나 적을 공격할 수단이 없게 된다.

그러므로 그리스도인은 하나님이 공급하신 여섯 가지 갑주를 모두 갖춰 입어야 완전하게 보호받을 수 있다. 한 가지 갑주를 빠뜨리고 다른 갑주가 대신해 줄 것으로 기대할 수는 없다. 하나님은 그런 방식을 원하지 않으신다. 하나님은 온전한 갑주 한 벌을 공급하셨고, 그리스도인이 그 갑주 전부를 입기를 기대하신다.

똑같은 원리가 그리스도인을 위한 하나님의 모든 공급에 적용된다. 에바브라는 골로새의 그리스도인들을 위하여 다음과 같이 기도했다. "너희로 하나님의 모든 뜻 가운데서 완전하고 확신 있게 서기를 구하나니"골 4:12 그런즉 하나님의 뜻의 충만함 가운데서 완전하고 확신 있게 서려면, 그리스도인은 하나님이 그리스도를 통하여 공급하신 모든 것을 활용해야 하는 것이다. 하나님의 총체적인 공급의 일부를 빠뜨리면서 다른 어떤 부분이 빠진 부분을 대신해 줄 것이라고 기대할 수는 없다.

그러나 바로 이 점에서 수많은 그리스도인들이 그릇된 생각을 하고 있다. 의식적이건 무의식적이건 그리스도인들은 하나님이 자기들을 위하여 공급하신 것의 일부를 활용하고 있음을 알고 있기 때문에 그들이 빠뜨린 다른 부분에 관해서는 염려할 필요가 없다고 생각하는 것이다.

예를 들면, 어떤 그리스도인들은 말로 복음을 증언하는 일은 크게 강조하지만 그리스도인으로서 일상의 삶의 실제적인 측면은 소홀히 한다. 이와 반대로, 다른 그리스도인들은 자기들의 행위에 대해서는 조심하지만 그들의 친구나 이웃에 공개적으로 복음을 증언하는 일은 하지 않는다. 이 두 부류의 그리스도인들은 서로 다른 부류의 그리스도인들을 비판하거나 경멸하는 경향이 있는데, 사실은 양쪽 다 잘못이 있다. 선한 그리스도인의 삶을 사는 것은 말로 복음을 증언하는 것을 대신할 수 없다. 다른 한편으로는 말로 복음을 증언하는 것이 선한 그리스도인의 삶을 대신할 수 없다. 하나님은 양쪽 다 요구하신다. 어느 한쪽을 빠뜨리는 신자는 하나님의 모든 뜻 가운데서 완전하고 확신 있게 서지 못한다.

다른 많은 비슷한 사례를 인용할 수 있다. 예를 들어, 어떤 신자들은 영적 은사를 크게 강조하면서 영적인 열매는 경시한다. 다른 신자들은 영적인 열매는 크게 강조하면서 영적 은사를 구하는 일에는 열의를 보이지 않는다. 사도 바울은 다음과 같이 말씀한다.

> 사랑(영적인 열매)를 추구하며 신령한 것(영적 은사)들을 사모하되
> 고전 14:1

다른 말로 하자면, 하나님은 영적 은사도 사모하되 영적인 열매도 추구할 것을 요구하신다. 은사는 열매를 대신할 수 없고, 열매는 은사를 대신할 수 없다.

또, 복음을 제시함에 있어서 하나님의 예지와 예정설만 강조하는 사람들이 있는가 하면, 인간의 자유의지를 다루는 성경구절만 소개하는 사람들이 있다. 가끔 이 두 가지 다른 접근 노선은 교리적인 갈등을 일으킨다. 그런데 각 노선은 그 자체만으로는 불완전하며 심지어 잘못 인도하게 된다. 구원의 총체적인 계획은 하나님의 예정설과 인간의 자유 선택을 둘 다 포용할 공간이 있다. 다른 쪽을 배제하고 한 쪽을 강조하는 것은 그릇된 일이다.

똑같은 원리가 성령 세례에도 적용된다. 성령 세례는 열매 맺으며 승리하는 그리스도인의 충만한 삶 속으로 들어가기를 진심으로 소망하는 믿는 자를 위하여 하나님께서 공급하신 가장 큰 도움이다. 그렇다고 하더라도 그것은 그리스도인의 경험이나 의무의 다른 주요 부분을 대체할 수 없다.

예를 들어, 성령 세례는 규칙적인 개인적 성경 공부나 매일 자기를 부인하며 성결하는 삶, 또는 지역 교회에 성실하게 출석하는 것을 대체할 수 없다.

성령 세례를 받지 않았으나 그리스도인의 삶의 이 모든 측면에 충실한 신자는 성령 세례를 받았으나 그리스도인의 삶의 다른 측면을 소홀히 하는 사람보다 어쩌면 더 열매 맺는 그리스도인으로 판명될지도 모른다. 이와 반면에, 만약 이 다른 의무에 이미 충실한 신자가 성령 세례를 받으면 그의 모든 다른 활동의 혜택과 효과가 이 새로운 경험으로 말미암아 놀랍게 풍요로워지고 증가하는 것을 즉시 발견하게 될 것이다.

우리는 이것을 정원에 물을 주는 일을 맡은 A와 B, 두 사람을 예로 들어 설명할 수 있다. A는 수도 꼭지에 직접 연결된 호스를 사용하는 이점이 있다. B는 물뿌리개에 물을 담아 정원에 물을 주어야 하는 곳으로 들고 다녀야 한다. A가 더 유리한 입장에 있는 것은 명백하다. A는 호스만 손에 들고 물을 줘야 하는 곳에 대기만 하면 되지만, B는 물뿌리개를 이곳 저곳으로 들고 다니는 수고를 해야 한다.

그렇지만 B가 A보다 뛰어난 성품을 갖고 있다고 가정하자. A는 천성이 게으르고, 변덕스러우며, 신뢰할 수 없다. 그는 정원에 물을 주는 것을 때로는 까맣게 잊어버린다. 어떤 때는 어느 곳은 물을 주면서도 정작 가장 시급하게 물을 줘야 할 곳은 빼먹어 버린다. 다른 때는 호스를 올바르게 대지 않아 물줄 필요가 없고 물을 줘도 소용 없는 곳에 많은 양의 물을 낭비한다.

이와 반대로 B는 행동이 민첩하고, 부지런하고, 신뢰할 수 있는 성품이다. 그는 정원에 물을 주는 것을 잊어 먹는 법이 없고, 시급하게 물을 줘야 하는 곳을 못보고 넘어가는 일이 없다. 물뿌리개에 담긴 물을 한 방울도 낭비하지 않고, 꼭 소용 있는 곳에 신중하게 물을 뿌린다.

그 결과는 어떠할까? B가 A보다 훨씬 더 아름다운 정원을 가꾸게 될 것이다. 그러나 이 이야기로부터 정원에 물을 주는 수단으로 물뿌리개가 호스보다 낫다는 결론을 내리는 것은 옳지 않다.

호스보다 물뿌리개가 나은 것이 아니고, B의 성품이 A보다 우월한 것이다. 만약 B가 물뿌리개를 호스로 바꾼 다음 이전에 물뿌리개로 물을 주듯이 성실하게 호스로 물을 준다면, 그 결과는 물뿌리개로 거둔 것보다 훨씬 뛰어날 것이다. 뿐만 아니라, B는 많은 시간과 노력을 절약하여 그것을 다른 유익한 목적을 위해서 자유로이 사용할 수 있을 것이다.

이제 이 예화를 성령 세례 경험에 적용해 보자. 호스를 가진 A는 성령 세례를 받았으나 그리스도인의 다른 의무를 이행할 때 게으르고, 변덕스러우며 신뢰할 수 없는 신자를 대표한다. 물뿌리개를 가진 B는 성령 세례를 받지 않았으나 그리스도인의 다른 의무를 이행할 때 행동이 민첩하고, 부지런하고, 신뢰할 수 있는 신자를 대표한다.

십중팔구는 B가 A보다 더 풍성한 열매를 맺고 더 생산적인 그리스도인임이 증명될 것이다. 그러나 이로 인해 A가 받은 성령 세례에 무언가 결함이 있다고 결론을 내리는 것은 비논리적이다. 결함은 성령 세례 경험 자체에 있는 것이 아니라, A가 자기의 일상 생활에서 그것을 올바로 사용하지 못한 데 있는 것이다.

더군다나 B의 성실한 성품이 비록 그를 생산적이고 열매 맺는 그리스도인으로 만들지만, 그의 성실함이 성령 세례로 더 강화되면 그는 이전보다 더 풍성한 열매 맺는 생산적인 그리스도인이 될 것이다.

그런데 우리가 B의 성실함을 높이 평가하면서도 그가 성령 세례를 구하지 않고 받지 않는다면 어리석은 자라고 하지 않을 수 없다. 물뿌리개를 호스로 바꾸지 않는다면 어리석은 사람인 것이다.

그런즉 우리는 성령 세례가 신약이 보여 주는 그리스도인의 경험과 의무의 전체 맥락으로부터 분리될 수 있는 유별나고 고립된 현상이 아니라는 것을 알게 된다. 오히려 성령 세례는 그리스도인의 능동적인 섬김에 있어서 믿는 자를 위한 하나님의 총체적인 공급의 모든 다른 주요 부분과 결합할 때 하나님이 의도하시는 유익과 축복을 낳을 따름이다. 그리스도인의 삶과 섬김의 다른 부분과 분리되면 성령 세례는 그것의 진정한 중요성을 상실하고 그것의 진정한 목적을 달성하는데 실패한다.

사실, 성령 세례를 통하여 받은 능력을 그리스도를 성경적으로 섬기는 데 사용하겠다는 진실한 생각을 품지 않고 성령 세례를 구하는 것은 대단히 위험할 수 있다.

영적 싸움의 새로운 영역

위험한 이유 가운데 한 가지는 성령 세례가 단순히 새로운 영적 축복의 영역으로 인도할 뿐만 아니라 새로운 영적 싸움의 영역으로도 인도하기 때문이다. 하나님으로부터 오는 능력이 증대함에 따라 항상 사단의 저항도 커지는 것이 논리적인 귀결이다.

성령 세례를 통하여 받은 능력을 성경적으로 분별 있게 사용하는 그리스도인은 사단의 커지는 저항을 대적하고 극복할 위치에 서게 될 것이다. 반면에 성령 세례를 받고서 그리스도인의 의무의 다른 측면을 소홀히 하는 그리스도인은 매우 위험한 위치에 놓이게 된다. 그는 성령 세례가 완전히 새로운 형태의 사단의 공격이나 압박 앞에 자신의 영적 본성을 노출시켰다는 것을 발견하게 되지만, 사단의 공격의 본질을 분별하거나 그것으로부터 자신을 방어할 수 있는, 하나님께서 지명하신 수단을 갖추지 못할 것이다.

그러한 그리스도인은 흔히 자기의 마음이 의혹이나 두려움이나 우울함의 이상한 기분에 침범 당하는 것을 느끼던가, 성령 세례를 받기 전에는 결코 경험하지 못한 도덕적 또는 영적인 유혹에 노출 당하게 될 것이다. 이러한 새로운 형태의 사단의 공격에 대비해 미리 경고를 받고 무장하지 않으면 마귀의 계략과 공격에 쉽게 넘어져, 이러한 새로운 갈등의 영역에 들어서기 이전보다 더 낮은 영적인 수준으로 그는 후퇴하게 될 것이다.

예수님의 생애는 이 진리의 생생한 예를 제공한다. 요단강에서 세례를 받았을 때 성령이 비둘기 형상으로 내려와 예수님 위에 머물렀다. 그 후에 성령은 즉시 예수님을 이끌어 마귀와 직접 개인적으로 마주치게 하셨다.

> 예수께서 성령의 충만함을 입어 요단강에서 돌아오사 광야에서 사십 일 동안 성령에게 이끌리시며 마귀에게 시험을 받으시더라 눅 4:1-2

누가는 여기서 예수님이 이제 "성령의 충만함을 입었다"고 강조한다. 성령의 충만함을 입음으로 말미암아 예수님은 그분의 사역의 이 단계에서 마귀와의 직접적인 대결 속으로 밀어 넣어진 것이었다.

그 다음 열한 구절에서 예수님이 사단의 세 가지 연속적인 유혹을 어떻게 대응하고 극복하셨는지 기록한 다음 누가는 다음과 같이 결론짓는다.

> 예수께서 성령의 능력으로 갈릴리에 돌아가시니 눅 4:14

여기서 누가가 사용하는 새로운 표현을 주목하라. "성령의 능력으로 in the power of the Spirit" 예수님이 광야로 들어 가셨을 때 그분은 이미 "성령의 충만함을 입고 filled with the Spirit" 계셨다. 그러나 광야에서 나오셨을 때 예수님은 "성령의 능력으로 in the power of the Spirit" 오셨다. 이것은 더 높은 경지의 영적인 경험을 뜻한다. 예수님은 이제 성령의 온전한 능력을 하나님께서 예정하신 그분의 사역에서 자유로이 사용할 수 있게 되었다. 예수님은 이 더 높은 경지의 영적 경험에 어떻게 들어갈 수 있었는가? 사단과 직접 얼굴을 맞대어 대적하고 극복함으로써 그런 경지로 들어가신 것이다.

더욱이 예수님은 사단을 물리치기 위해 오직 한 가지 무기 – "성령의 검

곧 하나님의 말씀"엡 6:17 – 를 사용하셨다. 사단이 유혹할 때마다 예수님은 "기록된 바"라는 말씀으로 말문을 여셨다. 즉, 하나님의 말씀을 직접 인용함으로써 예수님은 사단을 대적하신 것이다. 사단은 이 무기의 공격을 막아낼 방법이 없다.

예수님의 경험의 이 부분은 예수님을 따라 성령 충만한 삶과 사역으로 들어가려고 하는 모든 사람들에게 하나의 본이 된다. 모든 믿는 자들의 삶 가운데 하나님의 불변하는 뜻은 하나님의 말씀을 항상 효과적으로 사용하는 것이 성령 충만함과 결합되는 것이다. 오직 이 방법 만으로 믿는 자는 성령세례가 그에게 불가피하게 가져올 새로운 영적 싸움을 이겨낼 수 있다.

하나님의 말씀은 "성령의 검"으로 불리기 때문에, 하나님의 말씀을 반사적으로 사용하지 않는 믿는 자는 성령님이 믿는 자를 대신하여 사용하기 원하시는 주 무기를 성령으로부터 빼앗는 셈이 된다. 그리하여, 그 믿는 자의 영적인 보호막은 불충분해 진다. 이와 반대로, 이 단계에서 하나님의 말씀을 신실하게 공부하고 적용하는 믿는 자는 이 무기가 자신이 가진 힘과 지혜보다 훨씬 큰, 성령의 권능과 지혜에 의해 이제 자기를 대신하여 사용되는 것을 보게 된다.

섹션 I

성령 충만한 신자

29장

능력과 영광

성령은 독재자가 아니라는 것을 배웠다. 성령님은 우리가 그분에게 허용하는 범위 이상으로 우리를 위하여, 또는 우리를 통하여 역사하지 않으신다. 이 원칙을 적용해야 하는 세 가지 주요 영역이 있다. 1) 신자 개인의 삶, 2) 신자들이 모여 한 무리를 이루고 드리는 예배, 3) 복음을 전하는 설교자의 사역.

이 섹션에서는 이 세 영역 가운데 첫째 영역을 검토할 것이다. 성령 세례가 그리스도인 각 개인의 삶에 낳고자 하는 주요 결과는 무엇인가? 여덟 가지 구체적인 결과를 살펴보자.

증언할 능력

그리스도께서 승천하시기 전에 제자들에게 마지막으로 남긴 지침이 기록된 두 구절에서 이러한 결과의 첫째를 직접 가리키신다.

볼지어다 내가 내 아버지께서 약속하신 것을 너희에게 보내리니 너희는 위로부터 능력이 입혀질 때까지 이 성에 머물라 하시니라 눅 24:49

오직 성령이 너희에게 임하시면 너희가 권능을 받고 예루살렘과 온 유대와 사마리아와 땅 끝까지 이르러 내 증인이 되리라 하시니라
행 1:8

예수님은 이 말씀에서 이 시대에 복음을 전파할 그분의 계획의 윤곽을 알려 주신다. 그것은 아주 단순하게도 세 가지 연속적인 단계를 담고 있다.

1. 각 믿는 자는 성령에 의해 개인적으로 능력을 입는다.
2. 성령에 의해 능력을 입은 각 믿는 자는 자기의 개인적인 증언으로 다른 사람을 그리스도에게 인도한다.
3. 이렇게 인도된 사람들이 또 성령에 의해 능력을 입고 다른 사람들을 그리스도에게 인도한다.

이런 방식으로 그리스도를 증언하는 일은 예루살렘 바깥으로 점점 더 큰 능력의 원을 그리며 확산되어 땅끝까지, 즉 모든 민족과 족속에게 이르게 된다. 이 계획은 단순하면서도 실제적이라서 적용할 때마다 효과가 있다. 교회가 이 계획을 실행에 옮기면 어느 세기라도 온 세상에 복음을 전하는 것이 가능할 것이다. 똑같은 결과를 낳을 수 있는 다른 대안은 없다.

앞서 인용한 성경구절에서 핵심 단어는 능력이다. 헬라어는 dunamis인데, 이 단어에서 영어 단어 dynamo발전기, dynamic역동적인, dynamite다이너마이트가 유래한다. 이러한 영어 파생어가 주는 인상은 기본적으로 강력하고 폭발적인 영향을 미치는 어떤 것이다.

이 점에서 신약은 새로운 탄생의 주요 결과와 성령 세례의 주요 결과 사이의 논리적인 차이를 말씀해 준다.

새로운 탄생과 관련된 주요 개념은 권세이다.

> 영접하는 자 곧 그 이름을 믿는 자들에게는 하나님의 자녀가 되는 권세를 주셨으니요 1:12

이 말씀은 새로운 탄생을 묘사하고 있다. 왜냐하면 그 다음 구절에서 그리스도를 영접한 사람들은 "하나님께로 난 자들이니라"고 말씀하고 있기 때문이다. 여기서 '권세'라고 번역된 헬라어는 exousia이다. Exousia는 외부의 근원에서 유래한 어떤 존재나 본성을 뜻한다. 다른 말로 하면, 그리스도를 구세주로 영접하는 사람은 그리스도 안에서 하나님의 존재나 본성을 입는다. 하나님으로부터 이 새로운 생명이나 본성을 입는 것은 믿는 자 안에서 새로운 탄생을 낳는다.

이 헬라어 exousia를 번역하기 위해 가장 흔하게 사용되는 영어 단어는 'authority권세'이다. 이것은 하나님의 거듭난 자녀의 독특한 특징이다. 그는 더 이상 죄와 사단의 노예가 아니다. 그는 하나님의 아들로서 새로운 권세를 갖는다. 그는 더 이상 유혹이나 저항에 굴복하지 않는다. 그는 자기 속의 새로운 생명의 능력으로 이러한 것들을 맞서고 극복한다. 그는 권세를 갖고 이겨내는 사람이다.

그러나 권세는 권능power과 다르다. 예수님의 첫 제자들은 그리스도께서 부활하신 이후로 이미 이 권세를 갖고 있었다. 그들은 이미 '하나님의 자녀'들이었다. 그들은 사단의 유혹을 이기며 독실한 삶을 살 수 있었다. 그들은 더 이상 죄의 노예가 아니었다. 그렇지만 그리스도께서 부활하신 날부터 오순절 날까지 이 첫 제자들은 예루살렘 주민의 대다수에게 긍정적인 영향을 별로 미치지 못했다. 전체적으로 보아 이 시기에 예루살렘은 그리스도께서 부활하신 사실로 인해 별로 달라진 것이 없었다.

그런데 이 모든 것이 오순절 날 성령의 강림으로 인해 갑자기 극적으로 변했다. 마가의 다락방에서 120명의 신자들이 성령 세례를 받자 마자 예루살렘 전체가 즉시 그 충격을 느꼈다. 한두 시간 안에 수천 명의 사람들이 모여 들었고, 그날이 가기 전에 3000명의 그리스도를 거부하던 불신자들이 영광스럽게 개종하여 세례를 받고 교회에 더해졌다.

무엇이 이런 극적인 결과를 낳았는가? 권세에 권능이 더해진 것이다. 오순절 날 이전에 제자들은 이미 권세를 갖고 있었다. 오순절 날 이후로 그들은 권세에 더해 권능을 갖게 되었다. 그들의 권세가 온전하게 효력을 발휘하는데 필요한 권능을 갖게 된 것이다.

이 새로운 초자연적인 권능의 증거와 역사는 사도행전에 두드러지게 기록되어 있다.

> 무리가 다 성령이 충만하여 담대히 하나님의 말씀을 전하니라 행 4:31

> 사도들이 큰 권능으로 주 예수의 부활을 증언하니 행 4:33

대제사장이 사도들에게 다음과 같이 힐문하였다.

> 너희가 너희 가르침을 예루살렘에 가득하게 하니 행 5:28

예루살렘을 뒤흔든 충격은 그 이후로 초기 그리스도인들이 부활하신 그리스도를 성령의 권능으로 증언한 모든 곳에서 지속적으로 느껴졌다.

예를 들어 사마리아에 복음이 전해졌을 때 일어난 일은 다음과 같다.

> 그 성에 큰 기쁨이 있더라 행 8:8

비시디아 안디옥에서 일어난 일을 읽어 보자.

> 그 다음 안식일에는 온 시민이 거의 다 하나님의 말씀을 듣고자 하여 모이니 행 13:44

빌립보에서는 복음을 적대하는 사람들이 바울과 실라를 다음과 같이 고소하였다.

> 이 사람들이 유대인인데 우리 성을 심히 요란하게 하여 행 16:20

데살로니가에서 복음을 적대하는 사람들은 바울과 실라에 대해 이렇게 말했다.

> 천하를 어지럽게 하던 이 사람들이 여기도 이르매 행 17:6

에베소에서는 바울이 전도하는 것을 방해하는 세력들로 인하여 큰 소동이 일어났다.

> 온 시내가 요란하여 행 19:29

이러한 초대 그리스도인들의 증언이 퍼져 나가는 곳마다 한 가지 공통점이 있었으니, 그것은 강력한 영적인 영향력이 그 지역 사회 전체를 흔들었다는 점이다. 어떤 지역에서는 부흥이, 어떤 지역에서는 소동이 있었고, 둘 다 일어난 곳도 있었다. 그러한 영향력 앞에서 무지와 무관심은 설 자리가 없었다.

오늘날의 자칭 그리스도인의 행위와 경험은 초대 그리스도인과 상당히 다르다. 심지어 진정한 새로운 탄생을 경험한 그리스도인들도 초대 그리스도인과 다르다. 그들은 교회에 정기적으로 모여 예배를 드리며, 품위 있고 점잖은 삶을 영위하며, 아무런 문제를 일으키지 않고, 소동도 일으키지 않고, 아무런 저항도 부르지 않는다. 그러나 안타깝게도 그들은 아무런 영향을 미치지 못한다. 그들 주위의 지역 사회에는 영적인 일에 관한 무지와 무관심이 만연하여 변화가 없다.

그들의 이웃 사람 대부분은 그리스도인들이 무엇을 믿는지, 그들이 왜 교회에 다니는지 알지 못하며 관심도 없다.

무엇이 부족해서 그런가? 그 대답은 권능이란 단어에 있다. 성령의 폭발적인 영향력이 그러한 그리스도인들의 삶에 결핍되어 있는 것이다. 그리고 그 무엇도 성령의 폭발적인 권능을 대신할 수 없다.

그리스도 교회 전체는 고린도전서 4:20에 기록된 바울의 도전을 직시할 필요가 있다.

하나님의 나라는 말에 있지 아니하고 오직 능력에 있음이라.

또 다시 바울이 여기서 사용하는 헬라어는 dunamis, 곧 폭발적인 권능이다. 단지 우리가 하는 말이 문제가 아니라, 우리의 말을 효과적으로 만드는 권능이 문제인 것이다. 이 영적인 권능을 여는 열쇠는 성령 세례이며, 성령 세례를 대체할 수 있는 것은 아무것도 없다.

그러므로 신약성경에 따르면, 성령 세례의 주요 결과는 그리스도를 효과적으로 증언할 수 있도록 위로부터 내려 오는 권능을 초자연적으로 입는 것이다.

그리스도의 영화

성령 세례의 두 번 째 주요 결과는 오순절 날 베드로의 설교가 보여 준다.

> 하나님이 오른 손으로 예수를 높이시매 그가 약속하신 성령을 아버지께 받아서 너희가 보고 듣는 이것을 부어 주셨느니라행 2:33

베드로와 다른 제자들이 방금 받은 성령 세례는 부활하신 주님이 이제 하나님 아버지의 오른 편에 높이 들려 영화롭게 되었다는 사실을 그들 각자에게 직접적이고도 개인적으로 증거하고 확신시켜 주었다.

그보다 열흘 전에 제자들의 작은 무리가 감람산에 서서 예수님이 승천하시어 보이지 않게 되는 것을 목격했다.

> 구름이 그를 가리어 보이지 않게 하더라행 1:9

그것은 제자들의 예수님과의 마지막 접촉이었다. 그로부터 열흘 후 오순절 날 성령의 강림은 각 제자들이 그리스도와 새로 직접적인 접촉을 하게 해 주었다. 각 제자들은 세상이 경멸하고, 거부하고, 십자가에 못 박은 그들의 구세주가 이제 하늘에 계시는 아버지 오른 편에 영원히 높이 들려져 영화롭게 되었다는 사실에 대해 새로운 확신을 갖게 되었다.

오직 하나님 아버지의 면전에서 예수님은 이 놀라운 성령의 선물을 받을 수 있었고, 그분은 그 선물을 기다리는 제자들에게 나누어 주셨다. 제자들은 성령의 선물을 받음으로써 예수님이 실제로 하나님의 영광스러운 임재 안에서 전 우주를 다스리는 권세와 권능을 부여 받았다는 것을 완전히 확신하게 되었다.

예수 그리스도가 지극히 높은 곳으로 들어 올려졌음을 강조하는 성경구절이 많이 있다.

그의 능력이 그리스도 안에서 죽은 자들 가운데서 다시 살리시고 하늘에서 자기의 오른편에 앉히사 모든 통치와 권세와 능력과 주권과 이 세상뿐 아니라 오는 세상에 일컫는 모든 이름 위에 뛰어나게 하시고 또 만물을 그의 발 아래에 복종하게 하시고 그를 만물 위에 교회의 머리로 삼으셨느니라 교회는 그의 몸이니 만물 안에서 만물을 충만하게 하시는 이의 충만함이니라엡 1:20-23

이러므로 하나님이 그를 지극히 높여 모든 이름 위에 뛰어난 이름을 주사빌 2:9

죄를 정결하게 하는 일을 하시고 높은 곳에 계신 지극히 크신 이의 우편에 앉으셨느니라 그가 천사보다 훨씬 뛰어남은 그들보다 더욱 아름다운 이름을 기업으로 얻으심이니히 1:3-4

베드로는 부활하신 그리스도에 관하여 다음과 같이 말씀한다.

그는 하늘에 오르사 하나님 우편에 계시니 천사들과 권세들과 능력들이 그에게 복종하느니라벧전 3:22

모든 믿는 자들은 이러한 성경구절을 통하여 예수 그리스도가 단지 죽은 자들 가운데서 다시 살아나신 것으로 그치지 않고, 하늘에 올라 하나님 아버지의 오른 편에서 영화롭게 되었다는 것을 알게 된다. 그런데 성령 세례를 받은 믿는 자는 그리스도가 하나님 아버지의 보좌에서 권능과 영광 속에서 높이 들어 올려졌다는 새로운 종류의 직접적이고도 개인적인 증거와 확신을 함께 받는다.

사랑하는 사람이 어떤 새로운 행선지로 떠나는 여정에 오를 때 우리는 이렇게 간청한다. "무사히 도착했는지 알 수 있게 편지를 보내줘." 그 사랑하는 사람이 자필로 쓴 편지가 행선지 도시 이름이 소인으로 찍혀 배달되면 그가 간다고 했던 곳에 도착했음을 확신하게 된다.

성령 세례도 이와 같다. 오순절 날 제자들에게는 – 그리고 그들과 같은 경험을 하는 모든 신자들에게는 – 성령 세례가 그리스도로부터 친서를 받는 것과 같다. 편지에 찍힌 소인은 '영광'이고, 메시지는 다음과 같다. "내가 말한 대로 나는 모든 권세와 권능을 가진 자리에 도착하여 있노라."

내가 동아프리카의 사범대학 학장으로 섬길 때 전통적인 교파의 어떤 목사와 나눈 대화가 생각난다. 그 목사는 나의 성령 세례를 받은 경험에 대해 질문하고 있었다. 그는 성령 세례 경험을 '오순절 운동 Pentecostalism'이라는 명칭으로 불렀고, 그것을 새로이 등장한 이상한 종파의 산물인 양 의혹에 찬 눈길로 바라보는 것이 분명했다.

"그러니까, 그것은 미국에서 시작된 것으로 알고 있습니다. 미국에서 유래한 것이 맞지요?"

"아닙니다. 잘못 알고 계시는군요. 예루살렘에서 시작되었습니다. 그리고 그것은 하늘에서 유래한 것입니다."

그러므로 성령 세례를 받은 모든 신자는 예수님의 첫 제자들이 오순절 날 성령 세례를 받은 것과 같다. 이 경험은 성령 세례를 받은 사람을 두 방향으로 새로이 직접 연결해주는데, 1) 하나님 아버지의 오른 편에서 영화롭게 된 그리스도와 2) 예루살렘에서 시작되어 사도행전에 그려진 신약 교회로이다.

성령 세례는 그리스도의 높이 들림과 신약 교회의 삶과 활동에 관하여 새로운 의미와 새로운 현실성과 새로운 확신을 준다. 그전에 단순한 믿음만으로 받아들인 역사적인, 또는 교리적인 사실들이 성령 충만한 신자 각자에게 자신의 경험 안에서 가슴 벅찬 현실이 된다.

이것은 그리스도께서 지상에서 사역하던 때에 "예수께서 아직 영광을 받지 않으셨으므로 성령이 아직 그들에게 계시지 아니하시더라"요 7:39고 한 말씀과 일치한다.

우리는 그리스도께서 하나님 아버지와 함께 영화롭게 되기 전에는 성령이 교회에 주어질 수 없었다는 것을 앞에서 이미 살펴보았다. 오직 영화롭게 된 그리스도만이 하나님 아버지께서 부여하신, 이 놀라운 선물을 주는 특권을 행사할 자격이 있었다. 그러므로 이 선물이 오순절 날 제자들에게 주어졌다는 사실 그 자체가 그리스도께서 영화롭게 되었다는 증거이다.

우리는 신약 전체를 통하여 삼위일체 하나님의 세 인격 사이의 완벽한 조화와 협력을 일관되게 본다. 삼위일체 하나님의 둘째 인격인 예수 그리스도께서 지상에 오셨을 때, 그분은 하나님 아버지의 권위 있는 대표자로서 오셨다. 그분은 결코 자신을 위해 어떤 영예나 영광을 구하지 않았다. 예수님은 하나님 아버지 안에서 거하고 사역하며, 그분의 말씀과 사역과 지혜와 기적을 변함없이 자신이 아닌 하나님 아버지에게 돌렸다.

이와 같이, 예수님이 지상 사역을 마치고 하늘에 계신 아버지께로 가셨을 때 예수님은 성령을 그분의 개인적인 선물이자 대표로 교회에 보내셨다. 삼위일체 하나님의 둘째 인격이신 하나님 아들의 대표로 오신 성령님은 자신의 영광을 절대로 찾지 않으신다. 지상과 교회에서 성령님의 사역은 항상 자신이 대표하는 그리스도를 들어올리고 찬미하고 영화롭게 하는 일에 집중된다.

예수님 자신이 성령의 사역의 이러한 측면에 관하여 말씀하셨다.

> 그가 내 영광을 나타내리니 내 것을 가지고 너희에게 알리시겠음이라 무릇 아버지께 있는 것은 다 내 것이라 그러므로 내가 말하기를 그가 내 것을 가지고 너희에게 알리시리라 하였노라 요 16:14-15

여기서 우리는 삼위일체 하나님의 세 인격 사이의 관계가 아주 분명하게 드러나 있는 것을 본다. 하나님 아버지는 그분의 모든 권세와 권능과 영광을 아들 예수님에게 부여하시고, 예수님은 또 그분이 하나님 아버지로부터 받은 모든 것을 교회에 알리시기 위하여 성령을 자신의 대표로 임명하신다.

하나님 아버지와 아들 예수님이 인격체인 것처럼 성령도 인격체이시다. 그러므로 그리스도는 현 세대의 교회와 지상에 오직 한 분의 권위 있는 개인적 대표를 두고 계시는 데 그분은 바로 다름 아닌 성령이시다.

성령의 사역에 관한 이러한 계시는 성령의 감동이라고 주장하는 어떤 것을 시험하는 간단한 방법을 제공해 준다. 그것이 그리스도를 영화롭게 하는가? 만약 그 대답이 분명하게 예가 아니라면 그것이 성령의 진정한 사역이나 나타내심과 관계가 있는지 의심할 여지가 있다.

따라서 우리는 그리스도와 성령 사이에 일종의 거룩한 질투가 있는 것을 알게 된다. 한편으로 성령은 교회의 머리 되신 그리스도의 영예를 손상시키는 어떤 경향이나 가르침을 시기하신다. 다른 한편으로 그리스도는 교회 안에서 자기를 대표하는 성령의 독특한 위치를 인정하지 않는 어떤 사역이나 운동에 그분의 권위를 부여하는 것을 거부하신다.

그리스도의 영광과 성령의 사역은 서로 분리할 수 없으리만큼 밀접하게 연결되어 있는 것이다.

30장

초자연적인 차원

이 장에서 우리는 하나님께서 성령 세례를 통하여 신자 각 개인의 삶에서 낳기를 원하시는 결과에 대하여 계속 공부하기로 한다.

초자연으로 들어가는 문

성령 세례 경험이 낳는 셋째 결과를 알기 위해 히브리서 6:4-5 말씀을 읽어 보자.

> 성령에 참여한 바 되고 하나님의 선한 말씀과 내세의 능력을 맛
> 보고도

이 말씀은 성령에 참여한 바 된 신자들은 내세의 능력을 맛보았음을 가리킨다. 성령 세례는 신자들로 하여금 완전히 새로운 종류의 능력, 즉 내세에 온전하게 속하는 초자연적인 능력을 맛보게 해준다.

이러한 이유로 바울은 성령의 인치심을 우리 기업의 보증이라고 설명하는 것이다.

> 그 안에서 너희도 진리의 말씀 곧 너희의 구원의 복음을 듣고 그 안에서 또한 믿어 약속의 성령으로 인치심을 받았으니 이는 우리 기업의 보증이 되사 그 얻으신 것을 속량하시고 그의 영광을 찬송하게 하려 하심이라엡 1:13-14

보증을 '계약금'이라고 번역할 수도 있다. 이 단어의 헬라어는 히브리어에서 차용한 것으로 arrabon이다. 나는 이 단어가 네 개의 다른 언어, 곧 히브리어, 헬라어, 아랍어, 스와힐리어에서 약간씩 변형되어 사용되는 흥미로운 사실을 알게 되었다.

오래 전 예루살렘에서 이 단어의 의미를 아주 생생하게 느낀 적이 있다. 나의 첫째 아내 리디아와 나는 우리 아이들과 함께 새 집으로 이사했는데, 약 20야드 길이의 커튼 재료를 구입해야 했다. 우리는 구 시가로 가서 적합한 재료를 찾아 가격을 흥정한 끝에 한 야드 당 4달러, 총 80달러에 구입하기로 합의했다. 나는 가게 주인에게 20달러를 계약금(아랍어로 arbon)으로 지불하고, 일주일 안에 잔금 60달러를 갖고 다시 오겠다고 약속했다.

가게 주인에게 이제 나는 그 커튼 재료를 이미 내 소유로 간주한다고 상기시켰다. 그러므로 가게 주인은 내가 돌아 올 때까지 그것을 따로 보관해야 해야 하고, 다른 사람에게 팔 권리가 없었다.

같은 방식으로 주님은 성령을 통하여 우리에게 하늘의 능력과 영광의 계약금을 주어 내세의 능력을 맛보게 하신다. 이 계약금은 우리를 주님이 이미 구입하신 소유물로 따로 구분하여 다른 사람에게 팔릴 수 없게 한다. 그것은 정하신 때에 주님이 잔금을 갖고 돌아 와서 우리를 주님의 집으로 데려가서 영원히 주님과 함께 살게 한다는 주님의 보증이었다. 그리하여 바울이 그것을 "우리 기업의 보증이 되사 그 얻으신 것을 속량하시고"라고 부르는 것이다.

성령 세례를 통하여 우리가 받는 것에 대한 아름다운 설명이 열왕기하 5장에 기록된 시리아의 군대 장관 나아만이 나병에서 치유되는 이야기에 담겨 있다. 나병이 기적적으로 나음으로 말미암아 나아만은 이스라엘의 하나님, 여호와만이 진정한 하나님이란 것을 인정하게 되었다. 그러나 나아만은 곧 부정한 이교도의 나라로 돌아가 이교도의 신당에서 우상 숭배하는 의식에 참여해야 한다는 것을 알고 있었다. 이 점을 염두에 두고 나아만은 이스라엘 땅을 떠나기 전에 한 가지 특별한 요청을 했다.

> 나아만이 이르되 그러면 청하건대 노새 두 마리에 실을 흙을 당신의 종에게 주소서 이제부터는 종이 번제물과 다른 희생 제사를 여호와 외 다른 신에게는 드리지 아니하고 다만 여호와께 드리겠나이다왕하 5:17

왜 나아만은 이스라엘 땅의 흙을 자기 나라로 가져 가기 원했을까? 나아만은 여호와 하나님의 거룩하심에 비해서 자기 나라 땅과 사람들이 부정함을 깨달았다. 그리하여 나아만은 다시는 부정한 땅에서 예배를 드리지 않기로 결심한 것이다.

하나님의 거룩함은 나아만에게 오직 여호와 하나님의 땅에서 가져온 흙 위에 서서 예배 드리는 것을 요구했다. 나아만은 이스라엘에 영구히 살 수 없으므로 이스라엘의 흙을 자기 나라로 조금 가져가서 자기 만의 하나님께 예배 드리는 특별한 장소를 만들기로 결심한 것이다.

성령 세례를 받은 신자도 이와 마찬가지이다. 그는 예수님이 다음과 같이 하신 말씀의 의미를 새로이 이해하게 된다.

하나님은 영이시니 예배하는 자가 영과 진리로 예배할지니라 요 4:24

성령 세례받은 신자는 단지 인간이 만든 예배의 형식과 의식에 더 이상 만족하지 못한다. 그는 하늘의 땅에 가서 하나님의 영광과 거룩하심을 보았기 때문이다. 그는 하늘의 거룩한 흙을 자기와 함께 가져왔다. 상황이 그를 어디로 데려가든지 그는 부정한 땅이 아닌 거룩한 땅에서 예배를 드린다. 그는 영, 곧 성령과 진리로 예배를 드린다.

성령 충만한 신자의 예배에서 적용되는 것은 그의 경험의 모든 다른 측면에서도 적용된다. 성령 세례를 통하여 그는 새로운 종류의 초자연적인 삶 속으로 들어갔다. 초자연이 자연이 된 것이다.

우리가 열린 마음으로 신약성경을 공부해 보면 초대 그리스도인들의 삶과 경험이 초자연으로 충만했음을 인정하지 않을 수 없다. 초자연적인 경험은 우연한 일이거나 부가적인 어떤 일이 아니었고, 그것은 그리스도인으로서 그들의 삶에 필수적인 한 부분이었다. 그들의 기도가 초자연적이었고, 그들의 설교가 초자연적이었고, 그들은 초자연적인 인도를 받았고, 초자연적인 능력을 부여 받았고, 초자연적으로 이동했고, 초자연적으로 보호를 받았다.

사도행전에서 초자연을 제거하면 아무런 의미도 없고, 일관성도 없는 이야기만 남는다. 사도행전 2장에서 성령이 강림하시는 일부터 시작하여 마지막 장까지 초자연이 긴요한 역할을 하지 않는 장을 찾는 것은 불가능하다.

바울이 에베소에서 전도한 이야기에 가장 주의를 끌며 사고를 자극하는 표현이 등장한다.

하나님이 바울의 손으로 놀라운 능력을 행하게 하시니 행 19:11

"놀라운 능력unusual miracles"이라는 구절에 함축되어 있는 의미를 생각해보라. 이 구절의 헬라어 원문은 "매일 일어나지 않는 종류의 기적"이라고 풀어서 번역할 수 있다. 초대 교회에서 기적은 매일 일어나는 일이었다. 초대 교회에서 기적은 특별히 놀랄 일도 언급할 일도 아니었다. 그러나 여기 에베소에서 바울의 사역을 통하여 일어난 기적은 놀라운 일이라 심지어 초대 교회도 특별히 기록할 가치가 있는 것으로 여긴 것이다.

우리는 오늘날 얼마나 많은 교회에서 "매일 일어나지 않는 종류의 기적"이란 표현을 사용할 수 있는 경우를 보는가? 오늘날 얼마나 많은 교회에서 기적이 매일 일어나지 않더라도 한번이라도 일어나긴 하는가?

우리가 초자연적인 현상을 경험하지도 목격하지도 않는다면, 신약의 그리스도교에 대하여 논할 자격이 없다. 이 두 가지, 즉 초자연과 신약의 그리스도교는 분리할 수 없으리만큼 서로 엮어져 있다.

초자연이 없다면 우리는 신약의 교리가 있더라도 그것은 단지 교리에 불과할 뿐 경험이 아니다. 초자연적인 경험과 분리된 그러한 교리는 바울이 다음과 같이 묘사하는 종류의 교리이다.

율법 조문은 죽이는 것이요 영은 살리는 것이니라 고후 3:6

오직 성령 만이 신약의 교리 조문에 생명을 줄 수 있고, 각 신자에게 그 교리를 살아 있고, 개인적이며, 초자연적인 삶의 방식이 되게 할 수 있다.

성령 세례의 한 가지 주요 목적은 바로 이것을 하기 위함이다.

성령의 능력을 입은 기도

성령 세례의 넷째 주요 목적은 신자의 기도 생활과 관련되어 있다.

> 이와 같이 성령도 우리의 연약함을 도우시나니 우리는 마땅히 기도할 바를 알지 못하나 오직 성령이 말할 수 없는 탄식으로 우리를 위하여 친히 간구하시느니라 마음을 살피시는 이가 성령의 생각을 아시나니 이는 성령이 하나님의 뜻대로 성도를 위하여 간구하심이니라 롬 8:26-27

바울은 자연적인 상태로 성령의 도움을 받지 않는 모든 신자에게 공통적인 연약함의 한 형태를 여기서 언급한다. 바울은 그것을 "우리는 마땅히 기도할 바를 알지 못하나"라는 말씀으로 정의하고 있다. 우리의 연약함은 하나님의 뜻에 따라 기도할 바를 알지 못하는 것이다.

우리가 이 연약함을 두고 도움을 청할 수 있는 분은 오직 성령이시다. 왜냐하면 바울이 이렇게 말씀하기 때문이다.

> 이와 같이 성령도 우리의 연약함을 도우시나니…성령이 우리를 위하여 친히 간구하시느니라…이는 성령이 하나님의 뜻대로 성도를 위하여 간구하심이니라 롬 8:26-27

바울은 여기서 성령을 신자 속에 내주하며 그를 그릇 또는 경로로 삼아 그 경로를 통하여 간구하시는 분으로 말씀하고 있다.

이것은 신자 자신의 자연적인 지성이나 능력의 차원을 훨씬 넘는 종류의 기도이다. 이러한 종류의 기도에서 신자는 자기 감정이나 지성에 의존하지 않는다. 신자는 자기의 몸을 성령에게 하나의 성전으로 드려 그 안에서 성령은 기도를 하신다. 그리고 신자는 자기의 지체를 성령이 초자연적인 간구를 할 목적으로 통제하는 도구로 드린다.

신약은 기도에 관하여 신자가 자신의 자연적인 힘이나 지성으로는 결코 도달할 수 없는 기준을 설정한다. 이렇게 하여 하나님은 의도적으로 신자를 어떤 곳에 가두어 넣고 그 거룩한 기준에 도달하기 위해 내주하시는 성령의 초자연적인 도움에 의지하지 않을 수 없게 하신다.

예를 들어 바울은 다음과 같이 말씀한다.

> 모든 기도와 간구를 하되 항상 성령 안에서 기도하고엡 6:18

또 바울은 이렇게 말씀한다.

> 쉬지 말고 기도하라…성령을 소멸하지 말며살전 5:17, 19

어떤 사람도 자기의 힘이나 지성만으로 이러한 명령을 이행할 수는 없다. 어떤 사람도 항상 기도하거나 쉬지 않고 기도할 수는 없다. 그러나 자연적으로는 불가능한 일이 우리 안에 내주하시는 초자연적인 성령의 임재로 말미암아 가능해진다. 이러한 이유 때문에 바울은 신자가 성령에 의존해야 함을 강조하며 말씀하는 것이다. "항상 성령 안에서 기도하고" "쉬지 말고 기도하라…성령을 소멸하지 말며"

신약에서 신자에게 내주하는 성령은 구약에서 성막 제단 위에 초자연적으로 타오르는 불에 해당한다.

불은 끊임없이 제단 위에 피워 꺼지지 않게 할지니라레 6:13

레위기의 이 말씀에 상응하는 신약의 의식은 바울의 말씀에 담겨 있다. "쉬지 말고 기도하라…성령을 소멸하지 말며" 성령 세례를 받은 신자가 내주하시는 성령에게 온전히 순종하며 부주의나 육욕으로 성령을 소멸하지 않으면, 그 신자의 육신의 성전 안에서 초자연적인 기도와 경배의 불이 밤낮없이 꺼지지 않고 타오른다. 한 신자의 순종하는 육신의 성전 안에서 올리는 성령의 기도의 무한한 가능성을 아는 사람은 많지 않다.

오래 전에 내가 영국 런던에서 정기적으로 노방전도를 할 때 아일랜드에서 온 젊은 가톨릭 여성이 구원받고 성령 세례를 받았다. 그 처녀는 어떤 런던 호텔에서 하녀로 일하며 나이와 배경이 자기와 같은 다른 처녀와 방을 같이 쓰고 있었다. 어느 날 그 다른 처녀가 첫째 처녀에게 다가와서 물었다. "네가 잠든 다음 매일 밤 침대에서 혼자 말하는 그 이상한 언어는 무엇이지?"

"뭔지 모르겠어"라고 첫째 처녀가 대답했다. "내가 자면서 혼자 무슨 언어로 말한다는 것도 몰랐거든."

그리하여 첫째 처녀는 놀랍게도 매일 밤 잠이 든 다음 자신이 의식적으로 노력하지 않고도 성령이 주는 발성으로 방언을 말하고 있었다는 사실을 알게 되었다.

성령으로 충만하고 성령께 순종하는 것은 이와 같다. 우리가 자신의 자연적인 힘과 지성의 끝에 이를 때 성령이 우리의 능력을 지배하여 친히 우리를 통하여 경배하고 기도할 수 있는 것이다.

이것은 아가서에 그려진 그리스도의 신부의 모습이다.

내가 잘지라도 마음은 깨었는데 아 5:2

신부는 정신적으로 신체적으로 지쳐서 잠이 들었는지도 모른다. 그러나 신부의 가장 깊은 내면 속에는 결코 졸지도 잠들지도 않는 성령님이 계신다. 어두운 밤에도 신부의 마음의 제단에는 결코 꺼지지 않는 불이 타오른다. 그것은 신부의 내면에 있는 성령의 생명인 경배와 기도의 불이다.

이것이 이 시대 교회의 기도 생활에 대한 성경의 패턴이다. 그리고 그러한 기도 생활은 초자연적인 성령의 내주를 통해서만 가능하다.

성경의 계시

성령 세례의 다섯째 주요 목적은 성령이 성경에 관한 우리의 인도자요 교사가 되는 것이다. 그리스도는 요한복음의 두 구절에서 제자들에게 이것을 약속하신다.

> 보혜사 곧 아버지께서 내 이름으로 보내실 성령 그가 너희에게 모든 것을 가르치고 내가 너희에게 말한 모든 것을 생각나게 하리라
> 요 14:26

지상에서 사역하는 동안 예수님은 제자들에게 많은 것을 가르치면서 특히 자신의 죽음과 부활에 대하여 가르쳤지만, 제자들은 그것을 이해하지도 기억하지도 못했다.

그러나 예수님은 제자들에게 보증하시기를 성령이 그들 안에 거주하기 위해 오신 다음 그분은 제자들의 교사가 되어 예수님이 지상에서 사역하는

동안 가르치신 모든 것을 생각나게 하고 올바로 이해하게 해주실 것이라고 했다. 성령은 또 자신의 역할을 예수님이 지상에 계시는 동안 가르치신 것만 해석하는 것으로 제한하지 않고, 하나님이 사람에게 계시하는 모든 것을 제자들이 온전하게 이해할 수 있도록 인도하신다.

> 그러나 진리의 성령이 오시면 그가 너희를 모든 진리 가운데로 인도 하시리니 그가 스스로 말하지 않고 오직 들은 것을 말하며요 16:13

여기서 '모든 진리' 라는 구절은 예수님이 하신 말씀과 관련하여 해석할 수 있다. "아버지의 말씀은 진리니이다"요 17:17

예수님은 제자들에게 약속하시기를 하나님께서 성경을 통하여 사람에게 계시하는 모든 것을 올바로 이해할 수 있도록 성령이 그들을 인도해 주실 것이라고 했다. 이것은 구약성경과, 예수님이 지상에서 사역하시는 동안 가르치신 것과, 오순절 이후 바울과 다른 사도들을 통하여 교회에 주어진 계시를 포함한다.

성령은 성경에 담긴 모든 거룩한 계시의 영역을 해석하고 가르치고 드러내는 분으로 교회에 주어졌다.

성령이 제자들에게 성경 말씀을 해석해 줄 것이라는 그리스도의 약속이 성취된 것은 오순절 날 일어난 사건에 극적으로 묘사되어 있다. 성령이 제자들에게 부어져 방언으로 기도를 하기 시작하자 마자, 사람들은 이런 의문을 가졌다. 이것은 어찌 된 일이냐? 이에 베드로는 다음과 같이 대답한다.

> 이는 곧 선지자 요엘을 통하여 말씀하신 것이니 일렀으되 하나님이 말씀하시기를 말세에 내가 내 영을 모든 육체에 부어주리니행 2:16-17

한 순간도 망설이지 않고 베드로는 요엘 2장에 기록된 마지막 때에 관한 예언을 인용하고 해석한다. 그 다음에 베드로가 하는 설교의 거진 절반이 구약성경 말씀을 인용한 것이다. 그 구약성경 말씀에 대한 베드로의 가르침은 그리스도의 죽음과 부활, 그리고 성령이 부어지는 사건에 분명하고도 강력하게 적용된다.

여기서 베드로에 의해 주어진 구약성경 말씀에 대한 분명한 해석과, 예수님이 지상에서 사역하실 때부터 오순절 날까지 베드로와 다른 제자들이 동일한 성경 말씀에 대하여 드러내었던 몰이해만큼 대조적인 것은 없다.

제자들의 성경 말씀에 대한 이해가 이렇게 완전히 변한 것은 점진적인 과정이 아니었고 성령의 임하심에 따라 즉석에서 이루어진 일인 것 같다. 성령이 그들 안에 거하시기 위해 오시자마자 성경 말씀에 대한 그들의 이해는 초자연적으로 밝아졌다. 제자들은 그전에 의심하고 혼동했던 것들을 즉시 분명하게 이해하고 효과적으로 적용하게 되었다.

이와 같은 극적인 변화는 오순절 날 이후로 성령 충만한 신자에게 뚜렷이 구별되는 특징으로 계속해서 일어나고 있다.

예를 들어 다소 사람 사울은 당대에 가장 유명한 율법교사인 가말리엘로부터 구약성경 말씀을 배웠다. 그렇지만 젊은 시절에 바울은 그 말씀을 어떻게 적용해야 하는지 이해하지 못했다. 다메섹에 사는 아나니아가 사울에게 안수하며 성령 충만하도록 기도했을 때 비로소 사울의 눈에서 비늘이 떨어져 사울은 그 말씀을 이해하고 적용할 수 있게 되었다.

> 즉시로 각 회당에서 예수가 하나님의 아들이심을 전파하니 행 9:20

'즉시로' 란 말을 주목하라. 느리고 점진적인 노력 끝에 이해한 것이 아니라 즉시 깨달은 것이었다. 성령이 임한 순간, 사울이 오랫 동안 알고 있으면서도 어떻게 해석하고 적용해야 할지 몰랐던 말씀에 성령이 완전히 새로운 빛을 비추어 주셨다.

 성령은 베드로와 사울에게, 그리고 초대 교회의 그리스도인들에게 역사했듯이 오늘의 모든 그리스도인들에게도 동일하게 역사하기 원하신다. 그러나 먼저 각 신자는 성령 세례를 통하여 이 내주하시는 인도자요 교사요 해설자를 개인적으로 받아들여야 하는 것이다.

31장

지속적인 인도와 넘치는 생명

　신자의 삶 속에서 성령의 사역 두 가지를 더 검토해 보자. 그것은 하나님의 뜻을 따르는 길을 매일 인도해 주시고, 신자의 육신에 생명과 건강을 주시는 사역이다.

매일 인도함

　이 두 가지 사역 중 첫째인 매일 인도함에 관해 바울이 말씀하고 있다,

　　무릇 하나님의 영으로 인도함을 받는 사람은 곧 하나님의 아들이라
　　롬 8:14

　바울이 여기서 현재 진행형 시제를 사용하고 있음을 아는 것이 중요하다. "무릇 하나님의 영으로 (항상) 인도함을 받는 사람은" 바울은 몇 번의 단절된 경험을 얘기하고 있지 않고 지속적인 삶의 방식을 말씀하고 있다.

많은 자칭 그리스도인들이, 심지어 진실로 거듭난 신자들도 바울의 이 말씀을 중요하게 여기지 않는다. 그들은 새로운 탄생이나 성령 세례 같은 일회적인 어떤 경험에 중요성을 부과하는 경향이 있다. 그리고 그러한 경험을 바탕으로 자신을 그리스도인이라고 여기는 것이다. 그와 같은 결정적인 경험을 강조하는 것이 중요한 일이긴 하나, 하나님의 은혜 가운데 매일 걸어가야 할 필요를 언급하지 않는 것은 옳지 않다.

진정한 그리스도인이 되기 위해서는 하나님의 영으로 거듭나야 한다. 그리스도를 효과적으로 증언하기 위해서는 성령 세례를 받아야 한다. 그러나 성령의 역사는 결코 거기서 끝나서는 안 된다. 매일 그리스도인으로서 살아가려면 성령의 인도함을 받아야 한다.

새로운 탄생은 죄인을 하나님의 자녀로 변화시킨다. 그러나 자녀를 성숙한 아들로 만들려면 성령의 지속적인 인도가 필요하다.

로마서 8:14에서 바울은 성령으로 거듭남과 성령 세례를 받는 두 가지 사전 경험을 당연하게 거쳐야 할 일로 간주한다. 그렇지만 바울은 그리스도인의 매일의 삶에서 영적 성숙과 성공에 도달하는 유일한 길은 삶의 모든 측면에서 매 순간마다 성령의 인도함에 의지하는 것이라고 지적한다. 오직 이것만이 성령이 신자에게 내주하기 위해 온 모든 목적을 달성하는 것을 가능케 해준다. 이것은 바울의 말씀과 조화를 이룬다.

> 우리는 그가 만드신 바라 그리스도 예수 안에서 선한 일을 위하여 지으심을 받은 자니 이 일은 하나님이 전에 예비하사 우리로 그 가운데서 행하게 하려 하심이니라엡 2:10

믿는 자로서 우리는 그리스도에 대한 믿음으로 말미암아 하나님에 의해 새로이 창조된다고 바울은 가르친다. 그 후 그리스도인의 삶을 살아가기 위하여 우리는 자신이 갈 길과 행동을 계획할 필요가 없다. 먼저 우리를 미리 아시고 그 다음에 그리스도 안에서 새로이 창조하신 하나님은 세상의 기초를 놓기 전에 우리 각자가 하나님의 뜻에 따라 그리스도인으로서 성취해야 할 선한 일을 이미 예비해 놓으셨기 때문이다.

그러므로 우리는 우리 자신의 선한 일을 계획하지 않고, 하나님께서 이미 우리를 위하여 계획하신 선한 일을 찾아서 그 속으로 들어가면 되는 것이다. 이때 성령의 인도하심이 각 그리스도인에게 필수적인 것이 된다. 우리의 삶에 대한 하나님의 계획을 계시하고 인도하시는 분이 바로 성령이시기 때문이다.

불행하게도 오늘날 많은 그리스도인들이 이 과정을 거꾸로 뒤집었다. 그들은 자기들의 길과 행동을 먼저 계획하고 나서 하나님께 그러한 행동을 축복하도록 형식적인 기도를 올린다. 실제로 전능하신 하나님이 그분의 뜻을 진지하게 구하지 않은 계획이나 행동에 대해 고무도장을 찍듯이 승인이나 축복을 내리는 일은 절대로 없을 것이다.

이러한 잘못은 개별적인 그리스도인의 삶에만 흔한 것이 아니라 교회와 그리스도교 단체의 활동에도 흔하게 발생한다. 교회와 그리스도교 단체에서 어떤 활동을 시작하기 전에 결코 하나님의 뜻을 진지하게 구한 적이 없기 때문에 지속적으로 어떤 열매도 맺지 못하고 수많은 시간을 들인 수고와 엄청난 액수의 돈이 낭비되고 만다.

사실상 오늘날 그리스도교 단체에서 진정한 영성과 열매 맺음의 가장 큰 적은 성령의 거룩한 인도하심 없이 그리스도교란 이름을 붙이고 행하는, 많은 시간을 투자하고 많은 땀을 흘린 활동들이다.

그러한 활동의 산물은 "나무나 풀이나 짚"으로, 하나님께서 그분의 백성의 공적을 최후로 심판하는 불에 타버리고 아무런 흔적을 남기지 못한다.고전 3:12

이와 대조적으로 초대 교회의 한 가지 두드러진 특징은 그 모든 활동에 성령의 직접적이고 지속적이며 초자연적인 인도하심이 있다는 점이다. 사도행전의 많은 사례 가운데 바울이 실라를 데리고 떠난 두 번째 전도 여행에서 일어난 독특한 사건을 살펴보자.

성령이 아시아에서 말씀을 전하지 못하게 하시거늘 그들이 브루기아와 갈라디아 땅으로 다녀가 무시아 앞에 이르러 비두니아로 가고자 애쓰되 예수의 영이 허락하지 아니하시는지라 무시아를 지나 드로아로 내려갔는데 밤에 환상이 바울에게 보이니 마게도냐 사람 하나가 서서 그에게 청하여 이르되 마게도냐로 건너와서 우리를 도우라 하거늘 바울이 그 환상을 보았을 때 우리가 곧 마게도냐로 떠나기를 힘쓰니 이는 하나님이 저 사람들에게 복음을 전하라고 우리를 부르신 줄로 인정함이러라행 16:6-10

이 성경구절을 검토하면서 우리는 바울과 실라가 그들의 전도 여행에서 예수님이 제자들에게 직접 명령하신 것을 수행하고 있었다는 것을 염두에 두어야 한다.

그러므로 너희는 가서 모든 민족을 제자로 삼아마 28:19

너희는 온 천하에 다니며 만민에게 복음을 전파하라막 16:15

예수님의 명령이 얼마나 포괄적인지 주목하라. "모든 민족을…만민에게"

예수님의 이 명령을 수행하기 위하여 바울과 실라는 오늘날 우리가 소아시아라고 부르는 지역의 중심인 브루기아와 갈라디아에서 전도하고 있었다. 그 다음 전도 지역은 당연히 소아시아 지역의 서쪽 끝인 아시아 지방이었으나 사도행전의 기록은 이렇게 전하고 있다. "성령이 아시아에서 말씀을 전하지 못하게 하시거늘." 그리하여 바울과 실라는 아시아의 북쪽인 무시아로 갔다.

무시아에서 그들은 북동쪽에 있는 비두니아를 행선지로 정했으나 사도행전은 또 이렇게 기록하고 있다. "비두니아로 가고자 애쓰되 예수의 영이 허락하지 아니하시는지라" 행 16:7

한쪽으로는 아시아, 다른 한쪽으로는 비두니아로 가는 전도의 양쪽 문이 성령의 직접적이고도 명확한 명령으로 그들에게 닫혀 버렸다.

바울과 실라는 그렇다면 하나님의 계획이 무엇인지 그 다음에 어떤 길을 택해야 할지 의문을 갖기 시작했다. 그런데 이때 바울은 밤에 어떤 마게도냐 사람이 나타나서 이렇게 말하는 환상을 보았다. "마게도냐로 건너와서 우리를 도우라" 행 16:9 더 이상 의문을 갖지 않고 바울과 실라는 즉시 하나님께서 자기들을 그리스의 북쪽이면서 유럽의 남동쪽에 있는 마게도냐로 인도하심을 깨달았다. 그리하여 복음은 처음으로 아시아에서 유럽으로 전해지게 되었다.

이제 지난 19세기에 걸친 교회사를 돌아보면 유럽의 교회들이 한 결정적인 역할을 우리는 알게 된다. 유럽 교회들은 우선 복음의 진리를 보존했고, 그 다음에 전 세계 다른 지역에 복음을 적극적으로 전파하는 역할을 한 것이다. 그러므로 우리는 왜 하나님의 지혜와 예지 속에서 복음이 이방인의 사도인 바울을 통하여 일찍 유럽에 심어지는 것이 시급하고 중요한 일이었는지 이해할 수 있다.

그러나 당시 바울과 실라는 그 다음 19세기에 걸친 역사의 진로에 대해 전혀 알지 못했다. 그런즉 바울과 실라가 유럽으로 신기원을 세우는 발걸음을 내디딘 것은 오직 성령의 초자연적인 계시와 인도로 말미암아 일어날 수 있었던 사건이다. 만약 바울과 실라가 성령의 인도함에 마음을 열지 않았더라면 그들은 자신들의 삶과 복음 전파를 위한 하나님의 계획을 놓쳐버렸을 것이다.

바울의 전도 활동의 그 다음 어떤 단계를 살펴보면 이 시점에서 하나님이 성령을 통하여 바울을 초자연적으로 인도하신 것은 더욱 놀랍다.

사도행전 16장에서 우리는 바울이 아시아 지역에 말씀을 전하는 것을 성령이 못하게 하셨기 때문에 바울이 아시아로 가지 않고 유럽으로 갔다는 기록을 읽는다. 그러나 사도행전 19장에서 우리는 바울이 나중에 아시아 지역의 주요 도시인 에베소로 가서 전도하여 그의 사역 가운데 가장 크고 광범위한 부흥이 일어났다는 기록을 읽게 된다.

> 두 해 동안 이같이 하니 아시아에 사는 자는 유대인이나 헬라인이나
> 다 주의 말씀을 듣더라 행 19:10

이 기록은 우리가 주의 깊게 살펴볼 가치가 있다. 그 전에는 바울이 아시아 지역으로 들어가는 것이나 아시아 사람 한 사람에게라도 전도하는 것을 성령이 못하게 막았다. 그러나 이제 하나님이 정하신 시간에 성령의 인도하심을 따라 아시아로 간 바울이 강력하게 복음을 전파하자 그 지역에 사는 모든 사람들이 그리스도에 관한 증언을 듣기 위해 모여들었다.

이러한 사실을 바탕으로 우리는 두 가지 결론을 내릴 수 있다. 1) 만약 바울이 성령의 인도하심을 거슬러 먼저 아시아로 갔더라면 그는 단지 좌절과 실패만 겪었을 것이다. 2) 성령이 그곳으로 인도하기 전에 성급하게 아시아로 갔더라면, 바울은 하나님의 영이 강력하게 역사하는 것을 훼방하거나 완전히 가로막음으로써 아시아에서 그러한 역사를 목격하는 특권을 누리지 못했을 것이다.

복음을 전파하거나 그리스도를 증언하려는 모든 사람들을 위한 교훈이 여기 있다. 그러한 목적으로 모든 활동을 계획함에 있어서 우리가 고려해야 할 두 가지 요소가 있으니 첫째는 장소요 둘째는 때이다.

성경의 계시를 이해하려면 현대과학의 상대성이론의 기본을 수용해야 한다. 시간도 함께 명시하지 않으면 결코 장소도 정확하게 명시할 수 없다는 것이 상대성이론이다. 때와 장소는 서로 밀접한 관계가 있어 결코 분리할 수 없는 것이다.

이 진리는 솔로몬이 오래 전에 말씀한 적이 있다.

> 범사에 기한이 있고 천하 만사가 다 때가 있나니전 3:1

단지 옳은 일만 하거나 옳은 목적을 갖는 것만으로는 충분하지 않다. 하나님의 축복과 성공을 누리려면, 옳은 때에 옳은 일을 해야 하고, 적합한 시기에 타당한 계획을 실행에 옮겨야 한다. 하나님이 "지금"이라고 말씀하실 때 사람이 "나중에"라고 말하는 것은 헛된 일이고, 하나님이 "나중에"라고 말씀하실 때 사람이 "지금"이라고 말하는 것도 헛된 일이다.

교회에 단지 옳은 일과 옳은 목적뿐만 아니라 옳은 때와 옳은 시기를 계시하는 것이 하나님께서 성령에게 맡기신 사역이다. 진실하고 선의를 가진 수많은 그리스도인들이 성령의 인도하심을 받는 법을 배우지 못해 옳은 일을 그릇된 때에 하려 하고 옳은 계획을 그릇된 시기에 시행하다가 그들의 삶에서 지속적인 좌절을 맛본다. 이와 관련하여 예언자 이사야는 매우 날카로운 질문을 던진다.

> 누가 여호와의 영을 지도하였으며 그의 모사가 되어 그를 가르쳤으랴
> 사 40:13

그러나 이것이 오늘날 많은 그리스도인들이 하고 있는 일이다. 그들은 여호와의 영을 지도하려고 하며 성령의 모사가 되어 그를 가르치려고 한다. 그들은 자기들의 활동을 계획하고, 자기들의 예배를 인도하면서 성령에게 무엇을 언제 어떻게 축복하라고 지시한다. 오늘날 성령이 인도하거나 개입할 여지가 남아 있는 교회가 얼마나 있을까?

성령에 대한 이 그릇된 자세의 결과는 좌절이란 한 단어로 요약할 수 있다.

그러한 신자들은 새로운 탄생과 성령 세례의 진정한 경험을 했는지도 모르고, 그리스도에 대한 믿음을 진실하게 고백하고 있을지도 모르지만, 매일의 삶에서 승리를 거두지도 열매를 맺지도 못한다. 왜냐하면 그들은 그리스도인의 삶의 가장 중요한 규칙을 간과했기 때문이다. "무릇 하나님의 영으로 인도함을 받는 사람은 곧 하나님의 아들이라" 롬 8:14

전 인격을 위한 생명

신자의 삶에 있어서 하나님의 지속적인 인도하심은 하나님의 영의 또 하나의 공급, 즉 신자의 전 인격을 위한 넘치는 생명을 공급하는 문을 연다.

하나님의 인도하심과 이 모든 면에서 넘치는 생명의 관계는 이사야에 아름답게 묘사되어 있다.

> 여호와가 너를 항상 인도하여 메마른 곳에서도 네 영혼을 만족하게 하며 네 뼈를 견고하게 하리니 너는 물 댄 동산 같겠고 물이 끊어지지 아니하는 샘 같을 것이라사 58:11

선지자 이사야는 어떤 사람이 하나님으로부터 지속적으로 인도하심을 받아 그의 인격의 모든 측면에 넘치는 생명의 샘이 있어 그의 혼과 육신을 새롭게 하는 것을 여기서 묘사하고 있다.

신약에서 바울은 이 넘치는 생명의 근원을 신자 안에 거하시는 성령이라고 밝힌다.

> 성결의 영으로는 죽은 자들 가운데서 부활하사 능력으로 하나님의 아들로 선포되셨으니 곧 우리 주 예수 그리스도시니라롬 1:4

'성령'의 히브리어 표현인 '성결의 영'이 무덤에서 예수님의 죽은 몸을 일으킴으로써 하나님의 아들이라는 그리스도의 주장이 정당함을 입증했다. 성령은 그가 내주하는 모든 신자에게 이와 똑같은 역사를 행하신다.

> 예수를 죽은 자 가운데서 살리신 이의 영이 너희 안에 거하시면 그리스도 예수를 죽은 자 가운데서 살리신 이가 너희 안에 거하시는 그의 영으로 말미암아 너희 죽을 몸도 살리시리라롬 8:11

성령의 사역은 예수님이 이미 가지고 있는 죽지 않는 몸으로 의로운 죽은 사람을 살리는 첫 부활에서 온전하고도 최종적인 완성을 이룰 것이다.

주 예수를 다시 살리신 이가 예수와 함께 우리도 다시 살리사 너희
와 함께 그 앞에 서게 하실 줄을 아노라고후 4:14

그런데 신자의 육신에 대한 이 성령의 사역은 또 이 시대에서 하는 과도 기적 역할이 있다. 신자 안에 거하시는 하나님의 영은 신자의 육신에 거룩한 생명과 건강을 부여함으로써 마귀가 일으키는 질병의 침입과 진행을 막아준다. 이것이 그리스도가 오신 궁극적인 목적이다.

내가 온 것은 양으로 생명을 얻게 하고 더 풍성히 얻게 하려는 것이라
요 10:10

거룩한 생명의 첫 분깃은 새로운 탄생을 통하여 오지만, 생명이 더 풍성하게 넘쳐 흐름은 성령 세례를 통하여 온다. 이 거룩하고, 넘쳐 흐르고, 풍성한 생명이 내적 인간의 영적인 필요, 곧 인간의 영적 본성만을 만족시킬 뿐만 아니라 외적인 인간의 신체적 필요, 곧 인간의 육신도 만족시키는 것이 이 시대의 하나님의 목적이다.

이 시대에 신자는 부활의 육신을 아직 받지는 못했으나, 그는 죽을 몸 안에서 이미 부활 생명을 누리고 있는 것이다.

바울은 영육간에 받는 엄청난 압력을 배경으로 죽을 몸 안에 있는 부활 생명의 기적을 묘사한다.

우리가 사방으로 욱여쌈을 당하여도 싸이지 아니하며 답답한 일을 당하여도 낙심하지 아니하며 박해를 받아도 버린 바 되지 아니하며 거꾸러뜨림을 당하여도 망하지 아니하고 우리가 항상 예수의 죽음을 몸에 짊어짐은 예수의 생명이 또한 우리 몸에 나타나게 하려 함이라 우

리 살아 있는 자가 항상 예수를 위하여 죽음에 넘겨짐은 예수의 생명
이 또한 우리 죽을 육체에 나타나게 하려 함이라고후 4:8-11

얼마나 놀라운 말씀인가! 바로 예수님의 생명이 '우리 몸'에 눈으로 보이는 영향을 미침으로써 그것의 존재를 나타낸다. 바울은 우리 몸을 강조하기 위해 그것을 두 번 말하는데 두 번째는 '우리 죽을 육체'라고 한다. 이 표현으로 바울은 그의 말을 부활 후 미래에 갖게 될 육신에 적용시키려는 해석을 배제한다. 바울은 우리가 지금 갖고 있는 육체에 대하여 말씀하고 있는 것이다. 우리 몸에 온갖 자연적인 압박과 마귀적인 압박이 닥치더라도 패배시킬 수 없는 내적 생명이 우리 몸을 보존해 준다.

죽음에서 일어난 그리스도의 강력하고 승리하는 초자연적인 생명이 신자의 몸 안에 나타남은 단지 부활을 위해 예비된 것이 아니고, 우리가 아직 '우리 죽을 육체'로 살고 있는 지금에도 효과를 미치기 위함이다. 그리스도의 생명이 우리 몸 안에서 지금 현세에서 공개적으로 나타남은 거룩한 치유와 거룩한 건강의 성경적인 기본 원칙이다.

지금도 끊임없이 일어나는 이 기적의 중심은 죽음이 생명의 관문이라는, 성경 전체를 관통하는 역설이다. 그리스도의 생명의 나타남을 증언할 때마다 바울은 우리가 예수의 죽음과 자신을 동일시해야 함을 먼저 말씀한다. "우리가 항상 예수의 죽음을 몸에 짊어짐은."

예수님은 자연사를 하지 않았다. 예수님은 십자가형으로 죽었다. 예수님과 동일시함은 예수님과 함께 십자가에서 처형되는 것이다. 그러나 십자가에 못 박힘으로 말미암아 우리는 죄와 사단과 육체와 세상에 더 이상 빚진 것이 없는 내적 생명으로 가는 부활을 얻는다.

바울은 이 교환의 부정적인 측면과 긍정적인 측면을 둘 다 제시한다.

내가 그리스도와 함께 십자가에 못 박혔나니 그런즉 이제는 내가 사는 것이 아니요 오직 내 안에 그리스도께서 사시는 것이라 이제 내가 육체 가운데 사는 것은 나를 사랑하사 나를 위하여 자기 자신을 버리신 하나님의 아들을 믿는 믿음 안에서 사는 것이라 갈 2:20

이 세상에서 우리의 연약하고 덧없는 생명을 끝내는 십자가형은 새 생명으로 가는 길을 연다. 이는 흙으로 만든 우리 육체 안에 주거를 정하신 하나님 자신의 생명이다. 그 육신은 이전과 다름없이 여전히 연약하지만, 그 안에 있는 생명은 패배시킬 수 없고 고갈되지 않는 생명이다.

그러나 현재의 이 세상 질서가 지속되는 한 육체의 연약함과 성령 안에서의 새 생명 사이에는 항상 끊임없는 긴장이 있을 것이다.

우리의 겉사람은 낡아지나 우리의 속사람은 날로 새로워지도다
고후 4:16

육체는 여전히 질병에 걸리기 쉽고 겉사람은 쇠약해지나, 우리 속의 부활 생명은 신자의 일생의 과업이 끝날 때까지 질병과 쇠약함을 저지하는 힘이 있다. 그 과업을 완수한 다음에는 바울이 말씀한 것처럼 "차라리 세상을 떠나서 그리스도와 함께 있는 것이 훨씬 더 좋은 일이라" 빌 1:23

32장

하나님의 사랑의 부음

우리는 성령 세례가 신자 안에서 낳는 지극히 중요한 마지막 결과를 이 장에서 검토할 것이다. 이것은 바울이 로마서 5:5 후반부에서 묘사하고 있다.

> 우리에게 주신 성령으로 말미암아 하나님의 사랑이 우리 마음에 부은 바 됨이니 롬 5:5

우리는 '하나님의divine 사랑'이라는 구절의 깊은 의미를 이해할 필요가 있다. 바울은 여기서 인간의 사랑 또는 하나님을 향한 사랑에 대해서 말씀하고 있는 것이 아니다. 바울은 성령이 신자의 마음에 붓는 하나님의 사랑 – 하나님 자신의 사랑 – 에 대하여 말씀하고 있다. 성령이 부어주는 이 하나님의 사랑은 하늘이 땅보다 높듯이 어떤 인간의 사랑보다 숭고한 것이다.

우리는 인생의 정상적인 노정에서 여러 가지 다른 형태의 사랑을 체험한다. 예를 들어 단지 성적 열망에 불과한 사랑이 있는가 하면, 남편과 아내 사이의 사랑이 있으며, 또 가족 간에 부모의 자식에 대한 사랑과 자식의 부모에 대한 사랑도 있다. 그리고 가족 간의 유대를 넘어 다윗과 요나단의 사랑 같은 친구 간 사랑도 있다.

하나님의 사랑의 본질

이 모든 형태의 사랑은 인류의 모든 사회에서 그 정도의 차이는 있을지라도 공통적으로 존재한다. 심지어 그리스도의 복음이 전파되지 않은 곳에서도. 어휘가 풍부한 헬라어는 이 다양한 형태의 사랑을 묘사하는 여러 가지 단어들이 있다. 그런데 주로 하나님으로부터 그 근원과 본질이 유래된 사랑을 표현하는 한 단어가 있다. 그것은 명사형으로 agape, 동사형으로 agapao이다.

Agape는 삼위일체 하나님, 곧 하나님 아버지와 하나님의 아들과 성령 사이의 완벽한 사랑을 뜻한다. 그리고 그것은 인간을 향한 하나님의 사랑, 즉 하나님 아버지가 그분의 아들을 내주고 그 아들 그리스도가 자신의 생명을 바쳐 인간이 죄와 죄의 결과로부터 속량 받게 해주신 사랑을 뜻한다. 그것은 또 그리스도를 믿는 사람들의 마음에 성령을 통하여 부어주시는 하나님의 사랑을 뜻한다.

그리하여 우리는 요한일서에 기록된 사도 요한의 말씀을 이해할 수 있다.

> 사랑하는 자들아 우리가 서로 사랑하자 사랑은 하나님께 속한 것이니 사랑하는 자 마다 하나님으로부터 나서 하나님을 알고 사랑하지 아니하는 자는 하나님을 알지 못하나니 이는 하나님은 사랑이심이라 요일 4:7-8

여기서 사도 요한이 사용하는 헬라어는 agape와 agapao이다. 요한은 하나님으로부터 나지 아니한 자는 경험할 수 없는 agape 사랑이 있다고 가르친다. 이러한 종류의 사랑은 오직 하나님으로부터 온다.

그리고 이러한 종류의 사랑을 어느 분량만큼 나타내는 사람은 새로운 탄생을 통하여 그 분량만큼 하나님을 알게 된 것이다. 거꾸로 말하자면, 이런 사랑을 알지 못했거나 어떤 분량만큼도 나타내지 못한 사람은 하나님을 알지 못한 것이다. 왜냐하면 어떤 사람이 하나님을 아는 만큼 그 사람은 하나님의 사랑에 의해 변화되어 그 사랑을 다른 사람에게 나타내기 때문이다.

사도 요한이 여기서 가르치듯이 거룩한 사랑agape이 사람 사이에 나타남은 새로운 탄생에서 시작되는 바, 이것은 베드로의 말씀과 조화를 이룬다.

> 너희가 성령을 통하여 진리에 순종함으로써 너희 혼들을 정결케 하여 가식 없는 형제 사랑에 이르렀으니 순결한 마음으로 서로 뜨겁게 사랑하라 너희가 거듭난 것은 썩어질 씨로 된 것이 아니라 썩지 아니할 씨로 된 것이니 살아 있고 영원히 거하는 하나님의 말씀으로 되었느니라벧전 1:22-23 KJV

베드로가 "순결한 마음으로 서로 뜨겁게 사랑하라"고 말씀할 때 '사랑하라' 는 동사로 사용한 헬라어는 또 다시 사랑을 뜻하는 agapao이다. 베드로는 그리스도인들이 사랑을 나타낼 가능성을 그들이 하나님 말씀의 썩지 않는 씨로 거듭난 사실과 직접 연결한다. 바꿔 말하면, 사랑의 가능성은 그리스도인들이 거듭날 때 그들의 마음에 심겨진 하나님 말씀의 거룩한 씨 안에 담겨 있는 것이다.

그런데 그리스도인들이 거듭날 때 받은 이 사랑의 첫 경험을 성령 세례를 통하여 무한하게 확대시키는 것이 하나님의 의도이다. 그런즉 바울은 다음과 같이 말씀한다.

> 우리에게 주신 성령으로 말미암아 하나님의 사랑이 우리 마음에 부은 바 됨이니 롬 5:5

또 다시 바울이 여기서 사용하는 단어는 하나님의 사랑을 뜻하는 agape이다. 바울이 agape란 단어와 함께 사용하는 '부은 바 됨'이라는 동사의 시제는 완료형이다. 헬라어에서 완료형을 사용하는 것은 완결과 완성을 가리킨다. 신자에게 성령 세례를 베푸는 이 한 가지 행위에서 하나님은 그분의 사랑의 모든 충만함을 신자의 마음에 남김없이 부었음을 뜻한다. 아무것도 남겨 두지 않고, 모든 것이 부어졌다. 그 후 신자는 하나님의 사랑을 더 구할 필요가 없고, 이미 마음에 받아들인 것을 누리며 보여 주기만 하면 된다.

성령 세례를 받은 신자가 하나님께 그분의 사랑을 더 달라고 요구하는 것은 미시시피 강가에 사는 사람이 다른 물을 찾는 것과 마찬가지이다. 그런 사람은 이미 자신이 쓰는데 필요한 양보다 무한하게 많은 물을 자기 마음대로 쓸 수 있는 상태에 있다. 그 사람이 해야 할 일은 이미 자기에게 공급된 것을 마음껏 사용하는 것이다.

이와 마찬가지로 성령 세례받은 신자는 이미 자기 안에 단지 하나의 강이 아니라, "생수의 강들rivers of living water"— 거룩한 은혜와 사랑의 강들—을 갖고 있어 그 신자의 삶에 발생하는 어떤 필요라도 넘치도록 채워 준다고 예수님은 말씀하신다. 요 7:38-39

바울은 로마서에서 성령에 의해 신자의 마음에 부어진 이 하나님의 사랑의 본질을 정의한다.

우리가 아직 연약할 때에 기약대로 그리스도께서 경건하지 않은 자를 위하여 죽으셨도다 의인을 위하여 죽는 자가 쉽지 않고 선인을 위하여 용감히 죽는 자가 혹 있거니와 우리가 아직 죄인 되었을 때에 그리스도께서 우리를 위하여 죽으심으로 하나님께서 우리에 대한 자기의 사랑을 확증하셨느니라 롬 5:6-8

바울은 어떤 사람이 하나님의 은혜와 구별된 자연적인 사랑으로 자기 친구를 위하여, 만약 그 친구가 선하고 의로운 사람이라면 죽을 수 있다고 지적한다. 마치 어머니가 자연적인 사랑으로 자식을 위하여 자기 생명을 주는 것처럼. 그 다음에 바울은 어떤 형태의 자연적인 사랑도 요구할 권리가 없는 죄인들을 위하여 그리스도께서 죽었다는 사실에서 하나님의 거룩하고도 초자연적인 사랑이 확증되었음을 보여 준다.

그리스도께서 그들을 위해 목숨을 바친 사람들의 양상을 묘사하기 위해 바울은 '연약하고…경건하지 않은…죄인들'이라는 세 가지 표현을 사용한다. 이것은 그리스도께서 그들을 위해 목숨을 바친 사람들은 하나님으로부터 완전히 소외되어 하나님에게 공공연히 반항하던 사람으로 스스로 자기를 구원할 길이 없었음을 뜻한다. 이와 같은 사람들을 위하여 죽음으로써 그리스도께서는 하나님의 사랑 agape를 온전히 충만하게 나타내신 것이다.

사도 요한은 하나님의 사랑을 이와 비슷하게 정의한다.

> 하나님의 사랑agape이 우리에게 이렇게 나타난 바 되었으니 하나님이 자기의 독생자를 세상에 보내심은 그로 말미암아 우리를 살리려 하심이라 요일 4:9

하나님의 사랑은 그 사랑의 대상이 사랑 받을 만한 가치가 있어서 주어지는 것도 아니고, 사랑을 주기 전에 보답을 기다리지도 않는다. 그와 반대로 사랑스럽지 않고, 사랑 받을 가치도 없고, 심지어 공공연히 하나님에게 반역하는 사람들에게 먼저 값없이 주어진다. 예수님은 자신을 십자가형에 처하는 사람들을 위해 하신 기도에서 이 사랑을 표현하셨다.

아버지 저들을 사하여 주옵소서 자기들이 하는 것을 알지 못함이니이다눅 23:34

이와 똑같은 하나님의 사랑이 순교자 스데반이 죽기 직전에 자기를 돌로 치는 사람을 위해 올리는 기도에 표현되어 있다.

주여 이 죄를 그들에게 돌리지 마옵소서행 7:60

그리고 같은 사랑이 스데반이 돌에 맞아 죽는 것을 목격한 다소 사람 사울의 말에서도 표현된다. 나중에 사도가 된 그는 자기를 끊임없이 배척하고 박해한 유대인 형제들에 관하여 다음과 같이 말씀한다.

내가 그리스도 안에서 참말을 하고 거짓말을 아니하노라 나에게 큰 근심이 있는 것과 마음에 그치지 않는 고통이 있는 것을 내 양심이 성령 안에서 나와 더불어 증언하노니 나의 형제 곧 골육의 친척을 위하여 내 자신이 저주를 받아 그리스도에게서 끊어질지라도 원하는 바로라롬 9:1-3

바울은 자기를 박해하는 유대인 형제들이 구원받은 것을 하도 간절하게 원한 나머지 만약 그들을 그리스도에게로 데려올 수만 있다면 자기를 위한 구원의 모든 축복을 기꺼이 버리고 용서받지 못한 죄의 저주 아래로 돌아가 그 모든 후과를 덮어 쓰겠다고 말씀한 것이다. 그리고 바울은 그 하나님의 사랑의 실현과 경험은 오직 자기 안에 성령이 내주함으로써만 가능하다고 시인했다. 왜냐하면 "내 양심이 성령 안에서 나와 더불어 증언하노니"라고 말씀하기 때문이다.

사랑은 가장 위대한 것

하나님께서 성령의 은사를 주시는 여러 가지 목적 중에서 신자의 마음속에 하나님의 사랑을 부어 주시는 것은 독특하게 중요한 자리를 차지한다. 그 이유는 신자의 마음속에 고루 미치는 하나님의 사랑의 영향이 없으면 성령 세례가 낳는 모든 다른 결과는 진정한 의미를 잃고 진정한 목적을 달성하지 못하기 때문이다.

바울은 agape 사랑의 독특한 중요성을 강조하기 위해 생생한 예를 든다.

> 내가 사람의 방언과 천사의 말을 할지라도 사랑이 없으면 소리 나는 구리와 울리는 꽹과리가 되고 내가 예언하는 능력이 있어 모든 비밀과 모든 지식을 알고 또 산을 옮길 만한 모든 믿음이 있을지라도 사랑이 없으면 내가 아무것도 아니요 고전 13:1-2

바울은 특유의 겸손함으로 영적 은사를 행사하면서도 하나님의 사랑이 없는 신자로 자신을 비유한다. 고린도전서의 그 앞 절에서 성령의 아홉 가지 은사를 열거한 바울은 이제 자신을 그런 다양한 은사를 행사하면서도 사랑이 없는 자로 상상하는 것이다.

먼저 바울은 방언의 은사를 초자연적으로 아주 높은 차원에서 행사함으로 말미암아 미지의 인간의 언어를 말할 뿐만 아니라 천사들의 말을 하는 가능성을 얘기한다. 그러나 하나님의 사랑이 없이 방언을 하는 것은 두드리면 요란한 소리를 내지만 속은 텅 빈 징이나 꽹과리와 마찬가지라고 말씀하는 것이다.

그 다음에 바울은 예언함이나 지혜의 말씀이나 지식의 말씀이나 믿음 같은 다른 뛰어난 성령의 은사를 행사하는 가능성을 얘기한다. 그렇지만 이런 모든 은사를 행사하더라도 하나님의 사랑이 없다면 자신이 아무것도 아니라고 바울은 말씀한다.

바울의 이 말씀은 오늘날 많은 사람들이 묻는 한 가지 질문에 대한 답을 제공한다. 방언 은사를 잘못 사용하는 것이 가능한가? 그 답은 '가능하다'이다. 하나님의 사랑이 없이 방언을 하는 것은 그 은사를 오용하는 것이다. 왜냐하면 방언 은사를 사용하는 그 신자는 텅 빈 채로 소리 내는 징이나 꽹과리와 다름 없고, 그것은 하나님이 방언 은사를 주신 목적이 아니기 때문이다.

이 원리는 바울이 그 다음 구절에서 언급하는 다른 은사, 즉 예언함과 지혜의 말씀과 지식의 말씀과 믿음에도 똑같이 적용된다. 이런 은사 중 어떤 은사라도 하나님의 사랑이 없이 사용하는 것은 하나님의 목적에 어긋나는 일이다.

그러나 경험에 비추어 보면 특히 발성기관을 통하여 행사하는 세 가지 성령의 은사 – 방언을 말하는 은사와 방언을 통역하는 은사와 예언하는 은사 – 를 오용할 위험이 크다. 이것은 바울이 그 다음 장인 고린도전서 14장의 대부분을 이 세 가지 은사의 사용을 통제하는 규범에 바친 사실이 확증해준다. 신자들이 이런 은사를 오용할 가능성이 없다면 그것을 통제할 규범을 줄 필요가 없을 것이다. 규범이 주어진 사실은 규범이 필요함을 증명하고 있다.

그런데 고린도전서 13:1에 기록된 바울의 가르침을 해석함에 있어서 그가 사용하는 단어에 주의를 기울이는 것이 필요하다.

> 내가 사람의 방언과 천사의 말을 할지라도 사랑이 없으면 소리 나는 구리와 울리는 꽹과리가 되고(Thou I speak with the tongues of men and of angels, but have not love, I have become as sounding brass or a clanging cymbal)

'내가…되고(I have become)'란 표현에 주목하기 바란다. 이 표현은 어떤 변화를 가리킨다. 여기에 묘사된 신자는 그가 원래 성령 세례를 받았을 때의 영적 상태와 이제 같은 상태가 아니다.

처음 성령 세례를 받았을 때 그는 자기 죄가 용서받았고 그리스도를 믿음으로 자기 마음이 정결해졌다는 확신을 가졌다. 그는 성령의 지배 아래 자신을 온전히 맡길 생각을 했다. 그러한 영적 상태에서 최초로 방언을 말하는 현상이 나타남은 성령이 그 신자에게 내주하러 와서 그의 삶을 지배함을 가리킨다.

그러나 바울이 여기서 묘사하는 신자는 그 후 시간이 경과함에 따라 외면적으로 나타나는 현상은 유지하고 있지만, 부주의함이나 불순종으로 말미암아 정결함과 성령에 순종하는 내적인 상태는 지키지 못했다. 그리하여 방언을 말하는 것이 내적으로 영적인 진실성이 없이 단지 겉으로 나타나는 신체적인 현상으로 퇴보해 버렸다.

이 경험을 적절한 관점으로 보려면 성경과 경험으로 확인되는 두 가지 사실을 나란히 고려해야 한다.

첫째, 성령 세례를 받을 때 신자는 두 가지 조건을 충족시켜야 한다. 그의 마음은 그리스도를 믿음으로 정화되어야 하고, 자기의 신체 기관, 특히 혀에 대한 통제권을 성령에게 기꺼이 드려야 한다.

둘째, 신자가 성령 세례를 받을 때 정결해지고 순종했다는 사실이 그가 항상 그런 상태를 유지한다는 것을 자동적으로 보장해 주지는 않는다. 비록 그가 방언을 계속해서 말한다고 할지라도.

이 시점에서 많은 사람들이 이렇게 질문할 가능성이 있다. "만약 어떤 사람이 하나님의 선물을 오용하기 시작하면 하나님은 그 사람으로부터 선물을 회수하지 않겠습니까?"

그러나 이러한 추측은 논리로도 성경으로도 뒷받침 되지 않는다.

논리의 관점에서 보면, 만일 어떤 선물이 일단 주어진 다음 선물을 준 사람이 임의로 회수할 수 있다면 그것은 처음부터 진정한 선물이 아니다. 값없이 주는 선물은 일단 주어진 다음에는 준 사람의 관리에서 벗어나 오직 그것을 받은 사람의 관리 아래로 들어 간다. 받은 사람이 그것을 사용하든, 남용하든, 또는 전혀 사용하지 않든 상관없이. 성경은 이 논리의 요점을 확인해 준다. "하나님의 은사와 부르심에는 후회하심이 없느니라" 롬 11:29

여기서 사용된 '후회하심이 없느니라(irrevocable; 취소할 수 없는; 변경할 수 없는; 번복할 수 없는)'이라는 단어의 주체가 사람이 아닌 하나님인 것은 일단 하나님이 어떤 은사를 주시면 그것을 결코 회수하는 일이 없음을 가리킨다. 그 다음에 그 은사를 적절하게 사용할 책임은 은사를 주신 하나님께 있지 않고 은사를 받은 사람에게 있다. 이 중요한 원칙은 성령의 은사를 포함하여 하나님이 사람을 대하는 모든 영역에 적용된다.

성령 세례를 구하거나 방언 은사와 함께 성령 세례를 받은 모든 사람은 이 결론의 중요성을 진지하게 받아들여야 한다. 성경에 따르면, 방언 은사가 외적으로 나타나지 않고 최초의 성령 세례를 받는 것은 가능하지 않다. 그렇지만 내적인 성령 충만함을 유지하지 않고 방언 은사를 외적으로 나타내는 것은 가능하다.

성령 충만함이 유지되고 있음을 확실하게 보여 주는 오직 한 가지 성경적 시금석이 있으니 그것은 사랑이다. 우리가 성령으로 충만한 만큼 하나님의 사랑으로 충만할 것이다. 우리는 하나님의 사랑으로 충만한 분량 이상으로 성령 충만할 수는 없다. 사도 요한은 이 사랑의 시금석을 분명하고도 단순한 말씀으로 표현한다.

> 어느 때나 하나님을 본 사람이 없으되 만일 우리가 서로 사랑하면 하나님이 우리 안에 거하시고 그의 사랑이 우리 안에 온전히 이루어지느니라 그의 성령을 우리에게 주시므로 우리가 그 안에 거하고 그가 우리 안에 거하시는 줄을 아느니라…하나님은 사랑이시라 사랑 안에 거하는 자는 하나님 안에 거하고 하나님도 그의 안에 거하시느니라요일 4:12-13, 16

사도 요한처럼 바울도 모든 하나님의 은사와 은혜 가운데서 사랑에게 독특한 영예의 자리를 배정한다.

> 그런즉 믿음, 소망, 사랑, 이 세 가지는 항상 있을 것인데 그 중의 제일은 사랑이라고전 13:13

내주하는 성령의 모든 활동 중 가장 위대하고 영속적인 것은 신자의 마음 속에 하나님의 사랑을 부어주는 일이다.

지난 네 장에 걸쳐 하나님이 성령 세례를 통하여 각 신자의 삶에 낳기를 원하시는 여덟 가지 중요한 결과를 고찰했다.

1. 증언할 능력
2. 그리스도를 높이고 영화롭게 함
3. 하늘의 권능을 미리 맛봄으로써 초자연적 삶으로 들어감
4. 성령의 능력을 입은 기도가 자연적인 힘과 지성을 초월하는 차원으로 신자를 들어 올림
5. 성경에 대한 새로운 이해
6. 하나님의 뜻을 따르는 길로 매일 인도함
7. 육신의 건강과 생명
8. 신자의 마음속에 하나님의 사랑이 부어짐

다음 섹션에서는 이와 같은 경험이 그리스도인 회중의 삶과 예배에서 낳는 결과를 살펴볼 것이다.

섹션 Ⅱ

성령 충만한 회중

33장

통제된 자유

이제 신자 개인의 삶을 넘어 그리스도인 회중 전체의 삶과 예배를 살펴보도록 하자. 우리는 다음과 같은 질문에 대한 답을 찾을 것이다.

1. 성령 세례가 회중 전체의 삶과 경험에 어떤 변화를 가져오는가?
2. 회중의 전부나 대다수가 성령 세례를 받고, 그렇게 받은 능력을 자유로이 행사하는 회중을 구별하는 특징은 무엇인가?
3. 아무도 성령 세례를 경험하지 못한 회중과 전부나 대다수가 성령 세례를 받은 회중간의 차이는 무엇인가?

이러한 질문에 답을 하기 위하여 성령 세례를 받은 신자들이 성령의 능력을 자유로이 행사하는 회중과, 성령 세례를 받지 못한 신자로 구성된 회중의 두 가지 주요 차이점을 검토할 것이다.

성령의 지배 아래

주는 영이시니 주의 영이 계신 곳에는 자유가 있느니라(Now the Lord is the Spirit; and where the Spirit of the Lord is, there is liberty)고후 3:17

바울은 어떤 회중 안에서 성령의 임재와 영향에 관한 두 가지 주요 진리를 가르친다. 첫째 성령은 주님이시다. 신약에서 주님Lord은 구약의 여호와Jehovah와 같은 뜻으로 사용된다. 그것은 진정한 하나님 한 분만을 위해 사용되는 칭호로 덜 중요한 다른 어떤 존재나 피조물에 절대로 사용되지 않는다.

이 칭호는 본래 성삼위 세 분에게 속한다. 성부가 주님이시고, 성자가 주님이시고, 성령이 주님이시다. 바울이 "주는 영이시니"라고 할 때 그는 교회 안에서 성령의 가장 높은 주권을 강조하는 것이다.

바울이 가르치는 두 번째 주요 진리는 교회 안에서 성령의 주권을 인정할 때 회중에게 '자유'가 있다는 사실이다. 누군가 고린도후서 3:17 후반부의 진정한 의미를 드러내기 위해 번역문을 살짝 바꾸었다. "주의 영이 계신 곳에는 자유가 있느니라(Where the Spirit of the Lord is, there is liberty)"라고 하는 대신, "성령이 주님이신 곳에는 자유가 있다(Where the Spirit is Lord, there is liberty)"고 바꾼 것이다. 진정한 자유는 성령의 주권을 인정하고 그에 순종하는 회중에게 온다.

그리하여 우리는 두 단어를 나란히 놓음으로써 성령 세례받은 회중의 특징을 요약할 수 있는바, 그 두 단어는 자유와 지배이다.

첫눈에 이 두 단어를 함께 놓는 것은 모순처럼 보일지도 모른다. 누군가 이의를 제기하고 싶을 것이다. "만약 우리에게 자유가 있다면, 우리는 지배 아래 있지 않다. 그리고 우리가 지배 아래 있다면 우리는 자유가 없다." 사람들은 자유와 지배는 서로 상반된다고 흔히 생각하는데 영적인 영역뿐만 아니라 정치적 영역에서도 그렇다.

내가 1957년부터 1961년까지 동아프리카의 케냐에서 한 사범대학교 학장으로 섬길 때 그곳의 정치적 상황이 기억난다. 그 당시 케냐의 아프리카인들은 자기 나라가 완전한 독립을 달성할 날을 간절하게 기다리고 있었다. 스와힐리어로 독립을 뜻하는 말은 우후루uhuru란 단어가 사용되었는데, 그것은 직역하면 자유를 의미했다. 그리고 그 말은 모든 사람들의 입술에 오르내렸다. 교육을 받지 못한 많은 아프리카인들은 우후루 또는 자유가 그들에게 가져다 줄 것에 대해 멋진 그림을 그리고 있었다.

그들은 이렇게 말했다. "우후루가 오면 우리는 자전거를 길 어느 쪽이던 타고 싶은 쪽으로 탈 수 있고, 버스 요금을 내지 않아도 버스를 타고 멀리 가고 싶은 만큼 여행할 수 있을 것이다. 또 우리는 더 이상 정부에 세금을 내지 않아도 될 것이다."

교육 수준이 높은 다른 나라 사람들에게는 이러한 말이 어린애 같은 소리나 터무니없는 소리로 들릴 것이다. 케냐의 아프리카 사람들이 말하는 것은 진정한 자유가 아니라 무정부와 무질서 상태를 뜻한다고 교육 받은 사람들은 주장할 것이다. 그렇지만 그 소박한 아프리카 사람들은 그들 자신이 스스로 그린 자유에 대한 그림을 진지하게 믿고 있었다. 케냐의 아프리카인 정치 지도자들은 자유와 독립에 수반하는 것을 국민들에게 이해시키는 일에 어려움을 겪었다.

그런데 이상한 것은 정치적 자유가 의미하는 것을 이해하는 데 필요한 교양을 완벽하리만치 갖춘 사람들이 영적 자유에 대해서는 어린애 같은 그림을 그리고 있다.

그런 사람들은 정치적 자유란 자전거를 길 어느 쪽이던 탈 수 있는 것으로 이해하거나 버스 요금을 내지 않고서도 버스를 타고 여행할 수 있는 것으로 이해하는 아프리카 사람들을 보고 웃을 것이다. 그렇지만 바로 그런 사람들이 하나님의 집에서 똑같이 어리석거나 무질서한 행동을 하면서 자신의 행동을 '영적인 자유' 라는 이름으로 정당화한다.

예를 들어, 어떤 회중에서 한 성도가 기도를 인도하며 하나님께 올릴 기도 제목을 제시하는 일을 맡았는데 다른 사람들이 방언으로 너무나 요란하게 기도하는 바람에 회중들이 기도 인도자가 말하는 내용을 알아듣는 것이 불가능한 경우가 있다. 그로 인해 회중이 알아들을 수 없는 기도에 대하여 이해나 믿음으로 "아멘"하는 것이 어려워진다. 그런 방식으로 방언을 어리석게 오용함으로 말미암아 전 회중이 전심으로 연합하여 올리는 간구와 중보의 효과와 축복을 상실하게 된다.

또는 설교자가 구원받지 못한 사람들에게 구원의 필요성과 길을 보여 주는 논리적이고 성경적인 말씀을 전하면서 메시지의 정점으로 가고 있는데, 회중 가운데 어떤 사람이 갑자기 큰 소리로 방언을 한다. 그 결과로 전 회중의 주의가 구원의 메시지로부터 흩어져 버린다. 그 자리에 있는 불신자들은 무분별하고 감정적으로 보이는 외침으로 인해 놀라거나 짜증을 내게 되고, 애써 준비한 구원의 메시지의 효력은 상실되고 만다.

그런 어리석은 행동을 한 사람을 나중에 책망하면 그 사람은 흔히 이렇게 대꾸한다. "어쩔 수 없었어요! 성령께서 나를 그렇게 하도록 하셨어요.

성령님께 순종해야 했어요." 그러나 그러한 대꾸는 성경의 분명한 가르침과 상반되므로 용납할 수 없다.

> 각 사람에게 성령을 나타내심은 유익하게 하려 하심이라고전 12:7

이 구절을 다음과 같이 보다 자연스럽게 번역해 볼 수 있다. "성령의 나타나심은 항상 유익하고, 실제적이고, 분별 있는 목적을 위해 주어진다."

그러므로 만일 성령의 나타나심이 그 주어진 목적을 충족시키는 방향을 지향한다면 언제나 예배 전체의 계획 및 목적과 조화를 이룰 것이며, 그런 목적을 달성하는데 긍정적인 기여를 할 것이다. 성령의 나타나심은 결코 무의미하거나 주의를 산만하게 하거나 그 자리에 어울리지 않는 일이 없다.

하나님은 노예가 아닌 자녀를 만드신다

> 예언하는 자들의 영은 예언하는 자들에게 제재를 받나니 하나님은 무질서의 하나님이 아니시요 오직 화평의 하나님이시니라 모든 성도가 교회에서 함과 같이고전 14:32-33

다른 말로 하자면, 하나님이 지배하고 인도하심을 증거하는 영은 혼란과 무질서가 아니라 화평과 조화를 낳는다.

그런즉 혼란과 무질서를 낳는 사람은 "어쩔 수 없었습니다. 성령이 내게 시켰습니다"라고 변명할 수 없다. 바울은 "예언하는 자들의 영은 예언하는 자들에게 제재를 받나니"라고 말함으로써 이런 종류의 변명을 배제한다. 다른 말로 하자면 성령은 결코 신자 개인의 의지를 무시하고 그 의지를 거스르는 일을 강요하지 않는다.

어떤 신자가 영적 은사를 행사할 때도 그의 영과 의지는 여전히 그 사람의 지배 아래에 있다. 그 신자는 은사를 행사하거나 또는 행사하지 않거나 자유이다. 은사를 행사하는 책임은 그 신자에게 남는 것이다. 앞에서 말했듯이 성령은 신자의 삶에서 절대로 독재자의 역할을 하지 않는다.

이것은 진짜 성령의 나타남과 강신술 또는 신들림 현상을 구별하는 한 가지 특징이다. 강신술 또는 신들림에서 영매 역할을 하는 사람은 그의 의지와 개성의 전부를 자기를 장악하려는 영에게 온전히 바쳐야 한다. 그런 사람은 자기의 자유 의지로는 절대로 말하거나 행하지 않을 일을 말해야 하거나 행해야 하는 일이 흔하다.

강신술의 어떤 단계에서 그 영의 지배 아래에 들어가는 사람은 자기가 말하는 것과 행하는 것에 대한 모든 분별 또는 의식을 잃는다. 그런 경험이 끝나면 신들린 사람은 시간이 많이 흐른 후 낯선 환경에서 제 정신으로 돌아오는데 그 사이에 무슨 일이 있었는지 전혀 기억하지 못한다. 이런 방식으로 신들린 사람의 의지와 지성은 완전히 무시되는 것이다.

그러나 성령 하나님은 그리스도를 진정으로 믿는 사람에게 결코 이런 방식으로 행하시지 않는다. 하나님이 사람에게 주신 것 가운데 가장 귀중한 것은 의지와 개성이다. 따라서 하나님은 절대로 신자의 의지나 개성을 빼앗지 않는다. 하나님은 사람이 허용한다면 사람의 의지와 개성을 통하여 역사하실 것이지만, 신자의 의지와 개성을 결코 무시하지 않으신다. 사단은 노예를 만들지만 하나님은 자녀를 만드시는 것이다.

그런즉, 성령 세례받은 신자가 어떤 영적인 나타남에 대하여 "어쩔 수 없었습니다. 성령이 내게 시켰습니다"라고 말하는 것은 얼마나 잘못되고 비성경적인지 알 수 있다. 그렇게 말하는 것은 우리 안에 내주하시는 하나님의 영을 폭군으로, 신자를 노예로 묘사하는 것과 같다. 이와 같이 말하는 신자들은 하나님의 자녀로서 그들이 갖는 특권과 책임을 아직 이해하지 못하고 있는 것이다.

> 너희는 다시 무서워하는 종의 영을 받지 아니하고 양자의 영을 받았으므로 우리가 아빠 아버지라고 부르짖느니라 성령이 친히 우리의 영과 더불어 우리가 하나님의 자녀인 것을 증언하시나니 롬 8:15-16

그리하여 우리는 정치적이거나 영적인 모든 인간사에서 유효한 한 가지 중요한 원리와 직면한다. 진정한 자유는 좋은 통치가 없으면 불가능하다. 모든 종류의 통치와 지배를 무시하는 자유는 무질서와 혼란으로 끝날 뿐이다. 그러한 자유의 마지막 결과는 무시했던 이전의 통치 형태보다 훨씬 더 가혹한 새로운 형태의 노예 신분이다.

우리는 이것이 인류의 정치적 역사에서 수없이 되풀이되는 것을 보았다. 그리고 똑같은 원리가 그리스도 교회의 영적인 삶에 마찬가지로 적용된다. 진정한 영적 자유는 영적인 통치가 있는 곳에 가능하다. 하나님이 교회를 위하여 지명하신 통치는 성령의 통치이다.

고린도후서 3:17에 기록된 바울의 말씀으로 돌아가자.

> 주는 영이시니 주의 영이 계신 곳에는 자유가 있느니라

만약 우리가 성령의 자유를 누리기 원한다면, 성령의 주되심을 먼저 자발적으로 인정해야 한다. 성령의 이 두 가지 기능은 결코 서로 분리할 수 없다.

우리는 또 앞에서 공부한 성령에 관한 또 다른 중요한 사실을 기억해야 한다. 성령은 성경의 저자이며 해석자이시다. 이는 성령은 성경에 상반되는

어떤 것을 신자로 하여금 말하게 하거나 행하게 하는 법이 없음을 뜻한다. 성령이 만일 그런 일을 행한다면 그분은 비논리적이고 일관성이 없는 분이 되는바, 그것은 불가능한 일이다.

> 하나님은 미쁘시니라 우리가 너희에게 한 말은 예 하고 아니라 함이 없노라 우리 곧 나와 실루아노와 디모데로 말미암아 너희 가운데 전파된 하나님의 아들 예수 그리스도는 예 하고 아니라 함이 되지 아니하셨으니 그에게는 예만 되었느니라고후 1:18-19

하나님은 결코 일관성이 없는 분이 아니라고 바울은 말씀하고 있다. 어떤 특정 교리나 규정에 대하여 하나님은 어떤 때는 예 하시고, 다른 때는 아니라 하시는 분이 아니다. 만일 하나님이 예 하셨으면, 그분의 대답은 항상 예이고, 나중에 아니 라고 바꾸지 않으신다. 하나님은 변함이 없으시며 결코 일관성 없는 분이 아니시다.

이것은 성경의 가르침과 성령의 나타남 및 방언 사이의 관계에 적용된다. 성경의 저자인 성령은 항상 성경 말씀과 일치한다. 예 하고 아니라 할 가능성은 전혀 없다. 성경이 아니 라고 하는 곳이면 성령도 아니 라고 하신다. 성령의 감동과 지배로 인한 나타남과 방언을 말함은 결코 성경의 가르침 및 본보기와 상반되지 않는다.

그러나 이미 강조했듯이 신자의 삶에서 성령은 독재자가 아니다. 성령은 신자로 하여금 항상 성경적으로 행하도록 강요하지 않는다. 성령은 해석자와 상담자의 역할을 하신다. 성령은 성경을 해석해 주시고, 방향을 제시하며 조언을 주신다. 그렇지만 신자는 성령의 조언을 받아들이거나 거부할 자유, 즉 순종하거나 불순종할 자유가 있다.

이것은 성령 세례받은 모든 신자들에게 엄청난 책임을 부과한다. 그런 신자들은 성경에 계시된 성령의 마음을 개인적으로 잘 알아야 하고, 그런 다음 영적 은사를 행사함이나 나타남과 관련하여 자신의 행위를 통제하여 성경 말씀의 원리 및 본보기와 조화시킬 책임이 있다.

만약 어떤 성령 세례받은 신자가 게으름이나 무관심이나 불순종으로 이같이 하지 못하고 영적 은사나 나타남을 비성경적인 방식으로 어리석게 행사하면 그 책임은 성령에게 있지 않고 오직 신자 자신에게 있다.

이런 점에서 하나님으로부터 부름 받은 모든 목회자들에게 성령 세례받은 회중들의 예배와 섬김을 인도할 특별한 책임이 부과된다. 그런 사람은 자신의 영적인 사역을 성경의 가르침과 일치시켜야 할 뿐만 아니라, 전 회중의 예배와 사역을 같은 영적인 원리에 따라 인도하는 하나님의 도구가 되어야 한다.

이런 책임을 성공적으로 수행하려면, 특별한 영적인 자격을 갖추어야 한다. 우선 성경 말씀에 대한 철저하고도 실제적인 지식을 갖추어야 하고, 그 다음에 지혜와 권위와 용기를 갖추어야 한다. 교회의 지도자가 이러한 자격을 갖추고 있지 않으면 영적 은사와 나타남을 행사하기를 추구하는 회중은 마치 폭풍이 몰아치고 암초가 많은 바다에 훈련 받지 못하고 경험 없는 선장이 조종하는 배와 같다. 그런 배가 난파하는 것은 별로 놀라운 일이 아니다.

나는 순복음 사역과 현재 50년 이상 관련되어 왔다. 지난 50년간 두 가지가 순복음 신앙을 받아들이는데 다른 무엇보다도 더 큰 방해가 되는 것을 관찰했다. 첫째는 영적 은사, 특히 방언 은사를 공중 앞에서 나타내는 것에 대한 통제를 행사하지 못하는 것, 둘째는 성령 세례받은 신자들 간 다툼과 분열로, 이는 같은 회중 사이에서도 일어나고 다른 회중 사이에서도 일어난다.

이 둘은 한 가지 같은 잘못에서 기원하는바, 그것은 성령이 실질적으로 주님이심을 인지하는데 실패했기 때문이다.

　이제 우리는 진정한 영적 자유의 정의를 내릴 위치에 도달했다. 영적 자유는 교회에서 성령이 실질적인 주님이심을 인지하는데 있다. 성령이 주님이신 곳에 자유가 있는 것이다.

때와 기한

　수많은 성령 세례받은 신자들이 자유에 대하여 자신 만의 고유한 개념을 갖고 있다. 어떤 사람들은 자유는 외침에 있다고 생각한다. 크게 외치고, 오래 외치면 자유에 도달할 수 있다고 생각하는 것이다. 그러나 성령은 위에서 내려오거나 안에서 흘러 나오는 분이지 결코 노력해서 도달할 수 있는 분이 아니다. 성령의 나타남은 값없고 자발적인 것이며 힘들여 얻는 대상이 아니다.

　성령 세례받은 어떤 신자들은 찬양을 부르거나 박수를 치거나 춤을 추는 것과 같은 다른 형태의 표현이나 나타남만 강조한다. 그 이유는 하나님께서 한때 그런 노선의 사람들을 축복하셨기 때문이다. 그래서 그들은 하나님의 축복이 항상 그런 노선을 따라 지속될 것으로 믿게 되었고 결코 다른 어떤 노선을 축복하리라고는 생각하지 않는다. 그들이 외칠 때 하나님이 한때 축복하셨으므로 그들은 언제나 외치기를 원한다. 또는 그들이 춤을 출 때 하나님이 한때 축복하셨으므로 그들은 언제나 춤추려고 한다.

　그 사람들은 성령에 관한 견해가 워낙 제한되어 있어 하나님께서 다른 방식으로 축복하시는 것을 상상하지 못한다. 심지어 그들은 외치거나 춤추거나 박수치는 행위에 참여하지 않는 다른 사람들에 대해 그런 신자들은 정말 '영적으로 자유롭지 못한' 사람들이라고 하면서 경멸하기도 한다.

그런데 외치거나 춤추거나 박수를 치는 것이 비성경적인 행위는 아니다. 성경은 하나님 백성들의 예배에 이러한 행위의 명백한 예를 제공한다. 하지만 반드시 이러한 형태의 표현이 진정한 영적 자유를 구성한다고 주장하는 것은 분명히 비성경적이며 어리석은 일이다.

하나님을 예배할 때 항상 외치거나 춤추거나 박수를 쳐야 한다고 믿는 사람은 더 이상 진정한 영적 자유를 누리지 못한다. 그렇기는커녕 그런 사람은 스스로 만든 종교적인 굴레를 쓰고 있다. 그런 사람은 종교적인 잣대의 정반대쪽에 있는, 인쇄된 전례문의 형식과 기도문으로 하나님을 경배하는 법 외에 다른 방식은 알지 못하는 사람이 굴레를 쓰고 있는 것과 마찬가지이다.

진정한 영적 자유로 들어가는 놀라운 열쇠는 솔로몬의 말씀에서 찾을 수 있다.

> 범사에 기한이 있고 천하 만사가 다 때가 있나니 날 때가 있고 죽을 때가 있으며 심을 때가 있고 심은 것을 뽑을 때가 있으며 죽일 때가 있고 치료할 때가 있으며 헐 때가 있고 세울 때가 있으며 울 때가 있고 웃을 때가 있으며 슬퍼할 때가 있고 춤출 때가 있으며 돌을 던져 버릴 때가 있고 돌을 거둘 때가 있으며 안을 때가 있고 안는 일을 멀리할 때가 있으며 찾을 때가 있고 잃을 때가 있으며 지킬 때가 있고 버릴 때가 있으며 찢을 때가 있고 꿰맬 때가 있으며 잠잠할 때가 있고 말할 때가 있으며 사랑할 때가 있고 미워할 때가 있으며 전쟁할 때가 있고 평화할 때가 있느니라전 3:1-8

솔로몬은 여기서 스물 여덟 가지 형태의 행위를 열네 쌍의 상반되는 행위로 묶어서 언급한다. 서로 반대되는 각 쌍에서 어느 때에는 한 가지 행위를 하는 것이 옳고 다른 때에는 다른 행위를 하는 것이 옳다고 말씀한다. 우리는 무조건 한 가지 행위가 언제나 옳고 다른 행위는 언제나 그르다고 말할 수 없다. 각 행위가 옳거나 그른 것은 때나 시기에 따라 결정되는 것이다.

  이 상반되는 행위의 많은 쌍들이 심기와 뽑기, 죽이기와 치료하기, 헐기와 세우기, 울기와 웃기, 슬퍼하기와 춤추기, 돌을 거두기와 던지기, 잠잠하기와 말하기 등 회중의 삶과 예배와 관련된다.

  이런 행위의 어느 것도 절대적으로 옳거나 절대적으로 그른 것은 없다. 각 행위는 옳은 때에 행하면 옳고, 그른 때에 행하면 옳지 않은 것이다.

  그렇다면 우리는 무엇을 해야 할지 또는 언제 해야 할지 어떻게 아는가? 그것을 결정하는 것은 교회의 주님이신 성령의 주권적인 역할이다. 성령은 무엇을 해야 할지 언제 해야 할지 계시하시고, 가리키신다. 성령의 인도하심을 받는 회중은 옳은 때에 옳은 일을 하게 될 것이다. 이것은 모든 진정한 자유와 조화와 일치의 근원이다. 성령의 인도하심을 받지 않으면 정도의 차이는 있을지라도 속박과 불화와 불일치밖에 없다.

  이 다음 장에서 우리는 성도들이 성령 세례를 받고 성령의 권능을 행사하는 자유를 가진 회중의 삶과 예배를 구별하는 한 가지 두드러진 특징을 살펴볼 것이다.

34장

성도들의 온전한 참여

이제 우리는 성령 충만한 회중의 둘째 특징을 살펴보도록 한다.

오늘날 대다수 그리스도 교회에서 거의 모든 주도권과 활동이 몇 사람의 개인에게 제한되어 있다. 회중은 찬송가를 부르거나 교독문을 읽는 것과 같은 사전에 계획된 활동에 참여한다. 그리고 성가대나 반주단과 같이 특별히 훈련된 작은 그룹의 활동이 있다. 이러한 활동을 제외하고는 모든 진정한 주도권과 활동은 한두 명의 개인의 손에 집중되어 있고, 그 나머지 회중의 대다수는 수동적인 상태로 머문다.

한 사람이 찬양을 인도하고, 한 사람이 기도하고, 한 사람이 설교한다. 때로는 이런 활동 마저 한 사람에게 집중된다. 그 나머지 회중에게는 가끔 "아멘"이라고 화답하는 일 외에는 별로 기대하지 않는다.

그러나 신약에 묘사된 초대 교회의 삶과 예배를 검토하면 예배에 참석한 모든 성도들이 적극적으로 참여한 것을 알 수 있다. 신자 개인 안에서 역사하고 신자를 통해 역사하는 성령의 초자연적인 임재와 권능으로 일어난 일이다.

등경 위에 등불

신약의 이 패턴을 더 검토해보면 성령의 초자연적인 은사와 나타남은 본래 신자 개인에게 주어진 것이 아님이 드러난다. 그보다는 신자 개인이란 그릇을 통하여 교회나 회중 전체에게 주어진 것이다. 그런즉 회중의 삶에서 그것이 자유로이 나타나고 행사되지 않으면 그 목적을 달성할 수 없다.

고린도전서 12장에서 바울은 개별 신자들의 은사가 회중 전체의 삶 안에서 어떻게 기능해야 하는지 가르친다.

우선 바울은 성령의 아홉 가지 구체적인 초자연적 은사 또는 나타남을 열거하며 다음과 같은 말씀으로 끝을 맺는다.

> 이 모든 일은 같은 한 성령이 행하사 그의 뜻대로 각 사람에게 나누어 주시는 것이니라 고전 12:11

이 마지막 구절은 이러한 은사 또는 나타남이 먼저 개별 신자들에게 주어진 것임을 가리킨다. 그러나 바울은 거기서 끝내지 않는다.

고린도전서 12장의 그 다음 열여섯 절(12-27절)에서 바울은 그리스도 교회는 많은 지체를 가진 한 몸과 같다고 하면서 각 신자를 한 몸의 각 지체에 비유하며 이런 말씀으로 끝을 맺는다. "너희는 그리스도의 몸이요 지체의 각 부분이라."

그런즉 영적 은사는 각 신자에게 주어지나 그것은 각 신자들로 하여금 그리스도의 몸인 교회 전체에서 각자 적절한 역할을 하도록 주어진다는 것이 바울의 가르침이다. 다시 말해 영적 은사는 본래 신자 개인의 유익을 위하여 주어지는 것이 아니고, 회중 전체의 삶과 예배를 위하여 주어진다.

바울은 바로 그 다음 절에서 다시 같은 뜻으로 말씀한다.

> 하나님이 교회 중에 몇을 세우셨으니 첫째는 사도요 둘째는 선지자요 셋째는 교사요 그 다음은 능력을 행하는 자요 그 다음은 병 고치는 은사와 서로 돕는 것과 다스리는 것과 각종 방언을 말하는 것이라.

바울은 이 모든 다양한 사역과 은사를 하나님이 교회 안에 세우신 것이라고 말씀한다. 즉 이러한 은사와 사역은 단지 개별 신자들의 사적인 용도를 위하여 세운 것이 아니라 하나님 백성의 회중인 교회 안에 공적인 나타남을 위하여 세운 것이다.

이와 똑같은 진리는 예수님의 짧은 비유 말씀이 생생하게 묘사하고 있다.

> 사람이 등불을 켜서 말 아래에 두지 아니하고 등경lampstand 위에 두나니 이러므로 집안 모든 사람에게 비치느니라마 5:15

이 비유 말씀에서 사용된 두 가지 상징은 등불과 등경이다. 등경의 상징은 요한계시록 1:20을 참조하여 해석할 수 있다.

> 네가 본 것은…일곱 촛대lampstand는 일곱 교회니라

성경 전체에 걸쳐 등경 또는 촛대는 교회 또는 회중의 상징으로 사용된다. 등불의 상징은 잠언 20:27 말씀을 참조하여 해석할 수 있다.

> 사람의 영혼은 여호와의 등불이라

그런즉 등불은 내주하는 성령의 불로 타오르며 빛을 내는 성령 세례받은 신자의 영을 상징하는 것이다.

등불을 등경 위에 두어야 하듯이 성령 세례받은 신자는 교회의 회중 가운데 있어야 한다. 성령 세례를 받았으나 회중의 예배에서 아무런 영적 은사를 발휘하지 않는 신자는 말 아래에 두는 등불과 같다. 그런 신자는 하나님이 은사를 주신 목적을 달성하지 못한다.

성령의 임재와 권능이 다양한 신자를 통하여 공개적으로 나타날 때 회중 전체의 삶과 예배는 완전히 변모한다. 사역과 예배 인도의 주요 책임을 한두 개인이 지고 다른 모든 사람은 수동적으로 참여하는 일은 더 이상 없게 된다.

그리하여 회중의 모든 사람이 예배에 능동적으로 참여하면서 한두 사람이 언제나 모든 신자를 섬기는 대신 다양한 신자들이 서로 섬기는 일이 일어난다.

이것이 바로 바울이 그리스도의 몸과 그 지체의 예를 들어 보여준 패턴이고, 베드로의 말씀으로 확증된다.

> 각각 은사를 받은 대로 하나님의 여러 가지 은혜를 맡은 선한 청지기 같이 서로 봉사하라 만일 누가 말하려면 하나님의 말씀을 하는 것 같이 하고 누가 봉사하려면 하나님이 공급하시는 힘으로 하는 것 같이 하라 이는 범사에 예수 그리스도로 말미암아 하나님이 영광을 받으시게 하려 함이니벧전 4:10-11

베드로는 여기서 하나님의 여러 가지 은혜에 대하여 말씀한다. 하나님의 은혜는 너무나 풍성하고 다양하므로 하나님 백성의 예배와 섬김에서 개별 신자를 통하여 은혜의 다른 측면이 나타날 수 있다. 그래서 교회의 모든 신자가 각자 특별한 은사를 받아서 다른 모든 성도에게 서로 봉사할 그 무엇을 갖게 된다.

베드로는 교회의 모든 신자가 이런 일에 포함되어야 함을 강조한다. 아무도 은사를 받는 일과 봉사하는 일에서 제외될 필요가 없다. 베드로는 이렇게 말씀하고 있다. "각각 은사를 받은 대로…서로 봉사하라"벧전 4:10 그 다음 절에서는 이렇게 말씀한다. "만일 누가 말하려면…누가 봉사하려면" 벧전 4:11이 말씀을 보면 한두 명의 '전문적인' 전임 사역자만 말하거나 봉사하고 다른 모든 신자들은 수동적으로 아무런 활동을 하지 않는 교회란 있을 수 없다. 모든 신자가 교회 안에서 하나님의 초자연적인 사역 프로그램에 포함된다. 각 신자마다 은사가 있고, 누구나 말할 수 있고, 누구나 봉사할 수 있는 것이다.

모든 신자가 능동적으로 사역에 참여하는 교회의 모습은 바울의 말씀이 확증한다.

> 내게 주신 은혜로 말미암아 너희 각 사람에게 말하노니 마땅히 생각할 그 이상의 생각을 품지 말고 오직 하나님께서 각 사람에게 나누어 주신 믿음의 분량대로 지혜롭게 생각하라 우리가 한 몸에 많은 지체를 가졌으나 모든 지체가 같은 기능을 가진 것이 아니니 이와 같이 우리 많은 사람이 그리스도 안에서 한 몸이 되어 서로 지체가 되었느니라 우리에게 주신 은혜대로 받은 은사가 각각 다르니 혹 예언이면 믿음의 분수대로, 혹 섬기는 일이면 섬기는 일로, 혹 가르치는 자면 가르치는 일로, 혹 위로하는 자면 위로하는 일로, 구제하는 자는 성실함으로, 다스리는 자는 부지런함으로, 긍휼을 베푸는 자는 즐거움으로 할 것이니라롬 12:3-8

이 구절에서 바울은 다시 그리스도 교회를 하나의 몸에 비유한다. 그리고 바울은 그 몸의 한 지체인 각 신자의 활동을 강조한다. '각 사람', '지체', '모든 지체' 같은 표현의 반복에 주목하라.

바울은 하나님이 각 지체에게 특별한 기능, 특별한 사역을 할당했다고 가르친다. 이와 관련하여 하나님은 사역을 효과적으로 하는 데 필요한 것을 이중으로 공급하셨다. 1) 믿음의 분량, 2) 특별한 은사. 그리하여 각 지체는 자기가 맡은 과업을 수행할 채비를 온전히 갖추는 것이다.

따라서 신약이 그리는 교회는 각 신자가 자기의 특별한 기능을 적절하게 발휘하는 활기차고 능동적인 교회이다. 오직 한두 명의 신자만 능동적으로 사역하는 교회는 신약의 기준에 비추어 보면 머리와 손 하나와 발 하나만 튼튼하고 다른 모든 지체는 마비되어 쓸모 없는 몸과 같다. 그런 몸은 결코 적절한 기능을 발휘할 수 없다.

바울은 성령이 신약 교회의 모든 신자에게 내린 초자연적인 사역을 특별히 강조한다.

> 각 사람에게 성령을 나타내심은 (모든 사람을) 유익하게 하려 하심이라(But the manifestation of the Spirit is given to each one for the profit of all)고전 12:7

또 성령의 아홉 가지 초자연적 은사에 관해 바울은 다음과 같이 말씀한다.

> 이 모든 일은 같은 한 성령이 행하사 그의 뜻대로 각 사람에게 나누어 주시는 것이니라고전 12:11

바울이 이 두 구절에서 말씀하는 것을 주의 깊게 살피도록 하라. "성령의 나타나심(내주하는 성령이 공개적으로 나타남)은 각 사람(교회의 모든 신자)에게 주어진 것이라(the manifestation of the Spirit[the manifest, public demonstration of the indwelling Spirit] is given to each one[to every member of the church])."고전 12:7 성령의 이 모든 아홉 가지 은사는 "각 사람(모든 신자)에게 나누어 주시는 것이니라(to each one individually[to every member])."고전 12:11

영적 은사의 행사

이런 말씀은 교회의 모든 신자가 영적 은사를 발휘하는 것, 즉 내주하는 성령의 초자연적 나타남을 공개적으로 행사하는 것이 하나님의 분명한 뜻임을 말해 준다. 만약 모든 신자가 이런 은사를 행사하지 않는다면, 그것은 하나님이 억제했기 때문이 아니라 신자들이 무지나 무관심이나 또는 불신으로 인해 하나님의 백성을 향한 계시된 의지의 충만함으로 들어가는데 실패했기 때문이다.

그런 신자들은 "너희는 더욱 큰 은사를 사모하라"고전 12:31고 한 바울의 권고를 따르는데 실패했다. 바울은 더 나아가서 신자들에게 "사랑을 추구하며 신령한 것들을 사모하되 특별히 예언을 하려고 하라"고전 14:1고 권고한다.

바울이 특별히 구체적으로 말씀하는 세 가지 영적 은사가 있으니 그것은 방언과 통역과 예언이다.

나는 너희가 다 방언 말하기를 원하나 특별히 예언하기를 원하노라

고전 14:5

바울은 성령의 감동으로 이 말씀을 쓰고 있으므로 그의 말씀은 하나님의 모든 믿는 백성이 방언을 말하고 예언하는 것을 원하는 하나님의 계시된 뜻을 교회에 전한다. 만약 이런 은사를 발휘하는 것을 즐기지 않는 신자가 있다면, 그것은 하나님이 억제했기 때문이 아니라 그런 신자가 그리스도 안에서 그들의 기업의 충만함으로 들어가지 않았기 때문이다.

여호와는 구약 아래에 있었던 여호수아와 그분의 백성에게 이렇게 말씀하셨다.

얻을 땅이 매우 많이 남아 있도다수 13:1

오늘날 신약 아래에 있는 하나님의 백성에게도 이 말씀이 적용된다.
바울은 또 이렇게 말씀한다.

그러므로 방언을 말하는 자는 통역하기를 기도할지니고전 14:13

하나님의 말씀은 결코 우리에게 하나님의 뜻 바깥에 있는 것을 기도하라고 하는 법이 없다. 그런즉 방언을 말하는 어떤 사람이 그 말씀을 통역하는 것은 하나님의 뜻임을 우리는 안다. 모든 사람이 방언을 말하는 것은 하나님의 뜻이라고 바울이 이미 말씀했기 때문에 모든 사람이 통역하는 것도 하나님의 뜻인 것이다.

너희는 다 모든 사람으로 배우게 하고 모든 사람으로 권면을 받게
하기 위하여 하나씩 하나씩 예언할 수 있느니라고전 14:31

이 말씀보다 더 명백한 것은 없다. 교회의 모든 신자가 예언 은사를 행사하는 것은 하나님의 계시된 뜻이다. 바울은 단 두 가지만 규제한다. 방금 인

용한 말씀에서 바울은 '하나씩 하나씩'이라고 말씀하고 있다. 즉, 신자들은 예언 은사를 한 사람씩 교대로 행사해야 하고, 어느 때에 한 사람 이상이 예언해서는 아니 된다. 그 목적은 몇 절 앞에 명백하게 진술되어 있는바, 혼동을 피하기 위한 것이다.

> 예언하는 자는 둘이나 셋이 말하고 다른 이들은 분별할 것이요
> 고전 14:29

바울은 여기서 예배 중에 예언하는 사람의 숫자를 "둘이나 셋"으로 제한한다. 이것의 목적은 예배가 한 가지 특정한 영적인 나타남으로 독점되는 것을 막기 위함이다. 예언의 은사는 예배에 차지하는 역할이 있으나 그것이 예배 전체를 구성하는 것은 아니다. 하나님의 백성을 통한 성령의 사역은 예언의 은사보다 훨씬 다양하다. 온전한 예배를 구성하는 데는 많은 다른 종류의 사역이 필요한 것이다.

이 구절에서 바울은 또 "다른 이들은 분별할 것이요"라고 함으로써 예언의 은사는 분별되어야 한다고 말씀한다. '다른 이들'은 그 자리에 있는 성령 세례받은 신자들로서 예언의 은사의 진정한 나타남을 분별할 수 있는 자들을 의미한다. 바울은 예언의 은사를 분별하는 일에도 모든 신자들을 포함시킨다. 바울은 전문적인 목회자 한 사람만 분별하라고 하지 않고, 신자들 전부가 분별할 책임이 있다고 말씀하는 것이다.

> 성령을 소멸하지 말며
> 예언을 멸시하지 말고
> 범사에 헤아려 좋은 것을 취하고 살전 5:19-21

이 세 구절은 그리스도교 신자들에게 하는 말씀으로 함께 읽고 받아들여야 한다. 신자들이 성령을 소멸하는 것, 즉 그들 가운에 성령이 나타나 운행하는 것을 거부하는 것은 옳지 않다. 또 신자들이 예언을 멸시하는 것도 옳지 않다. 이는 예언의 은사가 나타나는 것에 대해 비판하거나 경멸하거나 믿지 않는 태도를 취함을 뜻한다.

한편, 이 예언의 은사가 나타날 때 신자들은 성경 말씀을 기준으로 삼아 그것을 헤아릴 책임이 있고, 그런 다음 좋은 것만, 다시 말해 성경 말씀의 기준과 부합되는 것만 취하여 굳게 간직해야 한다.

그러므로 우리는 바울이 영적 은사의 나타남에 있어서 가짜나 무질서함을 경계한다는 것을 알게 된다. 이 한 가지 제한 조건을 달면서 바울은 교회의 모든 신자들이 영적 은사를 공개적으로 행사할 수 있으며 해야 한다고 반복해서 강조한다. 바울은 특히 방언과 통역과 예언 은사 세 가지에 대하여 구체적으로 말씀한다.

교회의 모든 성도들이 초자연적인 영적 은사를 자유로이 그리고 공개적으로 발휘할 때 어떤 결과가 나타나는가?

바울은 이러한 일이 일어나는 예배를 다음과 같이 묘사한다.

> 그런즉 형제들아 어찌할까 너희가 모일 때에 각각 찬송시도 있으며 가르치는 말씀도 있으며 계시도 있으며 방언도 있으며 통역함도 있나니 모든 것을 덕을 세우기 위하여 하라 고전 14:26

'각각…있으며' 란 말씀이 어떤 패턴을 보여 주는바, 모든 성도들이 능동적으로 참여함을 뜻한다.

일반적으로 말하면, 오늘날 그리스도인들이 모일 때 나누어주기보다 주로 받기 위해 모인다. 축복을 받고, 치유를 받고, 설교를 듣기 위해 모인다.

그러나 이것은 초대 교회의 방식이 아니었다. 초대 교회의 성도들은 주로 받기 위해 모이지 않고 나누어주기 위해 모였다. 그들은 성령이 개별적으로 맡긴 그 무엇을 갖고 각자 교회 전체의 예배에 나누어줄 수 있었다.

바울은 다양한 형태의 나눔에 관하여 언급한다. 찬송시는 어떤 형태의 음악적인 나눔을 뜻하는 것으로, 자연적 재능의 산물이거나 성령이 초자연적으로 부어주는 것이다. 가르침은 하나님의 말씀의 가르침에 담긴 진리를 전하는 능력을 뜻한다. 방언과 통역은 일반적으로 세 가지 초자연적인 발성, 곧 방언과 통역과 예언을 망라하는 것으로 해석된다. 계시는 세 가지 주요 계시의 은사, 곧 지혜의 말씀과 지식의 말씀과 영들 분별함 중 어느 한 가지를 뜻한다.

이런 초자연적인 영적 은사의 운행을 통하여 모든 성도들은 각자 교회 전체의 예배에 나누어줄 그 무엇을 갖고 있었다. 그리하여 모든 성도들은 베드로가 권고한 대로 실천할 수 있었다.

> 각각 은사를 받은 대로 하나님의 여러 가지 은혜를 맡은 선한 청지기 같이 서로 봉사하라벧전 4:10

베드로는 바울과 동일한 점을 말씀하고 있다. 성도들이 서로 효과적으로 봉사하는 능력은 그들이 받은 초자연적인 영적 은사에서 나온다. 그들은 자신의 교육이나 자연적인 재능의 한계에서 벗어나 훨씬 높은 영적 자유의 영역으로 들어간 것이다.

서로 봉사하는 능력이 교육이나 자연적인 재능에만 달려 있었다면 많은 성도들이 별로 나누어줄 바가 없었을 것이다. 그 결과는 우리가 오늘날 대다수 교회에서 보는 모습이다. 사역의 부담이 몇몇 성도에게만 집중되는 반면, 나머지 성도들은 대부분 영적인 표현이나 개발의 기회를 갖지 못하고 피동적으로 머물고 만다.

왜 현대 교회의 수많은 목회자들이 신경 쇠약에 시달리고 있는가? 그 답은 목회자 한 명이 하나님께서 결코 부과하지 않은 사역의 부담을 지기 위해 발버둥치기 때문이다. 하나님이 교회의 모든 성도들에게 분담시키려고 의도한 사역을 성도 한 명이 수행하려고 애쓰다 보니 신경쇠약에 걸리는 일이 불가피하게 일어난다.

이러한 상황이 부르는 제약과 좌절로부터 벗어나는 유일한 길은 교회 안에서 성령이 초자연적으로 역사하여 성령의 뜻에 따라 영적 은사를 모든 성도들에게 개별적으로 나누어주는 것이다. 이것은 신자들로 하여금 자기 자신의 자연적인 제약을 벗어나게 하고 교회 전체의 사역의 부담을 서로 나눌 수 있는 영적인 영역으로 그들을 끌어올려 준다.

그리하여 모든 성도들이 그들의 개별적인 사역에서 기능을 발휘할 채비를 갖추면 교회는 그리스도의 몸으로서 총체적인 역할을 수행할 수 있게 된다.

섹션 Ⅲ

성령 충만한 설교자

35장

영원한 문제에 대한 책망

지난 두 장에서 우리는 성령 세례가 그리스도인 회중의 삶과 예배에 미치는 영향을 살펴보았다.

우리는 이제 설교자, 즉 하나님의 말씀을 전하는 사역으로 부름 받은 사람의 특별한 사역에 초점을 맞추기로 한다. 우리가 답을 구할 질문은 다음과 같다.

1. 설교자의 사역에서 성령 세례는 어떤 결과를 낳는가?
2. 성령을 힘입은 설교자의 사역은 그렇지 않은 설교자의 사역과 어떻게 다른가?

성령과 설교자의 사역의 관계를 검토함에 있어서 베드로의 말씀으로 시작하는 것이 적절하다. 베드로는 초대 교회에 복음을 전한 설교자들이 세운 기준과 본보기를 상기시키면서 설교자들에 관해 이렇게 말씀한다. "하늘로부터 보내신 성령을 힘입어 복음을 전하는 자들로" 벧전 1:12

이 말씀은 초대 교회 설교자의 두드러진 특징을 보여 준다. 그들은 교육이나 웅변이나 자연적인 재능에 의존하지 않았고, 하늘로부터 보내신 성령을 힘입어 설교했다. 그들 안에서, 그들을 통하여, 그들과 함께 역사하는 성령의 임재와 능력에 의존한 것이다. 그들이 사용한 다른 모든 수단과 재능은 성령의 임재와 능력의 지배적인 영향에 종속되었다.

설교자의 사역에서 성령의 우위를 인정할 때 어떤 결과가 따르는가?

죄, 의, 심판

> 그가 (성령이) 와서 죄에 대하여, 의에 대하여, 심판에 대하여 세상을 책망하시리라 요 16:8

'책망하다convict'를 달리 번역하면 '깨닫게 하다, 확신시키다, 납득시키다convince'이다. "성령이 와서 세상이 죄에 대하여, 의에 대하여, 심판에 대하여 깨닫게 하시리라."

이 말씀을 다음과 같이 의역할 수 있다. "성령은 믿지 않는 세상으로 하여금 죄와 의와 심판의 문제를 깨닫게 하여 세상이 더 이상 이런 문제를 무시하거나 부인하지 못하게 할 것이다."

이 세 가지 – 죄, 의, 심판 – 문제는 모든 진정한 종교가 그 바탕을 두는 영원한 현실이다. 바울은 지적이고 자만심이 강한 아덴 사람들에게 하나님의 심판이라는 이 근본 문제를 상기시켰다.

> 이는 정하신 사람으로 하여금 천하를 공의로 심판할 날을 작정하시고 행 17:31

심판은 하나님이 작정하신 것이다. 아무도 면제되지 않고, 아무도 피할 수 없다. 하나님은 천하를, 전 인류를 심판할 날을 작정하셨다. 심판하실 때 하나님은 오직 한 가지 문제, 의에만 관심을 가지신다. 하나님은 사람을 재산이나 영리함이나 종교적인 직업으로 심판하지 않으실 것이다. 하나님은 오직 의에만 관심을 갖는 분이다.

이 문제의 본질은 요한일서 말씀이 알기 쉽게 정의를 내린다. "모든 불의가 죄로되"요일 5:17 도덕적 행위에서 의의 대안은 오직 한 가지, 죄밖에 없다. 죄는 의의 견지에서 정의되어야 한다. 부정은 긍정의 견지에서 정의되어야 하는 것이다.

굽은crooked이란 단어의 뜻을 설명하는 가장 간단한 방법은 똑바른straight 이란 단어의 의미를 설명하면서 시작한다. 곧은 선을 그어 놓고 "이것은 똑바른 선이다"고 말한다. 그런 다음 이렇게 설명할 수 있다. "같은 두 점 사이를 연결하는 선 중에서 이 선의 진로를 따르지 않는 다른 선은 굽은 것이다"

굽은 선이 곧은 선에서 빗나가는 정도는 별로 중요하지 않다. 작은 각도로 빗나갈 수도 있고, 큰 각도로 빗나갈 수도 있지만 그것은 중요하지 않다. 작은 각도로 빗나가든, 큰 각도로 빗나가든 상관없이 그 선은 여전히 굽은 선인 것이다.

죄와 의도 이와 같다. 모든 불의는 죄이다. 의롭지 않은 모든 형태의 도덕적 행위는 죄인 것이다. 하나님은 의의 신성한 기준을 확립해 놓으셨다. 작은 각도로 벗어나든 큰 각도로 벗어나든, 의의 기준으로부터 벗어나는 것은 모두 죄 이다.

하나님이 세운 의의 기준은 무엇인가? 그 답은 이미 앞에서 인용한 바 있는, 바울이 아덴에서 전도한 말씀의 후반부에 주어져 있다.

이는 정하신 사람으로 하여금 천하를 공의로 심판할 날을 작정하시고 이에 그를 죽은 자 가운데서 다시 살리신 것으로 모든 사람에게 믿을 만한 증거를 주셨음이니라 하니라 행 17:31

이 말씀에 담긴 하나님의 의의 기준은 무엇인가? 그것은 도덕적 규범이나 황금률이 아니고, 심지어 십계명도 아니다. 그것은 인류에게 더할 나위 없이 적합한 유일한 기준이다. 그것은 한 사람, 하나님이 정하신 사람이다.

그 사람은 누구인가? 그는 하나님이 죽은 자 가운데서 살리시어 믿을 만한 증거를 주신 분이다. 그는 인간인 예수 그리스도시다. 그분 만이 인류를 위한 하나님의 의의 기준이다. 그 기준을 이해하려면 신약에 묘사된 예수의 삶과 성품을 공부해야 한다. 예수의 기준에 못 미치는 인간 성품이나 행위의 모든 측면은 하나님의 의의 기준에 미치지 못한다.

바울은 의와 죄의 본질에 관한 같은 진리를 로마서 3:23에서 제시한다.

모든 사람이 죄를 범하였으매 하나님의 영광에 이르지 못하더니.

바울은 교만이나 정욕이나 살인이나 거짓말 같은 어떤 특정한 형태의 죄를 명시하지 않는다. 바울은 모든 사람이 똑같이 죄를 범하였다고 말씀한다. 모든 사람이 하나님의 영광에 이르지 못했다. 모든 사람이 하나님의 영광을 위하여 살지 못했다. 모든 사람이 하나님의 기준에 부응하지 못했다. 모두 그 기준에 미치지 못했고, 모두 목표에서 빗나갔다.

이 하나님의 영광의 기준은 우리로 하여금 다시 "하나님의 영광의 광채시요 그 본체의 형상이신" 히 1:3 예수를 향하게 한다.

지금까지 산 모든 사람 중에서 예수 그리스도만이 하나님 아버지의 영광이라는 한 가지 기준에 따라 그리고 한 가지 목적을 위해 자신의 전 생애를 바쳤다. 그런즉 모든 인간의 영원한 운명이 달려 있는 세 가지 근본 문제, 죄와 의와 심판에 대한 정의가 여기에 누구나 이해할 수 있도록 제시되어 있다.

그러나 회개하지 않은 상태의 인간은 이러한 문제에 대하여 전혀 관심이 없다. 타락한 인간은 그 자신의 육적인 마음의 노예이기 때문이다. 타락한 인간이 현실과 접촉하는 한 가지 수단은 그의 육적인 본성, 그의 오감이다. 타락한 인간은 오직 그의 오감으로 파악되는 현실의 양상에 따라 마음이 움직인다. 타락한 인간은 그러므로 육적이고 물질적인 영역에 갇혀 있다. 이 영역에 속한 것들이 타락한 인간에게 영향을 미치고, 그의 시간과 생각과 에너지를 차지한다.

버스나 기차나 식당 같은 공공 장소에서 가볍게 얘기를 나누는 세상 사람들의 대화를 들어보라. 그런 대화의 주제로 가장 흔하게 오르내리는 것은 무엇인가? 의심할 여지가 없이 돈이다. 나는 세계 여러 나라에서 많은 다른 언어로 사람들이 대화하는 것을 개인적으로 관찰하여 이것을 입증하였다.

돈 다음에 다양한 다른 주제가 등장하는데 모두 사람의 육체적 물질적 행복, 그의 쾌락, 그의 안락, 그의 호사 등에 관련된 이야기이다. 그러한 대화 주제 가운데 가장 흔한 것이 스포츠, 오락, 정치, 음식, 사업, 영농, 가정, 자동차, 옷, 가재도구 등이다.

이런 것들이 보통 이 세상 사람들의 생각과 대화를 독차지한다. 그 가운데 죄와 의와 심판의 세 가지 주제가 차지할 공간은 없다.

왜 그런가? 그 답은 간단하다. 이 세 가지는 사람의 육적인 감각으로는 파악할 수가 없기 때문이다. 자기 자신의 감각과 육적인 이성의 감옥에 갇혀 있는 사람에게는 죄와 의와 심판은 아무런 현실감이나 중요성이 없다.

이 세 가지가 사람에게 현실이 되게 하는 유일한 수단이 있는바 그것은 하나님의 성령의 역사이다. 성령 만이 이런 눈에 보이지 않는 영원한 현실을 세상에 확신시킬 수 있다. 성령이 사람의 마음에 다가감에 따라 사람들은 죄와 의와 심판에 대하여 관심을 갖게 된다.

시편 14:2-3에는 하나님의 은혜와 하나님의 영의 역사에서 벗어나 자기 자신들의 타락한 자연적 상태에 있는 전 인류를 하나님이 굽어 보시는 그림이 그려져 있다. 시편 기자는 이렇게 말씀한다.

> 여호와께서 하늘에서 인생을 굽어 살피사 지각이 있어 하나님을 찾는 자가 있는가 보려 하신즉 다 치우쳐 함께 더러운 자가 되고 선을 행하는 자가 없으니 하나도 없도다.

여기서 시편 기자가 인간의 자연적인 상태를 가리켜 하는 말씀에 주목하라. 단지 선을 행하는 자가 없는 것이 아니다. 인간의 영적 타락은 그보다 훨씬 깊다. 지각이 있는 자가 하나도 없고, 하나님을 찾는 자가 하나도 없다. 영적인 것에 대한 지각과 하나님을 알고자 하는 갈망이 전혀 없다. 하나님이 그분의 성령을 통하여 인간에게 손을 뻗치기 전에는 인간은 혼자 내버려두면 절대로 하나님을 찾지 않는다.

> 그는 허물과 죄로 죽었던 너희를 살리셨도다 엡 2:1

성령의 소생시키는 영향이 없으면 인간의 영적 상태는 죽은 것이다. 그 사람은 하나님에게 죽었고 영적 현실에 죽었다. 죄와 의와 심판은 그 사람에게 아무 의미도 없고, 현실감이 없다.

그렇다고 해서 이런 상태의 사람이 반드시 종교가 없는 것은 아니다. 오히려 종교가 그 사람의 삶에 큰 역할을 하고 있을지도 모른다. 그러나 성령의 역사가 없는 종교는 그 사람에게 미치는 영향을 가장 크게 둔화시키는 것이 될 수도 있다. 그 사람을 거짓된 안도감에 빠지게 하고, 자기 혼의 운명이 달려 있는 중요한 영적 문제에 대하여 냉담하고 무관심하게 만드는 것이다.

바울은 이 시대의 마지막 때 인류를 묘사하는 도덕적 특징에 관하여 예언적 그림을 그린다.

> 너는 이것을 알라 말세에 고통하는 때가 이르러 사람들이 자기를 사랑하며 돈을 사랑하며 자랑하며 교만하며 비방하며 부모를 거역하며 감사하지 아니하며 거룩하지 아니하며 무정하며 원통함을 풀지 아니하며 모함하며 절제하지 못하며 사나우며 선한 것을 좋아하지 아니하며 배신하며 조급하며 자만하며 쾌락을 사랑하기를 하나님 사랑하는 것보다 더하며 경건의 모양은 있으나 경건의 능력은 부인하니 이같은 자들에게서 네가 돌아서라 딤후 3:1-5

바울은 여기서 이 시대의 종말에 인간의 삶과 행위를 손상시킬 열여덟 가지 도덕적 흠을 열거한다. 그러한 도덕적 흠의 첫 두 가지는 '자기를 사랑하며'와 '돈을 사랑하며'이고, 마지막은 '쾌락을 사랑하기를 하나님 사랑하는 것보다 더하며'이다. 성령이 주시는 정확한 통찰력에 힘입어 바울은 현대 문명의 세 가지 특징을 지적했다. '자기를 사랑함', '돈을 사랑함', '쾌락을 사랑함'.

이들 사이에 열다섯 가지 다른 도덕적 타락의 양상이 있는바, 모두 세계사의 그 이전 시대보다 20세기에 더 두드러지게 나타났고 더 큰 규모로 나타났다.

이러한 상황에서 가장 도전적인 측면은 전 세계적인 도덕적 타락 가운데 종교가 빠지지 않는다는 것이다. 이 열여덟 가지 도덕적 흠을 열거한 다음 바울은 이렇게 덧붙인다. "경건의 모양은 있으나 경건의 능력은 부인하니."

다시 말해서, 이런 도덕적 죄가 있는 사람은 종교가 없는 사람이 아니다. 그들은 경건의 모양, 즉 종교의 모양은 갖추고 있지만 그것은 성령의 임재와 능력의 여지가 없는 종교이다. 그 결과로 영적인 것들에 대한 민감함이 없고, 기본적인 영적 현실에 대한 의식이 없으며, 죄와 의와 심판에 대한 자각이 없다.

성령의 능력 없이 복음을 전파하는 일은 전적으로 헛된 짓이다. 그것은 필요성을 의식하지 못하는 사람에게 치료 방법을 제시하는 것과 마찬가지로, 병이 들었다는 의식도 없는 사람에게 치유법을 제시하는 것과 같다. 그러한 행위가 낳는 유일한 반응은 무관심이나 경멸이다.

전도 활동의 가장 큰 적은 공산주의나 사이비 종교 집단이 아니고, 물질만능주의와 무관심이다. 이 물질만능주의의 장벽을 무너뜨릴 수 있는 유일한 힘은 성령의 능력이다. "그가(성령이) 와서 죄에 대하여, 의에 대하여, 심판에 대하여 세상을 책망하시리라"요 16:8

세상이 필요로 하는 것은 단순한 설교가 아니고 초대 교회의 설교, 하늘이 보낸 성령의 감동으로 하는 설교이다.

성령의 검을 휘두르기

사도행전에 기록된 이런 형태의 설교 사례들과 그러한 설교가 낳는 결과를 간략하게 살펴보자.

오순절 날 성령이 오시기 전에 예루살렘 다락방에 모인 120명의 신자들은 평범하고 영향력이 없는 소수 집단이었다. 그러나 성령으로 충만해진 다음 베드로는 일어나서 수천 명의 유대인들에게 설교했다. 그 한번의 설교가 낳은 결과는 무엇인가?

그들이 이 말을 듣고 마음에 찔려 베드로와 다른 사도들에게 물어 이르되 형제들아 우리가 어찌할꼬 하거늘행 2:37

'그들이…마음에 찔려' 라는 표현에 주목하라. 이 마음에 찔리는 것은 예수님이 예언하신 성령의 역사이다.

그가(성령이) 와서 죄에 대하여, 의에 대하여, 심판에 대하여 세상을 책망하시리라요 16:8

이 성령의 책망의 결과로 그날이 저물기 전에 삼천 명의 믿지 않는 유대인들이 회개하고 예수님을 주님이요 구세주로 받아들이고 세례를 받았다.

그러나 이러한 결과는 성령의 초자연적 나타남만으로 달성되지 않았고, 성령의 나타남에 이어 하나님 말씀을 전함으로 성취된 것임을 강조해야 한다.

하나님께서 전도의 미련한 것으로 믿는 자들을 구원하시기를 기뻐하셨도다고전 1:21

하나님은 결코 인간이 기적을 목격하거나 예언적 언어를 들음으로 구원받도록 정하시지 않았다. 이러한 초자연적 나타남은 사람의 주의를 끌고 그들의 마음이 진리를 향해 열리게 한다. 그러나 사람이 실제로 구원받는 것은 오로지 하나님 말씀을 전함으로 일어난다.

이것은 다음과 같은 바울의 말씀을 확증한다. "성령의 검…하나님의 말씀"엡 6:17

만약 베드로가 오순절 날 일어나서 하나님의 말씀을 설교하지 않았더라면, 성령이 사도들에게 강력하게 임재했을지라도 휘두를 검이 없었을 것이다. 믿지 않는 사람들은 여전히 놀라워했겠지만, 회심하는 사람들은 없었을 것이다. 그 믿지 않는 사람들의 마음을 찌르고 그들을 깊이 책망한 것은 베드로의 입술을 통해 성령이 휘두른 날카롭고 양날이 선 하나님의 말씀이었다.

베드로가 한 설교의 거의 절반은 구약으로부터 인용한 말씀으로 구성된다. 하나님의 기록된 말씀이 성령의 권능으로 사람의 마음에 강력하게 전달될 때 그 영향은 엄청나다.

사도행전 6장과 7장에는 스데반이 하나님을 모독했다는 죄목으로 고발당해 예루살렘에 있는 유대인 공회 앞에서 심문 받는 얘기가 기록되어 있다. 재판이 시작되었을 때 스데반은 피고인이었고 공회원들은 고소인이었지만 재판이 끝나기 전에 역할은 역전되었다.

스데반이 성령의 기름부음을 받아 이스라엘과 메시아에 관련된 구약성경을 유대인 공회에 자세하게 설명하면서 스데반이 고소인이 되고 공회원들이 피고인이 된 것이다.

그들이 이 말을 듣고 마음에 찔려 그를 향하여 이를 갈거늘행 7:54

'마음에 찔려' 라는 똑같은 표현이 사용되었음에 주목하라. 우리는 성령이 휘두른 하나님의 말씀의 검이 그들의 마음을 깊이 찌른 것을 다시 보게 된다.

스데반이 심문 당하고 순교하는 장면을 목격한 사람 가운데 다소 출신 청년 사울이 있었다. 그 사건은 사울에게 분명히 영향을 미쳤다. 왜냐하면 다메섹 도상에 예수님이 사울에게 나타나셨을 때 다음과 같이 말씀하셨기 때문이다.

> 네가 무모하게 막대기를 발길로 차는구나(It is hard for you to kick against the goads; 한글 성경에는 번역되어 있지 않음 역자주)
> 행 9:5 NKJV

사울이 헛되이 피하려던 막대기는 무엇인가? 그것은 하나님 말씀의 뾰족한 막대기로서 성령이 스데반의 입술을 통하여 사울의 마음을 강하게 찔렀다.

사도행전 24장은 이제 바울이 그리스도를 믿는다는 죄목으로 고발당해 피고인으로 법정에 섰고, 로마 총독 벨릭스가 심리하는 다른 재판을 묘사하고 있다. 이 재판에서 다시 또 성령이 피고인과 고소인의 역할을 역전시켰다. 왜냐하면 바울이 "의와 절제와 장차 오는 심판을 강론하니 벨릭스가 두려워" 했다고 기록되어 있기 때문이다.행 24:25 성령이 바울을 통하여 의와 심판에 대한 이러한 진리를 벨릭스의 마음에 강력하게 전달한 것이다. 죄수들이 자기 앞에서 떠는 것에 익숙한 오만한 로마 총독이 눈에 보이지 않는 재판관 앞에서 떨고 있는 자신을 보며 판결을 내리지 않은 채 서둘러 바울을 물러가게 했다.

사도행전의 이런 사례들은 죄와 의와 심판 문제로 사람을 책망하는 성령의 초자연적인 능력을 실제로 보여준다. 그러나 그 사례들은 또 책망은 회심과 같지 아니하며 책망이 반드시 회심으로 이끌지도 않는다는 것을 가르쳐준다. 그런데 성령이 자신의 책망하는 능력으로 확실히 하는 것이 한 가지 있다. 성령은 중립의 여지를 남기지 않는다. 예수님은 다음과 같이 말씀하신다.

나와 함께 아니하는 자는 나를 반대하는 자요 나와 함께 모으지 아
니하는 자는 헤치는 자니라 마 12:30

성령의 책망하는 능력이 나타나는 곳에는, 그 능력의 영향 아래에 있는 모든 사람이 분명한 태도를 취하지 않을 수 없게 된다. 그리스도와 함께 하던가 아니면 반대하거나, 그리스도와 함께 모으던가 아니면 헤치거나 양자택일해야 하고 타협하거나 중립적인 태도를 취하는 것은 더 이상 가능하지 않다.

내가 세상에 화평을 주러 온 줄로 생각하지 말라 화평이 아니요 검을 주러 왔노라 내가 온 것은 사람이 그 아버지와, 딸이 어머니와, 며느리가 시어머니와 불화하게 하려 함이니 마 10:34-35

예수님이 여기서 말씀하는 검은 하나님 말씀의 검이다. 이 말씀이 성령의 능력 안에서 나타나면 그것은 매우 날카롭고 예리하여 중립이나 타협의 여지를 더 이상 남기지 않는 것이다. 하나님 말씀의 검은 심지어 가족 구성원 사이도 나누어 각자 그리스도와 함께 하던가 반대하는 입장을 취하게 만든다.

우리는 물질주의, 무관심, 타협, 도덕적 쇠퇴와 영적 쇠퇴로 특징 지어지는 문명 속에 살고 있다. 이러한 쇠퇴 과정을 막고 우리 세대를 하나님께로 다시 돌릴 수 있는 것은 무엇이 있을까?

그 일을 할 수 있는 유일한 것은 세상으로 하여금 죄와 의와 심판을 자각하게 만드는, 하나님 말씀을 통하여 역사하는 성령의 능력이다.

36장

초자연적 증언

이제 설교자의 사역에서 성령 세례가 낳는 또 한 가지 중요한 결과를 살펴보자.

우리가 이같이 큰 구원을 등한히 여기면 어찌 그 보응을 피하리요 이 구원은 처음에 주로 말씀하신 바요 들은 자들이 우리에게 확증한 바니 하나님도 표적들과 기사들과 여러 가지 능력과 및 자기의 뜻을 따라 성령이 나누어 주신 것으로써 그들과 함께 증언하셨느니라히 2:3-4

히브리서 기자는 여기서 복음을 듣는 사람이 그 메시지에 세심한 주의를 기울여야 하는 이유 세 가지를 든다. 1) 왜냐하면 복음은 처음에 주 예수 그리스도께서 친히 반포하셨기 때문이다. 2) 복음을 듣고 또 일어난 모든 일을 본 사람들이 그것을 기록하고 전파했기 때문이다. 3) 이렇게 전파된 복음을 그 메시지와 동반한 표적들과 기사들과 여러 가지 능력과 성령의 은사가 초자연적으로 증언했기 때문이다.

이 말씀으로부터 복음 전파와 관련된 성령의 한 가지 주요 사역이 있음을 알 수 있다. 이 사역은 표적들과 기사들과 여러 가지 능력과 성령의 은사로 나타나며, 선포된 복음의 신성한 권위와 진리를 초자연적으로 증언한다.

동반하는 표적들

이것은 예수님이 지상에서 자신의 사역을 마감하면서 제자들에게 맡긴 임무와 일치한다.

> 또 이르시되 너희는 온 천하에 다니며 만민에게 복음을 전파하라
> 막 16:15

> 믿는 자들에게는 이런 표적이 따르리니 곧 그들이 내 이름으로 귀신을 쫓아내며 새 방언을 말하며 뱀을 집어 올리며 무슨 독을 마실지라도 해를 받지 아니하며 병든 사람에게 손을 얹은즉 나으리라 하시더라막 16:17-18

하나님께서 복음의 진리를 증언하기 위하여 정하신 다섯 가지 초자연적인 표적이 복음을 전파하는 자에게 따르게 된다는 것을 예수님이 이 말씀을 통해 구체적으로 열거하신다.

1. 귀신을 쫓아내는 능력
2. 새 방언을 말함
3. 뱀을 집어올려도 해를 입지 않음

초자연적 증언

4. 독을 마셔도 해를 입지 않음

5. 예수의 이름으로 안수하여 병을 낫게 하는 능력

예수님이 서두에서 사용하신 "내 이름으로"라는 표현은 다섯 가지 구체적으로 열거된 표적들에 각각 적용된다. 그 표적들은 오직 예수님의 이름에 대한 믿음을 통하여 효력을 발휘하는 것이다.

이 다섯 가지 초자연적인 표적은 어떤 특정한 계급이나 범주의 사람들에게 제한되어 있지 않다는 것을 주목해야 한다. 예수님은 "이런 표적은 사도들에게 따를 것이다" 또는 "이런 표적은 설교자들에게 따를 것이다" 혹은 "이런 표적은 초대 교회에게 따를 것이다"라고 말씀하지 않고 "이런 표적은 믿는 자들에게 따를 것이다"라고 말씀한다. 모든 진정한 믿는 자들이 그리스도의 명령에 순종하여 천하 만민에게 복음을 선포할 때 이런 초자연적인 표적이 그들의 증언을 따르고 확증하리라는 것을 기대할 수 있다.

첫 제자들은 예수님의 명령을 이해하고 다음과 같이 그 명령을 자신들의 삶에 적용했다.

> 주 예수께서 말씀을 마치신 후에 하늘로 올려지사 하나님 우편에 앉으시니라 제자들이 나가 두루 전파할새 주께서 함께 역사하사 그 따르는 표적으로 말씀을 확실히 증언하시니라막 16:19-20

제자들의 복음 전파에 대한 초자연적인 증언은 주 예수님이 하늘로 승천하시어 하나님 아버지 오른편에 앉으신 다음에야 온전히 발효되었다. 그 후 주 예수님은 지상에서 그분 육신의 임재를 통하여 제자들과 함께 사역하거나 그들의 말씀을 증언하신 것이 아니라 오순절 날 제자들에게 부어진 성령의 임재와 능력을 통하여 하셨다. 그러므로 실제로 제자들의 말씀 전파에 대한 초자연적인 증언의 책임은 성령에게 있었다. 하나님 말씀의 진리에 대하여 초자연적으로 증언하는 것은 성령의 특별한 직무인 것이다.

우리는 이것을 예수님과 제자들의 사역이 실증하고 있음을 본다. 요단강에서 세례 요한으로부터 세례를 받기 전에는 예수님이 복음을 전파했거나 기적을 행한 기록이 없다. 예수님이 세례받으실 때 성령이 비둘기 형태로 하늘에서 예수님께 내려왔고, 그 다음에 예수님은 광야로 이끌려 나가 마귀로부터 40일간 시험을 받으셨다. 그 시험 기간이 끝나자 예수님은 즉시 복음을 전파하는 사역에 들어가셨다. 그 후 3년 반 동안 예수님의 말씀과 사역은 다양한 기적과 표적과 초자연적인 은사로 지속적으로 증언되었다.

이사야의 예언을 인용함으로써 예수님은 그분의 사역에 대한 이 초자연적인 증언은 성령의 역사라는 것을 공개적으로 선포하셨다.

> 주의 성령이 내게 임하셨으니 이는 가난한 자에게 복음을 전하게 하시려고 내게 기름을 부으시고 나를 보내사 포로 된 자에게 자유를, 눈 먼 자에게 다시 보게 함을 전파하며 눌린 자를 자유롭게 하고 주의 은혜의 해를 전파하게 하려 하심이라 하였더라 눅 4:18-19

여기서 예수님은 자신이 복음을 전하는 행위와 그 복음 전파에 따르는 자비와 해방의 기적은 그분에게 임한 성령의 기름 부음으로 인한 것이라고 명확하게 말씀하신다.

> 그러나 내가 하나님의 성령을 힘입어 귀신을 쫓아내는 것이면 하나님의 나라가 이미 너희에게 임하였느니라 마 12:28

성령의 기름 부음이 그리스도의 사역을 초자연적으로 증언하셨다는 것은 또 베드로가 사도행전에서 진술하고 있다. 베드로는 예수님에 관하여 유대인들에게 다음과 같이 설명했다.

> 이스라엘 사람들아 이 말을 들으라 너희도 아는 바와 같이 하나님께서 나사렛 예수로 큰 권능과 기사와 표적을 너희 가운데서 베푸사 너희 앞에서 그를 증언하셨느니라 행 2:22

베드로는 예수님의 사역에 큰 권능과 기사와 표적이 나타난 한 가지 목적은 그분 사역의 신성한 근원과 권위를 증언하기 위함이며 하나님이 친히 예수님의 사역에 이러한 증언을 하셨다고 말씀한다. 베드로는 고넬료 집에 모인 이방인들에게 예수님의 사역을 다음과 같이 묘사한다.

> 하나님이 나사렛 예수에게 성령과 능력을 기름 붓듯 하셨으매 그가 두루 다니시며 선한 일을 행하시고 마귀에게 눌린 모든 사람을 고치셨으니 이는 하나님이 함께 하셨음이라 행 10:38

여기서 베드로는 예수님의 초자연적인 사역과 치유 능력은 그분에게 임한 성령의 기름 부음으로 말미암은 것이라고 분명하게 말씀한다.

예수님의 사역처럼 예수님의 제자들의 사역도 그러했다. 오순절 날 이전에 제자들의 사역에도 초자연적인 현상이 동반되었다. 예수님이 보내신 첫 열 두 제자의 사역은 이렇게 묘사되어 있다.

> 제자들이 나가서 회개하라 전파하고 많은 귀신을 쫓아내며 많은 병자에게 기름을 발라 고치더라 막 6:12-13

나중에 예수님이 내보낸 칠십 명 제자들의 사역도 이와 비슷하게 묘사되어 있다.

> 칠십 인이 기뻐하며 돌아와 이르되 주여 주의 이름이면 귀신들도 우리에게 항복하더이다 눅 10:17

그러므로 예수님이 지상에서 사역하실 동안에도 제자들은 병자를 고치고 귀신을 쫓아내는 사역의 초자연적인 측면을 어느 정도 공유했음을 본다. 그러나 그것은 지극히 제한된 범위였던 것 같고 예수님이 제자들과 가까이 있음을 통하여 이루어진, 단지 예수님의 지상 사역의 연장에 불과했다.

그렇지만 오순절 날 이후 제자들은 즉시 그들 자신의 온전한 초자연적인 사역에 들어가 더 이상 지상에서 예수님이 육신으로 그들과 함께 계시는 것에 의존하지 않았다.

예수님이 마가복음 16장에서 약속하신 다섯 가지 표적 중에 한 가지가 성령 강림의 결과로 즉시 나타났다. "그들이 다 성령의 충만함을 받고 성령이 말하게 하심을 따라 다른 언어들로 말하기를 시작하니라" 행 2:4 사도행전의 그 다음 장은 걷지 못하는 자가 성전 미문에서 고침 받는 일을 기록하고 있다.

사도행전의 남은 장에는 제자들의 메시지와 사역에 대하여 하나님이 성령을 통해 초자연적으로 증언하시는 기록이 끊어지지 않고 이어진다. 제자들의 사역에 대한 이 초자연적인 증언은 앞에서 이미 살펴본 히브리서 2:4에 요약되어 있다.

> 하나님도 표적들과 기사들과 여러 가지 능력과 및 자기의 뜻을 따라 성령이 나누어 주신 것으로써 그들과 함께 증언하셨느니라 히 2:4

예수님이 마가복음 16장에서 약속하신 다섯 가지 초자연적 표적 가운데 네 가지가 실제로 일어난 것이 사도행전에 기록되어 있다. 다른 (또는 새) 방언을 말하는 것은 오순절 날과 그 이후 여러 차례 나타났다. 병자를 고치고 귀신을 쫓아내는 것은 빌립과 바울, 그리고 다른 모든 사도들의 사역에서 나타났다. 독사에 물려도 상하지 않는 것은 멜리데 섬에서 바울에게 나타났다. 행 28:3-6 참조 이러한 표적이 현대에 나타난 기록은 20세기 전반에 출판된 『표적이 따르리니Signs Following』라는 소책자에 담겨 있다. 이 책의 저자인 윌리엄 버튼은 벨기에령 콩고에서 선교사로 40년 이상 섬겼다.

윌리엄 버튼은 이 책에서 다섯 가지 표적을 차례로 검토하며 자신의 관찰과 경험으로 입증된, 각각의 표적이 나타난 자세한 사례를 기록한다. 특히 윌리엄 버튼은 선교사와 전도자들이 독사에 물리거나, 주술사들이 복음 전파되는 것을 막기 위해 선교사와 전도자들의 음식이나 물에 탄 독에 상하지 않는 사례들을 기록하고 있다. 예수님은 믿는 자들에게는 시간이나 장소나 사람에 대한 제한이 없이 이런 표적들이 따를 것이라고 약속하셨다.

> 내가 진실로 진실로 너희에게 이르노니 나를 믿는 자는 내가 하는 일을 그도 할 것이요 또한 그보다 큰 일도 하리니 이는 내가 아버지께로 감이라 요 14:12

이 약속의 중심부를 주목하라. "나를 믿는 자는 내가 하는 일을 그도 할 것이요." '나를 믿는 자는' 이란 표현은 신약에 자주 등장한다. 이것은 진정으로 믿는 자를 가리키며 그가 누구이든 어디에 있든 상관없다. 어떤 특정한 나이나 장소나 부류나 계급의 사람에게만 제한적으로 적용되는 표현이 아니다.

어떻게 모든 믿는 자가 예수님 자신이 하신 일을 하는 것이 가능할까? 그 답은 요한복음 14:12 마지막 부분에 있다. 예수님은 여기서 "이는 내가 아버지께로 감이라"고 말씀하신다. 조금 더 나아가 예수님은 또 이렇게 말씀하신다.

> 내가 아버지께 구하겠으니 그가 또 다른 보혜사를 너희에게 주사 영원토록 너희와 함께 있게 하리니 그는 진리의 영이라요 14:16-17

이 말씀은 12절의 약속에 대한 답을 제공한다. 예수님이 하신 일을 할 수 있게 하는 것은 하나님 아버지로부터 믿는 자에게 내려진 성령의 영원한 임재이다.

처음에 예수님께 내려와 머문 것과 같은 성령의 기름부음이 믿는 자에게 내려와, 성령이 예수님께 내린 후 예수님이 하신 초자연적인 사역과 같은 형태의 사역을 할 수 있도록 믿는 자를 인도한다. 이 초자연적인 사역은 믿는 자 안에 있는 어떤 자연적인 능력 때문에 가능한 것이 아니고 그에게 내린 성령의 기름부음으로 인해 가능한 것이다.

초자연적인 계시는 초자연적인 증언을 요구한다

성경 전체의 기록을 자세하게 살펴보면 복음의 진리에 대한 초자연적 증언은 모든 세대를 통하여 하나님이 그분의 믿는 백성을 대하시는 원칙과 조화를 이룬다. 하나님이 사람에게 신성한 계시를 통하여 진리를 전할 때 사람이 그 진리에 기꺼이 순종하려고 하면, 하나님은 언제나 그분이 계시하는 진리를 초자연적으로 증언하기를 원하셨다.

우리는 인류 역사의 시초에 가인과 아벨이 하나님께 드린 제물 이야기에서 이것을 보게 된다.창 4:3-8 그 두 가지 서로 다른 종류의 제물은 그 이후 인류 역사에서 종교의 두 가지 주요 패턴의 전형이 되고 있다.

가인은 땅의 소산으로 제물을 가져 왔으나 땅은 그전에 이미 하나님의 저주를 받았다.창 3:17 가인의 제물은 그 자신의 이성과 노동의 산물이었다. 하나님의 계시도 없었고, 죄의 인식도 없어 저주가 뒤따랐고, 속죄 제물의 필요성에 대한 인식도 없었다.

아벨은 자기 양의 첫 새끼를 제물로 드렸다. 그러한 행위로 아벨은 죄를 인식했고 피 흘림으로 속죄 제물을 바쳐야 한다는 필요성도 인식한 것이다. 그것은 아벨 자신의 이성을 통한 깨달음이 아니고 하나님의 계시로 인한 깨달음이었다. 아벨의 종교는 자기 자신의 노력에 바탕을 두지 않고 하나님에 대한 믿음에 바탕을 둔 것이었다.

> 믿음으로 아벨은 가인보다 더 나은 제사를 하나님께 드림으로 의로운 자라 하시는 증거를 얻었으니 하나님이 그 예물에 대하여 증언하심이라히 11:4

이 책의 섹션 Ⅱ에서 이미 설명했듯이 "믿음은 들음에서 나며 들음은 그리스도의 말씀으로 말미암았느니라."롬 10:17 즉, 믿음은 하나님의 말씀을 통한 계시에 바탕을 두고 있는 것이다.

아벨이 그러한 계시를 듣고 순종했으므로 하나님은 아벨의 제사에 대하여 기쁘게 초자연적인 증언을 하셨다. 대다수 성경 주석가들은 하나님의 초자연적인 불이 하늘에서 내려와 아벨의 제물을 태웠다고 믿는다.

이와 반면에 하나님은 가인의 제물을 인정하지 않으셨다.

여호와께서 아벨과 그의 제물은 받으셨으나 가인과 그의 제물은 받지 아니하신지라^{창 4:4-5}

그 이후로 하나님은 그분이 사람에게 계시하는 진리에 대하여 공개적이고 초자연적으로 증언하기를 항상 기뻐 하셨다. 우리는 출애굽기 4장에서 하나님이 모세에게 애굽에 있는 이스라엘 자손을 인도하여 내는 과업을 맡기셨을 때, 하나님은 그분의 메시지를 증언하는 세 가지 초자연적인 표적을 모세에게 보여주신 것을 읽는다.

나중에 모세와 아론이 회막에서 하나님께 제사 드리는 일을 마쳤을 때 다음과 같은 초자연적인 현상이 일어났다.

불이 여호와 앞에서 나와 제단 위의 번제물과 기름을 사른지라 온 백성이 이를 보고 소리 지르며 엎드렸더라^{레 9:24}

솔로몬이 성전 낙성식에서 기도를 마쳤을 때도 다음과 같은 초자연적인 현상이 뒤따랐다.

솔로몬이 기도를 마치매 불이 하늘에서부터 내려와서 그 번제물과 제물들을 사르고 여호와의 영광이 그 성전에 가득하니^{대하 7:1}

하나님은 엘리야가 바알의 선지자들과 겨룰 때 엘리야의 메시지를 이와 비슷하게 증언하셨다.

이에 여호와의 불이 내려서 번제물과 나무와 돌과 흙을 태우고 또 도랑의 물을 핥은지라 모든 백성이 보고 엎드려 말하되 여호와 그는 하나님이시로다 여호와 그는 하나님이시로다 하니^{왕상 18:38-39}

선지자의 메시지에 대한 하나님의 초자연적인 증언은 엘리야로 끝나지 않고 엘리사, 이사야, 에스겔, 다니엘의 사역을 통하여, 그리고 많은 다른 선지자들의 사역을 통하여 지속되었다.

신약에서 복음의 도래와 함께 하나님 말씀의 진리에 대한 하나님의 초자연적인 증언은 줄어들거나 취소되지 않았다. 이와 반대로 예수님의 사역과 그 뒤를 이은 초대 교회의 사역에서 크게 증가하고 확장되었다.

모든 시대를 통하여 하나님이 계시한 진리를 초자연적으로 증언하고 하나님의 메시지를 전달하는 사람들의 말씀을 확증하는 것은 성령의 특별한 직무였다. 하나님의 사람들에게 성령이 더 풍성하게 부어질수록 이 초자연적인 증언은 더욱 강화되고 증가하였다.

목회자들의 높은 교육 수준이 성령의 특별하고도 초자연적인 증언을 불필요하게 만든다는 제안이 있었다. 그러나 사도 바울의 두드러진 사례가 그러한 제안이 옳지 않다는 것을 증명한다. 지적 학습은 비록 그 자체로 쓸모가 있지만, 결코 성령의 초자연적인 권능과 사역의 대체물이 될 수 없다.

바울은 종교와 철학 분야에서 뛰어난 지적 은사와 폭 넓은 학식을 갖고 있었던 사람이었다. 그러나 복음을 제시함에 있어서 바울은 고의적으로 그 자신의 학식에 대한 호소를 포기했고 순전히 사람의 이성이나 논거를 사용하는 것을 거부했다.

> 형제들아 내가 너희에게 나아가 하나님의 증거를 전할 때에 말과 지혜의 아름다운 것으로 아니하였나니 내가 너희 중에서 예수 그리스도와 그가 십자가에 못 박히신 것 외에는 아무것도 알지 아니하기로 작정하였음이라 내가 너희 가운데 거할 때에 약하고 두려워하

고 심히 떨었노라 내 말과 내 전도함이 설득력 있는 지혜의 말로 하지 아니하고 다만 성령의 나타나심과 능력으로 하여 너희 믿음이 사람의 지혜에 있지 아니하고 다만 하나님의 능력에 있게 하려 하였노라 고전 2:1-5

복음을 제시함에 있어서 바울은 의도적으로 "말과 지혜의 아름다운 것으로" 아니하였고, "설득력 있는 지혜의 말로" 하지 않았다.

바울은 자기가 그러한 호소의 형태를 사용하기로 선택했다면 그것은 자기 능력으로 하는 행위라고 암시한다. 그러나 바울은 자기 메시지의 진실성을 완전히 다른 종류로 입증하기 위하여 자기 능력으로 하는 것을 포기했다. 바울은 이 다른 종류의 증명을 "성령의 나타나심과 능력으로 하여"라고 묘사한다.

나타나심 이란 단어를 주목하라. 이 말은 공개적이면서 감각으로 지각할 수 있는 그 무엇을 암시한다. 성령은 단지 눈에 보이지 않고 지각할 수 없는 어떤 능력으로 바울과 함께 역사하지 않았다. 성령의 임재와 능력은 바울의 사역에서 공개적으로 나타났던 것이다.

왜 하나님은 복음 메시지의 진리에 대한 이 초자연적 형태의 증언을 지정하셨고, 바울은 그것을 인정하였는가? 바울이 우리에게 그 답을 제공한다. "너희 믿음이 사람의 지혜에 있지 아니하고 다만 하나님의 능력에 있게 하려 하였노라" 고전 2:5

하나님 백성의 믿음이 인간 이성의 수준에서 논의되고 입증되는 것은 하나님의 목적이 아니다. 각 신자의 믿음을 위한 유일한 만족스러운 토대는 성령의 권능을 자신의 마음과 삶에서 직접 개인적으로 체험하는 것이다.

그리스도께서 이방인들을 순종하게 하기 위하여 나를 통하여 역사하신 것 외에는 내가 감히 말하지 아니하노라 그 일은 말과 행위로 표적과 기사의 능력으로 성령의 능력으로 이루어졌으며 롬 15:18-19

여기서 바울은 하나님이 자기에게 주신 복음의 메시지의 권위를 자신의 자연적인 재능이나 학식 같은 어떤 개인적인 자질에 근거를 두는 것을 거부한다. 바울은 복음에 대한 순종은 그런 인간적 자질로 달성되어서는 아니 되고 오직 "표적과 기사"로 이루어져야 한다고 분명하게 말씀한다. 그리고 그런 표적과 기사는 하나님의 영, 곧 성령의 역사라고 일컫는다.

그런즉 여기에 성령의 지고하고도 불변하는 직무가 있으니 그것은 하나님의 계시된 진리에 대하여 초자연적인 능력을 공개적으로 나타냄으로 증언하는 일이다.

성령의 이 초자연적인 증언은 최초의 신자이자 에덴동산으로부터 추방된 이후 인간의 역사에 기록된 최초의 순교자인 아벨로부터 시작되었다. 지상에 하나님 말씀의 계시된 진리를 믿고 순종하는 사람이 한 명이라도 있는 한 성령은 초자연적인 증언을 거두어 들이지 않을 것이다.

제5부

안수

그러므로 내가 나의 안수함으로 네 속에 있는 하나님의 은사를 다시 불일듯 하게 하기 위하여 너로 생각하게 하노니 딤후 1:6

37장

축복과 권위와 치유를 전이하기

계속되는 연구를 통해 우리는 히브리서 6:1-2에 열거된 다음의 그리스도의 여섯 가지 기초 교리를 검토하고 있다.

1. 죽은 행실을 회개함
2. 하나님께 대한 신앙
3. 세례들에 관한 교리
4. 안수
5. 죽은 자들의 부활
6. 영원한 심판

이전 장들에서 처음 세 가지 교리 - 죽은 행실을 회개함, 하나님께 대한 신앙, 세례들에 관한 교리 - 를 체계적으로 검토했다. 이제 네 번째 교리인 "안수"를 다루게 될 것이다.

그리스도교 신앙의 여섯 가지 기초 교리를 결정하는 일을 인간의 이해가 맡았더라면, 분명히 안수의 교리는 포함되지 않았을 것이다. 그러나 결국 성경에 대한 최고의 주석은 성경 자체가 제공한다. 이 특별한 경우에 그리스도교의 기초 교리 가운데 안수의 교리를 두는 것은 성경 자체의 권위에 의해서이다.

우리는 "안수"라는 어구를 어떻게 이해하는가? "안수"란 어떤 사람이 분명한 영적 목적을 가지고 다른 사람에게 손을 얹는 행위라 할 수 있다. 대개 이 안수는 기도나 예언, 혹은 둘 다에 동반된다.

종교영역 밖에서 안수하는 행위는 인간의 정상적인 행동에 낯선 것이거나 이상한 것이 아니다. 예를 들면, 세계의 어떤 지역에서 친구인 두 사람이 만났을 때 서로의 어깨에 손을 얹는 일은 극히 정상적인 것이다. 이 행위는 서로를 만나는 기쁨과 우정을 인식하고 인정한다는 표시이다. 또는 자녀가 머리가 아프다거나 열이 났을 때 엄마는 거의 본능적으로 자녀의 이마에 손을 얹고 부드럽게 쓰다듬는 것은 지극히 자연스러운 일이다.

따라서 종교의 영역에서 안수하는 행위는 기본적인 인간의 행동을 자연스럽게 확장하고 응용한 것이라 볼 수도 있을 것이다. 종교행위로서 안수하는 것은 보통 이 세 가지 중 하나이다.

1. 안수하는 사람은 안수함으로써 받는 사람에게 영적인 축복 또는 권위(권세)를 전달할 수 있다.
2. 안수하는 사람은 안수함으로써 받는 사람이 하나님으로부터 이미 받은 어떤 영적 축복 또는 권위(권세)를 공개적으로 인정하고 인식할 수 있다.
3. 안수하는 사람은 안수함으로써 받는 사람을 어떤 특별한 임무 또는 사역을 위해 공개적으로 하나님께 맡겨드릴 수 있다.

때로, 이 세 가지 목적 전부가 한 번 안수할 때 결합될 수도 있다.

구약의 세 가지 선례들

하나님의 백성의 가장 초기 기록에서조차 안수는 실제로 받아들여졌던 행위이다. 예를 들면, 요셉이 그의 두 아들 곧 에브라임과 므낫세를 그의 아버지 야곱에게 데려왔을 때 야곱이 그들을 어떻게 축복했는지를 숙고해 보라.

> 이스라엘[야곱]이 오른손을 펴서 차남 에브라임의 머리에 얹고 왼손을 펴서 므낫세의 머리에 얹으니 므낫세는 장자라도 팔을 엇바꾸어 얹었더라 창 48:14

처음에 요셉은 그의 아버지가 실수를 한다고 생각했다. 그래서 그는 그의 아버지의 손을 바꾸어서, 야곱의 오른손을 맏아들 므낫세 머리에 얹고 야곱의 왼손을 작은 아들 에브라임 머리에 얹게 하려고 했다. 그러나 야곱은 에브라임에게는 오른손을 얹고 므낫세에게는 왼손을 얹는데, 이는 야곱이 하나님의 인도하심을 의식했다는 것을 알려준다. 야곱은 계속 손을 엇갈리게 얹으면서 두 아이를 축복하는데, 더 큰 축복을 에브라임에게 하고, 그보다 작은 축복은 므낫세에게 했다.

이 구절은 야곱이 안수를 통해 손자들에게 축복을 전달하는 방식이 이미 받아들여졌던 사실임을 보여준다. 더욱이 더 큰 축복이 야곱의 오른손을 통해서, 그리고 그보다 작은 축복이 야곱의 왼손을 통해서 전달되었음도 보여준다.

모세는 이 땅에서 사역하는 마지막 시점에 거의 이르렀을 때 그의 자리를 대신해서 이스라엘을 다스릴 준비가 된 새 지도자를 지명해달라고 주님께 요청했다.

> 여호와께서 모세에게 이르시되 눈의 아들 여호수아는 그 안에 영이 머무는 자니 너는 데려다가 그에게 안수하고 그를 제사장 엘르아살과 온 회중 앞에 세우고 그들의 목전에서 그에게 위탁하여 네 존귀를 그에게 돌려 이스라엘 자손의 온 회중을 그에게 복종하게 하라민 27:18-20

모세는 주님의 이 명령을 다음과 같이 완수했다.

> 모세가 여호와께서 자기에게 명령하신 대로 하여 여호수아를 데려다가 제사장 엘르아살과 온 회중 앞에 세우고 그에게 안수하여 위탁하되 여호와께서 모세에게 명령하신 대로 하였더라민 27:22-23

모세의 행동은 여호수아 안에서 놀라운 결과를 낳았다.

> 모세가 눈의 아들 여호수아에게 안수하였으므로 그에게 지혜의 영이 충만하니 이스라엘 자손이 여호와께서 모세에게 명령하신 대로 여호수아의 말을 순종하였더라신 34:9

이 구절들로부터 우리가 알 수 있는 것은, 모세가 여호수아에게 안수하는 이 행위가 개인적으로는 여호수아에게, 집단적으로는 이스라엘의 회중 전체에게 커다란 의미를 지녔다는 사실이다. 하나님께서 정하신 이 행위로 인해 모세는 다음의 두 가지 주요 목적을 달성했다. 1) 모세는 그가 하나님으로부터 받았던 일정 분량의 영적 지혜와 존귀를 여호수아에게 전달했다. 2) 모세는 이스라엘의 온 회중 앞에서 하나님께서 여호수아를 자기의 뒤를 이은 지도자로 정하셨음을 공개적으로 인정하고 인식시켰다.

안수가 중요한 행위라는 점은, 이스라엘 왕 요아스가 임종의 자리에 누워 있는 엘리사에게 마지막 존경을 표하려고 내려갔을 때 일어났다. 요아스와 엘리사 사이에 나눈 대화는 이러했다.

> 엘리사가 그에게 이르되 활과 화살들을 가져오소서 하는지라 활과 화살들을 그에게 가져오매 또 이스라엘 왕에게 이르되 왕의 손으로 활을 잡으소서 하매 그가 손으로 잡으니 엘리사가 자기 손을 왕의 손 위에 얹고 이르되 동쪽 창을 여소서 하여 곧 열매 엘리사가 이르되 쏘소서 하는지라 곧 쏘매 엘리사가 이르되 이는 여호와를 위한 구원의 화살 곧 아람에 대한 구원의 화살이니 왕이 아람 사람을 멸절하도록 아벡에서 치리이다 하니라 왕하 13:15-17

동쪽 창으로 화살을 쏘는 것은 요아스가 아람 사람들과의 전쟁에서 거두게 될 승리를 상징한 것이었다. 그러므로 이 행위로 엘리사는 이스라엘에 구원을 가져다 줄 지도자로서 요아스를 하나님께서 지명하신 것을 인정하고 인식시켰던 것이다.

하나님께서 요아스를 이렇게 정하신 일은 승리와 구원을 상징하는 활을 잡고 화살을 쏘는 요아스의 손 위에 엘리사가 손을 얹음으로써 그 효력이 발생되었다. 엘리사가 안수함으로써 요아스를 하나님의 백성의 구원자로 구비시키는데 필요한 신성한 지혜와 권위가 요아스에게 전달되었던 것이다.

따라서 이 사건은 모세가 여호수아에게 안수했던 것과 아주 흡사하다. 두 경우 모두, 안수를 통해 하나님께서 특별한 목적을 위해 정하신 지도자를 인정하고 인식시켰던 것이다. 또한 두 경우 모두, 안수는 하나님께서 정하신 임무를 완수하는데 필요한 신성한 지혜와 권위를 그 지도자에게 전달했다. 두 경우에서 우리의 흥미를 끄는 점은 여호수아와 요아스가 본래 군대 사령관으로 임명되었다는 사실이다.

치유에 대한 신약의 두 가지 규례들

이제 안수의 이 규례가 신약에서 어떤 역할을 담당했는지 알아보도록 하자. 우리는 신약의 교훈과 모범에 따라 안수를 사용할 수 있는 다섯 가지의 독특한 목적을 발견하게 된다.

첫 번째 목적은 육신의 치유 사역과 직접 관련된다. 예수님은 제자들에게 하신 마지막 명령 가운데 이것에 권한을 부여하셨다.막 16:17-18 참조 이 구절들에서 예수님은 복음전파에 따르는 것이되, 모든 믿는 자들이 예수의 이름을 믿는 믿음을 통해서 주장할 수 있는 다섯 가지 초자연적 표적들을 명확히 명시하신다. 예수님이 명시하신 이 초자연적 표적들 가운데 다섯 번째는 다음과 같다.

…그들이 내 이름으로…병든 사람에게 손을 얹은즉 나으리라막 16:18

여기에서 예수의 이름으로 안수하는 것은 육신의 치유의 수단으로서 병든 사람을 섬기도록 정해져 있다.

나중에 신약에는 약간 다른 또 하나의 규례가 정해지기도 한다.

너희 중에 병든 자가 있느냐 그는 교회의 장로들을 청할 것이요 그들은 주의 이름으로 기름을 바르며 그를 위하여 기도할지니라 믿음의 기도는 병든 자를 구원하리니 주께서 그를 일으키시리라 혹시 죄를 범하였을지라도 사하심을 받으리라약 5:14-15

여기에서 또 하나의 규례란 주님의 이름으로 병자에게 기름을 바르는 것이다. 이 두 가지 규례는 동일하게 – 예수의 이름으로 병자에게 안수하는 것과 주님(예수님)의 이름으로 병자에게 기름을 바르는 것 – 주님의 이름, 곧 예수의 이름을 믿는 믿음의 실행을 통해서만 효력이 있다. 기름을 바를 경우에는 반드시 기도가 결부되어야 한다고 특별히 진술한다. 마가복음의 병자에게 안수하는 것에 관한 구절에서 기도에 대해 특별히 언급한 대목이 전혀 없다. 그럼에도 대부분의 경우에 병자에게 안수할 때 기도도 해주는 것이 자연스러웠을 것이다.

다시 말하지만, 병자에게 기름을 바를 때, 거의 동시에 그들에게 안수하는 것이 자연스럽게 – 사실상 거의 본능적인 것으로 – 보인다. 이런 식으로 두 가지 규례는 하나로 결합된다. 그러나 반드시 그럴 필요는 없다. 기름을 바르지 않고서 병자에게 안수하는 것은 완전히 성경적이다. 마찬가지로, 안수하지 않고서 병자에게 기름을 바르는 것 역시 완전히 성경적이다.

자연스럽게 다음 질문이 제기된다. 즉, 이 두 규례, 곧 병자에게 안수하는 것과 병자에게 기름을 바르는 것 사이에는 사용과 목적에서 어떤 차이가 있는가? 한 규례를 사용하는 것이 다른 규례를 사용하는 것보다 적합한 때나 상황이 있는가? 만약 그렇다면, 그런 용법을 밝혀주는 성경의 원리는 무엇인가?

기름을 바르는 것에 대한 야고보서의 구절은 다음과 같이 시작한다.

너희 중에 병든 자가 있느냐 그는 교회의 장로들을 청할 것이요 약 5:14

야고보서가 무엇보다 먼저 신앙 고백하는 그리스도인들(비록 유대인들일지라도)에게 보내는 편지이기 때문에, "너희 중에among you"라는 어구는 주로 믿는 자들을 언급한 것 같다. 이는 다음과 같은 명령에도 들어맞다. "그는 교회의 장로들을 청할 것이요." 약 5:14

믿음의 고백도 전혀 하지 않고 그리스도 교회와 전혀 연결되지 않는 사람은 "너희 중에"라는 어구에 포함되지 않았을 것이다. 그런 사람은 자기를 위해 보내 달라고 할 교회의 장로가 누구인지도 몰랐을 것이다. 그러므로 기름을 바르는 이 규례는 일차적으로 그리스도 안에서 이미 신앙을 고백하고, 또한 어떤 그리스도 교회와 연결되어 있는 이들을 위한 것이었을 것이다.

이런 식으로 해석할 경우, 이 규례는 신앙 고백하는 모든 그리스도인을 위해 실제적 큰 중요성을 띤 두 가지 교훈을 담고 있다. 첫째, 하나님께서는 모든 병든 그리스도인이 믿음과 영적인 수단에 의해서 하나님께 치유를 구하기를 기대하신다는 사실이다. 이 의미가 병든 그리스도인이 의사의 조언이나 도움을 구하는 것이 반드시 비성경적이라는 뜻은 아니다. 하지만 신앙을 고백하는 그리스도인이 병들었을 때 교회의 임명된 지도자들을 통하여 하나님으로부터 오는 신적 도움을 먼저 구하지 않고서 인간의 의학적 도움을 구하는 것은 성경 말씀에 전적으로 반대되는 일이다.

오늘날 신앙을 고백하는 그리스도인들은 병들 경우 하나님 또는 교회의 지도자들로부터 도움을 구하려는 생각을 하지 않은 채 거의 자동적으로 의사에게 전화를 건다. 이렇게 하는 모든 그리스도인들은 신약에서 제시된 하나님의 규례에 직접적으로 불순종하는 잘못을 저지르고 있는 것이다. 이는 성경이 아무 조건 없이 분명하게 "너희 중에 병든 자가 있느냐 그는 교회의 장로들을 청할 것이요"약 5:14라고 말씀하기 때문이다. 이 사실에 직면하면서도 그리스도인이 병들었을 때 먼저 교회의 장로들을 청하지 않고 의사에게 전화하는 것은 불순종의 잘못을 저지르고 있는 것이다.

우리가 이런 행위(먼저 의사에게 전화하는 행위)를 잠시 동안이나마 곰곰이 생각해보면, 그 의미가 충분히 분명해진다. 그것은 어쩌면 하나님께 다음과 같이 말하는 것일지도 모른다. "하나님, 나는 당신이 필요치 않아요. 나는 실제로 당신이 나를 도우실 수 있거나 치유하실 수 있다고 믿지 않아요. 나는 당신의 인도나 도움을 구하지 않아도 나를 위해 인간이 해줄 수 있는 최고를 받아들이는데 만족해요." 신앙을 고백하는 그리스도인 중에 편만해 있는 이런 태도가 많은 질병이 그들 사이에 가득하게 된 주요 원인 중 하나이다.

대체로, 오늘날 그리스도인은 몸을 치유하는 하나님의 주장을 버려두고 치유자 그리스도에 대해 그들의 가정과 교회의 문을 닫아버렸다.

야고보서의 이 구절에 담긴 두 번째 중요한 교훈은, 하나님께서는 모든 그리스도인이 교회와 연결되고, 그 교회의 지도자들이 성경말씀에 근거하여 그들의 교회 성도들의 육신의 필요를 믿음으로 섬기도록 준비되기를 기대하신다는 것이다.

"그는 교회의 장로들을 청할 것이요, 그들은 주의 이름으로 기름을 바르며 그를 위하여 기도할지니라"약 5:14라는 어구는 다음의 의미를 담고 있다. 1) 모든 그리스도인들은 교회의 지도자들을 알고 지도자들은 성도를 알도록 한 교회 안에서 연결되어 있어야 마땅하다. 2) 이 지도자들은 교회를 위해 하나님께서 정하신 규례에 따라 믿음으로 교회 성도들에게 육신의 치유 사역을 하도록 준비할 것이라는 의미이다.

병자에게 기름을 바르는 이 규례와 관련해서, 두 가지 논점이 분명해져야 한다. 첫째, 기름이 그 안에 담긴 자연적인 치유력 때문에 사용된다는 암시가 전혀 없다는 점이다. 다른 많은 성경구절에서처럼, 여기에서 기름은 단지 성령의 한 모형 또는 그림picture이다.

따라서 병자에게 기름을 바르는 것은 하나님의 성령이 신성한 생명과 치유로 병자의 몸을 치유한다는 믿음의 주장을 병자를 대신하여 드러내는 것이다. 이 주장은 하나님으로부터 온 분명한 약속에 근거한다.

> 예수를 죽은 자 가운데서 살리신 이의 영이 너희 안에 거하시면 그리스도 예수를 죽은 자 가운데서 살리신 이가 너희 안에 거하시는 그의 영으로 말미암아 너희 죽을 몸도 살리시리라롬 8:11

여기에서 "너희 죽을 몸도 살리시리라to give life to your mortal bodies"라는 의미는 하나님의 성령이 믿는 자 안에 거하시면서 그의 죽을 수밖에 없는 육신의 몸에 신성한 생명과 능력을 전이하신다는 뜻이다. 이 신성한 생명을 전이하시는 신성의 위대한 대행자the great agent가 신성의 세 번째 인격이신 성령님이시다.

확실하게 되어야 하는 두 번째 논점은, 신약의 규례에 따라 믿는 자에게 기름을 바르는 것이 죽음을 준비하는 것이 아니라, 죽음의 정반대인 신성한 생명과 건강과 힘을 믿는 자에게 전이하는 방식으로 설립된 것이라는 사실이다.

따라서 죽음을 준비하려고 기름을 바르는 것은 신약의 규례가 갖는 참 의미를 뒤집어버린 것이라 할 수 있다. "흑암으로 광명을 삼으며 광명으로 흑암을 삼으며 쓴 것으로 단 것을 삼으며 단 것으로 쓴 것을 삼지"사 5:20말라고 하신 하나님의 경고, 다시 말해 생명과 건강이라는 빛과 단 것의 자리에 죽음과 질병이라는 흑암과 쓴 것을 두지 말라고 하신 하나님의 경고를 무시하는 처사이다.

기름을 바르는 이 규정은 성령께서 그리스도인의 병든 몸에 신성한 생명과 건강을 전이할 수 있도록 정해진 믿음의 행위라고 요약할 수 있다.

이제 마가복음 16장에서 제시하는 병든 자에게 안수하는 규례로 돌아가서 살펴보면, 문맥상 이것의 의도는 불신자에게 복음을 전하는 것과 함께 가도록 하는 것이며, 그래서 안수의 일차적 사용이 아직 믿지 않는 자들이나 초신자를 위한 것임을 암시한다는 사실이다.

우리는 이런 사실로부터 안수의 규례가 예수님이 정하신 다른 초자연적 표적과 같이 온 세상에 복음을 전하라는 그분의 명령에 뒤이어 나온 것이라는 결론을 내린다.

> 또 이르시되 너희는 온 천하에 다니며 만민에게 복음을 전파하라 믿고 세례를 받는 사람은 구원을 얻을 것이요 믿지 않는 사람은 정죄를 받으리라 믿는 자들에게는 이런 표적이 따르리니 곧 그들이 내 이름으로 귀신을 쫓아내며 새 방언을 말하며 막 16:15-17

예수님은 안수하여 병자를 치유하는 것으로 마치는 다섯 가지의 초자연적 표적을 열거하신다. 이는 병자의 치유를 포함해서 초자연적인 표적 각각이 전에는 이 메시지를 듣거나 믿지도 않았던 곳에서 복음의 신성한 진리와 권위를 증거하도록 하나님께서 목적하신 것이었음을 나타낸다.

이것은 마가복음에 나타난 제자들이 복음전파 활동을 한 마지막 부분과 일치한다.

제자들이 나가 두루 전파할새 주께서 함께 역사하사 그 따르는 표적
으로 말씀을 확실히 증거하시니라막 16:20

이는 안수하여 병자를 치유하는 것을 포함한 초자연적 표적의 일차적 목
적이 영접한 적이 없던 사람들 가운데 복음의 메시지의 진리를 확증하는 것
임을 가리킨다. 따라서 예수의 이름으로 안수하여 병자를 섬기는 목적은 이
미 교회의 지체인 그리스도인을 위한 것이 아니라 불신자나 초신자들을 위
한 것임이 분명하다.

치유가 이루어지는 방식

안수한 결과로 어떤 식의 치유가 이루어지는가?

성경은 이 질문에 정확하고 상세한 대답을 주지 않는다. 다만 예수님은
"그들이 내 이름으로…병자에게 손을 얹은즉 나으리라"막 16:18라고 말씀
하신다. "[그들이]나으리라they will recover"라는 구절 대신에 "그들이 건강
하게 되리라they will become well" 또는 더 간단히 "그들이 낫게 될 것이라
they will be well"라고 할 수도 있을 것이다.

예수님의 이 말씀으로 인해 하나님의 절대주권 안에는 다음의 두 가지 사
항이 아직 남아 있다. 1) 치유가 나타나게 될 정확한 방식과 2) 치유의 과정
이 일어나게 될 정확한 시간의 길이. 우리는 이런 사항을 바울의 말과 나란
히 놓을 수 있다.

또 사역[역사]은 여러 가지나 모든 것을 모든 사람 가운데서 이루시
는 하나님은 같으니고전 12:6

안수에는 바울이 "다양한 역사들diversities of operations"이라고 부르는 것이 있다. 다시 말해, 치유의 과정은 항상 언제나 동일한 방식으로 작동하지 않는다는 말이다.

어떤 경우에 안수는 초자연적인 치유의 은사가 작동하는 통로가 될 수 있다. 그러한 경우에 안수하는 사람은 안수를 통해 안수 받는 사람의 몸에 초자연적 치유의 능력 또는 하나님의 능력을 전달한다. 안수 받는 사람이 그의 몸 안에서 하나님의 초자연적 능력을 실제로 느끼는 것도 드물지 않다.

그러나 다른 경우에는 초자연적 능력을 전혀 느끼지 못하기도 하지만, 단순히 말하면 안수는 하나님의 말씀에 대한 적나라한 믿음과 순종의 행위이다. 그러나 진정한 믿음이라면, 극적이거나 초자연적인 경험이 없을지라도, 치유가 뒤따르게 될 것이다.

다시 말하지만, 그리스도께서는 치유과정이 일어날 시간의 길이를 구체적으로 밝히지 않으신다.

때로 병자에게 안수하자마자 즉시 완전한 치유를 받기도 한다. 그러나 다른 때에는 치유가 점진적으로만 이루어진다. 후자의 경우에 가장 중요한 것은 치유를 구하는 사람이 치유의 과정이 완전해질 때까지 활성화된 믿음active faith을 계속해서 행하는 것이다.

안수를 받은 병든 사람이 일정 분량의 치유는 받지만 온전한 치유는 받지 못하는 경우가 종종 있다. 그런 일이 일어난 까닭은 대개 병든 사람이 치유과정이 무르익어가는 기간 동안 충분히 활성화된 믿음을 실행하지 않았기 때문이다. 사람의 믿음이 활성화되지 않을 때 치유과정이 저항에 부딪힌다.

이런 이유 때문에 안수를 통한 치유를 구하는 자들에게 성경을 가르쳐서 치유과정이 무르익기까지 활성화된 믿음을 붙들어야 할 필요성을 먼저 주지시키는 것이 중요하다.

경험을 통해 내가 확실히 안 사실은, 예수의 이름으로 병자에게 안수하는 순간 참된 믿음을 행사하는 모든 경우에서 치유과정이 작동하기 시작한다는 것이다. 그러나 병든 사람이 믿음을 잃을 경우, 치유를 완전히 잃어버리거나 아니면 최고의 단계의 치유로 이르지 못할 수도 있다는 사실이다.

병든 사람이 치유의 안수를 받은 후에도 활성화된 믿음을 행사할 수 있는 두 가지 주요 방법이 있다. 첫째는 이미 받은 치유의 분량에 대해 계속해서 하나님께 감사드리는 것이다. 둘째는 부정적인 증상에도 불구하고 하나님의 말씀의 진리에 대한 믿음의 일관된 증언을 유지하는 것이다.

이 점에서, 믿음과 현실 사이의 미묘한 균형이 있다. 사람이 안수를 받은 후에도 계속 질병의 뚜렷한 증상을 경험한다면, 증상이 더 이상 그곳에 없는 체 하거나 온전한 치유가 이미 일어났다고 주장하는 것은 비현실적이다. 증상을 인정하지만, 하나님의 말씀에 초점을 두는 것이 차라리 낫다.

그러한 사람은 "나는 질병의 증상이 아직 있음을 인식하지만, 하나님의 치유가 하나님의 말씀에 대한 나의 순종을 통해서 내 몸 안에 풀어놓아졌음을 믿으며, 하나님께서 시작하신 일을 끝내실 것을 신뢰한다."라고 말할 수 있을 것이다.

그러한 사람은 지속적인 기도를 요청하는 것 역시 완전히 정당하다.

오늘날 이런 성경적 방식을 통해 치유를 받고 건강하게 사는 수천의 사람들이 있다.

38장

성령님과 영적 은사들을 전이하기

신약에서 안수를 행하는 또 하나의 주요 목적은 성령 세례를 구하는 자를 돕는 일이다.

안수가 성령 세례를 받도록 돕는데 차지하는 역할을 제대로 평가하기 위해서는 사도행전에서 사람들이 어떻게 성령 세례를 받았는지에 대한 모든 사례들을 간략하게 숙고할 필요가 있다. 다섯 가지 사례가 있다.

1. 오순절 날에 예루살렘에 있는 다락방의 첫 제자들행 2:1-4
2. 사마리아의 새 회심자들행 8:14-20
3. 다메섹 도성 안의 다소 사람 사울, 후의 사도 바울행 9:17
4. 고넬료와 그의 집안사람들행 10:44-46
5. 바울이 복음을 전하고 섬겼던 에베소의 제자들행 19:1-6

이 가운데 세 가지 경우가 성령 세례를 구하는 자들이 안수를 통해 다른 믿는 자들로부터 섬김을 받았던 예이다.

성령 사역

사마리아에서 사도 베드로와 요한은 새로운 회심자들에게 안수하며 그들을 위해 기도했다.

> 시몬이 사도들의 안수로 성령 받는 것을 보고…행 8:18

다메섹에서 제자 아나니아는 다소의 사울이 시력을 회복하고 성령으로 충만해지도록 그에게 안수하였다. 이 경우에 아나니아는 안수 한 가지로 사울에게 신체적 치유와 성령 세례라는 두 가지 사역을 하였다.

바울이 섬겼던 에베소에 있던 제자들은 바울이 안수한 후에만 성령을 받았다.

이제 우리가 이런 사실들을 백분율로 요약해 말하자면, 사도행전의 경우 성령을 받은 사람들 중 50퍼센트 이상이 다른 믿는 자들의 안수를 통한 것이었다고 말할 수 있을 것이다.

분명히 안수가 사람들이 성령 세례를 받게 하는 유일한 방법은 아니다. 예루살렘의 다락방과 고넬료 집안에 있던 사람들은 다른 사람들이 안수하지 않고서도 직접 성령 세례를 경험했다.

하지만 모든 경우들을 근거로 할 때, 우리는 다른 믿는 자들이 안수함으로 성령 세례를 구하는 자들을 섬기는 것은 정상적이고 성경적이라고 말할 수 있을 것이다.

때로는 믿는 자들이 성령의 충만을 받도록 안수하는 사역을 행사할 수 있는 자들은 교회의 사도 내지는 특별한 직임자들뿐이었다는 암시를 내비치기도 한다. 그러나 이런 주장은 성경의 지지를 받지 못한다. 이런 목적으로 다메섹에서 다소의 사울에게 안수했던 아나니아는 그저 "어떤 제자a certain disciple"라고 묘사될 뿐이다.행 9:10 아나니아가 교회에서 어떤 특별한 사역이나 직무를 담당했다는 그 어떤 암시도 없다. 하지만 아나니아는 이방인을 향한 위대한 사도가 되도록 정해진 자에게 안수하라는 하나님의 지시를 직접 받았다. 이것은 예수님이 말씀하신 것과 일치한다.

> 믿는 자들에게는 이런 표적이 따르리니 곧 그들이 내 이름으로 귀신을 쫓아내며 새 방언을 말하며 뱀을 집어 올리며 무슨 독을 마실지라도 해를 받지 아니하며 병든 사람에게 손을 얹은즉 나으리라 하시더라막 16:17-18

여기에서 예수님은 새 방언을 말하는 것과 치유를 받도록 병자에게 안수하는 이 두 가지 초자연적 표적을 밀접하게 연결시키면서, 두 표적들이 믿는 자의 증거로 따를 것임을 말씀하신다. 말하자면, 이 초자연적 표적을 실행하는 것은 사도나 감독자나 복음전도자나 목사와 같은 어떤 특별한 부류에만 국한된 것이 아니라, 모든 믿는 자들에게 열려 있는 것이라는 말이다. 성경은 치유를 받도록 병자에게 안수하는 사역을 모든 믿는 자에게 열어놓듯이, 믿는 자가 성령을 받도록 안수하는 사역 역시 열어둔다.

그러나 성경은 믿는 자에게 안수하는 이 규례를 가볍게나 부주의하게 행사되어서는 안 된다고 경고한다. 이는 바울이 디모데에게 말하는 대목에서 분명히 알 수 있다.

> 아무에게나 경솔히 안수하지 말고 다른 사람의 죄에 간섭하지 말며 네 자신을 지켜 정결하게 하라딤전 5:22

이 한 구절에서 바울은 디모데에게 세 가지로 구별되는 경고를 하고 있다. 1) 아무에게나 경솔히[성급하게] 안수하지 말라. 2) 다른 사람들의 죄들에 동참자가 되지 말라. 3) 네 자신을 정결하게 지키라.

아무에게나 경솔히[성급하게] 안수하지 말라는 첫 번째 경고에 이어서 즉시 이 두 가지 경고가 나오는 것은 결코 우연이 아니다. 이는 만약 다른 믿는 자에게 안수하는 – 특별히 성령 세례를 위해 안수하는 – 행위가 단순히 종교적 의식 이상의 것이라면, 다시 말해 실제적으로 영적 결과(효과)를 발생하는 것이라면, 반드시 믿는 자 두 사람, 즉 안수하는 자와 안수를 받는 자 사이에는 직접적으로 영적인 접촉이 있어야 한다.

두 영들 사이의 접촉에는 한 사람 또는 양쪽 모두에게 영적으로 해로울 가능성이 항상 존재한다. 어떤 믿는 자의 영이 전혀 순수하지 않다면 – 어떤 식으로든지 고백하지 않은 죄나 악한 영과의 접촉evil association에 의해 더럽혀져 있다면 – 다른 믿는 자의 영이 이 더럽히는 접촉으로 말미암아 해로운 영향을 받을 가능성이 존재한다. 이 위험이 실제적이라는 사실은 바울이 이 특별한 문맥에서 제시하는 두 가지 경고인 "다른 사람의 죄에 간섭하지 말라"와 "네 자신을 지켜 정결하게 하라"에 의해서 명백해진다.

이는 자연스럽게 다음의 질문을 제기하게 한다. 즉 안수의 사역이 성경에 의해서 인정된 것이라면, 우리는 안수와 관련된 영적 위험에 대해 어떻게 방어할 수 있는가?

그 대답은 이 사역을 행사하려는 믿는 자를 위해 네 가지 주요 안전장치가 마련되어 있다는 것이다.

1. 이 사역은 절대로 가볍게 또는 부주의하게 행사되어서는 안 되고, 기도와 겸손의 영 가운데 행사되어야 한다.
2. 성령님의 인도와 지시를 모든 단계마다, 즉 누구에게 기도할지, 언제 기도할지, 또 어떻게 기도할지 구해야 한다.
3. 안수하는 자는 자신의 영을 위하여 예수 그리스도의 계속 정결케 하고 보호하는 보혈의 능력을 주장하는 법을 알아야 한다.
4. 안수하는 자 스스로가 성령님의 능력을 받아서 안수 받는 자 안에서 또는 통해서 역사하려는 모든 종류의 영적으로 악한 영향력을 이길 수 있어야 한다.

이 네 가지 안전장치가 신중하게 준수되지 않는 곳에는 안수를 하고나서 – 안수하는 자 아니면 안수 받는 자 또는 둘 다에게 – 영적으로 해로운 결과가 나타날 수 있는 위험이 실제로 있다.

이 위험은 안수하는 모든 경우에 존재하지만 안수의 목적이 특별히 성령 세례를 받도록 하는 경우일 때 가장 큰 위험이 있다. 비유를 들자면, 우리는 성령님을 하늘의 전기라고 말할 수 있고, 개입된 전력이 크면 클수록 적절한 보호와 안전의 필요 역시 더욱 커지는 원리가 하늘에서나 땅에서나 동일하게 적용된다.

영적 은사들을 전이하기

다음의 안수 목적은 영적 은사들을 전이하는 것이다. 이를 언급하는 신약성경의 구절을 보면, 안수가 보통은 예언의 은사와 결합되는 것 같이 보인다.

무엇보다 먼저, 믿는 자가 다른 사람에게 영적 은사들을 전이하는 일은 성경적 권위가 있는 것임을 확립할 필요가 있다.

> 내가 너희를 보고 싶어하는 것은 내가 어떤 영적 은사를 너희에게 나누어 주어 끝까지 너희를 굳게 세우게 하려 함이니 이는 곧 내가 너희와 함께 있어 너희와 나의 믿음으로 인하여 서로 위로를 받으려 함이라롬 1:11-12 한글킹제임스

여기에서 바울은 로마의 그리스도인들을 방문하려는 이유 중 하나가 그들에게 "어떤 영적 은사"를 전이해주기 위함이라고 말한다. 바울은 이 은사를 로마의 그리스도인들에게 나누어 주어 낳게 될 결과(효과)도 설명한다. 왜냐하면 바울이 "너희를 굳게 세우게 하려 함이니"라고 덧붙이기 때문이다. 다른 말로 하면, 그리스도인들에게 영적 은사를 전이하는 것은 그들의 믿음과 영적 경험에서 그들을 세워주거나 강건하게 하는 영적 방법 중 하나라는 말이다.

다음 구절(12절)에서 바울은 로마의 그리스도인들 가운데 새로운 영적 은사들이 나타남으로 인해 뒤따르게 될 결과들을 보다 분명하게 설명한다.

> 이는 곧 내가 너희와 함께 있어 너희와 나의 믿음으로 인하여 서로 위로를 받으려 함이라롬 1:12

회중 가운데 영적 은사들이 자유롭게 역사하는 것은 여러 지체들이 서로 위로하고, 용기를 주며, 강건하게 해줄 수 있다. 이와 같이 설교자로서 바울은 로마의 그리스도인을 섬길 뿐만 아니라, 영적 은사들이 역사함으로 인해 로마의 그리스도인 지체들 역시 바울을 섬길 수 있게 될 것이다. 그 결과,

여러 지체들이 서로에 대해 상호 사역하는 일이 일어나게 될 것이다.

바울은 영적 은사가 회중 가운데 역사하는 일과 그로 인한 결과(효과)를 고린도전서에 아주 비슷한 방식으로 묘사한다.

> 그리스도 예수 안에서 너희에게 주신 하나님의 은혜로 말미암아 내가 너희를 위하여 항상 하나님께 감사하노니 이는 너희가 그 안에서 모든 일 곧 모든 언변과 모든 지식에 풍족하므로 그리스도의 증거가 너희 중에 견고하게 되어 너희가 모든 은사에 부족함이 없이 우리 주 예수 그리스도의 나타나심을 기다림이라 주께서 너희를 우리 주 예수 그리스도의 날에 책망할 것이 없는 자로 끝까지 견고하게 하시리라고전 1:4-8

바울은 여기에서 고린도에 있는 그리스도인들을 대신하여 하나님께 감사드리고 있다. 왜냐하면 하나님께서 고린도에 있는 그리스도인들을 모든 영적 은사에 있어 풍성하게 하셨기 때문이다. 특별히 바울은 발성의 은사와 지식의 은사를 구체적으로 언급한다. 바울은 고린도 교회에 영적 은사들이 역사함으로 인해 생긴 두 가지 결과도 언급한다. 첫째, 그리스도를 증거하는 것이 그들 안에서 확증되었다. 둘째, 하나님께서 이 은사들을 통해서 그들 스스로를 확고하게 하시거나 강건케 하셨다.

더욱이 바울은 이 영적 은사들이 그리스도께서 재림하실 때까지 그리스도 교회 안에서 계속 역사하는 것이 바로 하나님의 계시된 목적임을 지적한다. 이런 맥락에서 바울은 두 성경구절을 사용하는데, 각각의 구절은 동일한 의미를 담고 있다.

> 너희가 모든 은사에 부족함이 없이 우리 주 예수 그리스도의 나타나심을 기다림이라고전 1:7

> 주께서 너희를 우리 주 예수 그리스도의 날에 책망할 것이 없는 자로 끝까지 견고하게 하시리라고전 1:8

이 두 구절은 이 마지막 시대에 그리스도의 교회가 모든 초자연적 은사로 완전히 구비되지 않으면 하나님께서 온전하고 흠 없게 여기지 않으실 것임을 분명하게 언급하고 있다.

오늘날 그리스도 교회의 많은 영역에서 이 초자연적 영적 은사들을 자동차에 추가로 입힌 크롬도금이나 액세서리처럼 취급하려는 불건전한 경향이 있다. 그것이 암시하는 바는 약간의 추가비용을 지불하고 싶은 사람이 자기 차에 크롬도금이나 액세서리를 할 수는 있지만 그것들 없이도 차가 굴러가는 데는 아무런 지장이 없다는 것이다. 마찬가지로, 그리스도인은 종종 초자연적인 은사들이 선택사항으로 구할 수는 있지만, 교회가 제대로 기능하는데 반드시 필요한 필수요소가 아닌 일종의 불필요한 영적 사치품이라고 생각하는 것 같다. 그러나 이런 태도는 결코 성경과 일치한 태도가 아니다.

신약에 따르면, 초자연적인 은사들은 교회를 향한 하나님의 전체 계획에서 필수적으로 딸린 요소이다. 이 은사들이 역사하지 않으면 교회가 하나님께서 의도하신 능력과 효력의 수준에서 결코 기능할 수 없다.

디모데의 예

따라서 오늘날 교회 안에 영적 은사들이 중요하다는 인식을 확립했다면, 이제 그 은사들을 전이할 수 있는 방식에 대해 바울이 무어라 가르치는지 숙고해보도록 하자. 이와 관련해서 바울은 그의 동역자인 디모데를 언급한다.

> 네 속에 있는 은사 곧 장로의 회에서 안수 받을 때에 예언을 통하여 받은 것을 가볍게 여기지 말며딤전 4:14

다른 서신에서 바울은 디모데의 영적 경험상 동일한 사건을 언급한다.

> "그러므로 내가 나의 안수함으로 네 속에 있는 하나님의 은사를 다시 불일듯 하게 하기 위하여 너로 생각하게 하노니"딤후 1:6

디모데의 삶에서 이 특별한 사건에 대한 그림을 온전히 그리기 위해서 우리는 한 구절 더 보아야 한다.

> 아들 디모데야 내가 네게 이 교훈으로써 명하노니 전에 너를 지도한 예언을 따라 그것으로 선한 싸움을 싸우며딤전 1:18

이 세 구절들을 함께 놓을 경우, 우리는 여기에서 바울이 묘사하는 사건에 대한 명확한 진상을 구성할 수 있다.

첫째, 디모데는 어떤 특정한 영적 은사를 받았다. 바울은 이 은사의 정확한 본질을 구체적으로 거론하지 않는다. 또한 그것은 현재 우리의 연구에도 별로 중요하지 않다.

둘째, 우리는 이 영적 은사가 안수를 통해서 디모데에게 전이되었음을 알게 된다. 한 구절에서 바울은 "장로회에서 안수 받을 때에"딤전 4:14라고 말한다. 다른 구절에서 바울은 "나의 안수함으로"딤후 1:6라고 말한다.

신약에서 장로회presbtery라는 용어는 단순히 어떤 지역교회의 장로들을 지칭하는 집합명사이다. 바울이 언급하는 장로들은 디모데가 그리스도인으로서 삶을 시작했던 루스드라 교회에 있는 이들이었을 것이다.

디모데는 루스드라와 이고니온에 있는 형제들에게 칭찬받는 자니
행 16:2

아니면 바울은 디모데에게 첫 편지를 보낼 때 디모데가 있었던 에베소 교회의 장로들을 언급했을 수도 있다. 이런 경우에서 에베소 교회의 장로들이 사도행전 20:17에 언급되었을 것이다.

바울이 밀레도에서 사람을 에베소로 보내어 교회 장로들을 청하니
행 20:17

다시 디모데전후서로 돌아가면, 우리는 바울이 어떤 대목에서는 디모데에게 안수한 장본인이 자기였음을 말하며, 다른 대목에서는 이를 행한 자들이 교회 장로들이었음을 말하는 것을 본다. 따라서 바울은 교회의 장로들과 연합해서 행동했던 것 같다. 바울과 장로들이 함께 디모데에게 안수했던 것이다.

셋째, 디모데전후서의 이 구절들이 밝혀준 세 번째 중요한 사실은 안수함으로써 디모데에게 영적 은사를 전이하는 것이 예언prophetic utterance과 연결되었다는 점이다.

어떤 구절에서 바울은 이 은사가 "예언을 통하여"딤전 4:14 주어졌다고 말한다. 이는 이 은사를 받게 하신 하나님의 뜻이 예언의 은사를 통해 초자연적으로 계시되었음을 가리킨다. 그 이후로 디모데에게 이 은사를 전

이하는 것은 바울과 교회 장로들의 안수를 통해 효력이 있게 되었던 것이다. 다른 말로 하면, 안수는 디모데를 향한 하나님의 계시된 뜻이 그의 경험 가운데 실제적인 효력으로 나타나게 하는 수단이었다는 말이다.

다른 구절에서 바울은 디모데에게 하나님의 예언적 계시가 주어진 또 하나의 영적 목적을 설명하고 있다. 이는 바울이 다음과 같이 말하기 때문이다.

> 아들 디모데야 내가 네게 이 교훈으로써 명하노니 전에 너를 지도한 예언을 따라 그것으로 선한 싸움을 싸우며딤전 1:18

이는 하나님께서 디모데에게 맡기신 특별한 임무special charge, 즉 디모데가 수행해야 할 특별한 사역special ministry, 디모데가 삶 속에서 성취해야 할 특별한 목적special purpose이 있음을 가리킨다. 이 사역의 본질이 미리 – 한 번 이상 – 디모데에게 계시되었는데, 아마 예언을 통해 그랬던 것으로 보인다. 이런 경우, 한번은 디모데가 자기에게 맡겨진 사역을 성취하기 위해서 어떤 특정한 은사가 필요했을 것이고, 안수를 통해 그것이 그에게 전이된 것이었음에 분명하다.

다시 한 번 강조하지만, 이것은 영적 은사를 불필요하게 사용하는 문제거나 과시적으로 행사하는 문제가 아니었다. 반대로, 이것은 디모데가 수행해야 할 사역의 성공을 위해 너무도 필요한 것이었다. 바울은 이 예언이 디모데에게 주어진 목적에 대해 다음과 같이 진술한다. "그것으로 선한 싸움을 싸우며"딤전 1:18

그리스도인의 삶 – 특히 사역자의 삶 – 은 전쟁, 곧 어두움과 사악함의 보이지 않는 세력에 대항하는 지속적인 싸움이다.

> 우리의 씨름은 혈과 육을 상대하는 것이 아니요 통치자들과 권세들
> 과 이 어둠의 세상 주관자들과 하늘에 있는 악의 영들을 상대함이라
> 엡 6:12

이 어둠의 보이지 않는 세력이 사용하는 두 가지 주무기는 의심과 두려움이다. 디모데는 여러 차례 그의 사역에서 실패와 좌절의 시기와 커다란 어려움과 대립의 시기를 통과했던 것 같다. 그런 시기에 디모데는 하나님께서 주신 그의 부르심의 실재를 쉽게 의심하려는 유혹을 받을 수도 있었을 것이다. 이런 이유 때문에 바울은 전에 디모데에게 그를 향한 하나님의 계획을 요약해주었던 예언을 상기시키면서, 이 예언으로 인해 용기를 얻고 강건해져서 하나님께서 부여하신 임무를 계속해서 성취하라고 촉구하는 것이다.

특별히 바울은 디모데에게 두려움을 허용하지 말라고 경고한다. 안수함을 통해 디모데 안에 있게 된 은사를 그 스스로가 불일듯 하게 하라고 촉구한 바로 다음에, 바울은 다음과 같이 말한다.

> 하나님이 우리에게 주신 것은 두려워하는 마음[영]이 아니요 오직
> 능력과 사랑과 절제하는[건전한] 마음[영]이니 딤후 1:7

이 두려움의 영의 교활한 공격에 맞서도록 바울이 추천한 처방은 무엇인가? 그 처방은 이중적이다. 1) 디모데가 안수함을 통해서 받았던 영적 은사를 불일듯 하게 해야 한다는 – 불이 타오르도록 다시 점화하는 – 것이다. 2) 디모데가 하나님께서 그의 삶을 향해 계획하신 행로를 미리 요약해서 알려준 예언의 말씀을 떠올리며 용기를 내야 한다는 것이다.

따라서 우리는 디모데의 경험에 있어 하나님이 부여하신 사역을 성취하기 위해 안수라는 규례가 그에게 지시하고, 용기를 주며, 강건하게 해줄 수 있는 수단인 예언의 은사와 결합되어 있음을 본다.

하나님의 말씀에 따르면, 지시하고, 용기를 주며, 강건케 할 수 있는 수단을 오늘날에도 똑같이 하나님의 백성, 특별히 하나님께서 임명하신 사역자들이 사용할 수 있다. 더욱이 하나님의 백성과 사역자들은 바울과 디모데 시대만큼이나 이런 것이 필요하다.

39장

사역자를 임명하기

안수의 그 다음 목적은 지역교회에서 사도들을 파송하는 것과 연결되어 있다.

안디옥에 있는 지역교회

시리아 안디옥에 있는 지역교회가 이에 대한 가장 분명한 예를 제공한다.

안디옥 교회에 선지자들과 교사들이 있으니 곧 바나바와 니게르라 하는 시므온과 구레네 사람 루기오와 분봉 왕 헤롯의 젖동생 마나엔과 및 사울이라 주를 섬겨 금식할 때에 성령이 이르시되 내가 불러 시키는 일을 위하여 바나바와 사울을 따로 세우라 하시니 이에 금식하며 기도하고 두 사람에게 안수하여 보내니라 두 사람이 성령의 보내심을 받아 실루기아에 내려가 거기서 배를 타고 구브로에 가서 행 13:1-4

이 대목은 신약에 따라 지역교회가 그 업무를 처리하던 방식에 대한 많은 정보를 제공해준다.

첫째, 우리는 이 안디옥 교회에 선지자 사역과 교사의 사역이라는 두 가지 분명한 영적 사역들이 있었고, 교회가 그것을 인정했다는 사실에 주목한다. 즉 선지자의 사역과 교사의 사역이 있었고, 더구나 회중 가운데 다섯 사람이 이 사역을 수행하는 이들로서 인정받고 이름이 언급되었다.

둘째, 우리는 이 지도자들이 기도했을 뿐만 아니라 금식도 했다는 사실에 주목한다. 더욱이 그들은 개별적으로 금식을 했을 뿐만 아니라 함께 모여서도 금식했다.

이것은 마지막 날들에 대한 요엘 선지자의 권면과도 일치한다.

> 너희는 금식일을 정하고 성회를 소집하여 장로들과 이 땅의 모든 주민들을 주 너희 하나님 여호와의 전으로 모으고 여호와께 부르짖을지어다욜 1:14

> 너희는 시온에서 나팔을 불어 거룩한 금식일을 정하고 성회를 소집하라욜 2:15

하나님의 백성이 연합하여 금식하는 것에 대한 권면에 뒤따라서 성령님을 부으신다는 약속이 나온다.

> 그 후에 내가 내 영을 만민[모든 육체]에게 부어 주리니 너희 자녀들이 장래 일을 말할 것이며 너희 늙은이들은 꿈을 꾸며 너희 젊은이는 이상을 볼 것이며욜 2:28

모든 육체 위에 성령님을 부으신다는 이 예언은 초대교회의 경험으로 볼 때 오순절 날에 최초로 이루어졌다. 이제 우리의 시대에서 다시 모든 육체 위에 성령님을 부으시는 역사가 더 큰 규모로 전 세계적으로 일어나고 있다. 초대교회는 요엘 2:23에서 약속하신 말씀처럼 성령님의 "이른 비the former rain"를 받았다. 오늘날 우리는 같은 구절이 약속하신 말씀대로 "늦은 비the latter rain"를 경험하고 있다.

성령님을 부으신다는 약속이 오늘날 우리를 위한 것이기 때문에, 요엘서에 나온 똑같은 예언의 말씀 가운데 연합하여 금식하라는 권면 역시 우리를 위한 것이라고 인정하고 인식하는 것만이 논리적이다. 현재 성령님의 부으심을 실제로 받으면서, 금식하라는 권면을 과거나 미래시대에 적용하는 것은 비논리적이다. 사실상, 요엘서에 나온 예언 전체의 문맥은 하나님께서 이 마지막 시대를 위해 약속하셨던 대로, 하나님의 백성이 모든 육체 위에 부으시는 성령의 충만 속으로 들어가기를 소원할 경우 반드시 해야 하는 한 가지 중요한 준비가 연합하여 금식하고 기도하는 것임을 명백하게 제시한다.

요엘의 예언은 하나님의 백성의 지도자를 특별히 강조한다. 요엘 1:14은 "장로들elders"이라 구체적으로 지칭하고 있다. 요엘 2:17은 "여호와를 섬기는 제사장들the priests, who minister to the Lord"이라고 구체적으로 언급한다. 따라서 하나님의 백성의 영적인 지도자들은 금식에 대해 공적인 모범을 보여주도록 부름을 받은 자들이다. 분명히 안디옥교회의 지도자들은 이것을 이해했다. 왜냐하면 "주를 섬겨 금식하였기"행 13:2 때문이다.

바울과 바나바의 파송

그들이 금식으로 하나님을 섬긴 결과는 성령님으로부터 온 지시였다.

주를 섬겨 금식할 때에 성령이 이르시되 내가 불러 시키는 일을 위하여 바나바와 사울을 따로 세우라 하시니 행 13:2

그들이 받은 한 가지 보상은 성령님께서 그들에게 직접 말씀하셨고, 또한 이런 식으로 그들을 통한 성령님의 역사의 확장을 위해 하나님의 마음과 목적을 그들에게 계시하였다는 사실이다. "성령이 이르시되"라는 어구는 바로 뒤에 나온 "바나바와 사울을 따로 세우라"는 말씀이 성령님께서 실제로 하신 말씀이었음을 나타낸다.

성령의 은사의 역사에 대한 신약의 가르침의 빛에서 볼 때, 성령님께서는 인간을 통해 예언의 은사 또는 방언과 통역의 은사로 역사하셔서 이 일을 말씀하셨다고 가정하는 것이 합당하고 성경적이다.

성령님께서 정확한 말씀을 사용하신다는 사실에 주목하는 것이 중요하다.

내가 불러 시키는 일을 위하여 바나바와 사울을 따로 세우라 행 13:2

"내가 불렀다 I have called"라는 동사어구는 완료시제이다. 이는 하나님께서 바울과 바나바와 그들의 사역에 관해 공개적으로 안디옥 교회의 모든 지도자들에게 말씀하시기 전에 바울과 바나바가 하기를 원하신 일에 대해 바울과 바나바에게 사적으로 또는 개별적으로 이미 말씀하셨다는 사실을 가리킨다.

따라서 성령님께서 안디옥 교회의 지도자들에게 공개적으로 하신 말씀은 바울과 바나바가 사적으로 하나님으로부터 받았던 부르심에 대한 계시이자 확증이었다. 바울과 바나바라는 이름을 성령님께서 말씀 가운데 공개적으로 거명하셨기 때문에, 이 말씀이 바울과 바나바에게서 나온 것이 아니라, 함께 자리한 다른 지도자 가운데 한명을 통해서 나온 것임에 틀림없다.

이 사람들은 하나님의 뜻에 대한 이런 초자연적인 계시에 어떻게 반응했던가?

> 이에 금식하고 두 사람에게 안수하여 보내니라 행 13:3

그들이 즉시 바울과 바나바를 하나님께서 그들에게 지명하신 임무로 보내지 않았음에 주목하라. 먼저 그들은 금식과 기도하는데 더 많은 시간을 따로 내었다. 이것은 그들이 함께 모여 금식하며 기도했던 두 번째 시간이었다. 그들은 처음 함께 모여 금식하고 기도하는 시간을 통해서 하나님의 계획에 대한 초자연적인 계시를 받았다. 그들이 두 번째로 함께 모여 금식하고 기도하는 시간을 통해서 바울과 바나바가 하나님의 계획을 완수하는 데 필요하게 될 하나님의 은혜와 능력을 바울과 바나바를 대신해서 함께 연합하며 구했다고 가정하는 것이 타당할 것이다.

그 후에, 또 한 가지 규례가 안디옥 교회로부터 바울과 바나바를 파송하는 일을 완결 지었다. 즉 안디옥 교회의 다른 지도자들이 바울과 바나바에게 안수하면서 그들을 보냈다는 사실이다.

현대의 그리스도교가 지역 교회에서 파송하는 그리스도인 일꾼에 붙여준 명칭은 "선교사missionaries"이다. 그러나 신약에서 사용된 실제적 용어는 "사도apostles"이다.

우리가 사도행전 13:1에서 사용된 용어와 사도행전 14:4, 14에서 사용된 용어를 비교해보면, 이점이 분명해진다. 사도행전 13장에서 바울과 바나바는 "선지자와 교사prophets and teachers"로 묘사된다. 사도행전 14장에서 바울과 바나바는 "사도apostles"로 불린다. '사도apostle'라는 말은 문자 그대로 "보냄 받은 자one sent forth"란 뜻이다. 따라서 이 명칭은 바울과 바나바가 안디옥 교회에서 파송된 후에, 그들에게 붙여진 것이었다.

마찬가지로 '선교사missionary'라는 용어가 지닌 원래의 의미도 "보냄 받은 자"란 뜻이다. 따라서 '사도'와 '선교사'라는 용어는 원래 같은 의미를 지닌다. 그러나 현대의 그리스도교에서 '선교사'라는 용어는 '사도'라는 용어를 사용하기엔 성경적이지 않은 많은 경우에 사용되고 있다.

사도는, 그 정의상 특별한 임무를 달성하도록 하나님의 권위에 의해 보냄 받은 자이다. 많은 그리스도인은 신약의 사도들이 예수님이 이 땅에 계시는 동안 처음에 임명하신 열두 명에만 한정된 것이라는 인상을 가지고 있다. 그러나 신약을 신중하게 공부하면, 이런 관점은 지지받을 수 없다는 사실을 알게 된다. 사도행전 14장에서 바울과 바나바는 사도로 불렸지만, 둘 중 누구도 예수님이 이 땅에서 사역하시는 동안 사도로 임명받은 적이 없다.

데살로니가전서에 나온 두 구절을 비교하면 우리는 비슷한 결론에 도달한다. 데살로니가전서 1:1에는 그 서신의 공동 저자로 세 사람의 이름이 거론된다. 그것은 바울과 실루아노(혹은 실라)와 디모데이다. 이들은 데살로니가전서 2:6-7에서 자신들에 대해 다음과 같이 말한다. "또한 우리는 너희에게서든지 사람에게서는 영광을 구하지 아니하였노라 우리는 그리스도의 사도로서 마땅히 권위를 주장할 수 있으나…"살전 2:6-7 다시 말해, 이들 세 사람 모두 사도로 인정되고 인식되었다는 말이다.

사실상, 신약을 철저히 검토하면 사도라 불리는 사람들이 스무 명이상 있었음이 드러난다. 그러나 사도의 사역이 갖는 완전한 범위가 무엇인지를 분석하는 것은 현재 연구를 벗어나는 일이다.

바울과 바나바가 처음 파송 받았던 시점으로 돌아가 보면, 우리는 다음의 질문을 할 필요가 있다. 다른 지도자들이 안수했던 목적은 무엇이었는가?

첫째, 이 행위는 하나님께서 바울과 바나바를 택하셔서, 특별한 임무와 사역으로 부르셨음을 교회의 지도자들에 의해 공개적이고, 공적으로 인정하는 것을 보여주었다. 둘째, 교회의 다른 지도자들은 바울과 바나바에게 안수함으로써 하나님으로부터 부여받은 임무를 성공적으로 완수하는데 필요하게 될 특정한 영적 지혜와 은혜와 능력을 그들에게 주시라고 하나님께 구했던 것이다.

이런 맥락에서, 신약에서 안수를 행사하는 일은 모세가 여호수아를 안수하여, 자신의 뒤를 잇는 지도자로서 여호수아를 하나님이 선택하셨음을 공적으로 인정해주었을 뿐만 아니라, 여호수아에게 하나님이 명하신 임무에 필요한 영적 지혜와 권위를 전이해주기도 했던 구약의 사건과 밀접한 짝을 이룬다.

바울과 바나바를 지명하여 안디옥교회에서 파송했던 과정을 하나님께서 스스로 요약하신 진술이 다음 구절에 제시된다.

> 두 사람이 성령의 보내심을 받아 실루기아에 내려가 거기서 배를 타고 구브로에 가서행 13:4

"성령의 보내심을 받아"라는 어구에 주목하라. 안디옥 교회와 그 지도자들은 하나님이 이 두 사도들을 파송하시는 그분의 뜻을 계시하시고 수행하시는데 쓰임 받은 인간의 도구였다. 하지만 이 인간의 도구 배후에 그리고 그 도구를 통해 역사하시는 성령님의 지혜wisdom와 예지foreknowledge와 지시direction가 있다.

최종분석에 따르면, 이 두 사도를 임명하여 파송하는 책임은 현재 이 땅에서 일하시는 하나님의 대행자the executive agent of the Godhead이신 성령님이셨다.

안디옥 교회에서 이루어진 사도의 임명과 파송의 전체 과정을 통해서 우리는 하나님과 인간의 협력, 즉 하나님과 그분의 교회가 동역자로 함께 일하는 완벽한 예를 발견한다.

이제 기도와 금식과 안수 및 성령님의 지시로 바울과 바나바가 참여했던 그들의 첫 번째 선교여행의 결과가 무엇이었는지를 잠시 숙고해보자.

> 거기서 배 타고 안디옥에 이르니 이곳은 두 사도가 이룬 그 일을 위하여 전에 하나님의 은혜에 부탁하던 곳이라 그들이 이르러 교회를 모아 하나님이 함께 행하신 모든 일과 이방인들에게 믿음의 문을 여신 것을 보고하고행 14:26-27

이 성경구절에서 주목해야 할 세 가지 논점이 있다.

1. 우리는 여기에서 안디옥교회의 지도자들이 바울과 바나바를 안수했던 목적에 대한 권위 있는 성경의 설명을 얻는다. 우리는 이 규례에 의해서 바울과 바나바가 사역을 위해 하나님의 은혜에 의탁된 것을 듣는다. 따라서 안수는 하나님의 종들을 하나님께서 부르신 특별한 사역을 위해 하나님의 은혜에 의탁할 수 있는 수단이다.
2. 우리는 바울과 바나바가 수고한 결과에 주목해야 한다. 성경은 그들이 하나님이 맡기신 일을 완수했다고 진술한다. 이 의미는 그들이 빠짐이나 실패 없이 그들의 일을 성공적으로 완수했다는 뜻이

다. 누군가 "하나님께서 부르신 것은 하나님께서 권능을 부여하신 것이다."고 말했다. 다른 말로 하면, 하나님께서 어떤 사람을 특별한 임무로 부르실 때 그 사람이 그 임무를 완벽하고 성공적으로 완수하는데 필요한 모든 수단과 영적인 은혜를 사용하게 하신다는 말이다.

3. 우리는 이방인에게 끼친 그들의 사역의 영향력에 주목해야 한다. 성경은 다음과 같이 진술한다. "하나님이 함께 행하신 모든 일과 이방인들에게 믿음의 문을 여신 것을 보고하고"행 14:27 바울과 바나바는 닫혀 있는 문에 대고 두드리지 않았다. 그들이 가는 곳마다 하나님께서 그들 앞서서 문을 여시고 심령을 준비하신 것을 발견했다. 그것이 연합 금식과 기도의 능력이다. 즉, 그들이 그렇게 하지 않았더라면 닫혀버렸을 문을 여는 능력인 것이다. 따라서 바울과 바나바는 안수라는 규례를 통해서 기도와 금식이 만들어 낸 능력을 그들이 직면한 상황의 필요에 따라 사용할 수 있었던 것이다.

이와 관련해서, 나는 다른 많은 지역의 다양한 경험을 토대로 다음의 결론을 내리고자 한다. 즉 신약의 결과는 신약의 방법에 의해서만 성취될 수 있다는 것이다.

집사와 장로를 지명하여 세우기

신약에 기록된 안수의 규례에 대한 또 한 가지 사례를 숙고하는 일이 남아 있다. 이 사례는 우리가 방금 전에 검토했던 것과 상당히 비슷하다.

그때에 제자가 더 많아졌는데 헬라파 유대인들이 자기의 과부들이 매일의 구제에 빠지므로 히브리파 사람을 원망하니 열두 사도가 모든 제자를 불러 이르되 우리가 하나님의 말씀을 제쳐 놓고 접대를 일삼는 것이 마땅하지 아니하니 형제들아 너희 가운데서 성령과 지혜가 충만하여 칭찬 받는 사람 일곱을 택하라 우리가 이 일을 그들에게 맡기고 우리는 오로지 기도하는 일과 말씀 사역에 힘쓰리라 하니 온 무리가 이 말을 기뻐하여 믿음과 성령이 충만한 사람 스데반과 또 빌립과 브로고로와 니가노르와 디몬과 바메나와 유대교에 입교했던 안디옥 사람 니골라를 택하여 사도들 앞에 세우니 사도들이 기도하고 그들에게 안수하니라 행 6:1-6

여기에서 우리는 예루살렘 교회 안에 있는 행정직administrative office에 일곱 사람을 지명하여 세운 기록을 본다. 거의 모든 주석가는 이 사람들을 지명하여 세운 직무가 "집사deacon"라는 직무였다는 점에 일치한다. 이 사람들을 집사로 지명하여 세운 효력이 생긴 것은 교회 지도자들의 안수를 통해서였다.

이 과정을 더 분명히 이해하려면 신약의 지역교회에 있던 리더십의 구조를 간단히 분석할 필요가 있다. 기본 구조는 극히 단순했다. 그것은 오직 두 가지 행정직무classes of administrative officers로 구성되어 있다. 두 직무는 장로와 집사였다.

1611년 판 킹 제임스 신약성경에만 익숙한 사람들에게는 장로와 집사 말고도 두 가지 다른 교회의 직무, 즉 비숍bishop과 감독overseer도 있는 듯 여길 수도 있다. 하지만 헬라어 원문에 사용된 말을 자세히 검토해보면 그렇지 않다는 사실이 드러날 것이다. 사실상, "비숍bishop", "감독overseer",

"장로elder"라는 세 칭호는 같은 직무를 세 가지로 다르게 이름을 붙인 것에 불과하다. '비숍bishop'이라는 영어 단어는 약간의 변형을 거쳐서 헬라어 'episkopos에피스코포스'에서 파생된 용어다. 'episkopos에피스코포스'라는 헬라어의 문자적인 의미는 단순히 '감독overseer'이다. 때로 1611년 판 킹 제임스 성경마저도 'episkopos에피스코포스'를 감독으로 표현했다가, 다른 때에는 "비숍"으로 표현한다.

이런 혼란은 New King James Version 성경에서도 여전히 남아 있다. 예를 들면, 사도행전 20:28과 베드로전서 5:2에서 헬라어 'episkopos에피스코포스'가 영어로는 '감독overseer'으로 번역되었다. 다른 한편, 빌립보서 1:1과 디모데전서 3:2과 디도서 1:7에서는 같은 헬라어 'episkopos에피스코포스'가 '비숍bishop'이란 영어 단어로 번역되었다. 번역에서 어떤 단어로 사용되었는지는 상관없이 각각의 용어는 동일한 직무를 묘사한다. 우리가 'episkopos에피스코포스'라는 헬라어의 가장 명확하고 문자적인 번역을 원한다면, 의심할 바 없이 '감독overseer'일 것이다.

다시 말하지만, 이러저러한 신약의 성경구절들을 검토해 보면, "장로"라는 명칭이 정확히 "비숍"과 "감독"과 같은 직무를 가리킨다는 사실이 분명하게 드러난다.

예를 들면, 사도행전 20:17에서 우리는 바울의 다음과 같은 모습을 본다.

> 바울이 밀레도에서 사람을 에베소로 보내어 교회 장로들을 청하니
> 행 20:17

그리고 사도행전 20:28에서 바울은 이들에게 다음과 같이 말한 장면이 나온다.

> 여러분은 자기를 위하여 또는 온 양떼를 위하여 삼가라 성령이 그들 가운데 여러분을 감독자로 삼고 하나님이 자기 피로 사신 교회를 보살피게 하셨느니라행 20:28

따라서 위 두 구절을 함께 놓음으로써 "장로"와 "감독"이라는 두 칭호가 동일한 직무를 가리키는 것임을 깨닫게 된다.

뿐만 아니라, 바울은 디도에게 다음과 같이 편지를 쓴다.

> 내가 너를 그레데에 남겨 둔 이유는 남은 일을 정리하고 내가 명한 대로 각 성에 장로들을 세우게 하려 함이니딛 1:5

디도서 1:7에서 바울은 장로들이 갖추어야 하는 자격을 묘사하면서 다음과 같이 말한다.

> 감독은 하나님의 청지기로서 책망할 것이 없고…딛 1:7

다른 말로 하면, 바울은 똑같은 직무를 묘사하기 위해서 '장로'라는 말과 '비숍'이라는 말을 번갈아서 사용했다는 말이다. 베드로가 이 용어를 사용하는 것은 바울과 일치한다. 베드로전서 5:2에서 베드로는 장로들에게 편지를 쓰면서 다음과 같이 말한다.

> 하나님의 양 무리를 치고…감독으로서 섬기라(Shepherd the flock of God…serving as overseer벧전 5:2 NKJV

동일인을 장로로 부르기도 하고 감독으로 부르기도 한다. 따라서 '비숍'과 '감독'과 '장로'라는 이 세 단어가 똑같은 직무를 가리키는데 사용된 세

가지 다른 명칭일 뿐이라는 사실을 발견한다. 아마도 이 중에 장로라는 칭호가 이 직무를 가장 일반적으로 나타낸 명칭이었던 것 같다.

이미 진술했듯이, 장로 말고도 집사가 있다. 이 두 직무 – 장로와 집사 – 이외에는 지역교회에 다른 직무가 있다는 기록이 신약에는 없다.

이 두 직무에 대한 주요 자격요건이 사도행전 6:3, 디모데전서 3장, 디도서 1:5-9에 제시되어 있다.

이상의 구절들에 근거해서, 우리는 다음과 같이 두 직무의 주요 특징을 요약할 수 있다. 우선 장로의 일차적 임무는 교회에 영적 방향과 가르침을 제공하는 것이다.

> 잘 다스리는 장로들은 배나 존경할 자로 알되 말씀과 가르침에 수고
> 하는 이들에게는 더욱 그리할 것이니라 딤전 5:17

여기에서 장로의 두 가지 주요 의무가 "다스리는 것"과 "말씀과 가르침에 수고하는 것"으로 나타난다.

다른 한편으로, '집사deacon'는 원래 "종servant"을 뜻하는 말이다. 사도행전 6:2에 나타난 집사의 일차적 임무는 식탁을 섬기는 것, 다시 말해 회중의 물질적 필요를 섬기는 것이다. 이렇게 하는 가운데 그들은 사도들도 섬겼다.

집사를 지명하여 세우는 과정은 사도행전 6:3-6에 요약되어 있다. 사도들은 집사의 직무를 성취하기에 적합한 사람들을 교회지체들 가운데서 택하는 책임을 전체 회중에게 위임하였다. 회중들이 이 사람들을 뽑은 후에 사도들 앞으로 데리고 갔다. 그리하여 사도들은 먼저 그들에게 기도하고 난 후, 안수했다.

집사들에게 안수하는 이 행위에는 세 가지 주요 목적이 담겨 있었다.

1. 사도들은 안수함으로써 이 사람들이 집사의 직무를 담당하기에 합당하게 여긴다는 사실을 공적으로 인정했다.
2. 사도들은 안수를 통해 이 사람들이 받은 그 임무에 대해 하나님께 위탁했다.
3. 사도들은 안수함으로써 이 사람들이 수행해야 하는 임무에 필요한 영적 은혜와 지혜를 그들에게 전달했다. 집사로 임명받고 세워진 두 사람 – 스데반과 빌립 – 은 나중에 그들 자신의 탁월한 영적 사역을 발전시켰다.

장로를 지명하여 세우는 장면을 보려면 사도행전으로 돌아가는 게 좋다.

복음을 그 성에서 전하여 많은 사람을 제자로 삼고 루스드라와 이고니온과 안디옥으로 돌아가서 제자들의 마음을 굳게 하여 이 믿음에 머물러 있으라 권하고 또 우리가 하나님의 나라에 들어가려면 많은 환난을 겪어야 할 것이라고 하고 각 교회에서 장로들을 택하여 금식기도하며 그들이 믿는 주께 그들을 위탁하고행 14:21-23

위의 구절에 나온 다양한 측면들이 다 중요하다. 첫째, 사도들을 파송한 것과 마찬가지로 장로들을 지명하여 세우는 것은 합동으로 금식하고 기도한 뒤에 이루어졌다는 사실이다. 분명히 신약의 교회는 이것이 모든 중요한 결정을 내리는데 하나님의 지시를 얻을 수 있는 성경적 방법이라고 이해했다.

둘째, 바울과 바나바가 이 시점에서 돌아가서 만났던 사람들은 처음에는 그저 제자들이라 불린 자들이었지만, 장로들을 지명하여 세우고 난 후에는 그들을 집합적인 의미에서 교회라고 묘사한다. 한 무리의 제자들을 교회라는 단체corporate entity로 바꾼 것은 장로를 지명하여 세운 뒤였다.

셋째, 장로를 지명하여 세우는 것은 하나님의 권위를 대표하는 사도들의 책임이었지만, 사도들은 자신들의 판단에 의존하지 않았으며, 단지 성령님의 도구였다. 에베소 교회의 장로들에게 바울은 다음과 같이 말한다.

> 여러분은 자기를 위하여 또는 온 양떼를 위하여 삼가라 성령이 그들 가운데 여러분을 감독자로 삼고 하나님이 자기 피로 사신 교회를 보살피게 하셨느니라행 20:28

하나님이 세운 범례에 따르면, 교회에서 누구를 지명하여 세우는 모든 일은 성령님으로부터 나와야 한다.

사도행전 14:21-23에는 안수했다는 어떤 구체적인 언급도 없다. 그럼에도 성경은 바울과 바나바가 장로로 임명하여 세운 이들에게 안수했다고 믿을 수 있는 두 가지 강력한 이유를 제공한다.

첫째, 이 임명하는 일은 성경을 통해 안수가 사용된 두 가지 주된 목적에 정확히 응한 것이었다. 사도들은 안수를 통해 지역교회의 지도자들을 확증하고 따로 세웠으며, 동시에 그들이 임무를 수행하는데 필요하게 될 지혜와 권위를 전이했다.

둘째, 디모데전서 5:17-22에서 바울은 지역교회 장로들과 관계하는 법에 대해 일련의 가르침을 디모데에게 제시하고 있다. 바울은 다음과 같이 결론을 내린다. "아무에게나 경솔히 안수하지 말고"딤전 5:22 비록 이 경고가 다양하게 사용되는 안수에 적합한 말일지라도, 아마 바울이 여기에서 말하려는 안수는 장로를 임명하는데 사용하는 방법을 가리키는 것 같다.

이는 장로를 임명하는데 받아들여진 방식이 그들에게 안수하는 것이었음을 드러낸다.

이 연구를 마치면서 신약에서 안수에 대해 지시한 다섯 가지 주요 목적을 열거해 보자. 1) 치유사역을 위해서, 2) 성령 세례를 구하는 자들을 돕기 위해서, 3) 영적 은사들을 전이하기 위해서, 4) 사도들을 파송하기 위해서, 5) 지역교회에 장로와 집사를 임명하여 세우기 위해서이다.

이 다섯 가지로 안수를 사용하는 것을 이해하기 위해서 우리는 신약에서 드러난 지역교회의 일상 삶과 행정의 패턴을 검토해 보았다.

이제 우리가 안수를 다룬 이 세 장들(37-39장)에서 얻은 교훈을 요약해 보면, 이 규례(안수)가 그리스도인의 삶과 사역의 많은 중요한 측면과 긴밀한 연관이 있다는 사실을 알게 된다.

안수는 치유사역과 직접 연결되어 있다. 안수는 성령 세례를 통한 활동적인 증인으로 믿는 자를 무장시키는 일과도 연결되어 있다. 안수는 특별히 그리스도인을 일꾼으로 임명하는 일과도 연결되어 있다. 안수는 종종 예언의 은사와 연결되기도 한다. 안수는 두 가지 방식으로 지역교회의 삶을 강건케 하는데, 즉 영적으로는 영적 은사들을 전이하는데, 또는 실제적으로는 집사와 장로를 지명하여 세우는 데 활용된다.

이상의 모든 이유로 인해, 논리적으로도 안수의 규례는 히브리서 6:2에 나타난 그리스도교 신앙의 위대한 기초 교리 가운데 그 위치를 차지한다고 말할 수 있다.

제6부

죽은 자들의 부활

어떻게 해서든지 죽은 자 가운데서 부활에 이르려 하노니 빌 3:11

40장

시간의 끝에서

　5부에서 우리는 히브리서 6:1-2에 열거된 기초 교리들 가운데 네 번째 교리인 "안수"에 관해 살펴보았다. 이제 우리가 검토할 교리는 목록 가운데 마지막 두 가지, 곧 죽은 자들의 부활과 영원한 심판이다.

　우리가 마지막 두 교리를 검토하는 것은 아주 새로운 연구영역으로 들어가는 것이다.

　우리가 이미 숙고했던 네 가지 교리들은 전부 현재 세계와 시간의 영역에 직접 관계를 맺고 있다. 그러나 우리는 남은 두 교리를 공부하면서, 하나님의 말씀의 계시로 인해 현재 세계와 시간의 영역을 넘어서 영원의 영역으로 넘어간다.

　죽은 자들의 부활과 영원한 심판이 일어나게 될 무대는 시간이 아니라 영원에 속하게 될 것이다.

영원 : 하나님께서 존재하시는 영역

많은 사람들이 영원eternity이라는 용어에 대해 혼란스러워 한다. 그들은, 영원이란 인간이 도저히 생각할 수도 없을 만큼 엄청나게 긴 시간 정도로만 여긴다. 그러나 이것은 맞지 않다. 영원은 그저 시간의 끝없는 확장이 아니다. 영원은 본질상 시간과 다르다. 영원은 전적으로 다른 영역, 전혀 다른 존재의 영역에 속한다. 영원은 하나님께서 친히 존재하시는 존재양식God's own mode of being이요, 하나님 자신이 거하시는 영역이다.

창세기 21:33과 이사야 40:28을 보면, 하나님은 "영원하신 하나님 the everlasting God"이라 불리신다.

시편 90:2에서 모세는 하나님에 대해 다음과 같이 말한다.

> 산이 생기기 전, 땅과 세계도 주께서 조성하시기 전 곧 영원부터 영원까지 주는 하나님이시니이다시 90:2

하나님께서도 친히 그분의 영원한 본성과 영역을 정의하신다.

> 지극히 존귀하며 영원히 거하시며 거룩하다 이름하는 이가 이와 같이 말씀하시되 내가 높고 거룩한 곳에 있으며 또한 통회하고 마음이 겸손한 자와 함께 있나니 이는 겸손한 자의 영을 소생시키며 통회하는 자의 마음을 소생시키려 함이라사 57:15

위의 성경구절들은 영원이 하나님의 본성에 속한 측면이요, 하나님께서 존재하시는 영역이라는 사실을 밝히고 있다. 모세가 하나님께 그분을 어떤 이름으로 이스라엘의 자손들에게 알리고 싶어 하시는지 물어보았을 때, 하나님께서는 모세에게 다음과 같이 대답하셨다.

> 하나님이 모세에게 이르시되 나는 스스로 있는 자이니라(I AM WHO I AM) 또 이르시되 너는 이스라엘 자손에게 이같이 이르기를 스스로 있는 자(I AM)가 나를 너희에게 보내셨다 하라출 3:14

여기에서 하나님께서는 그분의 이름을 두 가지 형태로 모세에게 제시하신다. 즉, "스스로 있는 자(I AM)"와 "나는 스스로 있는 자(I AM WHO I AM)"라는 이름이다. 이는 하나님의 영원하시고 불변하는 본성을 계시한다. 하나님은 항상 "스스로 있는 자(I AM)"이시다. 하나님은 그분의 피조물 중 하나에 불과한 시간이 흐른다고 변하지도 않으실 뿐만 아니라 영향을 받지도 않으신다. 하나님에게 있어 과거와 현재와 미래는 영원한 현재, 곧 영원한 "스스로 있는 자(I AM)" 안에서 하나로 연합되어 있다.

모세에게 준 계시로부터 거룩한 형태의 하나님의 이름이 나왔는데, 그 이름은 네 개의 히브리어 자음으로 이루어진 것으로, 영어표기는 'YHWH'이다. 전통적으로 이것은 "여호와Jehovah"로 표현되었다. 현대학자들은 'YAHWEH야훼' 라는 형태 – "그이신 분(HE IS)" 또는 "그이실 분(HE WILL BE)"을 뜻하는 – 가 'YHWH'를 더욱 실제로 표현할 수 있을 것이라 제안한다. 몇몇 역자는 "영원한 분the Eternal"이란 칭호로 이 이름의 의미를 나타내려고도 했다.

하나님의 영원하시고 불변하신 본성에 관하여 똑같은 진리가 신약성경에서는 밧모 섬의 사도 요한이 받은 계시로 나타난다.

주 하나님이 이르시되 나는 알파와 오메가라 이제도 있고 전에도 있
었고 장차 올 자요 전능한 자라 하시더라계 1:8

헬라어 알파벳의 첫 글자가 알파요, 마지막 글자가 오메가다. 따라서 시간이라는 알파벳 전체가, 즉 시간의 처음부터 끝까지가 하나님 자신의 본성 속에 포함되어 있다. "이제도 있고 전에도 있었고 장차 올 자(who is and who was and who is to come)"라는 어구는 현재와 과거와 미래를 요약하며, 따라서 "나는 스스로 있는 자(I AM WHO I AM)"라고 하나님의 본성에 관해 모세가 받은 계시와 정확히 상응한다.

여기에서 사용된 하나님의 다른 칭호인 "전능하신 분the Almighty"은 창세기로부터 줄곧 사용된 히브리어 '엘 샤다이El Shaddai'에 상응한다.

예를 들면, 창세기 17:1에서 우리는 주 곧 'Yahweh야훼'께서 자신을 'El Shaddai엘샤다이' 곧 전능하신 하나님이라는 이름으로 아브라함에게 계시하셨음을 읽는다. 왜냐하면 성경이 다음과 같이 말씀하기 때문이다.

아브람이 구십구 세 때에 여호와께서 아브람에게 나타나서 그에게
이르시되 나는 전능한 하나님[El Shaddai]이라. 너는 내 앞에서 행
하여 완전하라창 17:1

'엘 샤다이El Shaddai'의 어근은 "충분하신 하나님God who is sufficient", 다시 말해, "모든 것이 - 충분하신 하나님all-sufficient God", 즉 모든 창조가 처음부터 끝까지 요약되어 있는 분으로 사료되었던 것이다.

신약성경도 절대로 모든 것이 충분하신 하나님에 대한 똑같은 그림을 담고 있다.

시간의 끝에서 **567**

> 이는 만물이 주에게서 나오고 주로 말미암고 주에게로 돌아감이라
> 롬 11:36

만물은 하나님께 그 기원을 두고 있다. 하나님께서 만물이 계속 존재할 수 있게 하신다. 그리고 만물은 하나님 안에서 그 목적end과 완성completion을 발견한다.

따라서 우리는 성경에서 하나님을 다양하게 부르는 이름과 칭호 자체가 이미 하나님 자신의 영원한 본성에 대한 계시를 담고 있음을 발견한다. 우리는 하나님의 영원한 본성을 깊이 생각함으로써 영원에 대한 제대로 된 그림을 그리기 시작한다.

영원을 바르게 이해하자면, 영원은 끝없이 지속되는 시간이 아니라, 오히려 하나님 자신의 존재의 본성이자 양식이며, 또한 하나님께서 스스로 존재하시는 창조되지 않은 영역이다.

하나님께서는 창조의 행위에 의해 영원으로부터 현재 세상을 존재케 하셨으며, 그와 아울러서 우리가 알고 있는 시간의 질서, 곧 과거와 현재와 미래를 존재케 하셨다. 하나님께서는 또 다른 그분의 행위로 어느 날 이 세상을 끝장내실 것이고, 그와 더불어서 우리가 알고 있는 시간도 다시 존재하지 않게 될 것이다. 시간은 우리의 현재 세상의 질서와 분리할 수 없을 정도로 직접 연결되어 있다. 이 세상의 질서와 함께 시간은 존재하게 되었다. 이 세상의 질서와 함께 시간은 다시금 존재하지 않게 될 것이다.

현재 세상의 질서가 갖는 한계 내에서 모든 피조물은 시간의 흐름에 굴복한다. 경험으로 보건대, 시간은 인간이 바꿀 능력이 없는 것 중 하나이다.

이 세상에 있는 모든 사람은 시간의 피조물이요 노예이다. 누구도 시간의 흐름을 붙잡거나 바꿀 수 있는 능력이 없다.

인간사에 자행된 시간의 무자비한 지배는 항상 인류역사를 통틀어서 사상가들의 생각과 상상력을 장악해왔다. 여러 시기에 여러 방식으로 사람들은 시간의 지배에서 벗어나려고 애써왔지만, 그 모든 시도는 항상 헛된 것이었을 뿐이다. 영국의 시인 앤드류 마블Andrew Marvel은 인류의 부르짖음을 다음과 같이 토로했다.

> 영원히 등 뒤로 내가 듣노니
> 날개 단 시간의 전차가 가까이 오는 소리를

각 시대마다 시인과 철학자들은 무수히 다른 형태의 이야기와 비유로 똑같은 생각, 즉 모든 인간과 모든 피조물들에 대한 시간의 불변의 행로와 무자비한 지배를 표현했다.

최근에 물리학은 상대성 이론을 통하여 시간에 대한 이해에 주목할 만한 기여를 해왔다. 간략하게 말하자면, 상대성 이론은, 시간과 공간이라는 두 범주가 서로 분리할 수 없게 관계를 맺고 있으며, 따라서 이것(시간)을 저것(공간)과의 관계없이는 적절하게 규정하거나 설명할 수 없다고 진술한다. 우리는 시간과 관계없이 공간을 정확하게 정의할 수 없고, 공간과 관계없이 시간을 정확하게 규정할 수 없다. 두 범주가 함께 모여 과학이 "시공연속체"라고 부르는 것을 이룬다.

이 상대성이론을 성경의 계시와 관련시켜 보자면, 시공연속체는 현재 세계의 질서전체를 존재할 수 있게 해주는 틀이다. 하나님의 절대 주권적 행위에 의해 시공연속체가 현재 세계의 질서와 함께 존재하게 되었다. 하나님의 또 하나의 절대 주권적 행위에 의해 이 현재 세계의 질서는 다시금 존재하지 않게 될 것이다. 시공연속체가 존재하기 이전과 이후에도 또한 시공연속체 그 너머에도 하나님의 영원한 본성과 존재는 불변한 채로 계속된다.

성경은 현재 세계의 질서에 관한 한 하나님께서 미리 정하신 어떤 한 순간에 시간의 끝(종말)이 올 것이라고 밝힌다. 하지만 지금 살아 있는 개인이 시간이 끝날 것이라는 하나님의 법령 앞에 무릎을 꿇어야 한다는 의견이 있다.

개인으로서 우리는 현재 세계의 질서가 끝나기만 기다릴 필요가 전혀 없다. 시간이 더 이상 존재하지 않을 때가 있다. 다시 말해, 우리 각자에게는 시간의 행로가 끝이 나고 영원으로 들어갈 때가 있다.

이스라엘 초대 대통령 차임 와이즈만Chaim Weizman이 죽은 시각에 그의 집에 있던 괘종시계의 바늘이 멈추었다. 이는 인간이 지금 어느 단계의 삶에 있든 상관없이 그를 기다리고 있는 것에 대한 그림이다. 인간에게는 시계바늘이 멈출 시각, 즉 시간이 끝나고 영원이 시작하는 순간이 개별적으로 찾아온다.

누군가 "다른 모든 시계 뒤에 있는 시계는 인간의 심장이다."고 말하여 똑같은 생각을 표현했다. 이 시계가 박동하기를 그치면 다른 모든 시계도 똑딱거리길 멈춘다. 각자에게 삶의 끝이 시간의 끝이다.

각자의 혼이 영원으로 들어갈 때 무엇이 기다리고 있는가? 시간의 다른 쪽에는 무엇이 있는가?

보편적으로 정해진 두 가지

세상을 떠나는 각자의 혼departing soul을 기다리고 있는 많은 신비와 알려지지 않는 것이 있다는 것은 의심할 바 없는 사실인데, 그것에 대해 성경은 영원과 시간을 가르는 베일을 들어 올리고 있지 않다. 그러나 성경은 영원의 문지방을 넘어가자마자 모든 혼이 최종적으로 도착하는 두 가지 종착지, 즉 죽은 자들의 부활과 영원한 심판을 계시한다.

> 아담 안에서 모든 사람이 죽은 것 같이 그리스도 안에서 모든 사람이 삶을 얻으리라 고전 15:22

죽음이 아담의 혈통을 통해 모든 사람에게 보편적 운명이 되었듯이, 죽은 자들로부터의 부활 역시 모든 사람을 위해 하나님께서 보편적으로 정하신 것이다. 이것은 그리스도의 죽으심과 부활을 통해 가능해진 것이다.

하나님께서 보편적으로 정하신 죽은 자들로부터의 부활에 대해, 성경은 오직 한 분류의 예외만 인정한다. 그 예외는 아주 논리적인 것이다. 즉, 죽지 않는 자들은 결코 죽은 자들로부터 부활할 필요가 없을 것이라는 사실이다.

> 보라, 내가 너희에게 비밀을 말하노니 우리가 다 잠잘 것이 아니요 마지막 나팔에 순식간에 홀연히 다 변화되리니 나팔소리가 나매 죽은 자들이 썩지 아니할 것으로 다시 살아나고 우리도 변화되리라 이 썩을 것이 반드시 썩지 아니할 것을 입겠고 이 죽을 것이 죽지 아니함을 입으리로다 고전 15:51-53

바울이 여기에서 "우리가 다 잠잘 것이 아니요(we shall not all sleep)"라고 말하는 것은 그리스도인들에게만 해당된 것이다. 바울이 말한 의미는 그리스도께서 그분의 교회를 위해 재림하실 때 살아 있는 진정한 그리스도인은 모두 잠자지 않을 것이라는 말이다. 다시 말해 그들은 죽지 않거나 죽음 안으로 잠들지 않을 것이라는 뜻이다. 그 대신에, 그들의 몸이 순간 기적적으로 변화될 것이며, 그러면 그들은 자신들이 전적으로 새롭고 초자연적인 종류의 몸을 입은 것을 알게 될 것이다. 즉 썩어질 것corruption이 썩지 아니할 것incorruption으로 대체되고, 죽을 수밖에 없는 것mortality이 불멸성immortality으로 대체될 것이다. 그 후로, 더 이상 죽음도 죽은 자들로부터의 부활도 불가능할 것이다.

그리스도께서 재림하실 때까지 살아 있는 진정한 그리스도인이라는 이 부류를 제외하고, 우리는 하나님께서 보편적으로 정하신 죽은 자들로부터의 부활에 대해 두 가지 다른 예외의 가능성이 남아있다. 이것은 구약에 기록되어 있는 것인데, 즉 죽음을 보지 않고서 지상에서 하늘로 옮겨진 두 사람, 곧 에녹과 엘리야의 경우이다.

성경 어디에도 이 두 사람이 궁극적으로 무엇을 경험했는지에 대해서 상세한 설명이 나와 있지 않다. 그러나 한 가지 분명한 사실은 남아 있다. 즉, 죽지 않는 사람은 결코 죽은 자들로부터 부활할 필요가 없을 것이라는 사실이다. 다른 한편, 성경은 죽은 모든 사람들이 죽은 자들로부터 부활하게 될 것이라고 분명하게 밝히고 있다.

모든 인간을 향해 하나님께서 영원 안에서 정하신 또 하나는 심판이다. 바울은 아덴 사람들에게 온 세상이 어느 날 하나님의 심판에 직면해야 할 것이라고 경고했다.

알지 못하던 시대에는 하나님이 간과하셨거니와 이제는 어디든지
사람에게 다 명하사 회개하라 하셨으니 이는 정하신 사람으로 하여
금 천하를 공의로 심판할 날을 작정하시고 이에 그를 죽은 자 가운
데서 다시 살리신 것으로 모든 사람에게 믿을 만한 증거를 주셨음이
니라 하니라 행 17:30-31

하나님께서 심판을 정하신 것은 크게 보면 세상, 곧 온 인류에게 정하신 것이다. 이것이 모든 인간이 회개하도록 명령을 받은 이유이다. 왜냐하면 모든 사람은 어느 날 심판을 받게 될 것이기 때문이다.

바울은 그리스도인들에게 그들 역시 하나님의 심판 앞에 설 수 있게 준비되어 있어야 한다고 경고한다.

네가 어찌하여 네 형제를 비판하느냐 어찌하여 네 형제를 업신여기
느냐 우리가 다 하나님[그리스도]의 심판대 앞에 서리라 기록되었으
되 주께서 이르시되 내가 살았노니 모든 무릎이 내게 꿇을 것이요
모든 혀가 하나님께 자백하리라 하였느니라 롬 14:10-11

여기에서 바울은 그리스도인들에게 편지를 쓰고 있다. 그러므로 "네 형제"라는 어구는 동료 그리스도인을 가리킨다. 마찬가지로, "우리가 다 서리라"는 어구 역시 모든 그리스도인들을 가리킨 것이다. 더 나아가, 심판에는 어떤 예외도 없다는 사실을 "모든 무릎이 내게 꿇을 것이요"와 "모든 혀가 하나님께 자백하리라"는 두 가지 어구를 보편적으로 적용한 것을 보아서 알 수 있다.

나중에 우리는 모든 인간을 향한 하나님의 심판 프로그램을 자세히 검토할 것이며, 그러면 인간을 판단하는 다양한 범주에 따라 상이한 심판의 장

면과 목적이 있는 것을 보게 될 것이다. 지금까지, 죽은 모든 사람이 부활하고 심판받을 것이라는 이 기본원리는 정립되었다.

> 한 번 죽는 것은 사람에게 정해진 것이고 그 후에는 심판이 있으리니
> 히 9:27

여기 "사람에게 정해진 것"이라는 어구에는 인류 전체가 포함되어 있다.

그러므로 우리는 죽음을 통해 시간에서 영원으로 건너가는 모든 인간의 혼에게는 하나님께서 보편적으로 정하신 두 가지의 취소할 수 없는 것이 있다고 말할 수 있을 것인데, 그것은 부활과 심판이다.

그리스도께서 재림하실 때, 그리스도를 만나기 위해서 살아 있는 채로 들려 올려질 그리스도인 역시 모든 그리스도인에게 정해진 심판 앞에 나타나야 한다.

> 우리가 다 하나님의 심판대 앞에 서리라 롬 14:10

거의 똑같은 말씀이 고린도후서에서도 나온다.

> 이는 우리가 다 반드시 그리스도의 심판대 앞에 나타나게 되어…
> 고후 5:10

이 두 구절들 – 로마서 14:10과 고린도후서 5:10 – 에 등장한 "우리가 다 (we…all)"라는 어구는 예외 없이 모든 그리스도인을 가리킨다.

부활과 심판은 성경의 논리에 의해 분리할 수 없게 연결되어 있다.

부활이 항상 심판에 선행한다. 누구도 결코 '몸 없는 혼disembodied soul'으로 심판을 받기 위해 하나님 앞에 나타나지 않을 것이다. 모든 경우에,

하나님의 심판 앞에 나타나는 것은 영, 혼, 몸으로 이루어진 인간의 인간성 전체가 될 것이다. 이런 이유로, 몸의 부활이 반드시 마지막 심판에 선행해야 한다. 성경에서 이 두 가지 – 부활과 심판 – 가 우리에게 제시되는 것은 항상 다음의 순서대로이다. 즉 먼저는 부활이요, 그 다음은 영원한 심판이다.

바울은 이 순서를 정하게 된 근본원리를 밝히고 있다.

> 이는 우리가 다 반드시 그리스도의 심판대 앞에 나타나게 되어 각각 선악간에 그 몸으로 행한 것을 따라 받으려 함이라 고후 5:10

심판은 이 땅에 있는 동안에 몸으로 행한 것들과 관련이 있다. 사람이 대답해야 하는 것이 몸으로 행한 것들이기 때문에, 하나님께서는 인간이 그런 것들에 대답하기 위해서 그분 앞에 각자의 몸을 입고 나타날 것이라고 규정하셨다.

따라서 몸의 부활이 심판에 선행해야 한다. 모든 점과 마찬가지로 이점에서도 하나님의 프로그램은 논리적이며 일관적이다.

41장

죽을 때 갈라지는 운명

　이 장에서 우리는 성경이 죽은 자들의 부활에 대해 무어라 가르치는지를 상세하게 검토할 것이다.
　분명하게 확립되어야 할 첫 논점은, 인간에게서 부활해야 하는 부분은 영이나 혼이 아니라 몸이라는 사실이다. 더 정확하게 규정하자면, 성경이 말씀하는 부활은 몸의 부활이라는 말이다.
　이 사실이 담고 있는 의미를 이해하기 위해서 성경에서 계시된 인간의 전체 본성을 간략하게 분석하는 것이 필요하다.

인간은 삼위일체적인 존재

　바울은 데살로니가에 있는 그리스도인들을 위해서 다음과 같이 기도했다.

평강의 하나님이 친히 너희를 온전히 거룩하게 하시고 또 너희의 온
영과 혼과 몸이 우리 주 예수 그리스도께서 강림하실 때에 흠 없게
보존되기를 원하노라살전 5:23

위 구절의 전반부에서 바울은 "너희를 온전히 거룩하게 하시고"라는 어구를 사용한다. 이는 바울이 그리스도인 각각의 전체 본성 또는 인격에 대하여 기도한다는 사실을 알려준다. 이 구절의 후반부에서 바울은 인간의 전체 본성 또는 인격을 구성하는 세 요소인 영과 혼과 몸을 열거한다.

뿐만 아니라, 우리는 다음의 말씀도 읽는다.

하나님의 말씀은 살아 있고 활력이 있어 좌우에 날선 어떤 검보다도
예리하여 혼과 영과 및 관절과 골수를 찔러 쪼개기까지 하며 마음의
생각과 뜻을 판단하나니히 4:12

이 구절 역시 데살로니가전서 5:23과 똑같이 인간의 전체 인격을 영과 혼과 몸이라는 삼중적인 구분을 하고 있다. 히브리서 4:12 경우에, 몸은 신체 부분에 해당되는 관절과 골수로 표현된다.

인간의 전체 인격이 어떻게 이루어졌는지를 더 잘 이해하기 위해 성경의 첫 부분(창세기)에 제시된 인간창조의 원래 구절에 주목하고 싶다.

하나님이 이르시되 우리의 형상을 따라 우리의 모양대로 우리가 사
람을 만들고…창 1:26

이 구절에서 피조물인 인간과 창조주이신 하나님의 관계를 표현하기 위해 두 단어가 사용된다. 첫 번째 단어가 '형상'이고, 두 번째 단어는 '모양'이다.

여기에서 "형상image"이라고 번역된 히브리어는 구약의 다른 많은 구절들에서는 "그늘shade" 또는 "그림자shadow"로 번역된다. 같은 어근을 지닌 오늘날 현대 히브리어 동사는 "누군가의 사진을 찍다"라는 의미로 쓰이고 있다. 형상이라는 단어가 인간의 창조에서 일차적으로 가리키는 바는 인간의 외적인 모습이나 겉모습man's external form or appearance이다. 인간의 외적인 모습에서조차 동물에게는 발견되지 않는 인간과 하나님 사이의 상응이 존재한다.

그럼에도 인간과 하나님 사이의 상응은 외적인 모습을 초월한다. 여기에서 "모양likeness"으로 번역되어 사용된 두 번째 히브리어는 그 적용에 있어 훨씬 더 일반적이다. 그 용어는 인간의 전체 인격을 가리킨다. 즉, 인간의 전체 인격과 하나님 자신의 존재 또는 본성 사이에 상응이 존재한다는 사실을 가리킨다.

하나님의 본성과 인간의 본성 사이에 존재하는 이 상응의 중요한 측면은 인간의 전체 인격의 세 가지 요소인 영, 혼, 몸의 계시 안에 포함되어 있다. 따라서 우리는 인간이 삼위일체적인 존재로, 다시 말해 영과 혼과 몸이라는 세 가지 구성요소로 이루어진 하나의 전체 인격임이 드러났다고 말할 수 있을 것이다.

인간의 존재와 상응하는 방식으로, 성경은 하나님의 존재 역시 삼위일체임을 계시한다. 다시 말해, 한분 참 하나님one true God이 계시지만, 이 한분의 신성one Godhead 안에서 우리는 아버지와 아들과 성령이라는 구별된 세 인격을 분별한다.

따라서 성경은 인간의 전체 인격과 하나님의 총체적 본성 사이의 닮음 또는 상응을 우리에게 제시한다. 간단히 말하면, 우리는 하나님과 인간 사이의 상응을 다음과 같이 요약할 수 있다. 즉, 성경은 삼위일체 하나님을 닮아서 창조된 삼위일체적인 인간을 계시한다.

창세기에서 인간의 원래 창조에 관해 더 자세한 내용이 제시된다.

> 여호와 하나님이 땅의 흙으로 사람을 지으시고 생기를 그의 코에 불어넣으시니, 사람이 생령[혼]이 되니라 창 2:7

여기에서 우리는 인간의 전체 인격이 두 가지로 절대 구분되고 분리된 원천에 그 기원을 둔다는 사실을 본다. 인간에서 물리적이고 물질적인 부분인 몸은 땅의 흙(먼지)으로 지어진 것이다. 인간에서 비가시적이고, 비물질적인 부분은 그 기원을 전능하신 하나님의 호흡(숨)에 갖는다. 인간의 비가시적이고, 비물질적인 부분을 여기 창세기에서는 "혼soul"이라 부른다. 그러나 우리가 이미 언급했듯이, 성경 다른 구절들에서는 인간의 비가시적이고 비물질적인 부분을 영과 혼이 함께 결합된 것으로 더 온전하게 규정한다.

성경은 영과 혼이 동일한 것은 아니지만, 인간의 비물질적인 부분을 함께 구성하는 두 가지 구별된 요소라고 지적한다. 그러나 인간의 영과 혼 사이를 가르는 선을 정확히 그으려는 시도는 현재연구의 범위를 넘어서는 일이다.

우리의 현재 목적을 위해서는 인간의 전체 인격이 원래부터 두 가지 상이한 원천을 갖는다고 말하는 것으로 충분하다. 1) 인간의 물리적이고 물질적인 부분(인간의 몸)은 아래, 곧 땅으로부터 온 것이다. 2) 인간의 비가시적이고 비물질적인 부분(인간의 영과 혼)은 위, 곧 하나님 자신으로부터 온 것이다.

죽는 순간, 인간의 비가시적이고 비물질적인 요소(인간의 영과 혼)는 진흙그릇으로부터 빠져나가게 된다. 그 후 장사됨의 과정에 의해서 인간의 물질적인 부분(인간의 몸)은 그것이 나온 곳인 땅으로 다시 돌아가고, 분해를 통해 그 원래의 요소들로 환원된다. 장사를 치르지 않는 곳에서도, 죽은 뒤 인간의 몸은 항상 분해 또는 해체의 과정을 겪을 수밖에 없고, 그리하여 궁극적으로 원래의 물질요소로 환원된다. 따라서 인간의 부활의 몸 역시 동일한 물질요소로부터 다시 일어나게 될 것이다.

인간의 몸과 인간의 영의 분리

성경 어디에도 죽은 뒤 인간의 비물질적인 부분, 곧 인간의 영과 혼이 몸을 기다리는 장사와 분해라는 똑같은 과정을 겪게 될 것이라는 어떤 암시도 없다. 오히려, 죽은 뒤 인간의 영적 부분이 인간의 몸과는 아주 다르다는 많은 성경의 증거가 있다.

그 가운데 첫 번째는, 전도서에서 살펴볼 수 있을 것이다. 전도서의 가르침을 숙고하려면, 저자인 솔로몬이 전도서에 나온 모든 질문과 결론에 설정한 분명한 한계를 염두에 둘 필요가 있다. 이는 책 전체를 통해 계속 반복되는 하나의 독특한 어구에 의해 드러난다.

예를 들면, 전도서 1:3에서 솔로몬은 다음과 같이 말한다.

해 아래서 수고하는 모든 수고가 사람에게 무엇이 유익한가전 1:3

이 질문은 약간씩 형태를 바꾸어가며 전도서를 관통해서 몇 번이나 반복된다. 전도서 전체에 "해 아래서under the sun"라는 어구가 스물아홉 번 등장한다.

"해 아래서"라는 이 독특한 어구는 솔로몬이 전도서 전체에서 그의 모든 질문과 결론에 설정한 의도적인 제한을 나타낸다. 전도서 전체는 해 아래 있는 것들, 다시 말해 일시적이고 물질적인 것들, 즉 시간의 영역과 현재 세계의 질서에 속한 것들에만 관련된다.

바울의 말을 언급하면 이 독특한 제한을 더 잘 이해할 수 있을 것이다.

> 우리가 주목하는 것은 보이는 것이 아니요 보이지 않는 것이니 보이는 것은 잠깐이요 보이지 않는 것은 영원함이라 고후 4:18

여기에서 바울은 다른 두 부류 사이에 분명한 경계선을 긋는다. 즉, 보이면서, 일시적인 것과 보이지 않으면서 영원한 것 사이에 분명한 경계선을 긋는다.

우리가 이제 이 이중적 분류를 전도서에 적용해보면, 전도서에 담긴 전체가 첫 번째 부류의 것들, 즉 보이면서 일시적인 것들에 해당되는 것을 발견한다.

전도서에서 솔로몬은 일시적(시간적) 영역의 경계선을 넘어 영원한 영역으로까지 자신의 연구를 추구하려들지 않는다. 솔로몬은 이 경계선에 이를 때마다 멈추고, 방향을 전환하여 일시적(시간적) 영역의 새로운 주제로 돌아간다. 이것은 "해 아래서"라는 어구의 반복에 의해서 드러난다. 전도서의 어떤 부분도 해의 영향력을 받지 않는 영역, 곧 비가시적인 영원한 영역을 다루지 않는다. 그러나 이 비가시적인 영원한 영역을 성경의 거의 모든 다른 책과 저자들이 – 심지어는 솔로몬 스스로도 다른 책에서는 – 다양한 방식으로 언급한다.

전도서의 이 독특한 제한 – 해 아래서 – 을 깨닫는 것은 우리가 전도서 전체의 가르침을 제대로 음미하고 성경 가운데 전도서와 다른 책들 사이에 겉보기에 비춰지는 갈등을 해소하는데 도움을 준다.

이를 염두에 두면서, 우리는 전도서에서 인간이 죽는 순간 몸의 운명과 영의 운명 사이의 차이를 언급하는 독특한 구절로 향할 수 있을 것이다.

> 내가 내 마음속으로 이르기를 인생들의 일에 대하여 하나님이 그들을 시험하시리니 그들이 자기가 짐승과 다름이 없는 줄을 깨닫게 하려 하심이라 하였노라 인생이 당하는 일을 짐승도 당하나니 그들이 당하는 일이 일반이라 다 동일한 호흡이 있어서 짐승이 죽음 같이 사람도 죽으니 사람이 짐승보다 뛰어남이 없음은 모든 것이 헛됨이로다 다 흙으로 말미암았으므로 다 흙으로 돌아가나니 다 한 곳으로 가거니와 인생들의 혼[영]은 위로 올라가고 짐승의 혼은 아래 곧 땅으로 내려가는 줄을 누가 알랴전 3:18-21

전도서의 전체주제에 따라서 솔로몬은 인간의 물리적이고, 물질적인 부분, 곧 인간의 몸을 주로 강조한다. 그러므로 솔로몬은 이런 측면에서 사람과 짐승이 죽을 때 운명의 차이가 전혀 없음을 상당히 정확히 지적한다. 죽는 순간, 인간의 몸은 짐승의 몸처럼 왔던 곳, 즉 흙으로 돌아가며, 거기서 다시 한 번 원소들로 분해된다.

그러나 솔로몬은 인간과 짐승이 죽을 때 유사한 운명은 신체적 몸에만 국한된다는 사실 역시 계속 지적한다. 그것은 인간의 영에는 적용되지 않는다. 인간의 영, 곧 인간의 비물질적인 부분은 짐승의 영과 다른 운명을 지닌다.

> 인생들의 혼[영]은 위로 올라가고 짐승의 혼은 아래 곧 땅으로 내려
> 가는 줄을 누가 알랴전 3:21

솔로몬은 이 구절을 다음의 질문으로 시작한다. "누가 알랴?" 이것은 마치 솔로몬이 "우리는 인간과 짐승 사이에 차이가 있다는 것을 인식하지만, 우리의 현재 연구의 범위 밖의 일이다. 따라서 우리는 그것을 간략하게만 언급할 수 있을 뿐이다. 우리는 더 이상 그것을 추구할 수 없다."고 말하는 것 같다.

솔로몬이 몸이 죽는 순간 인간의 영에 관해서 사용하는 어구를 어떻게 이해해야 하는가? 솔로몬은 "인생들의 혼[영]은 위로 올라가고(the spirit of the sons of man…goes upward)"라고 말한다.

무엇보다 먼저 우리는 이 진술이 인간의 몸은 아래 곧 땅으로부터 왔지만, 인간의 영은 위 곧 하나님으로부터 왔다는 사실을 알려주는 인간 창조의 설명과 일치한다는 점에 주목한다(창세기 2:7을 보라). 죽는 순간 인간의 영이 몸에서 빠져나오기 때문에, 인간 영의 방향은 다시 한 번 위, 곧 하나님을 향한다.

> 그때에 흙은 예전에 있던 대로 땅으로 돌아가고 영은 그것을 주셨던
> 하나님께로 돌아가리라전 12:7

따라서 인간이 죽는 순간, 영이 처한 운명에 대해서 솔로몬이 전도서에서 가르친 것은 짧지만, 명료하며, 성경의 다른 많은 구절들에서 제시된 것과 일치한다. 죽는 순간, 인간의 몸은 흙(먼지)으로 돌아가지만, 인간의 영은 위, 곧 하나님을 향한다.

인간이 죽는 순간, 영이 몸에서 빠져나오고 창조주 하나님 앞으로 올라갈 때, 무슨 일이 일어나는가?

이 부분에 대해서는 성경에 명확한 계시가 없는 것 같다. 그러나 성경은 우리가 이와 관련해서 두 가지 분명한 원리를 확립할 수 있게 해준다. 첫째, 인간의 영이 하나님 앞에 나타나는 것은 부활 이후에만 일어날 마지막 심판이 아니라는 사실이다. 둘째, 악하고 경건치 않는 자들의 영은 영원히 하나님의 임재 앞에 나아갈 수 없다는 점이다.

그러므로 우리는 죽은 즉시로 인간의 영이 하나님 앞에 나타나는 것은 하나의 주된 목적 때문이라고 결론을 내릴 수 있다. 그 목적은 인간 각자가 죽는 순간부터 부활과 마지막 심판 때까지 영이 차지해야 하는 지위state와 자리place를 정하시는 하나님의 판결을 듣기 위해서이다. 그 이후, 각각의 영은 합당하게 정해진 지위와 자리를 할당받고, 몸의 부활시 다시 부르실 때까지 그곳에 계속 있게 된다.

의인과 악인의 분리

죽음과 부활 사이에 있는 시기에 몸을 떠난 영의 상태는 어떠한가?

이에 관해서는 하나님께서 성경에 계시하기엔 적합하지 않다고 여기신 많은 것들이 있다는 것은 의심의 여지가 없다. 그러나 다음의 두 가지 사실은 분명하다. 1) 죽은 후에는 몸을 떠난 의인의 영과 악인의 영이 완전하고 영구적인 분리가 있다는 사실과 2) 그리스도의 죽음과 부활 이전 시기에 몸을 떠난 의인의 영의 상태는 지금 곧 현 시대에 몸을 떠난 의인의 영의 상태와는 달랐다는 사실이다.

이 두 가지 분명하게 확립된 사실 너머로 성경은 이따금씩 이 세상과 다음 세상 사이를 가르는 베일의 한 귀퉁이를 슬쩍 들어올려서 저 너머에 있는 것을 순간적으로 보여준다.

그 한 예가 압제하는 바빌론의 왕에게 내릴 하나님의 심판에 대한 성경구절이다.

> 아래의 스올이 너로 말미암아 소동하여 네가 오는 것을 영접하되 그것이 세상의 모든 영웅을 너로 말미암아 움직이게 하며 열방의 모든 왕을 그들의 보좌에서 일어서게 하므로 그들은 다 네게 말하여 이르기를 너도 우리 같이 연약하게 되었느냐 너도 우리 같이 되었느냐 하리로다 사 14:9-10

이 구절은 몸을 떠난 영의 상태에 대한 어떤 분명한 사실을 드러낸다. 이것이 몸을 떠난 영이 현재 땅에 일어나는 사건을 지각한다는 뜻은 아니지만, 땅에서 살았던 동안에 일어났던 사건에 대해 최소한 몇 가지의 기억이 있음을 보여준다.

그밖에도, 죽은 후에 인격은 그대로 남아 있음이 분명하며, 인격체 서로가 알아본다. 그리고 몸을 떠난 영이 처한 현재 상태에 대한 인식도 있다. 더욱이, 이 세상에서 누렸던 지위와 다음 세상에서의 지위 사이에는 어느 정도 상응이 존재한다. 이 세상에서 왕이었던 자들은 다음 세상에서도 여전히 왕으로 인식되고 인정되기 때문이다.

우리는 몸을 떠난 애굽의 왕의 영이 스올 Sheol 로 내려간 장면에서 비슷한 그림을 얻는다.

> 인자야 애굽의 무리를 위하여 슬피 울고 그와 유명한 나라의 여자들을 구덩이에 내려가는 자와 함께 지하에 던지며 이르라 너의 아름다움이 어떤 사람들보다도 뛰어나도다 너는 내려가서 할례를 받지 아니한 자와 함께 누울지어다겔 32:18-19

먼저 구덩이에 내려갔던 다른 막강한 자들의 영이 애굽 왕을 영접했다.

> 용사 가운데 강한 자가 그를 돕는 자와 함께 스올 가운데에서 그에게 말함이여 그는 칼에 죽임을 당한 자들이 내려와서 가만히 누웠다 하리로다겔 32:21

이 구절을 신중하게 검토해보면, 이사야 14:9-10에서 언급된 것과 동일한 특징을 나타냄을 보여준다. 인격이 그대로 유지되어 있고, 인격체끼리 서로를 알아보며, 서로 간에 의사소통이 이루어지며, 몸을 떠난 영이 처한 현재 상태에 대해서도 자각한다.

이제 신약으로 방향을 돌려서, 인간이 죽는 순간 영적인 부분이 처한 운명에 대해 어떤 빛을 더 분명하게 비추는지 알아보자.

우리가 깊이 생각할 신약의 첫 번째 구절은 매일 부잣집 문 앞에 누워 있던 거지 나사로에 대한 유명한 이야기이다(눅 16:19-31을 보라). 이 이야기가 그저 비유에 불과하다는 암시는 전혀 없다. 이 이야기는 그리스도께서 이 땅에서 사신 어느 시점 이전에, 다시 말해 그리스도께서 죽으시고 부활하시기 이전의 시점에서 실제로 일어났던 역사사건으로서 친히 말씀하신 것이다. 그리스도께서는 나사로와 부자가 죽은 후에 그들 각자가 처한 운명에 대해 다음과 같이 묘사하신다.

이에 그 거지가 죽어 천사들에게 받들려 아브라함의 품에 들어가고 부자도 죽어 장사되매 그가 음부에서 고통 중에 눈을 들어 멀리 아브라함과 그의 품에 있는 나사로를 보고 불러 이르되 아버지 아브라함이여 나를 긍휼히 여기사 나사로를 보내어 그 손가락 끝에 물을 찍어 내 혀를 서늘하게 하소서 내가 이 불꽃 가운데서 괴로워하나이다 아브라함이 이르되 얘 너는 살았을 때 좋은 것을 받았고 나사로는 고난을 받았으니 이것을 기억하라 이제 그는 여기서 위로를 받고 너는 괴로움을 받느니라 그뿐 아니라 너희와 우리 사이에 큰 구렁텅이가 놓여 있어 여기에서 너희에게 건너가고자 하되 갈 수 없고 거기서 우리에게 건너올 수도 없게 하였느니라 눅 16:22-26

이 구절에는 우리가 구약을 통해 이미 형성해왔던 결론을 확정해주는 많은 것이 있다. 죽는 순간 몸은 장사되어 땅(흙)으로 돌아가지만, 영은 새로운 종류의 존재방식으로 이동한다. 죽음 이후에 존재하는 방식에서도 인격은 그대로 유지되며, 인격끼리 서로를 알아보며, 현재 상태에 대한 의식이 존재한다. 그뿐 아니라, 이전에 땅에서 살던 삶에 대한 기억도 있다. 이것은 아브라함이 부자에게 한 말에 의해서 드러난다. "얘…기억하라"

이 모든 것이 구약에서 제시된 그림과 일치한다.

그러나 누가복음의 구절은 매우 중요한 사실을 한 가지 더 제시한다. 죽은 후에 의인의 영이 처한 운명은 악인의 영이 처한 운명과 상당히 다르다는 사실이다.

나사로와 부자 모두 히브리어로는 "스올Sheol"로, 헬라어로는 "음부Hades"라는 몸을 떠난 영의 영역에 있었지만, 그곳에 있는 그들의 운명은 상당히 달랐다. 부자의 영은 고통의 장소에 있었던 반면에, 나사로의 영은 안식의 장소에 있었다. 이 두 장소 사이에는 서로에게서 상대편으로 건널 수 없는 구렁gulf이 놓여 있었다.

몸을 떠난 의인의 영을 위해 세워진 안식의 장소를 여기에서는 "아브라함의 품Abraham's bosom"이라 부른다. 이 명칭은 이 장소가 아브라함이 나타낸 믿음과 순종의 발자취를 – 이 때문에 아브라함을 "믿는 모든 자들의 아비"라 부르는데 – 따라서 이 땅에서 순례의 삶을 산 모든 이들의 영을 위해 정해놓은 곳임을 나타내었던 것이다.

42장

부활의 패턴과 증거이신 그리스도

　지금까지는 몸을 떠난 영이 처한 운명에 관해서 성경으로부터 이삭 줍듯이 하나하나 모은 사실 전부가 그리스도의 죽으심과 부활 이전에 일어났던 사건들을 다룬 것들이다. 이제 그리스도께서 죽으시고 부활하신 사이에 몸소 겪으신 경험에 대해 성경이 계시하는 바를 살펴보고자 한다.

예수님의 죽음과 부활 사이

　우리가 깊이 생각해볼 첫 구절은 그리스도의 죽음과 장사됨과 부활에 대한 예언적 진술이다.

　　내가 여호와를 항상 내 앞에 모심이여 그가 나의 오른쪽에 계시므로 내가 흔들리지 아니하리로다 이러므로 나의 마음이 기쁘고 나의 영[영광]도 즐거워하며 내 육체도 안전히 살리니 이는 주께서 내 영

> 혼을 스올에 버리지 아니하시며 주의 거룩하신 자를 멸망시키지 않으실 것임이니이다 주께서 생명의 길을 내게 보이시리니 주의 앞에는 충만한 기쁨이 있고 주의 오른쪽에는 영원한 즐거움이 있나이다
>
> 시 16:8-11

사도행전 2:25-28에서 베드로는 이 구절을 완전히 인용한다. 사도행전 13:35에서 바울은 이 구절 중 한 구절을 인용한다. 베드로와 바울 모두 이 구절을 그리스도의 장사됨과 부활에 대한 직접적인 예언으로 해석한다. 베드로는, 비록 위의 구절이 다윗이 말한 것일지라도 다윗에게 적용되는 게 아니라고 지적한다. 왜냐하면 다윗의 혼은 오랜 세월 동안 스올에 남아 있었으며, 또 그의 몸은 썩는 과정을 겪었기 때문이다. 따라서 이것은 구약의 많은 메시아 예언들 가운데 하나로서 다윗이 그 자신이 아니라 다윗의 약속된 씨, 곧 메시아이신 예수 그리스도를 가리키면서 말한 것이다.

이를 그리스도께 적용하여 보면, 시편 16편에서 다윗이 한 말들은 그리스도께서 죽으실 때 일어난 두 가지 일을 계시한다. 첫째, 그리스도의 몸은 무덤에 안치되어 있었지만, 어떠한 부패 과정도 겪지 않았다. 둘째, 그리스도의 영은 스올(몸을 떠난 영이 있는 장소)로 내려가셨지만, 그분의 죽음과 부활 사이의 기간 이상(사흘)으로 그곳에 머물지 않으셨다.

시편 16편이라는 구약의 계시는 더 상세한 신약의 계시에 의해 확증된다. 예수님이 십자가에 달리신 그분 자신 옆에 참회하던 강도에게 다음과 같이 말씀하셨다.

> …내가 진실로 네게 이르노니 오늘 네가 나와 함께 낙원에 있으리라
>
> 눅 23:43

'낙원paradise'이라는 말은 액면 그대로 "동산garden"이란 뜻으로, 몸을 떠난 의인의 영을 위해 예비 된 곳으로서 사후 세상의 한 장소에 붙여진 이름이다.

예수께서 큰 소리로 불러 이르시되 아버지여 내 영혼[영]을 아버지의 손에 부탁하나이다 하고 이 말씀을 하신 후 숨지시니라눅 23:46

"아버지여 내 영혼[영]을 아버지의 손에 부탁하나이다(Father, into Your hands I commend my spirit)"라는 말씀을 통해서 우리는 예수님이 이 땅에서 죽는 순간 자신의 영이 처할 운명을 그분의 하늘 아버지의 손에 맡기셨음을 깨닫는다. 그분은 그분의 몸이 무덤에 놓여있지만, 그분의 영이 처한 운명은 그분의 아버지이신 하나님에 의해 결정된다는 사실을 아셨다.

이 모든 사실을 보면, 우리는 하나님의 본성 말고도 인간의 본성도 입으신 예수님이 죽는 순간 모든 인간의 혼에게 예비 된 경험을 똑같이 겪으셨음을 안다. 그리스도의 몸은 인간의 손에 의해서 무덤에 장사되었다. 하지만 그분의 영은 하나님께 맡겨졌고, 따라서 그분의 영이 처한 운명은 하나님의 판결에 의해 처리되었다.

그리스도께서 죽는 순간 몸이라는 흙으로된 그릇으로부터 벗어난 이후에 그분께 무슨 일이 일어났는가? 바울은 그리스도에 관해서 다음과 같이 말한다.

올라가셨다 하였은즉 땅 아래 낮은 곳으로 내리셨던 것이 아니면 무엇이냐 내리셨던 그가 곧 모든 하늘 위에 오르신 자니 이는 만물을 충만하게 하려 하심이라엡 4:9-10

뿐만 아니라 베드로전서 3:18-20에서도 우리는 다음을 읽는다.

> 그리스도께서도 단번에 죄를 위하여 죽으사 의인으로서 불의한 자를 대신하셨으니 이는 우리를 하나님께로 인도하려 하심이라 육체로는 죽임을 당하시고 영으로는 살리심을 받으셨으니 그가 또한 영으로 가서 옥에 있는 영들에게 선포하시니라 그들은 전에 노아의 날 방주를 준비할 동안 하나님이 오래 참고 기다리실 때에 복종하지 아니하던 자들이라 방주에서 물로 말미암아 구원을 얻은 자가 몇 명뿐이니 곧 여덟 명이라벧전 3:18-20

우리가 이 구절 안에 담긴 다양한 계시들을 결합한다면, 그리스도의 영이 겪었던 경험의 윤곽을 그려볼 수 있을 것이다.

그리스도의 영은 몸을 떠난 영이 있는 장소인 스올로 내려갔다. 그리스도께서는 십자가에 달려 죽으신 날에, "낙원" 또는 "아브라함의 품"이라 불리는 의인의 영이 있는 장소로 먼저 가셨다. 복음서의 기록에 따르면, 그리스도께서는 두 강도보다 먼저 십자가에서 죽으셨다고 하기 때문에, 그분 뒤에 죽어서 몸을 떠난 회개한 강도의 영을 환영했다고 가정한 것이 자연스러운 것 같다.

낙원으로부터 그리스도께서는 악인의 영을 위해 예비 된 스올의 한 장소로 더 아래로 내려가셨다. 그리스도께서 인간의 죄를 속죄하는 일을 완성하는 데는 그분이 고통의 장소로 내려가셔야만 했던 것으로 보인다. 왜냐하면 그리스도께서는 죄의 육신적 결과만이 아니라 영적 결과도 충분히 감당하셔야 했기 때문이다.

스올의 더 낮은 부분에 있는 동안, 그리스도께서는 노아 시대, 다시 말해

대홍수 이전의 시대the antediluvian age에 악하게 살았던 자들의 영들, 즉 스올에 있는 특별한 감금장소에 갇혀 있던 자들의 영에게 말씀을 전하셨다. (여기에서 "말씀을 전한preached"이라 번역된 헬라어 동사는 헬라어 명사 '보도 herald' 와 직접 연결되어 있다. 따라서 그것은 반드시 그리스도께서 감옥에 있는 영에게 "복음을 전하셨다"는 것을 의미하는 것이 아니라, 단지 그리스도께서 보도와 같은 어떤 선포를 그들에게 하셨다는 뜻이다.)

그런 다음, 하나님께서 정하신 속죄의 모든 신성한 목적이 달성된 순간, 그리스도의 영은 스올의 영역에서 현재의 세상으로 다시 올라오셨다. 동시에, 무덤에서 생명이 없이 누워있었던 그분의 몸도 죽음으로부터 일으켜졌으며, 영과 몸이 온전한 인격을 이루기 위해 다시 재결합되었다.

> 그러나 이제 그리스도께서 죽은 자 가운데서 다시 살아나사 잠자는 자들의 첫 열매[열매들; firstfruits]가 되셨도다…아담 안에서 모든 사람이 죽은 것 같이 그리스도 안에서 모든 사람이 삶을 얻으리라 고전 15:20,22

바울에 따르면, 죽은 자들로부터 살아나신 그리스도의 부활은 모든 사람들이 뒤따라야 할 패턴을 설정하신 것이다. 이 패턴에서 우리는 두 가지의 주요 실마리를 분별할 수 있다. 1) 인간의 비물질적인 부분, 곧 인간의 영은 몸을 떠난 영이 있는 영역으로부터 다시 한 번 나온다. 2) 인간의 물질적인 부분, 곧 인간의 몸은 죽음으로부터 다시 일어나게 된다.

이렇게 영과 몸, 즉 인격의 물질적 부분과 비물질적 부분이 다시 한 번 재결합하여 영과 혼과 몸이라는 세 요소로 이루어진 인간의 온전한 인격을 형성한다.

죽는 순간에 처하는 그리스도인의 운명

이 주제에 대해 간략하지만 온전히 요약하려면 우리의 연구를 그리스도의 죽음과 부활의 시점을 넘어서서, 이 시대에 속한 참된 그리스도인들이 죽는 순간에 닥칠 운명에 관해서 신약성경이 무엇이라 계시하는지를 숙고할 필요가 있다. 신약성경은 그리스도의 부활 이전과 그리스도의 부활 이후 사이에 한 가지 중요한 차이가 있음을 지적한다.

우리가 이미 보았듯이, 그리스도의 부활 이전에 몸을 떠난 의인의 영은 지하세계netherworld인 스올의 특정지역에 할당되었는데, 그곳을 "낙원" 또는 "아브라함의 품"이라 불렸다. 그러나 그리스도께서 죽으시고 부활하심으로 죄에 대한 온전한 속죄가 이루어진 이후에, 의인의 영은 곧장 하늘로 올라가서 하나님의 임재 안으로 들어갈 길이 활짝 열렸다.

이 사실은 그리스도인 가운데 첫 순교자인 스데반이 돌에 맞고 죽은 사건을 포함해서(사도행전 7장을 보라), 신약성경의 많은 구절에서 명백해진다.

> 스데반이 성령 충만하여 하늘을 우러러 주목하여 하나님의 영광과 및 예수께서 하나님 우편에 서신 것을 보고 말하되 보라 하늘이 열리고 인자가 하나님 우편에 서신 것을 보노라 한대행 7:55-56

그런 다음, 그 구절은 다음과 같이 끝을 맺는다.

> 그들이 돌로 스데반을 치니 스데반이 부르짖어 이르되 주 예수여 내 영혼[영]을 받으시옵소서 하고 무릎을 꿇고 크게 불러 이르되 주여 이 죄를 그들에게 돌리지 마옵소서 이 말을 하고 자니라행 7:59-60

스데반은 죽기 직전에 잠깐 동안 하나님의 우편에 영광스럽게 서 계신 그리스도를 환상으로 보았다. "주 예수여 내 영혼[영]을 받으시옵소서"라는 그의 기도는 몸이 죽는 즉시 영이 하늘로 올라가서 하나님의 임재 안으로 들어갈 것이라는 그의 확신을 표현한 것이었다.

이는 죽음에 대해 바울이 말했던 방식으로도 확증된다.

> 그러므로 우리가 항상 담대하여 몸으로 있을 때에는 주와 따로 있는 줄을 아노니…우리가 담대하여 원하는 바는 차라리 몸을 떠나 주와 함께 있는 그것이라 고후 5:6,8

바울의 이 말에는 두 가지가 내포되어 있다. 1) 믿는 자의 영이 몸 안에 남아 있는 동안에는 하나님의 직접적 임재 안에 있을 수 없다. 2) 믿는 자의 영이 죽음에 의해서 몸을 벗는 순간 하나님의 임재 안으로 곧장 들어간다.

바울은 빌립보서에 똑같은 생각을 내비치었는데, 그곳에서 그는 죽어서 몸을 떠나는 것의 유익과 이 땅의 사역을 완수하기 위해서 몸에 계속 남아 있는 유익을 저울질한다.

> 이는 내게 사는 것이 그리스도니 죽는 것도 유익함이라 그러나 만일 육신으로 사는 이것이 내 일의 열매일진대 무엇을 택해야 할는지 나는 알지 못하노라 내가 그 둘 사이에 끼었으니 차라리 세상을 떠나서 그리스도와 함께 있는 것이 훨씬 더 좋은 일이라 그렇게 하고 싶으나 내가 육신으로 있는 것이 너희를 위하여 더욱 유익하리라 빌 1:21-24

여기에서 바울은 자기 앞에 놓인 양자택일에 대해 숙고한다. 1) 육신 안에 남아 있는 것, 다시 말해, 육신의 몸으로 여기 이 땅에서 현재의 삶을 더 오래 지속하는 것과 2) 몸을 떠나서 그리스도와 함께 있는 것, 다시 말해, 죽음으로 인해 영이 몸을 떠나서 하늘에 계신 그리스도 임재 가운데로 곧장 들어가는 것에 대해서이다.

스데반과 바울의 예는 이 시대에 속한 참된 그리스도인이 죽을 때 영이 몸을 떠나서 곧장 하늘에 계신 그리스도의 임재 가운데로 들어간다는 사실을 밝혀준다. 그리스도인인 믿는 자가 하늘에 계신 하나님의 임재 가운데로 곧장 들어간다는 것은 죄에 대한 완전하고 최종적인 속죄를 이루신 그리스도의 죽음과 부활을 통해서만 가능해졌다.

그리스도께서 속죄하시기 이전에 몸을 떠난 의인의 영은 지하세계인 스올 안에 있는 한 특별한 영역에 할당되었다. 이 특별한 영역은 고통과 처벌의 장소가 아니라 안식과 위로의 장소였다. 그러나 그곳은 하나님의 직접적인 임재로부터 훨씬 벗어난 곳이었다.

이제 우리는 지금까지 이르렀던 결론을 부활의 교리에 적용할 수 있다. 모든 인간이 부활할 패턴을 세운 것은 그리스도 자신의 부활이다. 다시 말하면, 몸을 떠난 영은 하나님의 선고에 의해서 할당된 장소 – 그곳이 하늘의 영역이든지 아니면 지하세계이든지 상관없이 – 로부터 부름을 받는다. 동시에, 몸은 부활로 말미암아 죽음으로부터 일어난다. 영과 몸은 재결합되고, 인간의 완전한 인격이 재구성된다.

부활은 원래의 몸을 재조립한다

이 지점에서 인간의 몸의 부활에 관해서 육신적인 마음the carnal mind을 종종 곤혹스럽게 하는 것이 있다.

어떤 사람이 이삼천 년 전에 죽어서, 그의 몸이 완전히 원래의 물질요소로 분해되었다고 가정해보자. 아니면, 어떤 사람이 전쟁터에서 폭격이나 포탄의 폭발로 인해서 죽었는데, 그의 몸이 폭발력에 의해서 완전히 분해되어서 인간의 형체를 알아볼만한 그 어떤 흔적도 남아있지 않게 되었다고 가정해보자. 그런 상황에서 부활하는 순간 몸을 이루는 물질요소들이 다시 모이고, 재구성되며, 다시 한 번 완벽하게 부활한다고 기대하는 것이 타당한가?

그 대답은, 하나님의 제한이 없으신 지혜와 지식과 능력을 인식하고 인정하는 이들에게는 이 부활의 교리에서 신뢰할 수 없거나 불가능한 것이 전혀 없다는 사실이다. 더욱이, 인간의 몸을 원래 창조하신 대목에서 드러난 하나님의 지혜와 지식에 관해 성경이 계시한 것을 시간을 가지고 숙고할 때, 몸의 부활의 교리는 자연스러운 것이면서 동시에 논리적이기도 하다.

시편 139편에서 다윗은 하나님께서 인간의 육신의 몸을 만드신 원래의 과정에 대해 말한다. 이 시편 139편 거의 전체 부분이 하나님의 측량할 수 없는 지혜와 지식과 능력을 찬양하고 있다. 다윗은 특별히 몇몇 구절에서 인간의 육신의 몸을 만드시는 과정에서 드러나는 하나님의 속성들을 다룬다.

> 주께서 내 내장을 지으시며 나의 모태에서 나를 만드셨나이다 내가 주께 감사하옴은 나를 지으심이 심히 기묘하심이라 주께서 하시는 일이 기이함을 내 영혼[혼]이 잘 아나이다 내가 은밀한 데서 지음을 받고 땅의 깊은 곳에서 기이하게 지음을 받은 때에 나의 형체[나의 육신의 몸]가 주의 앞에 숨겨지지 못하였나이다 내 형질[나의 육신의 몸]이 이루어지기 전에 주의 눈이 보셨으며 나를 위하여 정한 날이 하루도 되기 전에 주의 책에 다 기록이 되었나이다 시 139:13-16

여기에서 다윗은 본성의 비물질적인 부분 곧 영과 혼이 아니라, 본성의 물질적인 부분, 곧 육신의 몸, 다시 말해 그가 "나의 형질substance"과 "나의 형체frame"라는 어구로 가리키는 육신의 몸에 대해서 말하고 있다.

다윗은 하나님께서 그의 육신의 몸을 존재하게 하시는 과정에 대해서 매우 흥미롭고 중요한 두 가지 사실을 밝히고 있다. 1) 다윗의 몸을 구성했던 물질적인 요소 곧 땅의 요소들은 아직 땅의 가장 낮은 곳에 있기 훨씬 전에 하나님께서 특별히 미리 지정하시고, 준비하신 것들이었다는 사실이다. 2) 하나님께서는 다윗의 몸이 실제로 나타나기 오래 전에 그의 몸의 모든 지체들의 정확한 수치와 체적과 구성 물질을 정하셨다는 사실이다.

자기 몸의 재료를 생산하는 과정에 대한 다윗의 설명은 '생명이란 무엇인가?'라는 질문에 대한 대답을 구하느라 오랜 세월을 보낸 저명한 일본의 약리학자 후지타 박사Dr. Fujita의 결론에 의해서 확증된다. 그는 연구를 물질영역에만 국한시켰다. 이 영역에서 후지타 박사는 동물과 식물의 다양한 형태의 생명체를 많이 분석했다. 결국, 그는 무기질mineral이 모든 생명체를 이루는 기본적이며 공통된 물질이라는 결론을 내렸다.

그러나 성경의 계시는 이 단순한 과학적 사실을 넘어선다. 성경의 계시는 하나님께서 우리 몸을 구성한 모든 요소들에 대한 완벽하고 상세한 기록을 보유하고 계신다는 사실을 밝히고 있다. 하나님의 기록 안에는 너무 작거나 별로 중요하지 않아서 빠져 있는 부분은 전혀 없다. 예수님은 우리에게 이렇게 말씀하신다.

> 너희에게는 머리털까지도 다 세신 바 되었나니 마 10:30

이 계시의 빛에서 보면, 우리는 하나님께서 인간의 육신의 몸을 지으신 원래 과정과 다시 죽음으로부터 그 몸을 부활시키실 과정 사이에는 밀접하고 분명한 유사성이 있음을 발견한다.

인간의 몸을 형성하는 원래의 과정에서 하나님께서는 다양한 물질요소가 아직 땅 속에 있는 동안에 먼저 몸을 이루는 물질요소를 정하시고 준비하셨다. 그런 다음, 정해진 이 요소가 인간의 몸을 구성하도록 함께 모아졌을 때, 하나님께서는 신체의 각 부분과 사지에 대해서도 정확하고 신중하게 기록하셨다.

몸은 죽은 후에 다시 물질요소로 분해된다. 하지만 각 사람의 몸을 이루는 특별한 요소를 미리 정하신 하나님께서는 각 요소들에 대한 기록도 하셨다. 부활하는 순간, 하나님께서는 똑같은 창조적 능력으로 다시 한 번 원래의 몸을 구성한 모든 요소를 재조립하셔서, 똑같은 몸을 구성하실 것이다.

유일한 큰 차이는, 몸을 형성하는 원래의 과정이 점진적인 것에 반해, 부활하는 순간 몸을 재구성하는 과정은 순간적일 것이라는 점이다. 그러나 시간과 공간을 최고의 절대주권으로 다스리고 통제하시는 하나님과 관련시켜 보면, 몸을 재구성하는데 들어가는 시간의 실제적 길이는 별 의미가 없다.

우리가 인간의 몸이 처한 운명에 대한 성경적 진술을 받아들이지 않는다면, 부활, 다시 말해 몸이 두 번째 일어나는 과정에 대해 말할 권리가 전혀 없다. 부활하는 순간, 인간의 몸을 구성하는 요소들이 원래의 몸을 형성했던 것과 같지 않다면, 첫 번째 몸과 두 번째 몸 사이의 어떤 논리적 연관이나 인과적 연관이란 존재하지 않는다. 두 몸이 시간이나 공간에서 맺는 상호관계란 절대 없다. 그 경우에 우리는 하나님께서 인간의 몸을 부활시켰다(또는 일으키셨다)고 말할 수 없을 것이다. 대신에 우리는 하나님께서 인간의 영에 전적으로 새로운 몸, 즉 이전의 몸과는 전혀 연관이 없는 몸을 구비시켰다고 말해야 할 것이다.

이는 성경이 가르치는 바가 아니다. 성경은 인간의 원래의 몸과 부활할 때 받게 될 몸 사이에는 직접적인 연속성이 있다고 가르친다. 그 연속성은 다음과 같은 사실에 있다. 즉, 원래의 몸을 이루었던 똑같은 물질요소들이 부활의 몸을 형성하려고 다시 한 번 재조립될 것이라는 사실이다.

이 놀라운 진리를 확증하는 대목은 무엇보다 그리스도 자신의 부활에서 발견된다. 예수님이 부활하시고 함께 모여 있던 제자들에게 나타나셨을 때, 제자들은 두려워하며 그들이 본 것이 유령, 즉 몸이 없는 영a disembodied spirit이라고 생각했다. 그러나 예수님은 즉시로 그들에게 확신시켜주시면서, 그분의 몸이 이전의 몸과 동일하다는 사실과 실재하는 몸이라는 실증적 증거를 제시하셨다.

> 내 손과 발을 보고 나인 줄 알라 또 나를 만져보라 영은 살과 뼈가 없으되 너희 보는 바와 같이 나는 있느니라 이 말씀을 하시고 손과 발을 보이시나눅 24:39-40

이때 제자들 중 한 명인 도마는 없었다. 그래서 그는 다른 제자들이 그에게 전해준 사건의 진상을 받아들이지 않았던 것이다. 하지만, 일주일 후 예수님은 도마도 있을 때 제자들에게 다시 나타나셨다. 이때 예수님은 친히 도마에게 직접 말을 건네셨다.

> 도마에게 이르시되 네 손가락을 이리 내밀어 내 손을 보고 네 손을 내밀어 내 옆구리에 넣어보라 그리하여 믿음 없는 자가 되지 말고 믿는 자가 되라요 20:27

이 구절로부터 예수님이 부활 후에 실제로 몸을 지니셨다는 가장 명백한 증거를 신중하게 제자들에게 제시하셨으며, 또한 그분의 몸이 십자가에 달리셨던 때의 몸과 동일한 몸이었음을 알게 된다. 증거는 못 자국과 창 자국이 있는 그분의 손과 발과 옆구리에 있었다.

다른 측면에서 보면, 예수님의 몸은 중요한 변화를 겪었다. 예수님의 몸은 현재 세상의 질서에 속한 죽을 수밖에 없는 몸의 한계에 더 이상 굴복하지 않았다. 이제 예수님은 자기 의지대로 나타날 수도 있고 사라질 수도 있었다. 예수님은 닫힌 방으로 들어갈 수도 있었다. 예수님은 땅과 하늘 사이를 지나가실 수도 있었다. 그러나 이런 변화를 충분히 고려하고서도, 다른 측면에서 보면 그분의 몸은 여전히 십자가에 못 박히셨던 몸과 똑같은 몸이었다.

더욱이, 예수님은 제자들에게 그들의 몸 역시 그분의 몸에 비해 덜 완전하게 부활하지 않을 것이라 약속하셨다. 누가복음 21장에서 예수님은 제자들에게 그들을 기다리는 커다란 반대와 박해에 대해 경고하셨다. 특히 예수님은 그들 중 몇몇이 실제로 죽게 될 것이라고도 경고하셨다. 그러나 예수님은 그들에게 그들의 몸이 부활할 것을 분명히 약속하셨다.

> 심지어 부모와 형제와 친척과 벗이 너희를 넘겨주어 너희 중의 몇을 죽이게 하겠고 또 너희가 내 이름으로 말미암아 모든 사람에게 미움을 받을 것이나 너희 머리털 하나도 상하지 아니하리라 눅 21:16-18

예수님이 여기에서 말씀하신 바에 주의 깊게 주목하라. 제자들은 미움을 받고 박해를 받고 죽임을 당할 것이다. 하지만 그 끝부분에 "너희 머리털 하나도 상하지 아니하리라"고 말한다. 이 의미가 이 땅에 살던 그들의 몸을 고

스란히 보존할 것이라는 뜻이 아니다. 우리는 초기 많은 그리스도인들이 – 이후 시대의 그리스도인들 역시 – 그들의 육신의 몸을 손상하고 파괴했던 잔혹한 죽음, 즉 수족절단과 화형 및 다른 과정을 겪었다는 사실을 알고 있다. 따라서 모든 머리카락이 완벽하게 보존된다는 약속은 지금 현재의 삶이 아니라 죽은 자들로부터 부활한 몸을 가리킨다.

부활하는 순간 하나님께서 미리 정하시고, 숫자를 매기시며, 기록하신 그들의 원래 육신의 몸에 속한 모든 요소와 지체가 하나님의 전능하심에 의해서 다시 한 번 모아지고 재구성되어 완벽하고 영광스러운 몸을 이루게 되지만 이전에 죽음과 분해를 거쳤던 몸과 똑같은 몸이다.

이는 성경이 인간의 몸의 부활에 대해 제시하는 그림으로, 하나님의 제한이 없으신 지혜와 지식과 능력에 대한 계시와 관련해서 놀랍기는 하지만 성경의 논리와 원리와 완벽하게 일치하는 그림이기도 하다.

43장

구약성경에서 예언된 부활

이제 우리는 부활에 대한 하나님의 약속이 하나의 시냇물처럼 신약과 구약성경 전체를 관통하며 흐르고 있음을 보여줄 것이다.

고린도전서 15:4에서 바울은 그리스도의 장사됨과 부활에 대해 다음과 같이 진술한다.

> 장사 지낸 바 되셨다가 성경대로 사흘 만에 다시 살아나사 고전 15:4

바울이 이 서신을 썼던 당시에 유일하게 완전하고 인정받은 성경이 구약성경이었음을 염두에 둘 필요가 있다. 따라서 바울이 그리스도께서 "성경대로" 사흘 만에 다시 일어나셨다고 말한 의미는 그리스도의 부활이 구약성경의 성취였다는 뜻이다.

더욱이 바울은 구약성경을 부활의 교리를 위한 첫째 되는 기본적인 권위로 언급한다. 바울은 그 당시에 부활하신 그리스도의 목격자였고 아직도 살아 있던 사람들의 증거 역시 계속 인용한다. 그러나 바울이 부활의 교리를 제시하는데 그 당시의 목격자의 증거는 구약성경의 증거에 비해 이차적인 것이다.

따라서 부활을 예언하는 구약성경의 주요 구절을 숙고해볼 필요가 있다.

시편

지난 장에서 우리는 시편 16:8-11에는 그리스도의 장사됨과 부활에 대한 분명한 약속이 있다는 사실을 이미 보여주었다. 우리는 시편 16편이 비록 다윗에 의해 일인칭으로 기록되었을지라도 실제로는 다윗 자신이 아닌 다윗의 약속된 씨, 곧 메시아이신 예수 그리스도에게 적용된다는 사실을 지적했다. 신약의 베드로와 바울 역시 그 시편구절을 그리스도께 적용했다.

시편 71:20-21도 유사하게 그리스도의 부활을 예언한다. 다윗은 여기에서 하나님께 직접 말씀을 드리면서 다음과 같이 말한다.

> 우리에게 여러 가지 심한 고난을 보이신 주께서 우리를 다시 살리시며 땅 깊은 곳에서 다시 이끌어 올리시리이다 나를 더욱 창대하게 하시고 돌이키사 나를 위로하소서 시 71:20-21

이 구절은 메시아 예언에 대한 또 하나의 예이다. 다시 말하면, 이 시편은 다윗이 일인칭으로 말하지만, 일차적으로 다윗에게 적용되는 것이 아니라, 다윗의 약속된 씨, 곧 메시아이신 예수님께 적용되는 말씀이라는 말이다.

이렇게 이해할 경우, 이 구절은 그리스도께서 인간의 죄를 속죄하시면서 겪게 될 일련의 다섯 단계를 예언적으로 제시한 것이다. 이는 다음과 같이 요약될 수 있다.

1. 크고 가혹한 고통 – 그리스도의 거절당하심과 고통과 십자가에 못 박히심.
2. 그리스도께서는 땅의 깊은 곳 – 몸을 떠난 영들이 거하는 장소인 스올 또는 음부 – 으로 내려가셔야 했다.
3. 그리스도께서는 다시 살아나셔야 했다.
4. 그리스도께서는 스올로부터 다시 올려지셔야 했다. 다시 말해, 그리스도께서 부활하셔야 했다.
5. 그리스도께서 부활하신 후에 그 위대함이 높아지시고 위로 받으셔야 했다. 다시 말해, 그분의 아버지 하나님의 우편에 있는 교제와 탁월한 권세의 자리로 다시 회복되셔야 했다.

이 예언이 그리스도의 경험에서 완전히 성취되었음을 확증하는 신약의 많은 구절을 인용할 시간과 공간(지면)이 충분치 않다.

그러나 우리가 지금껏 검토했던 구약의 두 구절인 시편 16편과 71편은 일차적으로 메시아이신 그리스도 자신의 부활을 가리킨다. 이제 그리스도 이외에도 다른 이들의 부활을 예언하는 구약의 다른 구절들을 살펴보자.

창세기

하나님께서 아브라함에게 하신 약속 중 하나를 숙고하면서 시작해보자.

> 내가 너와 네 후손[씨]에게 네가 거류하는 이 땅 곧 가나안 온 땅을 주어 영원한 기업이 되게 하고 나는 그들의 하나님이 되리라"
> 창 17:8

이 약속에는 주목할 만한 두 가지 중요한 점이 있다. 첫째, 소유의 순서가 중요하다. 하나님께서는 "너와 네 후손[씨]에게"라고 말씀하셨다. 다시 말해, 아브라함 자신이 그 땅을 먼저 소유하고, 그 다음이 아브라함 후에 오는 그의 자손들이라는 말이다.

둘째, 소유의 범위와 기간이 중요하다. 하나님께서는 "가나안 온 땅을 주어 영원한 기업이 되게 하고"라고 말씀하셨다. 이 약속은 부분적이거나 일시적인 땅의 소유로는 성취될 수 없다. 이 약속의 성취는 온 땅의 완전하고도 영구적인 소유가 필요하다.

그러므로 오늘날까지도 하나님께서 아브라함에게 하신 이 약속이 성취된 적이 없었음이 분명하다. 아브라함 자신이 이때까지 영구적 소유를 위해 받았던 유일한 땅은 매장지, 즉 헤브론 근처에 있는 헷 족속 에브론의 밭에 있던 막벨라 굴이라는 매장지였다.

아브라함의 후손인 이스라엘 민족은 지금까지 그 땅을 일시적 또는 부분적으로 점령한 적이 있지만, 하나님께서 완전하고 영구적인 소유를 약속하셨다는 사실을 몰랐다. 현재, 이스라엘 국가는 온갖 반대에 직면해서 하나님께서 약속하신 소유 전체 가운데 작은 부분에 지나지 않는 지역에만 집요하게 매달려 있다.

앞으로도 이스라엘이 하나님께서 약속하신 온 땅에 대한 지배권을 얻을 때까지 점령지역을 계속해서 확대해 간다할지라도, 이것은 "너와 네 후손[씨]에게"라고 하나님께서 원래 아브라함에게 하신 약속을 완전히 성취하지 못할 것이다. 다시 말하면, 아브라함 자신이 먼저 온 땅의 소유를 누려야 하고, 그 다음에 그 뒤에 올 후손들이 누려야 한다.

따라서 하나님의 이 약속은 부활을 떠나서는 성취될 수 없다. 막벨라 굴이 먼저 그 죽은 자들을 내놔아야 한다. 즉 아브라함 자신이 부활해야 한다. 이런 식으로만이 아브라함은 지금 매장되어 있는 그 땅을 완전히 소유할 수 있다. 부활이 없다면, 아브라함에게 하신 하나님의 약속은 결코 성취될 수 없다. 여기에서 아브라함에게 하신 하나님의 약속은 부활을 가정하며, 또 부활에 달려있는 것이다.

그러므로 가나안 땅을 영원히 소유할 것이라고 아브라함에게 하신 이 약속 안에는 죽은 자들로부터 아브라함 자신이 부활할 것이라는 약속이 담겨 있다. 이런 식으로 부활의 진리는 구약의 첫 번째 책인 창세기 안에 이미 계시되어 있는 것이다.

욥기

이제 대체로 성경 초기의 것이라 여기고 있는 욥기로 향해보자. 압도적인 탄식과 괴로움의 한가운데에서, 욥은 이 땅의 소망이 전혀 없어 보일 때 그의 혼이 맞이할 영원한 운명과 몸의 부활에 관한 놀라운 믿음의 고백을 한다.

> 이는 나의 구속주가 살아 계시고 훗날 그가 땅에 서실 것임을 내가 앎이라. 내 피부에 벌레들이 이 몸을 멸하여도 내가 내 몸을 입고 하나님을 보리라. 내가 친히 그를 보리니 비록 내 콩팥이 내 안에서 소멸된다 해도 다른 사람이 아닌 내 눈으로 보리라 욥 19:25-27 한글킹제임스

욥의 언어는 너무 간결하고, 의미로 채워져 있어서, 원어의 충분한 힘을 적절하게 드러내는 번역을 찾기란 어렵다. 다음은 방금 전에 인용한 구절 가운데 중심부분을 다른 식으로 번역한 것이다.

언젠가 내가 깨어난 후, 비록 이 몸은 소멸되었을지라도, 나는 내 육신으로부터 하나님을 보리라…(After I shall awake, though this body be destroyed, yet out of my flesh shall I see God…)

욥 19:25

우리가 어떤 번역을 선호하든지 이 구절에서 나타난 사실은 절대로 분명하다. 욥은 그의 육신의 몸이 분해의 과정을 겪게 될 것을 알았다. 그럼에도 불구하고, 그는 마지막 때에 육신의 몸을 다시 입게 되어 몸을 가지고 하나님 앞에 직접 나타나게 될 시기를 기대한다. 욥의 이런 확신은 그가 "나의 구속주(속량자)"라 부르는 분의 생명에 근거한 것이다.

따라서 욥기의 이 구절 전체가 구속주(속량자)이신 예수 그리스도의 부활을 통해서 이루어질 수 있는 몸의 최종 부활이라는 욥의 기대이다.

이사야

우리는 이제 그리스도께서 오시기 약 칠백년 전에 살았던 이사야 선지자를 살펴보자. 이사야는 욥과 상당히 유사한 부활에 대한 믿음을 고백한다.

주의 죽은 자들은 살아나고 그들의 시체들은 일어나리이다 티끌에 누운 자들아 너희는 깨어 노래하라 주의 이슬은 빛난 이슬이니 땅이 죽은 자들을 내놓으리로다 사 26:19

이사야는 흙(티끌)으로부터 일어나는 자기 몸에 대해 말하고 있다. 그리고 그는 이와 함께 19절 첫 부분에서 "주의 죽은 자들Your dead"이라고 부르는 한 무리, 더 일반적으로 말하면, 그 구절 끝 부분에서 "죽은 자들the dead"을 연관시킨다. 이사야가 전부는 아닐지라도, 많은 죽은 자들이 일어날 일반적인 부활을 깊이 생각했음에 분명하다.

그런 전망은 그들에게 기쁨을 가져온다. 왜냐하면 이사야가 "티끌에 누운 자들아 너희는 깨어 노래하라"고 말하기 때문이다. 그러므로 이사야의 메시지가 무엇보다 부활을 통해서 최종적이고, 영원한 보상을 받게 될 죽은 의인들에게 주어진 것 같다.

앞의 연구의 결론과 일치시켜 볼 때, 이사야는 부활을 무엇보다 인간의 물질적인 부분인 몸에 영향을 끼치는 것으로 여긴다. 이사야는 "티끌에 누운" 자들에 대해 말한다. 이사야가 제시한 그림은 티끌(흙)속에 잠들다가 깨어나는 사람들의 죽은 몸에 대한 그림이다.

이사야는 부활에 영향을 끼칠 초자연적인 능력을 "이슬dew"로 묘사하기도 한다.

> 주의 이슬은 빛난 이슬이니 땅이 죽은 자들을 내놓으리로다 사 26:19

이는 흙속에 묻혀 있다가 싹을 틔우고 자라게 할 수분을 필요로 하는 마른 씨의 그림이다.

흙 위에 내리는 이슬이 이 수분을 공급한다. 많은 성경구절에서 이슬 – 비처럼 – 은 성령님의 역사하심에 대한 비유이다. 따라서 이사야는 믿는 자의 죽은 몸이 부활하는 것은 성령님의 능력을 통해서 이루어질 것이라 예언한다.

이것은 바울에 의해서 확증된다.

> 예수를 죽은 자 가운데서 살리신 이의 영이 너희 안에 거하시면 그리스도 예수를 죽은 자 가운데서 살리신 이가 너희 안에 거하시는 그의 영으로 말미암아 너희 죽을 몸도 살리시리라롬 8:11

바울은 예수님의 죽은 몸을 무덤으로부터 일으키신 성령님의 동일한 능력이 예수님을 믿고, 그 안에 성령님께서 내주하시는 자들의 죽은 몸도 일으키실 것이라 진술하고 있다.

다니엘

다음으로 고려할 구약의 부활에 대한 중요한 예언은 다니엘 12:1-3이다. 이 구절은 특별한 목적을 띄고 하나님으로부터 파송된 천사 가브리엘이 다니엘에게 한 마지막 날들에 관한 긴 예언적 계시의 일부이다. 특별히 부활을 언급한 계시부분은 다음과 같다.

> 그 때에 네 민족을 호위하는 큰 군주 미가엘이 일어날 것이요 또 환란이 있으리니 이는 개국 이래로 그때까지 없던 환란일 것이며 그때에 네 백성 중 책에 기록된 모든 자가 구원을 받을 것이라 땅의 티끌 가운데서 자는 자 중에서 많은 사람이 깨어나 영생을 받는 자도 있겠고 수치를 당하여서 영원히 부끄러움을 당할 자도 있을 것이며 지혜 있는 자는 궁창의 빛과 같이 빛날 것이요 많은 사람을 옳은 데로 돌아오게 한 자는 별과 같이 영원토록 빛나리라단 12:1-3

이 계시의 첫 부분은 특별히 다니엘 자신이 속한 백성, 곧 이스라엘을 가리키며, 이스라엘이 지금까지 겪어왔던 것보다 훨씬 더 큰 환란의 때에 대해 말한다. 이는 예레미야가 언급한 환란의 때와 같은 것임에 틀림없다.

> 슬프다 그 날이여 그와 같이 엄청난 날이 없으리라 그 날은 야곱의 환란의 때가 됨이로다 그러나 그가 환란에서 구하여 냄을 얻으리로다렘 30:7

예레미야는 이 환란의 때가 이스라엘이 이전에 겪었던 어떤 것보다 더 크다 할지라도 이스라엘은 거기에서 구원을 받고 멸망하지 않을 것임을 언급한다. 이는 다니엘 12:1의 진술과 일치한 것이다.

> 그때에 네 백성 중 책에 기록된 모든 자가 구원을 받을 것이라단 12:1

이 대환란의 때에 하나님께서는 친히 개입하셔서 그분의 은혜로 미리 아시고 구원으로 이미 정하신 이스라엘의 선택된 남은 자들을 구원하실 것이다.

의심할 바 없이 이스라엘의 이 환란 시기는 신약에서 "대환란the great tribulation"이라 부르는 것으로 온 세상에 임하도록 정해진 모든 환란 중 하나이다.

이 환란의 최종시기와 부활의 예언이 직접 연결된다. 왜냐하면 가브리엘이 다니엘 12:2에서 다음과 같이 말하기 때문이다.

> 땅의 티끌 가운데서 자는 자 중에서 많은 사람이 깨어나 영생을 받는 자도 있겠고 수치를 당하여서 영원히 부끄러움을 당할 자도 있을 것이며단 12:2

다니엘서에서 사용된 언어는 이사야서의 언어와 밀접하게 짝을 이룬다.

다니엘서나 이사야서 모두 "티끌(흙)에 거하는" 자들에 대해 말한다. 둘 다 부활을 흙속에서 "깨어나는 것awakening"으로 말한다. 그럼에도 다니엘서의 부활은 이사야서의 부활을 넘어선다. 왜냐하면 다니엘서의 부활은 부활의 두 가지 구별된 국면, 즉 영원한 생명으로 들어갈 의인을 위한 부활과 수치와 영원한 모욕을 받게 될 악인의 부활이 있을 것임을 지적하기 때문이다.

부활하는 순간, 의인의 보상은 이 땅에 있는 동안 하나님을 섬기며 또한 하나님의 진리를 알게 하는데 그들이 신실하였다는 사실에 근거할 것이다.

> 지혜 있는 자는 궁창의 빛과 같이 빛날 것이요 많은 사람을 옳은 데로 돌아오게 한 자는 별과 같이 영원토록 빛나리라단 12:3

이것을 보면 자신의 영혼을 구원하는데 지혜로운 자와 이를 넘어서 많은 사람을 의로 돌이키는 자 사이에 차이가 있다. 둘 다 영광으로 들어가지만, 후자의 영광이 전자보다 더 클 것이다.

지금까지 숙고했던 구절로부터 우리는 부활의 주제가 구약을 관통해서 시냇물처럼 흐르고 있음을 본다. 이 계시의 세부사항은 다니엘서에서 부활이 대환란의 때와 밀접하게 연관될 것이고, 구별된 두 국면, 즉 의인의 부활과 악인의 부활로 일어날 것이라는 사실을 들을 때까지 점점 더 분명해진다.

부활에 대한 구약의 예언을 공부하는 것을 마무리 짓기 전에, 세워져야 하는 아주 흥미롭고 중요한 점이 있다.

호세아

이미 인용한 고린도전서 15:4로부터 바울은 그리스도께서 "성경대로 사흘 만에 다시 살아나사"라고 말한다. 구약에는 그리스도의 부활만이 아니라, 그리스도께서 셋째 날에 죽은 자들로부터 일어나실 것도 예언되어 있다. 우리는 다음과 같이 물을 수 있을 것이다. 우리는 그리스도께서 셋째 날에 다시 일어나실 것이라는 이 특별한 예언을 구약 어디에서 찾을 수 있는가? 호세아가 그 대답을 제공한다.

> 오라 우리가 여호와께로 돌아가자 여호와께서 우리를 찢으셨으나 도로 낫게 하실 것이요 우리를 치셨으나 싸매어 주실 것임이라 이틀 후에 우리를 살리시며 셋째 날에 우리를 일으키시리니 우리가 그의 앞에서 살리라 그러므로 우리가 여호와를 알자 힘써 여호와를 알자 그의 나타나심은 새벽 빛 같이 어김없나니 비와 같이, 땅을 적시는 늦은 비와 같이 우리에게 임하시리라 하니라호 6:1-3

이 예언은 회개와 믿음을 통해 주께 돌아올 자들에게 주실 용서와 치유의 약속으로 시작한다. 그런 다음, 두 번째 구절에서는 셋째 날에 이루어질 부활에 대한 분명한 예언이 나온다. "셋째 날에 우리를 일으키시리니 우리가 그의 앞에서 살리라"호 6:2 이 약속은 단수형이 아니라 복수형으로 주어진다. "우리를us 일으키시리니 우리가we 그의 앞에서 살리라" 다시 말해, 이 약속은 그리스도의 부활을 가리킬 뿐만 아니라 회개와 믿음으로 하나님께 돌이키라는 권면에 순종하는 모든 자들도 포함하고 있다.

이 예언의 의미를 충분히 깨달으려면, 하나님께서 바울을 통해 신약의 교회에 주신 복음에 대한 온전한 계시로 나아가야 한다.

그리스도의 부활에 포함된 모든 믿는 자들

로마서 6:6에서 바울은 다음과 같이 말한다.

우리가 알거니와 우리의 옛 사람이 예수와 함께 십자가에 못 박힌 것은…롬 6:6

뿐만 아니라, 갈라디아서 2:20에서 바울은 다음과 같이 말한다.

내가 그리스도와 함께 십자가에 못 박혔나니…갈 2:20

이 구절들과 비슷한 다른 구절들은 그리스도께서 인간의 죄를 속죄하려고 의도적으로 그분 자신을 죄인과 하나가 되게 하셨음을 계시한다. 그리스도께서는 죄인의 죄책을 담당하셨다. 그리스도께서는 그분 자신을 죄인의 부패하고 타락한 본성과 하나가 되게 하셨다. 그리스도께서는 죄인의 죽음을 죽으셨다. 그리스도께서는 죄인의 형벌을 치르셨다.

그 후로 죄인인 우리에게는 믿음으로 그리스도와의 동일시를 받아들이는 일이 남아 있다. 이렇게 할 때, 우리는 그리스도의 죽음과 장사됨만이 아니라 죽은 자들로부터의 부활과 또 지금 그분이 누리시는 새로운 불멸의 생명에서도 그분과 동일시된다.

긍휼이 풍성하신 하나님이 우리를 사랑하신 그 큰 사랑을 인하여 허물로 죽은 우리를 그리스도와 함께 살리셨고 (너희는 은혜로 구원을 받은 것이라) 또 함께 일으키사 그리스도 예수 안에서 함께 하늘에 앉히시니엡 2:4-6

우리는 우리의 죄로 인한 그리스도의 죽음에서 우리와 그리스도의 동일시를 믿음으로 기꺼이 받아들이자마자, 우리가 그리스도의 부활과 하나님의 보좌에 계신 그분의 승리한 생명에서도 그리스도와 동일시된다. 그리스도의 죽음을 통과한 우리는 그리스도의 부활에도 참여자가 된다.

예수님은 짧지만, 강력한 말씀으로 이와 동일한 진리를 제자들에게 전달하셨다.

> 이는 내가 살아 있고 너희도 살아 있겠음이라 14:19

이것이 호세아 6:2이 예언적 계시를 진술한 까닭이다.

> 셋째 날에 우리를 일으키시리니 우리가 그의 앞에서 살리라 호 6:2

이 예언은 그리스도께서 셋째 날에 일어나시는 것만이 아니라 복음 안에 있는 하나님의 영원한 목적에 따라 그리스도를 믿었던 모든 자들이 그리스도의 부활에서 그분과 동일시되었다는 사실도 계시하고 있다. 이런 측면에서 호세아의 예언은 장차 일어날 사건을 예언할 뿐만 아니라 동시에 그 사건의 참된 영적 의미와 복음 안에 있는 하나님의 전체계획과 그 관련성도 계시한다는 점에서 구약의 전체 예언들 가운데 독특하다.

그러나 호세아는 그리스도의 부활에 있는 하나님의 목적에 대한 이 비밀이 믿음과 열심을 다해 진리를 찾고자 하는 자들에게만 계시될 것이라는 점도 경고한다. 왜냐하면 호세아는 다음과 같이 말하기 때문이다.

> 만일 우리가 계속 주를 알고자 하면 그때 우리가 알게 되리라
>
> 호 6:3 한글킹제임스

이 계시는 오직 "계속 주를 알고자"하는 사람들만 위한 것이다. 그렇게 하는 자들에게 호세아는 계속해서 다음과 같이 말한다. "그의 나타나심은 새벽 빛 같이 어김없나니…"호 6:3 다시 말해, 죽은 자들로부터 그리스도의 부활은 어두운 밤이 지나고 해가 떠오르듯이 확실하고 분명하다는 말이다. 이는 말라기에 나온 그리스도의 부활에 대한 예언과 밀접하게 짝을 이룬다.

내 이름을 경외하는 너희에게는 공의로운 해가 떠올라서 치유하는 광선을 비추리니 너희가 나가서 외양간에서 나온 송아지 같이 뛰리라말 4:2

이 뿐만 아니라 우리는 부활하신 그리스도에 대한 이 계시를 받을 자들을 제한하고 있다는 사실에 주목해보자. 그것은 모든 사람들을 위한 것이 아니라, "내 이름을 경외하는 너희에게" 주어지는 것이다.

끝으로, 호세아는 성령님의 부으심이 곧장 그리스도의 부활을 뒤따를 것임을 지적한다. 왜냐하면 호세아가 계속해서 다음과 같이 말하기 때문이다.

그는 우리에게 비처럼 오시리니, 땅에 내리는 늦은 비와 이른 비처럼 오시리라호 6:3 한글킹제임스

비는 여기에서 두 가지 중요한 방문, 곧 이른 비와 늦은 비로 나누어지는 성령의 부으심의 상징이다. 이 예언을 정확하게 성취한 것에 대해 신약은 그리스도께서 부활하신지 오십일이 지난 오순절 날에 성령님의 이른 비가 성령님을 기다리는 제자들, 즉 주님을 알고자 하는(주님의 지식을 추구하는) 이들에게 부어지기 시작했다고 기록한다.

우리가 이번 장에서 인용한 의인의 부활에 대한 구약의 예언을 되돌아

보면, 그 예언들에 공통된 한 가지 특징이 떠오른다. 즉 구약의 성도들이 그 안에 포함된다는 사실이다.

예를 들면, 우리는 가나안 땅을 영원히 소유하리라는 약속을 하나님께서 먼저는 아브라함에게 하셨고, 그 다음으로 아브라함 뒤에 올 그의 후손[씨]에게 하셨다는 사실을 보았다. 바울은 그리스도인들에게 "너희가 그리스도의 것이면 곧 아브라함의 자손[씨]이요 약속대로 유업을 이을 자니라" 갈 3:29라고 말한다. 이 아브라함의 신약 후손의 부활은 아브라함 자신의 부활을 앞서지 못할 것이다.

욥은 그 자신에 대하여 "이는 나의 구속주[속량자]가 살아 계시고 훗날 그가 땅에 서실 것임을 내가 앎이라…내가 내 몸을 입고 하나님을 보리라" 욥기 19:25-26 한글킹제임스라고 말했다. 속량자를 믿는 믿음을 통해서 욥은 의인의 부활에 함께 참여하기를 기대하였다. 마찬가지로, 이사야는 자신을 포함한 죽은 의인의 기쁨에 찬 부활에 대해 말했다.

> 주의 죽은 자들은 살아나고 그들의 시체들은 일어나리이다 티끌에 누운 자들아 너희는 깨어 노래하라 주의 이슬은 빛난 이슬이니 땅이 죽은 자들을 내놓으리로다 사 26:19

천사 가브리엘은 다니엘에게 의인의 부활과 악인의 부활이 있을 것이라고 알려주었다(단 12:2-3을 보라). 그런 다음, 가브리엘 천사는 다니엘 개인에게 다음과 같이 말했다.

> 너는 가서 마지막을 기다리라 이는 네가 [무덤에서] 평안히 쉬다가 끝날에는 네 몫[부활]을 누릴 것임이라 단 12:13

분명히, 다니엘은 의인의 부활 안에 포함되었다.

부활에 대한 예언 가운데 호세아는 다음과 말했다.

> 셋째 날에 우리를 일으키시리니 우리가 그의 앞에서 살리라호 6:2

호세아는 부활의 예언 안에 자신을 포함시켰다.

신약으로부터 확증을 얻기 위해선 예수님의 말씀으로 돌아갈 수 있다.

> 또 너희에게 이르노니 동서로부터 많은 사람이 이르러 아브라함과 이삭과 야곱과 함께 천국에 앉으려니와마 8:11

예수님은 부활의 때에 구약의 세 조상, 곧 아브라함과 이삭과 야곱과 함께 오는 다른 많은 민족과 다른 배경을 지닌 믿는 자들에 관해 말씀하신 것이다. 이는 구약의 믿는 자들과 신약의 믿는 자들 모두 의인의 부활에 함께 참여하게 될 것이라는 뜻이다.

이 부활에 참여하는 모든 이들에게는 한 가지 공통적인 자격조건이 있다. 그것은 그리스도의 속죄하는 희생을 믿는 믿음이다. 하지만, 옛 언약의 성도들과 새 언약의 성도들 사이에는 차이가 있다. 옛 언약 아래서 믿는 자들은 다양한 예언적 계시를 통해서 아직 드려지지 않은 희생을 고대했던 반면에, 새 언약 아래서 믿는 자들은 그리스도의 죽음과 부활의 역사적 사건을 되돌아보는 차이가 있다.

이 연구의 나머지 부분을 통해서 확립된 진리는 의인의 부활이 새 언약의 성도뿐만 아니라 옛 언약의 믿는 자도 포함할 것이란 사실이다.

44장

첫 열매들인 그리스도

지난 장에서 우리는 부활을 예언하는 구약의 주요 구절들을 살펴보았다. 우리는 구약이 세 가지 중요한 사건을 예언한다는 사실을 보았다. 1) 그리스도 자신이 죽은 자들로부터 일어나실 것이라는 사실. 2) 그리스도를 믿는 자들이 그리스도의 부활에 함께 참여할 것이라는 사실. 3) 심판과 처벌을 목적으로 악인의 부활도 있을 것이라는 사실이다.

이제 신약으로 관심을 돌릴 경우, 우리는 죽은 자들의 부활에 대한 신약의 계시 역시 정확하게 이 세 가지 중요한 점에 있어 구약의 계시와 일치한다는 사실을 발견한다. 하지만 신약은 전체 그림을 더 선명하고 자세하게 그릴 수 있도록 많은 정보를 제공한다.

부활의 연속된 세 단계

우리가 숙고할 신약의 첫 번째 성경구절은 요한복음에 있다. 예수님께서 다음과 같이 말씀하신다.

> 진실로 진실로 너희에게 이르노니 죽은 자들이 하나님의 아들의 음성을 들을 때가 오나니 곧 이때라 듣는 자는 살아나리라 요 5:25

> 이를 놀랍게 여기지 말라 무덤 속에 있는 자가 다 그의 음성을 들을 때가 오나니 선한 일을 행하는 자는 생명의 부활로, 악한 일을 행한 자는 심판의 부활로 나오리라 요 5:28-29

예수님은 여기에서 두 가지 다른 어구를 사용하신다. 요한복음 5:25에서는 "죽은 자들the dead"이라는 어구를 사용하신 반면에, 요한복음 5:28에서는 "무덤 속에 있는 자가 다all who are in the grave"라는 어구를 사용하신다. 문맥에서 보면, 이 두 어구가 동일한 것을 나타내는 것이 아니라 서로 대조되는 것처럼 보인다.

그렇다면, "죽은 자들"이라는 어구는 육신적으로 죽은 자들이 아니라, 죄 가운데 영적으로 죽은 자들을 묘사하는 것으로 받아들여야 한다. 이는 바울이 에베소서 2:1에서 사용한 언어와 일치한다.

> 그는 허물과 죄로 죽었던 너희를 살리셨도다 엡 2:1

위 성경구절의 문맥에서 볼 때, 바울이 신체적으로 죽었던 사람들이 아니라, 죄의 결과로 인해 영적으로 죽고, 하나님으로부터 분리되었던 사람들에 대해 말하고 있음이 명백하다. 다시 말하면, 바울은 죄인을 권면하기 위해서 이사야서에서 빌려온 언어를 사용한 것이다.

> 그러므로 이르시기를 잠자는 자여 깨어서 죽은 자들 가운데서 일어나라 그리스도께서 너에게 비추이시리라 하셨느니라 엡 5:14

여기에서 바울로부터 죽은 자들로부터 깨어서 일어나라는 권면을 받는 자는 육신적으로 죽은 자들이 아니라, 죄 가운데 영적으로 죽은 자들이다. 따라서 이 해석을 예수님의 말씀에 적용해야 한다.

> 진실로 진실로 너희에게 이르노니 죽은 자들이 하나님의 아들의 음성을 들을 때가 오나니 곧 이때라 듣는 자는 살아나리라 요 5:25

예수님은 여기에서 죄 가운데 죽었던 자들이 복음전파를 통해서 그들에게 들리는 그리스도의 음성에 반응하는 것에 대해 말씀하고 계신 것이다. "듣는 자들은 살아나리라" 다시 말해, 복음의 메시지를 믿음으로 받아들이는 자들은 그로 인해서 용서와 영원한 생명을 받게 될 것이다.

이는 예수님이 "때가 오나니 곧 이때라"라고 말씀하신다는 사실에 의해서 확인된다. 말하자면, 죄 가운데 죽은 자들에게 복음을 전파하는 것은 예수님께서 이 말씀을 하신 그때 이미 시작되었던 것이다.

예수님이 요한복음 5:25에서 하신 말씀과 요한복음 5:28-29에서 하신 말씀 사이의 대조에 주목해보자.

> 이를 놀랍게 여기지 말라 무덤 속에 있는 자가 다 그의 음성을 들을 때가 오나니 선한 일을 행하는 자는 생명의 부활로, 악한 일을 행한 자는 심판의 부활로 나오리라 요 5:28-29

이 구절은 앞의 구절과 세 가지 면에서 상당히 다르다.

첫째, 예수님은 "때가 오나니"라고 말씀하시지만, "곧 이때라"라고 덧붙이지 않으신다. 다시 말하면, 예수님이 여기에서 말씀하시는 사건은 아직도 전적인 미래에 속한 것이다. 그 사건은 아직 성취되도록 시작되지 않았다.

둘째, 예수님은 "무덤 속에 있는 자가 다"라는 어구를 사용하신다. 이는 분명히 실제로 죽어서 묻힌 자들을 가리킨 것이다. 더욱이, 예수님은 이 다all가 예외 없이 들을 것이라고 말씀하신 반면, 앞의 구절에서는 죽은 자들에 대해서 전부가 아닌 일부만이 듣게 될 것이라고 밝히셨다.

셋째, 요한복음 5:28-29에서 예수님은 실제로 '부활'이라는 단어를 사용하신다. 예수님은 무덤에 있는 모든 자들이 "부활로 나오리라"요 5:29고 말씀하신다.

그러므로 첫 번째 구절요 5:25에서 예수님은 죄 가운데서 영적으로 죽은 자들의 반응에 대해 말씀하신 반면에, 두 번째 구절요 5:28-29에서는 실제로 죽어서 장사되었던 자들이 문자 그대로 부활할 것을 말씀하신 것이다.

두 번째 구절에서 예수님은 부활의 두 가지 구별된 국면에 대해 말씀하신다. 1) 생명의 부활the resurrection of life과 2) 저주(정죄)의 부활the resurrection of condemnation이다. 이것은 다니엘 12:1-3에 나온 구약의 계시와 일치한다.

두 경우 다 부활을 두 가지 구별된 국면으로, 즉 의인의 부활과 악인의 부활로 말한다. 그리고 두 경우 다 의인의 부활이 악인의 부활에 선행한다.

덧붙이자면, 우리는 예수님의 말씀으로부터 다니엘서에서 계시되지 않은 한 가지 사항을 배운다. 즉, 모든 죽은 자들을 부활로 부를 음성은 하나님의 아들이신 그리스도 자신의 음성이 될 것이라는 점이다.

이제 고린도전서 15장으로 돌아가면, 부활에 대한 훨씬 더 충분하고 자세한 설명을 얻을 수 있다.

> 아담 안에서 모든 사람이 죽은 것 같이 그리스도 안에서 모든 사람이 삶을 얻으리라 그러나 각각 자기 차례대로 되리니 먼저는 첫 열매인

그리스도요 다음에는 그가 강림하실 때에 그리스도에게 속한 자요 그 후에는 마지막이니 그[그리스도]가 모든 통치와 모든 권세와 능력을 멸하시고 그 나라를 아버지 하나님께 바칠 때라_고전 15:22-24_

"각각 자기 차례대로"라는 어구에 주목하라. "차례"라고 번역된 단어는 군사들의 계급을 나타내기 위해 사용된 것이다. 따라서 바울은 여기에서 부활을 열을 지어 행진하는 세 계급의 군사들처럼 연속된 세 단계로 일어날 것으로 그리고 있다.

첫 번째 단계는 그리스도 자신, 곧 "첫 열매[들]인 그리스도Christ the firstfruits"로 이루어진다.

두 번째 단계는 그리스도께서 재림하실 때 모든 참된 믿는 자들, 곧 "그가 강림하실 때에 그리스도에게 속한 자those who are Christ's at His coming"로 이루어진다. 이는 다니엘서에서 예언되고, 또 그리스도께서 친히 말씀하신 의인의 부활에 상응한다.

세 번째 단계는 "마지막[끝]the end"이라 불린다. 다시 말해 이것은 그리스도께서 이 땅에서 통치하시는 천년왕국의 끝을 말하는데, 그 끝 무렵에 예수님이 왕국을 아버지 하나님께 드리게 된다는 말이다. 이 단계에서 부활한 자들은 대부분 - 전부가 아니라 - 은 다니엘서에서 예언되고 그리스도께서 말씀하신 악인의 부활에 속하게 될 것이다. 이 세 번째 단계의 부활에 대해선 바울은 고린도전서에서 더 이상 말하지 않는다. 그러나 우리는 요한계시록 20장에서 이에 대한 더 상세한 사항을 보게 될 것이다.

잠깐, 바울이 앞의 두 단계에 대해 말한 부분을 좀 더 주의 깊이 살펴보자.

첫 열매들의 모형

바울은 첫 번째 단계가 "첫 열매[들]인 그리스도Christ the firstfruits"라고 말한다. 이 어구를 통해서 바울은 그리스도의 부활을 모세의 율법의 규정에 따라 이스라엘 자손들이 추수의 첫 열매들을 주님께 드리는 예식에 빗대어 말한다.

> 이스라엘 자손에게 말하여 이르라 너희는 내가 너희에게 주는 땅에 들어가서 너희의 곡물을 거둘 때에 너희의 곡물의 첫 이삭 한 단을 제사장에게로 가져갈 것이요 제사장은 너희를 위하여 그 단을 여호와 앞에 기쁘게 받으심이 되도록 흔들되 안식일 이튿날에 흔들 것이며레 23:10-11

주 앞에서 흔들어진 이 첫 열매들의 단the sheaf of the firstfruits은 죄인의 대표자로서, 또한 새로운 피조물의 처음으로서 죽은 자로부터 나오신 그리스도에 대한 그림이다.

이 그림이 얼마나 정확한지에 주목하라. 첫 열매들의 단은 일찍이 땅에 묻힌 씨앗으로부터 자라난 첫 번째로 완전한 열매였다. 모세는 이스라엘 자손들에게 "너희를 위하여 여호와 앞에 기쁘게 받으심이 되도록" 이 단을 제사장이 주 앞에서 흔들어야 한다고 일러주었다.

로마서 4:25에서 바울은 우리에게 그리스도께서 "우리의 범죄한 것 때문에 내줌이 되고 또한 우리를 의롭다 하시기 위하여 살아나셨느니라"롬 4:25라고 알려준다.

그리스도의 부활은 그분 자신의 의를 입증할 뿐만 아니라, 믿는 자가 하나님 앞에서 그리스도와 똑같은 정도로 의롭게 여겨질 수 있게 해주기도 한다.

더욱이, 이 첫 열매들의 단은 "안식일 이튿날에" 흔들려져야 했다. 안식일이 한 주의 일곱째 또는 마지막 날이었기 때문에, 안식일 이튿날은 한 주의 첫 번째 날, 곧 그리스도께서 사실상 죽은 자들로부터 일어나신 날이었다.

끝으로, 첫 열매들을 흔드는 것은 예배와 승리의 행위였다. 왜냐하면 정해진 시기에 첫 열매들이 나타나는 것은 추수의 나머지 부분을 안전하게 거두게 될 것이라는 확신을 주었기 때문이다. 마찬가지로, 그리스도의 부활은 남아 있는 모든 죽은 자들 역시 그들의 정해진 시기에 부활하게 될 것이라는 확신(보장)을 준다.

그러나 첫 열매들의 이 구약 규례에는 그리스도의 부활에 대한 또 하나의 예언적 계시가 담겨 있다. 예수님은 그분 자신의 임박한 죽음과 장사됨에 대해 예언적으로 말씀하시면서 이것을 땅에 묻히는 한 알의 밀 씨앗에 비유하셨다. 예수님은 다음과 같이 말씀하셨다.

> 내가 진실로 진실로 너희에게 이르노니 한 알의 밀이 땅에 떨어져 죽지 아니하면 한 알 그대로 있고 죽으면 많은 열매를 맺느니라
> 요 12:24

이를 통해 예수님은 하나님과 인간 사이를 화해케 하시는 그분의 사역의 열매가 그분 자신의 속죄하는 죽음과 부활의 결과로만 나타날 수 있을 것이라고 가르치셨던 것이다. 예수님이 십자가 직전에 멈추셨다면, 그분의 사역으로부터 어떤 열매도 나올 수 없었을 것이다. 그분의 죽음과 장사됨과 부

활을 통해서만 죄인이 의롭게 되어 하나님과 화해하게 되는 큰 추수의 열매가 나올 수 있을 것이다. 예수님은 이 진리를 땅에 심긴 다음 싹을 내고 열매가 풍성한 줄기로 자라나는 한 알의 밀 씨앗의 그림으로 제자에게 표현하셨다.

자연 상태에서 보면, 한 알의 밀 씨앗이 땅에 심긴 것일지라도, 거기서 자라나는 줄기는 절대로 단 한 알의 밀 씨앗을 달고 있지 않고, 한 줄기에 한 움큼의 씨앗을 맺는다. 예수님이 씨 뿌리는 자의 비유를 통해 언급하셨듯이, 한 알의 씨앗에서 증가하는 비율은 삼십 배, 육십 배, 백 배일 것이다.

이 자연법칙의 진리는 그리스도의 부활이라는 영적인 측면에도 적용된다. 예수님은 홀로 장사되셨지만, 홀로 부활하지는 않으셨다. 놀라울 정도로 대다수의 성경 주석가들의 관심을 별로 받지 못한 이 사실은 마태복음 27:50-53에서 분명하게 진술된다. 이 구절은 예수님의 십자가에서 죽음과 부활에 뒤이어서 일어난 다양한 사건들을 기록하고 있다.

> 예수께서 다시 크게 소리 지르시고 영혼이 떠나시니라 이에 성소 휘장이 위로부터 아래까지 찢어져 둘이 되고 땅이 진동하며 바위가 터지고 무덤들이 열리며 자던 성도의 몸이 많이 일어나되 예수의 부활 후에 그들이 무덤에서 나와서 거룩한 도성에 들어가 많은 사람에게 보이니라 마 27:50-53

이 사건들이 여기에서 연속적으로 차례차례 표현된다할지라도, 그 사건들이 망라하는 전체 시간은 삼일 정도였음이 분명하다. 십자가에서 예수님이 죽으신 것은 안식일 전날이었고, 부활하신 것은 새 주간의 첫째 날 아침이었다. 이와 관련해서 마태는 다음과 같이 진술한다.

> 바위가 터지고 무덤들이 열리며 자던 성도의 몸이 많이 일어나되 예수의 부활 후에 그들이 무덤에서 나와서 거룩한 도성에 들어가 많은 사람에게 보이니라 마 27:51-53

우리는 무덤이 열렸던 시간을 정확히 알지 못하지만, 이 부활한 성도들이 일어나서 무덤에서 나온 것은 그리스도께서 부활하신 이후였다는 사실이다.

첫 열매들에 대한 구약의 모형은 이렇게 그리스도의 부활에 의해서 완벽하게 성취되었다. 그리스도께서는 홀로 장사되셨다. 즉, 한 알의 밀 씨앗으로 땅에 떨어지셨다. 하지만 그리스도께서 죽은 자들로부터 다시 일어나셨을 때 더 이상 혼자, 즉 더 이상 한 알이 아니셨다. 그 대신에, 그분과 함께 죽은 자들로부터 나와서 죽음과 지옥과 사탄의 패배의 표식이자 묻힌 모든 믿는 자들도 정해진 때에 부활하게 되리라는 확신(보증)으로서 하나님 앞에 승리로 흔들려진 한 움큼의 씨앗들 – 첫 열매들의 단 – 이 있었다.

예수님과 함께 부활한 이 구약의 성도들에 관해서 두 가지 흥미로운 질문이 자연스럽게 제기된다.

첫 번째 질문은 이것이다. 이 부활한 성도들은 구약의 모든 의로운 믿는 자를 포함했던가? 구약의 모든 성도들이 예수님과 함께 부활했던가?

이 질문에 대한 대답은 아마도 '아니요!'일 것이다. 마태는 다음과 같이 말한다. "성도의 몸이 많이 일어나되" 이 "많은 성도들"이라는 어구는 모든 성도들이 일어난 게 아니라 사실을 가리킨다.

이 결론은 오순절 날에 베드로가 한 말에 의해서 지지를 받는다.

> 형제들아 내가 조상 다윗에 대하여 담대히 말할 수 있노니 다윗이 죽어 장사되어서 그 묘가 오늘까지 우리 중에 있도다 행 2:29

베드로는 여기에서 그리스도의 부활 이후 오십 일을 말하고 있다. 하지만 그는 그때 다윗의 몸(시체)이 아직 무덤에 있었다고 암시한다. 이것은 가장 위대한 구약의 성도들 가운데 한 명인 다윗이 베드로가 오순절 날에 말하였던 그 순간에도 부활하지 않았다는 사실을 드러낸 것이다. 따라서 첫 번째 부활절 아침에 구약의 모든 성도들이 부활한 것이 아니라 그들 중 일부가 부활한 것이었다. 이 부활한 구약 성도들에 관한 두 번째 흥미로운 질문은 이것이다. 그들은 부활 이후에 어떻게 되었는가?

주어진 구절을 토대로 보면, 이 구약의 성도들은 진정으로 "부활했던" 것 같다. 다시 말해, 단 번에 죽음과 무덤의 지배로부터 일어나서, 다시는 그 지배 아래로 돌아가지 않게 되었다는 말이다. 이런 측면에서, 예수님이 이 땅에서 사역하시는 동안에 죽은 자들로부터 일으키셨던 사람들과 이 성도들 사이에는 엄청난 차이가 있다.

그리스도께서 죽은 자들로부터 일으키신 자들은 죽음에서 이전과 같은 종류의 이 땅의 자연적인 생명으로 다시 돌아갔던 것이다. 그래서 그들은 여전히 죽을 수밖에 없는 육신의 모든 연약함에 굴복당하며, 정해진 과정을 거쳐 다시 죽고 묻혔다. 이 사람들은 이 땅의 자연적인 생명으로 회복되었을 뿐이다. 그들은 죽은 자들로부터 부활한 것이 아니었다. 다른 한편, 예수님과 함께 일어났던 자들은 예수님과 더불어 그분의 부활에 함께 참여했다. 그들은 전적으로 새로운 생명으로 들어갔다. 그들은 새로운 영적인 몸, 즉 예수님이 몸소 받으셨던 것과 똑같은 새 몸을 받았다.

> 예수의 부활 후에 그들이 무덤에서 나와서 거룩한 성에 들어가 많은 사람에게 보이니라 마 27:53

이 말씀은 이 성도들이 예수님이 부활 후에 가지신 것과 같은 종류의 몸을 지녔음을 가리킨다. 그들은 마음대로(의지대로) 나타나기도 하고 사라질 수도 있었다. 그들은 이 땅에 속한 일반적인 몸이 겪는 물리적 제약에 더 이상 굴복되지 않았다.

그렇다면, 그들이 다시 무덤으로 돌아가서 분해의 과정을 다시 겪었다고는 도저히 생각할 수 없다. 이 부활의 몸을 입은 그들은 단번에 죽음과 무덤의 그림자와 지배를 벗어나서 절대로 다시 그곳으로 돌아가지 않았던 것이다.

이후에 이 성도들은 어떻게 되었는가? 신약은 이 질문에 어떠한 분명한 대답을 제시하지 않는다. 그러나 예수님의 부활에 그분과 함께 참여했던 이 성도들이 예수님이 승천하실 때 그분과 함께 승천했다고 가정하는 것이 자연스러울 것이다. 그러므로 예수님이 승천하신 장면을 간략하게 살펴보자.

> 이 말씀을 마치고 그들이 보는데 [주께서] 올려져 가시니 구름이 그를 가리어 보이지 않게 하더라행 1:9

예수님이 제자들이 보는 앞에서 구름으로 들어가셔서 이 구름에 쌓여 계속해서 승천했다는 사실에 주목해보자. 이후에 즉시, 두 천사가 제자들에게 나타나서, 그들에게 그리스도의 재림에 관한 다음의 확신(보증)을 주었다.

> 이르되 갈릴리 사람들아 어찌하여 서서 하늘을 쳐다보느냐 너희 가운데서 하늘로 올려지신 이 예수는 하늘로 가심을 본 그대로 오시리라 하였느니라행 1:11

이것은 그리스도께서 승천하신 것과 그분이 하늘로부터 지상으로 재림하시는 것 사이에는 밀접한 유사성이 있다는 점을 나타낸다. 그리스도께서는 가심을 본 그대로 오실 것이다.

이 말은 무슨 뜻인가? 마가복음 13:26(그리고 다른 구절에서도)에는 그리스도께서 구름을 타고 오실 것이라고, 더 문자적으로 말하면, 구름에 싸여 in clouds 오실 것이라고 기록되어 있다. 다시 말하면, 스가랴 14:5과 유다서 14절에는 그리스도께서 그분의 성도들과 함께 오실 것임을 계시하고 있다.

이 두 진술을 결합해보면, 그리스도께서는 "구름에 싸여" 곧 "그분의 성도들과 함께" 오실 것이다. 우리는 또한 그리스도께서 승천하신 것과 하늘로부터 이 땅으로 재림하시는 것은 밀접하게 유사성을 이룬다는 사실도 안다. 더 나아가 그리스도께서 그때 부활했던 그분의 성도들과 함께 승천했음을 염두에 둘 경우, 그 유사성은 완전히 그럴듯한 것이다.

이런 맥락에서 주목을 끌만한 흥미로운 점이 하나 더 있다.

> 이러므로 우리에게 구름 같이 둘러싼 허다한 증인들이 있으니 모든 무거운 것과 얽매이기 쉬운 죄를 벗어 버리고 인내로써 우리 앞에 당한 경주를 하며 히 12:1

히브리서 기자가 언급하는 "구름 같이 둘러싼 증인들"은 무엇을 의미하는가? 전체 문맥에서 보면, 히브리서 기자는 이전 장, 즉 히브리서 11장에 믿음의 명예전당에 기록되었던 구약의 성도들을 가리키고 있음이 분명하다.

이 구약의 성도들은 이 경륜의 시대에서 믿음의 경주를 달리려고 하는 모든 그리스도인 믿는 자들을 둘러싼 구름 같은 증인으로 그려진다. 이렇게 구름의 비유는 구약의 성도들과 다시 연결된다.

이 모든 점을 고려할 때, 예수님은 승천하신 그 날, 그분과 함께 부활했던 구약의 성도들도 포함한 구름에 싸여 하늘로 들려지셨다고 가정하는 것이 논리적이고 성경적일 것이다. 이렇게 그리스도의 부활과 승천은 첫 열매에 대해 규정한 구약의 모형에 나타난 모든 사항을 정확하게 또한 완전히 성취했던 것이다. 이는 그리스도께서 약속하셨듯이 하늘로부터 이 땅으로 재림하시는 방식에도 정확한 유사성을 띠게 될 것이다.

하지만 이 결론은 성경의 여러 부분에서 언급한 내용으로부터 논리적으로 추론한 것 이상으로 받아들여서는 안 될 것이다. 또한 이를 어떤 확고한 교리로 제시해서도 안 될 것이다.

45장

그리스도께서 오실 때
그분께 속한 사람들

지난 장에서 우리는 바울이 "첫 열매[들]인 그리스도"라고 부르는 부활의 첫 번째 단계를 숙고했다. 우리는 신약에 제시된 그리스도의 부활에 대한 구절들이 구약의 이스라엘 백성을 위해 정해놓은 첫 열매를 예언적으로 정하신 모형을 얼마나 정확히 또한 완전하게 성취했는지를 보았다.

이제 우리는 부활의 두 번째 단계, 즉 바울이 "그가 강림하실 때에 그리스도께 속한 자"고전 15:23라고 언급한 단계를 계속해서 살펴볼 것이다.

참된 믿는 자들의 표시

바울이 부활의 두 번째 단계에 대해 사용하는 정확한 어구에 신중하게 주목하라. 첫째, 여기에서 "강림하실coming"이라 번역된 헬라어는 "parousia파루시아"이다. 이것은 신약 전체에서 일차적으로 신랑이신 그리스도께서 그분의 신부인 교회를 데려가려고 오시는 것을 가리킬 때 주로 사용하는 용어이다.

둘째, 우리는 바울이 부활의 이 두 번째 단계에 참여할 사람들을 아주 신중하고 구체적으로 거론하는 점에 주목해야 한다. 바울은 "그리스도께 속한 자Those who are Christ's"라고 말한다. 이는 소유를 가리킨다. "그리스도의 것인 자들those who belong to Christ"이라고 말하는 것과 같은 의미이다. 확실히 이것은 그리스도에 대한 신앙고백을 하는 모든 사람을 포함하고 있지 않다. 이는 완전히 남김없이 자신을 그리스도께 양보하여서 전적으로 그리스도의 것이 된 자들만 포함한다. 그들은 더 이상 자신의 것이 없는 자다. 그들은 그리스도의 것이다.

바울은 이 요구조건을 충족시킨 자를 보여주는 이중 "인침seal"을 기술한다.

> 그러나 하나님의 견고한 터는 섰으니 인침이 있어 일렀으되 주께서 자기 백성을 아신다 하며 또 주의 이름을 부르는 자마다 불의에서 떠날지어다 하였느니라딤후 2:19

결국엔 주님만 누가 그분께 속한 자들인지 정확히 아신다. 하지만, 외적 행동을 볼 때, 그리스도께 속한 믿는 자마다 한 가지 공통된 특징이 있다. 그들은 "불의에서 떠난 자들"이다. 이 두 번째의 외적 인침이 없는 자는 누구나 주님께서 자신의 것이라고 인정하는 자에 속해 있지 않다.

갈라디아서에서 바울은 그리스도께 속한 자를 구별하는 또 하나의 특징을 제시한다.

> 그리스도 예수의 사람들은 육체와 함께 그 정욕과 탐심을 십자가에
> 못 박았느니라 갈 5:24

신앙고백하면서도 부주의하고, 육적이며, 방종한 삶을 사는 그리스도인들을 그리스도께서는 자신에게 받아들일 자로 세지 않으실 것이다.

그리스도께서는 말 그대로 도적같이 오시지만, 확실히 훔쳐가려고 오시지 않는다. 그리스도께서는 이미 자신에게 속한 자들만 자신에게로 데려가실 것이다.

이 경고를 염두에 두고, 부활의 이 두 번째 단계에 무슨 일이 일어날지를 숙고해보자. 바울이 "그리스도께서 강림하실 때"에 일어날 것이라고 진술하기 때문에, 이 두 번째 단계가 그리스도의 재림과 직접 연결된다는 것이 분명하다.

그리스도의 재림은 성경의 예언 가운데 하나의 중요한 주제이다. 누군가 그리스도의 초림에 관한 성경에 있는 약속에 비교해서 그리스도의 재림에는 최소 다섯 가지 약속이 있다고 이야기했다. 이는 그리스도의 재림이라는 주제가 성경의 전체 계시에서 얼마나 큰 역할을 담당하는지를 보여준다. 이런 이유 때문에 그리스도의 재림과 관련된 모든 질문을 상세히 논의하는 것은 우리의 현재 연구의 범위를 벗어나는 일이다.

그러나 하나님의 영원한 계략 가운데 그리스도의 재림이 여러 가지 많은 다른 목적을 성취하도록 정해진 것임을 지적하는 것은 도움이 된다. 여러 목적은 어떤 의미에서 서로 구별되지만, 하나님의 전체 계획 안에서 상호 관련되어 있다. 이 목적 각각은 성경에서 예언한 전체 사건 가운데 중요한 부분인 그리스도의 재림의 주된 측면을 각각 구성하고 있다.

그리스도께서 재림하시는 다섯 가지 목적

그리스도께서 다시 오시는 다섯 가지 주요 목적을 간략하게 언급할 것이다.

1. 그리스도께서는 교회를 위해 오실 것이다. 신랑이신 그리스도께서는 참된 믿는 자 모두를 자신의 신부로 받아들이려고 다시 오실 것이다. 그들은 부활에 의해서든지 아니면 아직 살아 있는 채 몸이 순식간에 변화함으로든지 그리스도와 연합하게 될 것이다. 예수님은 제자들에게 다음과 같이 약속하셨다.

"가서 너희를 위하여 거처를 예비하면 내가 다시 와서 너희를 내게로 영접하여 나 있는 곳에 너희도 있게 하리라"요 14:3

2. 그리스도께서는 이스라엘 민족의 구원을 위해서 오실 것이다. 대환란의 불길에서 살아남은 이스라엘 민족 중 남은 자들은 예수님을 메시아로 인정하고 인식할 것이며, 따라서 하나님과 화해하고 그분의 호의와 축복으로 회복될 것이다. 이것은 바울이 인용한 이사야서에 나온 하나님의 약속에서 발견된다.

"그리하여 온 이스라엘이 구원을 받으리라 기록된 바 구원자가 시온에서 오사 야곱에게서 경건하지 않은 것을 돌이키시겠고 내가 그들의 죄를 없이 할 때에 그들에게 이루어질 내 언약이 이것이라 함과 같으니라"롬 11:26-27

3. 그리스도께서는 적그리스도와 사탄을 폐하기 위해서 오실 것이다.

"그 때에 불법한 자가 나타나리니 주 예수께서 그 입의 기운으로 그를 죽이시고 강림하여 나타나심으로 폐하시리라" 살후 2:8

4. 그리스도께서는 이방 민족들을 심판하기 위해서 오실 것이다. 그리스도께서는 친히 이렇게 예언하셨다.

"인자가 자기 영광으로 모든 천사와 함께 올 때에 자기 영광의 보좌에 앉으리니 모든 민족을 그 앞에 모으고 각각 구분하기를 목자가 양과 염소를 구분하는 것 같이 하여" 마 25:31-32

다음 구절(33절)에서 예수님은 그 심판 절차를 상세하게 묘사하신다.

5. 그리스도께서는 이 땅에 그분의 천년왕국을 세우시려고 오실 것이다. 이것은 마태복음 25장과 이사야서의 예언에 포함되어 있다.

"그 때에 달이 수치를 당하고 해가 부끄러워하리니 이는 만군의 여호와께서 시온 산과 예루살렘에서 왕이 되시고 그 장로들 앞에서 영광을 나타내실 것임이라" 사 24:23

이는 스가랴서에서도 예언되어 있다.

주께서 온 땅을 다스릴 왕이 되시리라 그날에 오직 한분 주님만이 계시리니, 그분의 이름이 유일한 이름이 되리라(The Lord will be king over the whole earth. On that day there will be one Lord, and his name the only name) 슥 14:9 NIV

따라서 그리스도께서 통치하실 때는 요한계시록 20:4에 묘사되어 있다. 요한계시록 20:4은 대환란 시기의 순교자들에 대해서도 말씀한다.

> 또 내가 보좌들을 보니 거기에 앉은 자들이 있어 심판하는 권세를 받았더라 또 내가 보니 예수를 증언함과 하나님의 말씀 때문에 목 베임을 당한 자들의 영혼들과 짐승과 그의 우상에게 경배하지 아니하고 그들의 이마와 손에 그의 표를 받지 아니한 자들이 살아서 그리스도와 더불어 천 년 동안 왕 노릇하니 계 20:4

천년millenium이란 "일천 년의 기간"을 의미하는 라틴어 용어이다.

따라서 우리는 그리스도께서 오시는 다섯 가지 주요 목적을 다음과 같이 요약할 수 있을 것이다.

1. 그리스도께서는 참된 믿는 자 모두를 그분에게 받아들이시려고, 즉 교회를 위해 오실 것이다.
2. 그리스도께서는 이스라엘 민족을 구원하시려고 오실 것이다.
3. 그리스도께서는 적그리스도와 사탄을 폐하시려고 오실 것이다.
4. 그리스도께서는 이방 민족들을 심판하시려고 오실 것이다.
5. 그리스도께서는 이 땅에 자신의 천년왕국을 세우시려고 오실 것이다.

그리스도께서 재림하시는 주된 목적에 관해서는 성경을 믿는 사람들 사이에 일반적인 일치가 있는 반면에, 각각의 목적 사이의 정확한 관계와 세부적 내용에 대해서는 많은 논의와 논쟁이 있어왔다. 제기되었던 몇 가지 주요 문제는 다음과 같다. 그리스도께서 재림하시는 모든 목적은 단 한 번의 사건으로 한꺼번에 성취될 것인가 아니면 각각의 목적 사이에는 어떤 간격이 있는가? 만약 그렇다면, 그것은 어떤 순서로 일어날 것인가? 한 목적이 다른 목적과 부분적으로 겹칠 수도 있는가?

현재 연구에서 우리는 불필요한 논쟁적 질문으로 빠지는 것을 피할 것이며, 의인의 부활과 직접 연결된 그리스도의 재림만 한정해서 살펴볼 것이다.

참된 믿는 자들의 부활과 휴거

바울은 그리스도께서 재림하실 때 그리스도인들이 그분을 만나기 위해 어떤 식으로 부활하게 될지를 묘사한다.

> 형제들아 자는 자들에 관하여는 너희가 알지 못함을 우리가 원하지 아니하노니 이는 소망 없는 다른 이와 같이 슬퍼하지 않게 하려 함이라 우리가 예수께서 죽으셨다가 다시 살아나심을 믿을진대 이와 같이 예수 안에서 자는 자들도 하나님이 그와 함께 데리고 오시리라 우리가 주의 말씀으로 너희에게 이것을 말하노니 주께서 강림하실 때까지 우리 살아남아 있는 자도 자는 자보다 결코 앞서지 못하리라 주께서 호령과 천사장의 소리와 하나님의 나팔소리로 친히 하늘로부터 강림하시리니 그리스도 안에서 죽은 자들이 먼저 일어나고 그 후에 우리 살아남은 자들도 그들과 함께 구름 속으로 끌어올려 공중에서 주를 영접하게 하시리니 그리하여 우리가 항상 주와 함께 있으리라 그러므로 이러한 말로 서로 위로하라 살전 4:13-18

이미 죽은 다른 그리스도인들 – 친척 또는 사랑하는 이들 – 에 대해서 그리스도인들을 위로하는 것이 바울이 여기에서 가르치는 일차 목적이다. 이미 죽은 그리스도인들은 "자는 자들(those who have fallen asleep)", 더 정확하게는, "예수 안에서 자는 자들(those who sleep in Jesus)"로서 묘사된다. 복음을 믿는 가운데 죽은 자들이란 뜻이다. 바울이 주는 위로의 메시지는 이들과 다른 참된 믿는 자 모두 부활할 것이라는 확신에 근거한다.

바울이 부활의 이 단계에 대해 제시하는 실제적인 그림은 다음과 같다.

첫째, 부활을 알리는 극적인 세 가지 소리가 있을 것이다. 첫 번째 소리는 주님께서 예언하신 대로 주 예수 그리스도 자신의 음성일 것이다.

> 이를 놀랍게 여기지 말라 무덤 속에 있는 자가 다 그의 음성을 들을 때가 오나니 선한 일을 행하는 자는 생명의 부활로, 악한 일을 행한 자는 심판의 부활로 나오리라 요 5:28-29

오직 그리스도의 음성만이 죽은 자들을 무덤에서 불러낼 능력이 있다. 그러나 이 특별한 순간에, 그리스도께서는 죽은 의인, 즉 믿음 안에서 죽은 자들만 불러내실 것이다. 불의하게 죽은 자들을 불러내시는 것은 부활의 나중 단계로 유보될 것이다.

이 순간에 듣게 될 다른 두 가지 소리는 천사장의 음성과 하나님의 나팔소리일 것이다. 가브리엘의 특별한 사역은 지상의 인간에게 하나님의 임박한 개입을 선포하는 것으로 나타나기 때문에 여기서 천사장은 아마도 가브리엘 천사일 것이다.

성경 전체를 통해서 나팔소리는 어떤 특별한 위기의 때에 주의 백성들을 소집하는 일이다. 이 순간 나팔소리는, 주님이 주의 백성들을 만나시러 하늘로부터 내려오실 때 그분 곁으로 그분께 속한 모든 백성을 소집하는 신호일 것이다.

순식간에 연속해서 두 가지 사건이 이 땅에서 일어날 것이다. 첫째는, 믿음 안에서 죽었던 참된 믿는 자 모두가 부활할 것이다. 둘째는, 그 순간까지 이 땅에 아직 살아 있던 참된 믿는 자 모두의 몸이 순식간에 초자연적 변화를 겪을 것이다.

그런 다음, 이 두 부류의 믿는 자들 – 부활한 자들과 몸이 죽지 않고 변화된 자들 – 이 함께 하나님의 초자연적인 능력에 의해서 지상에서 공중으로 순식간에 들려 올려지게 될 것이다. 그곳에서 그들은 구름 속으로 받아들여져서, 구름에 싸여 주님과 함께, 그리고 그들 서로 다시 연합하게 될 것이다. 그 이후에 주님과 그분의 속량 받은 믿는 자들은 깨어지지 않는 조화와 친교 가운데 영원히 연합될 것이다.

바울이 이 구절에서 사용하는 두 개의 헬라어에는 특별한 의미가 있다. 바울이 "우리가 끌려 올라간다"라고 말하는 대목에서 "느닷없이 들어 올리다to catch up"로 번역되는 헬라어 동사는 'harpazo하르파조' 이다. 이것은 갑작스럽고, 신속하며, 과격한 붙잡음을 가리킨다. 이 단어는 하늘로 끌려 올라간 자들을 묘사하려고 신약에서는 네 번 사용되었다.

뿐만 아니라, 에디오피아 내시에게서 "주의 영이 빌립을 이끌어간지라"라고 말씀하는 사도행전 8:39에서 이 단어가 사용되었다. 요한복음 10:12에서 예수님은 양을 "물어 가는" 이리를 묘사하시려고 이 단어를 사용하신다. 마태복음 13:19에서 예수님은 길가에 뿌려진 씨앗을 낚아채는 새를 묘사하기 위해서 이 용어를 사용하신다. 그리고 유다서 1:23에서는 불에서 사람들을 끌어내어 구원하는 모습을 묘사하기 위해서 사용된다.

전통적으로, 성경주석가들은 'harpazo하르파조'를 '휴거rapture'라는 용어 – 명사 아니면 동사 – 로 표현해왔다. '휴거'라는 용어는 정확히 'harpazo하르파조' – "움켜쥐다to seize, 와락 채가다to snatch away" – 와 같은 뜻인 라틴어 동사에서 파생한 것이다. 이 연구의 나머지 부분에서도 '휴거'라는 용어는 이런 의미에서 'harpazo하르파조'와 동등하게 사용될 것이다.

바울이 'harpazo하르파조'를 일부러 사용한 것은 단번의, 신속하고 순식간에 이루어진 과격한 행위라는 인상을 심어주려는 의도가 있다. 사실상, 이 용어는 특히 도적의 행위를 암시한다. 이런 측면에서, 이 용어는 그리스도의 재림을 도둑에 비유하는 다른 성경구절과 일치한다.

> 보라 내가 도둑 같이 오리니…계 16:15

> 그러므로 깨어 있으라 어느 날에 너희 주가 임할지 너희가 알지 못함이라 너희도 아는 바니 만일 집 주인이 도둑이 어느 시각에 올 줄을 알았더라면 깨어 있어 그 집을 뚫지 못하게 하였으리라마 24:42-43

집을 "뚫는다broken into"는 말에는 폭력(과격함)의 암시가 있음에 주목하라.

따라서 우리는 교회를 위해 그리스도께서 오시는 것은 어떤 면에서 도둑이 오는 것과 비슷할 것임을 알 수 있다. 그것은 경고 없는 급작스럽고 예기치 않는 일일 것이다. 그것은 단번에 순식간 와락 채어가는 과격한 행위에서 그 절정에 이를 것이다. 더욱이 낚아채어질 대상은 이 땅에서 가장 가치 있는 보물, 즉 참된 그리스도인들일 것이다. 그러나 이미 말했듯이, 그리스도께서 오시는 것은 아주 중요한 한 측면에서 도둑이 오는 것과 다를 것이다. 즉, 그리스도께서는 속량의 권리에 의해 이미 그분께 속한 자들만 데려가실 것이다.

데살로니가전서 4:17은 중요한 헬라어 단어 하나를 담고 있다. 바울은 우리가 주님을 "공중에서" 만날 것이라 말한다. 이때 사용된 헬라어가 'aer아에르'이다.

이는 보통 "공중"으로 번역되는 두 가지 헬라어 가운데 하나이다. 다른 헬라어는 'aither아이테르'이다. 이 두 단어의 차이는 'aer아에르'가 지표면과 직접 접해 있는 더 낮은 공중을 가리키는 반면, 'aither아이테르'는 지표면으로부터 위로 상당히 떨어져 있는 더 높은 공중을 가리킨다는 점이다. 바울은 주님의 재림과 관련해서 'aer아에르'라는 용어를 사용하기 때문에 주님이 그분의 휴거된 성도들을 소집하시는 것은 지표면과 상당히 가까운 더 낮은 공중에서 일어날 것임을 알려준다.

바울은 고린도전서에서 부활과 휴거가 같은 순간에 이루어질 것도 언급한다.

> 보라 내가 너희에게 비밀을 말하노니 우리가 다 잠잘 것이 아니요 마지막 나팔에 순식간에 홀연히 다 변화되리니 나팔소리가 나매 죽은 자들이 썩지 아니할 것으로 다시 살아나고 우리도 변화되리라
>
> 고전 15:51-52

바울은 여기에서 "비밀", 다시 말해 이전에는 계시되지 않던 교회를 향한 하나님의 계획의 비밀을 털어놓는다. 따라서 계시된 비밀은 이것이다. 참된 믿는 자 모두 주님께서 오실 때 휴거될 것이지만, 휴거되는 모든 자들이 다 죽어서 부활한 자들은 아닐 것이다.

주님께서 오실 때 살아 있는 자들은 결코 죽지 않고 단순히 그들의 몸에 순식간에 기적적 변화를 겪게 될 것이다. 이 변화에 의해서 그들의 몸은 죽은 자들로부터 부활하였던 다른 믿는 자들의 몸과 똑같아질 것이다.

다음 구절에서 바울은 일어날 변화의 본질을 간략하게 요약한다.

> 이 썩을 것이 반드시 썩지 아니할 것을 입겠고 이 죽을 것이 반드시
> 죽지 아니함을 입으리로다 고전 15:53

믿는 자의 몸 각각은 죽을 수밖에 없으며 썩을 수밖에 없는 몸이 아니라, 죽을 수 없고, 썩을 수 없는 새로운 몸이 될 것이다.

바울이 제시한 이 설명은 그리스도의 천년왕국이 세워지기 전 모든 믿는 자들에게 이루어질 부활에 대한 완전한 그림인가?

이 질문에 대한 대답은 아마도 '아니요' 일 것이다. 왜냐하면 요한계시록에 따르면 의인의 부활에는 최소한 두 단계가 더 있는 것처럼 보이기 때문이다.

증인들과 순교자들

요한계시록 11장에서 우리는 대환란 기간 동안 하나님의 두 증인들이 있는데, 결국에는 "무저갱으로부터 올라오는 짐승" 계 11:7, 곧 적그리스도에 의해서 순교당하는 내용을 읽는다.

> 백성들과 족속과 방언과 나라 중에서 사람들이 그 시체를 사흘 반
> 동안을 보며 무덤에 장사하지 못하게 하리로다…삼 일 반 후에 하나

님께로부터 생기가 그들 속에 들어가매 그들이 발로 일어서니 구경하는 자들이 크게 두려워하더라 하늘로부터 큰 음성이 있어 이리로 올라오라 함을 그들이 듣고 구름을 타고 하늘로 올라가니 그들의 원수들도 구경하더라게 11:9,11-12

이 설명은 가장 온전한 의미에서의 부활에 대한 것임에 분명하다. 그들의 몸이 묻히지 않았을지라도 두 순교자들은 삼일 반 동안 죽어 있었다. 그런 다음 그들의 몸이 대적들이 보는 앞에서 부활해서 하늘로 올라갔다. 주목을 끌 정도로 흥미로운 점은 그들이 하늘로 올라간 것이 우리가 이미 살펴보았던 구름 가운데 일어난 다른 경우와 비슷하다는 사실이다.

두 증인의 부활이 데살로니가전서 4:16-17에 묘사된 그리스도인들의 부활과 분명히 구분되는 것 같다. 이것은 그리스도께서 하늘로부터 내려오시는 것과도 연결되지 않으며, 게다가 나팔소리나 천사장의 음성과 같은 수반되는 다른 특징들이 언급되지 않는다.

이제 다시 요한계시록으로 돌아가 보면, 의인의 부활에는 또 다른 단계가 있다는 설명을 발견한다.

또 내가 보좌들을 보니 거기에 앉은 자들이 있어 심판하는 권세를 받았더라 또 내가 보니 예수를 증언함과 하나님의 말씀 때문에 목 베임을 당한 자들의 영혼들과 짐승과 그의 우상에게 경배하지 아니하고 그들의 이마와 손에 그의 표를 받지 아니한 자들이 살아서 그리스도와 더불어 천 년 동안 왕 노릇하니 (그 나머지 죽은 자들은 그 천 년이 차기까지 살지 못하더라) 이는 첫째 부활이라 이 첫째 부활에 참여하는 자들은 복이 있고 거룩하도다 둘째 사망이 그들을 다스

리는 권세가 없고 도리어 그들이 하나님과 그리스도의 제사장이 되
어 천 년 동안 그리스도와 더불어 왕 노릇 하리라계 20:4-6

여기에서 부활한 자로 묘사된 사람들은 적그리스도의 통치 기간 동안 예수님의 순교자들로서 목 베임을 당한 자들이다. 이 대환란의 성도들은 그리스도께서 천년왕국을 세우시기 직전, 즉 대환란 끝에 부활한 자들이다. 따라서 그들은 그리스도와 또한 다른 모든 부활한 성도들과 함께 천년왕국 동안 이 땅에서 민족들을 다스리고 심판하는 특권에 참여한다.

어떤 주석가들은 이 대환란의 순교자들이 데살로니가전서 4:16-17에 묘사된 부활한 그리스도인들 안에 포함된다고 믿는 반면, 다른 주석가들은 의인의 부활과 구별되는 후속적 단계로 간주한다. 이를 논쟁의 주제로 만들어 보았자 유익될 게 별로 없다.

사도 요한은 이 순교자들의 부활에 대한 설명을 다음의 말로 끝맺는다.

…이는 첫째 부활이라 이 첫째 부활에 참여하는 자들은 복이 있고
거룩하도다…계 20:5-6

이로써 요한은 분명히 "첫째 부활"이 완성될 것임을 지적했다. 이 부활에 참여하는 모든 사람들은 "복되고 거룩하다"고 불린다. 다시 말하면, 그들 모두 의로운 믿는 자들이라는 말이다(이 시점까지, 불의한 자들은 아무도 부활하지 않았다. 불의한 자들이 참여하는 두 번째 부활을 요한은 요한계시록 20장 후반부에서 묘사한다.)

이제 바울의 계시와 요한의 계시를 결합해보면, 의인의 부활에 대해 다음과 같이 요약할 수 있을 것이다.

그리스도께서 부활하신 순간부터 천년왕국 직전의 대환란기에 순교자들이 부활하기까지 의인의 부활 전체를 요한 사도는 "첫째 부활"이라 부른다. 이 부활에 참여한 모든 이들은 "복되고 거룩하다." 다시 말해, 그들 모두 의로운 믿는 자들이다.

그러나 의인의 부활 전체 안에서 우리는 최소한 네 개의 구별된 사건을 분별할 수 있을 것이다.

1. "첫 열매들인 그리스도", 즉 그리스도 자신과 그리스도께서 부활하신 순간에 부활한 구약의 성도 일부.
2. "그분이 강림하실 때 그리스도께 속한 자" – 믿음 안에서 죽은 자들과 더불어서 그리스도께서 재림하실 때 그리스도를 만날 준비가 되어 있는 참된 믿는 자 – 즉, 공중에서 그리스도를 만나기 위해서 구름 속으로 들려 올려질 모든 이들.
3. 대환란 기간에 죽임을 당했지만 장사되지 못한 채 삼일 반 동안에 있다가 부활하여 구름 가운데 승천할 "두 증인."
4. 대환란 끝 무렵에 부활하여 천년왕국 동안에 그리스도, 그리고 다른 성도들과 함께 민족들을 통치하고 심판하는 특권에 참여할 대환란 기간의 남은 순교자들.

이것은 비록 간략한 요약이지만 의인의 부활에 대한 신약의 그림이다.

다음 장에서 우리는 부활의 세 번째, 즉 최종 단계를 계속해서 살펴볼 것이다.

46장

그 후에는 끝이 오리라

우리는 이제 부활의 최종적이고, 끝맺음을 하는 단계를 살펴볼 것이다. 바울은 이 단계 이전에 참된 믿는 자들 – "그분이 강림하실 때 그리스도에게 속한 자" – 의 부활이 선행할 것이고, 이 단계가 그리스도의 천년왕국의 완결과 동시에 일어날 것임을 지적한다.

> 그러나 각각 자기 차례대로 되리니 먼저는 첫 열매[들]인 그리스도요 다음에는 그가 강림하실 때에 그리스도에게 속한 자요 그 후에는 마지막이니 그가 모든 통치와 모든 권세와 능력을 멸하시고 나라를 아버지 하나님께 바칠 때라 그가 모든 원수를 그 발아래에 둘 때까지 반드시 왕 노릇 하시리니 맨 나중에 멸망 받을 원수는 사망이니라고전 15:23-26

천년이 끝날 때

고린도전서 15:24에서 바울은 부활의 최종 단계로 나아간다. 바울은 이 단계를 "그 후에 마지막[끝]이니(then comes the end)"라는 어구로 묘사한다. 바울은 부활의 최종 단계와 연결될 다른 주요 사건들을 계속해서 언급한다.

이때 그리스도께서는 이 땅에서 일천 년간의 통치를 완결하셨을 것이며, 그 통치의 끝에 아버지 하나님께서는 그리스도의 모든 원수들을 그리스도께 굴복시키셨을 것이다. 이 원수들 가운데 마지막은 사망일 것이다.

그 후에 아들 하나님이신 그리스도께서는 차례를 따라 그분의 왕국을 아버지 하나님께 드릴 것이다. 아들이라는 그분의 위치에 따라서 그리스도께서는 그분 자신과 그분의 왕국을 그분의 아버지께 자발적으로 복종시킬 것이다.

바울은 그리스도께서 이 땅에서의 통치를 끝맺음하는 사건을 두 구절에서 묘사한다.

> 만물을 그[그리스도]에게 복종하게 하실 때에는 아들 자신도 그때에 만물을 자기에게 복종하게 하신 이에게 복종하게 되리니 이는 하나님이 만물의 주로서 만유 안에 계시려 하심이라 고전 15:28

끝(마지막)에 대한 이 예언적 그림을 공부하려면, 신성 안에서 아버지와 아들 사이에 존재하는 완벽한 조화에 주목하자. 먼저 아버지 하나님께서 천년 동안 아들 하나님이신 그리스도를 그분이 정하신 대표자와 만물에 대한 통치자로 세우실 것이다. 이 기간이 끝날 무렵, 아버지께서는 그리스도의 모든 원수들 – 그 마지막 원수는 사망인데 – 을 그리스도께 복종시킬 것이다. 그 이후로 아들 하나님이신 그리스도께서는 차례를 따라 그분 자신 및 아버지께서 그분께 복종시킨 모든 것을 아버지의 권위에 복종시킬 것이다. 바울은 이런 방식으로 아버지 하나님께서 그리스도를 통하여 "만물의 주로서 만유 안에" 계실 것이라고 말한다.

그리스도께서 완성된 왕국을 아버지께 올려드림은 모든 시대를 향한 하나님의 계획의 절정과 최고조를 나타낸다. 바울 역시 하나님의 목적의 이 영광스러운 절정을 묘사한다.

> [하나님께서는]그의 뜻의 비밀을 우리에게 알리신 것이요 그의 기뻐하심을 따라 그리스도 안에서 때가 찬 경륜을 위하여 예정하신 것이니 하늘에 있는 것이나 땅에 있는 것이나 다 그리스도 안에서 통일되게 하려 하심이라엡 1:9-10

바울은 아버지 하나님께서 만물을 그리스도 안에 모으시는 것이 "때가 찬 경륜", 즉 앞선 모든 시대를 통해서 점차적으로 무르익고 있는 하나님의 계획이 절정에 이르고 완결될 시기를 나타내는 것이라고 말한다.

이제 요한계시록 20장을 통해 나머지 죽은 자들의 최종적인 부활이 그리스도의 천년 통치의 완결에 대한 하나님의 남은 계획 부분과 어떻게 관련되는지를 보도록 하자.

요한 사도는 하나님과 그리스도의 권위에 대적하여서 반란을 꾀하려는 사탄의 마지막 시도를 묘사한다. 이것은 천년 통치의 끝에 일어난다.

> 천 년이 차매 사탄이 그 옥에서 놓여 나와서 땅의 사방 백성 곧 곡과 마곡을 미혹하고 모아 싸움을 붙이리니 그 수가 바다의 모래 같으리라 그들이 지면에 널리 퍼져 성도들의 진과 사랑하시는 성을 두르매

하늘에서 불이 내려와 그들을 태워버리고 또 그들을 미혹하는 마귀가 불과 유황 못에 던져지니 거기는 그 짐승과 거짓 선지자도 있어 세세토록 밤낮 괴로움을 받으리라 계 20:7-10

요한 사도는 "성도들의 진(the camp of the saints)"과 "사랑하시는 성(the beloved city)"이라는 어구를 사용하여 예루살렘 성과 그 주변의 영토를 묘사한다. 천년 동안 예루살렘은 이 땅에서 민족들을 다스리시는 그리스도의 통치와 행정의 중심지가 될 것이다.

이 기간 동안 사탄은 죄수로 무저갱에 가두어질 것이다. 하지만, 천년이 끝날 무렵에 사탄은 이방민족들 가운데 이 최후의 반란을 꾀하기에 충분히 긴 시간 자유롭게 다니도록 허락을 받게 될 것이며, 그 반란은 예루살렘을 공격하려는 시도에서 그 절정에 달할 것이다.

하지만, 하나님께서는 하늘로부터 내리는 불로 개입하실 것이다. 반란은 완전히 제압당할 것이다. 그리하여 사탄은 영원한 불못으로 던져질 것이며, 그곳에서 짐승(적그리스도)과 거짓 선지자와 더불어 영원히 고통을 당하게 될 것이다. 이 둘(적그리스도인 짐승과 거짓 선지자)은 그리스도께서 이 땅에 재림하시어 천년왕국이 시작될 때부터 이미 불못에 던져졌을 것이다.

최종적인 부활

이 후에 요한 사도는 나머지 죽은 자들의 부활을 묘사한다.

또 내가 크고 흰 보좌와 그 위에 앉으신 이를 보니 땅과 하늘이 그 앞에서 피하여 간 데 없더라 또 내가 보니 죽은 자들이 큰 자나 작은 자나 그 보좌 앞에 서 있는데 책들이 펴 있고 또 다른 책이 펴졌으니 곧 생명책이라 죽은 자들이 자기 행위를 따라 책들에 기록된 대로 심판을 받으니 바다가 그 가운데에서 죽은 자들을 내주고 또 사망과 음부도 그 가운데에서 죽은 자들을 내주매 각 사람이 자기의 행위대로 심판을 받고 사망과 음부도 불못에 던져지니 이것은 둘째 사망 곧 불못이라 누구든지 생명책에 기록되지 못한 자는 불못에 던져지더라 계 20:11-15

이 구절에서 주목을 끄는 것은 부활이 먼저 일어나고, 그 다음에 심판이 이루어진다는 사실이다. 이와 동일한 원리가 부활의 모든 단계에서 고수된다. 사람이 선한 행동을 했든 악한 행동을 했든 그것은 몸으로 한 것이기 때문에, 그 행동에 대한 하나님의 심판을 받으려면 몸을 입고서 하나님 앞에 서야 한다.

우리는 구원받기 위해 그리스도를 신뢰한 모든 이가 천년 이전에 부활했을 것이라는 사실을 이미 보았다. 여기엔 구약의 성도나 신약의 성도 모두 포함되었을 것이다. 그러므로 천년이 끝날 때 부활한 대부분의 사람들은 죄와 불신 가운데 죽은 사람들일 것이다.

이런 맥락에서 사도 요한이 천년이 끝날 때 부활한 자들을 가리켜 "죽은 자들the dead"이라고 했다는 사실은 중요한 점이다. 요한은 "내가 보니 죽은 자들이 큰 자나 작은 자나 그 보좌 앞에 서 있는데"계 20:12라고 말한다. 이는 천년이 시작할 때 죽은 의인의 부활을 묘사하려고 사용하는 언어와는 다르다. 이들에 대해서 요한은 "살아서 그리스도와 더불어 천 년 동안 왕 노릇하니"계 20:4라고 말한다.

따라서, 사도 요한은 부활한 의인에 관해서 그들이 부활했을 뿐만 아니라 "그들이 살아나기도 했다." 다시 말해 가장 충만하고 가장 참된 의미에서 존재했다고 말한다. 다른 한편, 사도 요한이 보기에, 천년이 끝날 때 부활한 자들은 여전히 "죽은 자들"이다. 그들의 몸이 무덤으로부터 부활했을지라도, 그들은 여전히 영적으로 죽은 자들, 다시 말해 불법과 죄 가운데 죽어서 하나님의 임재와 교제로부터 분리되고 단절된 자들이다. 그들은 오직 그들에 내리는 하나님의 최종적 정죄의 판결을 듣기 위해서만 마지막으로 하나님 앞에 서게 된다. 그 이후에 그들의 운명은 하나님의 임재로부터 최종적이고 영원한 추방의 장소이기에 더 이상의 변화나 복귀의 소망이 없는 곳인 불못 곧 "둘째 사망the second death"이다.

하지만, 성경은 이 모든 이들 가운데 최소한 두 부류의 사람들이 정죄가 아닌 생명의 부활로 나올 것임을 언급한다.

두 부류 중 하나가 예수님이 말씀하신 남방의 여왕(시바 여왕)과 니느웨 사람들이다.

> 심판 때에 남방의 여왕이 일어나 이 세대 사람을 정죄하리니 이는 그가 솔로몬의 지혜로운 말을 들으려고 땅 끝에서 왔음이거니와 솔로몬보다 더 큰 이가 여기 있으며 심판 때에 니느웨 사람들이 일어나 이 세대 사람을 정죄하리니 이는 그들이 요나의 전도를 듣고 회개하였음이거니와 요나보다 더 큰 이가 여기 있느니라눅 11:31-32

이 각각의 예들을 통해 분명히 알 수 있는 사실은 (예수님을 통해 마련된 자비를 거부한)이 세대에 속한 사람들이 정죄의 심판을 받기 위해서 부활하게 될 것이라는 점이다. 그러나 그들과 함께 부활을 하지만, 그들과는 달리한 부류의 사람들은 심판의 순간에 자비를 받을 것이다. 그들은 남방의 여왕과 니느웨 사람들이다.

구약의 성도와는 달리, 이 두 부류의 사람들은 구원받기 위해 신뢰할 수 있는 – 모형과 예언으로 예시된 – 그리스도의 속죄하는 희생에 대한 계시를 받지 못했다. 그 결과, 그들은 그리스도께서 강림하실 때 그리스도께 속한 자들의 부활에 포함되지 않을 것이다. 하지만 그들은 그들에게 찾아온 제한된 분량의 빛(계시)에 믿음으로 반응했던 것이다. 따라서 천년이 끝날 때, 그들은 정죄로부터 구원되어서 생명의 부활에 참여하게 될 것이다.

남방의 여왕과 니느웨 사람들과 같은 부류에 속한 또 한 부류의 사람들이 존재하는가? 있다면, 누구인가? 그리고 숫자는 얼마나 되는가? 이 질문에 대한 답은 오직 하나님의 전지하심으로부터만 올 수 있다. 하지만, 한 가지 사실은 분명한다. 즉, 그리스도의 복음을 들었으나 거절한 자들은 하나님의 자비로부터 그들 자신을 영원히 차단했다는 사실이다.

최종적인 부활의 때에 정죄로부터 구출 받을 두 번째 부류의 사람들은 그리스도께서 이 땅에서 통치하시는 기간 동안에 죽은 의인들일 것이다.

이 천년 기간에 대해서 우리는 이사야에서 예언적 기사를 발견한다.

> 거기는 날 수가 많지 못하여 죽은 어린이와 수한이 차지 못한 노인
> 이 다시는 없을 것이라 곧 백 세에 죽는 자를 젊은이라 하겠고 백 세
> 가 못되어 죽는 자는 저주 받은 자이리라 사 65:20

여기 이사야가 제시한 이 땅에서 천년 동안 펼쳐질 삶에 대한 그림은 인간 수명이 엄청나게 길어지게 되더라도 의인과 죄인이 여전히 죽음에 굴복 당하게 될 것임을 보여준다. 이 사실로부터 우리는 천년 기간 내에 죽

은 의인이 천년이 끝날 때 부활하겠지만, 이와 동시에 부활하는 불의한 자에게 임하는 하나님의 심판을 받지 않을 것이라는 결론을 내릴 수 있을 것이다.

이제 다시 사도 요한이 요한계시록 20장에서 묘사하는 최종적이고 완성된 부활에 주목해보자.

> 바다가 그 가운데에서 죽은 자들을 내주고 또 사망과 음부도 그 가운데에서 죽은 자들을 내주매 각 사람이 자기의 행위대로 심판을 받고 계 20:13

나머지 죽은 자들의 이 마지막 부활에 대해선 어떤 예외도 없다. 그것은 "각자"가 받는다. 누구도 빠지지 않는다. 하나님께서 창조하신 우주의 모든 영역이 그 안에 있는 죽은 자들을 내어놓으라는 하나님의 권위에 호출을 받는다. 사도 요한이 이 맥락에서 사용하는 세 가지 단어는 "바다the sea"와 "사망Death"과 "음부Hades"이다.

"음부Hades"라는 헬라어는 구약에서 사용된 스올Sheol이라는 히브리어에 상응한다. '음부' 또는 '스올'은 최종적인 부활과 심판을 받기 전에 몸을 떠난 영들을 일시적으로 구금하는 장소이다. 최종적인 부활과 심판을 받은 후에 불의한 자들은 불못에 처해질 것이다. 구약에서 이 불못을 나타내는 히브리어는 스올이 아니라 '게헨나Gehenna'이다.

따라서 스올 또는 음부와 게헨나 또는 불못 사이에는 분명한 차이가 있다. 스올은 몸을 떠난 영을 일시적으로 가두는 장소인 반면, 게헨나는 부활 이후에 모든 불의한 자의 전체 인격, 즉 영과 혼과 몸에 배정된 최종적이고 끝이 없는 처벌의 장소이다.

스올과 게헨나의 이 구분을 요한계시록 20:14에서 사도 요한은 더 자세히 제시한다.

사망과 음부도 불못에 던져지니…계 20:14

사망과 음부는 인격체이다

신약에 나타난 사망과 음부의 진짜 본질은 무엇인가? 네 마리 말 탄 기사들에 대한 사도 요한의 유명한 환상은 이 질문에 빛을 던져준다. 네 번째 말 탄 기사에 대해서 사도 요한은 다음과 같이 말한다.

내가 보매 청황색 말이 나오는데 그 탄 자의 이름은 사망이니 음부가 그 뒤를 따르더라 그들이 땅 사분의 일의 권세를 얻어 검과 흉년과 사망과 땅의 짐승들로써 죽이더라계 6:8

이 구절로부터 알 수 있는 분명한 사실은 사망과 음부가 사도 요한에게 인격체로서 계시되었다는 점이다. 인격체만이 말을 탈 수 있으며, 또한 오직 인격체만이 첫 번째 인격체를 따라갈 수 있을 것이다. 따라서 이 구절은 성경에 계시된 사망과 음부의 본질에 대해 빛을 던져준다 할 수 있다.

어떤 의미에서 사망은 어떤 상태 또는 형편a state or condition이다. 그것은 생명의 중지이며, 결국 몸으로부터 영의 분리로 발생되는 경험이다. 그러나 사망은 인격체a person이기도 하다. 사망은 모든 불의한 자가 죽을 때 몸과 분리된 그 불의한 자의 영을 주장하는 사탄의 사자인 어둠의 천사the dark angel이다.

비슷한 진리가 음부에게도 적용된다. 어떤 의미에서 음부는 몸을 떠난 영을 가두는 장소이다. 하지만, 또 다른 의미에서 음부는 인격체이다. 사망과 마찬가지로, 음부는 사망의 발뒤꿈치를 바짝 뒤쫓는 사탄의 사자인 어둠의 천사이다. 음부는 사망이 주장했던 불의한 자들의 영을 맡아서, 그 영을 몸을 떠난 영들이 가는 곳으로 데려가기 때문에 음부라는 이름을 받은 것이다.

따라서 사망과 음부 둘 다 사탄의 지옥왕국의 사자인 어둠의 천사들이다. 하지만 그 둘 사이에는 차이가 있는데, 그것은 이것이다. 우선 사망이 불의 가운데 죽어 몸을 떠난 모든 영들을 주장한다. 그러면 음부가 사망에게서 그 영들을 받아서, 정해진 감금장소로 데려가는 것이다. 이런 이유 때문에 사도 요한은 사람들 가운데 그 둘 – 사망과 음부 – 이 다음의 순서에 따라 움직이는 것을 보았던 것이다. 즉, 먼저 사망이 몸을 떠난 영을 주장하면, 그 다음에 음부가 그 영들을 더 낮은 세계에 있는 감옥으로 데려간다.

요한계시록에서 나온 이 장면은 예수님의 말씀에 빛을 던져준다.

> 진실로 진실로 너희에게 이르노니 사람이 내 말을 지키면 영원히 죽음을 보지 아니하리라 요 8:51

여기에서 예수님은 믿는 자가 육신의 죽음을 경험하지 않을 것을 말씀하지 않으셨다. 예수님은 믿는 자들이 "죽음(사망)을 보지see death" 않을 것이라 말씀하신 것이다. 예수님은 영과 몸의 분리로 인한 육신의 사망상태를 언급하신 것이 아니다. 예수님이 "죽음(사망)을 보는 것"에 대해 말씀하신 것은 그 이름이 사망인 어둠의 천사라는 인격체와 사망의 동료이자 그 이름이 음부인 또 다른 어둠의 천사라는 인격체를 가리키신 것이다.

예수님이 말씀하신 의미는 몸을 떠난 참된 믿는 자의 영이 결코 두 어둠의 천사인 사망과 음부의 지배 아래 들어가지 않을 것이란 뜻이다. 오히려, 불쌍한 거지 나사로처럼 몸을 떠난 참된 믿는 자의 영은 하나님의 천사 – 빛의 천사 – 를 만나서 그들의 호위를 받으며 낙원으로 갈 것이다.

이 점을 염두에 두면, 우리는 "맨 나중에 멸망 받을 원수는 사망이니라" 고전 15:26라는 바울의 진술과 "사망과 음부도 불못에 던져지니…" 계 20:14라는 사도 요한의 진술을 이해할 수 있다.

이 구절들이 일차적으로 가리키는 것은 인격체로서 사탄의 사자요 하나님과 인류의 원수인 사망과 음부다. 심판을 받게 될 하나님의 모든 원수들 가운데 그 마지막이 사망이 될 것이다. 음부와 더불어서 사망이 불못에 던져져서, 그곳에서 그들의 주인인 사탄과 그의 신하 및 그를 따르는 천사들과 인간들이 함께 있게 될 것이다.

이 최종적인 심판의 행위로, 하나님의 원수들 가운데 마지막 원수가 하나님의 임재로부터 영원히 추방될 것이다.

47장

어떤 몸으로?

지난 세 장에서 우리는 사도 바울이 진술한 부활의 주요 세 단계를 연속해서 살펴보았다. 고전 15:23-24

1. "첫 열매들인 그리스도", 즉 그리스도 자신과 그리스도께서 부활하신 순간에 부활한 구약의 성도들 가운데 일부.
2. "그가 강림하실 때 그리스도에게 속한 자" 또는 재림하시기 전에 죽어서 그리스도께서 이 땅에 그분의 천년왕국을 세우시기 전, 그리스도께서 재림하실 때 부활할 모든 믿는 자들.
3. "끝", 즉 천년이 끝날 때 나머지 죽은 자들의 최종적인 부활.

우리는 이 마지막 장 대부분을 그리스도인 믿는 자들이 부활할 몸의 본질에 대해 성경이 어떻게 계시하는지를 숙고하는데다 바칠 것이다.

이 주제에 대한 이전 연구에서 우리는 죽어서 묻힌 몸과 나중에 부활한 몸 사이에는 직접적인 연속성이 있다고 이미 지적했다. 부활한 몸의 기본 재료는 묻힌 몸의 재료와 동일하다. 말하자면, 부활은 완전히 새로운 몸을 창조하는 것이 아니라 묻힌 몸과 똑같은 몸을 일으키는 것이다.

그러나 이 사실이 확립되자마자 우리는 그리스도인 믿는 자의 경우에 부활한 몸은 어떤 분명하고 놀라운 변화를 겪는다는 사실 또한 덧붙여야 한다.

씨앗 알맹이의 비유

바울이 다음의 질문 전체를 제기하고 논의한다.

누가 묻기를 죽은 자들이 어떻게 다시 살아나며 또 어떠한 몸으로 오느냐 하리니 어리석은 자여 네가 뿌리는 씨가 죽지 않으면 살아나지 못하겠고 또 네가 뿌리는 것은 장래의 형체를 뿌리는 것이 아니요 다만 밀이나 다른 것의 알맹이뿐이로되 하나님이 그 뜻대로 그에게 형체를 주시되 각 종자에게 그 형체를 주시느니라 고전 15:35-38

여기에서 바울은 땅에 심겨진 밀 씨앗 알맹이의 비유를 사용하여 묻힌 몸과 부활로 일어날 몸 사이의 관계를 설명한다. 이 비유를 통해 우리는 몸의 부활에 적용될 수 있는 세 가지 사실을 간추릴 수 있다.

1. 땅에 심겨진 씨앗과 그 후 땅에 심겨진 그 씨앗으로부터 자라는 식물 사이에는 직접적 연속성이 존재한다. 원래 씨앗의 기본 재료는 그 씨앗으로부터 자라는 식물 안에 여전히 담겨 있다.
2. 원래 씨앗으로부터 자라는 식물은 그 과정 중에 어떤 분명하고

뚜렷한 변화를 겪는다. 새로운 식물의 외적 형태와 모습은 원래 씨앗의 것과는 다르다.
3. 원래 씨앗의 본질은 거기로부터 자라는 식물의 본질을 결정한다. 각 종류의 씨앗은 그에 합당한 종류의 식물만 생산할 수 있다. 밀 씨앗은 밀 이삭만 생산할 수 있다. 보리 씨앗은 보리 이삭만 생산할 수 있다.

이제 씨앗의 비유로부터 얻은 이 세 가지 사실을 부활할 몸의 본질에 적용해보자.

1. 묻힌 몸과 부활한 몸 사이에는 직접적인 연속성이 있다.
2. 부활한 몸은 그 과정에서 어떤 분명하고 뚜렷한 변화를 겪는다. 새롭게 부활한 몸의 외적 형태와 모습은 묻힌 원래의 몸의 것과는 다르다.
3. 묻힌 몸의 본질이 부활한 몸의 본질을 결정한다. 현재 이 땅에 존재하는 믿는 자의 상태와 그의 부활한 몸의 본질 사이에는 직접적이고 논리적이며 인과적인 연관이 있다.

바울은 믿는 자의 몸이 부활할 때 겪게 될 변화의 본질에 대해 더 상세한 정보를 제공한다.

육체는 다 같은 육체가 아니니 하나는 사람의 육체요 하나는 짐승의 육체요 하나는 새의 육체요 하나는 물고기의 육체라 하늘에 속한 형체도 있고 땅에 속한 형체도 있으나 하늘에 속한 것의 영광이 따로 있고 땅에 속한 것의 영광이 따로 있으니 해의 영광이 다르고

> 달의 영광이 다르며 별의 영광도 다른데 별과 별의 영광이 다르도
> 다 죽은 자의 부활도 그와 같으니 썩을 것으로 심고 썩지 아니할 것
> 으로 다시 살아나며 욕된 것으로 심고 영광스러운 것으로 다시 살
> 아나며 약한 것으로 심고 강한 것으로 다시 살아나며 육의 몸으로
> 심고 신령한 몸으로 다시 살아나니 육의 몸이 있은즉 또 영의 몸이
> 있느니라 고전 15:39-44

이 그림을 완성하기 위해서는 고린도전서 15:53에 나온 바울의 진술을 덧붙여야 한다.

> 이 썩을 것이 반드시 썩지 아니할 것을 입겠고 이 죽을 것이 죽지 아
> 니함을 입으리로다 고전 15:53

여기에서 바울이 제시한 믿는 자의 몸이 부활하는 순간에 겪게 될 변화의 본질에 대한 분석은 다음과 같은 진술로 표현할 수 있을 것이다.

1. 바울은 현재 자연계에서 우리와 비슷한 몸을 지닌 피조물의 몸이 그 본질과 구성에서 차이가 있다고 지적한다. 바울은 다음과 같이 분류한다. 사람, 짐승, 새, 물고기. 이는 인간의 여러 인종 사이에 피를 구성하는 화학요소는 차이가 없지만, 인간과 동물의 왕국에 속한 다른 종 사이에 피를 구성하는 화학요소는 차이가 있다는 현대과학의 결론과 일치한다.
2. 바울은, 우리가 이 땅에서 친숙한 모든 종류의 몸을 초월한 "천상의celestial" 또는 "하늘에 속한heavenly" 종류의 또 다른 몸 곧 더 높은 종류의 몸도 있다고 지적한다. 다시 한 번 말하지만, 이것은

최근의 과학적 발견과도 일치한 것이다. 과학은 이제 사람을 우주 공간으로 보내는데 성공을 거두었다. 그러나 우주인들을 살아 있게 하기 위해서는 그들을 작은 방에 가두고 지구의 대기와 똑같은 것으로 둘러싸게 해야 한다. 지구에서 멀리 떨어졌지만 집에 있는 것처럼 되기 위해서는 인간은 현재의 몸과는 전혀 다른 종류의 몸을 장착해야 한다. 그러나 이를 위해서 인간은 하나님께 의지해야 한다. 인간은 스스로 그것을 할 수 없다.

3. 바울은 우리가 볼 수 있는 다양한 하늘의 물체들 가운데 – 즉, 해와 달과 별 – 본질과 밝기의 차이가 있다고 지적한다. 해는 스스로 빛을 낸다. 달은 해의 빛을 반사할 따름이다. 별들 가운데는 다양한 밝기의 종류들이 존재한다. 바울은 믿는 자들이 죽은 자들로부터 부활할 때, 믿는 자들의 몸에도 같은 원리가 적용될 것이라 진술한다. 그들 가운데 다른 영광의 종류들이 많이 있을 것이다.

이것은 다니엘 12:2-3에 나온 부활의 예언에서 이미 말해진 것이다.

> 땅의 티끌 가운데서 자는 자 중에서 많은 사람이 깨어나 영생을 받는 자도 있겠고 수치를 당하여서 영원히 부끄러움을 당할 자도 있을 것이며 지혜 있는 자는 궁창의 빛과 같이 빛날 것이요 많은 사람을 옳은 데로 돌아오게 한 자는 별과 같이 영원토록 빛나리라 단 12:2-3

여기에서 다니엘은 부활한 성도들 가운데 보상과 영광에 있어서 차이가 있음을 예언한다. 하나님의 진리를 다른 사람들에게 알게 하는데 아주 신실하고 열심인 자들이 가장 밝게 빛날 것이다.

별처럼 영광스러운 몸으로 부활한 성도들에 대한 이 그림은 아브라함에게 하신 하나님의 약속의 성취이기도 하다.

> 그를 이끌고 밖으로 나가 이르시되 하늘을 우러러 뭇별을 셀 수 있나 보라 또 그에게 이르시되 네 자손이 이와 같으리라 창 15:5

하나님께서 아브라함의 자손[씨]으로 포함하시는 자들이란 아브라함처럼 하나님의 약속의 말씀을 믿고 순종하는 모든 자들, 즉 하나님의 말씀의 씨앗을 믿음으로 그들의 심령에 받아들이는 자들이다. 사실, 의인의 부활을 가능하게 하는 것은 믿는 자 각자가 믿음으로 받아들인 하나님의 말씀의 이 썩지 않는 씨앗이다.

하나님이 약속을 최종적으로 성취하시는 그 날, 곧 부활할 때 하나님의 말씀을 믿는 믿음에 근거해서 일어나게 될 모든 믿는 자들은 하나님께서 아브라함에게 보여주신 – 많지만 그 영광에서 각각 다른 – 별과 같을 것이다.

서로 구별되는 다섯 가지 변화

바울은 믿는 자들이 갖게 될 부활의 몸의 본질에 대한 분석에서 일련의 구체적인 변화들을 열거함으로써 끝을 맺는다.

1. 현재의 몸은 썩을 수밖에 없고, 부패할 – 질병과 손상과 낡아짐 – 수밖에 없다. 새로운 몸은 썩지 않는 몸으로 이 모든 악한 것들로부터 자유로울 것이다.

2. 현재의 몸은 죽을 수밖에 없는 – 죽음에 굴복당하는 – 몸이다. 새로운 몸은 불멸의 몸 곧 죽을 수 없는 몸일 것이다.

3. 현재의 몸은 수치dishonor의 몸이다. 빌립보서 3:21은 "우리의 낮은 몸our lowly body"이라 부른다. 그러나 더 문자적인 번역은 "우리의 굴욕의 몸the body of our humiliation"이다. 인간의 현재의 몸은 자신의 죄와 하나님에 대한 불순종의 결과이다. 그것은 굴욕의 지속적인 원천, 즉 타락과 그 결과로 인해 육신적 약함과 불충분함이 지속적으로 남아 있는 부분이다. 예술과 과학 분야에서 인간의 업적이 얼마나 대단한지 상관없이 그의 몸의 신체적 필요와 제약에 의해서 계속해서 비천하고 낮은 상태이다. 그러나 새로운 부활의 몸은 인간의 현재의 모든 제약(한계)으로부터 자유로운 아름다움과 영광의 몸일 것이다.

4. 현재의 몸은 약한 상태로 무덤에 넘겨진다. 장례 행위는 인간이 죽을 수밖에 없음에 대한 최후의 인정이다. 그것은 인간의 약함에 대한 최고의 고백이다. 하지만 새로운 몸은 전능하신 하나님의 능력에 의해서 무덤에서 일어날 것이며, 따라서 부활은 하나님의 전능하심의 증거이며, 죽음과 무덤의 힘을 삼키는 것이 될 것이다.

5. 현재의 몸은 자연적인 몸, 즉 문자적으로 "혼적인soulish" 몸이다. [자연적이라고 번역된 헬라어는 'psuchikos프시키코스'로, '혼soul'을 나타내는 'psuche프시케'에서 파생된 것이다. 영어가 상응하는 형용사 'soulish혼적인'를 사용하지 않는 것은 유감이다.]

하나님의 창조에 나타난 원래의 패턴에 따르면, 인간은 영, 혼, 몸으로 구성되어 있는 삼위일체적 존재였다. 이 세 요소들 가운데 인간의 영은 하나님과 직접적 의사소통과 교제를 할 수 있으며, 인간의 본성의 더 낮은 두 요소인 혼과 몸을 통제하도록 정해졌다. 그러나 타락으로 인해 인간이 유혹에 굴복당한 결과, 인간의 본성의 이 더 낮은 요소인 혼과 몸이 통제권을 획득했다. 이것은 인간의 내적 인격성과 그의 육신의 몸에 커다란 변화를 일으켰다. 인간의 몸은 "혼적soulish"이게 되었다. 그 이후로 몸의 기관과 기능이 인간의 혼의 더 낮은 갈망의 표현과 만족으로 넘겨졌으나 영의 더 높은 영감을 완전히 표현할 수 없게 되었다.

어떤 의미에서 이 "혼적인" 몸은 감옥, 즉 인간의 영을 가두는 감금의 장소이다. 하지만, 새로운 부활의 몸은 "영적일spiritual" 것이다. 그 새로운 부활의 몸은 인간 영의 가장 높은 갈망을 표현하고 성취하는데 완벽하게 순응하게 될 것이다. 이 새로운 몸을 입은 영이 다시 한 번 통제하게 될 것이며, 부활한 믿는 자의 전체 인격은 영의 통제 아래 조화와 완전함 가운데 기능할 것이다.

바울은 아담의 몸과 그리스도의 몸을 대조할 뿐만 아니라 믿는 자의 부활한 몸이 주님의 몸과 비슷할 것이라고도 말함으로써 옛 몸과 새 몸의 차이를 요약한다.

> 첫 사람은 땅에서 났으니 흙에 속한 자이거니와 둘째 사람은 하늘에서 나셨느니라 무릇 흙에 속한 자들은 저 흙에 속한 자와 같고 무릇 하늘에 속한 자들은 저 하늘에 속한 이와 같으니 우리가 흙에 속한 자의 형상을 입은 것 같이 하늘에 속한 이의 형상을 입으리라 고전 15:47-49

말하자면, 인간의 현재 몸은 모든 사람의 조상이며 땅의 본성에서 첫 번째로 창조된 인간인 아담과 비슷하다. 그러나 믿는 자의 부활의 몸은 새로운 창조를 통해 새로운 종족의 머리가 되신 그리스도의 몸과 비슷할 것인데, 새로운 종족은 그리스도에 대한 믿음을 통해서 죄와 그 결과로부터 속량 받은 모든 자들을 포함한다.

바울은 믿는 자가 갖게 될 부활의 몸에 대한 비슷한 그림을 제시한다.

> 그러나 우리의 시민권은 하늘에 있는지라 거기로부터 구원하는 자 곧 주 예수 그리스도를 기다리노니 그는 만물을 자기에게 복종하게 하실 수 있는 자의 역사로 우리의 낮은 몸을 자기 영광의 몸의 형체와 같이 변하게 하시리라빌 3:20-21

이 마지막 구절을 더 문자적으로 번역하면, '그리스도께서 우리의 굴욕의 몸을 변화시키셔서 형태상 그분의 영광의 몸과 비슷하게 될 수 있게 하신다'는 것이다.

요한일서 3:2에서 우리는 그리스도께서 재림하실 때 이루어지는 믿는 자의 변모에 대한 비슷한 그림을 흘끗 엿본다.

> 사랑하는 자들아 우리가 지금은 하나님의 자녀라 장래에 어떻게 될지는 아직 나타나지 아니하였으나 그가 나타나시면 우리가 그와 같을 줄을 아는 것은 그의 참 모습 그대로 볼 것이기 때문이니요일 3:2

그리스도께서 재림하실 때 아직 살아 있어서 부활할 필요가 없는 그리스도인들조차도 그 순간 그들의 몸에 눈 깜짝할 사이에 비슷한 기적적인 변화를 겪게 될 것이다.

> 보라 내가 너희에게 비밀을 말하노니 우리가 다 잠잘 것이 아니요 마지막 나팔에 순식간에 홀연히 다 변화되리니 나팔소리가 나매 죽은 자들이 썩지 아니할 것으로 다시 살아나고 우리도 변화되리라
>
> 고전 15:51-52

바울이 "우리가 다 잠잘 것이 아니요"라고 말하는 의미는 "우리가 다 죽을 것이 아니다"라는 뜻이다. 그런 다음 바울은 계속해서 "순식간에 홀연히 다 변화되리니"라고 말한다. 다른 말로 하면, 참된 믿는 자들 모두가 부활한 자든지 살아서 휴거되든지 상관없이 똑같이 그들의 몸에서 순식간에 기적적인 변화를 겪게 될 것이란 말이다.

그리스도께서 부활하신 이후 몸이 갖는 본질에 대해서 복음은 우리에게 어떤 흥미로운 특징을 제시한다. 그리스도께서는 우리가 현재 이 땅에 있는 몸에 익숙한 시간과 공간의 제약을 받지 않으셨다. 그리스도께서는 마음대로(의지대로) 나타났다 사라졌다 할 수 있으셨다. 그리스도께서는 닫힌 문을 통과할 수 있었다. 그리스도께서는 다른 장소에서 다른 모습으로 나타날 수도 있었다. 그리스도께서는 하늘로 올라가셨다가 다시 땅으로 내려오실 수도 있었다. 아직 계시되지 않은 이러저러한 측면에서 볼 때, 부활한 속량 받은 믿는 자의 몸이나 휴거된 속량 받은 믿는 자의 몸은 주님의 몸과 같을 것이다.

이제까지 우리는 속량 받은 믿는 자가 갖게 될 부활의 몸에 대해서만 말해 왔다. 불의한 자들, 즉 속량 받지 못한 자들, 자신의 죄 가운데 죽은 자들의 몸은 어떠한가?

성경은 이들 역시 그들의 차례에 따라 심판과 처벌을 받기 위해서 부활하게 될 것임을 분명하게 계시한다. 그들은 부활할 때 어떤 몸을 입게 될 것인가?

이 질문에 대한 명쾌한 대답이나 지시가 성경에서 발견되지 않는다. 그러므로 우리는 그것을 대답하지 않은 채로 남겨두는 것으로 만족해야 할 것이다.

부활의 독특한 중요성

부활의 교리가 그리스도인 신앙에서 특별히 중심적 자리를 차지하는 주된 세 가지 이유가 있다.

첫째 이유는 부활이 예수 그리스도에 대한 하나님 자신의 입증God's own vindication of Jesus Christ이라는 사실이다.

> [그리스도께서는] 성결의 영으로는 죽은 자들 가운데서 부활하사 하나님의 아들로 선포되셨으니…롬 1:4

부활하시기 전, 그리스도께서는 인간의 두 법정 앞에 끌려가셨다. 첫 번째 법정은 유대인 공의회의 종교적 법정이었고, 그 다음은 로마 총독 본디오 빌라도의 세속 법정이었다. 두 법정 모두 하나님의 아들이라는 예수님의 주장을 거부했고, 그분에게 사형선고를 내렸다. 더욱이, 두 법정 모두 예수님의 무덤을 열지 못하도록 하는데 함께 공모했다. 이 목적을 위해서 유대인 공의회는 그들의 특별한 봉인을 제공했고, 로마의 총독은 무장된 군사를 제공했다.

그러나 셋째 날에 하나님께서 개입하셨다. 그 봉인은 깨어졌고, 무장된 파수병들은 마비되었으며, 예수님이 무덤에서 나오셨다. 이 행위로 말미암아 하나님께서는 유대인 공의회와 로마 총독의 결정을 뒤집어버리셨고,

하나님의 죄 없는 아들이라는 예수 그리스도의 주장을 공개적으로 입증하셨다.

부활이 중요한 둘째 이유는 부활이 그리스도께 그들의 믿음을 두게 될 모든 회개한 죄인을 향해 하나님께서 용서와 구원을 공급하신다는 사실에 대한 확실한 인증이라는 점이다.

> 예수는 우리가 범죄한 것 때문에 내줌이 되고 우리를 의롭다 하시기 위하여 살아나셨느니라 롬 4:25

이것은 죄인을 의롭게 하는 것sinner's justification이 죽은 자들로부터 다시 일어나신 그리스도께 달려 있음을 보여준다. 그리스도께서 십자가나 무덤에 계속 머물러 있었다면, 죄인을 향한 하나님의 구원과 영원한 생명에 대한 약속은 절대로 성취될 수 없었을 것이다. 죄인에게 용서와 평강과 영원한 생명과 죄에 대한 승리를 가져오신 분은 오직 죄인이 믿음으로 영접하여 고백한 부활하신 그리스도뿐이다.

> 네가 만일 네 입으로 예수를 주로 시인하며 또 하나님께서 그를 죽은 자 가운데서 살리신 것을 네 마음에 믿으면 구원을 받으리라
> 롬 10:9

구원은 두 가지 사실에 달려 있다. 1) 예수님을 공개적으로 주로 시인[고백]하는 것과 2) 하나님께서 예수님을 죽은 자들로부터 일으키신 것을 심령으로 믿는 것이다. 따라서 구원하는 믿음은 부활을 믿는 믿음을 포함한다. 그리스도의 부활을 믿지 않는 자들에게는 어떤 구원도 있을 수 없다.

논리와 지성의 정직함은 다른 어떤 결론도 허락하지 않는다. 그리스도께

서 죽은 자들로부터 일어나지 않으셨다면, 죄인을 용서하거나 구원할 수 있는 능력을 가지지 못하셨을 것이다. 그러나 성경이 진술한 대로, 그리스도께서 일어나셨다면, 이것은 용서하고 구원할 수 있는 그분의 능력의 논리적 증거가 될 것이다.

> 그러므로 자기를 힘입어 하나님께 나아가는 자들을 온전히 구원하실 수 있으니 이는 그가 항상 살아 계셔서 그들을 위하여 간구[중보]하심이라히 7:25

그리스도의 부활은 하나님께서 구원하신 기초로서 절대적이고 논리적인 필연이다.

> 그리스도께서 만일 살아나지 못하셨으면 우리가 전파하는 것도 헛 것이요 또 너희 믿음도 헛것이며고전 15:14

> 그리스도께서 다시 살아나신 일이 없으면 너희의 믿음도 헛되고 너희가 여전히 죄 가운데 있을 것이요고전 15:17

현시대의 그리스도교계의 모습은 성경의 이 진술이 사실임을 보여준다. 그리스도의 개인적, 육체적 부활을 부인하는 신학자들은 그들이 좋아하는 식으로 그리스도의 부활을 도덕화하고 이론화할 것이다. 하지만 그들이 개인적 경험으로 절대로 알지 못할 한 가지는 용서받은 죄에 대한 평강과 기쁨이다.

끝으로, 부활이 중요한 셋째 이유는 부활이 그리스도인인 우리 모두가 갖는 소망의 절정이며, 이 땅에 사는 우리 믿음의 삶 가운데 최고의 목표를 형성한다는 사실이다.

바울은 부활이야말로 이 땅에서 그가 하는 모든 수고의 최고 목표이자 절정이라고 말한다. 바울은 그리스도인으로서 자신의 삶의 동기와 목적에 대해서 언급하면서 다음과 같이 말한다.

> 내가 그리스도와 그 부활의 권능과 그 고난에 참여함을 알고자 하여 그의 죽으심을 본받아 어떻게 해서든지 죽은 자 가운데서 부활에 이르려 하노니 내가 이미 얻었다 함도 아니요 온전히 이루었다 함도 아니라 오직 내가 그리스도 예수께 잡힌 바 된 그것을 잡으려고 달려가노라빌 3:10-12

특별히 "내가…그 부활의 권능…알고자 하여"와 "어떻게 해서든지 죽은 자 가운데서 부활에 이르려 하노니"라는 두 어구에 주목하라. 바울은 이 세상에 있는 어떤 것도 그 자신이 모든 신념과 수고의 완결인 죽은 자들의 부활에 이르는데 방해되는 것을 허락지 않기로 작정했던 것이다. 이런 측면에서 모든 그리스도인 믿는 자의 태도가 바울의 태도와 같아야 할 것이다.

부활이 없다면, 그리스도인의 믿음과 삶은 애처로운 기만이다.

> 만일 그리스도 안에서 우리가 바라는 것이 다만 이 세상 삶뿐이면 모든 사람 가운데 우리가 더욱 불쌍한 자이리라고전 15:19

다른 한편, 우리가 진정으로 부활을 믿는다면, 우리의 삶의 목표와 목적은 바울과 같은 것이 될 것이다. 그것은 부활을 얻으려는 목표와 목적이다.

제7부

영원한 심판

모든 주의 의로운 명령[심판]들은 영원히
지속되나이다 시 119:160 한글킹제임스

48장

만물의 심판자이신 하나님

이 연구 내내 우리는 히브리서 6:1-2에 열거된 그리스도의 여섯 가지 기초 교리를 체계적으로 검토해왔다.

1. 죽은 행실을 회개함
2. 하나님께 대한 신앙
3. 세례들에 관한 교리
4. 안수
5. 죽은 자들의 부활
6. 영원한 심판

우리는 이제 이 기초 교리들 가운데 마지막 여섯 번째 교리인 '영원한 심판'을 살펴볼 것이다.

이 장에서 우리는 하나님의 심판의 두 측면인 1) 만물의 심판자로서 하나님에 관한 성경의 일반 계시와 2) 하나님의 심판을 집행하는 주요 원리에 대해 숙고할 것이다.

자비에 의해 완화된 심판

심판자이신 하나님에 대한 성경의 가르침을 소개하려면 히브리서로 돌아가 보자.

> 그러나 너희가 이른 곳은 시온 산과 살아 계신 하나님의 도성인 하늘의 예루살렘과 천만 천사와 하늘에 기록된 장자들의 모임과 교회와 만민의 심판자이신 하나님과 및 온전하게 된 의인의 영들과 새 언약의 중보자이신 예수와 및 아벨의 피보다 더 나은 것을 말하는 뿌린 피니라히 12:22-24

이 세 구절들은 하늘에 계신 하나님과 그 장소에 하나님과 함께 거하는 성도들과 속량 받은 자들에 대한 그림을 제시한다. 이 구절의 적절한 분석에 대한 열쇠는 3이라는 숫자이다.

무엇보다 먼저, 이 구절들은 자연스럽게 세 가지 주요 부분인 1) 하나님께서 거하시는 장소에 대한 묘사와 2) 그곳에서 하나님과 함께 거하는 자들에 대한 열거와 3) 하나님 자신에 대한 표현으로 나누어진다.

그 다음으로, 이 세 주요부분은 각각 자연스럽게 삼중으로 세분화된다.

하나님께서 거하시는 장소에 대한 묘사는 삼중적이다. 1) 시온 산, 2) 살아 계신 하나님의 도성, 3) 하늘의 예루살렘.

그곳에 거하는 자들에 대한 열거 역시 마찬가지로 삼중적이다. 1) 무수한 천사들, 2) 하늘에 기록된 장자들의 모임과 교회, 3) 온전하게 된 의인의 영들. 이 세 부류에 대해서 다음의 간략한 설명을 제공할 수 있을 것이다.

여기에서 언급된 "천사들"은 사탄의 첫 번째 반역이나 홍수 이전에 우주적인 차원에서 이루어진 인간과 천사들의 사악해짐에 동참하지 않고, 그들의 합당한 영역을 지킨 천사들이다. "장자들의 모임과 교회"는 새로운 탄생을 경험하여 하늘에 그들의 이름을 등록하였고, 그리하여 그리스도 안에 있는 하나님의 새로운 창조의 첫 열매들이 되었던 새 언약의 성도들을 나타낸다. "온전하게 된 의인의 영들"은 평생 믿음의 행보를 통해서 점차적으로 완전해졌던 이전 시대의 성도들을 가리킨다.

끝으로, 하나님 자신에 대한 표현 역시 마찬가지로 삼중적이다. 1) 만민의 심판자이신 하나님, 2) 새 언약의 중보자이신 예수, 3) 아벨의 피보다 더 나은 것을 말하는 뿌린 피(예수님의 피).

믿음의 눈과 성경의 빛을 가지고 이 하늘의 장면을 개관해보자. [우리는 이 모든 것의 중심에 한 분 엄숙하고 장엄하며 경외케 하는 인물 곧 만민의 심판자이신 하나님을 목격한다.] 여기에서 하나님은 절대 주권적인 영원한 권위 가운데 계신 심판자, 즉 모든 것의 심판자, 다시 말해 하늘과 땅의 심판자요 천사와 인간의 심판자로 우리에게 계시된다.

그러나 하나님께서 오직 심판자로만 계시되었다면, 죄스러운 인간 또는 구약의 완전케 된 영들 내지 신약의 거듭난 성도들을 위한 자리는 없었을 것이다. 그러므로 자비 안에서, 하나님의 말씀에 대한 계시는 우리를 심판자이신 하나님의 모습으로부터 의롭고 거룩하신 하나님과 죄스러운 인간 사이에 오셔서 둘을 서로 화해케 할 수 있는 유일한 분이신 중보자 예수님의 모습으로 이끈다. 그 그림은 화해를 성취하게 했던 수단이자 값인 예수님의 피에 대한 계시에 의해 완성된다.

이 그림에서 예수님의 보혈은 아벨의 피와 대조된다. 그 대조에는 세 가지 주요 논점이 있다.

1. 아벨의 피는 그의 의지나 동의 없이 뿌려졌으며, 아무런 경고도 없이 살인자의 일격에 의해 갑작스럽게 흘려진 것이다. 반면, 예수님의 피는 인간의 속량의 값으로 예수님 자신의 동의에 의해서 자발적으로 드려진 것이다.
2. 아벨의 피는 땅에 뿌려진 것이었다. 반면에 예수님의 피는 하늘에 있는 자비석 앞에 뿌려진 것이다.
3. 아벨의 피는 그를 살인한 자에 대한 복수를 하나님께 부르짖었다. 반면에 예수님의 피는 죄인을 향한 자비와 용서를 호소한다.

그러므로 하나님을 만민의 심판자로 나타내는 이 계시는 그리스도의 중보의 직무와 흘리신 피에 드러난 하나님의 자비와 은혜의 계시에 의해서 완화된다. 은혜와 자비에 의해 완화된 심판의 하나님이라는 계시는 이 주제에 대한 성경의 전체적 계시와 조화를 이룬다.

성경 전체는 절대 주권적이고 영원한 권리에 의해서 심판자의 직무가 친히 하나님께 속한 것임을 계시한다. 따라서 이 주제가 구약 전체를 관통한다. 예를 들면, 아브라함은 주님께 다음과 같이 말했다.

세상을 심판하시는 이가 정의를 행하실 것이 아니니이까창 18:25

다른 구약의 구절은 다음과 같이 말한다.

심판하시는 여호와께서 오늘 이스라엘 자손과 암몬 자손 사이에 판결하시옵소서삿 11:27

진실로 땅에서 심판하시는 하나님이 계시다시 58:11

시편기자는 하나님께 다음과 같이 말씀드린다.

세계를 심판하시는 주여 일어나사 교만한 자들에게 마땅한 벌을 주소서 시 94:2

대저 여호와는 우리 재판장이시요… 사 33:22

그러나 하나님의 영원한 본질에 대한 가장 참되고 완벽한 표현은 심판에 있지 않고 은혜에 있으며, 진노에 있지 않고 자비에 있다. 이 진리가 이사야 28:21에 제시된 하나님의 진노와 임박한 심판에 대한 묘사에서 그려진다.

대저 여호와께서 브라심 산에서와 같이 일어나시며 기브온 골짜기에서와 같이 진노하사 자기의 일을 행하시리니 그의 일이 비상할 것이며 자기의 사역을 이루시리니 그의 사역이 기이할[낯설] 것임이라 사 28:21

여기에서 이사야 선지자는 주님께서 일어나시어 그분의 대적들에게 진노와 심판을 행사하시는 장면을 그린다. 하지만 이사야는 이 행위를 기이하고 기묘한 것으로 묘사한다.

진노와 심판을 행하는 것은 하나님의 본성에 기이한(낯선) 것이다. 진노와 심판은 하나님께서 본성상 하기 원하시는 게 아니다. 오히려 그것은 감사하지 않고 거룩하지 않는 인간의 행동에 대한 하나님의 어쩔 수 없는 반응일 뿐이다. 창조주 하나님으로부터 낯선 진노와 심판을 불러일으킨 것은 피조물인 인간의 뒤틀리고 꼬인 성격과 행동거지 때문이다.

우리가 구약에서 신약으로 넘어갈 때 하나님의 심판의 동기와 방법에 대한 보다 충분한 계시로 들어가는 것이다. 진노와 심판이 하나님의 본성과 목적에 낯선 것이라는 사실이 새롭게 강조된다.

> 하나님이 그 아들을 세상에 보내신 것은 세상을 심판하려 하심이 아니요 그로 말미암아 세상이 구원을 받게 하려 하심이라요 3:17

> 주의 약속은 어떤 이들이 더디다고 생각하는 것 같이 더딘 것이 아니라 오직 주께서는 너희를 대하여 오래 참으사 아무도 멸망하지 아니하고 회개하기에 이르기를 원하시느니라벧후 3:9

이 성경구절들 – 그리고 다른 많은 이와 비슷한 구절들 – 은 하나님께서 자비와 구원을 주시기를 기뻐하시나 진노와 심판을 행하시기는 꺼려하신다는 사실을 계시한다. 그러나 신약의 계시는 이러한 진리 노선을 따라 우리를 더 멀리 데려간다. 하나님께서 심판을 행하기 꺼려하심은 하나님의 심판이 궁극적으로 완수될 방식에서도 나타난다.

아버지 – 아들 – 말씀

첫 번째 예를 보면, 심판은 절대 주권적인 영원한 권리에 의해서 아버지 하나님께 속한 것이다. 사도 베드로는 "외모로 보시지 않고 각 사람의 행위대로 심판하시는 이를 너희가 아버지라 부른즉…"벧전 1:17이라고 말한다.

이 말씀은 모든 사람들에 대한 심판을 아버지 하나님의 직무라고 선포한다. 그러나 요한복음 5장에서 그리스도께서는 아버지께서 그분의 절대 주권적 지혜 가운데 모든 심판을 아들에게 맡기시기로 선택했다고 밝히신다.

> 아버지께서 아무도 심판하지 아니하시고 심판을 다 아들에게 맡기셨으니 이는 모든 사람으로 아버지를 공경하는 것 같이 아들을 공경하게 하려 하심이라 아들을 공경하지 아니하는 자는 그를 보내신 아버지도 공경하지 아니하느니라 5:22-23

> 아버지께서 자기 속에 생명이 있음 같이 아들에게도 생명을 주어 그 속에 있게 하셨고 또 인자됨으로 말미암아 심판하는 권한을 주셨느니라 5:26-27

여기에 심판의 직무가 아버지로부터 아들에게로 넘겨졌음이 분명하게 진술되어 있다. 이유는 두 가지다. 1) 심판자의 직무에는 심판자에게 마땅한 존경도 함께 따라감으로, 이런 식으로 모든 인간이 아버지 하나님께 보이는 것과 똑같은 존경을 아들 하나님께도 보여드려야 할 것이기 때문이다. 2) 그리스도께서 하나님의 아들일 뿐만 아니라 사람의 아들이기도 하기 때문이다. 다시 말하면, 그리스도는 하나님의 본성만이 아니라 사람의 본성에도 참여한 자이기에, 심판할 때 그분 자신의 경험으로부터 인간의 육신의 모든 나약함과 유혹에 대해 어느 정도 참작하실 수 있기 때문이다.

아버지 하나님 안에 있는 신적 본성뿐만 아니라 아들 하나님 안에 있는 신적 본성 역시 은혜로우며 자비롭기 때문에, 그리스도께서도 심판을 행하기를 원치 않으신다. 이런 이유 때문에, 그리스도께서는 다음 차례로, 즉 인격체인 그리스도 자신에게서 하나님의 말씀에게로 심판의 최종권위를 넘겨주셨다. 예수님은 다음과 같이 말씀하신다.

> 사람이 내 말을 듣고 지키지 아니할지라도 내가 그를 심판하지 아니
> 하노라 내가 온 것은 세상을 심판하려 함이 아니요 세상을 구원하려
> 함이로라 나를 저버리고 내 말을 받지 아니하는 자를 심판할 이가 있
> 으니 곧 내가 한 그 말이 마지막 날에 그를 심판하리라 요 12:47-48

모든 심판의 최종권위가 하나님의 말씀께 부여된 것이다. 말씀은 모든 인간이 언젠가 해명해야 하는 공평하고 불변한 기준이다.

하나님의 말씀에 대한 똑같은 계시가 구약에도 제시되어 있다. 왜냐하면 다윗이 하나님께 다음과 같이 말씀드리기 때문이다.

> 주의 말씀은 처음부터 참되며 모든 주의 의로운 명령[심판]들은 영
> 원히 지속되나이다 시 119:160 한글킹제임스

말하자면, 하나님의 심판의 모든 기준과 원리가 하나님의 말씀 안에 담겨 있다는 말이다. 즉 하나님의 말씀의 일부인 심판의 기준과 원리 역시 말씀처럼 영원히 변하지 않은 채로 지속된다는 말이다.

말씀이 행하는 심판의 네 가지 원리

그렇다면 하나님의 말씀 속에서 계시된 하나님의 심판의 원리들은 무엇인가? 바울은 네 가지 주요 원리를 요약하여 펼쳐 보인다.

첫째, 바울은 하나님의 심판이 진리에 따른다고 선언한다.

> 그러므로 남을 판단하는 사람아, 누구를 막론하고 네가 핑계하지 못
> 할 것은 남을 판단하는 것으로 네가 너를 정죄함이니 판단하는 네가

같은 일을 행함이니라 이런 일을 행하는 자에게 하나님의 심판이 진리대로 되는 줄 우리가 아노라롬 2:1-2

바울이 말하는 일차적인 대상은 어떤 한 기준으로 사람들을 판단하면서 정작 자신은 다른 기준으로 판단하는 종교적인 사람들이다. 바울은, 이것은 하나님의 심판의 방식이 아니라고 말한다. 하나님의 심판은 진리에 의거한다.

우리가 다른 사람들에게 적용된 하나님의 심판의 진리를 보고 인식하고 인정한다면 똑같은 진리를 우리 자신과 우리의 삶에도 정확히 적용해야 한다. 하나님의 기준은 변하지 않는다. 하나님의 기준은 항상 진리, 즉 하나님의 말씀에서 계시된 진리이다.

예수님이 친히 아버지께 "아버지의 말씀은 진리니이다"요 17:17라고 말씀드렸다. 하나님의 진리의 이 기준은 심판 받는 자에게나 심판하는 자에게나 똑같이 적용된다.

둘째, 하나님의 심판은 "행위deeds"에 의거한다. "하나님께서는 각 사람에게 그 행한 대로 보응하시되"롬 2:6

하나님의 심판의 이 원리는 성경에서 여러 번 반복적으로 나타난다.

> 외모로 보시지 않고 각 사람의 행위대로 심판하시는 이를 너희가 아버지라 부른즉…벧전 1:17

다시 말하지만, 요한계시록 20:12에서 우리는 다음의 사실을 읽는다.

> 또 내가 보니 죽은 자들이 큰 자나 작은 자나 그 보좌 앞에 서 있는데 책들이 펴 있고 또 다른 책이 펴졌으니 곧 생명책이라 죽은 자들이 자기 행위를 따라 책들에 기록된 대로 심판을 받으니

위의 구절에서 '책'이라는 말을 사용한 것은 흥미롭고 시사하는 바가 크다. 현대영어에서 책이라는 말은 보통 한 쪽 테두리를 함께 묶어놓아서 여러 페이지가 된 것을 가리킨다. 하지만, 신약시대에서 책은 보통 양피지나 가죽이나 다른 재료의 긴 낱장 형태를 취했는데, 둘둘 말려서 보관되었다가 읽으려면 둘둘 풀었다. 이런 종류의 두루마리는 일곱 개의 연속된 인장으로 봉인되어 있었는데, 실제로 요한계시록의 이미지에 중요한 역할을 담당한다.

정보를 기록해서 전달하는 발전된 현대기술의 다양한 수단 가운데 현대의 책보다 고대의 두루마리에 더 유사한 것이 있는데, 그것은 전자기 기록 테이프이다. 이것은 고대의 두루마리와 정확하게 똑같은 방식으로 말아져서 보관되지만, 거기에 기록된 정보를 전달하기 위해서는 풀어져야 한다.

이 전자기 테이프 그림을 염두에 두면, 우리가 모든 인간존재의 전체 삶에 대한 개개인의 기록이 하늘에 보관되어 있다는 사실을 깨닫기가 쉽다. 인간의 말이 전자기 테이프를 통해 기록되어 보존될 수 있듯이, 하늘에 있는 특별한 "책" 또는 두루마리에 하나님께서는 모든 인간의 전체 삶에 대한 완벽한 기록을 보존하신다. 하늘의 두루마리에 보존된 인간의 행위에 대한 이 기록에 따라서 모든 사람이 어느 날 심판을 받게 될 것이다.

그러나 우리는 다른 사람들이 관찰할 수 있는 외적 행동에만 '행위deed'라는 말의 의미를 제한하지 않도록 해야 한다. 성경전체는 하나님께서 심판하실 때 인간의 외적 행동뿐만 아니라 심령의 가장 깊고 은밀한 생각, 충동, 동기도 고려하신다는 사실을 명백히 밝힌다.

> 곧 나의 복음에 이른 바와 같이 하나님이 예수 그리스도로 말미암아 사람들의 은밀한 것을 심판하시는 그 날이라롬 2:16

> 그러므로 때가 이르기 전 곧 주께서 오시기까지 아무 것도 판단하지 말라 그가 어둠에 감추인 것들을 드러내고 마음의 뜻을 나타내시리니 그때에 각 사람에게 하나님으로부터 칭찬이 있으리라 고전 4:5

이와 똑같은 진리는 실제로 심판이 하나님의 말씀에 의해서 이루질 것이라는 계시 안에 담겨 있다.

> 하나님의 말씀은 살아 있고 활력이 있어 좌우에 날선 어떤 검보다도 예리하여 혼과 영과 및 관절과 골수를 찔러 쪼개기까지 하며 또 마음의 생각과 뜻을 판단하나니 지으신 것이 하나도 그 앞에 나타나지 않음이 없고 우리의 결산을 받으실 이의 눈 앞에 만물이 벌거벗은 것 같이 드러나느니라 히 4:12-13

그러므로 인간의 행위에 대한 하나님의 기록은 인간의 외적 행동만이 아니라 마음과 심령의 생각과 뜻, 즉 가장 깊은 동기와 충동도 망라한다는 사실이다. 이 포괄적인 의미에서 인간에 대한 하나님의 심판이 인간의 행위에 의거해서 이루어질 것이라는 사실이다.

하나님의 심판의 세 번째 원리는 다음의 로마서 2:11에 나온다. "이는 하나님께서 외모[partiality ; 편파]로 사람을 취하지 아니하심이라" 롬 2:11

"외모"라는 자리에 1611년 판 King James Version 성경은 "외모를 봄respect of person[문자적으로는 얼굴]"이라는 어구를 사용한다. 이 표현은 하나님께서 심판하실 때 사람의 외적 성격에 영향을 받지 않으신다는 뜻이다. 이런 것은 그 사람의 진정한 성품과 행동거지에 대해 정확히 알려주지 않는다.

사람들은 판단하는데 있어 종종 인종, 종교, 직업, 사회적 지위, 용모, 재산, 교육 등과 같은 것들에 의해서 영향을 받는다. 그러나 하나님의 심판은 이 중 어떤 것에도 영향을 받지도 않으며 마음을 빼앗기지도 않는다.

> 여호와께서 사무엘에게 이르시되 그의 용모와 키를 보지 말라 내가 이미 그를 버렸노라 내가 보는 것은 사람과 같지 아니하니 사람은 외모를 보거니와 나 여호와는 중심을 보느니라 하시더라 삼상 16:7

하나님은 결코 사람의 외모에 의해서 움직이지 않으신다. 뿐만 아니라 하나님께서는 인간의 일상사에서 판단하는 자들이 절대로 이런 영향을 받지 않도록 엄격하게 촉구하신다. 이것보다 더 자주 진술된 성경의 원리는 거의 없다. 구약에서는 아홉 번, 신약에서는 일곱 번, 도합 열여섯 번 나타난다.

하나님의 심판의 네 번째 원리는 "빛에 의거한다"는 것이다. 이것은 로마서에 들어 있다.

> 무릇 율법 없이 범죄한 자는 또한 율법 없이 망하고 무릇 율법이 있고 범죄한 자는 율법으로 말미암아 심판을 받으리라 롬 2:12

일반적으로 적용하면, 이는 각 사람이 도덕적 빛과 그에게 이루어진 깨달음(이해)의 분량만큼 심판받게 될 것이라는 뜻이다. 모세의 율법을 통해서 그들에게 계시된 하나님의 도덕적 기준의 충만한 지식을 지녔던 자들은 그 율법에 의해서 심판받게 될 것이다. 그러나 모세의 율법에 대해 별로 충만한 계시를 지니지 않는 자들은 율법에 의해서 심판받는 것이 아니라, 창조의 기적을 통해 전 인류에 주어진 하나님의 일반계시에 의거해서만 심판받게 될 것이다.

> 창세로부터 그[하나님]의 보이지 아니하는 것들 곧 그의 영원하신 능력과 신성이 그가 만드신 만물에 분명히 보여 알려졌나니 그러므로 그들이 핑계하지 못할지니라롬 1:20

여기에서 바울은 하나님의 본성에 대한 일반계시, 다시 말해 하나님의 영원한 능력과 신성이 창조를 통해서 모든 곳에서 정상적인 이해에 이르려는 모든 인간에게 – 인종이나 종교와 상관없이 – 주어진다고 진술한다.

따라서 이는 모든 인간을 심판할 기본 기준이다. 그러나 하나님의 말씀을 통해서 특별한 계시를 받은 자들은 그들에게 선사된 도덕적 지식의 더 높은 기준에 의해서 심판받게 될 것이다. 그러므로 심판은 빛에 의거해서 – 인간 각자에게 선사된 도덕적 지식의 분량에 따라서 – 이루어진다.

빛에 의거해서 심판이 이루어진다는 원리와 똑같은 원리가 예수님이 그 당시의 사람들에게 하신 말씀에 담겨 있다.

> 예수께서 권능을 가장 많이 행하신 고을들이 회개하지 아니하므로 그때에 책망하시되 화 있을진저 고라신아 화 있을진저 벳새다야 너희에게 행한 모든 권능을 두로와 시돈에서 행하였더라면 그들이 벌써 베옷을 입고 재에 앉아 회개하였으리라 내가 너희에게 이르노니 심판 날에 두로와 시돈이 너희보다 견디기 쉬우리라 가버나움아 네가 하늘에까지 높아지겠느냐 음부에까지 낮아지리라 네게 행한 모든 권능을 소돔에서 행하였더라면 그 성이 오늘까지 있었으리라 내가 너희에게 이르노니 심판 날에 소돔 땅이 너보다 견디기 쉬우리라 하시니라마 11:20-24

여기에서 예수님은 고대세계의 죄악이 가득한 도시들 – 두로, 시돈, 소돔 – 이 그 시대에 누릴 수 있던 도덕적 지식의 분량에 따라 심판받을 것임을 알려주신다. 다른 한편, 예수님 당시의 도시들 – 고라신, 벳새다, 가버나움 – 은 예수님이 몸으로 그곳에 계셨던 것과 사역을 통해서 받은 지식의 훨씬 더 큰 분량에 따라 심판받게 될 것이다. 이런 이유로, 이 후자의 도시들 – 고라신, 벳새다, 가버나움 – 에 대한 심판은 전자의 도시들 – 두로, 시돈, 소돔 – 에 대한 심판보다 훨씬 엄격할 것이다.

이 원리를 오늘 우리의 시대에 적용해보자. 현재 살고 있는 우리는 우리 시대에 주어지는 도덕적 빛과 지식의 분량에 의해서 심판받게 될 것이다. 미국이나 영국과 같이 그리스도교의 역사가 긴 나라에 사는 자들에게는 이전의 어떤 세대보다 훨씬 더 쉽게 더 많은 분량의 도덕적 지식을 얻을 수 있다. 이런 이유 때문에, 우리를 심판할 기준은 다른 모든 사람보다 더 높을 것이다. 예수님의 다음의 말씀이 이 세대의 우리에게 적용된다.

> 알지 못하고 맞을 일을 행한 종은 적게 맞으리라 무릇 많이 받은 자에게는 많이 요구할 것이요 많이 맡은 자에게는 많이 달라 할 것이니라눅 12:48

그러므로 하나님의 말씀에 따른 심판의 네 가지 주요원리는 다음과 같다.

1. 진리에 따라서
2. 행위에 따라서
3. 편파(또는 외모를 봄) 없이
4. 심판받는 자가 누린 빛에 따라서

49장

역사 안에서 이루어진 하나님의 심판

48장에서 하나님의 심판의 일반원리를 확립한 우리는 이제 계속해서 하나님께서 인류에게 심판을 행하는 두 가지 구분되고 분리된 단계를 지적할 것이다.

역사적 심판 대 영원한 심판

이 두 단계 중 첫 번째 단계는 시간 안에서 이루어지는 하나님의 심판, 즉 인간역사의 지평에서 수행되는 하나님의 심판부분이다. 두 번째 단계는 영원 안에 이루어지는 하나님의 심판이다. "영원한 심판"히 6:2이라 불리는 심판은 이 두 번째 단계이다. 영원한 심판은 시간 또는 인간역사의 지평에서 수행되지 않는다. 영원한 심판은 시간과 역사가 종결된 후에 영원 안에서 인간의 혼을 기다리고 있는 심판이다.

현재 연구의 주요 목적은 영원 안에서 이루어지는 하나님의 심판에 대한 성경의 가르침을 살피는 것이다. 그러나 첫 번째 단계, 즉 역사 안에서 이루어진 하나님의 심판에 대한 간략한 검토로 시작하는 것 역시 바람직할 것이다. 이렇게 역사 안에서의 하나님의 심판과 영원 안에서의 하나님의 심판 사이를 논리적이고 성경적으로 신중하게 구분할 경우, 상호 일관되지 않는 듯이 보이는 성경구절을 화해시킬 수 있을 것이다. 예를 들면, 하나님께서 이스라엘에게 주신 다음의 명령과 경고를 살펴보자.

> 너를 위하여 새긴 우상을 만들지 말고 또 위로 하늘에 있는 것이나 아래로 땅에 있는 것이나 땅 아래 물속에 있는 것의 어떤 형상도 만들지 말며 그것들에게 절하지 말며 그것들을 섬기지 말라 나 네 하나님 여호와는 질투하는 하나님인즉 나를 미워하는 자의 죄를 갚되 아버지로부터 아들에게로 삼사 대까지 이르게 하거니와 나를 사랑하고 내 계명을 지키는 자에게는 천 대까지 은혜를 베푸느니라 출 20:4-6

예레미야는 주님께 그분께서 이스라엘에게 주신 약속과 경고를 상기시켜 드렸다.

> 주는 은혜를 천만인에게 베푸시며 아버지의 죄악을 그 후손의 품에 갚으시오니 크고 능력 있으신 하나님이시요 만군의 여호와시니이다
> 렘 32:18

위의 성경구절과 비슷한 다른 구절들은 어떤 경우에, 최소한 한 세대의 죄가 다음 세대, 즉 삼사 대에 이르기까지 하나님의 심판을 초래한다는 점을 분명히 한다. 이와는 반대로, 한 세대의 의는 수천대의 후손들에게 하나

님의 축복을 가져올 수 있다. 이와 같은 구절들은 시간, 즉 역사 안에서 이루어지는 하나님의 심판을 다룬다.

하지만 하나님의 전체 심판에 대한 온전한 그림을 얻기 위해서 영원 안의 하나님의 심판을 다루는 많은 성경구절들도 고려해야 한다. 이에 대한 분명한 그림은 에스겔 선지자를 통해 이스라엘 백성에게 하신 주님의 다음의 메시지 안에 제시되어 있다.

> 또 여호와의 말씀이 내게 임하여 이르시되 너희가 이스라엘 땅에 관한 속담에 이르기를 아버지가 신 포도를 먹었으므로 그의 아들의 이가 시다고 함은 어찌 됨이냐 주 여호와의 말씀이니라 내가 나의 삶을 두고 맹세하노니 너희가 이스라엘 가운데에서 다시는 이 속담을 쓰지 못하게 되리라 모든 영혼이 다 내게 속한지라 아버지의 영혼이 내게 속함 같이 그의 아들의 영혼도 내게 속하였나니 범죄하는 그 영혼은 죽으리라겔 18:1-4

이 구절들은 하나님께서 선지자를 통해서 타락한 이스라엘을 책망하셨을 때, 그들은 이전 세대에 가득한 죄악 상태로 비난의 화살을 돌림으로써 자신들을 변명하려고 했음을 지적한다. 그들이 의도했던 것은 자기들 시대에서 이스라엘 민족이 몰락한 이유가 그들 조상들의 죄 때문이므로 하나님께서 그들에게 현재의 도덕적 상태에 대한 책임을 물으실 수 없을 것이란 것이었다. 그러나 하나님께서는 에스겔의 이 메시지를 통해서 이런 식의 변명을 전적으로 거부하신다.

비록 이스라엘 민족이 몰락한 것이 이전 세대의 실패에 의해서 초래되었을지라도, 하나님께서는 그들 각자에게 도덕적 상태에 대한 책임을 개별적으로 물으시며, 그들의 조상이 했든지 안 했든지 상관없이 그들 각자가 그 자신의 성품과 행동거지로만 영원 안에서 심판받게 될 것이라고 경고하신다. 이 경고는 조금 뒤에 훨씬 더 강력하게 반복된다.

> 범죄하는 그 영혼은 죽을지라 아들이 아버지의 죄악을 담당하지 아니할 것이요 아버지는 아들의 죄악을 담당하지 아니하리니 의인의 공의도 자기에게 돌아가고 악인의 악도 자기에게로 돌아가리라겔 18:20

이 구절 전체가 적용되는 대상은 각각의 개인이다. "범죄하는 그 영혼은 죽을지라" 이것은 한 민족이나 한 가족의 심판이 아니다. 이것은 개개인의 혼에 대한 심판, 즉 각각의 혼의 운명을 영원히 정하는 심판이다.

이 논점은 에스겔 18:24에서도 나타난다.

> 만일 의인이 돌이켜 그 공의에서 떠나 범죄하고 악인이 행하는 모든 가증한 일대로 행하면 살겠느냐 그가 행한 공의로운 일은 하나도 기억함이 되지 아니하리니 그가 그 범한 허물과 그 지은 죄로 죽으리라겔 18:24

"그가 그 범한 허물과 그 지은 죄로 죽으리라"는 이 구절의 마지막 부분은 하나님께서 개인의 혼이 시간에서 영원으로 넘어가는 상태에 대해 말씀하고 계신다는 점을 가리킨다. 이 순간에 각각의 영혼의 상태가 그 혼의 운명을 영원히 결정할 것이다. 죄를 지어 죽은 혼은 이후에 절대로 하나님의 임재 안으로 들어가는 허락을 받을 수 없다. 전도서에서 똑같은 진리가 쓰러지는 나무의 그림으로 표현된다.

> …나무가 남으로나 북으로나 쓰러지면 그 쓰러진 곳에 그냥 있으리라 전 11:3

쓰러진 나무는 죽은 사람에 상응한다. "그 쓰러진 곳에 그냥 있으리라" 나무가 쓰러진 위치가 그 나무가 누워 있을 위치를 결정한다. 사람이 죽어가는 상태 – 죽는 순간 그 사람의 혼의 상태 – 가 그의 영원한 상태를 결정한다. 이런 면에서 각각의 혼은 자기 혼자서만 대답할 수 있고, 그 자신의 상태에 대한 책임이 있다.

에스겔서와 전도서의 구절들은 개개의 혼에 대한 하나님의 심판을 다룬다. 각각의 혼의 운명은 그 혼이 죽은 상태에 의해 정해진다.

다른 한편, 우리가 출애굽기와 예레미야에서 일찍이 숙고했던 구절들은 역사 안에 이루어진 하나님의 심판, 곧 가족, 민족, 전 인류의 경험 가운데 세대에서 세대로 이루어졌던 하나님의 심판을 다루었다.

이런 빛에서 보면, 하나님의 심판에 대한 이 두 가지 표현 사이에는 어떤 갈등이나 모순이 없다. 역사 가운데 한 세대의 행태는 선이든지 악이든지 다음 세대에 중요한 영향을 미친다. 이것이 역사 안에서 이루어진 하나님의 심판이다. 그러나 시간과 역사가 끝난 후 영원 속에서 혼은 오로지 각자 자신의 성품과 행동거지에 대해서만 하나님께 해명할 것이다. 어떤 혼도 다른 혼의 의에 의해서 정당화되지 않을 것이며, 어떤 혼도 다른 혼의 악함에 의해 정죄 받지 않을 것이다. 이것이 영원 안에서 이루어지는 하나님의 심판이다.

역사적 심판의 예

우리는 이제 역사 안에서 이루어진 하나님의 심판에 대한 몇 가지 성경적 예를 간략하게 살펴볼 것이다.

성경에는 분명히 극적인 방식으로 어떤 죄악된 행위나 상태에 대한 하나님의 입장을 나타내는 수많은 심판들이 기록되어 있는데, 이는 이전 세대와 똑같은 종류의 죄악을 저지르는 유혹을 받을지도 모르는 다음 세대에게 경고를 해주기 위해서이다. 이런 종류의 예 가운데 하나가 소돔과 고모라 도성에 대한 하나님의 심판이다.

> 여호와께서 하늘 곧 여호와께로부터 유황과 불을 소돔과 고모라에 비같이 내리사 그 성들과 온 들과 성에 거주하는 모든 백성과 땅에 난 것을 다 엎어 멸하셨더라창 19:24-25

신약의 기자들도 이 사건을 몇 차례나 언급한다.

> 소돔과 고모라 성을 멸망하기로 정하여 재가 되게 하사 후세에 경건하지 아니할 자들에게 본을 삼으셨으며벧후 2:6

베드로는 소돔과 고모라에 갑작스럽고 극적으로 닥친 완전한 멸망이 이 도시들이 범한 죄악에 대한 하나님의 입장을 나타내는 본보기요, 패턴임을 지적한다.

에스겔은 소돔의 몰락을 야기했던 기본적인 도덕적, 사회적 상태에 대한 흥미로운 설명을 제공한다. 왜냐하면 하나님께서는 예루살렘을 향해 다음과 같이 말씀하시기 때문이다.

네 아우 소돔의 죄악은 이러하니 그와 그의 딸들에게 교만함과 음식 물의 풍족함과 태평함이 있음이며 또 그가 가난하고 궁핍한 자를 도 와주지 아니하며겔 16:49

하나님께서는 여기에서 소돔의 도덕적 몰락의 네 가지 기본 원인을 구체적으로 지적하신다. 1) 교만함과 2) 음식의 풍족함과 3) 태평함게으름; abundance of idleness과 4) 그들 가운데 가난한 자와 궁핍한 자에 대한 관심 결여이다. 이 네 가지 기본 원인으로부터 "남색sodomy"이라는 특별한 형태의 성적 왜곡이 자라났다.

성경의 놀라운 정확성은 우리가 현대문명의 많은 대도시 가운데 똑같은 도덕적이고 사회적 원인이 어찌나 똑같은 형태의 성적 왜곡을 양산하고 있는지를 목격할 때 다시금 확증된다. 그렇다고 성경은 이런 형태의 죄가 똑같은 극적 형태의 역사적 심판을 가져올 것이라고 암시하지 않는다. 그럼에도 성경은 이런 형태의 죄에 대한 하나님의 불변하시는 입장이 소돔에 대한 그분의 심판에 의해서 단호하게 드러났음을 가르친다.

이렇게 드러난 하나님의 심판의 빛에서 볼 때, 이후 이런 형태의 성적 왜곡에 빠지는 모든 자들에게는 변명의 여지가 없다. 비록 하나님의 공개적인 심판이 시간의 지평에서 그들에게 이루어지지 않을지라도, 영원 안에서 이루어지는 그들에 대한 심판은 그것 때문에 엄격하게 다루어질 것이다.

하나님의 심판에 대한 또 하나의 극적인 예는 아나니아와 삽비라의 이야기이다(행 5:1-11을 보라).

아나니아와 그의 아내 삽비라는 우리가 종교적 위선자라고 부르는 사람들이었다. 그들은 재산을 팔아서 하나님의 사역에 대한 헌금으로서 사도들에게 그 값의 일부를 가져왔다. 이것은 그 자체로 칭찬받을 행동이었다. 그러나 그들의 죄는 그들이 가져온 돈이 재산을 판 전부인 것처럼 하는데 있었다. 그들은 사도들과 동료 그리스도인들의 칭찬과 호감을 얻기 위해서 이렇게 했다.

그러나 성령님의 초자연적 계시로 말미암아 베드로는 그들의 위선을 분별하였고, 거짓말하고 성령님을 속이려고 하는 아나니아를 꾸짖고, 그 다음으로 삽비라를 책망했다. 죄에 대한 그런 강력한 책망으로 인해 그들은 베드로 발 앞에서 차례로 죽어 넘어졌다. 하나님의 이 심판은 그것을 들은 사람들에게 강한 영향을 끼쳤던 것이다.

> 온 교회와 이 일을 듣는 사람들이 다 크게 두려워하니라 행 5:11

물론, 신앙 고백하는 그리스도인들의 이와 같은 행동을 항상 이렇게 신속하고 극적인 방식으로 심판하실 것이라는 암시는 없다. 그러나 신앙 고백하는 그리스도인들이 하는 거짓말과 위선에 대한 하나님의 불변하는 입장은 교회의 모든 세대를 향한 경고로서 이 사건을 통해 보여진다.

거창하게, 모세시대로부터 현시대에 이르기까지 하나님의 백성 이스라엘에 대한 기록은 역사 안에 이루어진 하나님의 심판의 예로 가득하다. 이스라엘이 약속의 땅으로 들어가기 전에 먼저 하나님께서 이스라엘에게 율법을 주시면서 그들이 불순종과 반역으로 그분으로부터 멀어진다면 심판이 가해질 것이라는 경고를 모세를 통해 하셨다.

이스라엘에게 주어진 예언적 경고의 구절들은 레위기 26:14-45에서 발견된다. 하나님께서는 이스라엘 백성이 그들의 땅에 있는 동안 불순종으로 인하여 그분으로부터 임할 여러 심판에 대해 먼저 경고하신다. 그런 후, 하나님께서는 이스라엘 백성이 계속 불순종할 경우 그들이 그들 땅에서 포로가 되어 널리 흩어지게 된다는 엄중한 심판에 대해 경고하신다.

> 너희가 이같이 될지라도 내게 청종하지 아니하고 내게 대항할진대 내가 진노로 너희에게 대항하되 너희의 죄로 말미암아 칠 배나 더 징벌하리니 너희가 아들의 살을 먹을 것이요 딸의 살을 먹을 것이며 내가 너희의 산당들을 헐며 너희의 분향단을 부수고 너희의 시체들을 부숴진 우상들 위에 던지고 내 마음이 너희를 싫어할 것이며 내가 너희의 성읍을 황폐하게 하고 너희의 성소들을 황량하게 할 것이요 너희의 향기로운 냄새를 내가 흠향하지 아니하고 그 땅을 황무하게 하리니 거기 거주하는 너희의 원수들이 그것으로 말미암아 놀랄 것이며 내가 너희를 여러 민족 중에 흩을 것이요 내가 칼을 빼어 너희를 따르게 하리니 너희의 땅이 황무하며 너희 성읍이 황폐하리라레 26:27-33

주후 70년 디도Titus 장군의 명령에 따른 로마군의 이스라엘 땅 침략과 그 후 잇따른 침략에 의해서 이 예언이 아주 상세한 부분에 이르기까지 이스라엘의 경험에서 정확하게 성취되었다.

디도가 예루살렘을 포위하자 그곳에 있던 유대인들은 문자 그대로 자기의 아들과 딸의 살을 먹는 극심한 굶주림에 내몰리게 되었다. 그 후 그들의 모든 성소와 종교 센터가 파괴되었다. 수많은 사람들이 학살당했다. 다른 이들은 노예로 팔리거나 추방되어 각지로 흩어졌다. 그러자 주변나라로부터 온 이방인들이 들어와서 황폐하게 남은 땅을 차지했다. 하나님께서는 이방인들 가운데 흩어져 있는 동안에 겪을 비참한 상태에 대해 이스라엘 백성에게 계속해서 경고하신다.

> 너희 남은 자에게는 그 원수들의 땅에서 내가 그들의 마음을 약하게 하리니 그들은 바람에 불린 잎사귀 소리에도 놀라 도망하기를 칼을 피하여 도망하듯 할 것이요 쫓는 자가 없어도 엎드러질 것이라 그들은 쫓는 자가 없어도 칼 앞에 있음 같이 서로 짓밟혀 넘어지니 너희가 원수들을 맞설 힘이 없을 것이요레 26:36-37

다시 말하지만, 이스라엘의 역사를 되돌아볼 때, 우리는 18세기 동안 유대인들이 흩어져서 수치와 두려움과 모욕과 박해를 받아왔다는 사실로 이 예언의 모든 부분이 반복하여 성취되었음을 본다.

그러나 예언을 마무리하기 전에 하나님께서는 그분의 자비를 이스라엘에게서 결코 완전히 거두시지 않을 것도 약속하신다.

> 그런즉 그들이 그들의 원수들의 땅에 있을 때에 내가 그들을 내버리지 아니하며 미워하지 아니하며 아주 멸하지 아니하고 그들과 맺은 내 언약을 폐하지 아니하리니 나는 여호와 그들의 하나님이 됨이니라레 26:44

하나님의 심판에 대한 경고가 성취되었던 것처럼, 자비에 대한 그분의 약속 역시 심판의 한복판에서도 확실히 성취되었다.

따라서 예언적인 성경구절의 빛에서 볼 때, 이스라엘의 전체 역사는 전 세계적 차원의 하나님의 심판과 자비가 나타난 것이다. 심판의 한복판에서도 하나님께서는 자비를 베푸시기를 기뻐하신다.

아마도 심판의 한복판에서 하나님의 자비가 나타난 가장 놀라운 본보기는 여호수아 2장과 6장에 기록된 라합의 이야기이다.

배경과 주변 환경의 관점에서 보면, 라합은 온통 적대적인 것으로 둘러싸여 있었다. 그녀는 창녀이자, 심판받게 될 족속에 속해 있었으며, 멸망 받게 될 성읍에 살고 있었다. 하지만 겸손과 믿음으로 그녀는 하나님의 자비에 자신을 맡겼다. 그 결과, 그녀와 그녀의 온 가족은 살아남았을 뿐만 아니라 그녀 자신이 이스라엘인과 결혼함으로써 그리스도의 족보를 형성하는 직계 가족의 한 명이 되었다.

따라서 라합의 경우에서 보듯이, 어떤 혼도 배경이나 환경에 의해서 반드시 벌을 받지 않음이 입증된다. 그 배경이 얼마나 어두운지, 그 환경이 얼마나 부패한지와 상관없이 개개인 각자의 회개와 믿음이 하나님의 심판을 철회하고 자비를 불러일으킬 것이다.

성경은 역사를 통해 인간의 삶에서 하나님의 심판과 자비가 드러난다는 사실을 밝힌다. 가장 가혹한 심판 가운데서도, 그 밑에 깔려있는 하나님의 목적은 은혜와 자비이다.

이런 이유 때문에, 역사 가운데 활동하시는 하나님에 대한 계시는 시편 107:43에서 잘 요약된다.

> 지혜 있는 자들은 이러한 일들을 지켜보고 여호와의 인자하심을 깨달으리로다 시 107:43

믿는 자에게 있어 역사의 최고 교훈은 은혜와 자비의 언약을 수행하시는 하나님의 불변하시는 신실함에 대한 계시이다. 그러나 인간의 모든 행동에 대한 최종적 심판이 시간의 지평에서 행사될 것이라고 가정하는 잘못을 범하지 말아야 한다. 그래서 바울은 다음과 같이 경고한다.

어떤 사람들의 죄는 밝히 드러나서 먼저 심판에 나아가고 어떤 사람들의 죄는 그 뒤를 따르나니 이와 같이 선행도 밝히 드러나고 그렇지 아니한 것도 숨길 수 없느니라딤전 5:24-25

이와 비슷한 경고가 전도서 8:11에 나와 있다.

악한 일에 관한 징벌이 속히 실행되지 아니하므로 인생들이 악을 행하는 데에 마음이 담대하도다전 8:11

이 두 구절은 우리에게 하나님의 심판이 시간 안에서 완전히 드러나지 않음을 경고한다. 이는 악한 자의 처벌과 의인의 보상에도 적용된다. 하나님의 최종적인 심판에 대한 온전한 계시를 얻기 위해서는 시간의 지평을 넘어서 영원으로 들어가야 한다.

50장

그리스도의 심판대

　신약은 영원한 심판이 이루어질 연속된 세 가지 주요 장면을 밝힌다. 각각의 장면은 어떤 한 가지 독특한 특성에 의해서 서로에게 구별된다. 즉, 심판자가 심판을 집행할 동안 앉으실 자리의 유형에 따라 구별된다.

　첫 번째 장면에서 심판자가 앉으실 자리는 "그리스도의 심판대"라 불린다. 여기에서 심판받을 사람들은 그리스도를 따르는 자들과 종들과 참된 그리스도인들이다.

　두 번째 장면에서 심판자가 앉으실 자리는 "[그리스도의]영광의 보좌"이다. 여기에서 심판받을 자들은 그리스도께서 이 땅에 천년왕국을 세우기 전, 대환란이 끝날 때 이 땅에 남아 있는 이방민족들이 될 것이다.

　세 번째 장면에서 심판의 자리는 "크고 흰 보좌"라 불린다. 여기에서 심판받게 될 자들은 천년 기간이 끝날 때 부활하게 될 나머지 모든 죽은 자들이 될 것이다.

그리스도인들이 먼저 심판을 받으리라

우리는 신약에 제시된 이 세 가지 심판장면 가운데 첫 번째 그림, 즉 그리스도의 심판대에서 이루어질 심판을 살펴봄으로써 시작할 것이다. 이미 말했듯이, 여기에서 심판받게 될 자들은 참된 그리스도인일 것이다. 그리스도인들이 심판받게 될 것이라는 사실 자체로도 놀랄 수 있겠지만, 더 놀라운 사실은 그리스도인들이 먼저 심판받게 될 것이라는 사실이다. 하지만, 이 원리는 성경에 근거한 것이다.

> 하나님의 집에서 심판을 시작할 때가 되었나니 만일 우리에게 먼저 하면 하나님의 복음을 순종하지 아니하는 자들의 그 마지막은 어떠하며 또 의인이 겨우 구원을 받으면 경건하지 아니한 자와 죄인은 어디에 서리요벧전 4:17-18

여기에서 그리스도인으로서 편지를 쓰는 베드로는 심판이 "우리" 곧 하나님의 집에서부터 시작할 수밖에 없다고 말한다. 베드로는 이 두 어구, 즉 우리와 하나님의 집을 통해 그리스도인들을 가리키고 있음이 분명하다. 이는 여기에서 묘사된 자들이 "하나님의 복음을 순종하지 아니하는 자들", 즉 불신자들과 대조되고 있다는 사실에 의해 확인된다. 그러므로 베드로는 첫 번째 심판이 참된 그리스도인들에 대한 심판이 될 것임을 분명히 한다.

그리스도인들에 대한 이 심판이 수행될 장면을 바울 서신에서도 아주 비슷한 언어를 사용하여 두 번이나 언급한다.

> 네가 어찌하여 네 형제를 비판하느냐 어찌하여 네 형제를 업신여기
> 느냐 우리가 다 하나님[그리스도]의 심판대 앞에 서리라 롬 14:10

> 이러므로 우리 각 사람이 자기 일을 하나님께 직고하리라 롬 14:12

이 두 구절에서 두 번이나 등장하는 "네 형제your brother"라는 어구와 "우리 각 사람each of us"이라는 어구가 바울이 그리스도인들에 대한 심판에 대해서 말하고 있음을 분명히 밝혀준다. 바울은 그리스도께서 친히 우리 각자를 심판하실 것이고, 그래서 우리 각자가 스스로 그리스도께 답변해야 할 것이기 때문에 그리스도인인 우리가 서로에 대해 최종적인 심판[비판, 판단]을 내려서는 안 된다고 여긴다.

우리가 영원한 심판을 고려하는 곳에서는 항상 그렇듯, 영원한 심판은 완전히 개인적인 문제일 것이다. 이점은 바울이 사용하는 독특한 어구인 "우리 각 사람each of us"에 의해서 강조된다. 바울은 다른 구절에서도 매우 비슷한 언어를 사용하여 그리스도인들에 대한 이 심판을 묘사한다.

> 이는 우리가 다 반드시 그리스도의 심판대 앞에 나타나게 되어 각각
> 선악간에 그 몸으로 행한 것을 따라 받으려 함이라 고후 5:10

언어와 문맥 모두 재차 바울이 그리스도인들에 대해서만 말하고 있음을 분명하게 밝혀준다. 다시 말하지만, 마찬가지로 개인, 즉 "각자"에 강조점을 두고 있다.

바울은 또한 이때에 심판받게 될 것이 "그 몸으로 행한 것들", 즉 그리스도인들 각자가 여기 이 땅에서 사는 동안에 행한 행위와 행동이라고 말한다.

바울은 그리스도인이 이 땅에 사는 동안 행한 모든 행위가 두 가지 범주 - "선하거나" 아니면 "악하거나" - 중 하나에 속할 수밖에 없음을 지적한다. 세 번째 범주, 곧 중립이란 존재하지 않는다. 그리스도인 각자의 행위는 긍정적이든지 부정적이든지 어떤 종류의 명확한 가치를 띤다. 믿음과 순종으로 하나님의 영광을 위해서 행하지 않는 모든 행위는 하나님께 받아들여질 수 없고, 따라서 '악한 것'이다. 그리스도인인 우리 각자가 심판받을 수밖에 없는 것은 분명히 계시된 이 단순한 기초 위에서이다.

바울은 그리스도께서 그리스도인들을 심판하시는 동안에 차지할 자리 place에 대해 두 구절에서 말하면서 "그리스도의 심판대"라는 용어를 사용한다. 여기에서 "심판대"라고 번역된 헬라어는 'bema베마'이다. 이 용어는 공개적으로 연설하기 위해 사용된 높은 단을 뜻한다. 신약의 다른 구절에서 이 심판대는 로마 황제나 또는 소송에 대해 듣고 판결을 내리는 로마황제의 대리자가 사용한 심판대를 가리킨다.

예를 들면, 바울은 로마 시민으로서 로마의 황제에 의해서 심판을 받을 수 있는 자신의 권리를 주장하면서 다음과 같이 말했다.

> 바울이 이르되 내가 가이사의 재판 자리 앞에 섰으니 마땅히 거기서 심문을 받을 것이라 당신도 잘 아시는 바와 같이 내가 유대인들에게 불의를 행한 일이 없나이다행 25:10

바울이 가이사의 재판석을 나타내려고 사용한 단어가 'bema베마'이다. 이와 똑같은 단어를 바울은 다른 곳에서 그리스도께서 모든 그리스도인들을 심판하실 자리를 나타내는데 사용한다.

정죄가 아니라 보상을 위한 심판이다

그리스도께서 심판대에 앉아서 그리스도인들에게 행하시는 심판의 본질은 무엇인가?

무엇보다 먼저 우리는 그리스도인들에 대한 이 심판이 정죄의 심판이 아닐 것이라는 사실을 분명히 강조해서 진술해야 한다. 그리스도를 믿는 참된 믿는 자가 최종적인 정죄의 공포에서 완전히 벗어났다는 실제로 아주 중요한 사실은 신약의 다양한 성경구절들을 통해 확증된다. 예수님은 이렇게 말씀하신다.

> 그[그리스도]를 믿는 자는 심판[정죄]을 받지 아니하는 것이요 믿지 아니하는 자는 하나님의 독생자의 이름을 믿지 아니하므로 벌써 심판[정죄]을 받은 것이니라 요 3:18

여기에 선명하고도 예리한 구분이 있다. 그리스도를 믿는 참된 믿는 자는 정죄를 받지 않는다. 반면에, 불신자는 자신의 불신의 근거에서 이미 정죄를 받은 것이다.

더욱이 요한복음을 보면, 그리스도께서는 각각의 참된 믿는 자를 똑같이 보장해주신다.

> 내가 진실로 진실로 너희에게 이르노니 내 말을 듣고 또 나 보내신 이를 믿는 자는 영생을 얻었고 심판[정죄]에 이르지 아니하나니 사망에서 생명으로 옮겼느니라 요 5:24

여기에서 그리스도께서는 복음을 통해 그분의 말씀을 믿음으로 받아들이는 믿는 자 전부를 분명히 삼중적으로 보장assurance하신다. 1) 믿는 자는 이미 영원한 생명을 가지고 있다. 2) 그는 이미 영적 죽음에서 영원한 생명으로 옮겨졌다. 3) 그는 결코 정죄 받지 않을 것이다. 바울 역시 똑같이 정죄로부터 자유함에 대해 보장한다.

> 그러므로 이제 그리스도 예수 안에 있는 자에게는 결코 정죄함이 없나니롬 8:1

이 모든 성경구절은 그리스도를 믿는 참된 믿는 자들이 최종적인 정죄의 심판을 결코 받지 않을 것임을 분명히 밝혀준다. 사실상, 그리스도를 믿는 참된 믿는 자는 그가 저지른 죄로 인해 결코 심판받을 필요가 없을 것이다. 죄인인 사람이 믿음으로 그리스도께 나와서, 그리스도를 구원자로 영접하고 주님으로 고백할 때, 하나님께서는 그 사람이 과거에 지은 죄에 대한 모든 기록을 즉시로 영원히 삭제하실 뿐만 아니라 다시는 기억하시지도 않는다. 하나님께서는 이사야서의 두 장에 걸쳐 연속해서 두 번이나 그분이 속량하신 자들에게 이런 약속을 하신다.

> 나 곧 나는 나를 위하여 네 허물을 도말하는 자니 네 죄를 기억하지 아니하리라사 43:25

> 내가 네 허물을 빽빽한 구름 같이, 네 죄를 안개 같이 없이하였으니 너는 내게로 돌아오라 내가 너를 구속하였음이니라사 44:22

위의 두 구절들에서 죄sins와 허물transgressions이 언급된다. "죄"는 이미 '알고 있는 율법known law' 과 반드시 연관 없이 저질러진 잘못된 행위

그리스도의 심판대 705

이다. "허물"은 '이미 알고 있는 율법'에 대한 명백한(공개적인) 불순종으로 저질러진 잘못된 행위이다. 그러므로 죄를 "안개"에 비유하며, 허물을 "빽빽한 구름"에 비유한다. 다시 말하면, 허물과 죄 둘 중에 허물이 더 어둡다는 말이다. 그러나 하나님의 은혜와 능력은 이 둘을 제거하는것 이상이다.

앞 장(49장)에서 우리는 이 땅에서 모든 혼이 주도하는 삶에 대한 온전한 기록이 하늘에 보존되어 있다고 진술했다. 우리는 이것을 기록하는 "책"을 마치 전자기 테이프와 비교를 했다. 그 유사성은 기록하는 방식만이 아니라 삭제하는 방식에도 적용된다.

테이프에 어떤 오류가 생기면, 레코드 헤드를 단숨에 작동시켜서 몇 초 안에 완전히 삭제할 수도 있다.

수초 내에 테이프 전체의 기록된 내용을 완전히 삭제할 수 있는 대용량 삭제기라고 불리는 장치가 있다. 완전히 깨끗한 테이프가 재생되면, 그 위에다 이전의 메시지가 남아 있는 흔적이란 찾아볼 수도 없이 새로운 메시지가 기록될 수 있다.

죄인의 삶을 기록한 하늘의 기록이 그러하다. 죄인이 처음에 회개와 믿음으로 그리스도께 나올 때 하나님께서는 그분의 하늘의 "대용량 삭제기"를 작동시키신다. 죄인이 지은 이전의 죄들에 대한 모든 기록이 그로 인해 순식간에 완전히 삭제되고 깨끗한 "테이프"가 생겨나서, 그 위에 믿음과 의의 새로운 삶(생명)이 기록될 것이다. 그 후에 언제든지 믿는 자가 다시금 죄를 지으면, 단지 그 죄를 회개하고 고백할 필요가 있을 뿐이다. 하나님께서는 특정의 부분기록을 지우시며, 그러면 그 테이프는 다시 깨끗해진다.

만일 우리가 우리 죄를 자백하면 그는 미쁘시고 의로우사 우리 죄를 사하시며 우리를 모든 불의에서 깨끗하게 하실 것이요 요일 1:9

나의 자녀들아 내가 이것을 너희에게 씀은 너희로 죄를 범하지 않게 하려 함이라 만일 누가 죄를 범하여도 아버지 앞에서 우리에게 대언자가 있으니 곧 의로우신 예수 그리스도시라 그는 우리 죄를 위한 화목제물이니 우리만 위할 뿐 아니요 온 세상의 죄를 위하심이라 요일 2:1-2

위의 구절은 그리스도를 믿는 자가 죄를 짓고 난 다음 자기 죄를 회개하고 고백하면, 그의 죄의 기록이 지워지며 그는 모든 불의에서 깨끗해진다고 가르친다.

이것이 그리스도를 믿는 참된 믿는 자가 최종적인 정죄를 두려워할 필요가 없는 이유이다. 죄인을 깨끗하게 하시며 또한 그의 죄에 대한 기록도 지우시겠다고 하나님께서 규정하신 의미는 공의로운 모든 정죄의 심판의 근거라 할 수 있는 죄의 남은 기록이 없다는 뜻이다.

참된 믿는 자가 최종적인 정죄를 받을 가능성이 없다면, 그리스도인들이 심판을 받는 목적은 무엇인가?

그 대답은 그리스도인들에 대한 심판이 그들이 받을 상을 결정하는 것이 될 것이라는 사실이다. 참된 믿는 자는 의의 측면이 아니라 그리스도를 섬기는 측면에서 심판받게 될 것이다.

믿는 자가 의의 측면에서 심판받지 않는 이유는 단순하고 논리적이다. 참된 믿는 자의 의는 더 이상 그 자신의 의가 아니라, 그의 믿음의 기초 위에서 하나님께서 그에게 전가하신 그리스도 자신의 의이다.

> 너희는 하나님으로부터 나서 그리스도 예수 안에 있고 예수는 하나님으로부터 나와서 우리에게 지혜와 의로움과 거룩함과 구원함이 되셨으니 고전 1:30

그리스도를 제외한 누구도 하나님으로부터 온 우리의 의가 되지 않았다.

> 하나님이 죄를 알지도 못하신 이를 우리를 대신하여 죄로 삼으신 것은 우리로 하여금 그 안에서 하나님의 의가 되게 하려 하심이라 고후 5:21

이 교환을 통해서 우리는 그리스도 안에서 하나님의 의가 되었다. 분명히, 믿는 자가 이 기초 위에서 구원을 받을진대 하나님께서 믿는 자에게 전이하신 그분 자신의 의를 심판하거나 의문시한다는 것은 전적으로 비논리적일 것이다.

따라서 우리는 그리스도인들에 대한 심판이 그들의 의를 다루는 것이 아니라, 그리스도를 그들이 어떻게 섬겼는가를 다룰 것이라는 결론을 내린다. 그 심판의 목적은 무죄냐 정죄냐를 따지는 것이 아니라, 이 땅에 있는 동안 믿는 자 각자가 그리스도를 얼마나 섬겼느냐에 따라 상을 결정하는 것이다.

불의 시험

믿는 자에게 상을 주기 위한 이 심판을 바울은 다음과 같이 묘사한다.

> 이 닦아 둔 것 외에 능히 다른 터를 닦아 둘 자가 없으니 이 터는 곧 예수 그리스도라 만일 누구든지 금이나 은이나 보석이나 나무나 풀이

> 나 짚으로 이 터 위에 세우면 각 사람의 공적이 나타날 터인데 그 날이 공적을 밝히리니 이는 불로 나타내고 그 불이 각 사람의 공적이 어떠한 것을 시험할 것임이라 만일 누구든 그 위에 세운 공적이 그대로 있으면 상을 받고 누구든지 그 공적이 불타면 해를 받으리니 그러나 자신은 구원을 받되 불 가운데서 받은 것 같으리라 고전 3:11-15

바울은 이 심판이 모든 인간의 혼에 대한 심판이 아니라, 모든 인간의 공적에 대한 심판임을 분명히 밝힌다. 비록 인간의 공적이 완전히 다 타버린다 할지라도, 그의 혼은 구원받을 것이다. 고린도전서 3:11에서 바울은 그러한 인간의 혼이 안전한 까닭을 설명한다.

> 이 닦아 둔 것 외에 능히 다른 터를 닦아 둘 자가 없으니 이 터는 곧 예수 그리스도라 고전 3:11

이 심판은 그들의 믿음을 그들 자신의 행위나 그들 자신의 의가 아니라 예수 그리스도의 기초와 예수 그리스도의 의에 세웠던 자에게만 해당된다. 그들의 믿음이 이 기초 위에서 흔들림이 없이 남아있는 동안 그들의 혼은 영원히 안전하다.

믿는 자들의 공적에 대한 평가를 말할 때 바울은 두 범주로 나눈다. 한편에는 "금이나 은이나 보석"이 있고, 다른 한편에는 "나무나 풀이나 짚"이 있다.

이 두 범주가 서로 나누는 기준은 불의 시험을 견딜 수 있는 능력이다. 첫 번째 범주에 속한 것 – 금과 은과 보석 – 은 다 타버리지 않고 불을 견뎌낼 수 있을 것이다. 두 번째 범주에 속한 것 – 나무와 풀과 짚 – 은 불에 다 타버리고 말 것이다.

이 두 가지 범주를 대조한다 했을 때, 한 가지 생각이 즉시로 떠오른다. 하나님께는 양보다는 질이 훨씬 더 중요하다. 금과 은과 보석은 대개는 작은 양으로 발견되지만 대단히 가치가 있다. 나무와 풀과 짚은 부피가 크고 양도 많지만 상대적으로 가치가 적다.

그리스도인들의 공적을 시험할 이 불은 무엇인가?

영광을 받으신 그리스도께서 그분의 심판대에 앉으시고, 우리 각자가 그분 앞에 직접 서게 될 것을 기억하라. 우리는 요한이 밧모 섬에서 환상 가운데 그분을 본 그대로 보게 될 것이다.

> 그의 머리와 털의 희기가 흰 양털 같고 눈 같으며 그의 눈은 불꽃같고 그의 발은 풀무불에 단련한 빛난 주석 같고 그의 음성은 많은 물 소리와 같으며 계 1:14-15

이 환상 가운데 불타는 용광로에 "단련한 빛난 주석 같은" 그리스도의 발은 그리스도께서 경건치 않는 자들의 죄악된 행위를 심판할 환란의 불을 상징한다. 반면에 "불꽃같은" 그분의 눈은 그리스도께서 그분의 백성들이 한 일을 꿰뚫듯이 평가하실 소멸시키는 통찰력을 상징한다. 그분의 백성 각자가 그분의 심판대 앞에 설 때, 그분의 꿰뚫는 눈이 비추면, 비열하고, 진솔하지 않으며, 무가치한 모든 일은 순식간에 영원히 소멸될 것이다. 오직 참되며 견딜 가치가 있는 것들만 살아남아서 정화되고 불로 제련될 것이다.

이 심판대를 생각할 때, 우리는 각자에게 다음과 같이 물을 필요가 있다. 나는 이 생애에서 그리스도를 어떻게 섬겨야 나의 공적이 그 날에 불의 시험을 견딜 것인가?

우리가 각자를 살펴보아야 하는 세 가지 논점이 있다. 그것은 동기motive 와 순종obedience과 능력power이다.

1. 우리는 우리의 동기를 살펴보아야 한다. 우리가 섬기는 목표는 우리 자신을 기쁘게 하는 것인가? 다시 말해 우리 자신의 만족과 영광을 위한 것인가 아니면 진심으로 그리스도를 영화롭게 하고 그분의 뜻을 행하려고 하는가?
2. 우리는 순종의 관점에서 우리 자신을 살펴보아야 한다. 우리는 하나님의 말씀에서 계시된 원리와 방법에 따라서 그리스도를 섬기려 하는가? 아니면 우리는 스스로 경배하고 섬기는 방식을 모색하고, 그런 다음 거기에다 그리스도의 이름과 신약종교의 칭호와 어구를 붙이고 있는가?
3. 우리는 능력의 측면에서 우리 자신을 살펴보아야 한다. 바울은 우리를 "하나님의 나라는 말에 있지 아니하고 오직 능력에 있음이라"고전 4:20라고 상기시킨다. 우리는 우리 자신의 육적인 힘으로 하나님을 부적절하게 섬기려 하는가? 아니면 우리는 성령님에 의해서 새로워지고 능력을 받았는가? 만약 그렇다면, 우리는 바울처럼 "이를 위하여 나도 내 속에서 능력으로 역사하시는 이의 역사를 따라 힘을 다하여 수고하노라"골 1:29라고 말할 수 있다.

동기와 순종과 능력의 질문에 대한 대답에 우리 각자가 그리스도의 심판대 앞에 서게 될 그 날에 있을 우리에 대한 심판이 달려 있을 것이다.

51장

그리스도인의 섬김에 대한 심판

지금 우리는 믿는 자들이 섬김으로 인해 받게 될 보상의 원리를 더 자세하게 살펴볼 것이다. 그리스도께서는 그 원리를 두 가지 비유를 통해 제시하신다. 그 두 가지 비유는 달란트 비유마 25:14-30와 므나의 비유눅 19:11-27이다.

그리스도인의 섬김에 대한 평가

이 두 비유 – 달란트 비유와 므나 비유 – 의 중심 주제는 같다. 각각의 비유는 어떤 부유하고 권세 있는 사람이 자기 대신에 관리하도록 그의 종 각각에게 일정액을 맡기고 먼 나라로 여행한 이야기이다. 상당한 시간이 지난 후에 이 부요한 사람은 돌아와서 각각의 종들에게 맡긴 돈을 그들이 다룬 방식에 대해 개별적으로 회계한다.

두 비유 각각에서 세 명의 종이 언급된다. 처음 두 사람은 그들의 주인이 맡긴 돈을 관리하는데 신실하다. 그러나 세 번째 종은 신실하지 않다. 다음이 달란트의 비유에서 돈이 분배되었던 방식이다.

> 각각 그 재능대로 한 사람에게는 금 다섯 달란트를, 한 사람에게는 두 달란트를, 한 사람에게는 한 달란트를 주고 떠났더니 마 25:15

(한 달란트는 상당한 액수의 돈이었고, 아마도 15년치 삯이었을 것이다.) 이 구절이 달란트가 분배되었던 원리를 나타내고 있음에 주목하라. "각각 그 재능대로"였다. 다시 말해, 하나님께서는 믿는 자가 그의 능력에 따라 효과적으로 사용할 수 있는 최대치로 달란트를 믿는 자 각자에게 분배하신다는 말이다. 하나님께서는 믿는 자 각자가 효과적으로 사용할 수 있는 만큼만 주신다.

이 비유에서 처음의 두 종은 각자 100퍼센트의 증가를 이루었다. 다섯 달란트를 받았던 종은 다섯 달란트를 더 남겼고, 두 달란트를 받았던 종은 두 달란트를 더 남겼다. 주인은 그들이 벌어들인 양이 아니라 벌어들인 양의 백분율에 의해서 종의 신실함을 평가했다. 다섯 달란트를 번 종은 비록 번 달란트 양이 두 달란트를 번 종보다 크더라도 더 신실하다는 평가를 받지 않았다. 오히려 두 종 각자가 똑같이 신실하다는 평가를 받았다. 왜냐하면 각각은 동일한 비율의 증가, 즉 100퍼센트를 달성했기 때문이다.

이는 마태복음 25:21, 23에 기록된 이 두 종에게 한 칭찬의 말이 정확히 동일하다는 사실에 의해서 확인된다.

> 그 주인이 이르되 잘하였도다 착하고 신실한 종아 네가 적은 일에

충성[신실]하였으매 내가 많은 것을 네게 맡기리니 네 주인의 즐거움에 참여할지어다 하고…그 주인이 이르되 잘하였도다 착하고 신실한 종아 네가 적은 일에 충성[신실]하였으매 내가 많은 것을 네게 맡기리니 네 주인의 즐거움에 참여할지어다 하고마 25:21,23

그들 각각은 원래 자기들의 능력에 따라 각자가 효과적으로 사용할 수 있는 최대치로 달란트를 받았다. 그들 각각은 할 수 있는 최대의 이익, 즉 100퍼센트를 달성했다. 그들에 대한 심판의 근거는 그들이 달성한 이익을 백분율로 나타내는 신실함이다. 한 사람은 원래 다섯 달란트를 받았고, 다른 사람은 두 달란트를 받았다는 사실이 그들의 신실함을 평가하는 근거가 아니다.

이 달란트의 비유에서 세 번째 종은 받았던 한 달란트를 그저 감춰두었다가 나중에 정확히 받은 그대로 주인에게 도로 가져왔다. 이것 때문에 그는 어떤 보상에도 제외되었을 뿐만 아니라 결국에는 그의 주인이 있는 곳에서 거부되어 완전히 쫓겨나기도 했다.

그 주인이 대답하여 이르되 악하고 게으른 종아 나는 심지 않은 데서 거두고 헤치지 않은 데서 모으는 줄로 네가 알았느냐 그러면 네가 마땅히 내 돈을 취리하는 자들에게나 맡겼다가 내가 돌아와서 내 원금과 이자를 받게 하였을 것이니라 하고 그에게서 그 한 달란트를 빼앗아 열 달란트 가진 자에게 주라 무릇 있는 자는 받아 풍족하게 되고 없는 자는 그 있는 것까지 빼앗기리라 이 무익한 종을 바깥 어두운 데로 내쫓으라 거기서 슬피 울며 이를 갈리라고 하니라
마 25:26-30

이 말씀의 의미는 의심의 여지가 있을 수 없다. 세 번째 종은 어떤 보상도 받지 못했을 뿐만 아니라, 사실상 원래 받았던 한 달란트마저도 박탈당하고, 그 자신도 주인이 있는 곳에서 쫓겨난다.

이제 누가복음 19장에 나온 므나의 비유로 향해보자(한 므나는 세달 치 삯에 해당된다).

이 비유에서는 단지 세 명의 종의 경우만 상세히 묘사될지라도, 열 명의 종들이 언급된다. 원래 열 명의 종 각자가 주인에게서 같은 분량의 돈을 맡김 받았다. 즉 한 므나씩 받았다.

세 명의 종들 가운데 첫 번째는 열 므나를 벌었고, 두 번째는 다섯 므나를 벌었고, 세 번째는 받았던 므나를 감추어 두었다가 받은 그대로 다시 가져왔다.

세 명의 종 각각에게는 동일한 능력이 있었던 것 같다. 왜냐하면 각자가 똑같은 분량의 므나를 받았기 때문이다. 그러나 그들 모두가 똑같이 신실한 것은 아니었다. 첫째는 둘째보다 두 배나 더 벌었다. 이런 이유로 그에게 준 보상도 두 배나 더 컸다.

> 그 첫째가 나아와 이르되 주인이여 당신의 한 므나로 열 므나를 남겼나이다 주인이 이르되 잘하였다 착한 종이여 네가 지극히 작은 것에 충성[신실]하였으니 열 고을 권세를 차지하라 하고 그 둘째가 와서 이르되 주인이여 당신의 한 므나로 다섯 므나를 만들었나이다 주인이 그에게도 이르되 너도 다섯 고을을 차지하라 하고 눅 19:16-19

첫 번째 종의 보상이 두 번째 종의 보상보다 더 컸다는 사실에 우리가 주목한 이유는 두 가지 측면에서이다. 첫째, 첫 번째 종은 특별히 그의 주인에게서 착한 종이라는 칭찬을 받았던 반면, 두 번째 종은 그러한 특별한 칭찬을 받은 적이 없다는 사실이다. 둘째, 첫 번째 종은 열 고을에 대한 권세를 받았던 반면, 두 번째 종은 다섯 고을에 대한 권세를 받았다는 사실이다. 다시 말해, 그들의 보상은 각자가 달성한 이익의 정확한 비율에 따른 것이었다.

우리가 이 비유로부터 이끌어낼 수 있는 또 하나의 결론은 현재 시대에서 그리스도를 신실하게 섬기는데 따른 보상이 장차 올 그리스도의 왕국에서 통치할 때 주어지는 권세와 책임의 위치(자리)가 될 것이라는 사실이다. 다른 말로 하면, 현시대에서 신실하게 섬기는 것은 다음 시대로 이어질 뿐 아니라 더욱 확장되는 기회가 될 것이라는 말이다. 진정으로 그리스도를 사랑하는 자들에게는 주님을 계속 섬기는 것보다 더 큰 기쁨이나 특권이 있을 수 없다. 신실한 자에게는 이 시간에서 시작된 특권이 영원토록 확장될 것이다.

달란트의 비유에서처럼 이 므나의 비유에서도 세 번째 종은 신실하지 못하여 자기에게 맡겨진 므나를 전부 사용하지 않는 것 때문에 정죄를 받았다.

> 주인이 이르되 악한 종아 내가 네 말로 너를 심판하노니 너는 내가 두지 않은 것을 취하고 심지 않은 것을 거두는 엄한 사람인 줄 알았느냐 그러면 어찌하여 내 돈을 은행에 맡기지 아니하였느냐 그리하였으면 내가 와서 그 이자와 함께 그 돈을 찾았으리라 하고 곁에 섰는 자들에게 이르되 그 한 므나를 빼앗아 열 므나 있는 자에게 주라 하니 눅 19:22-24

달란트의 비유에서처럼 이 므나의 비유에서도 신실하지 못한 종은 어떤 보상도 받지 못했을 뿐만 아니라 원래 받았던 한 므나마저도 빼앗긴다. 한 므나 가진 종의 최후는 이 비유에서 드러나지 않는다. 하지만, 달란트의 비유에 나온 신실하지 못한 종처럼 거부되어 주인이 있는 곳에서 쫓겨났다고 결론을 내리는 것이 합당한 것 같다.

이 두 비유가 공통적으로 말하는 점은 각자에게 맡겨진 달란트나 므나를 적극적으로 사용하지 못한 것을 '악한wicked' 이라는 매우 강한 말로 묘사한다는 사실이다. 각각의 경우에 주인은 "악한 종아you wicked servant"라는 어구로 신실하지 못한 종에 대한 심판을 시작한다.

이것으로부터 깨닫는 사실은, 하나님의 기준에 따른 악함wickedness은 적극적으로 나쁜 일을 하는 것뿐만 아니라 선한 일을 할 수 있는 능력이 우리에게 있는데 하지 않는 것도 포함한다는 점이다.

> 그러므로 사람이 선을 행할 줄 알고도 행하지 아니하면 죄니라
> 약 4:17

다른 말로 하면, 소극적인 죄(부작위 죄)가 적극적인 죄(작위 죄)보다 덜한 죄가 아니라는 말이다. 이와 똑같은 사상이 하나님의 심판에 대한 말라기의 예언적 계시에 담겨 있다.

> 그 때에 너희가 돌아와서 의인과 악인을 분별하고 하나님을 섬기는
> 자와 섬기지 아니하는 자를 분별하리라 말 3:18

여기에서 보듯이, 하나님께서는 의인과 악인 사이를 날카롭고 분명하게 구분하신다. 의인은 하나님을 섬기는 자로 정의되며, 악인은 하나님을 섬기지 않는 자로 규정된다. 그 교훈은 명백하다. 하나님을 섬기지 않는 그 자체가 이미 악함이라는 말이다.

두 비유에서 신실하지 못한 종이 정죄와 거부함을 받게 된 것이 바로 이

악함이었다. 이 두 비유에 나온 거부당한 종은 적극적인 의미에서 어떤 악한 일도 하지 않았다. 하지만 두 비유에서 세 번째 종이 거부당한 근거는 선한 일을 행할 수 있는 능력이 자신에게 있음에도 하지 않았다는 데에 있었다. 이 두 비유를 통해 그리스도께서는 이와 똑같은 심판의 원리가 그분을 따르는 자들과 또 그분의 종이라고 주장하는 자들에게 적용될 것임을 알려 주신다.

앞 장(50 장)에서 우리는 공적은 거부당하고 심판의 불 가운데 타버리지만, 그래도 그 자신은 구원받는 그리스도인에 대해 말씀하는 성경구절고전 3:11-15을 검토했다. 다른 한편, 좀 전에 검토했던 비유를 보면, 신실하지 못한 종은 어떠한 보상도 받지 못할 뿐만 아니라, 종 자신마저도 주인이 있는 자리에서 거부되고 쫓겨났던 것이다.

이는 자연스럽게 우리로 다음의 중요한 질문을 던지게 한다. 즉, 하나님의 평가기준에서 이 두 경우의 차이는 무엇인가? 바울이 진술한 경우에 나온 그 사람의 공적은 거부되지만 그래도 그 자신은 구원을 받는 반면에, 예수님의 비유에 나온 신실하지 못한 종은 보상도 받지 못할 뿐만 아니라 그 자신마저도 거부되고 쫓겨난 이유는 무엇인가?

차이는 이런 것이다. 바울이 서술한 경우에 나온 그 사람은 실제로 자기 주인을 위해 적극적인 무언가를 하려고 애썼다. 사실상 나무와 풀과 짚의 예는 그가 많은 일을 했음을 암시한다. 그러나 그의 공적은 불의 시험을 견뎌낼 수 없는 종류의 것들이었다. 하지만 그의 행동은 – 비록 잘못 인도를 받고 아무런 보상이 없는 것임에도 – 최소한 그리스도를 믿는 그의 믿음이 진짜였다는 사실을 입증하는데 기여했다. 이런 이유로, 그의 혼의 구원은, 비록 그의 일이 다 타버렸을지라도 보장받았던 것이다.

다른 한편, 한 달란트 가진 신실하지 못한 종은 – 좋든지 나쁘든지 간에 – 자기 주인을 위해 아무 것도 하지 않았다. 이렇게 행동하지 않는 것은 그의 신앙고백과 섬김이 헛되고 진솔하지 못했음을 보여주었던 것이다.

영혼[영] 없는 몸이 죽은 것 같이 행함이 없는 믿음은 죽은 것이니라약 2:26

어떤 식으로든 행동으로 나타나지 않는 믿음은 죽은 믿음이다. 그것은 공허하고, 쓸모없고, 진솔하지 않다. 그런 믿음은 보상받을 수 있는 섬김을 결코 산출하지 못할 뿐만 아니라 그런 믿음을 고백하는 자에게는 자신의 혼의 구원도 보장하지 못한다. 그리스도를 적극적으로 섬기지 않은 채 그리스도에 대한 믿음을 고백하는 사람은 위선자이다.

이런 이유 때문에, 그러한 사람에 대한 심판은 "바깥 어두운 데로 내쫓으라 거기서 슬피 울며 이를 갈리라"마 25:30라는 것이다. 이와 비슷한 심판에 관한 성경구절들마 24:51, 눅 12:46을 살펴보는 것은 울면서 이를 갈고 있는 바깥 흑암의 장소가 위선자들과 불신자들을 위해 보존된 장소임을 보여준다. 자기 주인을 위해 아무 것도 하지 않는 신실하지 않은 종은 이와 똑같은 범주에서 자신의 자리를 차지해야 한다. 그는 실제로 위선자요 불신자이다. 그에게 정해진 장소는 바깥 어두운 곳이다.

천사는 모든 위선자들을 제거하리라

위선적인 종들에 대한 심판은 그리스도의 심판대로 이끌 사건들과의 관련성 속에서 한 가지 더 중요한 결론으로 우리를 이끈다.

참된 그리스도인이 그리스도의 심판대의 자리에 설 수 있기 전에, 모든 위선자와 거짓 그리스도인들은 하나님의 믿음의 백성들 가운데서 먼저 분리되고 그들의 위선과 거짓에 따른 심판을 받게 될 것이다.

위선자들에 대한 이 심판은 천국kingdom of heaven에 관한 두 비유에서 묘사된다(마태복음 13장을 보라). 이 두 비유는 곡식과 가라지의 비유와 바다에 던져 놓은 그물의 비유이다.

이 장에서 이러저러한 비유들을 공부하는 데에 있어 "천국"이라는 어구의 의미가 무엇인지를 결정하는 것이 중요하다. 마태복음 12:25-28과 누가복음 11:17-20에서 예수님은 서로 대립하는 두 왕국에 대해 말씀하신다. 그 두 왕국은 하나님(또는 하늘)의 왕국the kingdom of God or heaven과 사탄의 왕국the kingdom of Satan이다. 현 시대가 끝날 때까지, 이 두 왕국은 계속 공존할 것이다. 하나님의 왕국은 하나님의 의로운 통치정부;government에 복종하는 모든 피조물을 포함한다. 사탄의 왕국은 하나님의 통치에 대해 반역하는 모든 존재를 포함한다.

에베소서에서 바울은 두 수준의 사탄의 왕국을 드러낸다. 바울은 사탄이 최초에 하나님께 대해 반역할 때 그를 추종했던 사악한 천사의 무리들을 묘사한다.엡 6:12 뿐만 아니라 그는 하나님에 대해 반역하는 인간들에 대해서도 말한다. 바울은 이 후자를 "불순종의 아들들"이라 부르며, 그들이 "공중의 권세 잡은 자"인 사탄에 의해 조종되고 있음을 지적한다.엡 2:2

예수님과 그분의 사도들이 선포한 "왕국의 복음the gospel of the kingdom"은 사탄의 왕국에서 벗어나서 하나님의 왕국으로 들어오라고 하나님께서 반역하는 인간에까지 손을 내미신 초청이지, 결코 반역하는 천사들에게 내미시는 초청이 아니다. 이 초청을 받아들이고자 하는 모든 이는 다음의 두 가지 조건을 충족시켜야 한다. 1) 그들의 반역에 대해 회개해야 하고, 2) 하나님께서 정하신 통치자이신 그리스도께 믿음으로 자신을 내어드려야 한다.

이 두 비유 – 곡식과 가라지의 비유와 그물의 비유 – 는 하나님의 왕국에 속하는 것처럼 보이는 자들 가운데 몇몇은 사실상 이 두 조건을 충족시키지 않았음을 계시한다. 그들은 겉으로는 회개와 복종을 했지만, 심령에서 진솔하게 하지는 않았다. 그 결과, 하나님의 왕국에 합당한 내적이고 심층적인 성품의 개혁이 일어나지 않는다. 이 두 비유의 한 가지 주된 목적은 현 시대가 끝날 때 이 위선자들에게 임할 하나님의 특별한 심판을 계시하는 것이다.

이 두 비유 중 첫 번째(곡식과 가라지의 비유)에 나온 종이 밭주인에게 가라지를 뽑아버려야 할지 묻는다.

> 주인이 이르되 가만 두라 가라지를 뽑다가 곡식까지 함께 뽑을까 염려하노라 마 13:29

이것은, 종들이 곡식과 가라지를 구분하는 것이 매우 힘들 것이라는 사실을 보여준다. 가라지가 그리스도를 믿는 믿음의 고백을 결코 하지 않았던 사람들을 나타낸다는 주장은 분명히 맞지 않을 것이다. 예수님은 계속해서 비유 전체에 대한 온전한 해석을 제공하신다.

> 대답하여 이르시되 좋은 씨를 뿌리는 자는 인자요 밭은 세상이요 좋은 씨는 천국의 아들들이요 가라지는 악한 자의 아들들이요 가라지를 뿌린 원수는 마귀요 추수 때는 세상 끝이요 추수꾼은 천사들이니 그런즉 가라지를 거두어 불에 사르는 것 같이 세상 끝에도 그러하리라

인자가 그 천사들을 보내리니 그들이 그 나라에서 모든 넘어지게 하는 것과 또 불법을 행하는 자들을 거두어 내어 풀무 불에 던져 넣으리니 거기서 울며 이를 갈게 되리라 그때에 의인들은 자기 아버지 나라에서 해와 같이 빛나리라 귀 있는 자는 들으라마 13:37-43

예수님은 가라지가 "악한 자의 아들들the sons of the wicked one"임을 밝히신다. 밭에 그들이 있는 것은 우연이 아니다. 마귀가 그들을 곡식 가운데 의도적으로 뿌렸다. 다른 말로 하면, 참된 그리스도인들 가운데 위선자들을 심는 것이 사탄의 전략의 일부라는 말이다. 사탄이 추구하는 한 가지 방식은 교회의 증언을 불신하게 만드는 것이다.

예수님은 계속해서 이 시대 끝에 이루어지는 심판에서 천사들이 먼저 참된 그리스도인들 가운데서 모든 거짓된 그리스도인들을 한데 모아서 울면서 이를 가는 불의 장소로 던질 것이라고 말씀하신다. 이 일이 일어난 후에, "그때에 의인들은 자기 아버지 나라에서 해와 같이 빛날 것이다." 다른 말로 하면, 거짓 그리스도인들은 먼저 분리되어서, 불 심판의 장소로 던져질 것이란 말이다. 그 후에, 참된 그리스도인들은 부활의 영광 가운데 나타나게 될 것이다.

그물의 비유는 이와 동일한 계시를 담고 있다.

또 천국은 마치 바다에 치고 각종 물고기를 모는 그물과 같으니 그물에 가득하매 물 가로 끌어내고 앉아서 좋은 것은 그릇에 담고 못된 것은 내버리느니라 세상 끝에도 이러하리라 천사들이 와서 의인 중에서 악인을 갈라내어 풀무 불에 던져 넣으리니 거기서 울며 이를 갈리라마 13:47-50

이 비유에서 바다에 던져 놓은 그물은 온 세상에 전파된 왕국의 복음을 나타낸다. 그 그물 안에 잡힌 각종 피조물은 복음의 초청에 긍정적인 반응을 했던 모든 이들을 나타낸다. 이는 모든 종류의 인간들 – 선하든지 나쁘든지, 의롭든지 악하든지 – 을 포함한다.

이 시대가 끝날 때, 천사들이 의인으로부터 악인을 분리해서 처벌의 장소로 던져버릴 것이다. 오직 그런 후에만 선인과 의인은 그리스도와 함께 영원한 복과 상을 받게 될 것이다.

이 계시에서 우리는 그리스도의 심판대 앞에서 행해질 심판이 그 자리에 서 있는 자에게 마지막 정죄의 심판이 되지 않을 또 하나의 이유를 본다. 참된 믿는 자들에 대한 이 심판이 일어나기 전에, 천사들은 모든 위선자들과 거짓 그리스도인들을 이미 분리해서 처벌의 장소로 던져버렸기 때문이다. 따라서 그리스도의 심판대 앞에서 각자의 상을 받으려고 서 있는 자들은 오직 참되고 의로운 믿는 자들뿐일 것이며, 그들의 혼의 구원은 그리스도 자신의 의에 근거한 그들의 진실한 믿음을 통해서 영원히 보장된 것이다.

다음 시편의 예언은 참된 믿는 자들에 대한 심판에 앞서 위선자들과 거짓 믿는 자들을 가려내는 과정을 드러낸다.

> 악인들은 그렇지 아니함이여 오직 바람에 나는 겨와 같도다 그러므로 악인들은 심판을 견디지 못하며 죄인들이 의인들의 모임에 들지 못하리로다 시 1:4-5

이 예언에서 악인은 겨에 비유되며, 반면 그 의미에 있어서 의인은 곡식(알곡)에 비유된다. 곡식이 곡간에 모아지기 전에 쭉정이를 먼저 떨어낸다.

의인들이 영원한 보상으로 들어가기 전에 악인들이 먼저 의인들로부터 분리되어 처벌의 장소로 던져진다.

이런 이유로, 시편기자는 이어서 경건치 않는 자들(악인들)과 죄인들이 절대로 의인이 받는 심판의 자리(그리스도의 심판대 앞에)를 차지하는 허락을 받지 못하며 참된 믿는 자들의 회중에 참여하는 허락을 영원히 받지 못할 것이라고 말한다.

우리는 이런 결론을 내릴 수 있을 것이다. 오직 참되고 진실한 믿는 자들만이 그리스도의 심판대 앞에 서게 될 것이다. 그리스도의 심판대에 서기 전에 천사들이 개입하여 모든 위선자들과 거짓 그리스도인들은 정화되고 불타는 처벌의 장소로 던져질 것이다.

52장

마지막 세 가지 심판

우리는 하나님의 영원한 심판이 연속되는 세 가지 장면에서 수행될 것이라는 사실을 50장에서 지적했다.

첫 번째 장면은 그리스도의 심판대 앞에서 이루어지는 그리스도인 믿는 자들에 대한 심판이 될 것이다.

두 번째 장면은 대환란이 끝날 때 그리스도의 영광의 보좌 앞에서 이루어지는 이방민족들에 대한 심판이 될 것이다.

세 번째 장면은 천년(왕국)이 끝난 후 크고 흰 보좌 앞에서 이루어지는 나머지 모든 죽은 자에 대한 심판이 될 것이다.

우리는 이 세 가지 장면 중 첫 번째인 그리스도의 심판대 앞에서 이루어지는 그리스도인들에 대한 심판을 이미 살펴보았다. 이제 우리는 다음 장면, 즉 대환란이 끝날 때 이루어지는 이방인들에 대한 심판으로 넘어갈 것이다.

그러나 먼저 우리는 이 심판으로 이끌 주요 사건들을 살펴볼 필요가 있다. 이것은 하나님께서 이방민족들을 위해서만 남겨놓은 특별한 심판을 왜 정하셨는지의 이유를 우리가 이해하는데 도움을 줄 것이다.

바울은 하나님께서 인류를 구분하는 세 가지 다른 범주를 언급한다.

> 유대인에게나 헬라인(이방인)에게나 하나님의 교회에게나 거치는 자가 되지 말고 고전 10:32

유대인은 하나님께서 그분 자신의 목적 때문에 다른 모든 이방인들로부터 구별하신 특별한 민족이다. 이방인(헬라인)은 이스라엘을 제외한 나머지 모든 민족들을 말한다. 하나님의 교회는 예수 그리스도를 믿는 믿음을 통해서 거듭난 모든 참된 믿는 자들로 이루어진다. 이 하나님의 교회는 유대인이든지 이방인이든지 상관없이 하나님께서 더 이상 그들의 원래의 민족성에 따라서가 아니라, 그리스도 안에 있는 "새로운 나라a new nation"로 여기시는 자들이다.

성경은 우리가 지금 살피고 있는 심판, 곧 그리스도의 영광의 보좌 앞에서 이루어지는 심판이 오로지 이방인을 위한 것임을 분명하게 밝힌다. 나머지 두 부류 – 유대인들과 하나님의 교회 – 에 속한 누구도 이 심판을 받지 않을 것이다. 이 심판을 받는 어떤 유대인이나 어떤 그리스도인도 없을 것이다. 이 사실은 현 시대의 끝에 관한 성경구절이 밝힌 일반 계시와 일치한 것이다.

이 심판을 받는 어떤 그리스도인도 없을 것이다. 왜냐하면 모든 그리스도인이 그리스도의 심판대 앞에서 그들에게 해당하는 특별한 심판을 이미 받았을 것이기 때문이다.

이 심판에는 어떤 유대인도 없을 것이다. 왜냐하면 이때에 한 민족으로서 이스라엘은 이미 자신에 해당되는 심판을 통과했을 것이기 때문이다. 이 특별한 심판에서 살아남은 모든 유대인은 예수님을 구원자와 메시아로서 인식하고 인정함으로써 하나님과 화해했을 것이다.

이때 하나님께서 마지막으로 유대인을 다루시는 것은 유대인이 거의 사천년 동안이나 통과하게 하신 심판의 역사적 과정을 완성할 것이다. 이후에 이루어지는 이방민족들에 대한 심판은 역사의 심판에서 영원한 심판으로 이행되는 전환점이 될 것이다.

이스라엘에 대한 대환란의 심판

이스라엘에 대한 이 특별한 심판을 생각하려 한다면, 하나님께서 인류를 처리하시는 두 가지 일반원리에 주목하는 것이 도움이 된다. 그것은 1) 축복의 원리와 2) 심판의 원리인데, 이는 다음과 같이 간략하게 진술될 수 있을 것이다.

1. 축복의 원리. 하나님께서는 대개 유대인을 통해 이방인을 축복하시지만, 유대인에게는 직접 축복하신다.
2. 처벌(심판)의 원리. 하나님께서는 대개 이방인을 통해서 유대인을 처벌하시지만, 이방인에게는 직접 처벌하신다.

이 두 원리가 현 시대가 끝날 때 하나님께서 인류를 처리하시는 방향을 제시해줄 것이다.

첫째, 대환란이 끝나는 단계에서 하나님께서는 이방인이라는 도구를 통해서 한 민족으로서 이스라엘을 마지막으로 심판하시고 처벌하실 것이다. 이스라엘에 대한 이 마지막 심판이 완료되면, 하나님께서 친히 이방인들에 대한 심판에 직접 개입하실 것이다. 예레미야는 이스라엘이 그들의 땅으로 돌아온 후에 그들에게 내려진 이 마지막 심판을 묘사한다.

> 여호와의 말씀이니라 보라 내가 내 백성 이스라엘과 유다의 포로를 돌아가게 할 날이 오리니 내가 그들을 그 조상들에게 준 땅으로 돌아오게 할 것이니 그들이 그 땅을 차지하리라 여호와께서 말씀하시니라 여호와께서 이스라엘과 유다에 대하여 하신 말씀이 이러하니라 여호와께서 이와 같이 말씀하시되 우리가 무서워 떠는 자의 소리를 들으니 두려움이요 평안함이 아니로다 너희는 자식을 해산하는 남자가 있는가 물어보라 어찌하여 모든 남자가 해산하는 여자 같이 손을 자기 허리에 대고 모든 얼굴이 겁에 질려 새파래졌는가 슬프다 그 날이여 그와 같이 엄청난 날이 없으리라 그 날은 야곱의 환란의 때가 됨이로다 그러나 그가 환란에서 구하여냄을 얻으리로다 만군의 여호와의 말씀이라 그 날에 내가 네 목에서 그 멍에를 꺾어 버리며 네 포박을 끊으리니 다시는 이방인을 섬기지 않으리라 그들은 그들의 하나님 여호와를 섬기며 내가 그들을 위하여 세울 그들의 왕 다윗을 섬기리라렘 30:3-9

예레미야가 여기에서 예언하는 사건의 순서에 주목하자.

1. 하나님께서는 이스라엘을 그들의 땅으로 돌려보내실 것이다.
2. 이스라엘에게 있어 이전에 통과했던 것보다 훨씬 더 끔찍한 민족적 위기와 불행의 때가 있을 것이다.
3. 주께서 마침내 친히 이방인 – 이스라엘의 이방 원수들 – 에게 개입하시어 그들로부터 이스라엘을 구원하실 것이다.

4. 이스라엘 민족의 왕국은 주 예수님이 친히 다스리는 최고의 통치(정부) 아래서 다윗의 보좌 위에 다시 회복될 것이다. 회복된 왕국의 시기는 천년(왕국)이 될 것이다.

이 마지막 때에 이스라엘을 대적하는 이방 민족을 모으는 일과 이스라엘을 위하여 주님께서 직접적으로 개입하시는 일은 스가랴에 더 자세히 나온다.

보라 내가 예루살렘으로 그 사면 모든 민족에게 취하게 하는 잔이 되게 할 것이라 예루살렘이 에워싸일 때에 유다에까지 이르리라슥 12:2

내가 이방 나라들을 모아 예루살렘과 싸우게 하리니 성읍이 함락되며 가옥이 약탈되며 부녀가 욕을 당하며 성읍 백성이 절반이나 사로잡혀 가려니와 남은 백성은 성읍에서 끊어지지 아니하리라 그때에 여호와께서 나가사 그 이방 나라들을 치시되 이왕의 전쟁 날에 싸운 것 같이 하시리라 그 날에 그의 발이 예루살렘 앞 곧 동쪽 감람산에 서실 것이요 감람산은 그 한 가운데가 동서로 갈라져 매우 큰 골짜기가 되어서 산 절반은 북으로, 산 절반은 남으로 옮기고슥 14:2-4

여기에서 우리는 현 시대는 이방민족들이 이스라엘과 예루살렘을 집중 공격함으로 끝날 것이고, 주님께서 친히 이스라엘을 구원하려고 개입하실 것임을 본다. 현 시대가 시작된 때 곧 주님께서 하늘로 승천하셨던 그때 바로 그 자리인 감람산에 인격체로 재림하시는 순간 이 개입은 절정을 이룰 것이다.

민족적 위기와 불행이라는 이 마지막 시기의 결과로서, 모든 반역적 요소가 이스라엘 가운데서 마침내 정화되고 회개와 겸손으로 그들의 하나님과 화해할 준비를 갖추게 될 것이다.

이스라엘의 이 마지막으로 정화되는 일은 주님이 먼저 그들의 땅으로 그들을 다시 모으신 다음 그곳에서 그들을 어떻게 대하실지를 보여주는 에스겔 20:37-38에서 묘사된다.

> 내가 너희를 막대기 아래로 지나가게 하며 언약의 줄로 매려니와 너희 가운데서 반역하는 자와 내게 범죄한 자를 모두 제하여 버릴지라 그들을 그 머물러 살던 땅에서는 나오게 하여도 이스라엘의 땅에는 들어가지 못하게 하리니 너희가 나는 여호와인 줄을 알리라 겔 20:37-38

여기에서 사용된 "내가 너희를 막대기 아래로 지나가게 하며"라는 어구는 목자가 양떼를 풀어놓기 전에 한 마리씩 검사하기 위해서 사용했던 과정을 가리킨다. 이 과정의 결과, 모든 반역은 이스라엘에게서 정화되며, 남은 자들은 예수 그리스도 안에서 맺은 새 언약을 통해서 주님과 새로운 언약의 관계로 들어가게 될 것이다. 이스라엘을 박해하는 이방인을 치시려고 주님이 개입하시고 이스라엘과 마지막으로 화해하시는 장면은 스가랴에 더 자세히 묘사되어 있다.

> 예루살렘을 치러 오는 이방 나라들을 그 날에 내가 멸하기를 힘쓰리라 내가 다윗의 집과 예루살렘 주민에게 은총과 간구하는 심령을 부어 주리니 그들이 그 찌른 바 그[나]를 바라보고 그를 위하여 애통하듯 하며 그를 위하여 통곡하기를 장자를 위하여 통곡하듯 하리로다 슥 12:9-10

여기에서 1인칭으로 이스라엘에 관해서 말씀하시고 있는 분은 주님 자신이시다. 그리고 주님은 "그들이 그 찌른 바 그[나]를 바라보고…"라고 말씀하신다. 이는 모든 성경말씀 가운데 거부당하시고 십자가에 못 박히신 그리스도에 대한 가장 분명한 예언 중 하나이다. 그러나 이때만큼은 이스라엘이 드디어 그들의 끔찍한 잘못을 인식하고 인정할 것이고, 큰 애통과 회개 가운데 오랫동안 거부해왔던 그들의 메시아와 화해하게 될 것이다.

신약에서 바울은 하나님과 이스라엘의 이 마지막 화해를 다음과 같이 묘사한다.

> 그리하여 온 이스라엘이 구원을 받으리라 기록된 바 구원자가 시온에서 오사 야곱에게서 경건하지 않은 것을 돌이키시겠고롬 11:26

이스라엘이 그렇게 대환란의 불을 통과하고 예수 그리스도를 통해서 하나님과 화해하게 된 이후에는, 하나님께서 더 이상 이스라엘을 심판할 필요가 없으실 것이다. 그 이후에, 그리스도께서 자신의 왕국을 이 땅에 세우시고 그분의 영광의 보좌에 앉으시면, 대환란이 끝난 후 이 땅에 아직 남아 있는 이방민족을 심판하실 필요만 있을 것이다.

이방민족들에 대한 심판

예수님은 이방민족들을 심판하시는 생생한 그림을 제시하신다(마 25:31-46을 보라). 이것이 비유라는 어떤 암시도 없다. 그것은 목자가 자기의 양떼를 돌보는 비유를 사용하여 이방민족의 심판을 직접적으로 예견한 예언이다.

> 인자가 자기 영광으로 모든 천사와 함께 올 때에 자기 영광의 보좌에 앉으리니 모든 민족을 그 앞에 모으고 각각 구분하기를 목자가 양과 염소를 구분하는 것 같이 하여 양은 그 오른편에 염소는 왼편에 두리라 마 25:31-33

이 심판의 목적은 양(하나님께서 받아들이시는 자들)을 염소(하나님께서 거부하시는 자들)로부터 분리시키는 것이다. 양은 하나님께서 예비하신 왕국, 곧 그리스도의 천년왕국으로 받아들여질 것이지만, 염소는 마지막으로 취소할 수 없는 심판을 받게 될 것이고, 그로 인해 그들은 마귀와 그의 사자들을 위해 마련된 영원한 불로 던져질 것이다.

이 거부당한 이방인들은 스올이나 음부가 아니라 모든 반역자가 마지막으로 처벌받는 장소인 불못으로 곧장 보내질 것이다. 이 불못에는 짐승 - 적그리스도 - 과 그의 거짓 선지자가 이미 던져져 있을 것이다.

양과 염소의 분리는 다음의 결정적인 쟁점에 근거한다. 그것은 심판받는 자들이 예수님의 형제, 즉 유대인을 대하는 방식이다.

성경의 많은 구절이 이 시대가 끝날 때 유대인과 이스라엘 국가에 대한 전 세계적인 적대감이 있을 것임을 분명히 밝히고 있다. 이스라엘에 대한 이방 민족들의 집중공격이 있을 뿐만 아니라, 다른 나라에 사는 유대인도 다양한 형태로 박해를 받게 될 것이다. 그러나 이 모든 것의 한복판에서 개인적으로나 민족적으로나 유대인을 지지하는 몇몇 이방인이 존재할 것이다. 이들은 유대인을 보호하고 그들의 고통을 완화하는데 그들의 힘이 닿는 한 모든 것을 다 할 것이다. 이후에 이루어지는 심판에서, 이것이 그들을 이 땅에 세워진 그리스도의 왕국에 들어가기에 합당한 양으로서 부각되게 만들어 줄 것이다.

요엘은 하나님의 심판을 위해 민족을 모으는 마지막 때에 대해 비슷한 그림을 제시한다.

> 보라 그 날 곧 내가 유다와 예루살렘 가운데에서 사로잡힌 자를 돌아오게 할 그때에 내가 만국을 모아 데리고 여호사밧 골짜기에 내려가서 내 백성 곧 내 기업인 이스라엘을 위하여 거기서 그들을 심문하리니 이는 그들이 이스라엘을 나라들 가운데에 흩어 버리고 나의 땅을 나누었음이며욜 3:1-2

하나님께서는 먼저 유다와 예루살렘의 사로잡힌 자들을 데려오실 것이라고, 다시 말해 흩어져 있던 유대인들을 그들 땅으로 다시 모으실 것이라고 선언하신다. 그런 다음 모든 이방민족을 모으시고 그들을 심판하실 것이다.

그 심판의 근거는 마태복음 25장에서 예수님이 묘사한 것과 동일하다. 하나님께서는 "내 백성 곧 내 기업인 이스라엘을 위하여on account of My people Israel" 이방민족들을 심판하실 것이다. 반셈족주의(반유대주의)가 계속해서 확산되고 더 폭력적으로 되어 가는 역사의 단계에서, 모든 민족에게는 하나님께서 그들이 유대인들을 대하였던 근거 위에서 심판하실 것이라고 경고를 하는 것이 매우 중요하다.

양이 염소로부터 분리되자마자, 이방민족들에 대한 심판이 완성될 것이다. 이때에 그리스도의 천년왕국의 기간으로 들어가기에 합당하다고 여겨진 모든 이들은 하나님의 정련하시는 심판the refining judgment of God을 통과했을 것이다. 우선, 이스라엘은 대환란의 불로 정화되었을 것이다. 그런 다음, 대환란이 끝났을 때, 이방인들도 그리스도께서 친히 직접적으로 개입하신 심판에 의해서 정화될 것이다.

유대인과 이방인들에 대한 정화하는 심판 이후에는 온 땅을 왕으로 통치하시는 그리스도와 함께 평화와 번영의 천년을 보내게 될 것이다.

이 천년의 기간이 끝날 때, 사탄이 그리스도와 그분의 왕국에 대항하는 반역을 꾀하여 이방민족들을 규합하려는 마지막 시도를 할 것이지만, 이 반역은 하나님의 직접적인 개입으로 인해 무산될 것이다.

이때에, 마침내 사탄은 이 땅에서 영원히 추방당하여, 불못에 던져질 것이며, 그곳에 이미 있던 적그리스도와 거짓 선지자와 함께 하게 될 것이다.

사탄의 마지막 봉기의 실패와 함께 그때 이 땅에 살아 있는 이들 가운데 모든 반역자는 제거될 것이며, 그 후에 이전에 죽은 모든 자를 심판할 일만 남게 될 것이다. 이 목적 때문에 이전에 부활하지 못한 남은 모든 죽은 자들이 이때 심판으로 부름을 받게 될 것이다. 이런 식으로 하나님의 최후 심판의 마지막 세 번째 장면이 펼쳐질 것이다.

크고 흰 보좌

또 내가 크고 흰 보좌와 그 위에 앉으신 이를 보니 땅과 하늘이 그 앞에서 피하여 간 데 없더라 또 내가 보니 죽은 자들이 큰 자나 작은 자나 그 보좌 앞에 서 있는데 책들이 펴 있고 또 다른 책이 펴졌으니 곧 생명책이라 죽은 자들이 자기 행위를 따라 책들에 기록된 대로 심판을 받으니 바다가 그 가운데서 죽은 자들을 내주고 또 사망과 음부도 그 가운데서 죽은 자들을 내주매 각 사람이 자기의 행위대로 심판을 받고 사망과 음부도 불못에 던져지니 이것은 둘째 사망 곧 불못이라 누구든지 생명책에 기록되지 못한 자는 불못에 던져지더라 계 20:11-15

이것은 전능하신 하나님의 권세와 거룩하심에 대적한 모든 죄와 반역에 대한 최후의 종지부이다. 즉, 영원한 불못으로 영원히 던져지는 것이다. 이름이 생명책에 기록된 자들만 이 마지막 심판을 피하게 될 것이다. 이 책에 기록된 이름들은 땅에 사는 동안 믿음을 통해서 하나님의 자비와 은혜를 받고 누리던 자들의 이름이다. 이들은 다양한 범주에 속한다.

인류를 대신한 그리스도의 속죄의 희생에다 그들의 믿음을 두었던 모든 자는 천년이 시작할 때 이미 부활했을 것이다. 그들은 정죄가 아닌 보상을 받기 위한 그리스도의 심판대 앞에서 합당한 심판을 통과했을 것이다.

크고 흰 보좌 앞에 서게 될 대부분의 사람들은 하나님의 자비를 받는 조건을 충족시키지 못했을 것이기 때문에 불못에 처해질 것임에 틀림없다. 그럼에도 불구하고, 우리가 46장에 이미 지적했듯이, 크고 흰 보좌 앞에서 정죄를 면하고 영원한 생명으로 들어갈 최소한 두 범주에 속한 사람들이 있을 것이다.

첫째 범주는 남방의 여왕과 니느웨 사람들로 이루어져 있을 것이다. 그들은 하나님께서 그분 자신에 대한 단 하나의 짧지만 결정적인 계시를 통해 제공하신 자비를 누렸던 이들이다. 성경은 역사과정에서 이와 비슷한 기회가 얼마나 많이 다른 사람들에게 주어졌는지 밝히지 않는다.

둘째 범주는 천년(왕국)기간 동안 믿음으로 죽은 모든 사람들로 이루어질 것이다.

우리는 하나님께서 그분의 크고 흰 보좌로부터 자비를 베푸실 또 다른 사람들이 있을 거라고 기대할 수 있는가? 이에 대한 대답은 하나님의 전지하심the omniscience of God 속에 담겨 있다. 우리가 우리의 한정된 지식과 좁은 소견으로 궁리하는 것은 어리석은 짓이다.

차라리 아브라함과 같은 태도를 보이자.

세상을 심판하시는 이가 정의를 행하실 것이 아니니이까창 18:25

하나님의 측량할 수 없는 자비를 맛보았던 자들은, 하나님께서 자비를 받을만한 사람이라면 누구에게서도 그분의 자비를 결코 거두어가지 않으실 것을 확신한다.

그러나 하나님의 심판에 포함된 모든 것을 다 이해할 수 있다고 생각하는 교만을 주의하자. 이 책에서 수행한 연구는 하나님께서 성경말씀에 기록하시기에 적합하다고 여겼던 확실한 측면만 건드렸을 뿐이다. 전적으로 우리의 이해의 능력을 넘어서는 다양하게 많은 주제와 영역들이 남아 있다.

결국에, 우리는 바울이 표현한 경외심과 놀라움만을 나눌 수 있을 뿐이다.

깊도다 하나님의 지혜와 지식의 풍성함이여, 그의 판단[심판]은 헤아리지 못할 것이며 그의 길은 찾지 못할 것이로다롬 11:33

이는 이 책의 주제였던 그리스도교 신앙의 여섯 가지 기초 교리의 체계적 연구에 대한 적절한 결론이다.

체계적인 연구를 통해 우리는 모든 그리스도인의 믿음을 굳건하게 세울 수 있게 될 성경적인 교리의 기초를 철저하게 놓게 되었다. 이 놓아진 기초 위에서 히브리서 6:1의 권면에 순종할 수 있게 된 것이다.

완전한 데로 나아갈지니라히 6:2

그리스도인의 교리와 실천이라는 흠잡을 데 없는 건축물을 우리 삶 가운데 완성할 때까지 계속해서 이 기초 위에 건축하자. 필요한 기초를 제공하시는 여전히 똑같은 하나님의 말씀이 우리가 흠잡을 데 없는 건축물을 어떻게 완성할지도 알려준다. 따라서 나와 함께 이 연구를 따라왔던 모든 분들께, 나는 바울의 삶에서부터 우러나온 이 마지막 권면의 말씀을 드리고자 한다.

> 지금 내가 여러분을 주와 그 은혜의 말씀에 부탁하노니 그 말씀이 여러분을 능히 든든히 세우사 거룩하게 하심을 입은 모든 자 가운데 기업이 있게 하시리라^{행 20:32}

성경구절 색인

창세기
1:1 88
1:2 .... 80, 367
1:3 80
1:26 577
2:7 .... 579, 583
3:1-3 233
3:17 514
4:3-8 514
4:4-5 515
7:11 323
12:2-3 372
15:5 663
15:6 227
17:1 567
17:1-3 358
17:8 605
18:25 ...... 156, 677, 736
19:24-25 693
21:33 565
22 227
22:17-18 372
25:34 169
48:14 522

출애굽기
3:6 90
3:14 566
4 515
12 248
13:20-21 393
14:19-20 394
14:20 394
14:21-22 397
14:24 .... 394, 395
14:27 397
20:4-6 689
30:17-21 137

레위기
6:13 438
9:24 516
23:10-11 624
26:14-45 695
26:27-33 696
26:36-37 697
26:44 697

민수기
7:89 364
23:9 251
27:18-20 523
27:22-23 523

신명기
4:1-2 234
18:18-19 248
29:29 115
34:9 523

여호수아
1:3 203
2 .... 228, 697
6 .... 228, 697
13:1 487

사사기
11:27 .... 156, 677

사무엘상
16:7 685

열왕기상
18:38-39 515
18:39 358

열왕기하
5 433
5:14 276
5:17 433
13:15-17 524

역대상
17:23 101

역대하
5:13-14 358
7:1 515

욥기
19:25-26 617
19:25-27 607
22:21 69
40:2 98

시편
1:4-5 723
3:4-5 197
4:8 198
12:6 86
14:2-3 499
16 .... 590, 604, 605
16:8-11 .... 590, 604
17:4 .... 123, 126
18:2 63
25:8-9,12,14 98
27:13 180
33:6 80
34:8 118
37:5 204
58:11 .... 156, 677
62:1-2,5-7 64
62:6 65
71 605

71:20-21 604
78:41 113
80:3,7 174
81:10 384
90:2 565
94:2 678
103:3 150
107 .... 110, 113
107:17-20 110
107:20 ...... 110, 111, 117
107:43 698
119:11 122
119:31 183
119:89 87
119:130 118
119:152 183
119:160 .... 88, 673, 681
127:2 197
139 597
139:13-16 597

잠언
4 112
4:20-22 ... 112, 116, 117
4:23 116
20:27 482

전도서
1:3 580
3:1 449
3:1-8 479
3:18-21 582
3:21 583
5:17 196
8:11 699
11:3 692
11:10 130
12:7 593

아가
4:7 153
5:2 439

이사야
5:20 529
8:20 77
14:9-10 585
24:23 636
26:19 ..... 608, 609, 617
28:16 61
28:21 678
33:22 .... 156, 678
40:13 450
40:28 565
43:25 705
44:22 705
55:11 110
57:15 565
58:11 677
64:6 173
65:20 653
66:2 158

예레미야
7:23 266
20:9 359
23:9 359
30:3-9 728
30:7 611
31:31 264
31:33 264
32:18 689

예레미야애가
5:21 174

에스겔
16:49 694
18:1-4 690
18:20 691
18:24 691
20:37-38 730
32:18-19 586
32:21 586
36:26 263

다니엘
10:7-8 359
12:1 611
12:1-3 610
12:2-3 .... 617, 662
12:3 612
12:13 617

호세아
4:6 133
6:1-3 613
6:2 .... 613, 615, 618
6:3 .... 615, 616

요엘
1:14 .... 548, 549
2:15 548
2:17 549
2:23 549
2:28 548
3:1-2 733

하박국
2:4 192

스가랴
12:3 729
12:9-10 730
14:2-4 729
14:5 630
14:9 636

말라기
3:18 717
4:2 616

마태복음
3:7-8 285
3:11 .... 284, 316
3:13-17 287
3:14 287
3:15 .... 288, 289

3:16 289	24:42-43 641	2:22 289
4:1-10 88	24:51 719	3:16 316
4:4 .... 106, 402	25 .... 45, 636, 733	4:1 128
5:6 382	25:14-30 712	4:1-2 417
5:15 482	25:15 713	4:1-13 127
5:17-18 .... 89, 252	25:21 714	4:14 .... 128, 417
5:18 158	25:23 714	4:18-19 509
7:24 71	25:26-30 714	10:17 511
7:24-27 70	25:31-32 636	11:13 .... 340, 383
8:11 618	25:31-33 732	11:17-20 720
8:13 141	25:31-46 731	11:31-32 652
8:17 181	26:23 274	12:46 719
10:30 598	27:3-4 167	12:48 .... 387, 687
10:34-35 .... 100, 505	27:50-53 626	12:50 278
11:20-24 686	27:51-53 627	13:3 175
11:28 208	27:53 628	13:5 175
12:25-28 720	28:19 ..... 269, 279, 446	15:11-32 166
12:28 509	28:19-20 .... 92, 296	16:19-31 586
12:30 505		16:22-26 587
12:34 .... 188, 361	**마가복음**	16:24 273
13 720	1:3-4 170	19 715
13:19 640	1:3-5 283	19:11-27 712
13:29 721	1:4 .... 278, 284	19:16-19 715
13:37-43 722	1:8 316	19:22-24 716
13:47-50 722	1:14-15 170	21:16-18 601
15:6,9 114	6:12-13 510	23:43 590
15:26 111	9:23 200	23:46 591
16:13-18 61	10:38 279	24:39-40 600
16:16 65	13:26 630	24:44 254
16:17 65	14:20 274	24:46-47 171
16:18 62	16 .... 511, 512, 530	24:49 ..... 333, 371, 421
16:22-23 63	16:15 .... 446, 507	24:52-53 357
19:3-9 89	16:15-16 .... 293, 335	
19:4-5 90	16:15-17 530	**요한복음**
19:26 199	16:17-18 ... 507,525,536	1:1 72
22:31-32 90	16:19-20 508	1:11-13 209
22:32 90	16:20 531	1:12 422
22:35-40 256		1:14 72
23:19 138	**누가복음**	1:17 .... 232, 233, 377
23:34 92	1:3 94	1:29 .... 249, 389
24:23-25 78	1:38 102	1:33 317
24:35 .... 87, 158	1:53 383	1:45 254

| 3:3 .... 95, 210
| 3:8 325
| 3:11 118
| 3:17 .... 156, 679
| 3:18 704
| 3:27 187
| 3:34 407
| 4:24 434
| 5 679
| 5:22-23 .... 157, 680
| 5:24 160
| 5:25 .... 620, 621
| 5:26-27 .... 157, 680
| 5:28-29 .... 620, 621
| 622, 638
| 6:37 209
| 6:44 174
| 6:47 179
| 6:51 402
| 6:63 96
| 7:37 .... 209, 383
| 7:37-38 .... 382, 403
| 7:37-39 .... 319, 366
| 7:38 341
| 7:38-39 458
| 7:39 .... 341, 429
| 8:51 656
| 10:10 452
| 10:12 640
| 10:34-36 82
| 10:35 84
| 11:39-40 181
| 12:24 625
| 12:47-48 .... 158, 681
| 13:26 274
| 14 73
| 14:1 178
| 14:3 635
| 14:12 .... 512, 513
| 14:15 266
| 14:15-17 341
| 14:16 369

| 14:16-17 513
| 14:18 396
| 14:19 .... 74, 615
| 14:21 266
| 14:22 74
| 14:23 .... 74, 266
| 14:26 .... 93, 439
| 15:3 135
| 16:7 368
| 16:8 .... 495, 501, 502
| 16:13 .... 93, 363, 440
| 16:13-14 67
| 16:13-15 93
| 16:14-15 430
| 17:3 67
| 17:17 .... 139, 146, 186
| 440, 682
| 18:38 186
| 19:30 218
| 20:22 331
| 20:27 600

사도행전
| 1:5 269,280,317,333
| 1:8 .... 280, 333, 421
| 1:9 .... 426, 429
| 1:11 429
| 1:25 168
| 2 434
| 2:1-4 534
| 2:2 321
| 2:2-4 326
| 2:4 320,332,408,511
| 2:16-17 .... 347, 440
| 2:17 .... 76, 321
| 2:22 510
| 2:25-28 590
| 2:29 627
| 2:33 .... 321, 325, 333
| 374, 426
| 2:37 .... 170, 502
| 2:37-38 292

| 2:38 .... 170, 381
| 2:38-39 371
| 2:41 300
| 2:42 302
| 3:22-26 248
| 4:12 64
| 4:31 423
| 4:33 423
| 5:11 695
| 5:28 423
| 5:32 381
| 6:1-6 556
| 6:2 559
| 6:3 559
| 6:3-6 559
| 6-7 503
| 7 503
| 7:54 503
| 7:55-56 594
| 7:59-60 594
| 7:60 460
| 8 336
| 8:5 335
| 8:8 .... 357, 424
| 8:12 .... 301, 335
| 8:14-17 335
| 8:14-20 .... 348, 534
| 8:16-17 338
| 8:18 535
| 8:36-39 301
| 8:39 640
| 9 350
| 9:3-6 360
| 9:5 504
| 9:10 536
| 9:17 534
| 9:17-18 349
| 9:18 301
| 9:20 441
| 10 .... 297, 322, 351
| 10:2 297
| 10:33 297

10:34-48 338	17:30-31 573	4:17 193
10:38 510	17:31 495	4:17-21 193
10:44 322	19 .... 338, 448	4:18 184
10:44-46 .. 298,327,534	19:1-5 282	4:19 184
10:45 322	19:1-6 534	4:20-21 184
10:45-46 328	19:2 .... 320, 336	4:23-25 .... 206, 207
10:47 298	19:5 337	4:25 264
10:48 .... 302, 386	19:6 ...322,327,337,350	5 304
11 328	19:10 448	5:1 291
11:12-14 298	19:11 435	5:5 .... 265, 455, 458
11:15 .... 322, 328	19:29 424	5:6-8 459
11:15,17 351	20:17 .... 543, 557	5:13-14 232
11:15-17 338	20:20-21 172	5:20 304
11:16 317	20:21 172	6 .... 309, 314
11:18 352	20:28 .... 558, 561	6:1 304
13 551	20:32 .... 59, 72, 737	6:1-7 304
13:1 551	22:16 301	6:2 305
13:1-4 547	24 504	6:3-4 312
13:2 549	24:25 504	6:4 399
13:3 551	25:10 703	6:6 .... 309, 614
13:4 553	26:18 140	6:6-7 306
13:35 590	28:3-6 512	6:11 309
13:44 424		6:11-12,14 307
13:52 355	**로마서**	6:13 .... 362, 384
14 552	1:4 .... 313, 451, 668	6:14 236
14:4 551	1:11-12 539	6:23 221
14:14 551	1:12 539	7:5-6 237
14:21-23 .... 560, 561	1:17 192	7:7 244
14:22 71	1:20 686	7:12 262
14:26-27 554	2:1-2 682	7:12-13 244
14:27 555	2:6 682	7:13 244
16 .... 297, 299, 448	2:11 684	7:14 263
16:2 543	2:12 685	7:18-23 246
16:6-10 446	2:16 683	7:22 263
16:7 447	3:4 114	7:23 263
16:9 447	3:19-20 243	8:1 .... 160, 705
16:14-15 302	3:20 243	8:3-4 .... 257, 264
16:20 424	3:23 497	8:10 .... 307, 332, 313
16:25-34 293	3:27-28 221	8:11 .... 451, 529, 610
16:33 302	3:31 254	8:14 .... 214, 443, 444
17:6 424	4 .... 185, 206, 227	8:15 407
17:30 172	4:4-5 219	8:15-16 474

8:26-27 436	3:12 446	15:4 .... 603, 612
8:29 144	3:16-17 125	15:14 670
8:32 201	4:5 684	15:17 670
9:1-3 460	4:20 711	15:19 .... 163, 671
9:20 98	5:7 389	15:20,22 593
9:31-32 219	6:13 195	15:22 571
10:3 .... 219, 246	6:19 363	15:22-24 623
10:4 .... 254, 238	6:19-20 125	15:23 632
10:8-9 208	10 391	15:23-24 658
10:9 .... 332, 669	10:1-4 390	15:23-26 647
10:10 .... 177, 187	10:2 392	15:24 648
10:13 208	10:4 403	15:26 657
10:17 .... 100, 514	10:6 390	15:28 648
11:6 376	10:11 391	15:35-38 659
11:26 731	10:31 123	15:39-44 661
11:26-27 635	10:32 726	15:47-49 665
11:29 464	11:31 159	15:51-52 .... 642, 667
11:33 736	12 .... 344, 481	15:51-53 571
11:36 568	12:6 531	15:53 .... 643, 661
12:1-2 142	12:7 326	15:56 237
12:3-8 484	12:7-11 344	
13:8-10 259	12:10 345	**고린도후서**
14:10 .... 574, 702	12:11 .... 481, 485	1:18-19 475
14:10-11 573	12:13 .... 317, 319	1:20 201
14:12 702	12:27-28 344	3:6 435
14:23 .... 191, 194	12:28 345	3:17 .... 407, 409
15:18-19 518	12:30 343	469, 474
	12:31 486	3:18 153
고린도전서	13:1 463	4:8-11 453
1:4-8 540	13:1-2 461	4:13 .... 188, 225
1:7 541	13:13 465	4:14 452
1:8 541	14 462	4:16 454
1:18 99	14:1 .... 412, 486	4:18 .... 154, 581
1:21 502	14:5 486	5:6,8 595
1:30 708	14:13 487	5:7 180
2:1-5 517	14:18 350	5:10 .... 574, 575
2:4 326	14:26 489	5:17-18 152
2:5 517	14:29 488	5:21 .... 708, 152
2:14 396	14:31 487	6:17-18 400
3:9-10 59	14:32-33 472	9:8 410
3:11 .... 61, 709	15 622	
3:11-15 .... 709, 718	15:1-4 .... 206, 207	

갈라디아서
2:11-14 62
2:20 .... 454, 614
3:2 378
3:5 378
3:10 235
3:11 192
3:13-14 .... 370, 378
3:14 372
3:22-24 249
3:23 250
3:25 250
3:27 312
3:29 617
4:4-5 252
5:14 260
5:18 241
5:22 355
5:22-23 .... 265, 347
5:24 634

에베소서
1:9-10 649
1:13 337
1:13-14 432
1:20-23 427
2:1 .... 449, 620
2:2 720
2:4-6 614
2:8-9 .... 187, 220
2:10 444
2:14-15 239
2:22 59
4:9-10 591
4:22-24 104
5 135
5:14 620
5:18 .... 142, 403
5:19-20 403
5:25-27 134
6 127
6:11 410

6:12 .... 545, 720
6:13 410
6:17 .... 127, 418, 503
6:18 437

빌립보서
1:1 557
1:21-24 595
1:23 454
2:9 427
2:12-13 229
3:10-12 671
3:20-21 666
3:21 664
4:19 .... 194, 202

골로새서
1:29 711
2:8 131
2:12 312
2:13-14 238
2:16 239
2:20-22 144
3:17 .... 123, 195
4:12 411

데살로니가전서
1:1 552
2:6-7 552
2:13 96
4:3-4 125
4:13-18 638
4:16-17 .... 644, 645
4:17 642
5:8 177
5:17,19 437
5:19-21 .... 77, 488
5:23 196

데살로니가후서
2:8 636
2:13 139

디모데전서
1:5-7 259
1:8-10 240
1:18 542
3 559
3:2 557
4:1-3 79
4:4-5 195
4:14 .... 542, 543
5:17 559
5:17-22 561
5:22 .... 536, 561
5:24-25 699
6:20-21 131

디모데후서
1:6 .... 519, 542
1:7 545
1:12 68
2:19 633
3:1-5 500
3:16 .... 85, 93

디도서
1:5 558
1:5-9 559
1:7 .... 557, 558
3:5 222

히브리서
1:3 497
1:3-4 427
2:4 511
4:12 96,99,120,577
4:12-13 684
5:12-14 107
6:1 736
6:1-2 .... 51, 162, 172
               173, 270, 294
               520, 564, 674
6:2 .... 278, 388, 562
               688, 736

6:4-5 431
7:25 670
9:11-12 737
9:27 574
10:29 .... 140, 407
10:38 192
11 630
11:1 .... 176, 179, 191
11:4 514
11:6 102
11:17-19 227
11:27 155
11:29 397
12:1 169
12:10 142
12:17 169
12:22-24 675
12:24 373

야고보서

1:6-8 115
1:16-17 194
1:18 103
1:21 97
1:23-25 148
1:25 261
2:8 261
2:10-11 234
2:12 261
2:14-26 224
2:22 227
2:26 719
3:8 362
4:17 717
5:14 .... 527, 528
5:14-15 526

베드로전서

1:2 139
1:12 494
1:15-16 142
1:17 .... 156, 679, 682

1:22-23 457
1:23 103
2:1-2 105
2:6 161
2:21-22 288
2:22,24 253
2:24 181
3:18-20 592
3:21 294
3:22 427
4:10 .... 484, 490
4:10-11 483
4:11 484
4:17-18 701
5:2 558

베드로후서

1:3 410
1:3-4 .... 145, 203
1:20 85
1:21 86
2:6 693
3:1-2 94
3:9 .... 156, 679
3:15-16 94

요한1서

1:7 136
1:9 707
2:1-2 707
2:4-5 75
2:5 267
2:14 129
3:2 666
3:9 103
4:7-8 456
4:9 459
4:12-13,16 465
5:4 202
5:6 .... 136, 374
5:13 68
5:17 496

5:20 68

유다서

14 630
20 59
23 640

요한계시록

1:8 567
1:14-15 710
1:16 100
1:17 360
1:20 482
3:20 210
6:8 655
11 643
11:9,11-12 644
12:11 132
16:15 640
19:13 .... 72, 274
20 623,645,649,654
20:4 .... 637, 651
20:4-6 645
20:5-6 645
20:7-10 650
20:11-13 159
20:11-15 .... 651, 734
20:12 .... 651, 682
20:13 654
20:14 .... 655, 657
22:17 209

주제별 색인

가인과 아벨, 제물의 차이 514
감동, 하나님의 감동 85-86
거룩함 143, 146
게헨나 654
계시
   요한의 계시 645-646, 650-651, 710
   영적인 계시 66-67, 119, 147-155
                 439-442
공급, 하나님의 공급 145, 160, 202
                  409-415
교회의 통치 547-562
교회 회중, 성령 충만한 468-492
구약 88-92
구원 208-210
   구원을 위한 기초 65-69
권세
   영적인 권세 422
   말씀의 권위 87-95
그리스도
   첫 열매이신 그리스도 624-631
   교회의 토대인 그리스도 61
   그리스도의 영화 426-430
   대제사장이신 그리스도 189
   유월절 양이신 그리스도 389
   반석이신 그리스도 64, 72, 403-404
   그리스도의 시험 88, 127, 416-417
   하나님의 말씀이신 그리스도 72
   그리스도의 세례 287-289
   그리스도의 보혈 132-133, 136-140
                  373-375, 389
금식 547-548
기도, 성령의 능력을 입은 기도 436-438
기름부음
   기름을 바르는 것 525-530
   성령의 기름부음 509-510
기초 교리 162, 270, 520, 674
기초, 기초 위에 세우다 70-81

낙원 591-593, 657
능력, 영적인 능력 420-425
다락방 535
라합 227-228, 698
마귀 세력의 활동 79, 416, 472-473
마음을 새롭게 함 143-144
마지막 만찬 274
만나 401
말씀
   말씀의 권위 87-95
   심판자이신 말씀 78, 155-160
                679-687
   씨앗으로서의 말씀 102-104, 109
                120-121, 663
   깨끗게 하는 말씀 134-138, 144
   영적인 양식인 말씀 105-108, 402
   검으로서의 말씀 99-100, 120, 127-129
                417-418, 503, 577
모세오경 88
몸
   그리스도의 몸 484-485
   산 제물로서의 몸 143
   성령의 전으로서의 몸 125, 363-364
믿음 100-102, 109, 140-141, 146
      172-174, 176-204
   믿음의 고백 68, 188-189, 283-286
   믿음 대 소망 177-179
   구원을 향한 믿음 205-216
   믿음 대 행위 217-230
믿음의 고백 69, 188-189, 283-286
바리새인 285
바울과 바나바, 파송 550-555
방언
   방언의 은사 343-353, 462
   방언을 말하는 것 298-299, 326-329
                343-353, 408-409
                486-487

베드로 62
복음 206-207
본성, 사람
　새로운 본성, 새 사람 102-103, 109
　　　　　　　　　　 121, 264
　옛 본성, 옛 사람 103
부활
　몸의 부활 658-672
　죽은 자의 부활 571-575, 596-602
　　　　　　　　 619-672
　최종적인 부활 650-654
　첫째 부활 645
　구약의 언급 603-618
　의인의 부활 638-646
불못 651, 654
비숍 556-558
사도들 551
　사도들을 임명하기 547-554
사두개인 90-91, 285
사랑
　아가페 사랑 456-465
　하나님의 사랑 455-465
사망과 음부 649, 655-657
사탄
　사탄의 마지막 반란 650
　사탄에 대한 승리 127-133, 418
새로운 탄생 102-103, 109
새언약 263-265, 373
선교사 55
성경 70-81
　하나님의 말씀 82-95
　성령의 검 99-100, 120, 127-129
　　　　　　 418, 503-505, 577
　성령 세례 279-281, 315-342, 407-409
　　　　　　 534-546
　　세례의 증거 325-329
　　세례를 받는 법 376-387
성령
　성령의 충만함 128-129
　성령의 나타남 325-329
　성령을 소멸함 77

성령의 열매 347, 355
성화 134-146
세례(세례를 베풀다) 또는 성령 세례
　270-281
　유아 세례 297-299
　고난의 세례 278
　물로 베푸는 세례 또는 그리스도인의
　　세례 279, 282-302
세례 요한의 세례 278, 282-291
세례의 조건 292-302
세례 요한 170-171, 249, 278
　　　　　 282-291, 389
속죄 249, 257-258, 308-314
　　 372-375
순교
　스데반의 순교 594
　대환란 기간 동안의 순교 643-646
순종 198, 202, 227, 266-267
스올 585-588, 590-593, 654
승천 629-631
시간의 끝 564-575, 647-657
시온, 시온 산 675
시험, 그리스도의 시험 88-89, 127
　　　　　　　　　　　 416-418
신약 92-95
심판 495-501
　그리스도인의 섬김에 대한 심판 712-724
　영원한 심판 674-737
　이방민족들에 대한 심판 731-734
　크고 흰 보좌 734-737
　역사적 심판 688-699
　이스라엘에 대한 심판 727
　그리스도의 심판대 700-711
심판자이신 하나님 156, 675-679
십계명 239-240
아가페 456-466
아브라함 184-185, 206, 227-228
　　　　　 358, 567, 605-607
　　　　　 617-618, 663
아브라함의 품 588, 594
안디옥, 안디옥 교회 547-562

안수 520-533
  사역자를 임명하기 위한 안수 547-563
  치유를 위한 안수 525-533
  성령을 전이하기 위한 안수 535-538
  영적 은사를 전이하기 위한 안수
    538-546
  구약의 선례들 522-525
압박, 영적인 압박 416
약속
  하나님의 약속 145, 184, 200-204
                370-372
  성령의 약속 365-375
영원 564-570
영적 성장 105-108, 121
영적 전쟁 127-131, 416-418, 544-546
예배 434
예언 76-77, 461-466, 486-489, 545
예수님의 비유
  그물 720
  므나 713-714
  탕자 166
  달란트 712-713
  곡식과 가라지 720-721
  집을 짓는 어리석은 사람과 지혜로운
    사람 70
오순절, 오순절 날 327-328, 333
유월절 390
율법
  은혜 대 율법 231, 255
은사
  은사의 행사 486-491
  영적 은사 76-81, 343-353,
          481-492, 539-546
은혜 182, 222, 231-242, 303-307
    376-380, 483
음부 584-588, 651
의 192-193, 256-267, 495-501
인도 443-450
자유, 영적 자유 468-479
장로 542-544
  장로 임명하기 556-562

재림 632-646
적그리스도 636-637, 643-646
전능하신(분) 567
제자 73-75, 295-296
죄 495-501
  원죄 232
  죄에 대한 승리 122-126
증언 421-422
지옥 584-588
집사 556-562
창조 80, 568
천년왕국 636-637, 645-654, 732-734
초자연적 431-442
  초자연적 표적들 507-513, 535-536
출애굽 390, 393
치유 110-118, 181
크고 흰 보좌 734-737
Petra, Petros 62-64
하나님의 사자 394
하나님의 전신갑주 127-128, 177
                410-411
하나님을 경외함 98
하나님의 진노 678
하늘 594-596
행위 대 믿음 217-230
혼 577-580, 665
환란 643-646, 727-731
회개 165-175, 283-286, 292-293
휴거 571, 638-643

믿음의말씀사 출판물

구입문의 : 031-8005-5483 http://faithbook.kr

■ 케네스 해긴의 「믿음 도서관」 책들
- 새로운 탄생
- 재정 분야의 순종
- 나는 지옥에 갔다 왔습니다
- 하나님의 처방약
- 더 좋은 언약
- 예수의 보배로운 피
- 하나님을 탓하지 마십시오
- 네 주장을 변론하라
- 셀 모임에서 성령인도 받기
- 안수
- 치유를 유지하는 법
- 사랑은 결코 실패하지 않습니다
- 하나님께서 내게 가르쳐 주신 형통의 계시
- 왜 능력 아래 쓰러지는가?
- 다가오는 회복
- 잊어버리는 법을 배우기
- 위대한 세 단어
- 하나님의 은사와 부르심
- 그 이름은 "놀라우신 분"
- 우리에게 속한 것을 알기
- 성령을 받는 성경적인 방법
- 하나님의 영광
- 은혜 안에서의 성장을 방해하는 다섯 가지
- 사랑 가운데 걷는 법
- 바울의 계시: 화해의 복음
- 당신은 당신이 말하는 것을 가질 수 있습니다
- 그리스도 안에서
- 말
- 방언기도의 능력을 풀어 놓으라
- 옳은 사고방식 틀린 사고방식
- 속량 – 가난, 질병, 영적 죽음에서 값 주고 되사다
- 네 염려를 주께 맡겨라
- 예언을 분별하는 일곱 단계
- 절망적인 상황을 반전시키기
- 당신의 믿음을 풀어 놓는 법
- 진짜 믿음
- 믿음이란 무엇인가
- 그리스도께서 지금 하고 계시는 일
- 충분하고도 넘치는 하나님 엘 샤다이
- 금식에 관한 상식
- 하나님의 말씀 : 모든 것을 고치는 치료제
- 가족을 섬기는 법
- 조애
- 당신이 알아야 하는 신유에 관한 일곱 가지 원리
- 여성에 관한 질문들
- 인간의 세 가지 본성
- 몸의 치유와 속죄
- 크게 성장하는 믿음
- 하나님 가족의 특권

- 기도의 기술
- 나는 환상을 믿습니다
- 병을 고치는 하나님의 말씀
- 영적 성장
- 신선한 기름부음
- 믿음이 흔들리고 패배한 것 같을 때 승리를 얻는 법
- 믿음의 선한 싸움을 싸우는 법
- 하나님의 계획과 목적과 추구
- 예수 열린 문
- 믿음의 계단
- 당신을 향한 하나님의 계획
- 역사하는 기도
- 기름부음의 이해
- 내주하시는 성령 임하시는 성령
- 재정적인 번영에 대한 성경적 열쇠들
- 어떻게 하나님의 영으로 인도받을 수 있는가?
- 마이더스 터치
- 치유의 기름부음
- 그리스도의 선물
- 방언
- 믿는 자의 권세(생애기념판)
- 믿음의 양식
- 승리하는 교회

■ E. W. 케년
- 십자가에서 보좌까지 무슨 일이 일어났는가?
- 두 가지 의
- 놀라우신 그 이름 예수
- 하나님 아버지와 그분의 가족
- 나의 신분증
- 두 가지 생명
- 새로운 종류의 사랑
- 그분의 임재 안에서
- 속량의 관점에서 본 성경
- 두 가지 지식
- 피의 언약
- 숨은 사람
- 두 가지 믿음
- 새로운 피조물의 실재

■ 스미스 위글스워스
- 스미스 위글스워스의 천국
- 스미스 위글스워스의 매일묵상
- 위글스워스는 이렇게 했다
- 스미스 위글스워스의 능력의 비밀

■ T. L. 오스본
- 행동하는 신자들
- 기적 – 하나님 사랑의 증거
- 새롭게 시작하는 기적 인생

- 좋은 인생
- 성경적인 치유
- 능력으로 역사하는 메시지
- 100개의 신유 진리
- 24 기도 원리 7 기도 우선순위
- 하나님의 큰 그림
- 긍정적 욕망의 힘
- 당신은 하나님의 최고의 작품입니다

■ 잔 오스틴
- 믿음의 말씀 고백기도집
- 하나님의 사랑의 흐름
- 견고한 진 무너뜨리기
- 초자연적인 흐름을 따르는 법
- 당신의 운명을 바꿀 수 있습니다
- 어떻게 하나님의 능력을 풀어놓을 수 있는가?

■ 크리스 오야킬로메
- 여기서 머물지 말라
- 이제 당신이 거듭났으니
- 당신의 인생을 재창조하라
- 이 마차에 함께 타라
- 그리스도 안에 있는 당신의 권리
- 성령님과 당신
- 성령님이 당신 안에서 행하실 일곱 가지
- 성령님이 당신을 위해 행하실 일곱 가지
- 기적을 받고 유지하는 법
- 하나님께서 당신을 방문하실 때
- 올바른 방식으로 기도하기
- 당신의 믿음을 역사하게 하는 법
- 끝없이 샘솟는 기쁨
- 기름과 겉옷
- 약속의 땅
- 하나님의 일곱 영
- 예언
- 시온의 문
- 하늘에서 온 치유
- 효과적으로 기도하는 법
- 어떤 질병도 없이
- 주제별 말씀의 실재
- 마음의 능력

■ 앤드류 워맥
- 당신은 이미 가졌습니다
- 은혜와 믿음의 균형 안에 사는 삶
- 하나님의 참 본성
- 하나님은 당신이 건강하기 원하십니다
- 영·혼·몸
- 전쟁은 끝났습니다
- 믿는 자의 권세
- 새로운 당신과 성령님
- 노력 없이 오는 변화
- 하나님의 충만함 안에 거하는 열쇠
- 더 좋은 기도 방법 한 가지
- 재정의 청지기 직분

- 하나님을 제한하지 마라
- 하나님의 뜻을 발견하고 따라가며 성취하라
- 하나님의 참 본성
- 하나님의 최선 안에 사는 법
- 더 큰 은혜 더 큰 은총

■ 기타「믿음의 말씀」설교자들
- 성령의 삶 능력의 삶
- 복을 취하는 법
- 주는 자에게 복이 되는 선물
- 믿음으로 사는 삶
- 붉은 줄의 기적
- 당신이 말한 대로 얻게 됩니다
- 예수-치유의 길 건강의 능력
- 성령 안의 내 능력
- 존 G. 레이크의 치유
- 믿음과 고백
- 임재 중심 교회
- 성령충만한 그리스도인의 지침서
- 열정과 끈기
- 제자 만들기
- 어떻게 교회를 배가하는가
- 운명
- 모든 사람을 위한 치유
- 회복된 통치권
- 그렇지 않습니다
- 당신의 자녀를 리더로 훈련하라
- 오순절 운동을 일으킨 하나님의 바람
- 주일 예배를 넘어서
- 신약교회를 찾아서
- 내가 올 때까지
- 매일의 불씨
- 여성의 건강한 자아상

■ 김진호 · 최순애
- 왕과 제사장
- 새로운 피조물의 실재
- 믿음의 반석
- 새 언약의 기도
- 새로운 피조물 고백기도집(한글판/한영대조판)
- 성령 인도
- 복음의 신조
- 존중하는 삶
- 성경의 세 가지 접근
- 말씀 묵상과 고백
- 그리스도의 교리
- 영혼 구원
- 새로운 피조물
- 믿음의 말씀 운동의 뿌리
- 1인 기업가 마인드
- 내 양을 치라
- 새사람을 입으라